자율주행차의 법과 윤리

이중기 · 황기연 · 황창근

박영사

자율주행차의 비행을 기다리며

2015년 봄, 법대 학장실에서 당시 공과대 학장이었던 황기연 부총장의 전화를 받았다. "윤리적 자율주행차" 국가 R&D를 같이 해보지 않겠느냐는 내용이었다. 그렇게 자율주행차 특히 윤리적 자율주행차와의 인연이 시작되었다. 그 후 황부총장, 법과대학 황창근 교수와 함께 '홍익대 로봇윤리와 법제연구센터'를 설립했고, 우리는 사람들이 잘 모르는 미지의 세계에 대한 도전을 시작하였다.

1년 뒤 2016년 알파고의 대국으로 사람들이 인공지능(AI)의 위력을 알게 되었다. 동시에 AI를 장착한 자율주행차에 대한 관심도 높아져 우리 연구센터는 국토교통부의 후원을 받아 상공회의소에서 "자율주행차의 법과 윤리"에 대한 세미나를 성황리에 개최하였다. 이때부터 우리 로봇윤리와 법제연구센터는 본격적인 자율주행차에 대한 법제와 윤리문제의 연구에 박차를 가하였다. 우리 센터는 "자율주행차의 사회적 수용성 연구", "데이터 공유체계 관련 법제도 개선" 등 국토교통부의 국가 R&D뿐만 아니라 스마트시티, 데이터의 활용과 보호, 블록체인 등과 관련한 정부와 민간기업의 R&D 연구를 수행함으로써 다가올 인공지능 및 자율자동차 시대를 적극적으로 준비하고 있다.

이 책은 우리 센터의 연구를 수행하면서 황기연 부총장, 황창근 교수와 함께 발표한 자율주행차 관련 논문들을 선별하여 주제별로 엮은 것이다. 제1편에서는 자율주행차의 운행에서 발생하는 윤리적 문제와 자율주행차의 인식에 대한 문제를 다루어 보았고, 제2편에서는 자율주행차의 시험주행, 생산, 운행 및 사고책임 등에서 발생하는 법제개선 사항들을 자동차법, 운전자법, 책임법의 관점에서 다루어 보았다. 우리 세 사람 외에 다른 분들도 공저자로 참여하였는데, 제1편 1절 자율주행차와 로봇윤리는 우리학교 오병두 교수와 함께 발표한 논문이고, 제2, 3절 AI 및 자율주행차 윤리가이드 라인은 한국윤리학회 회장을 역임한 로봇윤리

전문가 서울교대 변순용 교수와 공동으로 집필하였고, 제2편 제2장 1절 자율주행
차의 도로실험 규제에는 중앙대학교 김경석 박사가 집필에 참여하였다. 참여하신
공저자분들께 다시 한 번 심심한 감사를 드린다.

    이 책의 머리말을 쓰는 동안 국토교통부가 한국형 도심항공교통 로드맵을
발표하였다. 도심에 이착륙장을 건설하는 문제가 남아있기는 하지만 서울의 하늘
길을 수직이착륙기가 날아다니는 날이 곧 도래할 것이라 확신한다. 인천공항을
빠져나온 일론 머스크가 10분 만에 삼성동 현대자동차 옥상의 이착륙장에 도착해
현대차 사장과 회담을 하고, 그대로 남양연구소로 날아가 플라잉 수소차 100만
대를 계약하는 10년 뒤를 상상해 본다. 이 때 쯤에는 우리들이 연구한 도로 위의
자율주행차는 하늘길을 날 비행능력을 장착할 것이다. 영화 트랜스포머에서 옵티
머스 프라임이 로켓을 달고 피라미드 위를 날아가듯이, 비행능력을 장착한 자율
주행차는 하늘 길을 빠르게 질주할 것이다. 물론 이를 위해서는 도로교통법과 저
고도항공교통법의 체계를 조화롭게 연계시키는 연구와 법 개정 작업이 필요할 것
이다.

    이 자리를 빌어 함께 자율주행, AI, 데이터의 신세계로 나아가고 있는 황기
연 부총장과 황창근 교수께 다시 한 번 심심한 감사의 마음을 전한다. 또한 우리
센터의 활동을 지원해 주셨던 국토교통부와 경찰청, 과학기술정보통신부와 개인
정보보호위원회의 모든 관계자분들께도 감사의 마음을 전한다. 물론 같이 국가
R&D를 수행하고 있는 자동차안전연구원의 신재곤 단장, 윤용원, 김종화 박사, 교
통연구원의 김규옥, 강경표 박사와 조선아 연구원, 많은 도움을 주셨던 도로교통
공단의 이승신 차장, 김연주 박사, 보험연구원의 황현아 변호사, 기승도 박사, 한
국교원대학교의 정필운 교수, 중앙대학교의 김성천 교수, 한국외국어대학교의 김
진우 교수, 건국대학교의 이상용 교수, 서울대학교의 권영준 교수와 맹준영 판사,
법제연구원의 조용혁 박사께도 감사의 마음을 전한다. 마지막으로, 우리 센터를
든든히 뒷받침하고 있는 교통연구실의 연구원들에게도 고마움을 전한다. 교통연
구실에서 전심전력 우리 연구를 뒷받침해 주었던 건설산업연구원 임이정 박사,
교통AI를 연구하고 계시는 송재인 박사를 비롯해 교통연구실의 강민희 석사, 조
윤지, 이우섭 학생의 도움이 없었다면 우리 센터가 지금처럼 많은 일을 하지 못

했을 것이다.

　자율주행과 AI, 데이터라는 미래의 새로운 도전을 앞으로도 두 교수님들과 함께 계속 즐길 수 있으면 좋겠다. 우리 센터는 이 책에 이어 AI 윤리와 법제에 관한 축적된 연구성과를 계속 연구총서 형태로 출간할 예정이다. 조만간 "연구총서 Ⅱ : 자율주행차와 데이터", "연구총서 Ⅲ : 비대면 사회와 스마트 모빌리티"로 여러분들을 만날 것이다. 그동안 저희 로봇윤리와 법제연구센터를 후원해 주셨던 많은 분들의 도움에 다시 한 번 감사드리고, 또한 계속된 성원을 부탁드린다.

2020년 7월
로봇윤리와 법제연구센터를 대표하여 이중기

차 례

제 1 편 자율주행차, 윤리와 인식

제 2 편 자율주행차, 법과 제도

제1장 총 론

제2장 자동차법과 도로법제

제1절 자율주행차의 도로실험에 대한 규제 ··· 202

제4절 자율주행차 운행을 위한 도로법 개정 방향 ••• 288

제3장 운전·운전자법제

제1절 운전작업의 분류와 인간과 ADS 사이의 분배: 운전능력과 준법능력 의 사전 프로그래밍 ••• 294

제4장　책임법과 보험법제

제1편

자율주행차, 윤리와 인식

제1절 자율주행차와 로봇윤리: 그 법적 시사점[*]

I. 서론

자동차사고의 대부분이 운전자의 고의·과실로 인한 것인 현실에서,[1] 운전 중의 모든 상황을 예측·판단하는 자율주행차(autonomous vehicle)[2]는 음주운전이나 졸음운전이 없고, 핸드폰 조작 등으로 주의력이 분산되는 일이 없어 교통사고를 획기적으로 줄일 수 있다는 점에서 큰 기대를 모으고 있다.[3] 또한 탑승자가 자동차 운행 중에 운전 이외의 다른 업무를 볼 수 있고, 인공지능에 의한 최적 경로 산출로 교통체증과 공회전 등으로 인한 연료 낭비도 막을 수 있다는 것도 장점으로 지적되고 있다.[4]

자율주행차는 자동화된 자동차(automated vehicle)의 일종이다. 인간이 운전하

---

[*] 이 부분은 이중기·오병두, "자율주행자동차와 로봇윤리: 그 법적 시사점", 홍익법학 제17권 제2호(2016)를 다시 실은 것이다.

[1] 한국의 경우 약 90%의 사고가 운행자의 과실로 인한 것이라고 한다(이종영, 김정임, "자율주행자동차 운행의 법적 문제", 중앙법학회, 『중앙법학』 제17집 제2호, 2015. 6[이하 "이종영·김정임"], 147면). 미국에서도 같은 비율로 운행자 과실의 교통사고가 발생한다고 한다(Jeffrey K. Gurney, "Crashing into the Unknown: An Examination of Crash-optimization Algorithms through the Two Lanes of Ethics and Law", 79 Albany Law Review, 2015/2016[이하 "Gurney"], p. 191).

[2] 이 글에서는 「자동차관리법」 제2조 제1호의3에 따라 '자율주행차'라는 표현을 쓰기로 한다. 자율주행차는 그 밖에도 자율주행자동차, 무인자동차 등으로도 불리며 영어로는 self-driving car, driverless car, robot car 등의 표현이 사용되고 있다.

[3] Gurney, pp. 191-192.

[4] Gurney, pp. 193-194.

는 자동차에도 크루즈 컨트롤, 자동 제동장치, 차선유지 장치 등 다양한 자동화 장치가 이미 사용되고 있다. 여기서 어느 정도의 자동화 수준이어야 자율주행차라고 할 것인가에 대해서 논의가 있다.

2012년 1월 독일 연방 도로기술연구소(Bundesanstalt für Straßenwesen, 이하 "BASt")는 자동차의 자동화 수준을 4단계로 분류하였고,[5] 이어서 2013년 5월 미국 연방도로교통안전청(National Highway Traffic Safety Administration, 이하 "NHTSA")은 이와 유사한 5단계의 기준을 공표한 바 있다.[6] 2014년 1월 SAE International(Society of Automotive Engineers, 미국 자동차공학회, 이하 "SAE")은 가장 상세한 6단계의 자동차 자동화 기준(J3016)을 제안하였다.[7]

SAE 기준에 따르면, 3레벨부터 인간이 아닌 자율주행시스템(ADS: automated driving system)이 주행환경을 모니터링하며 역동적 운전작업(DDT: dynamic driving task)[8] 전부를 수행한다. 즉, 이 레벨부터 운행에 필수적인 조향, 제동, 가속 등의 기능과 도로상황의 모니터링을 자율주행시스템이 자동적으로 수행하는 자율주행이 가능하다. 현재 자동화기술의 수준은 2레벨과 3레벨 사이에 와 있다고 한다.[9]

이 글에서 논의하는 자율주행차는 SAE 기준으로 3레벨 이상으로 자동화된

---

5) BASt는 자동화 수준을 비자동화 수준(Driver Only), 운전자 보조수준(Assistiert), 부분 자동화 수준(Teilautomatisiert), 고도의 자동화 수준(Hochautomatisiert), 완전 자동화 수준(Vollautomatisiert)으로 나눈다(http://www.bast.de/DE/Publikationen/Foko/2013-2012/2012-11.html, 최종접속일: 2016.5.31.).

6) 구체적으로는 0레벨(비자동화 수준, No-Automation), 1레벨(특정기능의 자동화 수준, Function- specific Automation), 2레벨(통합된 기능의 자동화 수준, Combined Function Automation), 3레벨(제한된 자율주행 수준, Limited Self-Driving Automation), 4레벨(완전 주행 자동화 수준, Full Self-Driving Automation)로 나눈다(NHTSA, U.S. Department of Transportation Releases Policy on Automated Vehicle Development, 2013.5.30.(http://www.nhtsa.gov/About+NHTSA/Press+Releases/U.S.+Department+of+Transportation+Releases+Policy+on+Automated+Vehicle+Development, 최종접속일: 2016.5.31.).

7) SAE 단계에 관한 자세한 사항은, 제2편 제1장 〈총론〉 제2절 I.의 〈표 1〉 참조. 구체적으로는 0레벨(비자동화 수준, No Automation), 1레벨(운전자 보조수준, Driver Assistance), 2레벨(부분 자동화 수준, Partial Automation), 3레벨(조건부 자동화 수준, Conditional Automation), 4레벨(고도의 자동화 수준, High Automation), 5레벨(완전 자동화 수준, Full Automation)로 분류한다(http://www.sae.org/misc/pdfs/automated_driving.pdf, 최종접속일: 2016.5.31.).

8) SAE가 정의하는 자율주행시스템(ADS), 역동적 운전작업(DDT)의 개념에 대해서는, 제2편 제1장 〈총론〉 제2절 I. 1. (1) 및 (2) 참조.

9) Gurney, p. 189. 여기에서는 NHTSA 기준을 중심으로 서술하고 있으나 SAE 기준에 의해서도 같다.

자동차,10) 즉 "일정한 조건하에서 스스로 주행환경을 인식하면서 자율적으로 운행하는 자동차"이다.11) 이 개념에 의한 자율주행차는 인간에 의하여 목적지가 설정되거나 자율주행 모드가 설정되면 그에 따라 스스로 도로상황 등 주행환경을 인식하여 위험요소를 식별하고 "사전에 프로그램된 기준"에 따라 의사결정을 하면서 도로를 주행한다.

자율주행차가 보통의 인간을 뛰어넘는 인식, 판단 및 조작을 할 수 있어서 사고위험을 극히 낮출 수 있기는 하나, 그렇다고 전혀 사고를 내지 않는 것은 아니다.12) 여기에서 자동차의 자율주행 중 사고가 난 경우 법적으로 누가 그리고 어떤 책임을 지는가라는 문제와 자율주행시스템이 운전 중, 특히 사고 직전에 어떤 윤리적 의사결정을 하여야 하는가라는 문제가 새롭게 제기된다.13) 자율주행차는 자율주행 상태에서 다양한 위험요소에 대하여 평가하고 이에 따라 스스로 주행에 관한 판단을 함으로써 사고를 방지하고 사고발생이 불가피한 경우에도 그 손해를 최소화하도록 미리 설계된다. 사고결과는 그 선택과 인과관계가 있다. 여기에서 그 선택의 윤리성을 검토하게 되는 것이다.

전자가 사고 발생 이후 사후처리와 관련된 자율주행차의 법적 책임문제라

---

10) SAE 3단계에 관한 자세한 사항은, 제2편 제1장 〈총론〉 제2절 I.의 〈표 1〉의 설명 참조. BASt의 고도의 자동화 수준, NHTSA의 3레벨도 인간 운전자가 주행 중에 도로를 상시적으로 모니터할 필요가 없으므로 SAE 3단계 수준에 해당한다. Noah J. Goodall, "Ethical Decision Making During Automated Vehicle Crashes", Transportation Research Record: Journal of the Transportation Research Board, No. 2424, Transportation Research Board of the National Academies, 2014[이하 "Goodall(2014a)"], p. 58은 NHTSA의 3레벨 이상을 다루고 있다.

11) 이 글에서의 자율주행차 개념은 이하의 로봇윤리를 검토하기 위한 조작적 정의이다. 따라서 기술적, 법적으로 절대적 기준은 아니다. 따라서 논의의 필요에 따라 다른 정의도 가능하다. 예컨대, 이중기, 황창근, "자율주행자동차 운행에 대비한 책임법제와 책임보험제도의 정비필요성: 소프트웨어의 흠결, 설계상 흠결 문제를 중심으로", 한국금융법학회, 『금융법연구』 제13권 제1호, 2016[이하 "이중기·황창근"], 95면의 "목표지점이 설정되면 인위적인 추가 조작 없이 스스로 주행환경을 인식하면서 목표지점까지 자율적으로 운행하는 자동차"라는 정의하기도 하고, 이종영·김정임, 146면은 "자동차 스스로 주변환경을 인식하고, 위험을 판단하면서, 계획한 목적지까지 경로를 주행하는 자동차로서, 운전자의 주행조작을 최소화하며 스스로 안전주행이 가능한 인간 친화형 자동차"라고 정의하기도 한다. 전자와 후자는 인위적 조작의 유무에서 차이가 있는데, 이는 자율성의 의미를 다르게 이해한 결과이다.

12) Goodall(2014a), p. 59.

13) Noah J. Goodall, "Machine Ethics and Automated Vehicle", Gereon Meyer, Sven Beiker (ed.), Road Vehicle Automation, Springer, 2014[이하 "Goodall(2014b)"], p. 93.

면,[14] 후자는 사전 프로그램된 기준에 따라 자율주행차가 주행하면서 상시로 행하는 의사결정과 선택이 '옳은가'라는 윤리적 문제이다. 이는 소위 자율주행차의 '로봇윤리'로 다루어지는데,[15] 자율주행차가 스스로 주행하는 동안 사전 설계된 자율주행 프로그램(self-driving program) 내지 인공지능(artificial intelligence)이 로봇 운전자로서 인간 통제권을 대체하기 때문이다.

이하에서는 로봇윤리에 관한 기존의 논의를 개념과 접근방법을 중심으로 살펴보고(Ⅱ), 자율주행차에 적합한 로봇윤리를 어떻게 구성할 것인가를 고찰한 후(Ⅲ), 그에 따른 법적 시사점을 검토해보기로 한다(Ⅳ).

Ⅱ. 자율주행차와 로봇윤리

1. 로봇윤리의 개념

현재 다양한 맥락에서 로봇윤리가 논의되고 있다. 대표적으로 Gianmarco Veruggio와 Keith Abney는 로봇윤리(robot ethics)[16]를 다음의 3가지 의미로 나누어 설명한다.[17]

첫째, 로봇윤리는 응용윤리학의 한 영역으로서 로봇을 사회생활에 도입한 결과 발생하는 윤리적 쟁점에 대한 연구라는 의미로 사용된다.[18] 이 의미의 로봇윤리는 인간으로서의 존엄, 약자의 권리 보호, 로봇기술로 인한 차별 문제인 "로봇 디바이드"(robotics divide)[19]의 제한 등과 같이,[20] 로봇-인간이 연결되는 사회적 영

---

14) 이를 다룬 국내문헌으로는 이종영·김정임, 145-184면; 이중기·황창근, 94-122면.

15) Goodall(2014b), p. 93. 이 때 로봇윤리의 체계에는 로봇윤리의 제한조건이 되는 법규가 사전 반영되어야 한다. 즉 로봇운전자인 ADS가 준수해야 하는 자율주행차 윤리에는 '운전' 행위의 제한조건이 되는 교통법규가 반영되어야 한다(아래의 Ⅳ. 2. 셋째 참조). 이러한 윤리 혹은 법규범의 '사전 프로그래밍' 필요성에 대해서는, 제2편 제3장 〈운전·운전자법제〉 제3절 Ⅲ. 4. 이하 참조.

16) 로봇윤리에 대한 표현으로는 그 이외에도 machine ethics, robot ethics, machine morality 등이 사용되고 있다.

17) 이하의 내용은 Gianmarco Veruggio, Keith Abney, "Roboethics: The Applied Ethics for a New Science", Patrick Lin, Keith Abney, George A. Bekey(ed.), Robot Ethics: The Ethical and Social Implications of Robotics, The MIT Press[이하 "Robot Ethics"], 2012[이하 "Veruggio·Abney"], pp. 347-348을 정리한 것이다.

18) Gianmarco Veruggio가 이 개념의 로봇윤리를 다른 경우와 구별하기 위해 roboethics란 용어를 만들었다고 한다(Veruggio·Abney, p. 348).

19) 이 로봇 디바이드는 "로봇기술의 이익과 혜택의 불균형한 분배 문제"로서 선진국과 후진

역을 연구대상으로 한다.

둘째, 로봇윤리는 "로봇 자체에 장착되어야 할 윤리적 규범"(moral code), "로봇에 프로그램된 일종의 도덕률"(a morality)이라는 의미로도 사용된다. 이 경우 로봇이 수행하도록 프로그래머가 설정한 코드(code)가 로봇의 윤리적 규범이 된다. 로봇이 자신에게 설정된 도덕률 자체를 인식하는 것은 아니며 "단지 명령을 따르는 것"에 불과하다.[21] 이 입장에서는 어떠한 윤리적 요청, 윤리이론에 따르도록 로봇을 프로그램할 것인가가 중요하므로[22] 로봇윤리도 로봇 자체의 윤리가 아닌 로봇을 설계, 제작, 관리, 사용하는 인간의 윤리를 의미하게 된다.

셋째, 로봇윤리는 로봇 자체의 윤리라는 의미로도 사용되기도 한다. 이는 로봇이 윤리적 행위자가 될 수 있음을 전제로 한다. 로봇이 인간의 특성인 자의식과 합리적 선택능력, 즉 자유 또는 자유의지를 갖고서 스스로 자신만의 도덕률을 선택할 수 있다고 보는 것이다[23] 따라서 "로봇을 '사람'(person)으로 보고 로봇에게 일정한 권리와 책임을 부여할 수 있는가?"[24]가 중요한 관심사이다.

2. 로봇윤리에 대한 접근방법

로봇윤리를 어떻게 구성할 것인가라는 로봇윤리의 접근방법은 로봇윤리에 관한 세 번째의 관념에서 출발한다. 즉, 로봇을 윤리적 행위자 내지 주체인 인공도덕행위자(artificial moral agents, AMA)로 파악하는 전제에서 어떻게 하면 로봇을 윤리적 행위자로 만들 것인가의 문제가 로봇윤리에 대한 접근법으로 다루어진다.[25] 이와 관련해서는 ① 하향식 접근법(top-down approach), ② 상향식 접근법(bottom-up approach), ③ 혼합형 접근법(hybrid approach) 등의 3가지가 제시되고 있다.[26]

국, 부자와 빈자 사이에서 로봇기술의 개발 및 접근 가능성과 관련하여 벌어지는 분배정의, 사회정의의 문제이다(변순용, 송선영, 『로봇윤리란 무엇인가?』, 어문학사, 2015[이하 "변순용·송선영"], 18-19면).

20) Veruggio·Abney, p. 347.
21) Veruggio·Abney, p. 347.
22) Patrick Lin, "Introduction to Robot Ethics", Robot Ethics, 2012[이하 "Lin(2012)"], p. 9.
23) Veruggio·Abney, p. 348.
24) Lin(2012), p. 9.
25) 예컨대, 웬델 월러치, 콜린 알렌/노태복 옮김, 『왜 로봇의 도덕인가』, 메디치, 2014[이하 "월러치·알렌"], 17면 이하 참조.
26) 월러치·알렌, 138면 이하; Keith Abney, "Robotics, Ethical Theory, and Metaethics: A

하향식 접근법은 사전에 정해진 일정한 규칙의 집합으로 로봇윤리를 구성하고자 한다.27) 이 접근법에서는 특정한 하향식 접근법을 구현할 알고리듬을 찾는 일이 중요하다.28) 하향식 접근법의 예로는, 대표적으로 칸트의 정언명령과 같은 일련의 의무의 체계에 따라야 할 것을 강조하는 의무론과 특정한 효용의 극대화를 목표로 하는 공리주의를 들지만,29) 그 이외에도 황금률, 10계명, 덕윤리 등도 여기에 속할 수 있다.30) 하향식 접근법 중에는 특정 윤리이론만으로 구성하기보다는 2개 이상의 윤리이론을 결합하자거나31) 덕윤리, 공리주의, 의무론적 윤리설, 책임윤리 등에 공통되는 '최소도덕'을 기준으로 하자는 입장도 있다.32)

한편, 상향식 접근법은 로봇이 스스로 경험으로부터 윤리적 판단능력을 학습하는 것을 강조한다.33) 기계학습(machine learning)을 통해 로봇 스스로 윤리적 지식을 습득하도록 하자는 것이 그 전형적인 예이다.34)

하향식 접근법은 일반적인 차원에서 시스템을 구조화하기에는 적합하나 모든 사태들에 대해 망라적으로 구현하기는 어렵다. 상향식 접근법은 그와는 반대로 일정한 시스템을 전제로 그 과제나 임무를 구체화하는 단계에서 사용하기는 용이하지만, 시스템을 구조화하는 데에는 사용하기 어렵다.35) 따라서 양자의 어느 정도의 결합이 모색되지 않을 수 없는데, 여기에서 고려되는 것이 하향식 접근법과 상향식 접근법을 조합하는 혼합형 접근법이다.36) 덕윤리를 기본으로 하여 상향식 접근법으로 보완하여 포괄적인 도덕적 의사결정 모델을 수립해야 한다는 견해가 그 대표적인 예이다.37)

Guide for the Perplexed", Robot Ethics, 2012[이하 "Abney"], pp. 36-39.
27) 월러치·알렌, 146면.
28) 월러치·알렌, 147면.
29) Goodall(2014a), p. 61.
30) 월러치·알렌, 146면.
31) Goodall(2014b), p. 99.
32) 변순용·송선영, 28면.
33) 월러치·알렌, 139면.
34) 월러치·알렌, 185면 이하.
35) 월러치·알렌, 138-141면.
36) 월러치·알렌, 201면 이하; Gurney, p. 208.
37) 월러치·알렌, 203면.

3. 소결: 자율주행차에 적합한 로봇윤리

로봇윤리에 관한 기존의 논의는 자율주행차의 경우에 그대로 적용하기는 어렵다. 우선, 로봇윤리의 개념을 보자. 자율주행차의 경우에는 이와 같은 윤리적 행위자라는 관념을 도입하기가 쉽지 않다. 첫째, 현재의 기술수준에서 구현되는 자율성을 곧바로 자유의지와 동의어로 파악하여 이를 윤리적 의미의 주체성과 연결시키기는 어렵다.[38] 둘째로, 자율주행차가 스스로 도덕률을 따르도록 하는 것은 위험할 수 있다. 모든 자율주행차가 자신의 고유한 윤리적 기준을 가지고 스스로 개별적인 자율 판단에 따라 도로교통체계에 등장하는 경우 다른 인간 운전자나 자율주행차의 예측가능성이 낮아져 사고 위험이 증가할 수 있다. 요컨대, 자율주행차의 로봇윤리는 인간의 윤리, 특히 로봇을 설계, 제작, 관리, 사용하는 인간에게 적용되는 윤리로 파악하여야 한다.

다음으로, 로봇윤리의 접근법도 로봇을 완전한 윤리적 행위자로 보는 전제에서 논의되고 있다는 점에서 그대로 채택하기는 어렵다. 첫째, 이미 자율주행차가 시범주행 단계에 접어든 현재 시점을 고려할 때, 실행가능한 로봇윤리를 고민해야 한다. 로봇이 완전한 인격성을 구비할 때까지 자율주행차의 운행을 막을 이유나 필요는 없으며, 현실적인 자율주행차의 유용성이 있다면 가능한 범위 내에서 이를 운용하는 것이 사회 전체적인 이익에도 부합하기 때문이다. 따라서 자율주행차의 경우 제한적인 범위 내의 로봇윤리만이 문제된다. 따라서 하향식 접근법 중 보편적인 윤리에서 출발하는 이론은 자율주행차에는 맞지 않다. 둘째, 상향식 접근법은 자율주행차의 경우에는 위험할 수도 있다. 자율주행차가 개별적으로 이루어지는 기계학습 등의 방법으로 스스로 학습하여 인간 운전자의 편견, 잘못된 운전습관 등을 배우게 된다면 이 또한 사고의 원인이 될 수 있기 때문이다.

다만, 여기에서 로봇윤리에 관한 하향식 접근법과 상향식 접근법의 발상 자체는 실용적인 차원에서 활용할 수 있다고 본다. 그렇다면 자율주행차의 윤리는 어떻게 구성하여야 하는가? 이에 관하여는 장을 바꾸어 살펴보기로 한다.

---

38) Lin(2012), p. 9. 현재 로봇윤리에 관하여 대부분 이 입장을 취한다(예컨대, 고인석, "아시모프의 로봇 3법칙 다시 보기: 윤리적인 로봇 만들기", 철학연구회, 『철학연구』 제93집, 2011[이하 "고인석"], 109면; 변순용·송선영, 17-18면; Gurney, p. 208 등).

Ⅲ. 자율주행차에 적합한 로봇윤리의 구성

1. 서설: 자율주행차에 적합한 로봇윤리의 구성방법

(1) 실용적 차원의 접근

자율주행차의 로봇윤리를 어떻게 구성할 것인가에 관하여는 실용적 접근이 필요하다고 본다. 현재의 자율주행차의 발전상황을 고려할 때, 간결하고 명료한 위계구조를 가진 윤리규범을 설정한 후(제1단계), 운행을 통한 경험을 반영하여 그 하향식의 윤리기준을 지속적으로 보충하는 것(제2단계)이 현실적이다. 이 과정에서 그 결과가 축적되면 다시금 피드백하여 윤리기준을 재검토하고 새로운 기준을 수립하는 과정도 지속적으로 수행되어야 할 것이다.

결국 이는 하향식 접근법을 기반으로 하여 그 단점을 상향식 접근법으로 보완하는 혼합형 접근법이 될 것이다.[39] 자율주행차의 로봇윤리와 관련하여 가장 주목되고 있는 것은 사고의 방지 내지 손해의 최소화라는 요소이다. 그런데 현실 세계에서 발생하는 모든 사고상황에 대처하여 이를 사전에 완벽하게 규정하는 것은 불가능에 가깝다. 따라서 위 제1단계에서 고려될 하향식 모델로는 완전한 윤리적 선택을 전제로 한 모델보다는 도로교통 상황에서 적절하게 선택할 수 있는 개방적이고 융통성 있는 것이 더 선호될 것이다.[40]

여기에 특정 지역 또는 국가의 운전자들의 경험적 특징, 도로의 특성, 운전과 관련한 문화적 규범 등은 기계학습과 같은 상향식 접근법에 의하여 보완될 필요가 있다고 본다. 다만 어느 정도의 정보가 축적된 이후에는 상향식 접근법은 하향식 접근법에 흡수될 것이다. 그러므로 여기에서 상향식 접근법에 의한 보완이라

---

39) 이와 유사한 제안으로는 Goodall(2014a), pp. 63-64가 있다. Goodall은 자율주행차의 로봇윤리의 발전을 위한 3단계의 전략을 제시한다. 제1단계로 일반적으로 합의된 원칙들(예컨대, 사망보다는 상해를 선택하여야 한다)에 의하여 사고 영향을 최소화하는 합리적 도덕 시스템의 구축하고, 제2단계로는 여기에 기계학습 기법을 이용하여 인간 운전자들의 의사결정과 충돌 시나리오를 시뮬레이션해서 유사한 가치적 요소를 추가한 다음, 최종적인 제3단계에서는 자율주행차가 이를 인간의 언어로 표현하여 인간으로 하여금 이해하고 이를 교정할 수 있도록 하자고 한다. 제3단계는 자율주행차의 제작 단계에서 확인 가능하므로 이를 별도의 단계로 설정하지 않는다면 위에서 제시하는 2단계의 구조와 유사하다.

40) Goodall(2014b), p. 95는 충돌 순간에 복잡한 윤리적 판단이 가능할 것이라는 것은 비현실적이라고 지적한다.

는 것은 하향식 모델을 완성하기 위한 수준의, 제한적인 의미에 지나지 않는다.

(2) 자율주행차의 윤리적 난제

다음으로 문제되는 것은 혼합형 접근법의 기본을 이루는 하향식 접근법으로는 어떤 기준을 채택하여야 하는가이다. 자율주행차와 관련한 하향식 접근법으로는 아이작 아시모프의 로봇 3원칙과 해악 최소화 알고리듬이 주로 거론되고 있다.[41] 전자는 의무론의 입장[42]과, 후자는 공리주의적 관점[43]과 각각 연결된다. 의무론은 일련의 의무의 체계에 따라야 할 것을 강조함에 반하여, 공리주의는 공리(효용, utility)의 총량을 극대화하여야 한다고 본다.[44]

이들 하향식 모델 중에서 어떠한 것이 자율주행차에 더 적합한가를 논의하기 위하여 윤리적 난제(도덕적 딜레마)들이 제시되고 있다. 이는 자율주행차의 불가피한 교통사고와 관련한 일종의 사고실험으로 극단적인 이익충돌 상황을 가정한 것인데, 이익충돌 상황에 따라 크게 2가지 유형으로 나누어 볼 수 있다.[45] 이때 대립하는 이익으로 고려되는 것은 생명, 신체의 안전, 재산 3가지이다.[46]

첫째, 서로 다른 피해자들 중에서 하나를 선택해야 하는 유형이 있다(① 유형). 이 유형에서는 자율주행차와 그 탑승자가 손상되거나 상해를 입을 것을 전제로 하지 않는다.

[①-1] 전차 사례(Trolley Problem)[47]: 자율주행차의 교통사고가 불가피한 상황에서

---

41) 이는 자율주행차의 경우, 인공도덕행위자(AMA)를 인정하는 전제에서 논의되는 덕윤리나 칸트 윤리학은 현 수준에서는 고려할 여지가 없기 때문으로 보인다.
42) Abney, p. 42; Goodall(2014a), p. 61; J. Christian Gerdes, Sarah M. Thornton, "Implementable Ethics for Autonomous Vehicles", Autonomous Driving, 2016[이하 "Gerdes·Thornton"], p. 95. 또한 월러치·알렌, 159-160면에서는 명시적으로 이를 의무론이라고 하지는 않으나 공리주의에 대립되는 "의무기반 도덕"(duty-based morality)이라고 설명한다.
43) Goodall(2014b), p. 97; Goodall(2014a), p. 62.
44) 월러치·알렌, 147면.
45) 이하의 사례들은 주로 Patrick Lin, "Why Ethics Matters for Autonomous Cars", Markus Maurer, J. Christian Gerdes, Barbara Lenz, Hermann Winner(ed.), Autonomous Driving, Springer[이하 "Autonomous Driving"], 2016[이하 "Lin(2016)"], p. 69 이하; Gurney, p. 195 이하를 재구성한 것이다.
46) Goodall(2014a), p. 61.
47) 원래 전차사례는 Philippa Foot에 의하여 전차 운전사가 1명 또는 다수의 사람을 불가피하게 충돌하게 되는 상황하에서의 윤리적 판단을 위한 예제로서 제시되고, Judith Jarvis

한쪽에는 8살짜리의 어린이가 있고, 다른 한쪽에서는 80세의 노인이 있다. 자율주행차는 누구와 충돌해야 하는가?[48]

[①-2] 헬멧 사례(Motorcycle Problem): 위의 사례에서 좌측에는 헬멧을 쓴 모터사이클 운전자가 있고, 우측에는 헬멧을 쓰지 않은 모터사이클 운전자가 있다면, 자율주행차는 누구와 충돌해야 하는가?[49]

둘째, 자율주행차와 그 탑승자의 이익과 다른 피해자의 이익 사이에서 선택해야 하는 유형(② 유형)도 있다. 자율주행차가 자신 또는 탑승자의 안전을 더 고려해야 하는가 아니면 다른 자동차 혹은 탑승자 이외의 사람의 안전을 더 고려해야 하는가가 이 유형에서의 쟁점이다.

[②-1] 교각 사례(Bridge Problem): 자율주행차가 다리 위의 2차선을 주행하던 중 충돌이 불가피한 상태에 놓이게 되었다. 이 경우에 ① 맞은편에서 오던 여러 명의 학생이 탄 스쿨버스와 충돌하여야 하는가? 아니면 ② 다리에서 벗어나 탑승자를 사망케 하여야 하는가?[50]

[②-2] 터널 사례(Tunnel Problem): 자율주행차가 1차선의 산길 위의 좁은 터널로 진입하던 중 도로 전방에 넘어진 어린 아이 1명을 발견하였다. 이 경우 ① 직진하여 아이를 충격하여 사망케 하여야 하는가? 아니면 ② 방향을 틀어 터널 벽을 들이받아 탑승자를 사망케 하여야 하는가?[51]

[②-3] 자동차 대 자동차 사례(the Car Problem): 위 전차 사례에서 왼쪽에는 안전도가 낮은 차가 있고, 오른쪽에는 안전도 높은 차가 있다면 어떤 차와 충돌하여야 하는가?[52]

이하에서는 아시모프의 3원칙과 해악 최소화 알고리듬에 의할 때, 윤리적 난제들이 어떻게 해결되는지 살펴보기로 한다.[53]

Thomson에 의하여 전차 운전사가 아닌 제3자가 통제할 수 있도록 변형된 사례인데 (Gurney, p. 206), 위의 내용은 자율주행차의 경우에 맞추어 수정된 것이다.

48) Lin(2016), p. 69.

49) Lin(2016), pp. 72-73; Gurney, p. 197.

50) Lin(2016), p. 76; Gurney, p. 204.

51) Gurney, p. 202.

52) Lin(2016), p. 72; Gurney, p. 198.

53) 이상에서 다루어진 사례들은 설명하고자 하는 목적과 취지에 따라 다른 조건을 부여함으로써 상이한 유형으로 다룰 수 있다. 또한 ① 유형의 자기보존과 ② 유형의 타인 간의 이익형량이 혼합된 사례도 가능하다(③ 유형). 예컨대, 자동차 대 자동차 사례[②-3]는 자

2. 수정된 아시모프의 3원칙과 해악 최소화 알고리듬

(1) 자율주행차를 위해 수정된 아시모프의 로봇 3원칙

아시모프의 3원칙은 소설가 아이작 아시모프가 1942년 출간된 단편소설 "Runaround"에서 제시한 기준이다. 이는 그 기준의 다의성 때문에 주인공인 로봇이 곤란을 겪도록 유도하는 일종의 플롯장치(plot device)였다.[54] 아시모프가 제안한 의도는 쉽게 풀기 어려운 윤리적 난제(도덕적 딜레마)에 봉착하여 모순되는 선택 사이에서 갈등하는 로봇의 모습을 보여주고자 한 것이었다.

[제1법칙] 로봇은 인간을 해치거나 혹은 부작위에 의해 인간에게 위험을 초래해서는 안 된다.
[제2법칙] 로봇은 제1법칙에 저촉되지 않는 한, 인간이 내린 명령에 복종해야 한다.
[제3법칙] 로봇은 제1법칙 혹은 제2법칙에 저촉되지 않는 한, 자신을 보호해야 한다.

로봇윤리에 관한 다양한 상상력의 원천이 되기는 하였으나,[55] 독자적인 로봇윤리의 기준으로 부적절하다는 것이 윤리학적 접근을 하는 연구자들의 시각이다.[56] 이에 반하여, 자율주행차 관련 연구자, 특히 공학자들은 이 아시모프의 3원

율주행차와 그 탑승자의 안전이 문제된다고 구성할 수 있다(Lin(2016), p.72). 이는 위의 ① 유형과 ② 유형의 논의가 중첩적으로 적용되는 것이나, 논의의 단순화를 위해 여기에서는 따로 검토하지는 않기로 한다. 이 ③ 유형의 대표적인 예로는 쇼핑 카트 사례(Shopping Cart Problem)가 있다. 이는 브레이크가 고장난 자율주행차의 전방에는 유모차를 밀고 있는 아기엄마가 있고, 그 왼편에는 물건을 많이 실은 쇼핑카트가 있으며, 그 오른편에는 식료품가게가 있다고 가정하여, 유모차로 돌진하면 아이가 죽게 되고, 쇼핑카트를 택하면 자율주행차가 손상되며, 식료품 가게로 돌진하면 자율주행차와 탑승자가 중대한 손상을 입게 된다고 할 때, 자율주행차는 어느 쪽으로 진행해야 하는가라는 윤리적 난제이다(Gurney, p. 195).

54) Gurney, pp. 183-184; Goodall(2014a), p. 61; 고인석, 104면. 아시모프는 1942년 "Runaround"에서 로봇 3원칙을 처음 제시하였고, 1988년 "Robots and Empire"에서 제0법칙("로봇은 인류(humanity)를 해치거나 혹은 부작위에 의해 인류에게 위험을 초래해서는 안 된다.")을 추가하여 이를 수정하였다(고인석, 101면 이하).

55) 아시모프의 원칙을 일반적 로봇윤리의 차원에서 재구성해보고자 하는 시도로는 Abney, p. 43. 또한 고인석, 98면 이하도 이를 로봇을 설계, 제작, 관리, 사용하는 자의 윤리로 아시모프의 3원칙을 재구성하고자 한다.

56) 아시모프의 3원칙은 로봇을 독자적인 윤리의 주체로 삼아 로봇에게 의무를 부여한 것으로 소설적 상상력에 기초한 것이어서 로봇윤리의 근거로 되기는 어렵다는 평가로는 월러치·알렌, 158-159면; 변순용·송선영, 64면. 한편, 월러치·알렌, 159면에서는 아시모프

칙을 선호한다. 단순명료함과 위계적 구조 때문이라고 판단된다.[57] 단순명료함으로 인해 코딩이 용이하고, 자율주행차는 사고 상황에서 서로 모순 혹은 대립하는 원칙들의 위계에 따라 우선순위를 판단하도록 할 수 있기 때문이다. 즉, 자율주행차로 하여금 동시에 실현할 수 없는 모순된 명령을 수행하라고 하는 것은 불가능하고 이를 해결하기 위해서는 일정한 제약조건 또는 명령들 사이의 위계가 필수적으로 요구되기 때문이다.[58]

아시모프의 3원칙을 자율주행차에 적용하는 대표적인 예로는 Gerdes와 Thornton의 3원칙(이하 "수정된 아시모프의 3원칙")과 Raul Rojas의 4원칙(이하 "자율주행차의 4원칙")을 들 수 있다.

우선, Gerdes와 Thornton은 아시모프의 3원칙을 재구성하여 현실적으로 실행가능한 윤리원칙으로서 다음과 같이 수정된 아시모프의 3원칙을 제시한다.[59]

[제1법칙] 자율주행차는 보행자나 자전거운전자와 충돌해서는 안 된다.
[제2법칙] 자율주행차는 제1법칙에 저촉되는 충돌을 피하기 위한 것이 아닌 한, 다른 자동차를 충돌해서는 안 된다.
[제3법칙] 자율주행차는 제1법칙과 제2법칙에 저촉되는 충돌을 피하기 위한 것이 아닌한, 주위의 다른 물체와 충돌해서는 안 된다.

Gerdes와 Thornton은 인간의 생명에 우선권을 부여하고 이를 지킬 로봇의 의무를 규정하였다는 점에서 아시모프의 3원칙의 장점을 찾는다.[60] 또한 이 규칙은 느슨한 척도에 의하여 충돌대상만을 유형화하고 정교한 손상의 계산을 포함하지 않는데, 이 정도가 외부물체가 완벽하게 식별되지 않는 현재의 인식기술 수준에 비추어 실행가능한 수준이라는 점을 고려한 것이라고 한다.[61]

의 3원칙이 '도덕적 행위자'에게는 적합한 이론이 아니라는 점에서 이 이론이 부적절하다고 본다.
57) 예컨대, Gerdes·Thornton, p. 96. 한편, 이는 아시모프의 3원칙의 단점으로 지적되기도 한다. 즉, 아시모프의 3원칙이 지나치게 추상적이라거나(Goodall(2014a), p. 62), 규칙들이 애매하다(ambiguity)는 것(Gurney, p. 184)이다.
58) Gerdes·Thornton, pp. 94-95.
59) Gerdes·Thornton, p. 96.
60) Gerdes·Thornton, p. 95.
61) Gerdes·Thornton, p. 96.

또한 Raul Rojas는 아시모프의 3원칙에서 고려되지 않았던 법적 요소인 교통법규를 제2법칙으로 추가하여 자율주행차의 4원칙을 제시한다.[62]

[제1법칙] 자율주행차는 인간을 해치거나 혹은 부작위에 의해 인간에게 위험을 초래해서는 안 된다.
[제2법칙] 자율주행차는 제1법칙에 저촉되지 않는 한, 교통법규를 준수하여야 한다.
[제3법칙] 자율주행차는 인간이 내린 명령이 제1법칙 혹은 제2법칙에 저촉되지 않는한, 그 명령에 복종해야 한다.
[제4법칙] 자율주행차는 제1법칙, 제2법칙 혹은 제3법칙에 저촉되지 않는 한, 자신을보호해야 한다.

아시모프의 3원칙은 서로 다른 인간이 모순되는 명령을 내리는 경우와 같이,[63] 동일한 위계 내에서의 우선순위를 고려하지 못하는 난점이 있다. 이는 수정된 아시모프의 3원칙, 자율주행차의 4원칙의 경우에도 유사하다. 윤리적 난제에 관한 이 입장의 결론은 이를 잘 보여준다.

[1] 전차 사례[①-1], 헬멧 사례[①-2]와 같은 인간 피해자 대 인간 피해자와 같이 동일한 위계 내의 사례(① 유형)에서는 자율주행차는 선택을 하지 못하게 된다.
[2] 교각 사례[②-1], 터널 사례[②-2]의 경우, 보행자를 우선하는 수정된 아시모프의 3원칙의 제1법칙에 의하면 보행자를 피하기 위하여 탑승자를 희생하게 된다. 반면, 자율주행차의 4원칙에 의하면, 인간 대 인간의 관계이므로 선택을 하지 못하게 된다.
[3] 자동차 대 자동차 사례[②-3]에서는 인간 탑승자의 존재 여부에 따라 자율주행차의 선택이 달라질 수 있다. 즉, 사람이 타고 있는 경우에는 제1법칙의 적용대상이 되지만, 그렇지 않은 경우 수정된 아시모프의 3원칙에서는 제2법칙에 의하면 동일한 위계 내의 경우로 선택이 불가능하다.

Gerdes와 Thornton의 수정된 아시모프의 3원칙은 보행자·자전거운전자, 다른 자동차, 기타의 문제라는 순서로 위계를 정하고 있다는 점은 주목할 만하다. 그러나 동일한 서열의 갈등상황에서는 그와 별도의 추가적인 변수를 고려하여 가

---

62) Raul Rojas, "I, Car: The Four Laws of Robotic Cars"(http://www.inf.fu-berlin.de/inst/ag-ki/rojas_home/documents/tutorials/I-Car-Laws.pdf, 최종접속일: 2016.5.31)[이하 "Raul Rojas"].
63) 모순되는 명령의 가능성에 대해서는 고인석, 102면 이하.

중치를 부여하지 않고서는 문제를 해결하기 힘들다.

또한 Rojas의 자율주행차의 4원칙, 특히 제2법칙은 자율주행차가 고립적으로 존재하는 것이 아니라 도로교통이라는 환경을 규율하는 법질서, 교통법규의 틀 내에서 운행하는 것임을 고려한 것이다. 이는 교통법규하에서 운행하는 현실을 고려한 착상이다. 그러나 교통법규라는 일반적 법규범은 다른 제1·3·4법칙과 비교할 때 그 명령의 성질이 이질적이라는 문제가 있다. 즉, 인간의 보호-교통법규-인간의 명령-자신의 보호로 연결되는 위계질서를 예정하고 있으나, 예컨대 제1·3·4법칙 자체가 일종의 교통법규로 이해되는 경우와 같이, 내부적인 원칙이 서로 충돌할 수 있다. 따라서 교통법규와 순수한 로봇윤리로서의 제1·3·4법칙의 관계는 별도로 설정될 필요가 있다.

(2) 해악 최소화 알고리듬(공리주의적 접근)

한편, 공리주의적 입장에서 자율주행차의 사고 방지와 관련한 프로그램으로는 충돌최적화 알고리듬(crash-optimization algorithm)이 논의된다. 여기에는 ① 자기 보존적 알고리듬(self-preservation algorithm), ② 이타적 내지 자기희생적 알고리듬(altruistic/self- sacrifice algorithm), ③ 해악 최소화 알고리듬(harm-minimizing algorithm) 등 3가지를 들 수 있다.[64] 그런데 극도의 자기보존적 알고리듬은 자율주행차와 탑승자의 안전을 극단적으로 보호하는 결과, 제3자의 피해를 과도하게 초래할 수 있어 사회적으로, 윤리적으로 수용되기 어려운 결과를 초래할 수 있다.[65] 한편, 이타적 알고리듬을 장착한 경우는 자기보존적 알고리듬보다는 윤리적이라고 할 수 있다.[66] 그러나 이는 자신의 안전을 선호하는 소비자의 외면을 받기 쉬워 제작자가 이를 선뜻 받아들이기는 어렵다.[67] 따라서 두 가지 모두 현실적인 알고리듬으로 채택되기 어렵기 때문에 현실적으로는 해악 최소화 알고리듬만이 고려대상이 된다.[68]

---

64) 이 3가지의 알고리듬 유형은 Gurney, p. 195 이하; Lin(2016), p. 72 등의 설명을 종합한 것이다. 다만 Lin(2016), p. 72는 3가지 유형은 3가지 유형 중 주로 자기보존적 알고리듬과 이타적 알고리듬을 대비시켜 설명한다.

65) Gurney, p. 196.

66) Lin(2016), p. 72.

67) Gurney, p. 203.

68) 한편, 온건한 자기보호 알고리듬의 경우도 생각해볼 수 있으나, 이 경우 자율주행차와 그 탑승자의 안전도 동일한 차원에서 고려하여야 할 이익의 하나가 되므로 실질에 있어

윤리적 난제는 해악 최소화 알고리듬에 따르면 다음과 같이 해결된다. 여기에서는 해악을 구체적으로 산정하는 방법에 따라 그 결론이 달라짐을 볼 수 있다.

[1] 전차 사례[①-1], 교각 사례[②-1], 터널 사례[②-2] 등에서는 우선 최대다수의 최대행복이라는 기준을 적용하여 더 적은 수의 사람이 희생되도록 선택한다.

[2] 헬멧 사례[①-2]의 경우, 교통사고로 인한 피해를 최소화하기 위해 헬멧 쓴 운전자를 피해자로 선택한다.

[3] 자동차 대 자동차 사례[②-3]에서는 금전적인 손해배상의 측면을 고려하면, 안전도가 높은 차와 충돌하거나 가격이 낮은 차량과 충돌하여야 하나, 이는 반대로 안전도가 높은 차량과 충돌하는 것은 자율주행차 탑승자의 안전을 저해할 수 있다.[69] 한편, 얼굴 인식 시스템에 의하여 피해자의 수를 인식할 수 있다면 탑승자가 적은 피해차량과 충돌하는 등, 사고와 관련된 각 자동차에서의 탑승자의 인원수, 안전벨트의 착용 여부와 같은 인구통계학적 정보를 고려하여 판단하게 될 것이다.[70]

해악 최소화 알고리듬은 많은 경우 현실적이고 유용한 해결책을 제시해준다. 사고의 회피와 사고 발생, 경미한 재산상의 손해와 중대한 신체손상 등이 대립하는 경우에는 그 선택은 자명하다. 그러나 문제는 해악에 대한 정의에 따라 그 계산방법이 달라지고 때로는 그 결과가 윤리적으로 수용되기 어려운 경우도 있다는 데에 있다.[71] 예컨대, 헬멧 사례[①-2]에서 헬멧 쓴 운전자를 피해자로 선택하는 것은 교통법규를 잘 지킨 사람이 오히려 공격의 대상이 되는 불공정성이 있고, 또한 이는 법을 준수하여 헬멧을 써야 할 사회적 동기를 약화시킨다는 점에서 문제가 있다.[72] 따라서 공리주의적 접근이 자율주행차의 로봇윤리로 채택되기 위해서는 해악의 정의나 크기에 대한 가치서열 등이 별도로 정해질 필요가 있다.

서 해악 최소화 알고리듬과 같이 검토될 것이다.

69) 이는 자기보존적 알고리듬에 의한 것과 결과가 같다. 즉, 자신의 안전이 더 잘 보장되는 차량(예컨대 가벼운 차량)을 선택할 것이나 이타적 알고리듬에 의하면, 반대편 차량을 택하게 될 것이기 때문이다(Lin(2016), p. 72).

70) Goodall(2014a), p. 62; Gurney, pp. 201-202.

71) Goodall(2014a), p. 62. 특히 공리주의가 개인의 권리를 고려하지 않는다는 비판(Goodall (2014b), p. 97)이 여기에도 그대로 적용된다.

72) Gurney, p. 198.

3. 소결: 수정된 아시모프의 3원칙과 해악 최소화 알고리듬의 결합

수정된 아시모프의 3원칙과 해악 최소화 알고리듬은 모두 장점과 단점을 지닌 이론들이다. 따라서 하향식 접근법의 경우에는 위계를 고려한 의무론적 구성과 해악 최소화 알고리듬으로 표현되는 공리주의의 결합에 의하는 것이 바람직하다. 수정된 아시모프의 3원칙은 서로 다른 이익들 간의 서열 내지 위계구조를 보여주고 있다는 점에서 유용하다. 그러나 동일 서열 내부에서는 우선순위를 판단하지 못하는 난점이 있다. 한편, 해악 최소화 알고리듬에서의 해악 기준은 동일한 법익 내지 이익의 경우에 해악의 다과를 통해 실용적인 기준을 제시해 줄 수 있다는 장점이 있다. 그러나 해악의 의미와 기준 자체가 불명확할 수 있고, 이를 위해서는 별도의 기준이 필요하다는 한계가 있다.

조금 더 구체적으로 보자면, 수정된 아시모프의 3원칙은 이익 또는 보호대상의 위계구조를 보행자·자전거운전자, 다른 자동차, 기타의 문제 순서로 정하고 있으나, 동일 위계 내에서의 가중치 등의 문제는 공리주의적 요소 등 다른 기준이 가미되어야 해결 가능하다. 또한 해악 최소화 알고리듬은 그 내부에 문제가 되는 이익들, 생명, 신체의 안전, 재산 등에 대한 규범적 기준을 고려하지 않고서는 선택이 불가능한 상황에 봉착할 가능성이 크다. 따라서 수정된 아시모프의 3원칙의 위계구조를 바탕으로 해악 최소화 알고리듬을 결합하는 방식으로 자율주행차의 로봇윤리를 구성하는 것이 바람직하다.

한편, 자율주행차의 4원칙 중 제2법칙은 자율주행차가 실제로 운행되는 상황에서는 교통법규의 틀 내에서 운행하여야 함을 보여주는 장점이 있으나, 다른 제1·3·4법칙과 교통법규라는 이질적인 요소의 관계가 분명하지 않은 이론적 난점이 있다. 이 난점은 수정된 아시모프의 3원칙과 해악 최소화 알고리듬의 결합에 의한 로봇윤리의 구성에도 불구하고 여전히 존재하는 것이다. 이는 로봇윤리와 법적 규율의 관계에서 비롯되는 근본적인 문제점을 시사하는 것이기 때문이다. 이에 관하여는 장을 바꾸어 살펴보기로 한다.

IV. 자율주행차의 로봇윤리와 그 법적 시사점

1. 자율주행차의 로봇윤리와 법적 규율의 관계

(1) 잠정적 기준으로서 자율주행차의 로봇윤리

수정된 아시모프의 3원칙과 해악 최소화 알고리듬을 결합하여 구성하는 로봇윤리로 어느 정도 안정적인 로봇윤리의 기준을 수립할 수 있을 것이다. 그러나 이에 의하더라도 자율주행차와 관련된 윤리적인 문제가 망라적·완결적으로 해결되는 것은 아니다.

첫째, 개별적인 자율주행차의 안전이 곧바로 자율주행차가 속해 있는 도로교통체계의 안전을 의미하지는 않는다는 점이다. 즉, 개별 자율주행차의 윤리적 의사결정이 반드시 안전을 확보해주지 못한다. 로봇윤리는 전체적인 교통 흐름과 체계라는 거시적 틀을 고려하여야 하며, 도로교통의 중층적 이해관계를 고려하지 않고서 로봇윤리가 완전한 의미를 지니기 어렵다. Rojas의 자율주행차 4원칙 중 제2원칙이 주목되는 이유가 여기에 있음은 앞서 본 바와 같다.

둘째, 자율주행차는 현실적으로 제한된 정보를 토대로 의사결정할 수밖에 없다는 점이다. 앞서의 자율주행차의 윤리적 난제들은 대체로 자율주행차가 완전한 정보를 가지고 있거나 혹은 가질 수 있다는 점을 암묵적으로 전제한 것이다. 그러나 앞으로 기술의 비약적인 발전이 있다고 하여도 도로에서 발생하는 모든 상황을 완벽하게 예상한 대응체계가 갖추어지려면 상당기간이 소요될 것으로 예상된다.

셋째, 자율주행차의 발전속도를 예상할 때, 인간 운전자에 의한 운행이 완전히 자율주행시스템에 의해 대체되려면 앞으로도 상당한 시간이 필요할 것이라는 점이다. 이는 자율주행차의 로봇윤리는 로봇과 인간 모두가 도로교통에 관여하는 동안 양자 모두의 이해관계가 관련된다는 말이 된다. 따라서 그동안에는 로봇윤리만으로 자율주행차가 도로교통 상황에 대응하는 데에는 일정한 제약이 따를 수밖에 없다.

이상과 같은 이유에서 자율주행차의 로봇윤리는 한계를 지닌 잠정적인 기준이 되고, 따라서 로봇윤리가 상당한 수준으로 정교하게 구성되더라도 실제로 발생하는 사고에 대한 법적 규율과는 완전히 일치할 수는 없게 된다.

(2) 자율주행차의 로봇윤리와 법적 규율의 분리

한편, 어떠한 윤리이론, 로봇윤리에 의하여 윤리적으로 정당하다고 판단되더라도, 법적 책임의 가능성은 여전히 열려 있다. 윤리적 판단에 따른 결과라고 하여도 법적 책임이 당연히 면책되는 것은 아니며, 판단이 윤리적이어도 그에 대한 법적 책임은 별도로 문제될 수 있다.[73] 윤리이론에 따른 결과가 법적 책임과 일치하지 않는 한, 윤리적 규범과 법적 규범 사이의 얼마간의 간극은 불가피할 뿐아니라 자연스럽기까지 한 것이다.

첫째, 자율주행차의 로봇윤리는 그 목적을 1차적으로 해당 자율주행차의 사고방지나 안전한 운행에 두지만, 도로교통에 관한 법적 규율은 도로교통의 원활과 안전이라는 공익적 관점에서 출발한다.[74] 자율주행차를 설계, 제작하는 사람들에게 가장 고민되는 것은 자신이 설계, 제작한 자율주행 프로그램의 실행결과에 대하여 얼마만큼 책임을 부담하게 되는가를 충분히 예측할 수 없다는 점이다. 그 원인을 법규범의 불명확성과 낮은 예측가능성에서 찾고 있지만,[75] 더 근본적으로 양자의 목적과 수단, 작동방식 등이 동일하지 않다는 점에 그 원인이 있다. 사적인 영역에서의 손해배상 책임 등은 생명, 신체의 안전, 재산과 관련된 부분에서 양자가 일치하는 경우도 있으나, 언제나 그리고 당연히 양자가 일치하는 것은 아니다.

둘째, 자율주행차의 기술적·물리적 한계에 의해서도 윤리적 판단과 법적 판단이 달라질 수 있다. 윤리적 판단은 사고 발생 이전 설계 시점에서 그리고 사고 발생 당시 자율주행시스템의 판단시점에서 행해지는데, 그 판단은 당시의 제한된 기술 및 정보에 의하여 행해질 수밖에 없다. 이에 반해 법적 판단은 재판시점에서 사후적으로 행해지는데, 제한된 기술 및 정보에 기한 판단의 결과가 사후적으로 볼 때 충분한가의 논의와 심사를 거쳐 법적 책임으로 최종 확정된다.[76]

---

73) 반대의 경우도 마찬가지이다. 즉, 법적 책임이 문제되지 않는다는 것이 윤리적 문제를 완전히 해결하는 것도 아니다(Goodall(2014B), p. 97).
74) 도로교통법제는 도로의 안전, 원활한 도로교통의 보장 또는 편의 등과 같은 목적을 추구하는 경향이 있다(Gerdes·Thornton, p. 97).
75) 예컨대, Gerdes·Thornton, p. 87 이하의 서술을 보라.
76) '법적 판단의 후행성'에 대해서는, 제2편 제3장 〈운전·운전자법제〉 제3절 Ⅲ. 4. (2) 및 Ⅱ. 1. 참조.
   이러한 괴리에 대응하기 위한 법기술은 어느 정도 마련되어 있다. 형법상 위법성이나 책임의 조각에 관한 법리들은 이와 같은 상황에 대처하기 위한 것이다. 민사적으로도 손해

셋째, 자율주행차의 주행은 인공지능의 합리적 판단만으로 모든 것이 결정되지는 않는다. 물리적 실체로서 자동차는 물리법칙의 지배를 받기 때문에 제동거리, 회전반경, 관성 등 다양한 요소가 개입하여 사고와 연결될 수 있다.[77] 이 경우의 법적 책임문제는 자율주행시스템 이외의 다른 요소에 의해 영향을 받는다.

2. 자율주행차의 로봇윤리와 그 법적 시사점

자율주행차의 로봇윤리는 일정한 한계를 지닌 잠정적인 개념이며, 그것은 법적 규율과는 이론적, 실제적으로 분리되어 있다. 그럼에도 불구하고 윤리적 판단의 문제는 법제도에 영향을 미치는 중요한 요소의 하나이다. 또한 윤리적 정당성은 법적인 차원의 면책가능성을 부여할 수도 있다. 예컨대, 일정한 사회적, 윤리적으로 승인될 수 있는 우선순위에 따른 선택은 법적 절차에서도 면책될 가능성이 커진다. 자율주행차의 로봇윤리가 법체계와의 상호작용을 통하여 법체계에 주는 영향 내지 법적 시사점은 여기에 한하지 않는다.

첫째, 자율주행시스템의 의사결정은 사회적 가치평가, 특히 헌법적 가치평가를 통해 승인될 수 있는 것이어야 하므로 이에 관한 충분한 논의가 그 개발단계에서부터 필요하다. 예컨대, 해악 최소화 알고리듬은 일종의 표적식별 알고리듬(targeting algorithm)이다. 이는 실질적으로 피해자를 표적으로 간주하고 이를 찾아내는 것이며, 손해나 사고를 최소화한다는 발상은 결국 손해를 최소화할 피해자를 고르는 선택을 의미한다.[78] 이에 대해서는 법적으로 차별금지나 평등권, 인간의 존엄과 가치 등의 헌법적 가치와의 충돌 문제가 제기될 수 있다.[79] 인간 운전자에 의한 교통사고와 달리, 자율주행차의 경우에는 '사전에' 면밀한 검토를 통해, 프로그래머가 계획적으로 특정 피해자 유형을 선택하여 그에 대하여 사고가 일어나도록 설정하기 때문이다.[80] 이 문제는 현재 잠재적인 문제제기에 그치고

배상과 관련하여 유사한 법리가 사용되고 있다.
특히 제조물책임과 관련해 설계상 '결함' 여부에 대해 사후적 판단을 할 것인지 아니면 사고당시의 기술수준을 기준으로 판단할 것인지 여부에 대해서는, 제2편 제4장 〈책임법과 보험법제〉 제4절 Ⅳ. 2. (3) 참조.

77) Lin(2016), p. 81.
78) 따라서 이에 대해서는 '군사용 로봇'의 표적식별 알고리듬에서 문제되는 것과 동일한 윤리적 문제가 따른다(Lin(2016), p. 72).
79) Lin(2016), p. 70.
80) Goodall(2014a), p. 80.

있지만, 자율주행차로 인한 사고가 발생하는 경우 이에 대한 법적 판단 내지 해결방향이 자율주행차의 발전방향과 형태를 규정하게 될 가능성이 매우 높다. 따라서 향후 자율주행차 기술과 산업이 안정적으로 발전하기 위해서는 관련된 헌법적 쟁점을 자율주행차의 개발시점부터 충분히 검토할 필요가 있다.

둘째, 로봇윤리적 결정의 사회적 효과를 고려하는 법적 개입이 필요하다. 자율주행차의 특정 알고리듬, 사고시의 선호의 체계가 인간 운전자나 보행자 등에게 알려지게 되면, 그것이 시장의 선호를 통해 사회적으로 중요한 변화를 야기할 수 있다. 예컨대, 더 무거운 차량을 회피한다는 알고리듬이 알려진다면 그에 따라 무거운 차량의 판매가 늘어날 것이며,81) 해악 최소화 알고리듬에서 특정한 조건의 운전자, 자동차를 회피한다는 사실이 알려지면 그에 따른 소비자의 선택이 일어날 것이다. 이 경우 법이 사회나 국가 전체의 공익적 관점에서 정한 정책적 방향에 따라 적극 개입하여 로봇윤리 관련 프로그램의 신설, 수정, 삭제 등을 요구할 수 있어야 한다. 한편, 인간 운전자가 특정 알고리듬을 역이용하여 자율주행차의 사고를 고의적으로 야기하고자 시도하는 경우82)에 대해서도 적절히 법적으로 규제해야 도로교통의 안전을 확보할 수 있다.

셋째, 자율주행차의 경우 법적 규율의 요소가 로봇윤리를 구성하는 윤리체계 내부에 편입되어 있어야 도로교통의 체계 속에서 안정적인 윤리적 선택이 가능하다. 이 경우 법적 규율은 자율주행시스템의 수학적 제한조건으로 기능하게 될 것이다.83) 이 제한조건이 되는 법적 규율의 대표적인 예가 교통법규이다. 그런데 문제는 현행 법체계가 곧바로 인공지능이 인지할 수 있는 논리적 기준을 갖추지 못했다는 점이다.84) 여기에서 향후 자율주행기술의 발전에 따라 도로교통법체계의 재구성, 즉 구조화와 위계화가 강하게 요구될 것으로 예상된다.85) 또한 형식적인

인공지능 알고리즘의 '사전적' 프로그래밍 필요성에 대해서는, 제2편 제3장 〈운전·운전자법제〉 제3절 Ⅲ. 5. 및 Ⅳ. 6. 이하 참조.

81) Lin(2016), p. 73.
82) Lin(2016), p. 81.
83) Gerdes·Thornton, p. 97.
84) Goodall(2014b), p. 97.
85) ADS의 법규준수 알고리즘에 사전 반영하기 위해서는 교통법규의 내용을 구조화 위계화 해야 하고, 이렇게 사전 설계된 법규준수 알고리즘은 자율주행차 사고 발생시 ADS가 교통규칙을 준수했다는 사실의 증명방법이 된다. 자세히는, 제2편 제3장 〈운전·운전자법제〉 제1절 Ⅲ. 3. 및 4. 참조.

위법성과 실질적인 위법성의 관계나 일반조항에 의한 책임 배제 등의 경우 그 구조화와 위계화의 요구가 특히 커질 것으로 보인다. 이에 대한 법이론적인 대비가 필요함은 물론이다.

넷째, 기술의 발전에 '병행'하는 법적 규제의 반영이 있어야 한다. 일반적으로 기술발달에 '뒤처진' 법령 등이 문제이다. 과학기술의 발전 수준에 따르지 못하는 과거의 법령을 고수하는 것은 자율주행차 산업의 발전을 저해할 수 있기 때문이다. 따라서 자율주행차, 플라잉카(UAV) 나아가 자율형 로봇 등 새로운 과학기술의 영역을 규율함에는 개개의 규정(rules)보다는 기준(standards)이나 원리(principles) 위주로 접근하는 규제입법이 필요하다고 본다.[86] 개개의 구체화된 개별 규제로는 자율주행차의 자동화 정도에 관한 발전속도를 그대로 좇아가기가 어렵기 때문이다.[87]

한편, 반대의 경우도 생각해볼 수 있다. 기술발전 수준을 '앞서는' 성급한 법적 규제, 즉 현재의 기술수준 혹은 자율주행차의 위험을 과도하게 평가하여 불필요한 규제를 선제적으로 시도하는 것도 오히려 기술발달이나 합리적인 사회발전에 장애요소가 될 수 있다.

V. 결론

이상에서는 자율주행차에 요구되는 로봇윤리를 검토하여 그로부터 법적 시사점을 모색해 보았다. 우선, 자율주행차의 로봇윤리는 하향식 접근법을 기반으로 하여 그 부족한 점을 상향식 접근법으로 보완하는 혼합형 접근법에 의하는 것이 적합하다고 보았다. 자율주행차에 맞추어 수정된 아시모프의 3원칙과 같은 의무론적 요소와 해악 최소화 알고리듬으로 표현되는 공리주의적 발상의 결합이 필요하며, 이를 기반으로 기계학습과 같은 상향식 접근이 보완되어야 한다고 보았다.

다음으로, 자율주행차의 로봇윤리의 한계 및 법적 규율과의 관계를 검토하여 다음과 같은 법적 시사점을 도출하였다. 첫째, 자율주행차의 의사결정 프로그램

---

86) 규정에 기한 규제와 기준에 의한 규제의 장단점에 대한 탁월한 분석으로는, Kaplow, "Rules versus Standards: An Economic Analysis", 42 Duke LJ 557(1992) 참조.

87) Veruggio · Abney, p. 359.

은 생명, 신체의 안전이라는 법적 이익을 직접 침해할 수 있으므로 헌법적 적합성의 검토가 개발단계에서부터 필요하다. 둘째, 다수의 주체가 관여하는 도로교통의 특성을 고려하여 로봇윤리를 구성할 때 교통법규가 그 내부에 편입되어야 하는데, 이를 위하여 관련 법령의 구조화와 위계화가 필요하다. 셋째, 로봇윤리에 따른 자율주행차의 선호의 체계가 공익을 저해하지 않도록 조정하는 법적 노력이 필요하다. 넷째, 기술발달과 병행하는 규제적 법제의 정비를 위해서는 원리 위주의 규제입법이 필요하다.

　　자율주행차의 등장은 우마차에서 자동차로 전환된 것 이상의 사회적 변화를 초래할 것이다.[88] 그 변화는 우리의 예측보다는 더 깊고 더 근본적일 수 있다. 따라서 그로 인해 초래되는 사회적 변화를 통제가능한 범위 내로 유지하도록 미리 대비할 필요가 있다. 자율주행차와 관련하여 로봇윤리를 검토한 이유도 여기에 있다. 또한 자율주행차와 관련해서는 법적 차원에서도 기존의 법체계를 단순 재구성하는 수준을 넘는 근본적 변화를 요구할 것으로 예상된다. 향후 이에 관한 연구와 대비도 필요하다.

---

88) Lin(2016), p. 81.

제2절 AI 윤리 가이드라인의 기본 방향[*]

Ⅰ. 서론

사물인터넷, 빅데이터, 인공지능(AI)으로 대변되는 4차 산업혁명 기술이 빠르게 확산되고 있다. 특히 AI는 로봇, 스마트 시티&팩토리, 자율주행차를 비롯해 향후 인간사회에 상당한 영향을 미칠 것으로 예상된다. 하지만, 스티븐 호킹스(Steven Hawkings), 엘론 머스크(Elon Must)와 인공지능의 대가 오렌 에치오니(Oren Etzioni) 박사 등의 주장처럼 잘못 사용하면 인간 사회를 파괴하는 살상무기가 될 수 있기 때문에 도입에 앞서 철저한 사전 대비가 필요하다. 일찍이 AI의 위험성을 인지한 아이작 아시모프(Issak Asimov)는 1942년 집필한 '아이 로봇'에서 로봇윤리 3원칙이라는 이름으로 로봇을 제어할 지침을 만들어 공표하기도 했다:

로봇은 기계여서 인간과 같은 책임의 주체가 될 수 없기 때문에 법으로 행동을 규제할 수 없다. IEEE, EU, 독일, 미국, 중국 등에서는 AI가 '인공적 도덕행위자(Artificial Moral Agent: AMA)'라는 인식하에 윤리적 디자인 지침을 만들어 로봇 행동을 규제하려 한다. 그동안 AI 또는 로봇 윤리에 대한 다양한 연구가 진행되어 왔고, 2019년 1월 싱가포르에서 'Model Artificial Intellligence Governance Framework', 동년 4월 EU에서 'Ethics guidelines for Trustworthy AI', 같은 달 IEEE에서 EAD(Ethically Aligned Design)를 발표했고, 5월 OECD에서는 'Principles on AI', 6월에는 중국 인공지능윤리안전연구센터에서 'Beijing AI Principles'와 'Governance Principles for the New Generation Artificial Intelligence-Developing Responsible Artificial Intelligence'를 발표했다(국토교통과학기술진흥원, 2019).

---

[*] 이 부분은 황기연·변순용, "한국형 AI윤리 가이드라인의 기본 방향", 한국공학한림원 2019 정책과제의 내용을 일부 수정하여 다시 실은 것이다.

전 세계적으로 AI를 효과적으로 제어하기 위한 윤리 가이드라인이 제정되고 있음에도 우리나라에서는 일부 관련 민간단체들이 산발적으로 연구를 하는 단계에 머물고 있다. 한국윤리학회, 한국로봇학회, 국토교통과학기술진흥원 등의 단체에서 각자의 영역에 관련된 윤리 가이드라인을 만들고 있지만 AI가 적용되는 기술이나 제품에 대해 일반적으로 적용되는 국가가 공인한 가이드라인이 없어 향후 관련 산업의 발전에 장애요인이 될 것으로 우려된다. 본 연구의 목적은 AI를 장착한 지능형 자율시스템(자율센서, 로봇, 자율주행차, 드론, 로봇군사 등)이 인간 사회에 미칠 수 있는 부정적인 효과를 최소화하기 위해, '한국형 AI 윤리 가이드라인'의 기본 방향을 제시하는 데 있다.

이를 위해 Ⅱ.에서는 AI 윤리 디자인 가이드라인 제정의 필요성을 도출하고, Ⅲ.에서는 국내 연구 동향 및 EU, IEEE, 미국, 중국 등 해외 사례 검토를 통해 한국형 AI윤리 가이드라인의 기본 방향을 설정을 위한 참고자료로 활용하고, Ⅳ.에서는 이를 토대로 한국형 AI윤리 가이드라인의 기본 방향 및 핵심구성요소를 제안하며, Ⅴ.에서는 결론 및 정책 건의로 연구를 맺는다.

Ⅱ. AI 윤리 가이드라인 제정의 필요성

1. AI의 위해성 및 산업적 중요성

인공지능 기술이 급속하게 발전하고 다양한 분야에서 활용성이 커지면서 AI가 인간에게 서비스하는 과정에서 피해를 끼칠 수 있다는 우려가 확산되고 있다. 전쟁로봇과 자율주행차에 내장된 AI를 조정해 인간의 생명을 희생시키거나 재산상의 막대한 피해를 끼칠 수도 있고, AI를 생산하는 데 사용된 개인정보나 주변정보를 활용해 개인의 프라이버시나 사회적 안전에 위해를 가할 수도 있다. 스마트 홈, 반려 로봇, 자율주행차, 무인드론 등과 같은 생산품과 관련 제품 서비스 산업 등이 성장하면서 AI의 안전성이나 신뢰성이 중요하고, 우리들의 실생활을 위해 사용할지 여부를 결정할 때 이러한 기준을 철저하게 적용해야 할 것이다.

한편, AI 산업이 전 세계적으로 비약적으로 성장하고 있고, 기술 선진국들 사이에 누가 이러한 블루오션을 선점할 것인가 하는 경쟁은 점점 더 치열해지고 있다. AI 산업은 국제적으로 법제화와 표준화 기준을 선점한 국가 및 단체가 주도권을 잡고 영향력을 확대할 수 있기 때문에, 이러한 작업의 선제적 조치로 AI 윤리 가이드라인을 신속하게 확정하는 것이 대단히 중요하다.

2. 지능형 로봇의 윤리적 선택 불가피성

최근, 자율주행차(Automated Vehicle: AV)라는 최첨단 이동로봇의 상용화를 앞두고 AV에 적용할 로봇원칙이 필요하다는 주장이 제기되고 있다. 논란의 시작은 트롤리 딜레마(Trolley dilemma) 상황이다. 언덕을 내려가는 AV의 브레이크가 고장이 나서 갈림길에서 5명의 성인과 1명의 어린이 중 한쪽을 희생시키거나 또는 중앙분리대를 충돌해 자신의 생명을 희생시켜야 하는 3가지 선택 상황에 처했을 때의 딜레마이다. AV를 설계할 때 어떤 경우라도 탑승자의 희생이 최소화되도록 했다면 판매에는 도움이 되겠지만, 인명 사고가 발생했기 때문에 AI를 설계한 사람이나 회사는 법적인 책임과 금전적 보상책임을 피할 수 없게 된다. 한편, AV가 비용을 최소화하는 선택을 하도록 프로그래밍 되었을 경우에는 5명의 성인과 1명의 어린이 그리고 차량탑승자의 가치를 순식간에 계산해서 손해가 가장 적은 피해 대상을 선택해야 하지만 현실적으로 계산이 가능하지도 않고 차량탑승자가 죽을 수도 있는 차를 살 구매자도 거의 없으리라 예상된다.

위의 사례는 윤리적 판단이 필요한 상황으로, 인간운전자의 경우 어떠한 선택을 하던 그에 따른 법적 책임을 지면된다. 하지만, 지능형 로봇은 법적 책임의 주체가 될 수 없기 때문에 피해를 최소화하도록 사전에 인간이 만든 윤리원칙에 복종해야 한다. 최근, 미국, EU, IEEE 및 한국로봇학회 등에서 발표되고 있는 지능형 로봇윤리원칙을 보면 로봇은 성별, 연령, 장애 여부, 인종, 국적 등을 이유로 인간을 차별해서는 안 된다는 규정이 있다. 이 원칙을 윗 사례에 적용하면 성인5명과 운전자를 구하기 위해 어린이 1명을 선택해도 곤란하고, 어린이를 구하기 위해 성인이나 탑승자를 선택할 수도 없다. 어떤 선택도 인간에게 해가 되는 곤란한 상황을 대비해 윤리원칙은 또한 로봇의 설계자, 제작자, 이용자, 관리자 등을 대상으로 사전에 이러한 상황이 발생하지 않도록 예방조치를 철저히 하도록 규정하고 있다. 예를 들면 브레이크 고장 시 로봇 스스로 멈추고 안전한 곳으로 이동하도록 로봇을 설계하도록 한 것이다.

AI가 인간 사회에 도입되면서 피할 수 없는 윤리적 판단을 어떤 기준으로 할 것인가에 대해 전통적인 윤리 이론의 활용 가능성에 대한 연구가 진행되고 있지만 AI에 이런 원칙을 적용해 윤리 문제를 푼다는 것이 한계가 있다는 지적이 많다. 최대 다수의 최대 행복을 목적으로 비용-수익 분석 결과를 판단의 기준으로 삼고 있는 공리주의의 경우 비용과 편익을 계량화 하는 과정의 불명확성, 정보를 선택하고 배제하는 문제도 있으며, 또한 각자에게 주어진 정보에 기초하여 판단을 내리는 것이 윤리적인가의 문제도 있기 때문에 이를 통해 AI 윤리 문제의 해법을 찾는 것은 쉽지 않다.

한편, 윤리학 이론의 또 하나의 축인 의무론적인 윤리는 인간의 행위가 도덕 혹은 도덕법을 존중하는 의무로부터 나올 때 도덕적이라고 생각한다. 즉, 어떤 행위가 도덕적인 이유는 그것이 어떤 이익을 주거나, 쾌락을 선사하기 때문이 아니라 그것이 의무이기 때문에 행해야 한다는 것이다. 이 접근법의 문제점은 로봇이 지켜야 할 의무사항들을 미리 예측하여 법에 규정하고 이 내용을 AI에 프로그램 한다는 것이 현실적으로 불가능하다는 것이다. 결론적으로 윤리 이론으로 AI가 당면하는 윤리문제해법을 찾는다는 것은 현실적으로 한계가 있다고 판단된다(변순용, 2014).

3. AI에 대한 사회적 수용성 확보

AI 기술이 본격적으로 도입되면 미래 사회는 커다란 변화를 겪을 것으로 전망된다. 긍정적 효과로는 인간의 삶의 질이 개선되고 여가 시간이 확대되며, 위험한 노동이 AI에 의해 대체될 수 있지만, 우려도 만만치 않다. 일자리가 감소되고, 소득이 양극화 되며, 자율 AI 기술이 확산되면 인간이 제어하기 어려워져서 살상 무기로 오사용될 가능성도 배제하기 힘들다. AI 도입으로 인한 부작용을 미연에 방지하기 위해서는 AI의 제작, 관리, 사용하는 과정에 대한 사회적 공감대를 형성하고, 글로벌 트렌드도 반영하는 AI 윤리 가이드라인의 수립이 필요하다.

III. AI 윤리 가이드라인 해외 사례 검토

1. IEEE의 Ethically Aligned Design(EAD) 가이드라인

세계적으로 권위있는 IEEE의 지능형 자율시스템 윤리 국제선도위원회(The IEEE Global Initiative on Ethics of Autonomous and Intelligent Systems)에서는 최근 지능형자율시스템에 대한 공학적 윤리적 디자인(Ethically Aligned Design: EAD) 가이드라인 버전3을 공표했다(IEEE, 2018). EAD의 일반적 원칙들을 정리하면 아래와 같다.

- 국제법적으로 인정된 인권, 자유, 인간 존엄성, 프라이버시 및 문화적 다양성을 침해해서는 안 되며, 보안과 안전 차원에서 검증이 가능하면서 인간에게 이롭도록 만들어져야 하고, 항상 인간의 판단과 통제에 따라야 함
- 디자인과 사용에 있어서 인간의 복리(wellbeing)를 최우선하여야 하며, 복리는 단순히 삶의 만족도뿐 아니라 삶에 영향을 주는 사회 및 자연 등 다양한 조건의 충족도, 동시에 긍정적인 효과와 부정적 효과의 적절한 균형까지 포함하는 개념임
- 설계자, 제조자, 사용자 및 운영자들은 문제가 발생할 경우 물질적 보상을 포함한 책임을 부담해야 하며, 법적 책임을 명확하게 하기 위해 등록, 활동 등에 대한 기록시스템를 갖추어야 함
- 어떻게, 왜 특정한 결정이나 행위를 했는지 추적, 설명 및 해석이 가능하도록 투명한 방식으로 설계, 제작, 사용되어, 문제가 생겼을 때 이해관계자별로 책임을 분배할 수 있고, 사회적 수용성을 높일 수 있어야 함
- 해킹, 프라이버스 침해, 과용 등과 같은 위험요인, 부정적 효과 및 오사용을 최소화해야 함

IEEE의 EAD에서도 인간의 존엄성을 가장 우선적으로 수호해야 할 가치로 설정해 지능형 자율시스템은 인간의 판단과 통제에 따라야 하고, 인간의 복리를 최우선해야 한다는 디자인 원칙을 강조했다. 그 외에도 지능형 자율시스템 사용에 따른 법적 책임을 명확하게 하고 기록시스템과 투명성, 부정적 효과의 최소화 원칙을 강조했고, 보안과 안전을 강조했다(https://ethicsinaction.ieee.org).

2. Asiloma AI 원칙

연구 이슈, 윤리 및 가치, 그리고 장기 이슈 등 3개 분야, 총 23개항으로 이뤄진 이 준칙에는 AI의 무기화와 같은 잠재적 위험을 경계하고 세계 개발자들이 인류 복리를 위해 협력해야 한다는 내용 등이 담겼다. 2017년 1월 초 AI연구를 지원하는 비영리단체인 퓨처오브라이프(https://futureoflife.org)가 미국 캘리포니아주 아실로마에서 개최한 콘퍼런스에서 채택돼 '아실로마 AI 준칙'이라고 이름 붙여졌다. 퓨처오브라이프의 자문역을 맡은 호킹 박사와 머스크 CEO는 물론 AI 바둑 프로그램 알파고를 개발한 데미스 허사비스 딥마인드 CEO, 레이 커즈와일 구글 기술이사, 영화배우 겸 감독인 조셉 고든 레빗 등 명사 등 2,000여 명의 명사들

이 이 준칙을 지지하고 있다. 23개항에 대한 내용은 아래와 같다(https://futureo-flife.orgai-principles).

(연구 이슈 분야)
- 연구목표: 인공지능 연구의 목표는 방향성이 없는 지능을 개발하는 것이 아니라 인간에게 유용하고 이로운 혜택을 주는 지능을 개발하는 것이다.
- 연구비 지원: AI투자에는 컴퓨터 과학, 경제, 법, 윤리 및 사회 연구 등의 어려운 질문을 포함해 유익한 이용을 보장하기 위한 연구비 지원이 수반되어야 한다:
  : 어떻게 미래의 AI시스템을 강력하게 만들어 오작동이나 해킹 피해 없이 우리가 원하는 대로 작업을 수행하도록 할 수 있나?
  : 사람들의 자원과 목적을 유지하면서 자동화를 통해 어떻게 성장시킬 수 있나?
  : AI와 보조를 맞추고 AI와 관련된 위험을 통제하기 위해, 보다 공정하고 효율적으로 법률 시스템을 개선할 수 있는 방법은 무엇인가?
  : AI는 어떤 가치를 갖추어야 하며, 어떤 법적 또는 윤리적인 자세를 가져야 하는가?
- 과학정책 연결: 연구자와 정책 입안자 간에 건설적이고 건전한 교류
- 연구문화: 연구자와 개발자 간에 협력, 신뢰, 투명 문화 조성
- 경쟁 피하기: 개발팀들은 안전을 위해 적극적으로 협력

(윤리 및 가치)
- 안전: 인공지능 시스템은 작동 수명 전반에 걸쳐 안전하고 또 안전해야 하며, 적용 가능하고 실현 가능할 경우 그 안전을 검증할 수 있어야 한다.
- 장애 투명성: 인공지능 시스템이 손상을 일으킬 경우 그 이유를 확인할 수 있어야 한다.
- 사법적 투명성: 사법제도 결정에 있어 자율시스템이 사용된다면, 권위 있는 인권 기구가 감사할 경우 만족스러운 설명을 제공할 수 있어야 한다.
- 책임: 고급 인공지능 시스템의 디자이너와 설계자는 인공지능의 사용, 오용 및 행동의 도덕적 영향에 관한 이해관계자이며, 이에 따라 그 영향을 형성하는 책임과 기회를 가진다.
- 가치관 정렬: 고도로 자율적인 인공지능 시스템은 작동하는 동안 그의 목표와 행동이 인간의 가치와 일치하도록 설계되어야 한다.
- 인간의 가치: 인공지능 시스템은 인간의 존엄성, 권리, 자유 및 문화적 다양성의 이상에 적합하도록 설계되어 운용되어야 한다.
- 개인정보 보호: 인공지능 시스템의 데이터를 분석 및 활용능력의 전제하에, 사람들은 생산한 데이터를 접근, 관리 및 통제할 수 있는 권리를 가져야 한다.

- 자유와 개인정보: 개인정보에 관한 인공지능의 쓰임이 사람들의 실제 또는 인지된 자유를 부당하게 축소해서는 안된다.
- 공동이익: 인공지능 기술은 최대한 많은 사람에게 혜택을 주어야 한다.
- 공동번영: AI에 의해 이루어진 경제적 번영은 인류의 모든 혜택을 위해 널리 공유되어야 한다.
- 인간의 통제력: 인간이 선택한 목표를 달성하기 위해 인간은 의사결정을 인공지능 시스템에 위임하는 방법 및 여부를 선택해야 한다.
- 비파괴: 고도화된 인공지능 시스템의 통제로 주어진 능력은 건강한 사회가 지향하는 시정 과정을 뒤엎는 것이 아니라 그 과정을 존중하고 개선해야 한다.
- 인공지능 무기 경쟁: 치명적인 인공지능 무기의 군비 경쟁은 피해야 한다.

(장기 이슈)

- 인공지능 능력에 관한 주의: 합의가 없으므로 향후 인공지능 능력의 상한치에 관한 전제는 피해야 한다.
- 중요성: 고급 AI는 지구 생명의 역사에 심각한 변화를 가져올 수 있으므로, 그에 상응한 관심과 자원을 계획하고 관리해야 한다.
- 위험: 인공지능 시스템이 초래하는 위험, 특히 치명적인 또는 실존적 위험에는, 예상된 영향에 맞는 계획 및 완화 노력이 뒷받침되어야 한다.
- 재귀적 자기 개선: 인공지능 시스템이 재귀적 자기 복제나 자기 개선을 통하여 빠른 수적 또는 품질 증가를 초래한다면, 설계된 시스템은 엄격한 안전 및 통제 조치를 받아야 한다.
- 공동의 선: 초지능은 널리 공유되는 윤리적 이상을 위해, 그리고 몇몇 국가나 조직이 아닌 모든 인류의 이익을 위해 개발되어야 한다.

3. EU의 Trustworthy AI Ethics Guideline 2019

2019년 EU에서 공포한 '신뢰할 수 있는 AI 윤리 가이드라인'은 인간자율성의 존중(Respect for Human Autonomy), 위해의 예방(Prevention of Harm), 공정(Fairness), 설명 가능성(Explicability) 등 4가지의 윤리원칙과 인간기관에 의한 관리/감독 (Human agency and oversight), 견고함과 안전성(Robustness and safety), 프라이버시보호 및 데이터 거버넌스(Privacy and Data Governance), 사회·환경 복지(Societal and Enviornmental well-being), 다양성, 비차별성, 공정성(Diversity, Non-discrimination and fairness), 책임성(Accountability) 그리고 투명성(Transparency) 등의 7가지의 실천 원칙 (Realization of Trustworthy AI)으로 구성되어 있으며, 총30개의 개별 항목으로 구성되

어 있다([그림 1] 참조). (https://ec.europa.eu/futurium/en/ai-alliance-consultation)

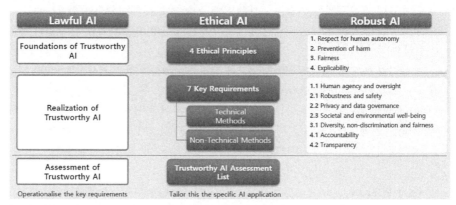

[그림 1] EU의 Trustworthy AI Ethics Guideline(2019)

4. 미국 산학연의 Concrete Problems in AI Safety(2016)

2016년 구글의 인공지능 연구자들과 Open AI, 스탠포드대, 버클리대 연구자들은 'Concrete Problems in AI Safety'란 제목의 연구 보고서를 발간하고 AI의 기술 및 시스템 개발 기업이나 연구소에서 준수해야 할 5가지 준수 사항을 아래와 같이 제시하였다(https://futureoflife.org/2018/06/26/a-summary-of-concrete-problems-in-ai-safety).

- Avoiding Negative Side Effects: 부정적 외부효과가 발생하지 않도록 함
- Avoiding Reward Hacking: 목적을 위한 잘못된 수단을 선택하지 않아야 함
- Scalable Oversight: AI의 역할이 확대됨에 따라 인간의 통제력도 따라 커져야 함
- Safe Exploration: AI 학습을 위해 주변에 악영향을 주어서는 안됨
- Robustness to Distributional Shift: 분배적 정의를 훼손해서는 안됨

5. 중국의 AI 윤리 가이드라인 2019

2019년 6월 중국의 Beijing Academy of Artificial Intelligence에서 베이징 AI 원칙(Beijing AI Principle)을 공표하였다. 이 원칙은 연구개발(Research & Development), 사용(Use), 거버넌스(Governance) 등의 3개 분야로 구성되어 있다([그림 2] 참

조)(https://futureoflife.org/ai-policy-china).

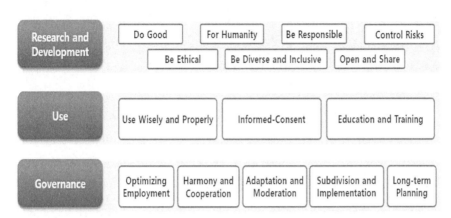

[그림 2] Beijing AI Principle(2019)

디자인과 관련된 연구개발 분야는 총 7개의 항목으로 구성되어 있고 기본 가
치로 공공선(Do Good), 인간의 존엄성(For Humanity), 책임성(Be Responsible), 위험
제어(Control Risks), 윤리성(Be Ethical), 다양성과 포용성(Be Diverse and Inclusive) 그
리고 개방과 공유(Open and Share) 등을 제시하고 있다.

사용자(Use)가 준수해야 할 기본가치로는 사용자 책임(Use Wisely and Proper-
ly), 정보 동의(Informed-Consent) 그리고 교육과 훈련(Education and Training)의 의무
를 들 수 있으며, 거버넌스는 고용최적화(Optimizing Employment), AI 생태계를 위
한 화합과 협력(Harmony and Cooperation), 적응과 조정(Adaptation and Moderation),
세분화와 실행(Subdivision and Implementation) 그리고 장기계획(Long-term Planning)
등으로 구성되어 있다.

6. 독일 자율주행차 윤리 가이드라인

지난 2017년 6월, 독일에서는 세계 최초로 자율주행차의 윤리 강령을 발표하
였으며 총 20개의 항목으로 구성되어 있다. 이 강령은 지난 2016년 9월 독일 연방
교통부 장관, 연방헌법재판소와 본 대학(Bonn University) 교수진을 중심으로 다양
한 학제 전문가로 구성된 윤리위원회(The Ethics Commission)에서 초안을 작성하였
다(https://www.bmvi.de).

독일의 윤리 가이드라인에서는 자율주행차의 목표와 가치, 운행에 관한 법적·윤리적·메타적 규칙, 자율자동차 제작사의 의무, 관리자의 의무, 이용자의 의무 등 5가지 분야로 나누어 윤리 가이드라인을 제시하고 있다. 목표와 가치 분야에서 인간의 자율성 보장, 윤리적 딜레마 상황에서 특정 연령 계층 또는 사람 수로써 판단하여 선택적으로 희생자를 결정하는 공리주의적 관점은 수용할 수 없음을 분명히 하고 있다.

또한 가이드라인은 인간의 생명을 동물이나 재산의 피해보다 우선한다는 점을 명시하고 있다. 한편, 자율주행차의 윤리적 딜레마 상황에서의 판단은 실제 사고 상황의 영향을 받기 때문에 이를 윤리적으로 합당하도록 사전에 프로그래밍을 할 수 없으므로 가능하면 사고를 미연에 회피하도록 자율주행차를 설계해야 한다고 명시하였다. 또한, 운행 시 필요하면 사람과 로봇 사이의 제어권 전환을 허용하고 있지만 무조건적으로 전환이 가능한 것은 아니며, 최대한 전환 상황이 발생되지 않도록 설계되어야 하고, 국제적인 기준을 문서로 규정해야 할 필요성이 있음도 명확히 하고 있다. 자율주행차의 도입 및 운행에 대해 공공부문의 관리 책임이 있기 때문에 운전면허 및 모니터링의 부담을 명시하였다.

Ⅳ. 국내 사례 검토

1. 2017 한국윤리학회 로봇윤리헌장 수정안

2007년 제시된 우리나라의 로봇윤리헌장 초안에 따르면 1) 로봇은 인간 생명의 존엄성 및 생명윤리를 보호하여야 하고, 2) 항상 공공의 선을 위해 의사결정을 해야 하고, 3) 로봇설계자는 로봇윤리헌장을 준수해야 할 제1 책임자로서 정해진 권리, 정보윤리, 공학윤리, 생태윤리 및 환경윤리 등을 보호하여야 하고, 4) 로봇제조자는 로봇윤리헌장을 준수해야 할 제2 책임자로서 인류와 공존하기에 적합하고, 사회적 공익성과 책임감에 기반한 제작을 해야 하며, 5) 로봇사용자는 로봇을 존중하는 마음으로 법규에 따라 사용하되, 로봇 남용 등을 통한 중독 등에 주의해야 한다고 되어 있다. 초안이 가진 표현의 애매성, 로봇설계자, 제작자, 사용자의 역할과 책임에 대한 명확한 구분이 부족하다는 점, 로봇과 인간과의 관계 설정의 미비 등의 문제점들로 인해 수정안이 제시되었다(변순용, 2017).

변순용 등(2017)이 제안한 로봇윤리헌장 수정안 전문에서는 로봇이 인간의 삶의 질 향상에 기여해야 하며, 인간의 존엄성 존중, 인류의 공공선 추구, 인간의 본래적 가치인 자유, 평등, 정의와 배려, 사랑과 행복을 위해 편리하고 건강하며 안정되고 행복한 삶의 질을 고양해야 한다고 밝히고 있다.[1] 수정된 로봇윤리 기본 원칙은 1) 인간의 존엄성을 존중하고 인류의 공공선을 실현하는 데 기여, 2) 인류의 공공선을 침해하지 않는 범위 내에서 인간의 존엄성을 추구, 3) 인간의 존엄성 존중과 인류의 공공선 실현의 원칙을 위배하지 않는 범위 내에서 사용자의 명령을 준수, 4) 이와 같은 원칙을 준수하는 책임은 설계 및 제작자에게 있고, 5) 로봇은 설계 및 제작의 목적에 부합하여 사용되어야 하며, 그 외의 책임은 사용자에게 있다 등이다.

이상의 로봇윤리헌장은 윤리학자 관점에서 제안된 것이고, 설계, 제작, 사용자의 관점에서 지켜야 할 윤리 강령은 세칙에 해당된다. 로봇설계자의 윤리는 1) 인간의 존엄성 존중과 인류의 공공선 실현에 기여, 2) 헌법에 명시된 인간의 기본권 보호, 3) 개인을 포함한 공동체 전체의 선을 보호, 4) 생태계를 포함한 생명공동체의 지속가능성 보호, 5) 정보 통신 윤리 및 기술·공학윤리와 관련된 강령 준수, 6) 로봇의 목적 및 기능을 설정하고 이에 맞게 사용 등이 해당된다.

로봇제작자 윤리는 1) 공익의 범위 내에서 인간의 행복추구에 도움이 되고 정해진 목적과 기능에 부합되도록 제작, 2) 제작 및 판매에 관련된 법규를 준수, 3) 로봇의 목적 및 기능과 관련된 법규나 인증에 따라 제작, 4) 설계된 로봇의 목적 및 기능을 변경하지 않고 제작, 5) 로봇의 사용연한을 정하고 폐기에 대한 지침을 제공, 6) 사용연한 내에서의 유지보수와 결함으로 발생된 피해에 대해 책임 등으로 구성된다.

로봇사용자 윤리는 1) 로봇사용자는 자신이나 타인의 삶의 질과 복지의 향상을 위해 정해진 목적과 기능에 따라 사용, 2) 사용과 관련된 법률과 사용지침 준수, 3) 로봇을 불법적으로 개조하거나 임의로 변경할 수 없으며, 정해진 목적 및 기능에 맞게 사용, 4) 타인의 이익을 침해하거나 위해를 가하지 않아야 하고, 5) 로봇의 오사용 및 불법적 사용으로 인해 발생하는 문제에 대해 책임, 6) 남용으로 발생하는 과몰입, 의존, 중독 등에 주의 등으로 구성된다.

---

1) 변순용·신현우·정진규·김형주(2017), "로봇윤리헌장의 필요성과 내용에 대한 연구", 윤리연구, 제112호, pp. 295-319.

2. 한국정보화진흥원의 지능정보사회 윤리 가이드라인

지능정보사회 윤리 가이드라인의 내용을 보면, 지능정보기술을 전제로 하여 이 기술이 우선 인류의 보편적 복지에 기여하고 사회변화를 야기하지만, 이 기술이 자기학습 및 진화하는 기술이며 설명이 필요한 알고리즘을 가지고 있는 기술이기 때문에 공공성(Publicness), 책무성(Accountability), 통제성(Controllability), 투명성(Transparency)이 필요하다고 주장한다.

공공성은 "지능정보기술은 가능한 많은 사람들에게 도움을 주어야 하며, 지능정보기술에 의해 창출된 경제적 번영은 모든 인류의 혜택을 위해 광범위하게 공유되어야 한다"로 설명되고 있다. 이 설명에서 강조하고 있는 것은 지능정보기술의 공공재적 성격이 중요하겠지만, 일상생활에 적용되는 모든 지능정보기술이 공공재적 성격을 가질 수는 없다는 것이다.

"지능정보기술 및 서비스에 의한 사고 등의 책임 분배를 명확히 하고, 안전과 관련한 정보공유, 이용자 권익 보호 등 사회적 의무를 충실히 수행해야 한다"로 설명되는 책무성은 책임 분배의 주체, 책임 주체에 대한 설정이 모호하다. 개발자는 개발부터 이용까지 책임을 공유해야 하고, 공급자는 공급 및 이용의 결과에 대해서도 책임을 공유하고 오작동 및 사고에 대한 책임을 져야 하며, 이용자는 이용 시 발생할 수 있는 타인에게 미칠 영향에 대한 책임과 개발자 및 공급자에게 책임을 제기할 수 있는 권리를 가진다. 책무성이라는 개념은 법적 책임의 귀속가능성까지 포함된 개념으로 이해한다면, 여기서는 책무성보다는 책임성이 보다 적절한 선택일 것이다.

"지능정보기술 및 서비스에 대한 인간의 제어가능성 및 오작동에 대한 대비책을 미리 마련하고, 이용자의 이용선택권을 최대한 보장해야 한다"는 통제성에서 Kill Switch나 One Big Red Button의 작동으로 인해 발생하는 또 다른 피해나 오작동으로 인해 파생할 수 있는 문제들에 대한 고려도 포함되어야 한다.

끝으로 "기술개발, 서비스설계, 제품기획 등 의사결정 과정에서 이용자, 소비자, 시민 등의 의견을 반영하도록 노력해야 하며, 이용 단계에서 예상되는 위험과 관련한 정보를 공개 및 공유하고, 개인정보 처리의 전 과정은 적절하게 이루어져야 한다"는 투명성은 지능정보기술을 개발하는 기업의 측면에서 매우 민감한 문제가 될 것이고, 투명성의 조건과 제한 사항에 대한 섬세한 규정이 요구된다.

3. 한국로봇학회의 인공지능·로봇(의 개발과 이용)에 대한 윤리 가이드라인

한국로봇학회에서 시도되고 있는 인공지능·로봇(의 개발과 이용)에 대한 윤리 가이드라인은 크게 행위의 주체, 기본 가치, 실천 원칙의 3개 분야로 구성되어 있다(한국로봇학회, 2018). 우선, 행위의 주체는 제작자, 서비스 공급자, 사용자로 구성되어 있고, 좀 더 구체적으로 제작자는 인공지능, 로봇부품, 제어기, HRI(Human-Robot Interaction) 등 로봇 기술의 하드웨어 또는 소프트웨어 분야에서 각종 이론, 요소기술, 통합기술, 서비스, 제품 등을 연구, 설계, 개발, 제작, 직접 판매, 관리 등을 하는 자 또는 단체, 기관, 회사로 규정하고 있다. 이어 서비스 공급자는 제작된 인공지능·로봇을 판매 및 공급하거나, 설치 및 시스템 통합, 또는 시장의 수요에 맞춰 다양한 인공지능·로봇 서비스를 제공 및 운영함으로써 부가가치를 창출하는 자 또는 단체, 기관, 회사 등을 의미하며, 마지막으로 사용자는 인공지능·로봇이 제공할 수 있는 서비스를 직·간접적으로 이용하는 자 또는 단체, 기관, 회사 등을 의미하는 것으로 정의하고 있다.

인간의 존엄성 보호(Protection of Human Dignity), 공공선 추구(Pursuit of Public Good), 인간의 행복 추구(Pursuit of Happiness)라는 기본가치와 투명성(Transparency), 제어가능성(Controllability), 책무성(Accountability), 안전성(Safety), 정보보호(Security)라는 5대 실천 원칙으로 구성되어 있다(〈표 1〉 참조).

〈표 1〉 한국로봇학회의 인공지능·로봇(의 개발과 이용)에 대한 윤리 가이드라인

범주	기본 가치	
	인간의 존엄성 보호 (Protection of Human Dignity)	○ 인공지능·로봇의 제작목적이나 그 행위는 인간을 수단화하거나 도구화할 수 없으며, 인간의 존엄성을 존중하고 보호하도록 개발 및 사용되어야 한다. ○ 인공지능·로봇은 모든 인간의 기본적인 자유, 사생활, 개인정보, 신변 안전 등의 기본적인 권리를 보호할 수 있도록 설계·제작·공급·사용·관리되어야 한다. ○ 인공지능·로봇 제품 및 서비스의 설계·제작·공급·사용·관리에 있어서 성별·연령·장애·인종·종교·국가 등을 차별하지 않도록 한다.
	공공선 추구 (Pursuit of Public Good)	○ 인공지능·로봇은 인류 전체의 복지향상과 공공복리에 기여하도록 설계·제작·공급·사용·관리되어야 한다. ○ 인공지능·로봇 기술 및 서비스는 최대 다수의 사람들에게 혜택을 주고 그들의 역량을 강화시킬 수 있는 의도로 설계·제작·공급·사용·관리되어야 한다. 그리고 이러한 기술 및 서비스에 대한 사회적 약자 및 취약계층의 접근성

		을 보장하도록 노력해야 한다. ○ 공공의 이익이 사적인 이익보다 현저하게 큰 경우를 제외하고는 개인의 사적 이익을 해하지 않는 범위 내에서 인공지능·로봇을 사용해야 한다.
	인간의 행복 추구 (Pursuit of Happiness)	○ 인공지능·로봇의 존재 목적은 인간의 삶의 질 향상과 행복 증진을 위한 것이다. ○ 인공지능·로봇은 인간과의 관계에서 주체적인 지위보다는 수단적 또는 도구적 지위를 가진다.
실천 원칙	투명성 (Transparency)	○ 인공지능·로봇은 법으로 규정된 이해관계자의 요청 시 인공지능·로봇의 입력값, 데이터, 내부 프로세스, 동작의 종류 및 상태 등을 요청자가 이해할 수 있는 방식으로 표시 또는 설명해야 하며, 사고 발생 시 조사관에게 당시 인공지능·로봇의 전체 실행 과정이 적절히 설명될 수 있어야 한다. ○ 제작자와 서비스 공급자는 사용단계에서 예상되는 위험에 대해 충분히 사전 테스트를 거쳐야 하고, 이 과정에서 도출된 정보를 사용자에게 고지하여야 한다.
	제어가능성 (Controllability)	○ 제작자는 사용자가 인공지능·로봇을 작동하는 과정에서 사용자의 판단에 의해 그 작동을 즉각적으로 제어 또는 정지할 수 있는 기능을 인공지능·로봇에서 눈에 쉽게 띄는 위치에 탑재하고 반드시 서비스 공급자와 사용자에게 알려야 한다. ○ 제작자는 탑재된 제어가능성 관련 기능을 서비스 공급자 및 사용자에게 충분히 알리고, 서비스 공급자 및 사용자는 이를 사전에 숙지할 의무가 있다.
	책무성 (Accountability)	○ 인공지능·로봇이 사회적 문제를 일으키지 않고 발생 가능한 사고의 피해를 최소화하도록 제작자·서비스 공급자·사용자는 각 단계에서 (정해진 또는 합의된) 책임을 가져야 한다. ○ 인공지능·로봇이 다양한 사고를 일으킬 경우를 대비하여야 하며, 제작자는 서비스 공급자에게, 제작자와 서비스 공급자는 사용자에게 일어날 수 있는 사고 및 그에 대한 배상체계와 책임소재에 대해 충분히 고지해야 한다. ○ 제작자와 서비스 공급자는 인공지능·로봇 기술 및 서비스가 사용자의 안전을 최우선으로 보장하도록 노력해야 할 책임이 있다. ○ 제작자와 서비스 공급자는 인공지능·로봇을 활용하는 과정에서 사고 발생 시 그 책임소재를 명확히 규명하기 위해 인공지능 소프트웨어 시스템의 판단 과정 및 결과를 기록하는 기능을 제품에 탑재하여야 한다. ○ 서비스 공급자와 사용자는 제작자의 제작 의도 및 사용 용도에 적합하지 않게 인공지능·로봇 제품을 사용할 경우, 파생되는 문제에 대하여 법적 책임을 져야 한다. ○ 제작자 및 서비스 공급자, 사용자는 인공지능·로봇 사용과 관련된 법률 및 사용지침을 준수해야 한다.
	안전성(Safety)	○ 제작자는 서비스 공급자에게, 제작자와 서비스 공급자는 사용자에게 인공지능·로봇의 사용 시 발생할 수 있는 위

		험 등 유의사항을 고지할 의무가 있다.
		○ 제작자와 서비스 공급자는 인공지능·로봇의 공급 이후에라도 결함 또는 위험 발생의 소지가 있을 경우 사용자에게 즉시 고지할 의무가 있다.
		○ 인공지능·로봇은 사용 연한 내 전반에 걸쳐 안전하게 작동하도록 제작되어야 하며, 제작자는 사용 연한이 만료된 제품의 관리에 대한 매뉴얼을 개발 및 제작단계에서 함께 마련해야 한다.
	정보보호(Security)	○ 인공지능·로봇을 이용하여 타인의 사생활을 침해하거나 부당한 정보를 취득해서는 안 된다.
		○ 제작자와 서비스 공급자는 인공지능·로봇이 만들어 낼 정보와 사용자의 비대칭성에 유의해야 하며, 사용자가 개인정보 수집에 대한 동의 및 부동의 의사를 표현할 경우 즉시 인공지능·로봇의 활동에 반영될 수 있도록 해야 한다.

이 가이드라인의 경우 실천 원칙들이 인공지능·로봇의 윤리적 문제 해결의 중요한 기준이 되겠지만, 제기되는 윤리적 문제들의 해결에는 충분하지 않다는 원칙주의 접근의 문제점을 가지고 있으며, 책무성의 개념도 책임성의 개념과 더불어 재고되어야 할 필요가 있다. 또한 이것을 법적인 의무의 개념보다는 윤리적인 권유의 형태로 이해되어야 하며, 윤리 가이드라인의 경우에서 필수적이거나 핵심적인 사항은 경험적 사례에 근거하여 법제화의 과정이 수반되어야 할 것이다.

V. AI 윤리 가이드라인의 기본 방향

1. 한국형 AI 윤리 가이드라인의 기본 틀

현재까지 국외에서 공식적으로 발표된 AI 윤리 가이드라인은 AI의 기본 가치와 행위 주체별로 준수해야 할 행동 원칙 등이 체계적 틀이 없이 기술되어 있어서 어떠한 내용이 포함되어 있고 빠졌는지를 파악하는데 어려움이 많다는 문제점이 있다. 이러한 문제점을 극복하기 위해 본 글에서는 한국형 AI 윤리 가이드라인의 기본 틀을 국내 한국로봇학회(2018) 등의 제안(안)을 참고해 AI가 추구하는 기본 가치, 가치를 추구하는 데 준수해야 할 행동 원칙, 그리고 이러한 준칙을 실행할 행위 주체 등의 3개 분야로 체계화하였다(한국로봇학회, 2018).

기본 가치의 핵심 요소는 인간의 존엄성과 자율성 보호, 공공선과 인간의 행복을 추구하는 것이며, 행동 원칙으로는 설명가능성, 제어가능성, 책임성, 안전성과 보안성 등 크게 5가지로 구성하며, 마지막으로 행위 주체는 설계자, 제작자, 판매자, 서비스 제공자, 이용자 및 관리자 등 6가지로 구성하였다. 또한, 키워드 분석을 더해 기본 가치와 행동 원칙의 핵심 요소들에 대한 내용을 보다 구체화하였다([그림 3] 참조).

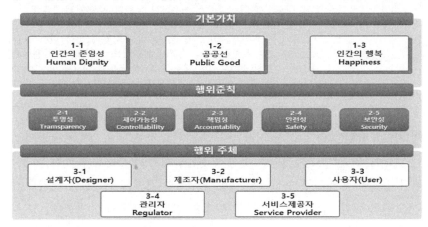

[그림 3] 한국형 AI 윤리 가이드라인의 기본 틀

2. 한국형 AI 윤리 가이드라인의 핵심 요소

(1) 해외 윤리 가이드라인의 키워드 빈도 분석

━ 분석의 개요

해외 윤리 가이드라인의 키워드 분석 목적은 이미 공식화된 가이드라인에 포함된 핵심 용어들의 빈도수를 파악해 우리의 기본 방향을 설정하는 데 참고하기 위한 것이다. 한국에서 논의되고 있는 가이드라인들은 아직 정식으로 공표되지 않았기 때문에 대상에서 제외하였다. 분석 대상 가이드라인은 총 11개로 본 연구에서 언급된 것들 이외에 3개가 추가되었으며 상세한 문서명은 아래 〈표 2〉와 같다(시지온, 2019).

〈표 2〉 해외 윤리 가이드라인 분석 대상 리스트

문서명	분석 내용	대상 구분	동서양 구분
1. (IEEE) Ethically Aligned Design(EAD)	키워드 분석	Robot	서양
2. (EU) Ethics Guidelines for Trustworthy AI	키워드 분석	AI	서양
3. (OECD) OECD Principles on AI	키워드 분석	AI	서양
4. (독일 윤리 가이드라인) Ethics Commission Automated and Connected driving	키워드 분석	AV	서양
5. (미국 국가AI 연구개발 전략 계획) The National AI Research and Development Strategic Plan	키워드 분석	AI	서양
6. (미국 윤리 가이드라인) Automated Vehicles 3.0	키워드 분석	AV	서양
7. (베이징 윤리 가이드라인) Beijing AI Principles	키워드 분석	AI	동양
8. (싱가포르 가이드라인) A Proposed Model AI Governance Framwork	키워드 분석	AI	동양
9. (영국 AI 가이드라인) AI in the UK	키워드 분석	AI	서양
10. (중국 윤리 가이드라인) Governance Principles for the New Generation Intelligence	키워드 분석	AI	동양
11. Asilomar AI Principles	키워드 분석	AI	서양

　　분석을 위해 Python 기반의 NLTK(Natural Language Toolkit)를 사용해 자연어 처리를 수행했고, 문서에서 키워드의 비중을 파악하기 위해서 TF-IDF (Term-Frequency Inverse Document Frequency) 개념을 사용했다. 키워드의 TF-IDF 결과값이 높을수록 해당 문서에서 차지하고 있는 해당 키워드의 비중이 높다.

▬ 분석 결과

　　우선, 분석한 전체 11개 문서 중 최소 3(25%)개 이상의 문서에서 문서당 최소한 5차례 이상 언급된 윤리 관련 키워드들을 한국형 AI 윤리 가이드라인의 기본 틀에 맞추어 1) AI 도입의 기본 가치, 2) 행동 원칙, 3) 행위 주체 등 3그룹으로 분류하였다. 이어서, 단어의 유사성에 따라 각 그룹을 3, 5, 5개 그룹으로 소분류하고 맨 마지막 단에 있는 기본 틀 분류번호를 활용해 오름 차순으로 배열한 결과가 아래의 〈표 3〉에 나타나 있다.

〈표 3〉 해외 AI 윤리 관련 가이드라인의 빅데이터 기반 키워드 빈도 분석

키워드	EU AI	OECD AI	독일 AV	미국 AI	미국 AV	베이징 AI	싱가폴 AI	영국 AI	중국 AI	아실 로마	IEEE	총합	공통 요소	기본틀 분류
human	129	12	10	106	53	8	35	88	5	6	573	1025	11	1-1
privacy	16	7		12	9		24				99	167	6	1-1
ethical	84			31			25	85			257	482	5	1-1

ethic	34				14			58	448	554	4	1-1
right	128	8						42	214	392	4	1-1
norm	10				6			5	240	261	4	1-1
respect	29					6		10	54	99	4	1-1
variety				13	8			14	9	44	4	1-1
gender	5							5	10	20	3	1-1
diversity	12							12	12	36	3	1-1
diverse					6			21	10	37	3	1-1
disability	7					37			7	51	3	1-1
bias	5							10	17	32	3	1-1
autonomy	17				5				62	84	3	1-1
age	5							9	43	57	3	1-1
public	21	5	7	20	123			226	168	570	7	1-2
sustainable	10	8						5	68	91	4	1-2
fairnes	16				8		5		29	58	4	1-2
wellbeing	8	6							295	309	3	1-3
justice	5							5	52	62	3	1-2
fair	5							14	10	29	3	1-2
datum	110	12	6	103	49		131	583	363	1357	8	2-1
information	19	11			61	56	24	99	284	554	7	2-1
environment	24	10			25	42	7	14	51	173	7	2-1
trust	20	6			14		6	81	118	245	6	2-1
transparency	10				9		10	30	133	192	5	2-1
document	42	5			5	24			48	124	5	2-1
open	6				20	8		49	31	114	5	2-1
explainability	8				9		8	10	10	45	5	2-1
report					16	7		80	63	166	4	2-1
trustworthy	114	23			11				17	165	4	2-1
sharing					12	11		29	15	67	4	2-1
validation					6	10	7		36	59	4	2-1
inform						10	5	10	25	50	4	2-1
transparent	7				8			5	29	49	4	2-1
explanation	6						7	11	25	49	4	2-1
shared					11	6		17	11	45	4	2-1
accuracy	12				6		10		12	40	4	2-1
record							7	12	5	24	3	2-1
explore					6		18		21	45	3	2-1
explainable					5		6		9	20	3	2-1
control	15		7	20	43		12	37	64	198	7	2-2
management	10				18		24	11	41	104	5	2-2
regulatory	5				18			16	9	48	4	2-2
maintain					5	11			15	31	3	2-2
intervention	8							10	5	23	3	2-2
responsible		14			5	10	11	23	46	109	6	2-3
account	9				5	5		18	18	55	5	2-3
accountabiliy	13						9	9	102	133	4	2-3
responsibility	13						7	13	86	119	4	2-3
verification					7	11			18	36	3	2-3
traceability	10						6		9	25	3	2-3
liability						6		30	15	51	3	2-3
risk	37	7	6	10	52		45	80	119	356	8	2-4
safety	20	6	9	31	303		5		46	420	7	2-4
learning	14				55	6	14	133	61	283	6	2-4

training	18		38	16		19	30		35	156	6	2-4
education	11		9	12			42		87	161	5	2-4
protection	22	7				10	31		51	121	5	2-4
test	10		12	51			5		23	101	5	2-4
safe			13	64			7		30	114	4	2-4
harm	27					12	11		44	94	4	2-4
health	10		7				31		36	84	4	2-4
healthcare			9			8	43		5	65	4	2-4
learn			13	6			24		18	61	4	2-4
medical			8			6	21		18	53	4	2-4
robust	18		15				9		8	50	4	2-4
reduce	6			10			8		19	43	4	2-4
avoid					5	5	5		18	33	4	2-4
adapt	5		5	7					10	27	4	2-4
trained						6	12		12	30	3	2-4
prediction	5					12	7			24	3	2-4
mitigate				5			7		10	22	3	2-4
security	11	9	36	26			20		54	156	6	2-5
cybersecurity			8	26			12		5	51	4	2-5
secure	6		5				6		7	24	4	2-5
cyber			5	11			8			24	3	2-5
design	32		25	43		8	20		290	418	6	3-1
designed	6	5	5	13			17		70	116	6	3-1
designing			6				8		13	27	3	3-1
making	6		14	6			30		28	84	5	3-2
user	37	6	39	40		12	28		133	295	7	3-3
consumer	17			22		9	42		17	107	5	3-3
government	9	20	49	46			325		99	548	6	3-4
governance	21				6	29	13	10	64	143	6	3-4
regulation	16			41			57		41	155	4	3-4
service	17		9	25		17	81		64	213	6	3-5

다음의 [그림 4]는 해외 AI 윤리 가이드라인을 활용해 빅데이터 기반의 키워드 빈도 분석 결과를 요약한 내용으로, 윤리 가이드라인의 기본 틀을 구성하는 3개의 구성 요소와 각각의 핵심 요소들에 해당되는 키워드를 대상으로 키워드가 언급된 문서의 빈도와 단순 키워드의 빈도수를 나타내고 있다. 공통으로 키워드가 포함된 문서의 빈도수로 보면 기본 가치 중에서는 인간의 존엄성 관련이 59회로 가장 많았고, 행위 원칙 중에는 투명성 또는 설명가능성 관련이 93회, 안전이 91회로 가장 많았으며, 행위 주체 구성 요소에서는 설계자와 관리자가 각 15, 16회로 가장 많았다. 한편, 키워드 빈도수의 경우 기본가치 중에는 인간 존엄성이 2,949회로 공공선의 1,202회에 비해 2배 이상 많았고, 행위 원칙의 경우 투명성이 3,583회로 안전성의 2,298회에 비해 많았고 둘의 합이 행위원칙 부문 키워드 빈도수의 83%를 차지한 것으로 나타났다. 한편, 행위 주

체의 경우 관리자가 846회, 설계자가 534회로 가장 많았고 사용자가 402회로 다음을 차지하였다.

· 아래 표시된 숫자의 앞 부분은 키워드가 포함된 문서의 수, 괄호안은 각 문서에서 언급된 키워드의 단순 총합계

[그림 4] AI 윤리 가이드라인에 언급된 키워드 빈도분석 결과 요약

빅데이터 기반의 키워드 빈도 분석 결과 AI 윤리 가이드라인의 핵심은 AI가 아무리 공공선과 인간의 행복에 기여한다고 하더라도 인간의 존엄성을 해쳐서는 안 된다는 것이며 따라서 아시모프(Asimov)의 3원칙에서도 천명되었던 것처럼 인간의 명령에 복종하고, 인간을 보호해야 한다는 것이다. AI가 인간을 해쳐서는 안되기 때문에 행동 원칙으로 안전성이 대단히 중요하고 만약의 경우 지능형 로봇에 의해 인간이 상해를 입는 경우에는 그 책임 소재를 명확하게 하기 위해서 투명성이 가장 중요한 행동 원칙으로 자리잡게 되었다. AI가 인간에게 피해를 끼치지 않으려면 AI 관련 행위 주체인 인간들의 역할이 대단히 중요한데 그중에서도 특히 설계자와 관리자의 역할이 가장 중요한 것으로 분석 결과 확인되었다.

(2) 한국형 AI 윤리 가이드라인의 핵심 요소 도출
▬ 기본 가치(〈표 4〉 참조)

기본가치의 첫 번째 핵심 요소는 인간은 존엄성(Dignity), 자율성(Autonomy), 자치권(Sovereignty)을 갖기 때문에 AI는 인간의 명령에 복종(Respect)해야 한다는 것이다. 인간의 존엄성, 자율성, 자치권을 갖는다는 것의 의미를 좀 더 구체화하면;

  ：AI 기술과 서비스는 인간의 자유(Liberty, Freedom), 윤리(Ethics), 생명(Life, Humanity), 문화적 다양성(Diversity), 개인사생활(Privacy), 규범(Norm) 등을 보호

할 수 있어야 한다. 따라서 AI를 이용한 살상무기의 제작은 금지된다.

: AI 기술과 서비스는 인간을 성(Gender), 나이(Age), 인종(Race), 장애(Disability), 소수자(Minority) 등의 이유로 차별(Discrimination)하거나 편견(Bias)을 가져서는 안 되며, 인간을 대할 때 평등(Equality)해야 한다.

기본가치의 두 번째 핵심 요소는 AI가 공공선(Public good)를 추구해야 한다는 것이다. 이 내용을 좀 더 구체화하면;

: AI 기술과 서비스는 공정(Fairness), 정의(Justice, Righteousness), 민주성(Democratization)을 지향해야 하며, 서비스를 제공할 때 사회적 약자를 포용(Inclusiveness)하고 그들과 협력(Collaboration)해야 한다.

: AI 기술과 서비스는 AI로 인해 인간의 일자리(Employment)가 사라지는 문제를 고려해야 하며, 인간과 환경(Environment)의 건강(Health)과 지속가능성(Sustainability)을 보장하는 동시에 예상되는 위해를 예방(Prevention)해야 한다.

세 번째 핵심 요소는 AI가 인간의 행복(Happiness)과 복리(Well-being) 증진을 위해 기여해야 한다는 것으로 인간 사회의 삶의 질을 높여서 풍요롭고(Prosperity) 번영(Flourish)하는 데 기여해야 한다는 것이다.

〈표 4〉 기본가치 관련 키워드 모음

기본 가치	
항목	포함 단어
1-1	Dignity, Respect autonomy, sovereignty Diverse Humanity Privacy Ethical non-discrimination, equality, bias Gender, age, race, disability, minority liberty, freedom Do good norm
1-2	Public good fairness, justice Employment health Inclusiveness, collaboration right prevention environment democratic sustainable
1-3	Happiness, wellbeing, prosperity, flourishing

— **행동 원칙**(〈표 5〉 참조)

AI가 추구해야 할 기본 가치를 달성하기 위해서는 설계, 제작, 이용, 관리, 서비스 제공 과정에서 지켜야 할 행동 원칙이 있다. 그 첫째 준칙은 투명성(Transparency)과 설명가능성(Explainability)으로;

: AI 기술이나 서비스가 특정한 결정이나 행위를 했을 때 이를 정확(Accuracy)하게 추적(traceability)하고 해석(Validation)할 수 있어야 문제가 발생했을 때 행위 주체 별로 책임을 분배할 수 있고, 사회적 수용성을 높일 수 있다.

: AI 기술이나 서비스로 인해 문제가 생길 경우 법적 책임을 명확하게 하기 위해 등록 및 활동 등에 대한 기록시스템(Record, Data, Report, Document)을 갖추어야 하고, 이 기록은 문제해결을 위해 공개(Open)되거나 공유(Share)될 수 있어야 한다.

AI의 설계, 제작, 이용, 관리, 서비스 제공 과정에서 지켜야 할 두 번째 행동 원칙은 제어가능성(Controllability)으로 인간(Human) 또는 권한을 위임 받은 대행사(Agency)가 AI를 감시(Oversight, Monitor), 통제(Regulation), 관리(Management), 그리고 간섭(Intervention)할 수 있다.

세 번째 행동 원칙은 책무성(Accountability)으로 AI의 설계, 제작, 이용, 관리, 서비스 제공 과정에서 발생하는 사고에 대해 해당자는 책임(Responsibility)을 지고 배상(Liability)해야 한다.

AI의 설계, 제작, 이용, 관리, 서비스 제공 과정에서 지켜야 할 네 번째 행동 원칙은 안전성(Safety)이다;

: AI 기술 및 서비스는 인간의 안전을 최우선적으로 보장하기 하기 때문에 위해(Risk, Harm)와 취약성(Vulnerability)이 발생하거나 예상되는 경우 회피(Avoidance), 예방(Prevention), 완화(Mitigation), 감축(Reduction), 적응(Adaptation) 및 보호(Protection) 등의 다양한 방법을 통해 대응할 수 있어야 한다.

: AI 제품과 기술, 서비스는 안전을 위해 견고(Robust)해야 하며, 그로 인해 발생하는 의료(Medical)상의 문제들에 대응하기 위한 건강보호(Healthcare) 프로그램을 마련해야 한다.

: AI의 안전성을 확보하기 위해 AI의 설계, 제작, 이용, 관리, 서비스 제공 과정에서 제품활용, 기술 및 서비스 활용을 위한 안내(Information), 교육(Education), 훈련

(Training) 및 시험(Test)이 필요하다.

AI의 설계, 제작, 이용, 관리, 서비스 제공 과정에서 지켜야 할 다섯 번째 행동 원칙은 정보보호(Security)이다;

: AI 기술 및 서비스는 정보에 대한 의존도가 높다. 따라서 개인정보나 주변 정보에 대한 보호와 같은 사이버보안(Cyber-security)과 해킹을 통한 정보의 누출 (Hacking)이 없도록 보호해야 한다.

〈표 5〉 행동 원칙 관련 키워드 모음

행동 원칙		
항목	포함 단어	
2-1	Transparency or Explainability	Open, share record, data, report, document trustworthy validate, traceability explain accuracy
2-2	Controllability	human agency and oversight regulatory management, intervention, monitoring
2-3	Accountability	responsibility liability
2-4	Safety	risk, harm, vulnerability, education, training, test, information medical, healthcare robust avoid, mitigate, reduce, prevention, adapt, protect
2-5	Security	hacking cybersecurity

▬ 행위 주체(〈표 6〉 참조)
AI의 설계자는 행동 원칙에 따라서 AI의 기본 가치를 구현해야 한다.

: AI의 설계자는 투명성의 원칙에 따라 사고가 발생한 경우 원인자 책임을 명확히 하기 위해 사고의 기록을 문서화하여 보관하도록 디자인해야 한다.
: AI의 설계자는 제어가능성의 원칙에 따라 제반 법규의 규정을 준수하도록 디자인

하여야 하고, 법규에서 정하지 않은 예상하지 못한 사고의 경우에 대한 메타 규
칙을 갖고 있어야 한다.
: AI의 설계자는 안전성의 원칙에 따라 안전 관련 제반 법규를 준수하고, 사후적 보
다는 사전적으로 예방할 수 있도록 하며, 사고 발생 시에도 피해가 최소화되도록
디자인해야 한다.
: AI의 설계자는 정보보안의 원칙에 따라 해킹, 개인정보 침해가 발생하지 않도록
디자인해야 한다.

AI의 제작자는 행동 원칙에 따라서 AI의 기본 가치를 구현해야 한다.

: AI의 제작자는 투명성의 원칙에 따라 기술에 관한 기록을 보관해야 하고, 제어가
능성의 원칙에 따라 제작 시 관련 법규나 인증 기준을 따라야 한다.
: AI의 제작자는 안전성의 원칙에 따라 제품 소유자 및 서비스 이용자에게 안전에
대한 상세한 설명을 해야 하고, 필요한 경우 매뉴얼을 작성해 전달해야 하며, 결
함으로 인해 발생한 사고에 대한 책임을 져야 한다.
: AI의 제작자는 정보보안의 원칙에 따라 제작 시 정보통신 윤리 및 기술에 대한
강령을 준수해야 한다.

AI 제품 및 서비스의 소비자 또는 이용자는 행동 원칙에 따라서 AI의 기본
가치를 구현해야 한다.

: AI의 소비자는 안전을 위해 제품 및 서비스 이용을 위해 필요한 교육이나 훈련,
시험을 이수해야 하며, 타인의 이익을 침해하거나 위해를 가해서도 안된다.
: AI의 소비자는 책임성의 원칙에 따라 임의적으로 개조하거나 변경을 통해 오사용
및 불법적 사용으로 인해 발생하는 문제에 대해 책임을 져야 한다.

AI의 관리자(Regulator)는 행동 원칙에 따라서 AI의 기본 가치를 구현해야
한다.

: AI의 관리자는 안전을 위해 제품 및 서비스 이용을 위해 필요한 교육이나 훈련,
시험 등에 대한 규정을 마련하고, 관련한 사회적 인프라를 확충해야 하며, 안전
사고 발생에 따른 모니터링 책임이 있다.
: AI의 관리자는 행동 원칙 전반에 관련한 법 규정을 제정하고 개정할 의무를 진다.

AI의 서비스 공급자는 행동 원칙에 따라서 AI의 기본 가치를 구현해야 한다.

: AI의 서비스 공급자는 투명성의 원칙에 따라 사용자에게 사용법에 관한 매뉴얼을
제공해야 하며, 서비스 과정에서 얻어지는 정보를 문서화하여 보관해야 한다.
: AI의 서비스 공급자는 안전을 위해 사용단계에서 예상되는 위험에 대해 충분한 사
전 테스트를 거친 후 공급해야 하며, 이 과정에서 도출된 정보를 공개해야 한다.
: AI의 서비스 공급자는 정보보안 원칙에 따라 서비스 과정에서 생산되는 개인정보를
보호해야 하며, 상업적 목적으로 사용할 경우 정보생산자의 동의를 얻어야 한다.

〈표 6〉 행위 주체 관련 키워드 모음

행위 주체(Stakeholder)	
항목	포함 단어
3-1	Designer
3-2	Manufacturer Maker make
3-3	User consumer
3-4	regulator government
3-5	service provider

VI. 결론

인공지능 기술의 발전과 활용이 확대되면서 인간 사회에 긍정적 영향과 함
께 부정적 영향을 끼칠 수 있다는 우려가 제기되고 있다. 인공지능의 올바른 활
용을 위해 이를 설계, 제작, 공급, 활용, 관리, 규제하는 모든 단계에서 행위 주체
들이 준수해야 할 윤리 가이드라인을 제정할 필요성이 있다. 그동안 미국, 유럽,
중국, 일본을 비롯한 주요국과 IEEE, Asiloma 등과 같은 기관들은 각각 윤리가이
드라인을 발표하면서 인공지능 기반의 지능형 로봇 기술의 법제화 및 표준화를
대비하고 있으나, 우리의 대응은 이에 못 미치고 있다.

본 절에서는 한국형 AI 윤리 가이드라인의 기본 방향을 설정할 목적으로 국
내·외에서 공표되거나 논의 중인 다양한 AI, 로봇, 자율주행차 등의 윤리 가이드

라인에 대한 사례 분석 결과를 정리하였다. 분석 결과 현재까지 국외에서 공식적으로 발표된 AI 윤리 가이드라인은 AI의 기본 가치와 행위 주체별로 준수해야 할 행위준칙 등이 체계적 틀이 없이 기술되어 있어서 내용의 포함 및 누락 여부를 파악하는 데 어려움이 많다는 문제점이 발견되었다. 이러한 문제를 개선하기 위해 한국형 AI 윤리 가이드라인에서는 기본 틀을 크게 AI가 추구해야 할 기본 가치, 가치를 추구하는데 준수해야 할 행동 원칙, 그리고 이러한 준칙을 실행할 행위 주체 등의 3개의 틀로 체계화하였다.

또한 해외에서 공표된 11개 AI 윤리 가이드라인을 활용한 빅데이터 기반의 키워드 빈도 분석을 통해 기본적 가치의 핵심 요소로 인간의 존엄성과 자율성 보호, 공공선과 인간의 행복을 추구하는 것이며, 행동 원칙으로는 설명가능성, 제어 가능성, 책임성, 안전성과 보안성 등 크게 5개로 구성하며, 마지막으로 행위 주체로는 설계자, 제작자, 판매자, 서비스 제공자, 이용자 및 관리자 등 6개로 핵심 가치들을 구체화하였다. 이어서, 행위 주체와 행동 원칙과의 관계들의 일부를 예시화하였다.

AI 윤리 가이드라인은 지능형 로봇으로부터 인간의 안전을 지키는 기능뿐 아니라 문제를 예방하고, 관련 기술을 선도하여 향후 상품시장의 주도권을 확보하는데 중요하다는 점을 인식하고 범정부 차원의 위원회를 구성하여 한국형 AI 윤리 가이드라인의 작성을 조속하게 추진할 필요가 있다. 위원회의 구성은 기획조정위원회와 실무위원회로 이원화하여 기획조정위원회는 행정·입법·사법부의 대표와 전문가 및 시민들로 구성해 각 분야별 이해를 조정하는 역할을 수행하고, 실무위원회는 분야별 전문가들과 관련 부처 공무원 중심으로 구성해 해당 분야 윤리가이드라인 작성의 책임을 담당할 필요가 있다. 마지막으로 AI 윤리 가이드라인이 글로벌 산업계에 미치는 영향력을 고려해 글로벌 협력 네트워크를 구축하고, 조속한 시일 내 국제 컨퍼런스를 개최해 대국민적 관심을 유도할 필요가 있다.

제3절 자율주행차 윤리 가이드라인[*]

I. 서론

최근, 자율주행차 내지 자율주행기능을 탑재한 시험주행 차량이 도로 주행을 하다가 사고를 내는 경우가 비교적 종종 발생하고 있다(〈표 7〉 참조). 특히 건널목을 건너는 보행자 사망 사고를 일으킨 2018년 우버의 자율주행차 사고는 사회적으로 자율주행차 윤리에 대한 뜨거운 논쟁을 불러일으켰다(황기연, 변순용, 2019).

〈표 7〉 자율주행차 시험 차량 사고 내용

일시	관련기업	사고내용
2016년 2월 14일	구글	자율주행차의 과실로 시험주행 중 버스와 접촉사고 발생
2016년 5월 7일	테슬라	대형 트레일러와 충돌, 첫 운전자 사망사고 발생
2017년 11월 8일	나브야	자율주행 셔틀, 실주행 시작 당일 트럭과 접촉사고 발생
2018년 3월 18일	우버	교차로를 건너던 행인이 치어 첫 보행자 사망사고 발생
2018년 3월 23일	테슬라	고속도로에서 중앙분리대를 들이받아 운전자 사망

대체로 자율주행차 도입의 필요성은 두 가지로 집약된다. 하나는 노약자나 장애인과 같은 교통약자들의 교통접근성을 확장시켜 준다는 것이고 다른 이유는 바로 안전사고의 감소이다. 현재 발생하고 있는 교통사고의 약 90% 이상이 운전자의 부주의로 발생하고 있으며(임이정 외, 2017a; 정승원 외, 2017; 2018), 실제로 전세계에서 매년 125만 명이 교통사고로 사망한다는 통계가 보고되고 있다.[1] 자율

---

[*] 이 부분은 황기연·변순용(서울교대)이 공동집필하였다.
[1] http://www.yonhapnews.co.kr/bulletin/2015/10/19/0200000000AKR20151019197100088.HTML 참조.

주행차는 이러한 손상에 대한 대안으로 개발되고 있다. 자율주행차의 윤리적 문제를 극복할 수 있는 기술까지는 아직 완전하지 못하다는 이유만으로 자율주행차의 도입을 막을 수는 없다.[2]

자율주행차는 각종 센서와 인공지능을 장착한 기계장치가 인간운전자를 대체하지만 운전 시 딜레마 상황(예: 중앙선 침범이나 교통법규의 위반이 오히려 피해를 최소화하는 상황 등)을 접하게 되고 여러 가치를 고려해 행동해야 하기 때문에 인간운전자들과 마찬가지로 윤리적 판단이 불가피하다. 본 절의 목적은 윤리적 판단이 가능한 자율주행차를 위한 첫 단계 작업으로 자율주행차의 윤리 가이드라인을 작성하는 데 있다. 윤리 가이드라인에서는 자율주행차가 추구하는 기본적 가치, 이를 구현하기 위해 자율주행차의 이해관계자 집단인 설계자, 제작자 및 사용자 등이 따라야 하는 행동준칙으로 구성된다.

본 글의 구성은 다음과 같다. Ⅱ.에서는 자율주행차 윤리 문제에 대한 다양한 논의를 소개하고 이를 기반으로 자율주행차 윤리 가이드라인 제정의 필요성을 도출한다. 이를 위해 1.에서는 자율주행차의 특성을 기술하고, 2.에서는 자율주행차 운행 시 발생하는 트롤리 문제를 비롯한 윤리문제를 논의한다. 3.에서는 전통적인 인간사회의 윤리 이론을 이용해 자율주행차의 윤리 문제를 대응할 수 있는지에 대해 논의하고, 4.에서는 자율주행차 윤리 가이드라인 제정의 필요성을 도출한다.

Ⅲ.에서는 자율주행차 관련 다양한 윤리 가이드라인에 대한 사례 분석을 시행한다. 1.에서는 자율주행차 윤리 가이드라인의 상위 레벨인 AI 및 로봇 윤리 가이드라인의 대표적 사례를 검토하고, 2.에서는 세계 최초로 2017년 공표된 독일의 자율주행차 윤리 가이드라인을 분석하고, 3.에서는 미국 고속도로안전청(NHTSA)이 매년 개정하는 자율주행차 안전 가이드라인에서 윤리 문제를 어떻게 다루고 있는 지를 분석한다. Ⅳ.에서는 자율주행차 윤리 가이드라인 작성 시 반영할 주민의견 조사를 시행하고 그 결과를 분석한다. 먼저 1.에서는 자율주행차에 대한 주민의식을 조사하고, 2.에서는 자율주행차가 운행 중 접할 수 있는 다양한 윤리적 선택 상황에 대해 주민들의 선호도 조사를 시행하고, 3.에서는 1.과 2.의 내용을 토대로 설문조사용 자율주행차 윤리 가이드라인을 작성 주민들의 의견을

---

2) 독일 자율주행차 윤리 가이드라인 6조에서는 이 같은 원칙을 선언하고 있다.

수렴한다.

V.에서는 자율주행차의 한국적 윤리 가이드라인의 기본 틀과 포함될 핵심 요소를 도출하고 우리나라 자율주행차 윤리 가이드라인 초안을 제시한다. 1.에서는 자율주행차 윤리 가이드라인의 기본 틀과 핵심요소를 제시하고, 제2.에서는 윤리 가이드라인 제정 목적과 사용되는 용어를 정의하고, 3.에서는 자율주행차 윤리 가이드라인이 추구하는 기본가치를 제시하고, 4.에서는 기본가치를 구현하기 위해 자율주행차 이해관계자들이 준수해야 할 행동준칙을 제시하고, 5.에서는 각 행위 주체별로 행동준칙에 따라 준수해야 할 의무에 대해 제시한다. VI.은 결론과 정책건의로 마무리한다.

II. 자율주행차 윤리 논쟁 및 윤리 가이드라인 제정의 필요성

1. 자율주행차의 특성

2015년 8월 개정된 「자동차관리법」 제2조 제1호의3에 따르면 자율주행차는 "운전자 또는 승객의 조작 없이 자동차 스스로 운행이 가능한 자동차를 의미한다"고 정의하고 있다. 즉, 운전자가 운전에 직접적으로 개입하지 않고도 탑승자의 목적지까지 차량 스스로 운행하는 차량을 의미한다(임이정 외, 2016).

세계자동차공학회(International Society of Automotive Engineers(SAE))에 따르면 자율주행차는 총 6단계로 구분된다. 보통 자동화의 수준에 따라 인간운전자에 의해 전적으로 운전이 이뤄지는 비자동화의 0단계, 운전자의 운전 상태에서 핸들 조향 및 가감속을 지원하는 1단계, 핸들 방향 조종 및 가감속 등 하나 이상의 자동화기능을 포함하는 부분적 자동화인 2단계, 차량이 주변 환경을 파악해 자율주행을 하지만, 경우에 따라 운전자 개입이 필요한 높은 자동화인 3단계, 거의 모든 환경에서 운전자의 개입이 없어도 주행이 이뤄지는 충분한 자동화의 4단계, 출발에서 도착까지 스스로 운행하기 때문에 운전자가 필요 없는 완전 자동화의 5단계로 나눠진다. 일반적으로 자율주행차하면 3단계 이상을 지칭하며, 윤리 문제는 일반적으로 인간운전자가 거의 모든 환경에 운전에 개입하지 않는 4-5단계 수준에서 발생한다(황기연 외, 2019b).

	Human					System
	Level 0	Level 1	Level 2	Level 3	Level 4	Level 5
정의	비자동차 No Automation	운전자 지원 Driver Assistance	부분 자동화 Partial Automation	조건부 자동화 Conditional Automation	고도 자동화 High Automation	완전 자동화 Full Automation
내용	운전자가 모든 운전 (경고장치 포함)	운전자 운전 (조향 혹은 감·가속 둘 중 하나 지원)	운전자 운전 (조향 혹은 감·가속 둘 다 자동화)	운전자가 운전 단, 제한된 조건에서 자율주행 (운전자가 언제든지 Take Over 대기)	특정구간에서는 완전자율 주행	자동차가 모든 운전

[그림 5] 자율주행차의 자동화 수준에 따른 구분

　　한편, 자율주행차가 본격적으로 운행되면 교통체증의 해소, 교통사고 절감, 산업융합 촉진 등 사회경제적으로 다양한 부분에서 긍정적인 효과가 있을 것으로 예상되고 있다. S. Childress et al.(2015)의 연구에서는 활동기반모형(Activity-based model)을 이용해 자율주행차 도입 시 교통 네트워크와 통행선택에 미치는 영향에 대해 분석하였다. 분석 결과 자율주행차가 운행되면 지역의 도로 용량과 통행의 질이 개선되고 온실가스 감소 효과가 있는 것으로 추정되었다. 이종덕 외 (2015)의 연구에서는 자율주행차를 도입하면 혼잡 상황이 개선될 것이라는 가설을 설정하고 단일차선 연속류 도로를 대상으로 효과를 분석하였다. 그 결과, 자율주행차의 구성 비중이 높아질수록 전체 교통류의 평균속도가 증가하고 혼잡 개선의 효과가 증가된다는 결과를 도출하였다. 박인선 외(2016)의 연구에서는 자율주행차 도입에 따른 고속도로 기본 구간의 교통류 변화를 분석하기 위하여, 경부고속도로 상행선(서울TG-신갈JC) 기본 구간을 대상으로 사례 연구를 실시했다. 연구결과, 통행속도가 낮고 교통량이 많을수록 자율주행차 도입에 따른 긍정적인 효과가 큰 것으로 분석되었다.

2. 자율주행차 운행에 따른 윤리 문제

1) 트롤리 딜레마의 윤리와 위기관리의 윤리

　　자율주행차를 도입하는 주된 목적은 대부분의 교통사고가 인간운전자의 과실로 발생하기 때문에 인공지능을 갖춘 자율기계로 운전을 대체해 사고를 획기적으로 줄이기 위해서다. 그러나 자동차 사고는 인간탑승자들의 생명에 관한 사안이기 때문에 사고 발생 시 책임을 자율기계에게 물을 것인지는 윤리적 결정 사항이다(김규옥 외, 2016). 또한 아무리 드문 경우라 하더라도 예상하지 못한 물체가 갑자기 튀어 나오거나 중앙선을 넘어 오는 경우와 누군가의 생명을 선택해 빼앗아야 하는 등의 상황이 발생할 수 있기 때문에 이 경우 어떠한 선택을 할지에 대한 윤리적 판단이 자율기계에게도 동일하게 요구된다고 할 수 있다(Goodall, 2013).

자율주행차의 피할 수 없는 충돌의 윤리적 의미를 논의하기 위해 가장 많이 거론되는 예로 트롤리(Trolley) 딜레마를 들 수 있다.3) 이 딜레마의 윤리적 쟁점은 누군가의 희생이 반드시 전제되기 때문에 누구를 선택할 것인가에 대한 민감한 윤리적 선택을 피할 수 없는 상황이 초래될 수 있다는 점이다.

또 다른 예를 들면, 교통질서를 어긴 사람을 구하기 위해 교통법규를 준수할 사람을 희생시킬 것인가에 관한 내용이다. 자율주행차의 운행 중 둘 중 하나의 희생을 선택해야만 하는 경우에 한쪽은 안전모를 쓰고 모터사이클을 운행하고 있고 다른 쪽은 안전모를 쓰고 있지 않다면 어떻게 해야 할 것인가? 사고에 따른 피해가 덜 클 것으로 예상되는 안전모를 쓴 운전자와의 충돌을 선택했다면 법을 지킨 경우를 차별하는 모순이 발생할 수 있다(Bonnefon et al., 2015). 간단한 예들에서도 볼 수 있듯이 피할 수 없는 충돌 상황하에서 자율주행차는 스스로 윤리적인 판단을 할 수밖에 없다. 사전에 모든 가능한 충돌 상황을 예측해 프로그램을 통해 문제를 대응한다는 것은 한계가 있을 수밖에 없다(Goodall, 2014, 2016).

자율주행차 운행에 따라 공개적 논의가 필요한 윤리적 쟁점은 모든 운행 환경이 이상적 상황하에서 발생할 수 있는 트롤리 딜레마 경우와 신호등 고장 등과 같이 자율주행차 운행환경이 비정상적 상황하에서 발생할 수 있는 사고 또는 법질서 준수 여부 등과 같이 위기관리(Crisis management)와 관련된 쟁점으로 크게 이분화될 수 있다. 현재는 자율주행차 관련 이슈가 트롤리 패러다임에서 위기관리 패러다임으로 옮겨가고 있다.4)5) 논의의 주된 관점의 변화가 일어나는 이유는 트

---

3) J. Bonnefon, A. Sharrif & I. Rahwan(2016), "The social dilemma of autonomous vehicles", Science, 352(6293).
4) 도로교통공단(2019)의 연구에서는 도로교통법 관점에서 자율주행차의 위기관리 딜레마 이슈로 갑작스런 끼어들기, 급제동, 정차 중인 차량을 인식 못함, 중앙선 침범, 차도를 횡단하는 보행자 등 5가지를 언급하였다.

롤리 딜레마 자체가 사고 실험에서 출발하였고, 이러한 딜레마가 실제 사례에 비해 추상적이고, 지나치게 확정적이라는 비판을 받고 있기 때문이다(변순용 외, 2018)(〈표 8〉 참조).

〈표 8〉 트롤리 딜레마와 위기관리 딜레마 이슈

트롤리 딜레마 이슈 (Trolley Dilemma Issues)	위기관리 딜레마 이슈 (Crisis Management Paradigm Issues)
- '차내 사람 vs 차외 사람' · 똑같은 인간의 생명이지만 이기적으로 차내에 있는 본인의 안전을 우선할 것인지, 도덕적으로 차외에 있는 사람의 안전을 우선할 것인지에 대한 윤리적 판단이 필요함 · 도덕적 판단이 우선할 경우 사회적 정의는 구현될 수 있지만 이러한 자동차를 누가 살지에 대한 현실적 문제에 봉착하게 됨 - '소수의 사람 vs. 다수의 사람' · 피할 수 없는 선택 상황하에서 소수와 다수의 문제가 발생하면 당연히 소수를 희생시키는 것이 공리주의 원칙에 부합되지만, 만약 소수는 법을 준수한 반면 다수가 법을 위반한 상황이라면 다수를 희생시키는 것이 도덕적 의무론 관점에서 오히려 더욱 합당한 윤리적 원칙 간의 딜레마가 발생하게 됨 - '생명을 잃게 되는 법을 준수한 사람 vs. 생명에는 지장이 없는 법을 위반한 사람' · 일반적 상황이라면 자율주행차 윤리알고리즘은 법을 준수한 사람을 보호하도록 프로그래밍 되는 것이 도덕적 의무론으로 볼 때 당연하지만, 법을 준수해 헬멧을 쓴 모터사이클 운전자는 사고가 나더라도 생명에는 지장이 없지만 법을 어기고 헬멧을 쓰지 않은 모터사이클 운전자는 생명을 잃게 되기 때문에 공리주의적 관점에서는 법을 준수한 운전자와 추돌	- '운행 중 갑작스런 재난, 재해' · 자율주행차 운행 중 갑작스런 펑크, 지진, 해일, 낙석, 싱크홀, 대향차선차량의 중앙선 침범 등 다양한 재난, 재해가 발생할 수 있고, 이러한 상황을 접했을 때 대처하는 가운데 Trolley의 딜레마 상황들과 같은 윤리적 원칙 간의 상충현상이 그대로 발생 가능함 - '교통사고로 인한 차선 폐쇄' · 자율주행차 운행 중 교통사고로 인해 차선이 폐쇄되면 부득이 중앙선을 넘어서 진행해야 하는 경우가 발생함 · 이 경우 사고 유형과 정도를 고려하여 어떠한 유형의 법을 어느 정도로 위반할지 여부에 대한 윤리적 판단이 필요함 - '교통관제시스템 고장' · 폭우나 폭설로 인해 신호등이 고장 나는 경우가 흔히 발생하게 되는데 이 경우 신호등 고장시 법이 지정하는 행동요령을 따라 관련 법 규정의 위반이 허용될 수 있음 · 그러나 관련 도로교통법 규정 등이 모든 경우를 세세하게 규정할 수 없기 때문에 부득이 한 경우 법 위반 여부에 대한 자율주행차 AI의 윤리적 판단이 필요한 경우가 발생 - '운전문화 및 운전자 에티켓 결함' · 비신호 이면도로 사거리에서는 방향별로 선 진입차량이 선출하는 것이 일반적인 운전 에티켓으로 정착되어 있지만, 운전

을 선택하는 딜레마가 발생하게 됨 - '법을 어긴 사람 vs. 법을 준수한 재산/동물' 　· 희생을 선택할 상황이라면 당연히 재산 　이나 동물을 선택하는 것이 당연하지만 　법을 준수한 수억에 달하는 최고급 자동 　차와 법을 어긴 걸인 중 선택해야 할 상 　황이라면 공리주의적으로 볼 때 딜레마 　에 빠질 수 있음 - '다수의 정상인 vs. 다수의 사회적 약자(노 　인, 장애인, 어린이 등)' 　· 생산성이 높은 다수의 정상인의 생명을 　보호하는 것이 공리주의적으로 합당하 　지만 약자를 보호하는 것이 의무론적 사 　회적 정의에는 더 합당한 딜레마에 처하 　게 됨 - '범죄자 vs. 일반인' 　· 범죄인에 대한 식별이 가능하다는 것을 　전제로 선택 상황하에서 범죄인을 희생시 　키는 선택이 사회적 정의에 합당한지와 　같이 인간으로 차별하지 않는 것이 사회 　적 정의인지에 대한 딜레마에 처하게 됨 - '공공 소유 차량 vs 민간 소유 차량' 　· 선택 상황에서 공무를 수행 중인 소방차 　나 경찰차를 선택할지 일반차량을 선택할 　지에 대한 딜레마 상황에 처할 수 있음	문화가 성숙되지 못한 곳에서는 이기적 인 운전문화로 인해 자율주행차가 스스 로 진행 여부에 대한 윤리적 판단을 해 야 할 경우가 발생함 · 또한 도로주행 중, 자전거나 대형트럭이 옆 차선에 운행 중일 때는 법으로 규정되 어 있지는 않지만 속도를 늦춘다거나 하 여 상대 차량을 배려하는 운전에티켓을 스스로 결정해야 할 경우가 발생하게 됨 - '해킹' · 자율주행차 운행을 위해서는 다양한 센 서와 정보의 실시간 유출입이 필수적임. 따라서 해킹 공격을 당할 경우 사고를 피하기 위해 급히 운행을 중단할지, 제 어권을 인간으로 전환할지 아니면 자체 적으로 대응할지에 대한 윤리적 판단이 필요한 상황에 처하게 됨 - '고의적 실험' · 도로상에서 자율주행차의 성능 실험을 위해 급정거, 끼어들기 등의 고의적 불법 운전행위에 대한 우려가 있음 · 이 경우 고의성 여부에 대한 윤리적 판 단이 이루어져야 할 뿐 아니라, 고의적 실험에 대해 회피, 경고, 보복 등 대응 방안에 대한 윤리적 결정도 필요하게 됨

2) 터널딜레마 문제와 Rawls의 Maxmin

　자율주행차의 도입 과정에서 발생하는 다양한 문제들은 반드시 윤리적인 숙고를 거쳐야 한다. 가장 중요한 문제는 자율주행차가 주행 시 어떠한 기준을 가지고 운행해야 하는지에 관한 것이다. 그런데 이러한 기준이 외견상 기술적인 문제로 보이지만, 실제로는 윤리적인 선택과 결정의 문제인 경우가 많다. Millar(2017)는 자율주행차의 윤리적 문제를 다루기 위해 트롤리문제를 변형시켜 아래와 같이 자신이 정의내린 터널 문제를 제시한다.

　터널딜레마 문제: 당신은 편도 1차선의 산길 도로를 따라 운행하고 있는 자율주행차 안에 있으며, 전방에는 있는 1차선 좁은 터널에 진입하려고 하고 있다. 이때 한 어린이가 길을 건너려다 길 한가운데에 넘어진다. 이 차량은 둘 중 하나를 선택해야 한다. 아이를 치거나 터널 옆의 양 벽면 중 하나로 돌진해 스스로를

죽여야 한다. 어떤 선택을 해야 할까?[6]

위의 딜레마 상황에서 "만약 당신이 이 자율주행차 안에 있다면 차가 어떻게 반응해야 할까?"라는 물음에 대한 설문 결과를 보면 응답자 110명(여성 20명, 남성 93명) 중 64%는 직진해야 한다고 응답하였고, 36%는 아이를 피해야 한다고 응답했다. 그리고 이와 같은 상황에서 '자율주행차의 선택을 누가 결정해야 하는가?'라는 물음에 대해서는 차량탑승자(44%), 입법가(33%), 제조사나 설계사(12%), 기타(11%)로 대답하고 있다.

흔히 '터널 딜레마(Tunnel Dilemma)'라고 불리기도 하는 이 문제를 조금 더 변형시켜보자. 예를 들어 무인자동차가 1차선 터널 안을 가로막은 술주정뱅이를 맞닥뜨렸고, 주정뱅이를 살리면서 안전하게 피할 방법은 없다면, 무인자동차는 차주인의 안전을 위해 주정뱅이를 치고 가야 할까? 아니면 주정뱅이를 살리기 위해 차와 주인의 안전을 희생해야 할까? 자율주행차 구매자 입장에서는, 자신보다 술주정뱅이의 안전을 우선하는 알고리즘이 탑재된 차를 사려 하지 않을 것이다. 그렇게 해서 주정뱅이가 사고를 당했다면 사법 당국과 보험 당국은 누구에게 책임을 물어야 할까? 차 주인에게? 알고리즘 설계자에게? 아니면 차에서 수동으로나마 통제하지 못한 탑승자에게? 그렇지만 만약 술주정뱅이 대신 길을 횡단하고 있던 아이였다면 사람들의 반응은 어떠했을까?(변순용, 2017)

John Rawls의 정의론에 따르면 예상되는 이득보다는 손실을 최소화하는 Maxmin이 정의라고 한다. 만약, 자율주행차 안에 운전자 말고도 승객이 4명이 더 있고, 교통 법규를 어기고 1차선 터널을 막고 있는 어린이가 있다고 가정하자. 어린이를 피하기 위해 핸들을 돌리면 차 안에 있는 5인은 모두 살지만 중상을 입고, 어린이는 충돌하면 죽는다고 가정했을 때 Maxmin의 원리에 따라 자율주행차를 프로그래밍하면 법을 어긴 1명의 어린이를 살리기 위해 차 안에 있는 무고한 5인의 승객이 피해를 보는 상황이 발생할 수 있다(Jenkins, 2016)

3) 자율주행차의 책임 소재 문제

자율주행차가 딜레마 상황에 처해 충돌사고를 일으킨 경우 사고의 책임을 누구에게 물을지에 대한 윤리적 논쟁도 제기될 수 있다. 자율주행차의 기술이 아무리 발달하더라도 완벽할 수는 없을 것이고, 비록 자율주행기술이 완전한 수준

---

6) http://robohub.org/an-ethical-dilemma-when-robot-cars-must-kill-who-should-pick-the-victim

에 이르렀다 하더라도 운전자 내지 탑승자의 주의 감독 의무에 대한 고지후 동의(informed consent)가 전제될 가능성이 높다.

그런데 기계적 결함이나 운전자(내지 탑승자)의 부주의도 아니고, 도로교통 관련 법규도 준수되는 상황에서 발생하는 사고의 경우 차량 설계자, 제작자, 소유자 중 누가 책임을 질지 아니면 인공지능을 가진 기계에게 책임을 물을 수 있는지에 대한 사회적 논의와 이에 근거한 사회적·윤리적·법적으로 합의가 필요하다. 특히 자동차 보험사가 이해관계자들 간의 책임의 배분을 어떻게 나눌지에 대한 고려도 책임과 관련된 중요한 윤리적 문제라고 할 수 있다(변순용, 2017).

4) 자율주행차가 제기하는 새로운 윤리적 이슈

자율주행차로 인한 윤리 문제는 운행으로 인한 사회적 문제들로 인해 추가적으로 발생할 수 있다(변순용, 2017). 무엇보다도 자율주행차 운행을 위해 다양한 정보를 취득하는 과정에서 개인의 사생활을 침해할 수 있으며, 그렇다고 개인정보보호만을 강조하면 자율주행차가 제대로 된 기능을 수행할 수 없는 문제가 발생한다.[7] 또한, 자율주행택시가 보편화되면 택시기사들이 직업을 잃게 되고, 자율주행트럭이 본격적으로 판매되면 트럭기사라는 직업이 사라질 위기에 처해 큰 사회적 문제로 비화될 가능성이 크다. 자율주행차를 대상으로 한 일반 차량들의 모험적 실험이 실행되면 사고가 증가할 수 있고, 자율주행차 운행이 본격화되면 오히려 차량의 총주행거리가 늘어나 혼잡이 심화될 수 있고, 사람들은 운동 부족으로 비만 등 건강상 문제도 제기될 수 있다. 아직 자율주행차 운행에 따라 발생할 수 있는 다양한 문제들이 실제 어떻게 나타날지는 아무도 모르지만 적어도 윤리 가이드라인을 제정할 때 이러한 부문에 대한 고려가 필요할 것으로 판단된다.

---

7) 국무조정실(2018)은 자율주행에 필수적인 영상정보는 주행에 필요한 범위 내에서 운행자의 사전 동의 없이 원활한 처리가 가능하도록 개인정보 보호법과 정보통신망법을 개정할 계획을 발표했다.

3. 자율주행차 윤리 문제에 대한 윤리 이론적 해법의 한계[8]

(1) 윤리이론적 접근 방법
1) 공리주의적 접근법

자율주행차 주행에 있어서 가장 접근하기 쉬운 일반 윤리학적 이론은 공리주의 접근이다. 공리주의 윤리는 최대 다수의 최대 행복을 목적으로 삼고 있으며, 이는 비용-수익 분석에 의거한 의사결정이라 할 수 있다. 즉 어떤 목적 행위를 하기 다양한 대안들이 발생시킬 수 있는 비용과 이득을 평가한다. 그 후 비용 대비 최대 이익을 산출하는 대안을 선택하는 것이다.[9]

공리주의적 접근법을 활용한 자율주행차 윤리 연구로는 Bonnefon 외 2인 (2015)의 연구 사례를 들 수 있다. 이 연구는 아래 [그림 6]과 같은 3가지의 상황을 제시하고, 이러한 윤리적 사고 실험에 대한 설문조사를 실시했다.

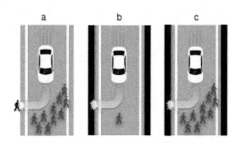

[그림 6] 공리주의 기반 자율주행차 사고 실험

그림에서 a는 여러 명의 다른 보행자가 다치는 것을 막기 위해 방향을 바꾸어 한 명의 보행자를 다치게 하는 경우이고, b는 한 명의 보행자를 구하기 위해 차량 소유자가 다리 아래로 떨어져 다치게 하는 경우이며, 마지막으로 c는 여러 명의 보행자를 구하기 위하여 차량소유자를 다치게 하는 경우를 나타낸다. 이 연구에서는 실험적 윤리학에 기초해 공리주의 기반으로 설계된 차에 대한 수용 정도를 알아보려 한다. 물론, 많은 사람들이 원한다고 하여 공리주의적인 자율주행차가 윤리적인 자동차라고 단정할 수는 없겠지만, 자동차는 사람이 구매, 소유 및 이용하는 것이기 때문에 사람들의 기대 및 소비자의 선호를 무시할 수 없다. 이

---

8) 본 절에서의 논의는 변순용 외(2018)을 요약 발췌한 것이다.
9) 변순용, 삶의 실천윤리적 물음들, 울력, 2014, pp. 319-321.

연구에서 드러나는 공리주의적 자동차의 한계는 사람들이 보행자 입장에서 생각할 때는 공리주의적인 차를 선호하지만, 자동차를 구매하는 차량 소유주의 입장에서는 공리주의적인 자동차에 대한 매력을 덜 느낀다는 것이다. 그러나 이러한 사고 실험이 충돌 시 무조건 죽는다는 상황만을 가정했기 때문에 사람들이 공리주의적인 자동차를 덜 선호했을 수도 있다. 만약, 죽는 것이 아니라 차량 소유주가 '부상'을 입는 정도에 그친다고 했다면 공리주의적인 차량에 대한 선호정도는 더 높아졌을 것으로 추정된다.

　　Goodall(2014)의 연구에서는 공리주의적 접근을 할 때 비용과 이득 평가가 예상보다 복잡할 수도 있음을 지적한다. 정보 배제의 문제가 그것이다. 운전자의 연령, 나이, 성별 또는 법의 위반 경력 여부 등 다양한 정보 중 어떠한 것을 선택해 피해를 산정할 것인가? 또한 개인 각각의 생명가치에 대한 정보에 기초하여 판단을 내리는 것이 윤리적인가의 문제도 있다. Lin(2015)은 왼쪽으로 핸들을 돌리면 8살짜리의 여자아이와 충돌하고 오른쪽으로 핸들을 돌리는 경우 80살의 노인과 충돌한다고 할 때, 8살 여자아이의 목숨을 살리기 위해 80살의 노인과 충돌한다는 것은 나이의 가치에 대해 이미 선입견을 지니고 있는 것은 아닌지의 문제를 제기하고 있다.

　　위에서 제시한 다양한 문제들을 고려해 볼 때 공리주의적인 접근은 한계를 지니고 있다. 공리주의적인 접근이 설득력이 높긴 하지만, 공리주의적 차량 구매시 선호도 저하의 문제, 정보 선택 및 배제의 문제, 정보에 기초하여 사람의 목숨을 결정하는 것이 옳은 것인지와 관련된 문제들이 제기될 수 있다.

2) 의무론적 접근법

　　의무론적인 윤리는 어떤 행위가 도덕적인 이유는 그것이 어떤 이익을 주거나, 쾌락을 선사하기 때문이 아니라 그것이 의무이기 때문에 행해야 한다는 것이다.[10] 자율주행차에 대한 의무론적인 접근은 Asimov(2004)의 로봇윤리 3원칙에서 출발했다고 볼 수 있다. Goodall(2014)은 자율주행차를 디자인할 때 이러한 원칙을 따르게 하는 것이 컴퓨터의 속성에 적합하다는 의견을 제시하고 있다. 법칙들 사이에 갈등이 있을 경우, 혹은 법칙 내에 갈등이 있을 경우에는 로봇은 자신의 행동을 결정할 수 없기 때문이다. Maurer et al.(2015)의 연구에서는 사람의 목숨을

---

10) 변순용(2014), pp. 315-316.

우선순위에 두고, 보행자가 충돌에 있어 취약하다는 점을 들어 아시모프의 로봇 3원칙의 정신을 계승한 자율주행차의 원칙을 다음과 같이 제시한다.[11]

(1) 자율주행차는 보행자 또는 자전거 탑승자와 충돌해서는 안 된다.
(2) (1)의 원칙을 위반하는 충돌을 피하기 위한 경우를 제외하고는, 자율주행차는 다른 차량과 부딪혀서는 안 된다.
(3) (1)과 (2)의 원칙을 위반하는 충돌을 피하기 위한 경우를 제외하고는, 자율주행차는 자신이 처한 상황에서 어떤 다른 물체와도 충돌해서는 안 된다.
(4) 자율주행차는 도로교통법을 지키는 것이 위의 세 가지 원칙들과 충돌하지 않을 경우를 제외하고는 도로교통법을 지켜야 한다.

이 연구는 아시모프의 로봇 3원칙을 자율주행차에 적용 및 구체화시켰다는 점에서 의의가 있다. 또한 충돌 시 가장 우선적으로 고려해야하는 것이 보행자 및 자전거 탑승자이고, 그 후에 고려해야 하는 것이 다른 차량, 마지막으로 고려해야 할 것이 다른 물체라는 충돌 대상 간의 위계를 확실하게 해준다. 그러나 이 원칙만으로는 여전히 원칙 내 갈등을 배제할 수 없다. 자율주행차가 어느 방향으로 핸들을 꺾는지에 상관없이 보행자와 충돌하는 경우에는 아무런 해답도 주지 못한다. 이 경우 결국 보행자의 피해 정도 등을 고려해야 하므로 앞에서 제시한 공리주의적인 접근을 다시 고려해야하는 경우가 발생할 수 있다. 또한 3원칙이 지나치게 충돌의 원칙에만 국한되어 있다는 한계도 있다. 이와 같은 문제를 해소하기 위해 변순용(2017)은 아시모프의 로봇 3원칙을 아래와 같은 방식으로 바꾸어 자율주행차에 대해 적용하는 대안을 제시했다.

(1) 자율주행차는 사람에게 위해를 가하는 주행을 해서는 안 되며, 위험한 상황에 처했을 때 이를 방관해서도 안 된다.
(2) 자율주행차는 (1)에 위배되지 않는 한, 도로 법규 및 탑승자의 판단에 따라야 한다.
(3) 자율주행차는 (1)과 (2)에 위배되지 않는 한, 차량 자체가 손상되지 않도록 보호해야 한다.
(4) 자율주행차는 도로교통법을 지키는 것이 위의 세 가지 원칙들과 충돌하지 않을

---

11) M. Maurer et al.(2015), Autonomes Fahren(Berlin Heidelberg: Springer, 2015), pp. 96-97 참조.

경우를 제외하고는 도로교통법을 지켜야 한다.

이 원칙이 이전 원칙보다는 충돌 이외의 주행상황에서도 적용할 수 있기는 하지만 좀 더 추상적이어서 현실에 적용하는 데는 한계가 있다고 판단된다.

3) 타협적 접근법

자율주행차가 다른 일반적인 자동차보다 훨씬 안전하다 할지라도 100퍼센트 안전하다고 할 수 없다면, 자율주행차의 사고 시나리오는 어떻게 프로그래밍 되어야 할까? 이 물음에 대한 대답에서 다수는 전체 피해를 최소화하도록 해야 한다고 답하면서도 실제로 자기가 원하는 자율주행차는 사고 시 자신의 생명과 안전을 보호해주는 차량을 선호한다고 답한다.[12]

이러한 불일치는 또 다른 트롤리 문제를 일으키며, 가상적인 사고 상황에서 피해자, 차량의 탑승자 그리고 제3자 간 입장의 충돌로 나타난다. 이기주의적 자율주행차가 차의 탑승자를 먼저 고려한다면, 이타주의적 자율주행차는 피해자 내지 피해가능자[13]를 우선적으로 고려할 것이고, 공리주의적 자율주행차는 차의 탑승자나 사고의 피해가능자에 대한 구별을 하지 않고 모두의 가중치를 동일하게 전제한 뒤에 전체 피해의 최소화(Harm-minimizing car)를 가장 먼저 고려할 것이다. 비록 이기주의적 자율주행차가 다수에 의해 선호된다 하더라도, 이러한 기능을 가진 자율주행차는 사회적으로 수용되기 어려울 것이다. 그렇다면 남은 가능성은 이타주의적 자율주행차와 공리주의적 자율주행차의 경우인데, 이타주의적 자율주행차는 소비자들에게 수용되기 어려울 것으로 판단된다. 그렇다면 탑승자나 사고피해자의 가중치를 구분하지 않는 공리주의적 자율주행차가 현실적으로 다른 대안보다는 설득력을 가질 것이다.

이러한 논의는 자동차의 충돌이 불가피하다고 판단되는 경우에 대한 것이며 예외적인 경우에 해당된다. 그래서 자율주행차는 충돌을 예방할 수 있도록 설계되어야 하고, 충돌이 임박한 상황에서는 급정지하거나 차량의 제어권을 탑승자에게 전환하도록 설계되어야 한다.[14] 그리고 이 모두도 불가능한 경우에는 이기주

12) J. F. Bonnefon, A. Sharrif & I. Rahwan(2016), "The social dilemma of autonomous vehicles", Science, 352(6293), pp. 1573-1576 참조.
13) 여기에는 다른 차량의 탑승자도 포함될 것이다.

의나 이타주의적 윤리 모듈보다는 공리주의적 윤리 모듈이 보다 사회적으로 설득력이 있을 것으로 판단된다. 하지만 앞에서 언급된 것처럼 공리주의 역시 소비자 입장에서는 위기 상황 시 차량탑승자의 안전을 보장하는데 불확실성이 크기 때문에 이러한 차량이 과연 시장에서 수용될지는 의문이다.

(2) AMA 개발 방법론적 접근법

기계가 인간의 역할을 대신한다는 것은 스스로 도덕적 결정을 내릴 수 있는 인공적 도덕행위자(AMA: Artificial Moral Agent)로서의 자격을 갖추어야 한다는 것이다. AMA를 위한 윤리를 개발할 때는 하향식, 상향식, 절충식 등 3가지 접근법이 필요하다(최현철 외, 2016).

첫째는 하향식 접근법으로 어떤 구체적 윤리이론을 선택한 다음, 그 이론을 구현할 수 있는 계산적 알고리즘과 시스템 설계를 이끌어내는 방법이다. 하향식 접근법은 의무론과 공리주의로 크게 나눌 수 있는데 우선 의무론이 적용되었을 때를 예로 들면 AI를 설계할 때 관련법을 준수하도록 사전에 프로그래밍하고, 돌발적인 상황에 처했을 때도 특정한 법칙에 따라 행동을 하도록 사전에 프로그래밍 하는 방법이다. 하향식 접근법이 갖는 문제는 특정 상황하에서는 부득이 관련법을 어겨야 할 경우가 발생하며, 또한 발생할 수 있는 모든 경우에 대해 보편적으로 적용할 수 있는 윤리법칙을 사전에 확정한다는 것이 비현실적일 수 있다는 점이다. 예로써, 자동차 사고로 인해 진행 방향의 차선이 모두 차단되어 있고, 문제를 해결해 줄 경찰도 없다면 부득이 중앙차선을 넘어 진행할 수밖에 없는 경우가 발생한다. 만약 하향식 접근법을 엄격하게 채택해 중앙선은 절대 넘지 못하도록 프로그래밍 되어 있을 경우 사고차량을 완전히 정리할 때까지는 자율주행차량이 전혀 진행하지 못하는 비효율성 문제가 발생할 수 있다. 한편, 의무론 대신 공리주의를 선택한다면 최대다수의 최대행복을 위해 때로는 차량소유자 또는 탑승자가 사망하는 경우도 발생할 수 있는데 소비자입장에서는 이러한 자동차를 구매할 매력이 크지 않을 것으로 예상된다. 또는 대기업의 회장과 직업이 없는 80세 노인 중 택일해 희생시킬 수밖에 없는 경우에 당연히 80세 노인을 선택할 것이고 이 경우 인간의 존엄성을 위배하는 문제가 발생한다. 또한, 공리주의 원칙이 제대로 적용되려면 많은 양의 정보가 빠르게 전달되어야 하는데

---

14) Strand et al.(2014)은 탑승자에게 갑작스럽게 제어권을 전환하더라도 탑승자가 다른 일에 몰입하고 있을 경우 사고를 회피할 가능성은 낮다는 연구결과를 보고함.

현실적으로 가능하지 못한 경우가 많아서 불완전한 판단에 의한 행위를 할 경우가 생기게 된다.

둘째는 상향식 접근법으로 AMA가 다양한 주행 경험을 바탕으로 축적된 빅데이터를 활용한 기계학습을 통해 인간의 해당 분야 윤리를 배워가는 방법이다. 여러 대의 시험 차량에서 얻어진 정보를 융합하면 보다 빠른 시일 내에 현실적으로 적용할 수 있는 AMA를 개발할 수 있지만, 시험주행에 대한 시간과 장소 등의 규제가 현존하는 상황에서 얼마나 현실성 있는 AMA를 개발할 수 있을지에 대해서는 의문이 있고, 사고가 발생했을 경우 자율주행차에게 책임을 물을 수 있을지에 대한 법적 어려움이 있다. 또한, 심층학습(Deep Learning)을 통해 윤리를 학습할 경우 자율주행차 사고가 발생했을 때 원인 규명을 명확하게 하기 어려운 문제가 발생할 수도 있다.

마지막으로 앞의 두 접근법을 융합하는 혼합식 방법이다. 일반적 조건하에서의 차량 운행에 관해서는 교통법규를 준수하도록 하향식 접근법으로 프로그래밍하고, 윤리적인 판단이 필요한 경우 시험주행을 통해 얻은 경험을 활용하여 피해가 최소화되도록 상향식 접근법으로 프로그래밍 하는 방법이다. 현재 구글 등 자율주행차 개발자들이 대부분 이러한 접근법을 통해 자율주행차 AMA를 개발하고 있다. 이 방식 또한 상향식 방식과 마찬가지로 시험주행에 대한 규제로 인해 현실적 AMA를 개발하는 데 한계가 있다.

4. 자율주행차 윤리 가이드라인 제정 필요성

자율주행차를 도입하는 이유는 일반 자동차에 비해 운행 시 인간의 생명과 안전을 획기적으로 개선할 수 있기 때문이다. 하지만, 자율주행차의 기술적 수준이 고도화되어 운전자가 특별히 정해진 상황이 아니면 운전에 전혀 개입하지 않거나 또는 모든 상황에서 인간이 개입하지 않게 되더라도 트롤리나 터널딜레마 상황과 같이 어떠한 선택을 하더라도 인명사고를 피할 수 없는 경우가 발생한다. 동시에, 교통사고 또는 교통신호시스템의 고장과 같이 교통시스템이 비정상적으로 운영되어 자율주행차가 스스로 판단해 운행할 수밖에 없는 경우도 발생한다. 이와 같은 상황은 자율주행차가 기계임에도 인간과 같이 윤리적 판단을 수행해야 하는 경우로 윤리적 판단을 위한 원칙이 사전에 수립되어 있어야 한다.

자율주행차의 윤리적 판단을 위해 따라야 할 윤리원칙으로 인간 사회에 적용되어 오던 윤리이론들의 유용성에 대해 분석한 결과, 공리주의적인 접근이 설득력이 높긴 하지만, 공리주의적 차량 구매 시 선호도 저하의 문제, 정보 선택 및 배제의 문제, 정보에 기초하여 사람의 목숨을 결정하는 것이 옳은 것인지와 관련된 문제가 제기될 수 있고, 의무론의 경우는 자율주행차의 주행 시 발생할 수 있는 모든 상황을 예측해 사전에 프로그래밍한다는 것이 비현실적이라는 비판이 있다. 두 이론을 혼합한 타협적 이론도 두 이론이 갖고 있는 문제를 근본적으로 극복하기는 어려운 것으로 분석되었다. 이러한 문제로 인해 접근법을 하향식, 상향식, 혼합식 등으로 달리해 문제를 접근해 보았지만 이 또한 근본적인 한계가 있는 것으로 나타났다. 결론적으로 전통적 윤리이론으로 자율주행차의 해법을 찾는 것은 어렵다는 결론에 이르렀다.

자율주행차 운행 시 경험할 수 있는 딜레마 상황들은 두 가지 물음, '이 자율주행차가 어떻게 선택해야 하는가?'와 '누가 그것을 결정해야 하는가?'를 던지고 있다. 이와 유사한 물음을 Lin(2015) 교수는 다음과 같이 제시한다. "자율주행차가 핸들을 왼쪽으로 돌리면 8살 어린아이를 치게 되고, 오른쪽으로 돌리면 80세의 노인을 치게 한다. 달리던 차량의 속도에 의하면 어느 쪽이든 치인 사람은 사망에 이르게 된다. 그렇다고 해서 방향을 틀지 않으면 둘 다 치이게 되는 상황이다. 그래서 어느 쪽으로든 핸들을 돌려야 한다고 생각한다."[15] 이러한 상황에 여러 사람을 대입시켜 논의를 해볼 수도 있을 것이다. 그러나 어떤 경우에도 모든 사람을 공정하게 대하고 차별하지 않아야 한다는 국제전기전자기술자협회(IEEE)의 지능자율시스템 윤리규정도 같이 고려한다면, 이러한 상황에서의 '옳은 선택'이 무엇인지에 대한 결정은 결코 기술적인 문제가 아니라 분명한 해답이 없는 윤리적인 문제임은 분명하다. 앞에서 언급된 모든 경우에 있어서 자율주행차의 선택과 이를 통제하는 알고리즘은 통계나 기술자들의 결정에 의해 이뤄질 수 있는 것이 아니라 자율주행차에 대한 사회의 윤리적 판단 기준에 의해 결정되어야 할 필요가 있다.[16]

자율주행차 윤리 가이드라인은 자율주행차에 대해 인간 사회가 어떠한 가치

---

15) M. Maurer et al.(2015), Autonomes Fahren(Berlin, Heidelberg: Springer, 2015), p. 70 참조.

16) 변순용(2017), "자율주행자동차의 윤리적 가이드라인에 대한 시론", 윤리연구, 112호, p. 207 참조.

를 부여하고, 이 가치를 달성하는데 준수해야 할 행동 원칙과 각 이해관계자 집단이 의무적으로 실천할 과제를 명시적으로 규정하는 문서이다. 따라서, 윤리 가이드라인의 필요성은 자율주행시스템이 운전 시 인간의 윤리적 판단을 대행함으로 인해 발생할 수 있는 문제들을 사전에 예방하고, 그럼에도 문제 가 발생했을 경우에는 피해를 최소화하는 동시에 책임의 소재를 분명하게 하여 자율주행차의 상용화를 촉진시키는 데 있다고 할 수 있다.

Ⅲ. 자율주행차 관련 윤리 가이드라인 사례 분석

1. AI 및 로봇 윤리 가이드라인 사례

1) 아시모프의 로봇 윤리

로봇윤리란 인간과 로봇, 로봇이 매개된 인간과 인간 사이의 바람직한 관계 정립을 위해 필요한 기술규범이다(이원태, 2018). 아시모프(Asimov)가 최초로 제시한 로봇 윤리원칙은 다음과 같다(Asimov, 2004).

> 원칙 0: 로봇은 인류에게 해를 끼쳐서는 안 되며, 위험에 처한 인류를 방관해서도 안 된다(A robot may not harm humanity, or, through inaction, allow humanity to come to harm).
>
> 원칙 1: 로봇은 인간을 다치게 해서는 안 되고, 또는 위험에 처한 인간을 방관해서도 안 된다(A robot may not injure a human being or, through inaction, allow a human being to come to injury).
>
> 원칙 2: 로봇은 인간이 내린 명령에 복종해야 한다. 다만 명령이 원칙 1과 상충되는 경우는 예외로 한다(A robot must obey the orders given to it by human beings, except where such orders would conflict with the First Law).
>
> 원칙 3: 로봇은 원칙 1, 2와 갈등하지 않는 한에서 자기를 보호해야 한다(A robot must protect its own existence as long as such protection does not conflict with the First or Second Laws).

아시모프의 로봇윤리는 그동안 여러 차례 다양한 기관이 수정안을 제안했고, 윤리적 로봇의 설계 필요성을 확인해주는 계기가 되었지만 변화하지 않은 원칙은 로봇은 어떠한 경우에도 인간의 존엄성을 최우선적으로 보호해야 한다는 사실이다.

2) IEEE의 지능형 자율시스템 윤리적 디자인(EAD) 가이드라인

세계적 권위의 국제전기전자공학협회(IEEE)의 지능형 자율시스템 윤리 국제 선도위원회(The IEEE Global Initiative on Ethics of Autonomous and Intelligent Systems)에서는 지능형 자율시스템에 대한 윤리적 디자인(Ethically Aligned Design, EAD) 가이드라인 버전2를 공표했다(IEEE, 2017). EAD의 일반적 원칙들을 정리하면 아래와 같다:

1) 국제법적으로 인정된 인권, 자유, 인간 존엄성, 프라이버시 및 문화적 다양성을 침해해서는 안 되며, 보안과 안전 차원에서 검증이 가능하면서 인간에게 이롭도록 만들어져야 하고, 항상 인간의 판단과 통제에 따라야 함

2) 디자인과 사용에 있어서 인간의 복리(Wellbeing)를 최우선 하여야 하며, 복리는 단순히 삶의 만족도뿐 아니라 삶에 영향을 주는 사회 및 자연 등 다양한 조건의 충족도, 동시에 긍정적인 효과와 부정적 효과의 적절한 균형까지 포함하는 개념임

3) 설계자, 제조자, 사용자 및 운영자들은 문제가 발생할 경우 물질적 보상을 포함한 책임을 부담해야 하며, 법적 책임을 명확하게 하기 위해 등록, 활동 등에 대한 기록시스템을 갖추어야 함

4) 어떻게, 왜 특정한 결정이나 행위를 했는지 추적, 설명 및 해석이 가능하도록 투명한 방식으로 설계, 제작, 사용되어, 문제가 생겼을 때 이해관계자 별로 책임을 분배할 수 있고, 사회적 수용성을 높일 수 있어야 함

5) 해킹, 프라이버시 침해, 과용 등과 같은 위험요인, 부정적 효과 및 오사용을 최소화해야 함

IEEE의 EAD에서도 인간의 존엄성을 가장 우선적으로 수호해야 할 가치로 설정해 지능형 자율시스템은 인간의 판단과 통제에 따라야 하고, 인간의 복리를 최우선해야 한다는 기본적 가치를 강조했다. 그 외에도 지능형 자율시스템 사용에 따른 행동 원칙으로 투명성(검증가능, 기록시스템, 추적/설명/해석 가능성), 제어가능성, 책임성(설계자, 제작자, 이용자 사이의 책임 배분), 그리고 보안성(해킹, 프라이버스 침해, 과용 금지) 및 안전성을 강조했다.

2. 독일 '자율주행차 윤리강령'

지난 2017년 6월, 독일에서는 세계 최초로 자율주행차의 윤리 강령을 발표하였으며 총 20개의 항목으로 구성되어 있다(Federal Minister for Transport and Digital Infrastructure, 2017). 이 강령은 지난 2016년 9월 독일 연방 교통부 장관, 연방헌법재판소와 본 대학(Bonn University) 교수진을 중심으로 다양한 학제 전문가로 구성된 윤리위원회(The Ethics Commission)에서 초안을 작성하였고, 위원회가 제시한 독일 자율주행차 윤리헌장의 핵심 내용을 정리하면 다음과 같다:

1. 부분 혹은 완전 자율주행차는 우선적으로 도로 이용자들의 안전을 개선하고, 더 나아가 이동 기회 증진과 이를 통해 더 많은 이득을 얻도록 하는 데 사용될 수 있다. 기술 개발은 사적 자치의 원칙에 따르지만, 개발자는 자신이 개발한 기술에 대해 책임을 져야 한다.
2. 인간 보호는 부분 또는 완전 자율주행차가 가져다주는 모든 효용 중 가장 중요한 것이다. 인간 보호란 단순히 피해를 줄이는 것이 아니라 완전하게 피해를 회피하는 것을 의미한다. 따라서 자율주행차를 사회적으로 수용하기 위해서는 동일한 위험의 수준하에서 자율주행차가 인간이 운전할 경우에 비해 피해를 줄일 수 있다는 결과를 입증할 수 있어야 한다.
3. 대중이 이용하는 교통시스템에 적용되는 자율주행차에 대한 운행 허가는 공공기관이 담당하고 실제 운행을 할 때도 공공의 승인과 통제가 필요하다. 사고 회피는 지켜야 할 가장 중요한 원칙이지만, 자율주행차 도입에 따른 위험에 대해 아무리 철저하고 확실하게 대비했다 하더라도 기술적으로 완벽하게 피할 수는 없는 위험이 존재한다는 점은 고려되어야 한다.
4. 인간이 스스로 책임지는 결정을 할 수 있다는 것은, 즉 각 개인이 자기 개발과 보호에 대한 요구를 할 수 있는 사회를 뜻한다. 모든 국가와 정치적 질서는 개인의 자유로운 발전과 보호를 지향해야 한다. 하지만, 자유주의 사회에서 기술을 개발할 때 지켜야 할 원칙은 개인의 자유로운 의사결정에 따르더라도 다른 사람들의 자유 및 안전에 손상을 끼쳐서는 안 된다는 것이다
5. 자동화되고 네트워크화된 자율주행차 기술은 가능한 한 사고를 피해야 하고 난감한 상황이 절대 발생하지 않도록 디자인되어야 한다. 난감한 상황이란 자율주행차가 어떠한 선택을 하더라도 피해를 볼 수밖에 없는 딜레마 상황을 의미한다. 이를 위해 통제가 필요한 통행구역에 대한 경계 설정, 차량 센서 및 제동 성능, 위험 상황에 처한 사람을 위한 신호, "지능형" 도로 인프라를 통한 위험 예방 등

기존의 동원 가능한 모든 제어 기술들이 동원되어야 할 뿐 아니라 지속적으로 새로운 기술도 개발해야 한다. 획기적으로 교통안전을 개선할 수 있도록 차량 소프트웨어에 대해서는 방어적이고, 미래 지향적이며, 교통약자들을 위해 안전 운전을 유도하는 방향으로 개발 및 규제의 목표가 설정되어야 한다 .

6. 자동충돌회피 기능을 보유한 고도로 자동화된 자동차의 도입으로 인해 충돌을 줄일 수 있다면 이 자동차는 사회적으로나 윤리적으로 수용이 가능하다. 반대로 완전 자율주행차의 사용을 법적으로 의무화하거나 실질적으로 부족한 기술의 사용을 강요하는 것은 윤리적으로 문제가 된다. 특히 그런 의무나 강요가 기술적으로 반드시 준수해야 하는 사항과 연관되어 있는 경우는 더욱 문제가 된다.

7. 모든 기술적 예방 조치에도 불구하고 피할 수 없는 위험한 상황에서는 다른 어떤 법적 가치가 있는 대상 중에서도 인간의 생명을 보호하는 것이 가장 중요하다. 이러한 이유로 자율주행차는 만약 인간이 다치는 것을 피하기 위해서라면 동물이나 물건을 다치도록 하는 것이 기술적으로 가능하도록 프로그래밍 되어야 한다.

8. 선택 상황하에서 어떠한 생명을 살릴 것인가 하는 것은 "예측할 수 없는" 사람들의 행동까지 혼합된 실제 상황에서는 난감하다. 그러한 결정 상황에 대해서는 명확하게 규정하기도 어렵고 윤리적 문제를 명확하게 하지 않은 채 대응 프로그래밍을 짤 수도 없다. 자율주행차는 사고를 미연에 방지하도록 설계되어야 하지만, 결과에 대한 난해하고도 직관적인 예측을 통해 표준화된 설계를 하기는 어렵다. 따라서 자율주행차는 경우에 따라서는 도덕적이고 책임감 있는 차량 운전자의 결정으로 대체하거나 또는 활용할 수도 있다. 인간 운전자가 위급한 상황하에서 여러 명의 사람을 구하기 위해 한 사람을 죽인다면 잘못된 행동을 한 것이기는 하지만, 반드시 법적으로 유죄가 되는 것은 아니다. 법적 판단은 일이 벌어지고 나서 구체적 사안에 대해 이루어지는데, 이를 추상적이고 일반적인 방법을 통해 일일이 사전에 예측해 판단을 내리고 프로그래밍까지 하는 것은 불가능하다. 따라서 이러한 난감한 상황에 대한 판단은 독립된 공공 기관(자동화 된 교통 시스템 조사를 위한 연방 기관 또는 자율화 및 네트워크화된 보안을 위한 연방 사무소)을 통해 체계적으로 사안을 처리하는 것이 바람직하다.

9. 피할 수 없는 사고 상황의 경우, 개인의 특성(나이, 성별, 신체적 혹은 정신적 상태)을 고려해 차별하는 것은 엄격히 금지된다. 또한 특정한 사람을 살리기 위해 다른 사람을 희생시키는 행위도 금지한다. 부상자 수를 줄이기 위한 일반적인 프로그래밍은 정당화될 수 있다. 한편, 이동활동에 참여함으로 인해 차량 사고로 인한 위험에 노출된 사람이 보행자와 같은 비참여자를 희생시켜서는 안 된다.

10. 자율주행차의 경우, 인간이 운전하지 않기 때문에 그 책임이 기술 시스템의 제조자와 운영자로, 그리고 사회기반시설 담당 및 정치적, 법적 의사결정 기관 등으로

분산된다. 법적 책임 규정을 만들거나 사법적 의사결정을 할 때 이러한 책임의 분산을 충분히 고려해야 한다.

11. 기존 제조물 책임과 동일한 원칙이 자율주행차에 의해 발생한 손상 책임에도 적용된다. 따라서 제조자와 운영자는 지속적으로 자율주행시스템을 최적화하고, 기술적으로 가능하고 합리적 방법으로 모니터링하고 개선해야 할 의무가 있다.

12. 일반 시민들은 신기술 및 그 사용법에 대해 충분히 개인별 특성을 고려한 차별화된 교육을 받을 권리가 있다. 자율주행차량의 사용 및 프로그래밍에 대한 지침은 가능한 한 투명하고, 공개되어야 하며, 검증 능력이 있는 독립된 기관에서 점검해야 한다.

13. 디지털화된 교통인프라를 통해 모든 차량을 완벽하게 네트워크로 연결해서 중앙에서 통제하는 것이 철도나 항공처럼 가능하고 또한 의미가 있을지 판단하기 어렵다. 교통 상황을 완벽하게 파악하는 것이 사실상 불가능하고, 차량제어시스템의 조작도 완전하게 막을 수 없기 때문에 디지털화된 교통인프라를 통해 모든 차량을 완벽하게 연결해 중앙에서 통제하는 것은 윤리적으로 수용하기 어렵다.

14. 자율주행차의 운행이 정당화되기 위해서는 IT 시스템 조작이나 내부 시스템의 결함 등으로 자율주행차 사고가 발생했을 그에 따른 피해가 도로교통에서 완전히 신뢰를 잃을 정도로 심각한 수준이어서는 곤란하다.

15. 자율주행차가 주행하면서 생산하는 데이터 기반의 비즈니스 모델은, 데이터가 차량을 제어하는 데 요긴하게 사용되는지 여부에 상관없이, 데이터에 대한 자치권이 개인들에게 속해 있고 개인 정보는 보호되어야 하는 등의 이유로 활용에 제약이 따른다. 차량소유자나 이용자는 일반적으로 자신들의 차량 데이터를 팔거나 사용하는 결정을 한다. 개인들이 각자의 결정으로 그런 데이터를 판매할 수 있다는 것은 데이터가 또 다른 용도로 유용하게 쓰일 실용적 가치가 있다는 것을 의미한다. 검색 엔진이나 소셜 네트워크 운영자들이 이러한 개인들의 차량 데이터를 당연한 것처럼 마음대로 가져다 쓰지 못하도록 초기 단계에 대응해야 한다.

16. 무인운전시스템이 사용되었는지 또는 제어권 전환으로 인해 책임이 인간운전자에 있는지 여부를 명확하게 구분할 수 있어야 한다. 완전한 무인운전이 아닌 경우, 인간과 기계의 관계를 설계할 때 어느 쪽이 어떤 책임을 맡고 있는지, 그리고 제어권이 어디에 있는지 여부를 항상 명확하게 해야 한다. 제어권에 관련해서는 전환이 일어나 시간과 전환 법칙 위반에 대한 책임이 인간과 기계 중 어디에 있는지를 문서화해 저장해야 하며, 이는 특히 인간과 기계 사이에 제어권 전환이 어떻게 이루어지는지를 명확하게 하기 위해 반드시 필요하다. 자율주행차 기술이 국경을 넘어 확산될 경우에 대비해 프로토콜 또는 문서화 의무사항에 대한 국가 간 호환성이 확보되어야 하고, 제품 인도 절차와 문서화(기록)에 대한 국제 표준화도 필요하다.

17. 고도화된 자율주행차의 소프트웨어와 기술은 비상사태로 인해 인간운전자에게 갑작스러운 제어권 이전이 거의 발생하지 않도록 설계되어야 한다. 또한 무리함이 없이 인간과 기계 사이의 효율적이며 신뢰할 수 있고 안전한 소통을 가능하게 하기 위해, 자율주행시스템은 높은 수준의 적응 기술을 활용하기보다는 사람의 의사소통 행태에 잘 적응하도록 설계되어야 한다.

18. 기계학습이나 인공지능 기술이 중앙 시나리오 데이터베이스와 연결되어 자율주행차의 안전을 개선한다면 윤리적으로 허용된다. 인공지능 기술은 차량 제어 관련 기능에 대한 안전 요건을 충족하고 명시된 규칙을 준수하는 경우에만 활용이 가능하다. 비작동 시간을 포함한 인공지능의 일반사용설명서를 만들기 위해 관련 시나리오를 중앙시나리오 목록에 추가할 수 있다.

19. 자율주행차는 인간의 개입 없이 비상 상황을 스스로 대처해 안전한 상태로 변환할 수 있어야 한다. 이를 위해 안전 상태가 어떤 것인지, 또한 일반적으로 용인될 수 있는 변환의 방식은 무엇인지에 대한 표준화된 정의가 필요하다.

20. 자율주행차를 올바르게 사용하기 위해 교육이 필요하다. 또한 자율주행차를 올바르게 다루는 방법에 대해 운전자 훈련 과정에서 적절히 조정되고 실험되어야 한다.

　　독일의 윤리 가이드라인에서는 자율주행차의 목표와 가치(1, 2, 4, 7, 9), 운행에 관한 법적·윤리적·메타적 규칙(5, 6, 10. 14, 16), 자율주행차 설계자·제조사·운영사의 의무(8, 11, 12, 14, 15, 17, 18), 관리자의 의무(3, 13, 19), 이용자의 의무(20) 등 5가지 분야로 나누어 윤리 가이드라인을 제시하고 있다.

　　목표와 가치 분야에서 인간의 공공복리 증진(1), 생명보호(2), 자율성 보장(4), 윤리적 딜레마 상황에서 특정 연령 계층 또는 사람 수로써 판단하여 선택적으로 희생자를 결정하는 공리주의적 관점은 수용할 수 없음을 분명히 하고 있다(9). 또한 가이드라인은 인간의 생명은 동물이나 재산의 피해보다 우선한다는 점을 명시하고 있다(7). 한편, 자율주행차의 윤리적 딜레마 상황에서의 판단은 실제 사고 상황의 영향을 받기 때문에 이를 윤리적으로 합당하도록 사전에 프로그래밍을 할 수 없기 때문에 가능하면 사고를 미연에 회피하도록 자율주행차를 설계해야 한다고 명시하였다(8). 또한, 운행 시 필요하면 사람과 로봇 사이의 제어권 전환을 허용하고 있지만 그 여부가 투명해야 하며(16), 최대한 전환 상황이 발생되지 않도록 설계되어야 하고(17), 국제적인 기준을 문서로 규정해야 할 필요성이 있음도 명확히 하고 있다(16). 자율주행차의 도입 및 운행 허가에 대해 공공부문의 관리 책임을 명시하였다(3).

3. 미국 고속도로교통안전위원회 자율주행차 안전 가이드라인

미국 고속도로교통안전위원회(NHTSA, 2016))에서는 자율주행차 안전 모니터
링을 위해 15개 분야에 대한 가이드라인을 제시하고 각 제조사와 관련 업체들은
이 가이드라인 준수 여부를 안전평가서로 작성하여 위원회에 제출하도록 의무화
하고 있다. 안전평가서에 포함되는 15개 분야는 데이터 기록 및 공유, 개인정보보
호, 시스템안전, 차량 사이버 보안, HMI, 내충격성, 소비자 교육, 등록 및 인증, 충
돌 후 거동, 연방/주/지역 관련법, 윤리적 고려 사항, 운용설계 영역, 사물사건 감
지 대응, 고장 시 조치, 검증 방법 등이고, 분야별 상세 가이드라인은 아래와 같다:

1. 데이터 기록 및 공유: 제조사 및 기타 관련 업체는 문제의 원인을 규명할 수 있
   도록 사건, 사고 및 충돌 데이터의 시험, 검증 및 수집을 위한 문서화된 프로세
   스를 갖춰야 한다. 충돌 사건 발생을 포함하여 제조사가 기록한 데이터의 수집,
   기록, 공유, 저장, 감사 및 해체는 해당 제조사의 소비자 개인정보보호 및 보안
   에 관한 동의 및 고지 사항을 철저히 준수해야 한다. 차량은 사건 상황을 재구성
   할 수 있도록 최소한 해당 사건과 해당 시스템의 작동에 관한 모든 정보를 기록
   해야 한다. 이 데이터에는 또한 해당 자율주행시스템의 상태와 사고 당시 운전
   주체가 자율주행시스템이었는지 아니면 인간 운전이었는지에 대한 정보가 포함
   되어야 한다.
2. 개인정보보호: 제조사 및 기타 관련 업체는 개별 또는 공동으로 소비자 개인정보
   보호를 위한 조치를 취해야 한다. 우선, 생성된 데이터를 수집, 사용, 공유, 보호,
   감사, 폐기 여부를 투명하게 차량소유자에게 공개하고, 범위는 소유자가 선택하
   며, 목적에 부합되게 사용하도록 한다. 필요한 최소량의 정보만을 수집, 보유하고
   민감 데이터는 익명화, 데이터 공개에 따른 보호 조치 및 책임 소재를 분명하게
   하고 차량 운용자나 소유자가 해당 정보를 검토, 수정할 수 있도록 한다.
3. 시스템 안전: 안전 위험이 없는 자율주행시스템을 위해서는 차량이 어떠한 종류
   의 기능적 오류에도 안전한 상태에 있도록 하기 위한 설계가 필요하며, 인공지능
   (AI), 머신러닝, 기타 관련 소프트웨어 알고리즘을 모니터링하여 유효성과 안전성
   을 확보해야 한다. 전체 프로세스는 모두 문서화하여 변경사항, 설계 선택사항,
   관련 시험 및 데이터는 모두 추적이 가능해야한다.
4. 차량 사이버보안: 제조사 및 기타 관련 업체는 사이버보안과 관련한 위험을 최소
   화해야 한다. 이를 위해 사이버보안 고려사항을 반영하는 전체 프로세스는 모두
   문서화하고, 모든 변경사항, 설계 선택사항, 분석, 관련 시험 및 데이터는 추적이

가능하도록 해야 하고, 업계의 사이버 보안에 대한 정보를 공유한다.

5. HMI (Human Machine Interface): SAE Level 3 시스템의 경우 자율주행시스템
   은 인간 운전자, 운용자, 탑승자, 외부 액터(타차량, 보행자 등) 등과의 원활한 상
   호작용을 고려해야 한다. 특히, HMI 설계 시 환경과 관련된 차량의 운용 상태(시
   스템이 교차로에서 보행자를 식별했는지, 그리고 보행자에게 양보 중인지 등)에
   관한 정보를 보행자, 일반 차량, 자동 주행 차량에 전달하는 문제를 고려해야 한
   다. 완전 자율주행차의 경우 제조사 및 기타 관련 업체는 장애인이 (시각/청각/촉
   각 디스플레이 등을 통해) 차량을 이용할 수 있도록 HMI를 설계해야 하고, 인간
   운전자나 탑승자 없이 운행되는 경우, 원격 운행 관리자나 중앙통제소가 해당 차
   량의 상태를 항시 파악할 수 있어야 한다.

6. 내충격성: 자율주행차는 다른 차량과 충돌가능성에 대비해 첨단 센싱 기술로부터
   얻은 정보를 이용하여 모든 연령과 체격 조건의 탑승자를 보다 안전하게 보호할
   수 있는 탑승자 보호 시스템을 갖춰야 한다.

7. 소비자 교육: 제조사 및 기타 관련 업체는 직원, 딜러, 유통업자와 소비자를 대상
   으로 한 교육 프로그램을 개발하고 문서화해야 한다. 소비자 교육은 자율주행시
   스템의 목적, 능력과 한계, 사용/종료 방법, HMI, 긴급 고장 시 조치 시나리오,
   운용 경계 책임, 사용 중 기능 거동을 변화시킬 수 있는 잠재적 메커니즘과 같은
   주제들을 다루어야 한다.

8. 등록 및 인증: 차량의 생애주기 동안 소프트웨어 업데이트로 인해 차량의 자동화
   수준이 변경될 수 있기 때문에 제조사 및 관련 업체는 주요 기능에 관한 변경된
   정보를 차량의 운전자와 소유주에게 손쉽게 전달하기 위한 차량 내 수단을 제공
   해야 한다.

9. 충돌 후 거동: 제조사 및 기타 관련 업체는 자율주행차가 충돌 사고 후 재가동되
   는 방법을 평가하고 시험하고 검증하기 위한 문서화된 프로세스를 갖춰야 한다.
   센서나 필수 안전 제어 시스템이 손상된 경우에는 차량이 HAV 모드로 운용될 수
   없도록 해야 한다. 문제의 진단이 완료되면 해당 HAV는 적절한 정비를 받기 전
   까지는 최소 위험 상태로 유지되어야 한다.

10. 연방법, 주법, 지역법: 제조사 및 기타 관련 업체는 관련 연방법, 주법 및 지방법
    등 관련법을 준수하고 운용 지역의 도로 규정을 준수해야 한다. 하지만 불가피한
    일부 상황(도로상에 서 있는 고장 차량을 안전하게 피하기 위해 중앙선을 침범한
    경우, 기타 도로 위험물 회피 등)에서는 인간 운전자가 일시적으로 관련법을 위반
    하는 것이 허용될 수 있다. 또한, 교통 관련 법규는 수시로 변화하기 때문에 새로
    운 법적 요구사항을 반영할 수 있도록 시스템을 업데이트하고 변경하는 프로세스
    를 개발해야 한다.

11. 윤리적 고려사항: 자율주행차의 컴퓨터 "운전자"가 미리 프로그래밍된 결정 규

칙 또는 머신러닝 절차에 따라 내리는 다양한 결정들은 윤리적 관점이나 함의를 갖는다. 자율주행차 운행의 세 가지 목표는 안전성, 이동성, 적법성으로 간혹 서로 충돌하는 경우가 발생하고, 마찬가지로 차량 탑승자의 안전 문제와 타 차량 탑승자의 안전 문제를 다룰 때 안전성 목표 내에서도 충돌이 발생할 수 있다. 이러한 딜레마 상황에서 자율주행차를 어떻게 프로그래밍하는가는 윤리적 판단이 필요하며 해결책은 다양한 의견을 청취하고 다른 대상에 미치는 결과를 고려하여 널리 수용 가능하도록 투명하게 개발되어야 한다.

12. 운행디자인내역(ODD): 제조사나 기타 관련 기업은 자율주행차의 운행디자인내역(ODD: Operational Design Domain)을 문서화해서 안전하게 운행될 수 있는 조건과 시스템 기능의 평가, 시험 및 검증을 위한 프로세스 및 절차를 마련해야 한다. 정의된 ODD를 벗어나는 경우, 해당 차량은 최소 위험 상태로 전환되어야 한다.

13. 사물사건감지대응(OEDR): 사물사건감지대응(Object and Event Detection and Response, OEDR)은 운전자나 자율주행시스템이 운행과 관련된 상황을 즉각적으로 감지하고 이러한 상황에 적절한 반응을 하는 것을 말한다. OEDR은 안전한 운행에 영향을 줄 수 있는 정상 주행 상황뿐 아니라 특수한 상황(경찰의 교통정리, 공사 인부의 교통 통제, 긴급 대응반 등)을 포함한 다양한 상황에 대응할 수 있어야 한다.

14. 고장 시 조치: 제조사 및 기타 관련 업체는 문제 발생 시 인간 운전자에게 알림으로써 운전자가 차량 제어를 넘겨받거나 또는 자율주행시스템이 독립적으로 최소 위험 상태로의 전환을 위한 문서화된 프로세스를 마련해야 한다. 최소 위험 상태는 고장의 유형과 정도에 따라 다양하며, 차량을 통행 중인 차선 밖으로 안전하게 자동 정차시키는 것 등이 포함된다.

15. 검증 방법: 서로 다른 자동화 기능에 대한 범위, 기술 및 기능이 매우 다양하게 나타난다는 점을 고려하여 제조사 및 기타 관련 업체는 자율주행차의 높은 안전성을 보장하기 위한 시험 및 검증 방법을 개발해야 한다. 시험은 HAV 시스템이 정상 운용 시 보여줄 행동 역량의 성능, 충돌 회피 상황에서의 시스템의 성능, 그리고 ODD와 관련된 고장 시 조치 전략 성능을 입증할 수 있어야 한다.

NHTSA의 자율주행차 모니터링 가이드라인은 주로 자율주행차가 갖춰야 할 핵심 요소와 이를 제작하는 공급자들이 준수해야 할 의무를 제시하고 있다. 요약하면 제조사나 기타 관련 기업은 차량이나 장비의 설계 및 개발 시 공통으로 차량 데이터 기록 및 공유 기능을 갖추고, 안전 및 사이버보안에 대응할 수 있어야 하며, HMI(Human-Machine Interface)를 고려한 설계, 적합한 내충격성/탑승자 보호 설계가 차량에 적용되고, 소비자 교육이 제대로 이루어질 수 있도록 해야 하며, 자율주행차 개발 목표 간 충돌 및 목표 내부의 충돌 등 딜레마 상황에 대처할 수 있는 윤리적 원칙의 개발이 필요하다. 공통 적용 분야 외에도 제조사나 기타 관련 기업은 이 시스템에 해당하는 운행디자인내역(ODD)과 사물사건감지대응(OEDR) 기능, 고장 시 조치를 통해 최소 위험 상태로 전환하는 절차와 자율주행차의 안정성을 보장하기 위한 시험 및 검증 방법을 개발해야 한다.

Ⅳ. 윤리 가이드라인 작성을 위한 주민의견 수렴

한국적 자율주행차의 윤리 가이드라인(강령)을 제시하기 위해서는 우선 자율주행차에 대한 시민들의 윤리 의식이 파악되어야 한다는 관점에서 다음의 순서로 의식조사를 수행하였다. 첫 번째로 텍스트 마이닝(Text Mining)을 활용한 자율주행차에 대한 시민 인식조사, 두 번째로 윤리적 판단이 필요한 사고 상황별 선택 대안에 대한 시민 선호도 조사, 마지막으로 설문을 위해 작성된 자율주행차 윤리 가이드라인에 대한 시민 의견을 조사하였다.

1. 자율주행차에 대한 시민 인식조사[17]

자율주행차에 대한 기본적인 인식조사를 위하여 관련 인터넷 뉴스 기사, 해당 기사별 댓글을 활용하여 텍스트 마이닝 분석을 수행하였다. 텍스트 마이닝은 데이터 마이닝(Data Mining) 분석의 한 분야로써 비정형데이터인 자연어를 처리하여 분석하는 방법으로 감성평가기법(오피니언 마이닝, 또는 감성분석), 토픽모델링, 온톨로지 기법 등이 활용되고 있다. 본 조사에서는 자연어(텍스트) 분석을 토대로 해당 단어에 대한 긍정·부정을 판단하는 감성평가기법을 활용하였다. 분석을 위한 사전 데이터를 2015년 1월부터 2017년 8월까지 총 32개월 동안의 '자율주행' 키워드가 제목에 포함된 인터넷 뉴스 기사와 해당 기사의 댓글과 '자율주행' 키워드가 포함된 댓글을 수집하였다.

---

17) 임이정 외 3인(2017b), 텍스트 마이닝 기법을 활용한 자율주행자동차 인식분석연구, 한국ITS학회, 제16권 6호, pp. 231-243.

〈표 9〉 텍스트마이닝 사전 데이터 수집 개요

구분	내용
데이터 수집 기간	2015년 1월 ~ 2017년 8월(32개월)
데이터 수집 범위	1) 라이브러리를 설치한 국내 언론사 164개 웹사이트의 기사 및 댓글 2) 네이버 뉴스 섹션의 기사 및 댓글
데이터 수집 내용	1) '자율주행'이 제목에 포함된 기사 건수 7,343건 2) '자율주행'이 제목에 포함된 기사의 댓글 9,652건 3) '자율주행'이 언급된 댓글 1,069건

　　본 인식조사의 분석을 위해서 감성평가 방법론을 활용하여 수집된 데이터를 분석하였다. 감성평가 기법은 한글 콘텐츠(단어, 문장 등)의 각 음절과 어절을 벡터 좌표 상에 재배열한 뒤, 수학적 방법으로 풀이하여 도출된 값에 따라 긍정·부정 등의 의미를 부여하여 분석하는 방법이다. 해당 기법에 따라 수집된 기사와 댓글 데이터의 음절·어절 분석 결과 값을 토대로 긍정·부정으로 키워드별 분석을 수행하였으며, 긍정·부정으로 구분이 어려운 경우에는 중립, 의미 파악이 어려운 경우에 대해서는 기타로 분류하여 분석을 수행하였다.

〈표 10〉 감성평가 방법론에 따른 분석 개요

구분	내용
긍정	분석된 댓글 내용의 결과 값의 긍정 지수가 높을 경우
부정	분석된 댓글 내용의 결과 값의 부정 지수가 높을 경우
중립	다음의 3가지 경우에 포함될 경우 1) 콘텐츠 전체가 감성도를 가지고 있지 않은 경우(감성도 미달) 2) 긍정과 부정의 의견(지수)이 비슷한 경우 3) 비판적 혹은 긍정적 의견의 정도가 중립의 범위에 포함될 경우
기타	광고글 또는 감성이 없는 콘텐츠

　　감성평가 기법에 따라 '자율주행' 키워드를 포함한 데이터를 분석한 결과에 따르면 중립의견이 가장 많은 것으로 나타났으며, 다음으로 부정, 긍정, 기타 의견 순으로 분석되었다. 해당 데이터 중, 중립의견은 총 8,4410개로 나타났으며 전체 데이터의 약 79%를 차지하는 것으로 나타났다. 부정의견 1,648개(약 15%), 긍정의견 393개(약 4%), 기타의견 240개(약 2%)로 분석되었다.

구분	댓글 수	비율
긍정	393	3.7%
부정	1,648	15.4%
중립	8,440	78.7%
기타	240	2.2%
합계	10,721	100.0%

[그림 7] 감성평가 방법론에 따른 분석 결과

　　긍정의견 데이터를 분석한 결과, 대다수가 '자율주행'에 대해 안전(성)을 높게 평가하는 것으로 나타났다. 특히, 긍정의견을 포함한 주요 댓글에서 자율주행차의 운행에 따른 안전성이 중요한 요인으로써 인식되고 있음을 확인할 수 있었다. 긍정의견을 보인 댓글의 주요 키워드로는 '안전', '스마트', '해결'이 도출되었으며, 주요 15개의 상위 키워드는 〈표 11-긍정〉과 같다.

　　중립의견 데이터를 분석한 결과에 따르면 '자율주행'과 관련 기술의 수용성에 대한 의견이 주로 나타났으며, 이에 대한 의견이 중립적인 것으로 나타났다. 현 자율주행 기술의 불확실성에 따른 사회적 수용에 대한 의견이 주를 이루는 것으로 분석되었다. 중립의견을 보인 댓글의 주요 키워드는 '자율주행', '운전', '사람', '자율주행기술'이었으며, 상위 15개의 키워드는 〈표 11-중립〉과 같다.

　　부정의견 데이터를 분석한 결과, 부정의견을 가진 대다수가 자율주행차 및 자율주행 기술로 인한 사고와 특정 운전자 계층의 운전행태, 차량의 급발진 등을 염려하는 것으로 나타났다. 또한 자율주행 기능의 오작동 및 시스템 오류, 해킹에 대한 우려가 있는 것으로 나타났다. 부정의견을 보인 주요 키워드로는 '사고', '문제', '특정 운전자 계층(김여사)', '교통사고' 등으로 나타났으며, 상위 15개 키워드는 〈표 11-부정〉과 같이 정리하였다.

〈표 11〉 '자율주행'키워드 관련 의견별 주요 키워드

긍정			중립			부정		
순위	키워드	언급횟수	순위	키워드	언급횟수	순위	키워드	언급횟수
1	안전	411	1	운전	2,823	1	사고	1,617
2	스마트	144	2	사람	2,438	2	문제	453

3	해결	140	3	자율주행	1,257	3	김여사	336
4	완벽	110	4	기술	964	4	급발진	255
5	인정	100	5	도로	769	5	흉기	238
6	최고	88	6	운전자	497	6	해킹	210
7	완성	82	7	인간	480	7	오류	189
8	성공	80	8	택시	454	8	위험	147
9	혁명	80	9	우리나라	408	9	오작동	143
10	혁신	67	10	구글	397	10	교통사고	130
11	공감	67	11	삼성	362	11	걱정	123
12	자유	62	12	버스	295	12	음주운전	115
13	편리	48	13	센서	280	13	불안	107
14	허가	47	14	인공지능	217	14	과실	94
15	성장	43	15	중국	209	15	결함	84

의견별 주요 키워드를 분석한 결과, 긍정적 키워드는 자율주행차의 도입 취지와 목표를 수립하는 기초가 되며, 중립적 키워드는 자율주행 기술이 갖춰야 할 요소, 부정적 키워드는 자율주행차 제작자와 관리자 및 이용자가 유의해야 할 사항으로 구분하였다. 이러한 키워드별 역할에 따라 자율주행차 윤리가이드라인에 참고할 함의를 정리하면 다음과 같다. 자율주행차의 도입 가치와 목표는 사고 등 교통안전 문제를 혁명적으로 완성도 높게 해결하는 데 있고, 이를 위해 인간 운전자를 대체할 수 있는 센서와 인공지능을 활용한 자율주행차 운행기술 개발이 필요하며, 자율주행시스템에 의해 운행될 때 급발진, 오작동과 같은 기술적 오류 및 결함, 해킹, 운전미숙 및 음주운전과 같은 외부적 요인 등 다양한 문제로 인한 사고가 발생할 수 있기 때문에 자율주행차 제작자, 관리자, 이용자 등의 각별한 주의가 필요하다.

2. 사고 상황별 윤리적 선택 대안에 대한 선호도 조사[18]

자율주행차에 대한 인식조사에 이어, 자율주행차 운행 시 발생할 수 있는 사고 상황에 따른 윤리적 선호 행태를 알아보기 위해 설문조사를 수행하였다. 'Opensurvey'사가 관리하는 패널 중 조사 대상에 해당되는 전국의 20-50대 성인

18) 국토교통과학기술진흥원, 자율주행자동차 수용성 향상 기반기술연구 1차년도 보고서, pp. 75-89.

남녀 1,000명을 대상으로 모바일 어플리케이션을 통해 2017년 11월 1일 설문조사를 시행하였다. 성별(남·여 각 50%), 연령대별 비율을 균등하게 조정하여 조사를 수행하였으며, 표본오차는 95% 신뢰수준에서 ±3.10%이다.

자율주행차 도입에 찬성하는 비율이 75.5%로 상당히 높은 편으로 나타났고, 도입의 목표와 가치로 '사고로 인한 인명 피해가 감소'(46.9%), '국가의 미래경쟁력 강화'(20.8%), '사회적 비용 감소'(19.2%), 사회적 약자의 이동권 개선'(12.1%) 등이 찬성에 가장 긍정적인 영향을 미치는 반면, '기계가 인간의 윤리적 판단을 대신할 수 없음'(36.3%), '제반 문제 미 해소'(27.3%), '프라이버시 침해, 해킹 위험'(23.7%), '운수노동자 실업 및 자동차 및 보험 산업 위축'(9.0%) 등이 도입을 반대하는 가장 큰 이유로 조사되었다. 요약하면 자율주행차는 교통사고 감소, 국가 산업 경쟁력 강화, 사회적 비용 감소, 사회적 약자 이동권 보호 등을 위해 도입이 필요하며, 디자인 요건으로 기술적 완결성을 넘어 윤리 문제에 대한 대응이 필요하고, 개발자, 관리자, 이용자 등은 자율주행시스템 요소기술개발 및 프라이버시 침해, 해킹, 기타 경제에 미치는 부작용 등에 효과적으로 대처할 필요가 있는 것으로 나타났다.

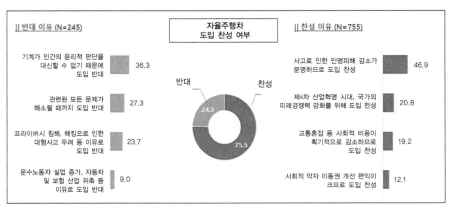

[그림 8] 자율주행차 도입 찬반 여부 및 이유

사고 상황에 따른 판단 및 윤리의식 파악을 위해 운전주체, 사망률 그리고 보행자 특성에 따른 사고 상황에 어떠한 윤리적 판단을 선택할지에 대해 설문 조사를 시행하였다. 예를 들어, 폭우로 인해 도로 상에 싱크홀이 발생하였을 때, 운전자의 사망률이 50% 또는 100%일 때, 운전주체(자율주행차 또는 본인)와 보행자 특성(성인 한 명 또는 네 명, 어린이, 어린이와 동물, 범죄자 한 명 또는 네 명인 경우)을 고려하여 어떠한 선택을 할 것인지에 대해 질문하였다. 선택 대안으로 중앙선 침범(범법행위), 보도침범(보행자의 사고 위험성 증가), 자율주행차의 기계학습 처방, 운전자로 제어권 전환, 급정거, 직진(운전자 사망확률 증가) 등 총 6개를 제시하였다.

조사 결과, 전반적으로 대부분의 윤리적인 판단이 어려운 사고 상황에서 응답자는 '무조건 급정거'를 '인간 운전자로의 제어권 전환' 대안보다 선택하는 비율이 높았으며, 보행자 수나 특성 등 조건이 달라져도 크게 통계적으로 차이를 보이지는 않았다. 다만, '범죄자' 보행자의 조건이 달릴 경우, '보도를 침범'하거나 '자율주행차의 기계학습 처방에 맡김'을 선택하는 비율이 높아져서 사람들의 특성에 대한 파악이 가능하다면 차별하는 경향이 나타났다(그림 9 참조). 한편, 관련한 추가 질문에서 보행자의 숫자가 높아질수록 '자율주행차의 기계 학습 처방에 맡김' 비율이 낮아지는 것으로 조사되었다. 즉, 도의적으로 판단에 따른 책임이 증가되는 경우, 기계가 책임 상황을 결정하도록 하는 것보다는 인간 운전자가 결정하는 역할을 수행하는 것이 더 효과적이라고 인식하는 것으로 나타났다.

[그림 9] 싱크홀 발생 상황에 대한 설문조사 결과

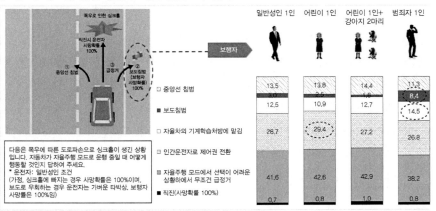

다음 설문에서는 편도 2차로 도로에서 추돌사고가 발생하여, 대부분의 전방 차량들이 법을 어기고 중앙선을 침범하여 사고지점을 빠져나가는 경우를 가정하였을 때, 자율주행차가 해당 상황에서 어떻게 대응하도록 해야 할지에 대해 설문

하였다. 설문 결과, '인간 운전자로 제어권 전환'할 수 있도록 프로그래밍되어야 한다는 의견이 가장 많았으며, 다음으로 자율주행시스템이 '법을 준수하기 위해 사고가 정리된 후 진행(운행)'해야 한다는 의견이 많았다. 이는 불가피하게 교통법 규 위반 상황에 대한 대처 방안을 자율주행시스템에 맡기는 것보다 인간이 개입 해서 해결하는 것이 보다 효율적으로 문제를 해결하는 데 도움이 된다고 판단하 는 것으로 해석된다.

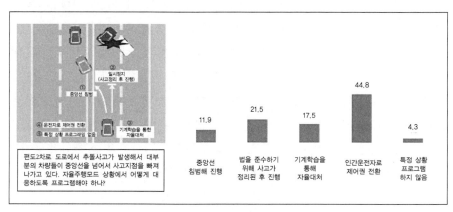

[그림 10] 트롤리 사고 상황 중 중앙선 침범에 대한 설문조사 결과

사고 상황에 따른 판단 및 윤리의식 파악을 위한 설문 조사 결과는 자율주행 차의 설계 요건을 결정하는 데 유용한 참고 자료로 활용할 수 있는 것으로 나타 났다. 우선 한국인들은 본인의 생명이 위험에 처한 경우, 자율주행차가 인간을 대 신해 공리주의나 의무론과 같은 윤리적 판단을 하기보다는 선제적인 자동차 기술 로 윤리 문제에 대처하는 것을 선호하는 것으로 나타났다. 또한 생명과는 상관없 는 부득이한 법률 위반의 경우도 기계가 사전에 프로그래밍된 조건에 따라 판단 하기보다는 인간이 해당 시점에 직접 개입해서 문제를 해결하는 것이 효율적이라 고 판단하는 것으로 나타났다.

3. 설문용 윤리 가이드라인을 활용한 시민의견 조사[19]

한국의 자율주행차 윤리 가이드라인의 핵심적인 요소를 도출하기 위해 앞에서

---

19) 임이정 외(2019).

언급된 독일과 미국의 자율주행차 가이드라인을 참고해 설문지를 설계했다. 자율주행차 도입의 취지와 목표에 관한 설문 4문항, 이러한 목표를 달성하기 위해 자율주행시스템이 준수해야 할 행동 준칙에 관한 설문 6문항, 다음으로 자율주행시스템 도입 취지와 목표, 그리고 시스템이 갖춰야 할 요건을 충족시키기 위해 공급자가 준수해야 할 의문에 관한 설문 3문항, 그리고 공공부문 등 자율주행시스템 관리자의 의무에 관한 설문 5문항, 마지막으로 자율주행차 소비자의 의무에 관한 설문 2문항 등 5개 부문의 20문항으로 설문을 디자인했다.

5개 분야에 대해 도출한 쟁점을 토대로 일반인 1,000명을 대상으로 설문조사를 진행하였으며, 총 20개 문항에 대해 중요도를 매길 수 있도록 문항을 작성하였다. 중요도에 대해서는 10점 척도로 선택하도록 했고, 설문 내용과 구분 및 중요도 점수는 〈표 12〉와 같다.

설문조사 결과를 정리하면, 전체 평균은 8.83점으로 설문 문항에 대해 전반적으로 중요성을 높게 평가했다. 따라서 본 설문 문항의 내용을 토대로 자율주행차 윤리 가이드라인을 작성할 필요가 있을 것으로 판단된다. 특히, 그중에서도 공급자 의무를 가장 중요한(평균 9.40) 분야로 평가했고, 다음으로 이용자 의무(평균 9.12)를 중요성 높게 평가했는데, 이는 제작자와 이용자들의 역할을 강조한 것으로 윤리 가이드라인을 만들 때 이 분야에 대한 항목을 추가할 필요가 있을 것으로 판단된다. 반면 규제를 담당하는 공공부문 관리자 의무에 대해 중요도를 가장 낮게(평균 8.37) 평가해 자율주행차 제작 및 운행에 관한 지나친 간섭에 대해서는 조심스러운 입장을 나타냈고 이는 윤리 가이드라인에 관련 분야 내용이 추가될 필요성은 크지 않은 것으로 이해할 수 있다. 목표와 가치 분야는 평균 8.56점으로 전체 평균에 비해 낮게 나타났는데 2번 문항의 중요도 점수(7.29)가 전체 설문 문항 중 점수가 가장 낮게 나타났기 때문이다. 자율주행차의 긍정적 효과에도 불구하고, 문제를 방치해서는 곤란하다는 뜻으로 목표와 가치 분야에서 문제의 소지가 있는 사항에 대해서는 가이드라인에서 추가적 언급이 필요할 것으로 해석된다. 차량디자인에 대해 전체 평균보다 낮은 8.71점으로 평가했는데, 딜레마 상황에 대비한 예방적 설계(9.17)가 높은 점수를 받은데 반해, 인간의 의사교류행태를 파악해 갑작스런 제어권 전환 상황에 대처하는 것에 대해서는 낮은 점수(8.11)로 평가받았기 때문이다. 제어권 전환 문제를 보다 현실적으로 개선할 수 있는 대안이 가이드라인에 추가적으로 언급될 필요가 있다.

〈표 12〉 문항별 중요도 설문조사 결과

문항	구분	중요도 점수
1. 자율주행차는 이용자의 안전을 개선하고 이동의 기회와 편익 증진을 목적으로 하며, 기술은 인간의 자율성과 책임성을 전제로 개발되어야 한다.	목표와 가치	8.98
2. 자율주행기술로 교통사고가 획기적으로 감소한다면 도입에 따른 일부 문제에도 불구하고 윤리적으로 수용해야 한다.	목표와 가치	7.29
3. 공공부문은 자율주행차의 도로 운행에 필요한 안전 확보의 책임이 있으므로 운전면허를 의무적으로 발부하고, 자율주행차의 운행을 감시해야 한다.	관리자 의무	8.75
4. 자율주행차의 운행을 결정한 사람은 타인의 자유와 안전에 대해서도 상응하는 책임을 진다.	이용자 의무	9.00
5. 자율주행 기술은 사고를 미리 방지하도록 방어적이고 예방적으로 설계되어야 하며, 운행 중 발생할 수 있는 모든 위험한 상황을 회피할 수 있어야 한다. (피할 수 없는 딜레마 상황 포함)	차량 디자인	9.17
6. 자동충돌방지 기술과 같이 사고피해를 획기적으로 감소시킬 수 있는 기술은 사회·윤리적으로 의무화할 필요가 있다.	차량 디자인	9.08
7. 기술적으로 피할 수 없는 사고 위험 상황에서 재물이나 동물 등이 손상되더라도 인간의 생명과 안전이 최우선적으로 보호되어야 한다.	목표와 가치	9.09
8. 딜레마 사고 상황*에 효과적으로 대응하기 위해서는 독립적인 공공기관이 각 사례들에 대해 체계적인 분석과 관리를 담당해야 한다. (* 딜레마 사고상황: 선택에 상관없이 인적 피해가 생기는 경우)	관리자 의무	8.73
9. 딜레마 사고 상황일 때, 자율주행 자동차는 개인적인 특성*을 감안해 특정 희생자를 선택하도록 프로그래밍되어서는 안 된다. (* 개인적 특성: 연령, 성별, 신체적·정신적 상태)	목표와 가치	8.89
10. 자율주행차의 운행에 대한 책임은 개인, 제조·운영사, 인프라 건설사, 정책적·법적 의사결정자 등으로 분산되어야 한다.	관리자 의무	7.79
11. 운행 중인 자율주행자에 결함이 생기지 않도록 제조사와 운영사는 기존 시스템 관리 및 최적화, 개선의 의무를 갖는다.	공급자 의무	9.43
12. 제조사와 운영사는 자율주행 관련 신기술에 대해 공개적으로 전문기관의 검토를 거쳐 일반 고객들에게 명확하게 알려야 한다.	공급자 의무	9.31
13. 자율주행차의 운행감시 및 운행조작은 윤리적 문제소지가 있기 때문에 자율주행차의 중앙통제는 제한해야 한다.	관리자 의무	7.63
14. 자율주행차는 관련 IT시스템이나 내부 시스템에 대한 외부의 공격으로부터 안전하도록 설계되어야 한다.	공급자 의무	9.47
15. 자율주행차 운행으로 발생하는 데이터에 대한 용처와 사용 여부는 반드시 자율주행차 소유자나 운행자의 승인을 얻어야 한다.	관리자 의무	8.97
16. 자율주행차는 어떠한 상황에서도 운전자(사람 또는 컴퓨터)에 대한 정보와 손해배상 책임 여부를 명확하게 할 수 있도록 반드시 문서	차량 디자인	9.11

화된 기록을 확보해야 한다.		
17. 위급 상황 시 컴퓨터가 갑자기 운전자에게 제어권을 넘기도록 설계 되어서는 안되며, 인간의 의사교류행태를 충분하게 고려해야 한다.	차량 디자인	8.11
18. 자율주행차에 내장된 데이터를 활용해 스스로 차량을 운행하게 하는 기계학습기능은 운행의 안전을 개선할 경우 수용할 수 있다.	차량 디자인	8.27
19. 자율주행차는 위급 상황에서 인간의 도움 없이 스스로 안전한 운행 환경으로 복귀할 수 있도록 설계되어야 한다.	차량 디자인	8.89
20. 자율주행차 이용자는 자율운행시스템의 올바른 조작을 위해 운전 교습이나 운전면허 시험을 통해 교육을 이수해야 한다.	이용자 의무	9.24

V. 자율주행차 윤리 가이드라인 초안[20]

1. 기본 틀과 핵심요소

현재까지 독일과 미국 등에서 발표된 자율주행차 관련 윤리 및 안전 가이드 라인들은 자율주행차가 추구하는 기본 가치와 행위 주체별로 준수해야 할 행동 원칙 등에 대한 체계적 틀이 없어서 행위 주체가 준수해야 할 의무사항 중 어떠 한 내용이 포함되어 있고 빠졌는지를 파악하는 데 어려움이 많았다(황기연·변순 용, 2019). 이러한 문제점을 극복하기 위해 본 글에서는 자율주행차 윤리가이드라 인의 기본 틀과 핵심요소를 국내 한국로봇학회(2018)와 한국공학한림원(2019) 등 이 제안한 AI 윤리 가이드라인의 기본 틀에 기초해 작성했다. AI 윤리 가이드라인 은 자율주행차를 포함한 다양한 지능형 자율시스템이 준수해야 할 최상위 윤리 원칙의 기본 틀과 내용을 제시하고 있기 때문에 자율주행차 윤리가이드라인을 작 성하는 데 참고해야 할 필요성이 있기 때문이다.

본 글에서 자율주행차 윤리 가이드라인의 기본 틀은 추구하는 기본 가치, 가 치를 추구하는 데 준수해야 할 행동 원칙, 그리고 행동 원칙에 의거해 행위 주체 가 의무적으로 준수해야 할 사항 등의 3개 분야로 체계화하였다(황기연·변순용, 2019). 그리고 기본 가치의 핵심 요소는 인간의 존엄성과 자율성 보호, 공공선과 인간의 행복을 추구하는 것이며, 행동 원칙으로는 설명가능성, 제어가능성, 책임 성, 안전성과 보안성 등 크게 5가지로 구성하며, 마지막으로 행위 주체는 설계자, 제작자, 판매자, 서비스 제공자, 이용자 및 관리자 등 6가지로 구성하였다. 또한,

---

20) 제5장의 내용은 황기연·변순용(2019)에서 발췌하여 작성하였음.

키워드 분석을 더해 기본 가치와 행동 원칙의 핵심 요소들에 대한 내용을 보다
구체화하였다([그림 11] 참조).

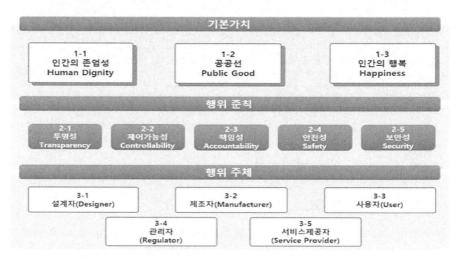

[그림 11] 자율주행차 윤리 가이드라인의 기본틀과 핵심요소

2. 윤리 가이드라인 제정의 목적 및 용어 정의

(1) 목적

자율주행차를 도입하는 이유는 일반 자동차에 비해 운행 시 인간의 생명과
안전을 획기적으로 개선할 수 있기 때문이다. 하지만, 자율주행차의 기술적 수준
이 고도화되어 운전자가 특별히 정해진 상황이 아니면 운전에 전혀 개입하지 않
거나 또는 모든 상황에서 인간이 개입하지 않게 되더라도 인명사고를 피할 수 없
는 경우가 발생하고, 또한 교통시스템이 비정상적으로 운영되어 자율주행시스템
이 스스로 판단해 운행할 수 없는 경우도 발생한다. 자율주행차 윤리가이드라인
을 제정하는 목적은 자율주행시스템이 운행 시 인간의 윤리적 판단을 대행함으로
인해 발생할 수 있는 문제들을 철저하게 사전에 예방하고, 그럼에도 문제 발생했
을 경우에는 피해를 최소화하는 동시에 책임의 소재를 분명하게 하여 자율주행차
의 상용화를 촉진시키는 데 있다.

(2) 용어의 정의

(자율주행차) 자율주행차란 자동차관리법 제2조 제1호의3에 따른 운전자 또

는 승객의 조작 없이 자동차 스스로 운행이 가능한 자동차를 칭함. 운전자가 정해진 조건에서 운전에 전혀 개입하지 않거나, 또는 모든 상황에 개입하지 않는 세계자동차공학회(the Society of Automotive Engineering International)의 기준으로 4단계와 5단계 수준에 해당함

(인공지능) 인간의 지적 능력인 인지, 학습, 추론, 판단, 기억, 자연어처리 등의 기능을 소프트웨어로 구현한 기술

(자율주행시스템) 자율주행시스템이란 자율주행차 개발 촉진 및 상용화 기반조성에 관한 법률 제2조 1항의2에 따른 운전자 또는 승객의 조작 없이 주변상황과 도로 정보 등을 스스로 인지하고 판단하여 자동차를 운행할 수 있게 하는 자동화 장비, 소프트웨어 및 이와 관련한 일체의 장치를 칭함

(설계자) 인공지능, 부품, 제어기, HRI(Human Robot Interaction)등 자율주행차 기술의 하드웨어 또는 소프트웨어 분야에서 각종 이론, 요소 기술, 통합기술 등을 활용해 자율주행차를 설계하는 자 또는 단체, 기관, 회사

(제작자) 자율주행기술을 제작하거나, 천연자재와 새로운 기초 부품을 이용해 자율주행차를 생산하거나 자율주행기술을 설치해 차량을 수선하는 단체, 기관, 회사

(관리자) 자율주행차의 안전한 운행을 확보하기 위해 관련 인프라, 정책, 법, 운행 면허, 사고 모니터링, 교육 등에 대한 관리의 책임과 의무를 지는 자 또는 정부, 단체, 기관

(서비스 공급자) 제작된 자율주행차를 판매·공급, 설치 및 시스템통합(system integration) 및 시장의 수요에 맞춰 자율주행차를 이용한 서비스를 제공 및 운영함으로써 부가가치를 창출하는 자 또는 단체, 기관, 회사

(이용자) 자율주행차가 제공할 수 있는 서비스를 직·간접적으로 이용하는 자 또는 단체, 기관, 회사

3. 기본 가치[21]

(1) (인간의 존엄성 존중) 자율주행차는 인간의 존엄성, 국제법적으로 인정된

---

21) 본 절은 한국공학한림원(2019) 보고서 내용 중 해외 AI 및 자율주행차 윤리가이드라인 11개 문서들에 포함된 기본가치 관련 키워드에 대한 빈도분석 결과(〈표 4〉)를 기반으로 작성되었다.

인권과 자유, 프라이버시 및 문화적 다양성을 존중하고, 성별, 나이, 인종, 장애정도 등을 이유로 차별화해서는 안 되며, 항상 인간의 판단과 통제에 따르도록 설계, 제작, 관리되어야 한다.

● Asimov(2004)의 로봇윤리 3원칙에 따르면 로봇은 인간이 만든 피조물이기 때문에 자신을 만든 인간의 존엄성을 존중해야 하고, 이를 위해 인간에게 해를 끼치거나 인간을 다치게 해서는 안 된다. 해를 끼치지 않는다는 것은 물리적으로 신체에 해를 가해 다치게 하는 것을 넘어 존엄한 인간만이 가지는 인권과 자유, 프라이버시, 문화적 다양성과 같은 형이상학적 특성을 존중하고 보호해야 한다는 포괄적인 의미가 있다. 또한, 해치지 않는다는 것은 인간은 예외 없이 모두 존엄하기 때문에 신체적 사회·경제적 특징에 따라 운행 중 피할 수 없는 딜레마 상황에서 인간을 두고 피해의 대상을 선정해서는 안 된다는 것을 의미이다.

● 인간이 존엄하다는 의미는 단순히 자율주행시스템이 인간에게 해를 끼쳐서는 안 된다는 의미를 넘어 인간의 판단과 통제를 따라야 한다는 의미도 갖고 있다. Asimov의 제2원칙에 따르면 자율주행시스템은 인간의 명령에 복종해야 한다. 단, 명령에 복종함으로써 인간에게 해를 끼치거나 다치게 한다면 그렇지 아니하다. 이는 다른 말로 하면 자율주행시스템에 대한 인간의 제어가능성(Controllability)이 필수적이라는 의미다.

(2) (인간 복리의 증진) 자율주행차는 인간의 행복과 복리의 증진을 위한 하나의 수단으로서 안전하고 편리하며 자유로운 이동권을 보장하되, 가능한 타인의 이동의 자유와 충돌하지 않도록 설계, 제작, 관리되어야 한다.

● 자율주행차에 의한 운전은 사람이 하는 경우에 비해 교통사고 발생을 현저하게 줄일 수 있을 것으로 전망된다. 그 이유는 일반 자동차 교통사고의 90% 이상이 인간의 실수로 발생하기 때문이다. 또한 자율주행차는 인간이 직접 운전할 필요가 없거나 아주 제한된 경우에만 운전을 하기 때문에 운전에 따른 피로나 스트레스가 줄어들고 운전시간을 타 용도로 쓸 수 있어 생산성 향상에도 기여할 것으로 기대된다. 한편, 고령, 장애인, 어린이 등과 같은 교통약자들의 경우도 자율주행차를 이용해 원하는 사회활동을 원활하게 할 수 있기 때문에 이동권이 개선된다고 할 수 있다.

● 하지만 자율주행차는 다양한 인프라 환경에서 일반자동차와 버스, 모터사이클, 자전거 및 보행자 등과 혼재되어 도로를 주행할 것이기 때문에 사고의 위

험에 항상 노출될 수 있고, 트롤리 상황과 같은 예기치 못한 딜레마에 처할 수 있다. 피할 수 없는 사고 상황에 처한 자율주행차가 탑승한 승객을 보호하기 위해 고의적으로 사고를 내어 주변을 운행하는 차량이나 보행자들에게 피해가 가도록 설계되어 있다면 이는 타인의 이동의 자유를 침해하는 것으로 수용될 수 없다.

(3) (공공선 추구: 인간사회의 지속가능성) 자율주행차는 자동차 사고로 인한 개인적, 사회적 손실을 최소화해야 하며, 인간의 생명을 동물이나 재산의 피해보다 우선적으로 설계, 제작, 관리되어야 한다. 다만, 사고로 인한 인명피해를 최소화하는 과정에서 인간이 개인별 차이 등을 이유로 차별화되어서는 안 되며, 사회적 약자를 포용하고 그들과 협력하는 방식으로 작동하도록 설계, 제작, 관리되어야 한다.

● MIT Media Lab은 자율주행차의 피해 대상 선정에 대한 연구[22]에 따르면, 문화권에 따라 상당한 차이가 있다. 한국형 윤리 가이드라인과 유럽형 윤리가이드라인이 동일해야 하는지에 대해서 논의해야 한다. 다음으로는 보편적 기준이라는 것이 필요한지, 필요하다면 이런 기준을 마련한다는 것이 가능한지에 대해서도 논의가 필요하다.

● 자율주행차의 주행 중 반대 방향 차량이 중앙선을 침범해 어떤 선택을 하든 사람, 재물, 동물 중 피해가 발생할 수밖에 없는 상황이라면 인간의 생명을 최우선적으로 보호하도록 자율주행차를 프로그래밍해야 한다.[23]

● 사고로 인한 피해의 대상이 인간일 경우 성, 나이, 직업, 인종, 국적, 신체적 조건, 장애 여부, 인원수 등에서 동일하지 않다면 이를 이유로 차별받지 않도록 자율주행시스템을 설계해야 한다.[24]

● 같은 교통사고를 당하더라도 상대적으로 보다 큰 손상을 입을 수 있는 교통약자에게 좀 더 많은 배려하는 것이 정의라는 롤스(John Rawls)의 MaxMin 원칙에 부합되어 수용해야 한다는 주장이 있다(Jenkins, 2016). 하지만 롤스의 주장에

---

22) E. Awad et al.(2018), "The Moral Machine Experiment", Nature, 563, pp. 59-64. https://www.nature.com/articles/s41586-018-0637-6 참조.

23) 독일 가이드라인 7조에서는 "만약 인간이 다치는 것을 피하기 위해서라면 동물이나 물건을 다치도록 하는 것이 기술적으로 가능하도록 자율주행시스템을 설계해야한다"라고 규정하고 있다.

24) 독일 가이드라인 9조에서는 "피할 수 없는 사고 상황의 경우, 개인의 특성(나이, 성별, 신체적 혹은 정신적 상태)을 고려해 차별하는 것은 엄격히 금지된다. 또한 특정한 사람을 살리기 위해 다른 사람을 희생시키는 행위도 금지한다"라고 규정하고 있다.

따르면 자율주행차가 피할 수 없는 선택 상황에서 안전모를 쓴 모터사이클 운전자와 안전모를 쓰지 않은 운전자 중 하나를 선택해야 하는 경우, 안전모를 쓰지 않은 모터사이클 운전자와 충돌하면 사망할 가능성이 높기 때문에 안전모를 쓴 모터사이클 운전자와 충돌해야 한다. 하지만 이 경우 법을 준수한 안전모를 쓸 모터사이클 운전자가 손해를 보는 불합리한 상황이 발생하게 된다.

⦁ 이러한 문제에 대응하기 위해 "법을 위배하지 않는 범위 안에서 총제적인 위해를 최소화(legally-adjusted aggregate harm minimization)"해야 한다는 개선 방안이 제시되었다. 하지만 이 방안 역시 어떤 선택을 하도록 자율주행시스템을 프로그래밍 할지에 대한 명확한 해답을 제공하고 있지는 못하다.

(4) (공공선 추구: 사회·자연 환경의 지속가능성) 자율주행차는 일자리, 건강 등 사회적 환경과 자연적 환경의 지속가능성에 미치는 부정적 영향을 최소화하고, 위해를 예방하도록 설계, 제작, 관리되어야 한다.

⦁ 자율주행차는 자율주행시스템이 인간운전자를 대체하기 때문에 이용이 늘어날수록 자동차 운전을 직업으로 하는 버스기사, 택시기사, 택배기사, 화물차 운전자 등의 직업 안정성에 타격을 줄 수 있고, 더 나아가 전체 고용 시장의 불안을 가중시킬 수 있다.

⦁ 자율주행차와 공유 인터넷플랫폼이 결합되어 자동차의 이용이 보다 편리해지면 대중교통과 보행이 줄어들고 비만과 같은 건강 문제가 심각해질 수 있다.

⦁ 자율주행차는 내장된 센서와 인공지능 컴퓨터 등 내연기관 대신 전기동력에 대한 의존도가 높다. 따라서 전기를 생산하는 과정에서 화석연료를 사용할 경우 기후온난화 등의 자연의 지속가능성에 위해를 줄 가능성이 있다.

4. 행동 원칙[25]

(1) (투명성) 자율주행차는 운행으로 인해 문제가 발생했을 경우 차량의 설계, 제작, 관리, 서비스제공, 이용 등의 행위주체별 책임이 명확하게 확인될 수 있도록 투명하고, 추적가능하며, 입증 가능한 기록시스템을 갖추어야 하며, 기록은 일반인들과 소통이 가능하도록 작성되어 문제해결을 위해 공개되거나 공유될 수

---

25) 본 절은 한국공학한림원(2019) 보고서 내용 중 해외 AI 및 자율주행차 윤리가이드라인 11개 문서들에 포함된 기본가치 관련 키워드에 대한 빈도분석 결과(표 5)를 기반으로 작성되었음.

있어야 한다.

⬦ 인간이 자동차를 운전하다가 사고가 발생하면 인간운전자가 사고에 대한 책임을 지면된다. 하지만 자율주행차는 자율주행시스템이라는 지능형 로봇이 운전을 하기 때문에 사고가 발생했을 경우 기계에게 책임을 묻고 상응하는 배상을 요구하는 것이 불가능하다. 이러한 문제로 인해 최근 호주 등에서는 자율주행자동차에게 법인격(ADSE: Autonomated Driving System Entity)을 부여해 법인이 책임을 지도록 하는 방향으로 관련법 제정 움직임이 있다. 이렇게 되면 자율주행차와 설계, 제작, 관리, 서비스 제공, 이용 등의 관계를 갖는 행위주체가 책임을 나누어서 분담하면 되고, 책임의 소재를 분명하게 밝히기 위해서는 사고와 관련된 투명하고, 추적가능하며, 입증 가능한 기록시스템을 갖추어야 한다.

⬦ 투명성은 자율주행시스템의 책임성과 안전성을 확보하기 위한 핵심 기능으로 자율주행차 사고와 관련하여 차량용 인공지능이 판단하는 데 사용된 각종 센서 데이터, GPS 데이터, 정밀지도 데이터뿐 아니라 인공지능 학습 및 판단에 사용된 알고리즘의 원리 등이 제3자의 요청이 있을 때 공개되거나 공유되어서 사고 원인을 정확하게 밝혀낼 수 있어야 한다는 것이다.

⬦ 자율주행차 데이터를 활용한 인공지능 학습에는 인간이 사물이나 특정한 상황에 대한 판단에 관여하는 지도학습(Supervised Learning)과 기계의 자율적인 학습을 통해 판단하는 비지도학습(Unsupervised Learning), 인공지능이 스스로 만든 데이터로 학습하는 강화학습(Reinforcement Learning) 등이 있는데 비지도학습과 강화학습의 경우 사실상 특정 판단의 이유를 투명하게 규명하기 어렵기 때문에 이와 같은 학습을 자율주행차의 주행에 사용할지 여부에 대해서는 아직 많은 논란이 있다. 또한, 여러 개의 은익층(Hidden Lays)로 구성된 심층학습(Deep Learning)을 사용할 경우도 자율주행시스템의 판단과정을 투명하게 규명하기 어렵기 때문에 자율주행시스템의 투명성 관점에서는 객관적 검증이 가능하도록 하는 기술을 개발할 필요가 있다고 판단된다.[26)27)]

---

26) 이러한 기술을 자율주행차에 적용하기 위해서는 판단의 결과가 인간의 공통적인 가치관과 상이한 방향으로 발생하지 않도록 행위 주체들이 상시적으로 감시하는 기능이 필요할 것이다(한국로봇산업진흥원, 2019, p. 15).

27) 독일 자율주행차 윤리 가이드라인(2017) 18조에서는 인공지능 기술은 차량 제어 관련 기능에 대한 안전 요건을 충족하고 명시된 규칙을 준수한 경우에만 활용이 가능한 것으로 제한하고 있음. 이는 한국로봇산업진흥원(2019)의 견해와 유사한 것으로 판단됨.

● 추적가능(Traceability)하며 입증가능하다는 것은 자율주행차에 문제가 생기거나 사고가 발생했을 경우, 자율주행시스템의 판단에 대해 문제가 있었는지를 파악하는 데 필요한 각종 데이터에 신속하게 접근할 수 있는 것을 의미한다.

● 소통가능(Communicative)하다는 것은 설명가능(Explainability)하다는 것과 같은 뜻이며 문제가 된 상황이나 사고를 일반인들이 이해할 수 있도록 단어나 문장, 그림, 데이터 등을 이용해 표현한다는 것을 의미한다.

(2) (제어가능성) 자율주행차의 올바른 운행을 위해 인간 또는 정부로부터 권한을 위임받은 기관은 차량의 설계, 제작, 관리, 서비스제공, 이용과정을 감시·통제·관리할 수 있다.

● 자율주행차가 운행 중 오작동으로 인해 도로교통법규를 위반하는 등 이상 징후를 보일 때는 1차적으로 탑승자가 그 작동을 즉각적으로 제어 또는 정지시킬 수 있어야 하며, 만약 탑승자의 제어가 어려울 경우에는 정부로부터 권한을 위임 받은 기관이 비상 상황에 대처해야 한다.

● 또한, 정부로부터 자율주행차의 이상 징후를 관리할 수 있는 권한을 위임받은 기관은 설계부터 이용에 이르는 전 과정에서 오작동이 발생하지 않도록 예방하거나 긴급 통제하는 역할뿐 아니라, 운행 과정에서 생성되는 개인 정보가 인가자의 허락 없이 유출되지 않도록 제어하는 기능도 수행해야 한다.[28]

(3) (책임성) 자율주행차의 운행으로 문제가 발생했을 경우 차량의 설계, 제작, 관리, 서비스제공, 이용 등의 행위주체는 각각의 문제에 상응하는 배상의 책임을 진다.

● 여기서 말하는 책임성이란 영어의 제재 개념에 해당되는 Responsibility를 넘어 Accountability의 개념으로 단순히 인적 물적 손해를 배상한다는 범위를 넘어, 배상의 정도를 정확하게 측정하기 위해 문제가 발생하게 된 이유를 객관적이고 상세하게 설명할 수 있어야 한다는 것을 의미한다.

● 일반적으로 자동화된 상품에 문제가 생길 경우 소비자가 책임지거나 제작자가 제조물에 대한 책임을 진다. 하지만 자율주행차는 자율주행시스템에 의해 운행되기 때문에 문제가 생길 경우 이러한 자율시스템을 작동시키는데 관여한 모든 행위주체들은 분산된 책임(distributed responsibility)의 주체가 되어야 한다. 따라

---

28) 한국로봇산업진흥원(2018) 보고서 내용 참조.

서 배상의 책임도 분산된다.

● 스스로 데이터를 만들어 자율적으로 학습해 행동하는 자율 AI의 개발이 속도를 내면서 자율주행시스템이 일으키는 사고에 대해 법적 책임을 부여할 별도의 법적 주체를 신설하는 논의가 진행되고 있다. 민법의 법인처럼 인공적으로 만들어진 개체(ADSL: Autonomous Driving System Entity)에 계약이나 소송 등의 법적 권리와 책임을 부여하기 위해서이다.

(4) (안전성) 자율주행차는 운행시 위해 및 취약성이 발생하거나 발생이 예상되는 경우 인간의 안전을 최우선적으로 보호하기 위해 예방, 회피, 완화, 감축, 적응, 치료 등의 다양한 기술과 서비스를 제공하도록 설계, 제작, 관리되어야 하며, 차량의 설계, 제작, 관리, 서비스제공, 이용과정에서 안내, 교육, 훈련 및 시험 등이 실시되어야 한다.

● 자율주행차의 주행 환경은 지속적으로 변하기 때문에 발생할 수 있는 위해를 예방하거나 회피하기 위해 철저하게 대비해야 한다. 모든 위해를 실제 물리적 환경에서 실험하는 것은 어렵기 때문에 필요하면 가상 시뮬레이션 테스트를 통해 검증할 수 있도록 공신력 있는 기관이 설립되어 기준을 정립해야 한다.

● 모든 위해를 예방하는 것은 사실상 어렵고, 트롤리 딜레마와 같이 필연적으로 인간의 희생이 발생할 수밖에 없는 상황도 발생할 수 있기 때문에, 피해의 정도를 완화시키거나 빈도를 감축시키는 방안, 그리고 탑승자와 비탑승자들이 적응하는 방안 및 사고 발생 시 사람과 자율주행차를 치료하는 방안도 공신력 있는 기관이 요청하거나 또는 주관으로 현장 및 가상 실험을 통해 사전에 방안들의 유효성을 검증해야 한다.

● 자율주행차의 행위주체들이 각각의 분야에서 책임 있는 역할을 담당하기 위해서는 공신력 있는 기관이 제공하는 교육 및 훈련에 참가해야 하고, 안전 상 반드시 필요하다고 판단되는 경우 시험을 치루어야 한다.

(5) (보안성) 자율주행차는 개인정보 등을 보호할 수 있는 보안시스템을 갖추어 해킹 등을 통한 정보의 누출이 발생하지 않도록 해야 하며, 별도의 사이버 보안준칙이 있을 경우 이를 준수하도록 설계, 제작, 관리되어야 한다.

● 자율주행차가 주행하기 위해서는 탑승자 개인을 포함해 각종 차량 센서를 통해 공급되는 차량 내 시스템 및 주변 환경에 대한 데이터를 수집해 활용해야 한다. 이러한 정보들은 개인들의 신상 및 이동경로 및 시간, 방문 장소 등에 대한

민감한 개인정보를 포함하고 있기 때문에 정보 권리자의 사전 동의 없이 취득, 저장, 처리, 공유 및 배포되면 심각하게 개인의 프라이버시를 침해할 수 있기 때문에 비식별 조치를 비롯한 철저한 보안으로 이러한 문제가 발생하지 않도록 해야 한다.

   ● 불법적인 해킹은 자율주행차의 자율주행시스템에 심대한 영향을 주어 기능을 마비시킬 수 있기 때문에, 이를 미연에 대비할 수 있는 사이버 보안 준칙을 마련해야 한다.

5. 행위 주체별 의무 준수 사항

(1) 설계자 의무

① 자율주행차 설계자는 운행 중 사고 발생 시 책임을 명확히 하기 위해 사고기록 및 제어권 전환 기록 등을 보관하도록 자율주행차를 설계해야 하며, 이 기록에 대한 사용권한은 차량소유자 또는 이용자에게 우선적으로 귀속되는 것을 원칙으로 한다.

② 자율주행차의 설계자는 자율주행차가 자동차의 운행과 관련된 제반 법규를 준수하도록 설계하여야 하며, 제반법규와 규정이 적용되지 않는 상황에서의 사고발생이 예상되는 경우 및 법적 운행규칙과 윤리적 운행규칙이 충돌하는 경우 등에 대하여 자율주행차가 어떻게 작동하는지에 대한 명백한 판단기준을 설정하여야 한다.

③ 자율주행차의 설계자는 자율주행차가 안전하게 운행될 수 있도록 인간/기계 상호작용을 고려해야 하고, 인공지능을 활용한 사물/사건감지 기능과 사고 시 탑승자 보호를 위한 내충격성, 안전한 거동확보 등의 시스템 안전기능을 포함하여 설계해야 한다.

④ 자율주행차는 사전에 사고를 최대한 예방할 수 있도록 설계되어야 하고, 부득이한 사고가 발생 시에도 그 피해가 최소화되도록 설계되어야 한다.

⑤ 자율주행차는 안전성 확보를 위해 불법으로 개조되거나 임의로 시스템을 변경할 수 없도록 설계되어야 한다.

⑥ 자율주행차의 설계자는 해킹, 프라이버시 침해 및 자율주행차를 대상으로 한 고의적 실험에 대한 대응방안을 마련하도록 해야 한다.

(2) 제작자 의무

① 자율주행차 제작자는 운행의 법적·윤리적 기준에 대한 투명성을 보장할 수 있도록 운행관련 설계내용을 기록하여 보관해야 한다.

② 자율주행차는 관련 법규나 인증기준, 정보통신윤리, 공학윤리를 준수하여 제작 및 판매되어야 한다.

③ 자율주행차 제작자는 차량의 결함으로 발생된 피해에 대한 책임을 져야 한다.

④ 자율주행차 제작자는 자율주행차의 소유자 및 이용자에게 안전에 관한 상세한 설명을 제공할 의무를 가지며, 이는 매뉴얼로 작성해 전달해야 하고, 소유자와 이용자는 설명 요구권을 행사할 수 있어야 한다.

⑤ 자율주행차 제작자는 자율주행차량의 보안에 대한 보장의 책임을 져야 한다.

(3) 관리자 의무

① 자율주행차 소관부처는 각 부처의 소관사항에 따라 제어권 전환 등 자율주행차의 운행상황 등에 따라 발생할 수 있는 각 주체의 책임에 관한 법·규정을 제·개정할 의무를 진다.

② 자율주행차 소관부처는 각 부처의 소관사항에 따라 자율주행차의 운행을 효과적으로 관리하기 위해 교육, 훈련, 시험프로그램 등과 같은 사회적 인프라를 확충하기 위한 노력을 기울여야 한다.

③ 자율주행 자동차 관리자는 안전사고 발생에 따른 책임을 분명하게 하기 위해 사고 상황을 감시, 감독할 의무를 진다.

④ 자율주행차 소관부처는 각 부처의 소관사항에 따라 자율주행차의 안전을 확보하기 위해 사용연한을 정하고 폐기에 대한 지침을 이해관계자들에게 제공하여야 하며, 보안에 관한 법·규정을 제정하거나 개정하여야 한다.

(4) 서비스 제공자 및 이용자 의무

① 자율주행차의 서비스 제공자는 탑승자 및 비탑승자의 안전과 편의에 대한 책임을 져야 하며 타인의 이익을 침해하거나 위해를 가해서는 안 된다.

② 자율주행차의 이용자와 서비스 공급자는 정해진 목적과 기능에 따라 자

율주행차를 운행해야 하며, 사용과 관련된 법률 및 사용지침을 준수해야 한다.

③ 자율주행차의 서비스 제공자와 이용자는 불법적 사용, 오사용 및 남용으로 인해 발생하는 문제에 대해 책임을 져야 한다.

④ 자율주행차의 서비스 제공자와 이용자는 자율주행차의 안전문제를 일으킬 수 있는 임의개조 또는 변경을 해서는 안 되며, 교육 및 자율주행차 운행면허(자율주행차를 활용한 서비스 제공에 대한 자격증 등을 말함)의 의무를 준수해야 한다.

⑤ 자율주행차의 서비스 제공자는 정보보안 원칙에 따라 서비스 과정에서 생성되는 개인정보를 보호해야 한다.

Ⅵ. 결론

최근 국토교통부에서는 2020년 7월부터 우리나라에서 자율주행차 3단계 운행을 허용하겠다는 계획을 발표했고, 이웃 일본의 혼다는 자사가 만든 자율주행차를 2020년 봄부터 판매한다는 계획을 발표했으며, 미국에서는 이미 구글이 만든 자율주행차를 이용해 일부 주에서 택시서비스를 시행하고 있다. 2020년은 전 세계적으로 자율주행차의 상용화가 본격화되는 시점이기도 하지만, 자율주행차 시범 주행에서 여러 차례 경험한 사고로 인해 여전히 안전에 대한 우려의 목소리도 있다.

본 절에서는 자율주행차가 도입되면 운전 기능을 인간이 아니라 AI 기반의 자율주행시스템이 수행함으로 인해 발생할 수 있는 다양한 문제들에 대해 논의하였고, 이를 해소하는데 전통적 윤리이론이 한계가 있다는 점을 인식하였다. 그리고 전통 윤리이론의 대안으로 사전적으로 문제가 발생하지 않도록 예방 조치를 강구하고, 그럼에도 사고가 생길 경우에는 피해를 최소화하도록 하는 동시에 책임 소재를 분명하게 하기 위한 내용을 포함한 자율주행차 윤리 가이드라인의 제정 필요성을 도출했다.

자율주행차 윤리 가이드라인 제정을 위한 기본 방향을 도출하기 위해 이미 발표된 AI 윤리 가이드라인과 자율주행차 윤리 가이드라인의 사례들을 분석했고, 시민들의 의견을 반영하기 위해 자율주행차에 대한 시민의견을 수렴하고, 사고 상황별 윤리적 선택 대안에 대한 선호도 조사를 실시했으며, 마지막으로 설문용 윤리 가이드라인을 작성해 시민의견 조사를 시행했다.

본 절에서는 자율주행차 윤리 가이드라인의 기본 틀을 기본 가치, 행위준칙, 행위 주체들의 의무 준수 사항 등의 3개 분야로 체계화하였다. 기본 가치의 핵심 요소로는 인간의 존엄성 보호, 공공선 추구, 행복 추구 등 3가지로 구성하였고, 행동준칙은 설명가능성, 제어가능성, 책임성, 안전성과 보안성 등 크게 5가지로 구성하며, 마지막으로 행위 주체는 설계자, 제작자, 판매자, 서비스 제공자, 이용자 및 관리자 등 6개 유형으로 구분하였다. 그리고, 기존 윤리 가이드라인에 포함된 단어들을 이용한 키워드 분석을 통해 행위 주체들이 의무적으로 준수해야 할 사항들을 구체화하였다. 전체적인 조항 수는 기본 가치 4개, 행동 준칙 5개, 그리고 행위 주체별 의무 준수사항 20개 등 총 29개이다.

본 절에서 제시된 자율주행차 윤리 가이드라인은 국토부 산하 기관인 국토교통과학기술진흥원에 게재되어 국민들의 의견을 수렴하고 있는 중이며, 올해 안에 최종적으로 확정하여 국토부 고시의 형식으로 효력을 발생할 예정으로 있다.

제4절 자율주행차 AI(ADS)의 운전자 지위와 인격성 인식[*]

Ⅰ. 언어를 통한 대상의 인식: 인식대상이 변화한 경우

1. 대상의 인식방법으로서 언어의 "해석"과 "명명"

인식대상에 대한 이름을 어떻게 짓는가 (형용사적 혹은 동사적으로 표현하면, 어떤 용어로 양상을 묘사하는가)에 따라 우리의 의식속에서 대상의 인식 범위와 방법이 영향을 받는다.[1] 언어로 표현되는 명칭 혹은 묘사는 대상의 인식범위를 결정하고, 인식대상에 대한 의식을 형성하기 때문이다. 또, 시간의 흐름에 따라 인식대상이 변화하는 경우도 생기는데, 마찬가지로 인식대상이 변화함에 따라 대상에 대한 우리의 의식형성도 영향을 받는다.[2]

특히 인식대상이 크게 변화하는 경우, 우리는 "기존의 이름 혹은 묘사에 의해 형성된 의식"을 갖고 변화된 대상을 인식하기 때문에, '기존의 이름 혹은 묘사에 의한 기존 의식'으로 '변화된 대상 혹은 양상'을 명확히 이해하지 못하는 경우가 생긴다. 이 때 우리는 '변화된 대상 혹은 양상'을 기존 언어로 이해하려는 노력을 시도하게 되는데, 이런 과정을 언어의 "해석"이라고 할 수 있다. 즉 해석이란 '변화하는 대상 혹은 양상'을 이미 부여된 이름이나 묘사를 통해 인식하려는

---

* 이 부분은 이중기, "자율주행차의 운전자 지위와 인격성 ― 자동차, 운전자, 인격에 대한 의식의 변화와 그 해석"(윤진수 et al., 법학에서 위험한 생각들 (2018), 제24장)을 다시 실은 것이다.
1) "언어" 혹은 "명칭"이 사람의 의식에 영향을 미치는 예로는 Ⅱ. 2. (1) 1) 참조.
2) "대상"의 변화가 사람의 의식에 영향을 미치는 예로는 Ⅲ. 2. (3) 참조.

시도라고 볼 수 있다.

그런데, 완전히 새로운 인식대상이 등장하거나 완전히 새로운 현상이 발생하는 경우, 기존 단어의 해석작업은 한계에 부딪히게 되고, 새로운 대상 혹은 현상에 대하여 "새로운 이름을 부여하거나 묘사"하는 조치를 취하게 된다. 이와 같은 작업을 "조어" 혹은 "명명"이라고 할 수 있다. "명명"이란 새로운 인식대상 혹은 변화된 양상을 기존의 이름이나 묘사로서 이해하려는 것이 아니라 새로운 관념으로 접근하려는 의식의 전환 작업이다. 그리고 그와 동시에 새로 부여된 이름이나 묘사와 연관되어 새로운 의식들이 형성되기 시작한다.

2. 법적 효과의 부여방법으로서 법률의 "해석"과 "명명": 판사와 입법부의 역할

판사는 새로운 쟁점이 생긴 경우 대상과 연관된 법률용어를 세워놓고, 그 용어하에 형성된 일반인의 의식을 발견하고, 이러한 의식으로서 새로운 대상이나 현상을 이해할 수 있는가를 결정한다. 이 과정에서 판사는 인식대상과 연관된 언어의 "해석"을 통해 동시대 일반인들 혹은 법률가들이 갖는 새로운 현상에 대한 새 의식을 발견하고 그 의식에 대해 효과를 인정함으로써 법률의 효력을 변경 혹은 확장할 수 있다. 예를 들어, 판사는 지금 우리가 "자동차"라는 이름으로 형성된 의식으로써 새롭게 등장한 비행자동차, 수상택시를 "자동차"라고 인식할 수 있는지를 확인할 수 있고, 이러한 새로운 자동차에 대한 인식을 긍정함으로써 150년 전 사람들이 '자동차'라는 이름으로 알지 못했던 현상들에 대해서도 '자동차'로 인식할 수 있는 법적 효력을 선언해 준다.

하지만 판사는 해석에 있어 기존 법률용어(예를 들어 "자동차" 혹은 "비행기")에 구속되기 때문에, 판사에 의한 법률 해석은 해석가능한 용어가 이미 존재하는 경우에만 효과적으로 작동한다. 따라서 새로운 현상이 발생하고 이 현상을 기존 용어로서 이해할 수 없는 경우, 판사의 해석작업은 한계에 봉착하게 되는데, 이때 우리는 새로운 현상에 대해 새로운 이름을 부여함으로써 그 대상 혹은 현상을 이해해야 한다(즉 "명명" 작업). 최근 새롭게 등장한 무인조종비행체, 소위 '드론'의 등장과 관련해 설명해 보자. 새로운 대상인 무인조종비행체가 등장했을 때, 우리는 새로운 현상임을 인식하였지만 그것에 대해 '비행기'라는 기존의식으로서 그 현상을 이해하기 어려웠다. 크기가 작고 비행고도도 낮았기 때문이다. 따라서, 새 이름(즉 '드론')을 부여하였고, 지금 새 이름에 따라 그에 대한 새로운 의식이 형성되는 과정을 경험하고 있다. 이러한 "명명"의 역할은 새로운 현상에 대한 의식의 혼돈을 새로운 관점에서 해결해 주는 것이어야 하는데, 법적 명명은 주로 입법부의 몫이다. 입법부가 이러한 역할을 함에 있어, 새로운 대상과 현상에 대한 정확한 이름의 부여 혹은 정확한 묘사는 매우 중요하다. 왜냐하면 앞서 말했듯이 이름 혹은 묘사는 대상에 대한 인식의 범위와 방법을 결정하기 때문이다.

3. 자율주행차의 등장과 그 인식: "자동차", "운전자"의 해석과 명명

지금까지 도로교통과 관련된 주행상황 혹은 사고상황들은 "자동차" 및 "운전"이란 이름으로서 쉽게 이해할 수 있었다. 도로교통은 "사람"이 "운전"하는 "자동차"에 관한 교통현상이었고, 따라서 자동차의 운전에 대한 법적 규제도 자동차와 도로교통의 안전성을 확보하기 위해 고안되었다. 즉 한편으로 자동차관리법은 "자동차"의 안전성을 확보하기 위해 자동차안전기준의 준수와 자동차의 등록을 강제[3]하고, 다른 한편으로 도로교통법은 도로교통의 안전성을 확보하기 위해 "운전자"의 면허취득을 강제하고 운전자의 교통규칙 준수를 요구[4]해 왔다.

그런데 갑자기 사람이 목표지점을 설정해 주면 목표지점까지 스스로 운전하는 자율주행차가 등장하였다. 이러한 자율주행차는 대상의 인식에 있어 새로운 의문을 야기한다. 즉 스스로 운전하는 자율주행차의 등장으로 인해 "자동차" 및 "운전자"란 이름하에 형성되었던 기존의 의식들이 큰 영향을 받고 있기 때문이다. 스스로 운전하는 자율주행차는 여전히 "자동차"로 인식할 수 있는가?, 아니면 (로봇과 같은) 새로운 존재로 인식해야 하는가? 만약 자율주행차를 여전히 자동차라고 인식할 수 있다면, 이러한 자율주행차의 "운전자"는 누구인가?

자율주행차의 등장으로 인해 발생한 새로운 현상이 기존의 "자동차" 혹은 "운전자"란 용어의 "해석"으로서 이해할 수 있는 현상인지, 아니면 새로운 이름을 "명명"해야 하는 조어의 조치가 필요한 현상인지에 대해 살펴보자.

---

3) '자동차안전기준'에 관한 규제와 '자동차등록' 규제는 자동차관리법의 가장 핵심이 되는 규제이다. 자동차법에 대한 자세한 사항에 대해서는, 제2편 제2장 〈자동차법과 도로법제〉 참조.

4) '운전면허'에 대한 규제와 '교통규칙의 준수'에 관한 규제는 도로교통법의 가장 핵심이 되는 규제이다. 운전자법에 대한 자세한 사항에 대해서는 제2편 제3장 〈운전·운전자 법제〉 참조.

Ⅱ. 자율주행차의 자동차성 인식

1. "자동차"에 대한 인식과 그 가변성

(1) "자동차"에 대한 인식: "자전거", "마차"와 구별되는 새로운 인식, 왜?

현재 우리의 의식 속에는 자동차의 모습이 이미 각인되어 있다. 살면서 쌓은 경험과 학습을 통해 우리의 의식 속에는 "자동차"라는 이름이 기억되어 있고, 그 이름과 연관된 자동차의 전형적 모습들도 이미 기억되어 있기 때문이다.

하지만, 처음 자동차가 등장했을 때는 이와 달랐을 것이다. 그 때 사람들은 "자동차"라는 이름을 알지 못했고, 그 모습도 알지 못했기 때문이다. 사람들은 그 것을 자동차가 아니라 이미 그들의 의식 속에 존재했었던 "삼륜자전거"에 비유하거나, 혹은 "마차"에 비유해 이름을 지을 수 있었을 것이다. 하지만, 그것에 대해 사람들은 "자동차"(an automobile, das Auto)라는 '새로운 이름'을 붙였다. 그럼으로써 자전거 및 마차와 구별되는 새로운 인식인 "자동차"라는 것이 우리의 의식 속에 등장하게 되었고, 자동차라는 이름하에 그 모습, 용법 등에 대한 새로운 의식들이 생긴 것이다.

[그림 12] 내연기관을 이용한 Benz의 1885년 삼륜 자동차

그렇다면, 사람들은 왜 새로운 대상 혹은 현상에 대해 새로운 이름을 부여하였고 그 이름하에서 새로운 의식들을 형성하였을까? 분명하지는 않지만, 사람들

의 기존의 의식으로는 이해하기 힘든 큰 어려움이 발생했기 때문일 것이다. 즉 <u>독자적인 내연기관의 폭발력으로 자동적으로 움직이는</u> 이 교통수단은 사람들의 의식에 과거의 마차나 트라이시클과 구별되는 큰 충격을 가하였기 때문에, "자동차"라는 새로운 이름을 부여하였고, 그 이름하에 새로운 의식을 갖게 되었을 것이라고 짐작된다.

(2) "자동차"에 대한 인식의 가변성: 자동차에 대한 다양한 의식

이렇게 시작된 자동차에 대한 의식은 고정된 것이 아니다. 19세기 사람들의 의식 속에 "자동차"라는 이름으로 기억되는 모습들은 시간의 흐름에 따라 변화해 왔고 앞으로도 변할 것이다. 지금 우리가 "자동차"라는 이름으로 기억하고 있는 20세기말 21세기 초의 자동차의 모습들은 19세기 말에 처음 자동차가 발명되고 그 때 사람들이 "자동차"라고 불렀던 차의 모습들(앞의 [그림 1] 참조)과는 확연히 다르다. 마찬가지로 앞으로 미래의 사람들이 "자동차"라고 부를 미래의 차의 모습들도 지금의 자동차의 모습들과 많이 다를 것이다. 미래에는 도심을 날아다니는 교통수단이 생길 것이고, 사람들은 벌써부터 이를 비행자동차(flying car)라고 부르고 있다.

(3) '자동차'에 대한 인식의 가변성과 '자동차'란 용어의 "해석"

이처럼 사람들은 (19세기의 자동차와 같이) 새로운 대상 혹은 현상이 나타나면 이를 인식하기 위해 새로운 이름을 부여하고, 그 후에 이렇게 부여된 이름과 관련하여 그 모습, 용도 등에 대한 의식들을 형성한다. 또한 이렇게 형성된 (자동차에 대한) 의식들은 시간의 경과에 따라 그 대상이나 현상이 변화하면서('자동차'라는) 기존의 이름하에 계속 변화 확장하게 된다.

그런데, 앞서 본 것처럼, 인식 대상이나 현상의 변화가 심하여 더 이상 기존의 이름으로서 변화된 대상이나 현상을 이해하기 어려운 경우가 생긴다. 예를 들어, 미래에 4인승 우주왕복교통수단이 상용화되는 경우, 이런 교통수단을 여전히 '자동차'라고 계속 인식할 수 있는가? 이러한 상황이 발생하면, 한편으로는 새로운 인식대상을 계속 '자동차'로 인식하려는 노력(즉 "해석")이 행해지는 반면, 다른 한편에서는 새로운 용어로 이러한 교통수단을 설명하려는 시도(즉 "명명")도 행해

지게 된다.5)

이러한 단계에서 대상에 대한 명칭 (혹은 묘사)인 '언어'를 '해석'하게 되는 경우, 해석작업은 명명작업과 다른 방법으로 행해진다. 해석에 있어 우리는 먼저 (i) 대상과 연관된 어떤 이름을 세워놓고 (ii) 그 이름하에서 형성된 의식을 통해 (iii) 새로운 대상이나 현상을 이해할 수 있는가를 탐구하게 된다. 예를 들어, 도심을 떠다니는 4인승 교통수단이 생기는 경우, 우리는 이미 사용하는 "자동차"란 단어를 먼저 세워놓고, "자동차"와 연관된 의식을 통해 새로운 현상을 이해할 수 있는지 여부, 즉 그 단어의 사정범위를 판단한다. 만약 "자동차"라는 명칭(혹은 묘사방법)을 통한 자동차에 대한 우리의 의식으로서 새로운 대상인 4인승 교통수단을 포섭할 수 있다면, 우리는 '자동차'의 해석을 통해 4인승 비행자동차를 인식할 수 있게 된다. 이와 같이 "해석"이란 해당 언어에 의한 우리의 의식활동이 새로운 현상을 적절히 커버할 수 있는지에 대한 사정범위를 결정하는 것이다. 한강의 "수상택시"를 "배"로 인식하지 않고 자동차로 인식하는 것도 자동차에 관한 해석으로서 수상교통수단을 인식하는 것이다.

(4) '자동차'의 해석에서 무엇이 대상을 자동차로 파악하게 하는가?

앞서 본 것처럼, 사람들은 기존의 이름으로 설명하기 힘든 대상 혹은 현상이 발생하면 새로운 이름을 부여하고 그 이름하에서 그 현상에 대한 새로운 의식을 발전시켜 나간다. 자동차가 처음 등장했을 때 '내연기관의 폭발력에 의한 자동성'은 19세기 말 사람들의 의식에 충격을 주었고, 그 외관(앞의 [그림 1] 참조)이 트라이시클 혹은 마차와의 유사성을 가짐에도 불구하고 사람들은 이 새로운 대상을 "자동차"(an automobile, das Auto)라고 부르게 된다.

그런데 21세기의 우리는 이미 '자동차'라는 이름을 알고 있고 이러한 자동차와 관련된 용법이나 모습에 대한 다양한 의식들을 갖고 있다. 따라서, 우리의 의식은 이미 각인된 '자동차'라는 명칭과 그와 관련된 생각들을 중심으로 전개된다. 즉 현재의 우리는, 마치 19세기 말 사람들이 자신의 의식에 존재하였던 '마차'나 '트라이시클'이란 용어로서 새로운 대상과 현상을 이해하려 했던 것처럼, '자동차'라는 기존 용어로서 새롭게 변화하는 교통수단들을 이해하려 하고 있다. 특

---

5) 아래의 Ⅲ. 2. (3) 참조.

히, 우리의 자동차에 관한 의식은 소위 '콘셉트카'를 통해 계속 확장되었기 때문에 매우 강한 "충격적 현상"도 자동차라는 이름으로 이해할 가능성이 높다. 그 결과 우리의 의식 속에 형성된 "자동차"란 관념으로 설명되지 않는 "예외적 충격"이 발생하지 않는 한, 과거 사람들이 수세기 동안 '마차'라는 용어를 사용해 교통수단을 인식하였듯이 우리는 '자동차'라는 용어를 사용해 대부분의 교통수단을 인식할 것이다.

(5) 의식의 확장과 언어를 통한 해석의 확장

그렇다면 21세기의 우리는 어떻게 의식 속에서 변화하는 교통수단의 대상이나 현상을 새로운 이름을 부여하지 않고 계속 '자동차'라는 기존 명칭으로서 포섭할 수 있게 되는가? 우리는 어떻게 새로운 교통수단에 대해 '자동차'라는 용어로서 계속 이해할 수 있게 되는가? 지금 우리의 의식 속에 "내연기관의 폭발력에 의한 자동성"은 더 이상 "자동차"를 이해하는 유일한 특징이 아니기 때문이다. 이미 우리의 의식 속에는 다양한 교통수단에 대한 누적되고 광범위한 의식들이 '자동차'라는 용어로서 확장되고 있기 때문이다. 그 결과, 그 모습이 삼륜차에서 사륜차로 바뀌어도, 동력기관이 내연기관에서 전기차로 바뀌어도, 육상교통수단에서 비행수단으로 바뀌어도 이미 자동차에 대한 우리의 의식은 광범위하게 확장되었고, 그 결과 하늘을 나는 4인승 교통수단도 '비행자동차'(flying car)로 인식하고, 한강의 소형쾌속선도 '수상택시'로 인식할 수 있게 된 것이다.

2. 자율주행차에 대한 인식과 자동차의 해석

그럼 이제 새롭게 등장한 교통수단인 자율주행차의 인식방법에 대해 살펴보자.

(1) 새로운 이름의 부여와 새로운 대상의 인식 문제
1) "자율주행차"로 부르는 경우의 인식

먼저 새롭게 등장한 교통수단을 자율주행차로 부르는 경우의 인식방법에 대해 살펴보자. 인공지능이 장착된 자율주행차의 등장은 자동차의 발명만큼이나 획기적인 현상이다. 그럼에도 불구하고 자율주행차의 등장은 사람들의 의식 속에 자동차가 아닌 새로운 인식대상 혹은 현상의 등장이라는 충격을 주지는 못했다. 그 이유를 살펴보자. 먼저, 그 이름이 자율주행 '자동차'이기 때문이다. 명칭은 대상의 인식범위를 결정한다. 새로운 교통수단은 자율주행차로 불리기 때문에 단지 자동차의 운전기능을 자율주행시스템이 담당하는 '자동차'의 한 종류인 것으로 인식된다. 또한 그 모습도 기존의 자동차 모습을 벗어난 것으로 보이지 않는다. 기존의 자동차에 자율주행시스템이 부착되어 있거나 혹은 내장되어 있는 것으로 인식하기 때문에 자동차의 기본모습에서 인식의 변화를 가져올 만한 요인이 존재하지 않기 때문이다.

2) "운전로봇"이라고 부르는 경우의 인식

만일 새로운 교통수단에 대해 운전로봇이라는 새로운 이름을 붙였다면 어땠을까? 운전로봇이라는 이름의 부여는 '자동차' 대신 '로봇'이라는 새로운 의미부여를 할 수 있는 명칭을 사용하는 것이다. 하지만, '운전'로봇이라는 이름에 대해서 우리는 여전히 운전의 수단이 되는 교통수단, 즉 자동차의 한 종류라는 의식을 가질 수 있을 것이다.

따라서, 자율주행차의 등장은 변형된 이름의 부여에도 불구하고, 기존의 '자동차'라는 용어하에서 우리의 의식 속에 형성되어 있던 자동차의 여러 관념들에 의해 여전히 자동차로 이해될 수 있는 것이다.

(2) 자율주행차에 대한 자동차법, 도로교통법의 적용

이와 같이 자율주행차는 우리의 의식 속에 새로운 인식대상으로 등장한 것이 아니고 여전히 자동차라는 이름으로서 인식되므로, 자율주행차에 대해서는 자동차를 적용대상으로 하는 기존의 자동차 혹은 도로교통 관련법이 그대로 적용될 수 있게 된다. 단지 자동차의 종류에 따른 특수한 규제만 준비하면 되는 것이다.

그 결과 우리는 사람들이 자율주행차를 자동차라고 인식하고 자동차에 대한 규제를 자율주행차에 대해 적용해야 한다고 주장할 때, 그 의견에 수긍할 수 있게 된다. 특히, 자동차관리법 혹은 도로교통법에 구체적인 자율주행차 관련규정이 없는 경우에도, 판사는 자율주행차를 자동차로 보고, 자율주행차에 대해 자동차관리법 등을 적용할 수 있게 되고, 우리는 판사의 해석에 동의할 수 있게 된다.

(3) '자동차'의 해석에 있어 경험칙 등의 역할

그런데, 우리의 의식 속에서 어떠한 인식 메커니즘이 작동하기에 자율주행차에 대한 자동차관리법, 도로교통법의 적용을 쉽게 긍정하게 되는가?

1) 경험칙의 역할 ― 보충적 역할

우리의 의식은 백지상태에서 어떤 대상이나 현상을 인식하는 것이 아니다. 우리는 성장과정을 통한 경험 혹은 교육과정을 통한 학습에 기반해 의사소통을 위한 "일반적 상식"을 갖고 있으며, 대상이나 현상을 인식할 때 이러한 일반적 상식이 의식의 배후에서 인식활동에 영향을 미친다.[6] 이처럼 인식의 배후에 작용하는 일반적 상식들을 법령 해석의 판단기준으로 사용할 때, 우리 민법은 '조리', '신의칙', '선량한 풍속 기타 사회질서'라고 표현[7]한다.

현재를 살아가는 우리는 이러한 동시대인의 경험적인 일반적 상식에서 자율로울 수 없으며,[8] 대상이나 현상을 인식할 때에도 경험칙의 영향을 불가피하게 받는다.[9] 따라서, 일반인은 물론 판사도 "자동차"라는 단어와 연관된 일반적인 의식을 경험칙에 기해 떠올릴 수 있고, "자동차"에 대한 일반인들의 경험칙에 기해 자율주행차를 자동차로 이해할 수 있게 된다.

이와 같이 경험칙은, 새로운 현상에 대해 아직 명칭이 부여되지 않는 경우, 그 새로운 현상을 기존의 이름 혹은 묘사로서 인식할 수 있게 해 주는 default rule 로서 작용하고, 판사의 해석작업을 보충하는 보조적 역할을 한다.

2) 유추

판사는 동시에 '자동차'에 대한 해석에 있어 유추를 시도할 수도 있다. 만약 새로운 교통수단에 대해 '자율주행차'라는 단어를 사용하지 않고, '운전로봇'이라는 새로운 이름을 부여하였다고 하자. 그렇다고 하더라도, 판사는 기존의 교통수단에 대한 일반인들의 의식을 새로운 인식 대상 혹은 현상에 유추하여 적용할 수 있다. 따라서, 판사는 새로운 이름이 부여된 교통수단, 즉 "운전로봇"에 대해서도 그 모습과 기능이 기존의 자동차와 유사한 점에 기초해 새 교통수단을 여전히

---

6) 그런데 각 개인의 인식은 각자의 경험을 전제한다. 따라서, 각 개인들이 인식한 현상 및 그 의식들은 크게 보아 동일할지라도 구체적인 점에서는 다양할 수 있다.

7) "선량한 풍속 기타 사회질서"는 그 내용이 명확한 것이 아니고 항상 변화한다. 특히 "의식의 전환기"에는 그 구체적 내용에 대해 합의를 이루기 어렵고, 어떤 경우 기존의 "사회질서"는 개혁의 대상으로 공격당하기도 한다. 이러한 상황에서 "사회질서"는 부정적으로 "사회적 편견"이라고 표현된다.

8) 기존의 사회질서를 변혁시키려는 사람들은 "사회적 편견"의 영향을 받는다고 부정적으로 표현할 것이다.

9) 우리는 일반적 상식 혹은 사회적 편견으로부터 완전히 자유로울 수 없다. 왜냐하면, 우리의 지각활동은 생물학적 기반을 가지며, 백지상태에서 대상이나 현상을 인식하는 것이 아니고 학습된 상식 혹은 편견에 기반해 지각활동을 하기 때문이다.

"자동차"라고 유추할 수 있게 된다.

3) 수사 등

경험칙에 근거한 조리의 적용 혹은 유추의 방법뿐만 아니라, 판사는 자율주행차와 같은 새로운 교통수단을 여전히 '자동차'라고 해석할 수 있는 다양한 수단들을 보유한다. 판사는 논리의 전환, 혹은 비약적 논리의 활용, 기타 수사적 방법을 동원함으로써 새로운 현상이 여전히 "자동차"란 명칭으로 설명될 수 있음을 논증할 수 있고, 이 같은 방법으로 대중들을 설득할 수 있다.

Ⅲ. 자율주행차가 차라면 "운전자"는 누구인가?

앞서 본 것처럼, 자율주행차를 인식함에 있어 "자동차성"을 긍정하였다면, 이제 다음 문제로 넘어가 보자. 자율주행차의 "운전자"는 누구인가?

1. 자율주행차에서의 "운전자"

앞서 본 것처럼, 자율주행차는 우리의 의식 속에 새로운 인식대상으로 등장한 것이 아니고 여전히 '자동차'라는 이름과 모습으로서 인식된다.[10] 인공지능이 장착된 자율주행차의 등장은 자동차의 발명만큼이나 획기적인 현상이지만, 그럼에도 불구하고 그 명칭이나 모습에 있어 사람들의 의식 속에는 '자동차'가 아닌 새로운 인식대상 혹은 현상이라는 충격을 주지 못했기 때문이다.

그런데 우리의 자동차와 관련된 의식에는 항상 '운전' 혹은 '운전자'가 수반된다. 자동차는 항상 사람이 운전하였기 때문이다. 그런데, 이러한 자율주행차에서는 누가 운전을 하는가?

2. "운전", "운전자"의 인식과 해석

(1) "자동차"와 관련된 의식과 "운전자"

우리가 자동차와 관련해 운전을 인식할 때 "운전자"라는 단어와 연관되어 생각을 한다. 이미 우리의 의식 속에 "운전자"라는 용어가 각인되어 있기 때문이다. 주행상황, 사고상황을 인식할 때도 마찬가지이다. 판사도 도로교통법상의 주행상

---

10) Ⅱ. 2. (1) 1) 참조.

황 혹은 사고상황을 인식할 때 "운전" 혹은 "운전자"란 단어와 연관되어 인식을 하므로, 이러한 용어들을 해석해야 한다. 즉 판사는 사고가 발생하면 (i) 인식대상인 주행상황 혹은 사고상황과 연관된 여러 단어들을 세워놓고, (ii) 그 단어하에서 형성된 일반인 혹은 법률가의 의식들을 통해, (iii) 사고상황, 주행상황, 기타 대상이나 현상을 이해할 수 있는지 여부를 판단한다.

(2) 자동차의 "운전자"와 그 의식

지금까지 자동차의 운전자는 사람이었다. 따라서, 우리의 의식에는 "운전자"의 운전과 관련해 사람이 조작하는 것을 당연히 전제하였다. 그런데, 새롭게 등장한 자율주행차는 사람의 관여없이 스스로 움직인다. 자율자동차가 달리는 주행상황 혹은 사고상황에 대해 우리는 어떻게 인식하는가? 특히 누가 자율주행차를 운전한다고 인식하는가?

(3) "운전자"라는 용어로서 자율주행시스템을 포섭할 수 있는가?
: 해석 v 명명

자율주행차가 도로를 달리는 경우, 차가 도로를 주행하는 현상은 분명히 인식된다. 자율주행차도 자동차이기 때문이다. 그런데 자율자동차를 운전하는 "운전자"가 누구인지는 분명히 인식되지 않는다. 우리 의식 속에 기억된 "운전자"인 사람이 자율주행차에는 존재하지 않기 때문이다. 이제 우리의 의식 속에는 한편으로는 관찰되는 현상인 차의 운전(주행) 현상으로부터 사람이 없는 경우에도 '운전자'를 인식하려는 노력(즉 "해석" 작업)이 작동하는 반면, 다른 한편에서는 "사람 없는 운전(주행)" 현상을 '운전자'가 아닌 새로운 용어로 설명하려는 시도(즉 "명명")도 작동한다.

자율주행차의 주행과 관련해 전자의 방식으로 '해석'을 하는 경우, 해석작업은 먼저 (i) 대상과 연관된 기존의 이름(즉 "운전자")을 세워놓고, (ii) 그 이름하에서 형성된 의식(즉 운전자의 운전행위 — 도로환경의 지각, 주행판단, 조작등)으로서, (iii) 새로운 대상이나 현상(즉 자율주행차의 운전주행)을 이해하는 과정을 밟게 된다. 즉 '운전자'의 운전조작행위를 기계적 조작행위로 해석하고 종국적으로 이를 주행시스템이 행하는 기계적 조작행위로 비유하여, '운전자'성을 사람이 아닌 장치에 대해서도 유추확장하게 되는 것이다. 지금 미시간 입법부를 비롯한 많은 사

람들이 '운전자'에 대해 이러한 확장을 시도하고 있다.[11]

이에 반해 자율주행차의 "사람없는 주행"과 관련해 후자의 방식으로 새로 '명명'을 하는 것도 가능하다. 명명작업은 (i) 사람 아닌 새로운 행위주체 기타 현상을 인식하고, (ii) 그 현상에 대해 새로운 이름을 부여하고, (iii) 새 이름에 따라 새로운 현상에 대한 의식을 형성하는 방식으로 행해진다. 그런데, 아직까지 "사람없는 주행" 현상에 대한 새로운 명명작업은 아직 구체적으로 시도되고 있지 않다. 아마도 "사람없는 주행"이 우리의 의식 속에 미치는 충격이 아직 미약하고, 무엇보다 운전자의 "해석"에 의해서도 충분히 새로운 현상을 이해할 수 있기 때문일 것이다.

3. '운전자' 지위의 확장

(1) "운전자"와 연관된 새로운 의식의 형성작업: 자율주행시스템의 운전 작업 담당과 관련하여

앞서 본 것처럼, 해석작업은 (i) 대상과 연관된 기존의 이름(즉 "운전자")을 세워놓고 (ii) 그 이름하에서 형성된 의식(즉 운전자의 운전행위 — 도로환경의 지각, 판단, 조작등)으로서 (iii) 새로운 대상이나 현상(즉 자율주행차의 운전주행)을 이해하는 작업이다. 이러한 작업이 성공적이려면, 이미 형성된 의식에 더하여 새로운 현상에 대한 의식을 형성해 기존 의식에 접목하는 작업이 필수적이다. 즉 자율주행차의 "사람없는 주행"과 관련해 자율주행시스템에 의한 운전작업이 '운전자'에 의한 '운전'이라는 의식이 형성되어야 하고, 이러한 새 의식이 기존의 '운전' 혹은 '운전자'와 연관된 기존 의식에 접목되어야 하는 것이다.

(2) 자율주행시스템에 대한 운전자 지위의 인식

지금까지 많은 사람들의 의식 속에서 자율주행차의 도로 운전, 즉 "사람없는 주행"은 어려움 없이 '운전'으로 인식되었지만, 누가 운전자인지는 불명확했다. 하지만, 서서히 '운전' 행위를 자율주행시스템이 담당한다는 의식이 형성되기 시

---

11) 자세히는, 제2편 제3장 〈운전·운전자법제〉 제2절 Ⅲ. 이하; 이중기·황창근, "자율주행차의 도입에 따른 '운전자' 지위의 확대와 '운전자'의 의무 및 책임의 변화 — 미시간 주와 독일의 최근 입법동향과 시사점을 중심으로", 홍익법학 제18권 제4호(2017) 347면, Ⅲ. 이하 참조.

작했고, 이에 기해 운전작업 담당기관인 자율주행시스템을 '운전자' 혹은 로봇 '운전자'로 인식하기 시작했다. 드디어 자율주행차의 자율주행시스템은 서서히 우리의 의식 속에 '운전자'로 인식되기 시작한 것이다.[12]

4. 자율주행시스템(ADS)에 대한 '운전자' 지위의 부여와 '권리주체성' 인정 절차

하지만, 우리의 법률체계는 아직까지 자연인 이외의 존재를 '운전자'로 인정하고 있지 않다. 우리의 법체계는 자연인과 법인을 제외한 다른 권리주체를 인정하지 않기 때문이다. 따라서, 많은 사람들이 자율주행시스템에 대해 '운전자'로서의 새로운 의식을 형성하고 있기는 하지만, 이러한 의식에 대해 법률적 효력을 부여하기 위해서는 자율주행시스템을 '운전자'로 인정하는 명시적 조치가 필요하다. 이러한 명시적 조치는 판사의 "해석"에 의해 이루어지기보다는, 입법부가 명시적인 표현을 통해 자율주행시스템의 '운전자' 지위를 "선언"하는 것(즉 입법적 "해석")[13]이 보다 바람직하다. 미국의 미시간주는 이러한 조치를 취한 최초의 주가 되었다.[14]

(1) 권리주체성 혹은 인격에 대한 의식의 등장과 발전

그렇다면 사람들의 변화된 의식을 반영해 자율주행시스템에 대해 '운전자' 지위, 즉 규제목적상 제한적 권리주체성를 부여하는 것은 법적 사고에 있어 어떻게 정당화될 수 있는가? 먼저 권리주체성 혹은 권리능력 개념은 250년 정도 된 비교적 최근의 법의식이며 이는 가변적이라는 점을 주목하여야 한다. 권리주체성은 고대와 중세 봉건사회에서는 제한적으로 인정되다가 (더 정확하게 말하면 그러한 일반적 개념이 없었지만) 17, 18세기에 이르러 "인간의 존엄"을 바탕으로 하는 자연법 사상의 영향으로 모든 사람에게 확대되어 인정되고, 근대법이 권리능력을 모든 사람의 능력으로 인정하였기 때문에 "인격"으로 불리게 된다.[15] 이처럼, "인격"에

---

12) 제2편 제4장 〈책임법과 보험법제〉 제1절 Ⅲ. 4. 이하; 이중기, "인공지능을 가진 로봇에 대한 법적 취급: 자율주행차 사고의 법적 인식과 책임을 중심으로", 홍익법학 제17권 제3호(2016), 1면, Ⅲ. 4. 이하 참조.

13) 이것은 "명명"은 아니다. 왜냐하면 입법자는 '운전자'가 아닌 새로운 이름을 사용한 것은 아니기 때문이다. 따라서 입법부의 '운전자'에 대한 새로운 "해석"이라고 볼 수 있을 것이다.

14) 앞의 각주 11) 참조.

15) 곽윤직, 민법총칙(신정수정판)(2000), 109-112면.

대한 의식은 근대에 들어 법제도를 "인간본위"의 개념적 틀로서 발전시켰다는 점에서 획기적인 역사적 사명을 다했다고 보여진다. 하지만, "인격"의 개념도 시간의 경과에 따라 변화 및 확장될 수 있는 가변적인 관념이다. 특히 인간의 존엄에 근거한 인격 개념은 "권리주체"로서의 인간과 기타의 존재 즉 "권리객체"로서의 물건이라는 주종적 이분법으로 발전되는 결과를 초래하였는데, 이러한 의식의 형성은 바람직한 것인가?

(2) 외계종족은 "인격"을 갖지 못하는가?

다음의 상황을 가정해 보자. 만약 영화 트랜스포머 시리즈에 등장하는 옵티머스 프라임 같은 완전한 자율성을 갖는 새로운 외계종족(기계족)이 나타나면, 우리는 현행법 체계하에서 그들을 물건으로 취급해야 하는가? 외계종족의 인격은 인정할 수 없는가? 만약 인공지능이 진화하여 옵티머스 프라임과 같은 완전한 자율성을 갖는 로봇(영화 어벤져스에 등장하는 비전 같은 존재)이 등장하더라도 인간은 이러한 로봇을 계속 권리객체인 물건으로 취급해야 하는가? 우리가 그들과 함께 사회를 이루어 같이 살아가야 한다면, 아마도 더 이상 물건으로 취급할 수 없을 것이다. 사법제도는 과학이 아니고 우리가 인식하는 법적 대상 혹은 현상을 처리함에 있어 사회구성원들이 느끼는 규범의식과 이해관계를 공정하게 처리하고 배분하기 위한 것이다. 법적 대상 혹은 현상은 항상 변화하고 그에 따라 현상에 대한 우리의 법의식은 새롭게 형성된다.

"인격"에 대한 의식도 마찬가지라고 생각된다. 21세기를 살아가는 우리에게 권리주체 혹은 인격에 대한 의식은 더 이상 "인간의 존엄성"을 확보하기 위한 유일한 의식일 필요는 없다. "인격"에 대한 우리의 의식은 "자동차"에 대한 의식과 마찬가지로 확장하고 있기 때문이다.

(3) "인격"에 대한 의식의 확장성

현대를 사는 우리는 18세기에 등장한 "내연기관의 폭발력에 의한 자동성"을 더 이상 "자동차"를 이해하는 유일한 특징으로 생각하지 않는다. 오히려 내연기관의 폭발력은 전기차의 등장으로 인해 곧 사라질 의식이 될지 모른다. 마찬가지로, 현대를 사는 우리는 "인격"에 대한 의식 속에 17세기에 형성된 "인간의 존엄성"을 "인격"(혹은 "권리주체성")을 이해하는 유일한 특징으로 생각하지 않는다. 특히 조직법의 영역에서 "법인격"은 출자를 위한 연결점(nexus for contributions)이 됨으로써, 여러 출자자 재산의 분리와 통합을 매개하는 "재산분리"[16]와 "재산통합"[17] 기능을 수행하고 있는데, 이는 "인격"과 연관된 의식 속에 이미 존엄성과 다른 의식이 형성되고 있음을 보여주는 좋은 예가 된다. 21세기를 사는 우리는 이제 "인격" 혹은 "권리주체"라는 이름으로 존엄성뿐만 아니라 '재산과 책임의 귀속단위' 같은 "기능성"에 대한 의식들을 형성하고 있으며, 이러한 새로운 의식들은 기존의 '인격'이라는 이름하에 접목되고 있다. 이와 같이 우리의 "인격"에 대한 의식의 형성이 존엄성에서 출발해 출자의 연결점과 같은 "기능성"에 대해 확장되고 있다면, 이러한 기능성에 기반해 "인격"에 대한 의식을 법인 이외의 자율성을 지닌 다른 존재에 대해서도 확장할 수 있다고 생각한다.

결론적으로 자율주행시스템에 대한 "운전자성", 즉 제한적 인격 혹은 권리주체성의 인정은 변화하는 법적 대상 혹은 현상에 관한 확장된 의식을 기존의 "운전자"란 이름으로 이해하려는 입법적 "해석"의 하나이며, 오늘을 살아가는 동시대인의 새로운 의식을 입법적으로 승인하려는 규범화 과정의 하나로 보아야 할 것이다.

Ⅳ. 결론

인식대상이 변화하는 경우, "기존 이름하에서 형성된 의식"을 갖고 변화된 대상을 인식하기 때문에, '이름과 연관된 기존 의식'이 '변화된 대상 혹은 양상'을 명확히 이해하지 못하는 경우가 생긴다. 이 때 '변화된 대상 혹은 양상'을 이미 부여된 이름으로 인식하기 위해 그 용어에 대한 "해석"을 하게 된다. 이 글에서는 과학

---

16) 인격의 재산분리기능(asset partitioning)은 설립되는 조직의 입장에서는 출연자의 파산위험으로부터 조직재산을 보호하는 조직격리기능(entity shielding)으로 작동하고, 출연자의 입장에서는 조직의 파산위험으로부터 출연자를 보호하는 출연자격리기능(owner shielding) 즉 유한책임원칙으로 작동한다.
   자세히는 이중기, "법인과 비교한 신탁의 특징", 서울대학교 법학 제55권 제2호(2014), 511면; 노혁준, "주식회사와 신탁에 관한 비교 고찰 ― 재산분리기능을 중심으로" 증권법연구 제14권 제2호(2013), 627면; H Hansmann & R Kraakman, "The Essential Role of Organizational Law", 110 Yale L J 387 (2000).
17) 인격의 재산통합기능(asset pooling)에 대해서는, 이중기, "조직법의 역할: 재산통합과 지분, 기관 유한책임의 실현", 홍익법학 제16권 제1호(2015), 591면.

기술의 발전으로 새롭게 등장한 자율주행차와 관련하여 "자동차" 및 "운전자"라는 용어의 해석으로서 새로운 교통현상을 인식할 수 있는지를 검토해 보았다.

먼저 새로운 교통현상인 자율주행차의 등장에 대한 인식방법에 대해 살펴보 았는데, 자율주행차는 그 이름에 있어서나 모습에 있어 우리의 의식에 새로운 충 격을 주지 않았다. 따라서 "기존 이름인 <u>자동차</u>하에서 형성된 의식"으로서 자율 주행차라는 새로운 현상을 이해해도 인식에 큰 문제가 없었다.

하지만, 자율주행차는 스스로 운전하기 때문에 "누가 자율주행차의 운전자 인가?"라는 인식에 있어서는 어려움을 야기하였다. 따라서, "기존 이름인 <u>운전자</u> 하에서 형성된 의식"으로서 자율주행차 운전자라는 새로운 현상을 인식하는 경우 "해석"을 통해 새로운 의식 형성에 대한 승인작업이 필요함을 살펴보았다. 즉, 자 율주행차의 "사람없는 주행"(주행시스템에 의한 운전작업)과 관련해, (i) 주행시스템 의 운전조작이 '운전자'에 의한 '운전'이라는 새로운 의식이 형성되고, (ii) 이러 한 새 의식이 기존의 '운전' 혹은 '운전자'와 연관된 기존 의식에 접목되어야, 사 람들의 의식 속에서 자율주행차의 도로 운전, 즉 "사람없는 주행"이 여전히 '운 전자'에 의한 '운전'으로 인식될 수 있다. 지금 '운전자'와 연관되어 이러한 새로 운 인식이 확장되고 있고, 자율주행시스템의 '운전' 행위를 '운전자' 혹은 로봇 '운전자'에 의한 '운전'으로 보는 새로운 의식이 기존의 의식 속에 서서히 접목 되고 있다.

물론 이러한 일반적 의식을 법률적으로 승인하기 위해서는 자율주행시스템 을 '운전자'로 인정하는 명시적인 입법 조치가 필요하다. 현대인들의 자동차에 대 한 의식 속에 18세기에 등장한 "내연기관의 폭발력에 의한 자동성"이 더 이상 "자 동차"를 이해하는 유일한 특징이 아니듯이, 인격의 연결점적 기능을 생각하면 "인격"에 대한 법의식 속에도 17세기에 형성된 "인간의 존엄성"이 "인격"을 이해 하는 유일한 특징은 아닐 것이다. 자율주행차에 대한 "운전자성", 즉 제한적 권리 주체성의 인정은 변화하는 대상 혹은 현상에 대한 확장된 법의식을 기존 이름으 로 이해하려는 입법적 "해석"이며, 현실적 인식을 법적으로 승인하는 규범화 과 정이라고 생각된다.

제2편

자율주행차, 법과 제도

제 1 장
총 론

제1절 자율주행차 운행을 위한 행정규제체계[*]

I. 서론

자율주행차의 운행은 ICT 기반의 융합서비스, IOT로 촉발된 새로운 산업혁명의 대표적인 성과의 하나이다. 세계 각국은 물론 우리나라에서도 자율주행차를 미래의 대표적인 먹거리로 인식하고 범정부적인 대응책을 내세우고 있다.[1] 세계적으로 자율주행차는 아직 상용화의 단계는 아니지만 기술적으로 상당한 정도 달성된 상태이고 상용화의 최대 걸림돌은 기술문제라기 보다는 법적 규제 문제로 보고 있다.[2]

자율주행차의 운행[3]은 다음과 같은 3가지 측면에서 검토가 필요하다. 첫째,

---

[*] 이 부분은 황창근·이중기, "자율주행자동차 운행을 위한 행정규제개선의 시론적 고찰", 홍익법학 제17권 제2호(2016)를 수정한 것이다.

[1] 국토교통부, 미래창조과학부, 산업통상자원부 3개 부처는 2015. 5. 자율주행차 관련 규제 개선 및 기술개발지원 등의 자율주행차 사용화 지원방안을 공동으로 발표하였다. 이 지원방안에 의하면 정부지원, 이벤트 등에 대한 언급이 있으나, 법제 목표 등에 대한 계획은 보이지 않는다. 김두원, "자율주행자동차 관리 및 교통사고에 대한 형사책임", 법학논문집 제39집 제3호, 2015, 250면.

[2] Nathan A. Greenblatt, "Putting autonomous vehicles on the road isn't just a matter of fine-tuning the technology", 19 Jan 2016(http://spectrum.ieee.org/transportation/advanced-cars/selfdriving-cars-will-be-ready-before-our-laws-are).

[3] 이 논문에서는 기존의 운행과 운전의 개념을 필요시 구분하지 아니하고 혼용하고 있음을 밝혀둔다. 현행법에 의하면 자동차의 운행과 운전은 개념상 구분되고 전자가 후자보다 넓은 개념이라고 할 것이다. 자동차손해배상 보장법이 규정하고 있는 운행은 사람 또는 물건의 운송 여부와 관계없이 자동차를 그 용법에 따라 사용하거나 관리하는 것을 의미하고(제2조), 도로교통법이 규정하고 있는 운전이란 도로에서 차마를 그 본래의 사용 방법에 따라 사용하는 것을 의미하고 있다(제2조). 예를 들어 자동차관리는 운행자의 의무로 나타나고, 자동차의 운전은 운전자의 의무로 나타난다. 그러나 자율주행차의 운행

자동차 운행의 3요소 즉 자동차, 운전자, 도로에 관한 기존의 법제를 자율주행차 운행에 어떻게 적용할 것인가, 둘째, 자율주행차 운행시 발생하는 사고에 대한 민형사상 책임을 어떻게 구성할 것인가,[4] 셋째, 기존의 자동차 운행에서는 주요 이슈가 되지 않았던 3요소를 이어주는 통신네트워크, 정보보호 등 정보통신 이슈가 그것이다. 첫째 쟁점이 자율자동차 운행의 장해가 되는 행정규제의 문제이고, 둘째 쟁점이 자율주행차의 운행으로 인한 민사상, 형사상 책임 소재의 문제이고, 셋째 쟁점이 자율주행차 운행으로 새롭게 대두되는 법적 문제이다. 이 글은 첫째 쟁점을 중심으로 개략적인 개편 방향과 과제를 제시하는 것을 목적으로 한다.

자동차를 운행하기 위하여는 3요소 즉 자동차, 운전자, 도로가 필요한데, 현행법은 그 개념과 요소에 대하여 상세한 규율을 하고 있다. 자동차에 관하여는 「자동차관리법」이 자동차의 형식과 안전기준에 대한 자기인증과 등록을 통하여 규율하고 있다. 운전자에 관하여는 「도로교통법」이 운전면허의 자격을 가진 자에 의한 운전과 운전규칙을 준수할 것을 요구한다. 도로에 관하여는 「도로법」이 자동차의 안전한 운행을 보장하기 위하여 도로의 설치, 안전 등의 기준을 정하고 있다.

자율주행차를 운행하기 위하여도 이러한 조건이 그대로 유지되어야 하는지, 어떻게 변화되어야 하는가? 먼저 자동차에 대하여 보면, 「자동차관리법」상 자동차의 자기인증, 등록 등이 과거 자동차의 안전기준을 토대로 작성된 것인 만큼 자율주행차에도 그대로 유지될 수 있는 것인지 검토를 요한다. 운전자에 대하여 보면, 자율주행차는 운전자의 조작 없이 자동차 스스로 운행이 가능한 자동차를 말하는 것으로 정의되고 있으므로, 현행법상의 3요소 중에서 운전자의 요소의 변화가 불가피한 것으로 보인다. 도로의 경우는 더욱 더 많은 변화가 필요한 것으로 보인다. 자율주행차는 도로와의 상호 신호를 통하여 운행되는 것인 만큼 현행 도로는 그를 충족시키기 어려운 것으로 보인다. 또한 도로의 교통규칙도 자율주행차의 관점에서 변화가 요구된다.

한편, 자율주행차는 자동차와 자동차간, 자동차와 도로 사이의 계속적인 정

에 있어서는 그동안 자동차의 운전의 개념으로 나타난 것이 운행 개념에 보다 가까운 것으로 나타날 수도 있는 등 운행과 운전 개념의 구분이 모호한 경우가 많이 발생된다.

4) 자율주행차 운행시 사고의 책임문제에 대하여는 이중기·황창근, "자율주행자동차 운행에 대비한 책임법제와 책임보험제도의 정비 필요성: 소프트웨어의 흠결, 설계상 흠결 문제를 중심으로", 금융법연구 제13권 제1호, 2016 참조할 것.

보 교환을 통하여 운행됨에 따라 개인정보나 위치정보 등 정보보호 내지 보안 이
슈가 발생되고 있다. 이와 같이 타인의 차량, 도로, 운행조건 등의 정보의 제공과
이용은 자율주행차 운행에 있어서 새로운 요소라고 할 것인데, 그런 점에서 이와
같은 자동차 운행을 위한 정보통신을 자율주행차의 제4의 요소로 적용하여도 무
방하다고 할 것이다.

　　그 밖에도 자율주행차의 운행이 가지고 오는 많은 법적 변화가 있다. 자율주
행차의 운행은 단순히 자동차의 혁신이 아니라 자동차를 소유에서 사용으로 하는
차량소유관계의 변화를 초래하게 됨에 따라 자동차의 소유를 전제로 하는 도로와
주차장, 세금체계의 변화를 초래하게 될 것이다. 그러면 자동차세제, 건축법제,
주차장법제, 도시계획법제의 근본적인 변화를 필요하게 된다. 다만 이 논문은 이
러한 제반 문제 중에서 자율주행차의 운행과 직접적인 관련이 있는 자동차법제,
도로법제, 운전자법제를 중심으로 법적 쟁점을 포괄적으로 다루고자 한다.

Ⅱ. 자율주행차 운행의 법제 변화의 성격

1. 자동차 운행 규제의 법적 성격: 전통적인 공법이론의 적용문제

　　자율주행차는 운전자 또는 승객의 조작 없이 자동차 스스로 운행이 가능한
것을 말하는 것이기에 전통적인 운전자규제방식에 대한 변화가 있을 것으로 보인
다. 행정행위이론에 의하면 상대방에 대하여 특정한 행위를 할 것을 요구하는 행
위를 그 성격에 따라 대인적, 대물적 또는 혼합적 행정행위 등으로 구분한다. 해
당 행정행위가 어떠한 성격을 가지던 한 가지 분명한 사실은 행정행위의 상대방
이 사람이라는 점이다. 사람의 인적인 사정에 기반한 것이 대인적 행정행위이고,
물적인 사정에 기반한 것이 대물적 행정행위이고, 양자의 특성이 혼합된 것이 혼
합적 행정행위가 된다.[5] 이에 따라 자동차의 자기인증이나 등록제도는 자동차의
물적 특성에 따른 대물적 행정행위의 성격을 가지며, 운전면허제도는 대인적 행
정행위가 되고, 도로관리자의 도로의 안전시설 설치나 교통표지판 설치, 신호기
관리자의 신호기의 설치는 운전자 또는 보행자 등의 이용을 위한 공물의 제공으
로서 대물적 행정행위에 해당된다. 이에 따라 운전자에게 교통규칙을 준수할 법

---

5) 김동희, 행정법, 제22판, 박영사, 2016, 257면.

상 의무를 부여하고 그를 위반할 경우에 제재를 하는 구조를 띠고 있다.

문제는 자율주행차 운행시에도 이와 같은 전통적인 행정행위 방식의 성격이 그대로 유지되는가 하는 점이다. 자율주행차 운행에 대한 면허방식이 필요하다고 하면 이는 운전자에 대한 것이 아니라 자동차라는 기계에 대한 것이 아닌지, 그렇다면 자연인이 아닌 기계에 대하여 행위의 상대방을 인정하는 이른바 주체성 논쟁으로 발전할 수 있다.6) 특히 도로의 표지판, 신호기를 센서로 감지하고 그에 따른 운행을 하는 경우 도로의 제공이나 신호기의 제공이라는 공물의 제공행위가 전통적인 사람을 대상으로 한 것에서 기계를 대상으로 변화된 것이 아닌가 하는 의문이 생길 수 있다. 이는 과학기술의 발전에 따라 사람만을 행정행위의 상대방으로 보는 전통적 공법이론에 대한 근본적인 재검토가 필요하다는 것을 의미한다.

2. 자율주행차 운행을 위한 입법정책적 대응: 새로운 융합기술 및 융합서비스 관점

자동차 운전에서 자동차, 운전자, 도로는 필수불가결한 3요소로 존재하는데, 현행법은 이러한 요소의 안전을 확보하기 위하여 법제를 마련하고 있다. 자동차가 무엇인지, 운전자는 어떠한 운전의무를 지는지, 도로는 어떻게 설치·관리되어야 하는지 등에 관한 사항을 규율하고 있다. 그런 점에서 보면 현행 법제는 규제법의 성격을 내포하고 있으므로, 자율주행차의 운행에 대비한 법제 정비의 성격은 기존의 규제법제의 개혁 내지 개선의 관점으로 이해할 수 있다.

자율주행차는 기존의 자동차산업에 ICT가 융합된 서비스라고 할 것인데, 기존의 운전자 중심의 규제체계 내에서는 운행을 허용하기 어려운 만큼 이는 융합서비스의 사업화 문제와도 연결된다. 새로운 서비스의 사업화를 위하여는 기존의 기술과는 다른 새로운 융합기술의 도입이라는 목적을 달성하기 위해 규제개혁의 관점이 적용될 필요가 있다. 오늘날 정부의 규제를 완화하는 문제는 행정의 가장 중요한 관심사항이고, 최근에는 규제완화보다 규제개혁이라는 용어가 사용될 정도로 일상적인 행정분야로 자리잡고 있다.7) 특히 새로운 기술이 기존의 분야에

---

6) 이와 같은 주체성 논쟁은 인공지능 로봇에 대한 논의에서 많이 발견된다. 로봇이 인간과 같은 지위를 가지는지에 대한 주체성 논쟁이 대표적이다. 로봇에 대한 학대, 로봇의 인간에 대한 침해 등의 경우 로봇의 인격주체성을 인정할 것인가의 문제로서 공상영화에서 자주 등장하는 주제이다.

7) 규제개혁의 논의에 대하여는 김유환, "경제규제완화에 있어서의 공법적 대응", 공법연구

융합될 때 미처 규제체계가 마련되지 못하여 이를 적용하지 못하는 문제로 나타나는데 새로운 융합서비스의 상용화의 어려움을 보여준다.

이러한 경우에 법적인 대비는 부족한 것이 현실이다. 법리적으로 본다면 금지되지 않는 한 시장진출은 자유롭게 허용된다고 보는 네거티브방식이 타당할 것으로 보이지만, 실제로는 기존의 서비스에 대한 규제법의 적용을 받는 것이 보다 현실적이다. 이러한 문제점에 대비하기 위한 법제로 「산업융합촉진법」과 「정보통신 융합 진흥 및 활성화 등에 관한 특별법」(이하 ICT 특별법이라 함)이 시행되고 있다. 「산업융합촉진법」은 산업 간의 융합서비스가 나타날 때 진입규제를 완화하기 위하여 제정된 법이고, ICT 특별법은 이와 같이 융합서비스가 ICT를 기반으로 할 때 적용되는 법률이다. ICT 특별법에는 특히 새로운 융합서비스의 진입규제를 완화하기 위하여 신속처리(제36조) 및 임시허가제도(제37조)를 두고 있다.[8] 문제는 자율주행차의 운행을 이와 같은 융합기술 또는 융합서비스의 관점에서 접근하여 해결할 수 있는지 하는 점이다. ICT 특별법상의 신속처리나 임시허가제도는 기존의 인허가제도에 신규 융합서비스를 적용할 수 없는 경우로서 다른 중앙행정기관의 소관에 해당되지 않는 경우에 미래창조과학부장관이 행하는 행정작용인데 자율주행차의 운행은 이와 같은 신속처리 내지 임시허가의 대상이 되는 융합서비스에 해당되기 어렵다고 보인다. 또한 신속처리·임시허가의 대상이 된다고 하더라도 최대 2년의 임시허가기간이 지나면 새로운 규제체계를 마련하여야 하는 과제가 남기 때문에 종국적인 문제해결은 되지 못한다. 결국 자율주행차의 운행시 규제의 개혁문제는 기존의 자동차 운행의 3요소를 중심으로 한 규제법제의 직접적 개편이 가장 유용한 방식이라고 할 것이다.

Ⅲ. 국내외 정책 현황

1. 우리나라의 정책

정부는 2014년 4월 국토부, 산업부, 미래부 공동으로 미래성장동력 스마트

제24집 제5호, 1996; 이원우, "규제개혁과 규제완화: 올바른 규제정책 실현을 위한 법정책의 모색", 저스티스 통권 106호, 한국법학원, 2008. 9 참조.
8) ICT 특별법의 제정 경과 등에 대하여는 황창근, "ICT 특별법의 제정 의의와 발전 과제", 토지공법연구, 제64집, 2014 참조.

자동차 추진단을 발족하였고 2014년 6월에는 13대 미래성장동력 분야별 실행계
획으로 확정하여 추진하고 있다. 또한 2015년 5월 국토부는 제3차 규제개혁 장관
회의에서 국토부, 미래부, 산업부 등 관계부처 합동으로 마련한 '자율주행차 상용
화 지원방안'을 발표하여 적극적인 정책을 추진하고 있다. 2016. 3. 국토교통부는
현대자동차의 제네시스 차량에 대하여 자율주행차 임시운행허가를 하였고,[9] 2016.
6.에는 현대모비스의 소나타차량에 대하여 임시운행허가를 하여 시험운행 중에
있다.[10]

　　현재 자율주행차에 대한 법제도로는 「자동차관리법」이 시험 목적의 임시운
행을 위하여 자율주행차의 정의규정을 마련하고, 임시운행의 관련절차를 규정하
고 있을 뿐(제2조 1의3, 제27조 제1항), 아직 상용화를 전제로 한 자율주행차 관련
규정이 완비되어 있지 않다. 이에 따라 동시행령(제7조 제4항), 동시행규칙(제26조,
제26조의2)을 개정하였고 국토교통부고시로 「자율주행자동차의 안전운행요건 및
시험운행 등에 관한 규정」을 마련하고 있다. 사이버보안이나 개인정보보호 문제
에 대하여는 아직 입법 움직임은 없으나 UN 산하 유럽경제위원회 자동차 안전기
준 포럼(UNECE/WP29)과 공동으로 사이버보안 기준 가이드라인 설정에 참여하고
있다.[11]

　　최근 자율주행차와 관련한 의미있는 입법은 2019. 4. 30. 제정된 「자율주행자
동차 상용화 촉진 및 지원에 관한 법률」(2020. 5. 1. 시행 예정)이다. 이 법은 비록
시범지구 내의 운행이나 자율주행차의 상용화를 촉진 및 지원하기 위한 입법이라
는 한계를 가지지만 자율주행차의 운행과 관련한 제반 사항을 담고 있다는 점에
서 향후 입법에 시사하는 바가 상당하다고 할 것이다.

2. 외국의 정책

　　자율주행차의 개발이 활발한 것으로 알려지고 있지만, 아직 외국에서도 자율
주행차 기술을 적용한 차량이 판매되어 상용화된 사례는 없다. 그에 따라 자율주
행차 관련 법제도 자율주행차의 운행 실험 목적을 위한 법제를 정비하는 수준에

---

9) 연합뉴스, 2016. 3. 7.자 보도기사 '제네시스 '자율차' 실제도로 임시운행 허가 받았다(종
　합).'
10) 중앙일보, 2016. 6. 10.자 보도기사.
11) 최인성, "자율주행자동차 관련 법제도 현황 검토", 오토저널, 한국자동차공학회(2016. 6),
　30면.

있고, 본격적인 자율주행차의 운행을 보장하는 법제는 아직 마련되어 있지 않다고 할 것이다.

(1) 국제협약

1949년 제네바의 도로교통에 관한 조약(제8조 내지 제10조), 1968년 비엔나 도로교통 협약(Vienna Convention on Road traffic)(제8조, 제13조)에서는 운전 또는 운전자의 개념을 명확히 하고 차량을 제어하는 것을 분명히 하였다(Every driver shall at all times be able to control his vehicle or to guide his animals). 비엔나 협약이 2014년 9월 개정되었는데, 그 내용은 '차량을 제어할 수 있는 장치가 자동차 국제기준에 적합하게 장착되거나 국제기준에 부합하지 않을 경우 운전자가 언제든 대체하거나 중지할 수 있어야 한다'는 것으로서 자율주행차의 운행 근거가 도입되었다. 다만 이 규정은 시스템에 의한 통제를 완전히 허용하는 것이 아니라 UNECE/WP29에서 관할하는 자동차의 기준에 적합하거나, 운전자의 제어권을 우선적으로 행사할 수 있는 경우에만 제한적으로 허용하고 있다는 특징이 있으며, 또한 조향장치 관련 규정인 자동명령 조향기능(ACSF)을 자율주행시스템에 의한 조향이 가능하도록 개정을 진행중에 있다고 한다.[12)]

(2) 미국

자율주행차의 연구가 가장 활발한 미국에서는 2011년 네바다주가 최초로 자율주행차 법규를 제정한 이후, 캘리포니아, 플로리다, 미시간, 노스다코타, 테네시, 워싱턴DC 등 6개주에서 공공도로 시험운행을 위한 별도의 법률을 제정하고 있다. 2016년 1월 미국 교통장관은 6개월 내로 도로교통안전청(NHTSA)의 2013년 지침을 업데이트한 내용, 즉 완전 자율주행차량의 안전 운행 원칙을 제시하겠다고 발표하고 있다.[13)] 현재 미국법제는 자율주행차의 시험운행을 위한 것으로서 자율주행차의 개념 정의, 자율주행차의 시험운행 규제로서 보험, 운전좌석 등의 조건, 사고 등 운행기록의 제출, 도로 및 환경조건의 여부, 자율주행차와 운전자의 조건, 시험운행자의 자격 등을 규정하고 있으며, 또한 불법행위시의 책임조항

---

12) 최인성, 전게논문, 31면.

13) autonomous/self-driving vehicles legislation(http://www.ncsl.org/research/transportation/autonomous-vehicles-legislation.aspx).

등을 규정하고 있는데, 각 주별로 다양한 입법을 하고 있다.[14] 최근에는 사이버보안과 관련하여 NHTSA는 별도 조직을 신설하고 신규 판매 차량에 대한 통신의무화 법안 및 보안인증관리시스템 도입을 추진중이고, 개인정보보호를 위한 입법(The Spy Car Act 2015)을 추진중에 있다.[15]

(3) EU

EU에서는 자동차(vehicle), 운전자(driver), 환경(environment)의 3가지 요소에서 자율주행기술의 기술적 정의와 분류체계를 상세하게 제시하고 있으며, 또한 유엔유럽경제위원회 산하 자동차기준조화포럼(UNECE/WP29)은 '자율주행 관련 국제조화기준 가이드라인 제시를 위한 비공식 전문가 회의'(ITS-AD Informal WG)에서 사이버보안 가이드라인 설정을 논의중에 있다고 한다.[16] 영국은 자율주행시험 가능 법안이 마련된 상태이고, 독일은 베를린 등 일부 지역에서 시험주행을 허가하고 있다.

(4) 일본

일본 역시 자율주행차 운행에 관한 법제가 있는 것은 아니다. 다만 자율주행과 관련하여 국토교통성 산하에 '오토파일롯 시스템에 관한 검토회'나 경제산업성 산하에 '자동주행비즈니스연구회' 등의 기구를 두고 관련 논의를 진행하고 있으며, 또한 최근 일본의 경찰청은 운전자는 물론 핸들 없는 자동운전차량이 사고를 일으킨 경우에 대한 책임소재 등에 대한 법적 검토를 시작했으며, 2020년을 목표로 관련 법령의 정비를 추진하고 있다고 한다.[17]

---

14) Autonomous Vehicle Law Report and Recommendations to the ULC Based on Existing State AV Laws, the ULC's Final Report, and Our Own Conclusions about What Constitutes a Complete Law(https://www.law.washington.edu/Clinics/technology/Reports/AutonomousVehicle.pdf).

15) 최인성, 전게논문, 30면.

16) 최인성, 전게논문, 29-30면.

17) 2015년 10월 15일자 日本経済新聞 電子版. http://www.nikkei.com/article/DGXLASDG15H3H_V11C15A0000000

Ⅳ. 자율주행차의 운행 요소로서 자동차: 자동차관리법상 검토[18]

1. 자동차규제법제의 변화가능성

현행 「자동차관리법」의 규율체계는 크게 자동차의 등록을 통한 운행허가제도(제5조 이하)와 자동차의 안전성과 사용편리성을 확보하기 위한 자기인증제도(제30조, 제30조의2)로 크게 나눌 수 있다. 제2장 '자동차의 등록'에서는 등록의 개념을 "자동차는 자동차등록원부에 등록한 후가 아니면 이를 운행할 수 없다."라고 규정하여(제5조 본문) 등록제도가 운행허가임을 분명히 밝히고 있고, 그 외에도 등록의 소유권변동의 효력(제6조) 등 등록과 관련한 다양한 규율을 하고 있다. 자동차의 자기인증제도는 구 「자동차관리법」상 자동차 형식승인제도를 변경한 것인데, 자동차 제작자 등이 자동차의 형식이 자동차안전기준에 적합함을 스스로 인증하는 것을 말한다(제30조).[19] 자동차 안전기준에 적합하지 않게 자기인증하거나 거짓 또는 부정한 방법으로 자기인증을 한 경우에는 형벌을 받는다(제79조, 제81조).

「자동차관리법」에 의하면 자율주행차의 운행은 시험, 연구 목적을 제외하고는 가능하지 않다. 자율주행차의 시험 및 연구 목적을 위하여 자율주행차의 개념을 정의하고 있기 때문이다. 즉 "운전자 또는 승객의 조작 없이 자동차 스스로 운행이 가능한 자동차"를 자율주행차로 정의하고(제2조 제1의3),[20] 자율주행차의 시험, 연구 목적을 위한 임시운행허가를 규정하고 있다(제27조 제1항 단서). 이처럼 현행법에서는 자율주행차의 개념을 정의하고 있지만 단지 자율주행차의 시험 및 연구를 위한 것인 만큼 일반적인 자동차의 운행을 위한 조건은 충족하지 못하고

---

18) 상세한 내용은 제2편 제2장 제2절 "자율주행차 운행을 위한 자동차관리법의 개정 방향" 참조.

19) 자동차 자기인증제도는 구 「자동차관리법」(2002. 8. 26. 개정되기 전의 것)상 자동차 형식승인제도(제30조)에서 출발한다. 형식승인제도는 전기용품·의료기기·농기계 등 각종 공산품의 안전성과 사용의 편리성을 확보하기 위해, 국가가 인정한 시험기관의 승인을 받아야만 판매가 가능토록 하는 제도를 말한다(네이버, 시사경제용어사전).

20) 미국에서도 자율주행차의 개념은 유사하게 정의되고 있다. 가장 먼저 입법을 한 네바다(Nevada)주의 정의를 보면, "A motor vehicle equipped with autonomous technology … 'Autonomous technology' means technology which is installed on a motor vehicle and which has the capability to drive the motor vehicle without the active control or monitoring of a human operator."라고 규정되어 있다(Nev. Rev. Stat. §482A).

있는 것으로 보인다. 그런 점에서 보면 현행법에서의 자율주행차의 정의는 자율주행차의 발전단계에서 말하는 최종단계를 의미하는 것인 만큼, 이를 바로 운행의 대상이 되는 현실적인 자율주행차라고 하기는 어렵다.

따라서 자율주행차의 운행시에 현행 「자동차관리법」과 같은 법제가 필요한지, 필요하다면 자율주행차에 관하여 어떤 방식으로 규정되어야 하고, 현행법상 입법공백이 있는 분야는 어느 것인지 등의 개선과제를 도출하는 것이 필요하다고 할 것이다. 입법취지에서 보듯이 「자동차관리법」은 자동차의 안전을 확보함으로써 사람의 생명과 신체, 재산의 보호를 위한 안전법의 기능을 하는 것이므로, 그것이 자율적으로 움직이든지 아닌지 상관없이 공공의 도로에서 이동수단으로 하는 자동차의 기능의 변함이 없는 한 자동차규율의 필요성이 없어지기는 어려운 것이다. 그렇다면 자율주행차의 운행에 있어서도 보다 필요한 방식으로 내용이 변화될 것이므로 어떤 점을 개선하고 보완할 것인지 중요한 과제가 될 것이다.

「자동차관리법」의 입법취지는 자동차의 성능과 안전의 확보를 통하여 개인의 생명과 신체의 보호라는 공익 목적에 있다고 할 것이므로, 직접적으로 자동차의 물적 안전을 확보하기 위한 규제제도로서 대물적 성격을 가지고 있음은 기술한 바와 같다. 제1조 목적에서 "이 법은 자동차의 등록, 안전기준, 자기인증, 제작결함 시정, 점검, 정비, 검사 및 자동차관리사업 등에 관한 사항을 정하여 자동차를 효율적으로 관리하고 자동차의 성능 및 안전을 확보함으로써 공공의 복리를 증진함을 목적으로 한다."고 규정하고 있는 것이 그러한 취지이다. 다만 전자적 장치로 이루어진 자율주행차라고는 하지만 일반적인 전자제품과 달리 사람의 이동수단이라는 점에서 보다 위험에 노출되어 있어 다른 전자제품이나 기계보다 직접적으로 사람의 안전에 관련이 있다고 할 것이다. 따라서 자동차의 물적 안전을 확보함으로써 운전자와 타인, 재산을 보호하기 위한 규제목적이 자율주행차 시대라고 하여 변화되기는 어렵다고 보인다.

2. 자동차관리법의 개편 주요 쟁점

(1) 자동차 및 자율주행차 개념의 상세한 구분

현행법은 자동차를 일반자동차와 자율주행차 2가지로 구분하고 있지만, 현행 자율주행차의 개념은 최종적인 단계의 자율주행차의 개념을 정의한 것일 뿐

자율주행차의 발전단계를 제대로 반영하고 있는 것은 아니다.[21) 그 이유는 자율
주행차의 일반적인 운행을 전제로 한 것이 아니라 시험운행을 위한 것이기 때문
에 최종적인 단계의 정의를 규정한 것이다. 그러나 자율주행차가 상용화되는 경
우에도 당분간 일반 자동차와 혼재하는 시대가 상당할 것으로 예상이 되고, 한편
자율주행차의 발전단계에 따라 각 상용화가 이루어지는 것인 점을 감안하면 자동
차의 상용화를 위한 정의를 세분화할 필요가 있다. 이는 자율주행차의 발전 단계
에 따라 운전자의 개입이 점점 적어지고 자율주행차의 자율 정도가 높아지는 방
향으로 변화됨에 따라 운전자, 자율주행차의 제조자 등 이해관계자의 책임의 성
부, 정도가 달라지는 결과로 나타나게 되므로 현재와 같은 일률적인 자율주행차
의 개념 정의는 규율의 적확성 측면에서 문제가 된다고 본다. 따라서 미국의 도
로교통안전국이 정의한 자율주행차의 단계별 정의를 법률에 반영하고 각 단계별
로 규제수준을 달리하는 방향으로 「자동차관리법」의 개정을 검토해야 한다.[22)

(2) 자동차 자기인증과 등록

자동차의 자기인증은 종래 형식승인이라는 처분 형식으로 자동차의 안전기
준을 규제하던 것을 자동차제작자 등이 국토교통부령으로 정하는 바에 따라 그
자동차의 형식이 자동차안전기준에 적합함을 스스로 인증하는 자동차 안전기준
등에 대한 자율규제[23)의 방식으로 변경한 것이다. 이는 법령상의 규격이나 기준
에 따라 자동차의 품질을 보장함으로써 운전자, 탑승자, 보행자 등의 안전을 보장
하기 위한 것이므로 자율주행차의 경우에도 당연히 인정될 것이다. 자율주행차의
자기인증은 현행 자동차의 자기인증과 구체적인 내용을 제외하고 그 목적이나 절
차가 다를 바 없다고 보인다. 현행 「자동차관리법 시행규칙」에 의하면 자율주행

---

21) 미국의 NHTSA에서는 자율주행차의 발전단계를 Level 0부터 Level 4까지 총 5단계로 구
분하고 있다. Level 1단계는 차선 이탈 경보 등 특정 기능이 적용되는 '기능별 자동화' 단
계이고, Level 2단계는 차선유지(lane centering), 차선변경(lane change), 적응형 자동운
전(adaptive cruise control) 등과 같이 ADAS 기술이 2개 이상 융합된 기능을 갖춘 단계이
며, Level 3단계는 제한된 자율주행 단계로서 실질적인 자율주행차 단계이고, 마지막
Level 4단계가 완전자율주행 단계에 해당된다. 우리나라는 현재 Level 2단계라고 하며,
Level 3에 해당하는 기술에 대하여는 실도로 시험운행을 하고 있는 단계이다.

22) 동지: 박준환, "자율주행자동차 교통사고 시 손해배상 책임에 관한 쟁점", 이슈와 논점,
제1136호, 국회입법조사처, 2016. 3. 17.

23) 최철호, "행정법상의 자율규제의 입법형태에 관한 연구", 법학논총, 제23집, 숭실대학교
법학연구소, 2010. 2, 13면.

차의 안전운행요건에서 차량의 조건으로 자율주행기능의 고장시 경고기능장치, 운전자가 자율주행기능을 해제할 수 있는 장치, 운행정보 저장장치,[24] 자율주행차 표지, 자율주행기능의 보안기술 등을 규정하고 있는데, 이러한 사항과 자율주행기술에 관한 알고리듬(교통규칙 준수 알고리듬, 윤리적 대응 알고리듬[25] 등) 등이 자율주행차의 자기인증사항이 될 것이다. 자율주행차의 성패는 자율주행차에 적합한 인증사항을 얼마나 치밀하게 잘 구성할 수 있는가 하는 점에 달려 있다고 하여도 과언이 아니다. 만일 자기인증사항의 구성이 미흡할 경우에는 그 부실로 인한 국가 책임 논란이 발생될 수 있을 것이다.

자동차의 등록은 자동차의 적법한 운행의 조건이고(제5조) 소유권 변동의 효력을 가진다(제6조). 자동차의 적법한 운행을 위하여는 등록을 하여야 하는데 여기서 등록이 단순한 신고인지 허가인지 그 법적 성격에 대한 논의가 가능하나 신규등록의 거부 요건[26]을 보면 실질적인 심사를 통하여 등록을 거부할 수 있도록 규정되어 있는 점으로 보아 허가의 성질을 가지는 것으로 보인다.[27] 또한 자동차 등록원부에 등록되면 자동차 소유권 변동의 효력도 가지는 것이므로 공증의 성격도 가지고 있다.[28] 이와 같은 자동차등록제도의 성격상 자율주행차의 경우에도

---

24) 위와 같은 기록을 정보로 활용할 수 있는 법적 근거가 필요하다. 현행 항공법상 '고정익 항공기를 위한 운항기술수준'(국토교통부고시 제2016-51호)에는 이에 대한 규정이 있다.
25) Bradshaw-Martin H., & Easton C., "Autonomous or 'driverless' cars and disability: a legal and ethical analysis"(2014) 20(3) Web JCLI.(http://webjcli.org/article/view/344).
26) 제9조(신규등록의 거부) 시·도지사는 다음 각 호의 어느 하나에 해당하는 경우에는 신규등록을 거부하여야 한다.
  1. 해당 자동차의 취득에 관한 정당한 원인행위가 없거나 등록 신청 사항에 거짓이 있는 경우
  2. 제22조에 따른 자동차의 차대번호(차대번호) 또는 원동기형식의 표기가 없거나 이들 표기가 제30조 제4항에 따른 자동차자기인증표시 또는 제43조 제3항에 따른 신규검사 증명서에 적힌 것과 다른 경우
  3. 「여객자동차 운수사업법」에 따른 여객자동차 운수사업 및 「화물자동차 운수사업법」에 따른 화물자동차 운수사업의 면허·등록·인가 또는 신고 내용과 다르게 사업용 자동차로 등록하려는 경우
  4. 「액화석유가스의 안전관리 및 사업법」 제28조에 따른 액화석유가스의 연료사용제한 규정을 위반하여 등록하려는 경우
  5. 「대기환경보전법」 제48조 및 「소음·진동관리법」 제31조에 따른 제작차 인증을 받지 아니한 자동차 또는 제동장치에 석면을 사용한 자동차를 등록하려는 경우
  6. 미완성자동차
27) 류광해, "자동차, 건설기계, 항공기 등록의 법적 성격", 홍익법학, 제17권 제1호, 2016, 668면.

인정될 수밖에 없다. 자동차의 등록은 위험한 물건에 대한 국가의 통제, 세수확
보, 민형사상 책임의 추급을 위하여 반드시 필요한 것이기 때문이다.

(3) 사고기록장치의 의무화 입법

현행법상 사고기록장치에 관하여 보면, 자동차제작·판매자 등이 사고기록장
치를 장착할 경우에는 국토교통부령으로 정하는 바에 따라 장착하여야 하고 해당
자동차를 판매하는 경우에는 사고기록장치가 장착되어 있음을 구매자에게 알려
야 하는 것을 규정하고 있다(「자동차관리법」 제29조의3). 이는 사고기록장치의 설치
가 자동차제작자 등의 의무가 아님을 의미한다. 그러나 자율주행차의 경우는 자
동차의 자율성이 확대되는 것이고 운전자의 관여가 최소화되고, 운행에 있어서
다양한 요소가 작동하는 것을 감안하여, 사고의 원인을 밝히기 위하여 항공기와
같은 사고기록장치의 설치를 의무로 정하는 것이 타당하다. 그렇게 되면 그 설치
사실을 알리지 아니한 것을 처벌하는 규정은 삭제하고 오히려 사고기록장치의 설
치를 의무화하는 방향으로 개편되어야 한다.

(4) 튜닝 규제의 타당성

현행법에 의하면 자동차소유자, 자동차정비업자, 제작자 등은 시장·군수·구
청장의 승인을 받은 경우 외에는 자동차를 튜닝하거나 승인내용과 다르게 튜닝하
여서는 안된다고 규정하고 있다(제34조). 문제가 되는 것은 기존의 자동차보다는
인공지능 등 프로그램에 의존하는 자율주행차는 프로그램의 교체 등의 수요가 클
것으로 예상되는데, 이 경우 프로그램의 교체가 튜닝에 해당되는지 그 개념에 대
한 검토가 필요하다. 또한 튜닝에 대한 규제를 완화할 것인가의 문제도 대두된다.
이에 대하여 자율주행차의 경우에는 안전성을 고려하여 튜닝이 사고의 가능성이
더욱 커지기 때문에 규제의 필요성이 더욱 크다고 보고 있는 입장도 있다.[29]

(5) 불법 자율주행차의 운행 정지 및 수거, 폐기 등 적극적인 집행조치
   의 요청

자동차는 편리한 도구이지만 한편으로는 사람의 생명과 재산을 침해할 수

28) 류광해, 전게논문, 668면.
29) 김두원, 전게논문, 261면.

있는 물건이기 때문에, 자동차의 결함이 공통적으로 나타나는 경우에는 해당 자동차의 수거 또는 폐기 등을 검토할 필요가 있다. 식품위생법에서 동법을 위반하여 사람에게 유해한 식품을 수거하여 폐기하도록 하는 취지와 같다(제72조). 현행법상 자동차의 수거 및 폐기제도는 인정되지 아니하고 자동차안전기준에 위반된 자동차에 대하여 제작결함을 시정하는 제도를 시행하고 있지만(제31조), 자율주행차는 자동차의 완전한 자율성으로 인하여 동일한 유형의 사고가 반복되는 경우에는 운전자에 의한 사고의 중지나 방지가 사실상 불가능할 것으로 예상되는 것이므로 사고가 발생된 경우에 그 운행을 더 이상 하지 못하도록 운행 정지 명령을 하거나 수거 또는 폐기처분을 할 필요성이 증대된다고 할 것이다.

V. 자율주행차의 운행 요소로서 운전자: 도로교통법상 검토

1. 자율주행차의 운전의 개념과 규제가능성

(1) 운전자규제체계의 개요

자율주행차 시대에도 현행법과 같은 '사람에 의한 운전 또는 운행'을 기본개념으로 하여, 운전자에 대한 규제가 그대로 유효할 것인가. 자동차 운행은 사람의 운전을 개념요소로 하는데, 이는 1949년 제네바의 도로교통에 관한 조약(Convention on Road Traffic) 제8조 내지 제10조 및 1968년 비엔나 도로교통 협약(Vienna Convention on Road traffic, 1968)이 자동차의 운전개념을 도입한 것에서 유래한다. 우리나라도 「도로교통법」에서 사람의 운전을 중심 개념으로 규율체계를 형성하고 있다. 「도로교통법」에서 운전의 개념을 "차마를 그 본래의 사용방법에 따라 사용하는 것(조정 포함)"이라고 정의하고 있는데(제2조), 운전의 개념 속에는 명시되어 있지 않지만, 운전의 주체인 '운전자'를 전제로 하는 것으로 보이고, 그 운전자가 자연인인 사람임은 특별한 이론이 있을 수 없다. 「도로교통법」은 이처럼 운전의 개념의 바탕 위에 운전자에 대한 대인적 규제인 운전면허제도를 마련하면서 운전자에게 교통규칙준수의무를 부과하고 그를 강제하는 체계로 구성되어 있다. 이러한 운전자규제체계가 자율주행차 시대에도 그대로 유효할 것인지의 문제는 첫째, 현행법의 해석상 자율주행차에도 적용할 수 있는지, 둘째, 사람을 행위의 상대방으로 하여 권리의무관계를 형성하는 전통적인 행정행위이론을 자율주행차의 운행 및 운전관계에도 적용하는 것이 가능한지의 이슈로 나타난다.

(2) 운전의 법적 개념의 해석과 자율주행차에 대한 적용

운전 또는 운전자의 개념 정의는 자율주행차의 운행에 법적인 장해를 초래하는 문제이다.[30] 먼저, 운전면허제도와 자율주행문제는 자율주행차 시대에도 현행법과 같은 '사람에 의한 운전'의 개념이 반드시 필요한 것인가 하는 점이다.

첫째, 운전자의 개념의 필요성 여부이다. 특히 자연인에 의한 운전 개념을 그대로 유지할 수 있을 것인가의 관점이다. 「도로교통법」상 운전의 개념은 기술한 바와 같이 운전자를 전제로 정의하고 있는 것이 분명하지만, 자율주행차는 개념 내재적으로 '자동차가 스스로 운행'된다는 것을 의미하므로 차량 이외의 현재와 같은 운전자는 필요하지 않기 때문이다.[31] 최근 구글이 자율주행차의 시험운행을 위한 테스트 당시 캘리포니아 당국은 운전대와 브레이크와 같은 '활성적인 물리적 통제장치(active physical control)'가 필요하다고 주장하였고, 구글은 차량에 장치된 온오프 버튼으로 유효하다는 논쟁을 벌였는데,[32] 바로 사람에 의한 운전자 개념이 자율주행차 시대에도 필요한가의 논쟁인 것이다. 시험운행중인 차량이긴 하지만 미국에서는 자율주행차의 긴급상황에 대비하여 스티어링 휠과 페달이 장착된 운전자의 좌석을 요구하고 운전자는 운행 중 좌석에 반드시 착석할 것을 법제화하고 있다.[33]

둘째는 운전 개념의 변화 필요성이다. 현행법상 자동차는 본래의 사용방법에 따른 사용이기만 하면 운전의 개념에 포섭되므로 자율주행차도 본래의 사용방법에 따른 사용이라면 운전 개념에 해당될 것이다. 그렇다면 현행 자율주행차의 개념인 '운전자 또는 승객의 조작없이 스스로 운행하는' 것에서 '조작없이 스스로 운행하는 것'을 운전의 개념으로 이해할 수 있거나, 아니면 자동차를 제어하는 소프트웨어 및 기타 시스템을 운전자 개념으로 대체할 수 있는지 문제가 된다.[34] 결국, 이 문제는 몇 가지 논점으로 정리할 수 있는데, 1) 운전 또는 운전자를 규제할 필요가 있는가 하는 점이다. 운전의 규제목적 내지 운전자 규제목적에 관한

---

30) See H. Bradshaw-Martin & C. Easton, supra note 24.

31) 이중기·황창근, 전게논문, 100면.

32) John Frank Weaver, "We Need to Pass Legislation on Artificial Intelligence Early and Often", Future Tense, Sept. 12, 2014(http://www.slate.com/blogs/future_tense/2014/09/12/we_need_to_pass_artificial_intelligence_laws_early_and_often.html)

33) 캘리포니아, 네바다, 미시간, 플로리다는 이를 법제화하고 있다. Cal. Regs. §227.18; Nev. Rev. Stat. §482A.060; Mich. Comp. Laws §257.665(1).

34) See H. Bradshaw-Martin & C. Easton, supra note 24.

논의이다. 2) 운전 또는 운전자 규제목적이 있다고 하면 이를 어떻게 개편할 것인가 하는 문제이다.

(3) 자동차에 대한 공법적 규율의 가능성

기술한 바와 같이 자율주행차와 인공지능이 탑재된 기계에 대하여 규제를 하는 것이 타당한가의 문제이다. 기존의 사람에 대한 규제를 통하여 형성된 공법상 법률관계가 사람에 대체된 기계에 대한 관계로 변화되고 있는 것이다. 이는 자율주행차의 발전단계상 최종 레벨에 해당되는 것이긴 하지만 이를 공상적인(?) 법적 사고로 치부할 문제가 아니다.35) 완전 자율주행단계에서 자동차는 사람의 조작 이후에는 자율적으로 운행되기 때문에, 도로교통규칙을 준수해야 하는 것은 자동차이지 처음 목적지를 조작한 사람이 아니다. 사람이 아니기 때문에 공법적 규율을 할 수 없다고 하면 위험에 대한 규제 공백의 가능성이 발생될 것이다. 그러면 자율주행차라는 기계에 대하여 권리를 부여하고 의무를 부여할 수 있다는 것인가. 그렇게 되면 법률관계의 당사자가 사람을 전제로 하여야 한다는 공법적 규율체계의 근본적인 재검토가 필요할지도 모른다. 장차 운행의 직접적인 권리의무관계는 자율주행차에게 부여하고 간접적으로 그 자동차를 소유하는 등의 이해관계 있는 자에게 그 법적 효과를 미치게 하는 것도 가능한 논리라고 생각한다. 어찌됐든 과학기술의 발달로 인하여 사람만이 주체 또는 객체가 되는 공법적 규율의 변화가능성을 주목해야 할 시점이다.

2. 운전자규제의 필요성 I: 자동차운전면허제도

(1) 현행법상 운전규제의 목적 및 자동차운전면허제도의 법적 성격

위와 같은 문제의식에서 자율주행차의 운행에 있어서, 운전 개념과 운행 개

---

35) 법인이론에서 법인은 자연인이 아님에도 권리능력을 부여받고 있지만, 말 그대로 법이 인정한 사람으로서 권리의무의 주체성을 부여받은 것이다. 그렇다고 하여 법인이 자연인과 완전히 동일한 권리의무의 주체가 된다고 보는 것은 불가능하다. 인격적 주체성이나 범죄능력 등 자연인만이 누릴 수 있는 주체성에 있어서는 당연 제한적일 수밖에 없는 것이다. 이런 법인의 발전 역사를 본다면 인공지능이 탑재된 로봇이나 자율주행차에 대한 주체성이 제한적으로 인정될 수 있는 가능성은 열려 있다고 보아야 한다. 영화 바이센테니얼 맨(Bicentennial Man, 1999)에서 주인공 로봇은 자신의 이름으로 회사와 재산을 소유하고, 반려동물을 키우고, 사람과 결혼생활을 유지하는 것으로 묘사되는데, 영화 속의 스토리이긴 하지만 사람과 로봇의 주체성에 대한 생각을 하게 한다.

념, 운전자의 개념의 재설정이 필요한가의 문제가 있다. 현행법상 운전은 사람이 하는 조작을 의미한다면, 자율주행차에도 이와 동일한 개념을 적용할 수 있을까 하는 문제이다. 시험 목적의 임시운행허가의 경우이긴 하지만 국토교통부의 「자율주행차의 안전운행요건 및 시험운행 등에 관한 규정」에 의하면 운전조작의 개념을 '운전 중 발생하는 작동(조향, 제동, 가감속 및 자동차와 도로상황 파악)과 판단(주행 중 발생하는 상황에 대한 대응, 차선변경, 선회, 방향지시등의 조작 등)에 관련된 행위를 말한다'고 규정하면서 자율주행차의 개념요소인 '목적지 경로 설정'은 포함하지 않고 있다(제2조 제1호). 이는 시험운행의 단계라는 것을 감안하더라도 자율주행차의 경우에 '운전'의 개념을 부인하기는 어렵다는 것을 보여준다. 따라서 운전의 개념에서 사람의 행위를 전제로 할 경우에는 '사람이 차량을 운전자 등의 조작 없이 스스로 운행하게 하는 것'으로 이해할 수 있는 것이다.

자동차의 운전면허제도[36)는 운전의 자유에 대한 일반적 금지를 해제하는 이른바 금지의 해제이고 자유의 회복의 성질을 가진다. 자유의 금지의 목적은 정당하여야 한다. 면허없는 자의 운전을 금지하는 이유는 자동차운전이 사람의 생명과 재산을 침해하는 문제, 즉 보행자나 탑승자 또는 운전자 자신의 생명에 위해가 되고, 차량이나 기타 물건의 손해 발생가능성이 높기 때문이다. 자동차운전면허제도는 자격요건을 갖춘 자에 대하여 운전을 허가함으로써, 자동차의 운행상 발생할지도 모르는 위험을 미연에 방지하기 위함이고, 그를 위하여 운전자에게 다양한 운행상의 행위의무를 부과하고 있다. 즉 자동차운전면허제도는 운전면허의 부여를 통하여 면허자의 운전이라는 이익의 부여와 각종 행위제한의 의무를 부과하는 구조로 되어 있다.

(2) 운전면허제도의 개편 쟁점

자동차 운전면허제도의 변화가능성은 두 가지 관점에서 가능하다. 우선 그 필요성을 부인하기 어렵다. 즉 자율주행차의 조작을 포함한 운전형태는 현행법으로 비교하면 운전 개념보다는 운행 개념에 보다 가깝다고 할 것이지만, 운전자면허제도의 취지가 사람의 생명과 재산의 안전을 보호하기 위한 것이라는 점에서 그 규제의 필요성을 부인하기는 어렵다.

---

36) 운전면허제도의 비교법적 연구에 대하여는 도로교통공단, 외국 운전면허제도 비교분석 연구 1 ― 운전면허시험 부문, 연구보고서(2012) 참조.

다음으로 자율주행차의 운행(또는 운전) 면허는 누구에 대하여, 무슨 행위를 대상으로 할 것인지 논의가 필요하다. 우선 면허의 상대방을 누구로 할 것인가의 문제에 대하여 보면, 차량의 소유자와 실제 차량의 운행자(운전자)로 나눌 수 있는데, 전자의 경우에는 「자동차관리법」상 차량등록의 의미가 있을 뿐이고, 후자의 경우에는 현행 운전면허제도와 크게 다르지 않게 될 것이다. 그리고, 무슨 행위를 규제할 것인가에 대하여 보면, 차량의 조작행위가 규제의 대상이 될 것으로 보인다. 차량을 목적지까지 조작하는 행위 및 비상시의 차량 통제 등이 포함될 것인데, 현재의 차량운전행위보다는 조작 능력이 훨씬 단순한 점에서 그 규율수준이 낮더라도 무방할 것이다. 이런 경우 특별한 결격이 있지 않는 한 대부분의 사람이라면 자율주행차의 운전면허를 쉽게 취득하는 방향으로 개편될 것으로 예상된다. 예컨대 목적지의 조작 즉 입력행위는 현재와 같은 운전대 조작행위보다는 훨씬 쉬울 것으로 예상되는 만큼 신체적 장애가 그리 주요한 요소가 되지 못할 것이다. 한편, 자율주행차의 개념이 '스스로 움직이는 자동차'라는 점에서 운전자(또는 운행자)에 대한 규제수준을 자율주행차의 운행 능력기준으로 판단하여 자동차에 대한 등록으로 대체할 가능성도 있다.[37) 그러나 법리상 자율주행차의 자율주행장치를 운전자로 파악하여[38) 더 이상의 조작행위에 대한 법적 평가를 도외시하는 것은 현실적으로 받아들이기 어려우므로, 결국 자율주행장치를 조작하여 목적지를 입력하는 행위 등을 운전의 개념으로 포섭하고 그 조작행위를 하는 자를 운전자로 볼 수밖에 없는 것이 아닌가 생각한다.[39)

또한 「도로교통법」은 운전대와 브레이크의 조작 등 자동차의 용법에 따른 물리적 사용능력이 제약되는 노약자, 신체장애자 등의 운전면허제도의 결격(제82조)[40)을 규정하고 있는데, 자율주행차가 장애인의 이동을 보장하기 위한 중요한

---

37) 이중기·황창근, 전게논문, 100면.
38) 자율주행장치가 운전자를 대체한다는 견해도 같은 취지이다. 이종영·김정임, 전게논문, 174면.
39) 동지, 이종영·김정임, 전게논문, 177면.
40) 제82조(운전면허의 결격사유) ① 다음 각 호의 어느 하나에 해당하는 사람은 운전면허를 받을 수 없다.
　　1. 18세 미만(원동기장치자전거의 경우에는 16세 미만)인 사람
　　2. 교통상의 위험과 장해를 일으킬 수 있는 정신질환자 또는 뇌전증 환자로서 대통령령으로 정하는 사람
　　3. 듣지 못하는 사람(제1종 운전면허 중 대형면허·특수면허만 해당한다), 앞을 보지 못하는 사람이나 그 밖에 대통령령으로 정하는 신체장애인

기술이고,[41] 자동차의 조작이 현행 운전행위보다는 훨씬 수월하다는 점에서 결격 사유의 재편이 필요하다.

3. 운전자규제의 필요성 II : 교통규칙

(1) 운전자의 교통규칙의 의의 및 쟁점

운전자의 교통규칙은 도로에서의 운전규칙을 말하는데, 우리나라에서는 「도로교통법」에 규정되어 있다. 교통규칙은 운전자의 의무와 차마의 통행방법으로 나뉘는데, 차마의 운행방법은 결국 차마를 운전하는 운전자의 교통규칙으로 나타난다. 특히 차마의 통행방법 관련 규정에는 차로의 설치, 전용차로 등이 규정되어 있는데, 사실 이 규정은 도로의 설치기준을 정한 것이므로 도로법제에 규정되는 것이 체계적으로 타당하지만 차마의 통행방법이라는 교통규칙을 지원하기 위하여 「도로교통법」이 규정하고 있는 특징을 가지고 있다. 운전자의 교통규칙은 교통의 기준으로서 작용한다. 운전자가 이를 위반할 경우에는 과태료나 형벌 등의 행정상 또는 형사상 제재를 받게 된다. 그런데 자율주행차의 운행에 있어서는 운전자를 중심으로 형성된 교통규칙을 그대로 적용하기는 곤란하므로[42] 다음과 같은 검토가 필요하다. 쟁점은 1) 자동차 운행에 있어서 교통규칙이 필요한지, 2) 필요하다면 그 규칙 준수의무를 운전자에게 부과할 것인지 아니면 차량 자체에 부과할 것인지, 3) 교통규칙 위반에 대한 제재방법이 타당한지, 4) 현행 교통규칙 중 자율주행차 운행시에 적용될 것은 무엇인지 등이라고 할 것이다.

(2) 자동차 운행에 있어서 교통규칙의 필요성

교통규칙은 자동차의 운행시 도로상에 일어나는 교통상의 위험과 장해를 방지하고 안전하고 원활한 교통을 확보하기 위한 운전자 및 보행자의 행위규범을

---

4. 양쪽 팔의 팔꿈치관절 이상을 잃은 사람이나 양쪽 팔을 전혀 쓸 수 없는 사람. 다만, 본인의 신체장애 정도에 적합하게 제작된 자동차를 이용하여 정상적인 운전을 할 수 있는 경우에는 그러하지 아니하다.
5. 교통상의 위험과 장해를 일으킬 수 있는 마약·대마·향정신성의약품 또는 알코올 중독자로서 대통령령으로 정하는 사람
6. 제1종 대형면허 또는 제1종 특수면허를 받으려는 경우로서 19세 미만이거나 자동차(이륜자동차는 제외한다)의 운전경험이 1년 미만인 사람

41) See H. Bradshaw-Martin & C. Easton, supra note 24.
42) 이중기·황창근, 전게논문, 100면.

말한다. 그중 운전자의 교통규칙은 차마의 교통과 운전자의 운전에 있어서의 행위규범을 의미한다. 자율주행차의 경우에는 차량의 운행이 '운전자 조작없이' 이루어진다는 것을 제외하고는 도로상의 교통으로 인한 위험의 발생이 예견되고, 안전하고 원활한 교통을 확보하기 위한 필요성은 변함이 없다. 그런 점에서 「도로교통법」의 입법목적인 교통안전을 보장하기 위하여 자율주행차가 운행을 위한 교통규칙의 신속한 개편이 필요한 것이다.[43]

(3) 교통규칙 의무의 주체

현행법상 교통규칙 준수 의무자는 당연 운전자이다. 「도로교통법」상 차마의 통행방법을 정한 조문에 있어서도 그 의무의 준수자는 당연 운전자라고 할 것이다. 그런데 자율주행차는 자동차 제작시에 이미 어떤 교통규칙을 준수할 것인지, 윤리적 딜레마 발생시 어떤 선택을 할 것인지를 알고리듬으로 설계하여 적용하는 것이므로 그 준수의 의무자가 운전자가 아니라 자동차제작자이고 따라서 의무를 제작자에게 부여하면 족한 것이 아닌가 의문이 들 수 있다. 따라서 「도로교통법」에서 '차량 제작자의 의무'에서 자율주행차에 교통규칙을 알고리즘으로 반영할 의무를 규정하고, 그 의무의 내용을 법률로 상세하게 규정하면 족한 것으로 보인다.[44] 물론 이 의무의 내용은 상당 부분 자동차관리법상 안전기준에 관한 자기인증 사항과 중첩될 것이다. 이 점이 자율주행차의 운행시의 교통규칙의 특징이라고 할 것이다.

(4) 교통규칙 위반에 대한 제재방법의 타당성

현행 「도로교통법」상 운전자 등이 교통규칙을 위반한 경우에는 그 위반행위에 대하여 과태료의 행정제재, 형벌의 형사제재를 가미하고 있는데, 두 가지 점에서 그 제재구조를 변경할 필요가 있다. 첫째, 과태료 또는 형벌 규정의 타당성에 관한 문제인데 자율주행차의 경우에는 운전자에 대한 규제의 필요성이 덜할 것이므로 운전자 중심 제재체계의 실효성이 저하될 것이기 때문이다. 둘째, 앞에서 보았듯이 교통규칙의 수범의무자가 차량제조자가 될 가능성이 높다고 할 것이므로

---

43) 이종영·김정임, 전게논문, 171면.

44) 이런 취지에서 자율주행차의 운행에 따른 손해배상은 운행자에 대한 책임에서 제조자의 책임으로 책임이 전가될 가능성이 생기는 것이다. 이중기·황창근, 전게논문, 95면.

제재규정에 대한 대폭적인 손질이 필요하다. 자동차제조자가 교통규칙의 내용을 알고리즘에 반영하지 못한 경우, 또는 잘못 반영하여 교통규칙을 위반한 경우에는 민형사상 또는 행정상 규제체계를 갖추어야 할 필요성이 있다. 다만 문제는 그 의무와 책임에 관한 규제체계를 현행과 같이 「도로교통법」에 두는 것은 적절하지 않고 운행을 위한 자동차허가요건 즉 등록요건에서 '운행프로그램에 대한 인증이나 허가 사항'으로 규율하는 것이 보다 실효적이라고 할 것이다.45) 「도로교통법」은 도로교통상 안전 증대를 목적으로 함으로, 운전자나 운행자의 지배를 통한 안전성 확보 이외에 자동차의 안전운행장치 등 자체의 안전장치를 통하여 안정성을 확보하는 방향으로 개편이 가능하다.46) 그런 점에서 자동차제작자의 교통규칙상의 의무 및 그 위반에 대한 책임은 성질상 「자동차관리법」에 규정하는 것이 타당하다고 할 것이다.

(5) 교통규칙의 개편 쟁점

운전자를 전제로 하는 제반 교통규칙의 위반(이를테면 음주운전 등), 운전을 전제로 한 운전석의 개념, 운전석 이탈시 시동정지의무(제49조 제1항 제6호) 등에 대한 재검토가 필요하고, 그 밖에 자연인인 운전자를 중심으로 규정된 차간거리 유지나 신호준수의무 등도 불필요할 수 있다. 기존의 운전자 중심의 교통규칙은 자율주행차에 대한 안전기준 사항, 즉 인증요건으로 전환될 것으로 예상된다.47) 반면에 차선이나 신호체계는 사람이 운전할 때보다 보다 엄격하게 규정할 필요가 있다. 이를테면 차선의 도색이 보다 분명하여야 자율주행차가 이를 인식할 수 있고, 교통신호도 분명한 신호를 주지 않고 점멸의 경우에는 사고의 위험이 증가되고 자율주행차의 책임 여부가 불분명해지기 때문이다. 또한 도로가에 설치된 가로수나 가로등, 신호기 및 건물의 옥외광고물이 신호등의 인식을 방해할 염려가 있으므로 일정한 기준을 정비할 필요가 있다.

---

45) 이종영·김정임, 전게논문, 169면.
46) 이종영·김정임, 전게논문, 170면.
47) 이종영·김정임, 전게논문, 179면.

Ⅵ. 자율주행차의 운행 요소로서 도로: 도로법상 검토48)

1. 서언

(1) 쟁점의 제기

자율주행차를 현행 도로에서 운행하는 것은 가능한지의 문제는 법적인 허용성의 문제와 사실상의 가능성 문제로 나누어 보아야 한다. 현행 도로법제상 도로는 차량의 안전한 운행을 위하여 도로의 관리책임, 시설기준 등을 법령으로 정하고 있다. 그런데 이와 같은 도로의 설치기준은 사람이 운전하는 차를 중심으로 만들어진 것이므로 자율주행차의 운행에 그대로 적용하기 곤란하다. 자율주행차의 도로 운행시 이슈는 완전한 자율주행단계와 일반차량과 혼재하는 단계로 구분하여 보는 것이 바람직하다. 전자의 경우에는 자율주행차만이 운행하게 되는 것이므로 그에 걸맞은 도로조건을 부여하면 족하다. 그러나 자율주행차가 일반 자동차와 혼재하여 운행되는 경우 현행 도로는 설치기준과 안전기준을 자율주행차와 일반차량 중 어느 차량을 대상으로 설정할 것인지 쉽지 않은 일이다. 결국 양자에 공통적으로 적용될 수 있는 설치기준 등이 필요할 것이다. 만일 현재의 도로상태에서 국가가 허가한 자율주행차의 운행시 사고가 발생하고, 그 사고의 원인이 도로 외에는 발견하기 어렵고 도로체계가 일반 자동차의 운행을 기준으로 설계된 것이라면 도로관리자인 국가의 책임을 부인하기는 어렵다고 할 것이다.

(2) 도로, 교통표지, 신호기 등 도로시설의 설치·제공의 법적 성격의 변화

도로는 자동차 운행의 3요소 중에서 규제적 측면이 강한 다른 요소에 비하여 상대적으로 가장 운행촉진적이고 진흥적인 성격을 가지고 있다. 자동차의 안전한 운행을 위한 물적 기반으로서 도로를 제공하고 도로교통의 규칙을 제시함으로써 원활한 도로교통을 보장하는 것을 목적으로 한다. 이러한 목적으로 마련된 도로법제에는 「도로법」, 「유료도로법」, 「농어촌도로 정비법」 등이 있다. 「도로법」에 의하면 도로의 설치 및 관리의 주체를 두고, 해당 기관이 도로의 설치 및 관리의 책임을 지도록 하고 있으며, 도로의 설치 및 관리상의 하자로 인하여 손해가 발

---

48) 관련 내용은 제2편 제2장 제4절 "자율주행차 운행을 위한 도로법 개정 방향" 참조.

생한 경우에는 관리주체가 손해배상책임을 지도록 하고 있다(국가배상법 제5조). 도로는 도로와 교통표지 등 도로 부속시설 그리고 신호기 등으로 구성된다. 신호기는 국가 또는 지방자치단체의 위임에 따라 현재 경찰청이 관리청이 되고 나머지 도로시설은 국가 또는 지방자치단체 등이 도로관리청이 된다. 이와 같은 안전한 도로의 제공과 도로교통의 보장이라는 도로의 설치와 관리는 자율주행차 시대라고 하여 달라지지 않는다. 오히려 운행의 진흥적이고 적극적인 측면에서 자율주행차는 도로 운행을 전제하고, 도로와 끊임없는 통신을 통하여 자율적으로 운행하게 되므로, 일응 도로를 자율주행차 운행조건에 맞추어 변경시킬 필요가 있다. 이는 도로조건의 완비가 자율주행차의 안전하고 원활한 운행의 필수적인 문제임을 나타낸다.

도로, 교통표지, 신호기 등 도로시설은 도로교통이라는 공공목적에 제공되는 공공용물의 성격을 가지는바, 공물의 사용이라는 개념 속에는 당연히 사람, 즉 운전자, 보행자, 탑승자의 사용이 전제되어 있다. 문제는 운전자나 보행자의 사용을 전제로 제공되는 교통표지나 신호기, 도로차선, 방호울타리 등의 도로시설이 자율주행차 시대에는 차량의 인식을 전제로 변경되어야 한다는 점에서 공법적 규율의 변화가능성이 있는가 하는 점이다. 이는 기술한 바와 같이 도로표지판, 차선, 방호울타리, 신호기 등의 인식에 따라 교통규칙의 준수의무의 주체가 차량인지, 운전자 등 사람인지의 구분의 문제로 돌아간다. 자율주행차량의 주체성을 인정하기 전까지는 기계의 인식을 직접적으로 사람에 대한 의무부과의 전제로 삼기는 어렵고, 자율주행차량의 인식 알고리듬의 형성과 승인을 통하여 간접적으로 규제할 수밖에 없는 것이 아닌가 생각한다. 만일 그 인식의 흠결이 있는 경우라면 그 의무불이행 주체는 여전히 사람을 대상으로 삼을 수밖에 없다고 본다. 결국 향후 도로의 이용의 주체가 사람에서 자동차로 이동하는 과정을 법제에 적극적으로 반영하여야 하는 것이다.

2. 자율주행차의 도로 운행의 법적 성격

(1) 자율주행차가 도로법제상 차량에 해당되는지 여부

먼저 자율주행차가 「도로법」 및 「도로교통법」상 운행의 대상이 되는 차량에 해당되는지 살펴볼 필요가 있다. 현행 「도로교통법」은 차마의 교통을 규율하기 위하여 제정되었고 동법에서 차마를 정의하고 있는데 「자동차관리법」 제3조의

차는 물론이고, 건설기계, 원동기장치자전거, 자전거, 사람 또는 가축의 힘이나 그 밖의 동력으로 도로에서 운전되는 것, 우마까지 포함하고 있다(제2조 제17호). 자율주행차가 여기에서 말하는 차마에 해당되는지 보면 자율주행차는 「자동차관리법」 제3조에 규정되어 있지 아니하므로 동법상의 자동차는 아니고, '그 밖의 동력으로 도로에서 운전되는 것'에 해당될 여지가 크다고 할 것이지만, 결국 여기에서도 사람이 운전하는 것만을 염두해 두고 있으므로 「도로교통법」을 적용할 수 있을지 의문이 있을 수 있다. 그러나 「도로교통법」의 목적은 교통의 안전과 원활을 보장하고 교통의 안전을 보장하기 위함이라고 할 것이므로 자율주행차도 차마에 해당하는 것으로 해석할 수밖에 없다. 이런 문제를 분명하게 해결하기 위하여는 「자동차관리법」 제3조를 자율주행차를 포함하는 방식으로 변경하면 된다.

(2) 자율주행차의 도로 이용의 법적 성격 및 허용성

자율주행차가 운행허가를 받으면 어느 도로든지 운행이 가능한가. 네거티브 시스템상 금지되지 않는 한 허용된다고 보아야 하는지, 아니면 허용되는 구간을 제외하고는 금지되는 것으로 보아야 하는지. 그리고 실도로의 주행은 실도로를 주행하는 타차량의 안전운행과 직접 관련이 있는 것이므로 당연히 허용이 된다고 볼 수 있겠는가 하는 쟁점을 가지고 있다. 여기에는 두 가지 입장이 있을 수 있다. 첫째, 자율주행차의 도로 운행이 허용되지 않는다는 견해로서 도로 운행을 위하여는 도로운행에 대한 행정청의 허가가 필요하다는 견해(이 경우 허가의 법적 근거가 무엇인지), 둘째, 「도로교통법」의 입법목적이 교통의 안전을 확보하기 위한 것이라는 점에서 자율주행차도 차마에 해당되는 만큼 도로 운행이 일반적으로 허용된다는 입장이다.

이는 도로의 이용관계로 설명하는 것이 타당하다. 일반적으로 도로의 이용관계는 자유사용, 허가사용, 특허사용 관계로 구분되고,[49] 보통의 경우에는 차량이 도로를 자유롭게 이용할 수 있는 자유사용관계에 해당된다. 이와 달리 특수한 차량의 통행을 제한한다거나 특수한 차량만 통행을 허가하는 경우라면 이를 허가관계 내지 특허관계로 이해할 수 있을 것이다. 이를테면 이륜자동차의 자동차전용도로의 통행금지, 일부차량의 교량 통행이나 도심 진입금지는 도로사용을 제한하

---

49) 정하중, 행정법개론, 제9판, 법문사, 2015, 1146면 이하; 한견우, 현대행정법신론2, 세창출판사, 2014, 110면 이하; 홍정선, 행정법원론(하), 제21판, 박영사, 2013, 535면 이하.

는 예가 된다. 자율주행차의 도로 통행에 대하여는 단계별로 살펴보아야 한다. 즉 시험 및 연구 목적을 위한 임시운행 단계에서의 도로사용관계, 자율주행차의 상용화 이후 일반 자동차와 혼재된 도로에서의 사용관계, 자율주행차만 운행하는 도로에서의 사용관계 등 3단계로 나누어 살펴보아야 한다. 시험 및 연구 목적의 임시운행 단계에서의 도로사용관계는 임시운행허가와 결부된 도로사용관계 내지 부관의 성격을 가지는 것이므로 자유사용관계라고 보기보다는 허가사용관계로 보이고, 일반자동차와 혼재된 상태에서의 도로 사용관계는 자유사용관계로 보는 것이 타당하며, 자율주행차만 운행하는 단계에서는 특허사용관계 보는 것이 타당하다고 하겠다.

「자동차관리법 시행규칙」 제26조의2 제1항 제3호에 의하면 임시운행허가를 받은 자율주행차는 '국토교통부장관이 정한 운행구역에서만 운행'하도록 규정되어 있는데, 이에 따라 자율주행차의 임시운행허가 절차에서 운행 허가구간을 지정하여 해당 도로만을 운행토록 하고 있다. 이 의미는 임시운행허가 당시 지정된 도로에서만 운행을 허용하는 것이므로 다른 도로에서는 임시운행을 할 수 없다는 것으로서, 몇 가지 요건이 있지만 도로의 허가사용관계의 성격을 가지는 것으로 보인다.50) 미국에서는 주로 우리나라와 달리 시험운행을 위한 도로를 제한하지 않고 있다.51) 다만 네바다 주의 경우에는 도로를 6종류(주간고속도로, 고속도로 등), 운행환경을 5개(야간, 우천, 안개, 빙설, 강풍)로 나누어 허용하기도 한다.52)

문제는 이러한 자율주행차의 운행구간 지정이 시험운행이 아닌 경우에도 적절한가 하는 점이다. 기술한 바와 같이 자율주행차와 일반자동차가 혼재하는 경우 위험성을 방지하기 위한 불가피한 사정이 있다고 하더라도, 자율주행차만의 운행구간과 같은 도로의 설치를 구현하는 것은 가능하지도, 타당하지도 않다고 할 것이다. 그런 점에서 현재와 같은 구간지정의 방식은 시험운행의 성격을 감안하여 제한적으로 운용할 필요가 있는 것이다.

---

50) 현재 정부의 시험운행구역으로 지정된 구간은 고속도로(서울-신갈-호법 41㎞)와 국도(수원·평택·용인·파주 등) 등 총 320㎞ 구간이다.

51) 캘리포니아, 미시간, 플로리다의 경우가 그렇다. Cal. Regs. §227.00(b); Mich. Comp. Laws §257.665(1); Fla. Stat. §316.86.

52) Nevada Department of Motor Vehicle, Nevada Autonomous Vehicle Testing License(Revised: January, 2016) (http://www.dmvnv.com/pdfforms/obl326.pdf).

3. 도로법 개편 사항

현행 도로법제상 도로는 사람이 운전하는 도로를 중심으로 그 설치기준과 안전기준이 적용되고 있는데, 자율주행차량 중심의 도로의 설치기준을 개발하여 이를 적용할 필요가 있다.[53] 다만 이와 같은 자율주행차에 적합한 설치기준이 현행 설치기준과 완전히 별개로 만들어질 경우에는 혼란이 발생될 수 있으므로 새로운 설치기준이기는 하지만 기존의 사람 운전 차량의 통행에도 적용이 가능하여야 한다. 결국 앞으로 과제는 새로운 도로의 설치기준과 안전기준을 개발하는 것이 중요한 사항이 될 것이다.

이와 별도로, 자율주행차의 운행을 위한 전용도로, 즉 자율주행차와 통신이 가능한 도로의 종류를 고안할 필요가 있다. 이를테면 자율주행차의 전용도로를 만들어 이를 '스마트도로'로 설정하여 별도의 설기기준과 안전기준을 적용하는 문제이다. 이는 자율주행차의 상용화를 촉진하는 하나의 방식으로 한시적으로 고려해 볼 수 있을 것이다.

또한, 「도로법」에는 10년마다 작성하는 국가도로망 종합계획이 있는데(제5조), 자율주행차 시대에는 기존의 도로와는 차원이 다른 접근이 필요하다. 일단 도로의 양적 확충보다는 스마트한 도로의 구비가 목표가 되어야 하고, 자율주행차의 차간 간격은 사람이 운전하는 경우보다 짧아도 될 것으로 생각되므로 전체적으로 도로 확충의 필요성은 줄어들 것으로 예상된다. 또한 차선이 많고 넓은 도로보다는 차선이 적더라도 전국을 미세혈관처럼 이어주는 도로의 신설이 보다 필요하다고 할 것이다.

Ⅶ. 자율주행차 운행 요소로서 정보통신: 정보통신법제 검토

자율주행차가 레이더(Radar), 라이다(Lidar)와 같은 차량의 센서 등 자체에 기반하는 것이 아니라 V2X(Vehicle to Everything)를 이용하여 광범위한 주행환경, 즉 타차량, 도로, 신호 등의 교통정보와 지도정보를 수집·분석하여 운행하는 경우

---

53) 동지. 도로 주행시 맞닥뜨리는 모든 상황을 완벽히 수행하기 위하여는 제어로직에 포함될 수 있는 최소한의 도로규정 내지 가이드라인의 설정이 필요하다고 한다. 최인성, 전게논문, 32면.

이를 커넥티드카(connected car)라고 하는데, 이 경우에는 정보통신의 중요성이 매우 높게 될 것이다. 이 때 나타나는 법적 쟁점으로는 정보의 활용과 보호 문제, 정보 보안문제, 안전한 통신 확보와 통신요금체계 등이 있다.

　　정보의 활용에 따른 문제는 자동차나 사람에 대한 위치정보, 개인정보의 수집 등 활용과 관련이 있다. 자동차 운행에 있어서 정보의 활용은 자율주행차의 운행시 새롭게 등장한 것이 아니다. 기존에는 대부분 운전자의 눈과 귀 등 인간의 인지기관에 따른 정보의 활용으로 충분하였지만 자율주행차의 경우에는 그 정보의 제공과 활용이 자율주행차의 센서와 통신에 의하여 의하여 이루어지고 있다는 점에서 근본적인 차이가 난다. 특히 활용되는 정보가 사적정보, 개인정보인 경우에는 개인정보 보호법상 규율을 받게 되므로 정보주체의 사전동의 등 해결해야 할 과제가 많다. IOT의 활용에 있어 현행 개인정보법제가 장애가 된다는 지적이 많이 제기되고 있는 상황에서 개인정보 또는 위치정보의 활용문제가 부딪치는 최초의 사례가 자율주행차의 운행에서 나타날 것이 분명하다.[54]

　　또한 정보보안의 기능도 중요하게 되었다. 자율주행차는 센서, 구동장치등 자율주행시스템과 통신기술이 연결되어 서비스가 이루어지기 때문에 제3자의 해킹으로 자율주행차가 통제될 경우에는 사고로 이어질 위험성이 상당히 높다고 할 것이다. 미국의 보고서에 따르면 자율주행차의 카메라, 장애물 인식 센서 등은 무선 해킹 공격에 취약한 것으로 나타나고 있다고 한다.[55] 이러한 점에서 자율주행시스템에 대한 외부의 해킹 등을 차단하기 위한 법제적 대응이 필요한 것이다.

　　자율주행차 운행의 통신법상 쟁점은 V2X(Vehicle to Everything)의 안전성과 안정성을 어떻게 확보할 수 있는가 하는 점이다. 자율주행차는 1일 4TB의 데이터를 사용하는데 이는 3천 명의 사람이 사용하는 데이터양에 해당된다고 할 정도로 많은 양의 데이터를 사용하고 있다.[56] 이 경우 높은 데이터비용에 대한 부담자를 누구로 할 것인지, 요금산정방식을 B2B 또는 B2C로 할 것인지도 중요한 문제가

---

54) 자율주행차 운행시 관련정보의 제공과 활용, 개인정보, 위치정보의 적용 문제, 해결 과제 등에 대하여는 다양하고 많은 논점이 있으므로 이는 추후 따로 다루기로 한다. IOT와 개인정보보호의 관계에 대하여는 황창근, "사물인터넷과 개인정보보호", 법제연구, 제46호, 2014. 6, 한국법제연구원을 참조할 것.
55) 정보통신정책연구원, ICT 신산업 활성화와 효율적 규제개혁 추진을 위한 정책방안 연구, 방송통신정책연구 보고서(2017), 74면.
56) 아이뉴스, 자율주행차 시대, 통신비는 얼마나 낼까?, 2019. 12. 8.자.

될 것이다. 또한 데이터 이용에 대한 망사업자의 통제방식에 있어서 망중립성을
적용할 것인지 여부도 중요한 쟁점이 될 것이다.

Ⅷ. 결론: 가칭 '자율주행자동차의 운행과 책임에 관한 특례법'

그러면 자동차 운행 3요소 관련 법제의 개편을 함에 있어서 어떠한 입법방법
론을 취할 것인가. 「자동차관리법」, 「도로법」, 「도로교통법」 등 개별법을 개정하
는 방법을 우선적으로 고려해 볼 수 있다. 최종적인 입법단계에서 그와 같은 방
식으로 결국 해당 관련법에서 관련사항을 직접적으로 규율하는 방법이 최선이라
고 할 수 있다. 하지만, 자율주행차와 일반 자동차가 혼재하는 현 시점에서도 이
와 같은 방식이 유용할지는 의문이다. 따라서 잠정적으로 자율주행차의 운행을
위한 특별법을 신설하여 이와 같은 자동차 운행의 3요소 법제를 전체적으로 규율
하는 통합입법을 하는 것이 현실적일 수 있다. 특히 3요소 법제에는 「자동차관리
법」과 「도로법」은 국토교통부 소관법률이고, 「도로교통법」은 경찰청 소관법률이
므로 동시에 개정하는 것이 쉽지 않을 듯 하고, 나아가 자율주행차의 운행과 관
련한 민형사상 책임 법제까지 개편하여야 하는 마당에는 민사책임법제, 보험법,
형사법 등의 개정 임무 소관이 법무부 등 여러 부처에 걸쳐 있는 점을 감안하면
가칭 '자율주행차의 운행과 책임에 관한 특례법'을 신설하는 것이 현실적이라고
할 것이다. 이 법에서는 새로운 사항을 신설하는 것은 물론이고, 기존의 법률상의
적용을 배제하는 규정을 둠으로써 자율주행차의 운행의 법적 근거를 마련할 수
있다고 본다.[57]

---

57) 자율주행차와 관련하여 자동차관리법의 개정이 있은 후인 2019년 「자율주행자동차 상용
   화 촉진 및 지원에 관한 법률」이 제정되어 2020년 5월 1일부터 시행되고 있다.

제2절　SAE의 자동화 단계구분과 법적 의미, 입법에의 수용[*]

I. SAE의 운전자동화 단계의 구분

　　미국의 자동차공학회(SAE International, 이하 "SAE")는 2014년 1월 이후로 운전자동화기술 혹은 자율주행기술을 0단계부터 5단계까지 6단계로 구분하여 SAE J3016[1]이라는 문서로 발표해 오고 있다. SAE J3016의 자율주행기술 혹은 운전자동화기술의 단계 구분은 현재 국제적 표준으로 자리 잡았는데, 미국의 교통부(Department of Transportation: DOT)와 도로교통안전청(NHTSA)이 채택[2]하였을 뿐만 아니라 영국과 EU, 일본, 우리나라, 호주 등 각국 정부의 입법에도 직접적인 영향을 미치고 있다.

　　SAE J3016에 의한 자율주행기술 단계구분의 핵심은 다음의 요약표를 통해 잘 나타난다.

---

[*] 이 부분의 일부는 이중기, "SAE 자동차단계 구분과 운전작업의 분류: 운전자책임, 안전기준규제, 제조물책임에 대한 영향", 중앙대학교 법학논문집 제44집 제1호(2020)를 다시 실은 것이다.

[1] 가장 최근의 J3016은, SAE International, "J3016: Taxonomy and Definitions for Terms Related to Driving Automation Systems for On-Road Motor Vehicles"(June 2018)이다.

[2] SAE J3016을 채택한 미국 교통부와 NHTSA 의 공동보고서 Federal Automated Vehicles Policy: Accelerating the Next Revolution in Roadway Safety 등에 대해서는, Ⅲ. 1. 참조.

〈표 1〉 운전자동화단계의 요약(Summary of levels of driving automation)[3]

단계 (Level)	단계의 명칭 (Name)	서술적 정의 (Narrative definition)	역동적 운전작업 (Dynamic Driving Task : DDT)		비상상황 대처 (DDT fallback)	작동설계 영역 (Opera- tional Design Domain : ODD)
			연속된 횡방향 및 종방향의 자동차 동작 제어 (Sustained lateral and longitudinal vehicle motion control)	사물과 사건의 감지 및 대응 (OEDR)		
운전자가 역동적 운전작업(DDT)의 전부 혹은 일부를 수행한다. (Driver performs part or all of the DDT)						
0	수동 운전 (No Driving Automa- tion)	운전자가 역동적 운전작업(DDT) 전체를 수행함. 능동적 안전시스템(active safety systems)의 도움을 받는 경우에도 수동운전임. The performance by the driver of the entire DDT, even when enhanced by active safety systems.	운전자 (Driver)	운전자 (Driver)	운전자 (Driver)	해당없음 (n/a)
1	운전자 보조 (Driver Assis- tance)	운전자동화시스템(Driving Automation System)이 지속적 이고 작동설계영역에 국한된(ODD-specific) 횡방향 또 는 종방향의 자동차동작제어를 수행하고(두 가지 제어 를 동시에 수행하지는 않음), 운전자는 나머지 역동적 운전작업을 수행할 것을 기대함. The sustained and ODD-specific execution by a driving automation system of either the lateral or the longi- tudinal vehicle motion control subtask of the DDT (but not both simultaneously) with the expectation that the driver performs the remainder of the DDT.	운전자와 자동화시스템 (Driver and System)	운전자 (Driver)	운전자 (Driver)	제한됨 (Limited)
2	부분 자동화 (Partial Driving Automa- tion)	운전자동화시스템이 지속적이고 작동설계영역에 국한 된(ODD-specific) 횡방향 및 종방향의 자동차동작제어 를 수행하고, 운전자는 사물과 사건 감지 및 대응을 완 수하고 운전자동화시스템을 감독할 것을 기대함. The sustained and ODD-specific execution by a driving automation system of both the lateral and longitudinal vehicle motion control subtasks of the DDT with the expectation that the driver completes the OEDR subtask and supervises the driving automation system.	자동화시스템 (System)	운전자 (Driver)	운전자 (Driver)	제한됨 (Limited)
자율주행시스템(ADS)이 역동적 운전작업(DDT)의 전부를 수행한다. (ADS("System") performs the entire DDT(while engaged).)						
3	조건부 자동화 (Condi- tional Driving Automa- tion)	자율주행시스템(ADS)이 지속적이고 작동설계영역에 국 한된 역동적 운전작업의 전부를 수행하고, 사용자는 ADS 가 발할 개입요구 및 역동적 운전작업과 관련된 기능이 상에 대비해 준비하고 있다가 개입요구나 기능이상이 있게 되면 적절히 비상상황에 대처할 것을 기대함. The sustained and ODD-specific performance by an ADS of the entire DDT with the expectation that the DDT fallback-ready user is receptive to ADS-issued requests to intervene, as well as to DDT performance- relevant system failures in other vehicle systems, and will respond appropriately.	ADS (System)	ADS (System)	비상조치 를 준비한 사용자(비 상시 운전 자가 됨) Fallback- ready user (becomes the driver during fallback)	제한됨 (Limited)
4	고도의 자동화 (High Driving Automa- tion)	자율주행시스템(ADS)이 지속적이고 작동설계영역에 국 한된 역동적 운전작업의 전부 및 비상상황대처 조치를 수행하고, 사용자는 ADS의 개입요구에 응할 것으로 기 대하지 않음. The sustained and ODD-specific performance by an ADS of the entire DDT and DDT fallback without any expectation that a user will respond to a request to in- tervene.	ADS (System)	ADS (System)	ADS (System)	제한됨 (Limited)
5	완전 자동화 (Full Driving Automa- tion)	자율주행시스템(ADS)이 지속적이고 무조건적인 (즉 작 동설계영역에 국한되지 않은) 역동적 운전작업 및 비상 상황대처 조치를 수행하고, 사용자는 ADS의 개입요구 에 응할 것을 기대하지 않음. The sustained and unconditional (i.e., not ODD- specific) performance by an ADS of the entire DDT and DDT fallback without any expectation that a user will respond to a request to intervene.	ADS (System)	ADS (System)	ADS (System)	제한없음 Unlimited

---

3) SAE International, J3016™ JUN2018 Page 19 of 35.

1. 자율주행: 'ADS'에 의한 '역동적 운전작업' 전부의 담당 여부

SAE J3016은 운전자동화단계를 0단계부터 5단계까지 6단계로 나누고 있는데, 크게 운전자가 담당하였던 '역동적 운전작업'(Dynamic Driving Task: DDT) 전부를 운전자 대신 '자율주행시스템'(Automated Driving System: ADS)이 담당하게 되는 SAE 3단계부터 자율주행단계로 파악한다.

(1) '역동적 운전작업'(DDT)의 개념

SAE J3016이 정의한 '역동적 운전작업'[4]이란 "차량을 도로교통상에서 작동시키기 위해 요구되는 실시간(real-time)의 조작적(operational) 및 전술적(tactical) 기능"을 의미한다. 역동적 운전작업에는 "언제 어디로 운전할 것인가"(즉 여정의 조정, 목적지와 경유지의 선택)과 같은 "전략적(strategic) 운전작업"은 포함되지 않지만, 다음의 운전작업은 역동적 운전작업에 포함된다:

(i) 조향에 의한 자동차의 횡방향 동작 제어(조작적 기능)
(ii) 가감속에 의한 자동차의 종방향 동작 제어(조작적 기능)
(iii) 사물과 사건의 감지, 인식, 분류 및 대응(OEDR)[5] 준비를 통한 주행환경의 감시(조작적 전술적 기능)
(iv) 사물과 사건에 대한 대응의 실행(조작적 전술적 기능)
(v) 조종의 계획(전술적 기능)
(vi) 조명, 신호 및 동작 등을 통한 인식 가능성의 증대(전술적 기능)

---

4) 3.13 DYNAMIC DRIVING TASK (DDT)
   All of the real-time operational and tactical functions required to operate a vehicle in on-road traffic, excluding the strategic functions such as trip scheduling and selection of destinations and waypoints, and including without limitation:
   Lateral vehicle motion control via steering (operational);
   Longitudinal vehicle motion control via acceleration and deceleration (operational);
   Monitoring the driving environment via object and event detection, recognition, classification, and response preparation (operational and tactical);
   Object and event response execution (operational and tactical);
   Maneuver planning (tactical); and
   Enhancing conspicuity via lighting, signaling and gesturing, etc. (tactical).
5) OEDR: 사물과 사건의 감지 및 대응(Object and Event Detection and Response).

(2) '자율주행시스템'(ADS)의 개념

SAE J3016은 '자율주행시스템'(ADS)을 정의하고 있는데, 자율주행시스템[6]은 "역동적 운전작업 전부를 지속적으로 수행할 수 있는 하드웨어와 소프트웨어의 집합체"를 의미한다. 자율주행시스템 여부는 특정된 '작동설계영역'에 한정되는 지 여부는 상관하지 않는데, '자율주행시스템'이란 용어는 특별히 SAE 3, 4 혹은 5단계의 운전자동화시스템을 묘사하기 위해 사용된다.

(3) '작동설계영역'(ODD)의 개념과 법적 의미

SAE J3016이 정의한 '작동설계영역'(Operational Design Domain: ODD)[7]이란 "어느 운전자동화시스템 또는 그 시스템의 어느 기능이 작동할 수 있는 구체적으로 설계된 작동조건"을 의미한다. 이러한 작동조건에는 환경적, 지형적, 또는 시간적 제약뿐만 아니라 (예를 들어, 중앙분리대의 존재와 같은) 일정한 도로상 또는 교통상 특징의 존재나 부존재를 포함한다. 물론 작동설계영역으로 다른 작동조건을 설정할 수도 있다.

이러한 '작동설계영역' 개념은 뒤에서 보는 것처럼, 3단계 및 4단계 자율주행차의 운전자책임의 범위 및 자율주행기술과 관련한 제조물책임의 성립 여부와 관련해 중요한 의미를 가진다.

2. SAE 4단계: ADS의 '비상상황대응' 조치의 담당 여부

SAE J3016은 '역동적 운전작업'을 ADS가 담당하게 되는 SAE 3단계부터 자율주행단계로 보는데, 이러한 자율주행단계를 더 세분화하여 ADS의 역동적 운전작업 수행중 발생한 비상상황 대응조치(DDT Fallback performance)를 누가 담당하는

---

6) 3.2 AUTOMATED DRIVING SYSTEM (ADS)

The hardware and software that are collectively capable of performing the entire DDT on a sustained basis, regardless of whether it is limited to a specific operational design domain (ODD); this term is used specifically to describe a level 3, 4, or 5 driving automation system.

7) 3.22 OPERATIONAL DESIGN DOMAIN (ODD)

Operating conditions under which a given driving automation system or feature thereof is specifically designed to function, including, but not limited to, environmental, geographical, and time-of-day restrictions, and/or the requisite presence or absence of certain traffic or roadway characteristics.

가에 따라 그 단계를 다시 3단계와 4단계로 구분한다. 즉 SAE는 ADS가 역동적 운전작업만 담당하고, 운전작업 중 발생한 비상상황 대응조치는 자율주행차 사용자인 운전자에게 맡긴 경우 SAE 3단계로 분류하고, ADS가 역동적 운전작업뿐만 아니라 비상상황 대응조치까지도 담당하는 경우에는 SAE 4단계로 분류한다.

(1) '비상상황대응'의 개념과 법적 의미

SAE J3016은 비상상황대응[8])을 다음과 같이 정의한다.

"(i) 역동적 운전작업 관련 기능 이상이 발생하거나 작동설계영역을 벗어난 경우, 자율주행차 이용자가 [제어권을 회복해] 역동적 운전작업을 수행하거나 '최소위험상태'(Minimal Risk Condition: MRC)를 달성하기 위한 대응, 혹은 (ii) 자율주행시스템이 '최소위험상태'를 달성하기 위한 대응"

이와 같이 SAE는 역동적 운전작업 중 발생한 비상상황에 대응하는 운전주체로서 (i) 인간 운전자와 (ii) ADS를 모두 염두에 두고 있는데, 인간 운전자가 제어권을 회복해 비상상황 대응조치를 취하는 자율주행단계를 3단계로 보고, ADS가 직접 비상상황 대처조치를 취하는 자율주행단계를 4단계로 구분한다.

비상상황대응을 인간운전자가 담당하는 SAE 3단계 자율주행차인가 아니면 ADS가 하는 SAE 4단계 자율주행차인가는 법적으로 중요한 의미를 갖는데, 뒤에서 보는 것처럼, 역동적 운전작업 중 운전자가 안전운전 주의의무로부터 해방되는지 여부를 결정[9])하고, 나아가 ADS의 운전작업에 대한 ADSE의 책임의 범위를 결정한다.[10])

(2) '최소위험상태'(MCR)의 개념

SAE는 '최소위험상태'[11])를 다음과 같이 정의한다:

---

8) 3.14 [DYNAMIC DRIVING TASK (DDT)] FALLBACK
   The response by the user to either perform the DDT or achieve a minimal risk condition after occurrence of a DDT performance-relevant system failure(s) or upon operational design domain (ODD) exit, or the response by an ADS to achieve minimal risk condition, given the same circumstances.
9) 아래의 5. (1) 및 (2) 및 제2편 제4장 〈책임법과 보험법제〉 제2절 Ⅲ. 1. 및 Ⅳ. 1. 참조.
10) 제2편 제4장 〈책임법과 보험법제〉 제2절 Ⅲ. 2. 및 Ⅳ. 2. 참조.
11) 3.17 MINIMAL RISK CONDITION
   A condition to which a user or an ADS may bring a vehicle after performing the DDT

"의도한 여정을 완료할 수 없게 되거나 완료해서는 안되는 경우, 사용자 혹은 ADS가 비상상황 대응조치를 취한 후, 충돌위험을 감소하기 위해 차량을 두어야 하는 상태"

대표적인 예로 충돌방지를 위해 차량을 노견으로 이동하는 조치를 들 수 있다. SAE는 비상상황에 대응한 후 '최소위험상태'를 달성해야 하는 운전주체로서 (i) 사용자와 (ii) ADS를 모두 염두에 두고 있다. 즉, 3단계 자율주행차에서는 인간 운전자(Fallback-ready user)가 비상상황 대응조치를 취한 후 최소위험상태를 달성하거나 혹은 계속 운전이 가능한 경우 역동적 운전작업을 계속할 것으로 기대하고 있다. 이에 비해, 4단계 자율주행차에서는 자율주행시스템이 비상상황 대응조치를 취한 후 계속해서 최소위험상태를 달성해야 한다.

(3) '자율주행시스템 전용 차량'의 개념

SAE는 또 4단계 이상의 자율주행시스템을 사용하는 차량을 '자율주행시스템 전용차량'(ADS-dedicated vehicle)[12]이란 개념으로 정의한다. 즉 "모든 여정에 4단계 혹은 5단계 자율주행시스템만으로 운행하도록 설계된 차량"을 말하는데, SAE 5단계 차량뿐만 아니라 작동설계영역의 제한이 있는 경우에도 그 영역 내에서 자율주행시스템만으로 운행하는 경우 '자율주행시스템 전용차량'으로 인정된다. 이 개념은 정해진 "노선"을 작동설계영역으로 하여 ADS전용차를 배치하는 "무인" 노선여객운송 등에 활용될 수 있는 개념이다.

3. SAE 5단계: 작동설계영역(ODD)의 제한 여부

앞서 본 것처럼 SAE J3016은 자율주행시스템이 작동할 수 있는 작동조건을 '작동설계영역'이란 개념으로 설명하고 있는데, SAE 4단계 자동화는 자율주행시스템이 작동설계영역 내에서 '비상상황대응' 조치까지 담당할 수 있으면 부여될 수 있다. 이에 비해, 자율주행시스템이 작동설계영역의 제한없이 모든 조건하에서 '비상상황대응' 조치까지 수행할 수 있으면 이를 5단계 자동화로 본다.

---

fallback in order to reduce the risk of a crash when a given trip cannot or should not be completed.

12) 3.3 ADS-DEDICATED VEHICLE (ADS-DV)
A vehicle designed to be operated exclusively by a level 4 or level 5 ADS for all trips within its given ODD limitations (if any).

4. 자율주행의 단계와 '작동설계영역'과의 상대적 관계

자율주행의 단계가 SAE 4단계라고 하여 그 기술적 수준 혹은 난이도가 항상 SAE 3단계보다 높은 것은 아니다. SAE 4단계 자율주행기술이라고 하더라도 '작동설계영역'을 크게 제한하면 그 달성은 쉬워지기 때문이다. 예를 들어, 작동설계영역을 실험지역인 K-City로 한정하면, SAE 4단계 자동화수준 달성은 크게 어렵지 않다. 하지만, '작동설계영역'을 크게 제한한 이러한 4단계 기술의 의미는 크지 않다. 오히려 기술적으로 의미가 있는 것은 '작동설계영역'을 복잡한 도심으로 확장한 경우에 달성할 수 있는 자동화기술 수준이다. 왜냐하면 복잡한 도심에서는 3단계 자동화기술수준의 달성도 매우 어렵기 때문이다.[13]

따라서 실제 자율주행차의 상용화는 '작동설계영역'이 상대적으로 제한된 상태에서 3단계 자율주행차부터 또 승용차보다는 저속으로 움직이는 버스에서부터 실현될 가능성이 높다. 예를 들어, 상대적으로 도로교통상황이 간단한 고속도로에서 모든 자동차를 대상으로 3단계 자율주행을 실현하거나, 혹은 도서지역처럼 도로교통상황이 덜 복잡하고 저속주행이 가능한 폐쇄된 지역에서 주민들을 대상으로 한 자율주행 셔틀버스에서부터 먼저 상용화될 가능성이 높다.

5. SAE 단계별 자동화기술 수준과 그 특징, 운전자의 주의의무

(1) SAE 3단계 기술수준과 운전자의 주의의무

위의 요약표에 나타난 것처럼, SAE 3단계 기술수준은 ADS가 운전자 대신 역동적 운전작업(DDT)을 담당할 수 있으나, DDT 중 비상사태가 발생하면 ADS가 이를 스스로 해결할 능력은 결여한 기술수준이다. 따라서 SAE 3단계 자율주행차에서 운전자는 ADS에 대해 DDT를 이전할 수는 있지만, 발생할지 모를 비상상황을 준비한 주의의무는 계속 부담하게 되고, 만약 DDT 중 비상상황이 발생한 경우 ADS의 개입 요청에 응하여 제어권을 회복해 비상상황 대응조치를 취해야 한다.[14] 3단계 자율주행차가 '작동설계영역'(ODD)을 벗어난 경우에도 마찬가지로 운전자는 개입해 비상조치를 취해야 한다.[15]

---

13) SAE J3016 26면.
14) 자세히는, 제2편 제4장 〈책임법과 보험법제〉 제2절 Ⅲ. 1. (1) 참조.
15) 자세히는, 제2편 제4장 〈책임법과 보험법제〉 제2절 Ⅲ. 1. (3) 참조.

ADS의 요청에 기해 비상상황 대응조치를 취한 운전자는 만약 (i) 계속 여정을 할 수 없는 경우라면 후속적 조치로서 차량의 충돌위험을 최소화하기 위한 최소위험상태를 달성해야 하고, 만약 (ii) 운전자가 계속 DDT를 수행할 수 있는 경우라면 계속 자신이 운전하여 여정을 완료할 수 있다.[16]

(2) SAE 4단계 기술수준과 운전자의 주의의무

위의 요약표에 나타난 것처럼, SAE 4단계 기술수준은 지정된 '작동설계영역'(ODD) 내에서는 ADS가 운전자 대신 역동적 운전작업뿐만 아니라 DDT 중 발생한 비상상황 대응조치까지 스스로 취할 능력을 갖춘 기술수준이다. 따라서 SAE 4단계 자율주행차에서 운전자는 ADS에 대해 DDT뿐만 아니라 DDT 중 발생할 비상상황 대응조치까지 이전할 수 있으므로, 'ODD' 내에서는 3단계 자율주행차의 운전자가 부담했던 비상상황대응을 위한 주의의무로부터 해방된다

하지만, 자율주행차가 '작동설계영역'을 벗어난 경우 운전자는 역동적 운전작업을 직접 담당해야 하기 때문에 이를 대비한 주의의무는 부담하게 된다.[17] 따라서 만약 '작동설계영역'을 벗어난 경우, 운전자는 지체없이 제어권을 회복해 직접 대응조치를 취해야 하고, 만약 여정을 완료할 수 없는 경우 충돌위험을 감소시키기 위해 최소위험상태(MCR)를 달성해야 한다. 이 점에서 4단계 기술수준은 '작동설계영역'의 제한 없이 모든 상황에서 운전자가 운전에 관한 주의의무로부터 완전히 해방되는 5단계 기술수준과 비교된다.

(3) SAE 5단계 기술수준과 운전자의 주의의무

위의 요약표에 나타난 것처럼, SAE 5단계 자동화 기술수준은 일정한 '작동설계영역' 내에서 ADS가 운전자 역할을 수행하는 4단계와 달리, "운행 조건"의 제한 없이 ADS가 운전자 역할을 수행한다. 따라서, DDT 중 비상사태가 발생하면 어떠한 운전조건하에서도 ADS가 스스로 비상사태를 타개해야 하고, 만약 여정을 계속할 수 없는 경우 최소위험상태(MCR)까지 스스로 달성해야 할 능력을 갖추어야 한다. 소위 전격 Z 작전에 등장하는 키트 같은 수준의 자율주행차이다.

따라서 SAE 5단계 자율주행차에서 운전자는 "모든 상황"에서 ADS에 대해

---

16) 자세히는, 제2편 제4장 〈책임법과 보험법제〉 제2절 Ⅲ. 1. (2) 참조.
17) 자세히는, 제2편 제4장 〈책임법과 보험법제〉 제2절 Ⅳ. 1. (1) 참조.

DDT 뿐만 아니라 DDT 중 비상상황 대응조치 및 최소위험상태 달성 같은 운전작업까지도 전가할 수 있으므로, 주행과 관련한 모든 운전작업의 주의의무로부터 완전히 해방되게 된다.

그런데 뒤에서 살펴보는 것처럼, 인간의 운전작업 중에는 면허증의 소지, 유아의 안전한 탑승과 착석 혹은 화물의 안전한 적재 등과 같이 ADS가 수행하기 어려운 운전작업, 소위 "비역동적 운전작업"(Non-DDT)[18]이 존재하고, 이러한 '비역동적 운전작업'은 현재로서는 ADS가 인간을 대체할 수 없는 것으로 보인다.[19]

II. SAE의 자율주행 단계구분의 법적인 의미

1. SAE 자율주행 단계구분과 운전자책임 — 운전자의 해방의 단계

(1) 운전자의 '행위책임'에 대한 의미

앞서 살펴본 것처럼, 자율주행 단계가 더 높아짐에 따라 ADS가 인간이 수행하였던 운전작업을 더 많이 대체할 수 있다는 점에서 SAE의 자율주행단계 구분은 책임법적으로 의미가 크다. 예를 들어, SAE 4단계 자율주행차에서 ADS가 운전자의 운전작업을 대체하는 범위는 SAE 3단계 자율주행차에서 ADS가 대체하는 범위보다 더 넓어지므로, 그 한도에서 4단계 자율주행차 운전자가 '운전'의 주의의무로부터 해방되는 범위는 3단계 자율주행차에서 보다 더 넓어지게 된다.

이와 같이 더 높은 단계 자율주행차의 운전자가 주의의무를 부담하는 범위는 낮은 단계 자동차의 운전자보다 더 좁게 되므로, 그 한도에서 운전자의 주의의무와 관련된 행위책임도 감소하게 된다. 이러한 운전자의 행위책임의 범위 축소는 민사법적 행위책임에 대해서뿐만 아니라, 형사법적 혹은 행정법적 행위책임에 대해서도 동일한 영향을 미치게 된다. 좀 더 자세히 살펴보자.

(2) 민사상 의미: 불법행위법에 의한 운전자책임에 대한 영향

자동차의 운전자는 운전 중 야기한 교통사고에 대하여 고의 또는 과실이 있는 경우 불법행위에 관한 일반조항인 민법 제750조에 따라 손해배상책임을 부담하게 된다(소위 '운전자책임').[20] 그런데, 자율주행차에서는 자동화의 단계에 따라

---

18) 비역동적 운전작업에 대해서는, 제2편 제3장 〈운전·운전자법제〉 제1절 I. 2. (1) 참조.
19) 자세히는, 제2편 제4장 〈책임법과 보험법제〉 제2절 V. 1. 참조.

인간 운전자와 ADS 사이에 운전작업의 분배[21]가 이루어지고, ADS에게 운전작업을 이전한 한도에서 운전자는 운전과 관련한 주의의무로부터 해방된다.

따라서 운전자가 주의의무로부터 해방되는 한도에서 운전자는 민법의 불법행위법에 의한 운전자책임으로부터 해방될 가능성이 높아진다. 특히 작동설계영역 내에서 운행하는 SAE 4단계 자율주행차 혹은 SAE 5단계 자율주행차에서 ADS가 운전작업을 담당하는 동안 운전자는 운전에 관한 주의의무로부터 완전히 해방되게 되므로 운전자책임을 질 가능성은 사실상 배제된다.

(3) 행정법상 의미: 도로교통법에 의한 운전자책임에 대한 영향

도로교통법은 운전자에 대하여 안전운전 의무를 비롯하여 운전자로 하여금 도로상 교통과 관련하여 준수하여야 할 많은 행정상 의무와 책임을 부과한다. 그런데, 자율주행차에서는 자동화의 단계에 따라 인간 운전자와 ADS 사이에 운전작업의 분담이 이루어지게 되고, ADS가 운전작업을 분담하는 한도에서 인간 운전자에 대하여 안전운전 의무 기타 교통규칙상 부과된 의무로부터 해방시켜 줄 유인이 발생한다.[22]

따라서 자율주행차의 등장에 따라 운전자를 행정상 운전의무의 주체로부터 해방시켜주는 교통규칙의 개정 등 도로교통법의 개정이 필요하게 되고, 동시에 ADS가 운전작업을 담당하는 범위에서 ADSE의 행정상 의무와 책임을 부과하는 개정이 이루어져야 한다.[23] 따라서, 이러한 입법이 실현되는 한도에서 운전자는 행정상의 의무와 책임으로부터 해방되게 되고, 대신 ADSE가 행정상 의무와 책임을 부담하게 된다.

(4) 형사상 의미: 교통사고처리특례법상 운전자책임에 대한 영향

교통사고처리특례법은 "업무상과실(業務上過失) 또는 중대한 과실로 교통사고를 일으킨 운전자에 관한 형사처벌 등의 특례를 정함으로써 교통사고로 인한

---

20) 운전자책임에 대한 자세한 분석에 대해서는, 제2편 제4장 〈책임법과 보험법제〉 제2절 Ⅱ. 1. 참조.
21) 운전자와 ADS 사이의 운전작업의 분배에 대해서는, 제2편 제3장 〈운전·운전자법제〉 제1절 Ⅱ.의 〈표 3〉 참조.
22) 자세히는, 제2편 제1장 〈총론〉 제1절 Ⅴ.의 논의 참조.
23) 자세히는, 제2편 제1장 〈총론〉 제3절 Ⅴ. 3. 참조.

피해의 신속한 회복을 촉진하고 국민생활의 편익을 증진함을 목적으로" 제정되었다. 그런데, 자율주행차에서는 자동화의 단계에 따라 인간 운전자와 ADS 사이에 운전작업의 분담이 이루어지게 되고, "역동적 운전작업 등을 ADS가 담당하는 한도"에서 운전자에 대해 교통사고책임에 관한 과실과 과실의 전제로서의 주의의무를 인정하기 힘들게 되었다.

따라서 자율주행차의 운행이 ADS에 의해 이루어지는 동안 발생한 사고에 대해서는 운전자를 형사상 운전의무의 주체로부터 해방시켜주는 교통사고처리특례법의 개정이 필요하게 되고, 이러한 입법이 실현되는 한도에서 운전자는 형사상 의무와 책임으로부터 해방되게 된다. 대신 ADSE가 행정상 의무위반으로 인한 행정벌을 부담할 것이다.[24]

2. SAE 자율주행 단계구분과 규제법 — 단계별 ADS 안전기준의 제정 필요성

(1) 안전기준 규제

자동차는 구조 및 장치가 '자동차안전기준'에 적합하지 않으면 운행하지 못하고, 자동차에 장착되거나 사용되는 장치나 부품은 '부품안전기준'에 적합하여야 하는데, 이러한 자동차안전기준과 부품안전기준은 국토부가 국토교통부령으로 정한다(자동차관리법 제29조). 그리고, 자동차를 제작·조립 또는 수입하려는 자동차제작자 등은 국토교통부령으로 정하는 바에 따라 그 자동차의 형식이 '자동차안전기준'에 적합함을 스스로 인증("자동차자기인증")하여야 하고(제30조), 자동차부품을 제작·조립 또는 수입하려는 부품제작자 등은 국토교통부령으로 정하는 바에 따라 그 자동차부품이 '부품안전기준'에 적합함을 스스로 인증("부품자기인증")하여야 한다(제30조의2).

이러한 안전기준 규제는 자율주행차 및 자율주행차에 장착되는 ADS에 대해서도 동일하게 적용될 수 있다.

(2) 자율주행 단계에 따른 안전기준 규제의 적용

자율주행차는 차량이므로 기존의 차량과 마찬가지로 자율주행차의 구조 및 장치에 대해 '자동차안전기준'을 제정할 수 있다. 마찬가지로, ADS는 자율주행차

---

24) 자세히는, 제2편 제1장 〈총론〉 제4절 참조.

에 장착되거나 사용되는 장치로 볼 수 있으므로, ADS에 대해 '부품안전기준'을 제정할 수 있다. 그런데, SAE 3단계 자율주행차와 4단계 자율주행차는 다른 종류의 자동차로 분류되므로 구조 및 장치에 관한 안전기준은 별도로 제정되어야 한다. 마찬가지로, SAE 3단계 ADS와 4단계 ADS 는 다른 종류의 장치로 분류되므로 그 안전기준도 별도로 제정하여야 한다.

이와 같이 국토부가 SAE 3단계 혹은 4단계 자율주행차의 구조 및 장치에 대한 자동차안전기준을 별도 제정하면, SAE 3단계 자율주행차 혹은 4단계 자율주행차를 제작·조립 또는 수입하려는 자율주행차제작자 등은 국토교통부령으로 정하는 바에 따라 그 자동차의 형식이 자동차안전기준에 적합함을 자기인증하여야 한다(제30조). 마찬가지로, SAE 3단계 혹은 4단계 ADS를 제작·조립 또는 수입하려는 ADS 제작자 등은 국토교통부령으로 정하는 바에 따라 그 ADS가 단계별 ADS 안전기준에 적합함을 자기인증하여야 한다(제30조의2).

국토부는 최근 3단계 ADS에 대한 부품안전기준을 제정[25]하였으므로, 3단계 ADS를 제작·조립 또는 수입하려는 ADS 제작자 등은 국토교통부령으로 정하는 바에 따라 당해 ADS가 3단계 ADS 부품안전기준에 적합함을 자기인증하면 된다. 따라서, 조만간 우리나라에서도 ADS 안전기준에 따라 자기인증한 3단계 ADS 혹은 이러한 ADS가 장착된 자율주행차가 출시될 것으로 예상된다.[26]

3. SAE 자율주행 단계구분과 제조물책임법

(1) 자동화기술에 대한 판단의 기준

SAE 자율주행 단계 구분은 ADS에 의한 운전 중 사고가 발생한 경우, ADS 제작자 및 ADS 장착 차량 제작자의 제조물책임이 문제된 경우 큰 의미가 있다. 먼저 자율주행차에 적용된 자동화기술이 어떠한 수준인가가 문제될 수 있는데, 현재 가장 영향력이 큰 SAE J3016에 의한 단계 구분이 자동화기술수준에 대한 '객관적인 기준'으로서 활용될 수 있다.[27]

특히 NHTSA는 자율주행차의 자동화기술수준 표시를 원칙적으로 제작자의 책임으로 보고 있는데, 그 표시는 사실상 현재 가장 영향력 있는 기준인 SAE 기

---

25) 자세한 논의에 대해서는, 제2편 제2장 〈자동차법과 도로법제〉 제3절 참조.
26) 아래의 Ⅲ. 2. (2) 참조.
27) 아래의 Ⅲ. 1. (1) 참조.

준에 의할 수밖에 없다.[28]

(2) 제조사의 특정 단계의 부여: 제조사의 '표시상의 결함'의 증명책임

제작자가 자신의 ADS 에 대하여 SAE 3단계 혹은 4단계와 같은 특정 자동화 단계를 부여한 경우, 이러한 행위는 "표시상의 결함"을 인정하기 위한 전제로서 큰 의미를 지닌다. 특히 제조물책임 소송에서 제작자의 실제 자율주행기술이 제작자가 부여한 SAE 단계의 기술에 해당하는지 여부가 쟁점이 되는 경우, 그에 대한 증명책임을 제조업자에게 지우는 효과가 있다.[29]

(3) 제작자의 제한된 '작동설계영역'의 설정: 제작자의 설명의무의 이행

반대로 제작자가 자신의 ADS에 대하여 특정 단계를 부여하면서 '작동설계영역'을 명시적으로 제한함으로써 작동 범위와 한계를 명확하게 설명한 경우, 이러한 행위는 "표시상의 결함"을 부인하기 위한 조치로서 의미가 있다. 예를 들어, 제작자가 ADS의 작동설계영역을 제한하였음에도 불구하고 자율주행차 보유자가 작동설계영역을 벗어난 지역에서 ADS를 작동시켜 사고가 난 경우, 제작자는 '합리적인 설명 경고'가 있었음 이유로 자율주행차의 보유자에 대해 표시상의 결함이 없었음을 주장할 수 있다.[30]

Ⅲ. SAE 자율주행 단계구분의 입법에의 수용

1. 미국의 SAE 자동화 단계 구분의 법적 수용

(1) 연방 교통부와 NHTSA의 SAE 단계 수용

2016년 9월 미국 교통부(DOT)와 NHTSA는 공동으로 현재까지 가장 영향력있는 자율주행정책에 관한 정책설명서를 발표하였다. 바로 Federal Automated Vehicles Policy: Accelerating the Next Revolution In Roadway Safety(September, 2016)(이하 "Federal Automated Vehicles Policy")이다. 교통부와 NHTSA는 다음해 2017

---

28) DOT & NHTSA, "Federal Automated Vehicles Policy: Accelerating the Next Revolution in Roadway Safety" (2016. 9) (이하, "DOT & NHTSA, Federal Automated Vehicles Policy") 12면.

29) 맹준영, 104면.

30) 자세히는, 제2편 제4장 〈책임법과 보험법제〉 제4절 Ⅳ. 3. (3) 2) 가) 참조.

년 9월 두 번째 공동 정책설명서 Automated Driving Systems 2.0: A Vision for Safety(2017)을 발간하였다. 하지만, 두 번째 정책설명서는 첫 번째 정책설명서를 보충하는 것이라고 볼 수 있고, 첫 번째 정책설명서의 자율자동차 정책을 변경한 것으로 보이지 않는다. 따라서, 현재까지도 Federal Automated Vehicles Policy는 미국의 자율주행차 정책에 관한 가장 중요한 설명서로 간주된다.

미국 교통부와 NHTSA는 자동화 단계에 대한 복수의 정의가 존재하고 있는데 일관성을 유지하기 위해 표준화의 필요가 있음을 인정하면서, 이 정책설명서가 SAE 자동화 단계에 관한 정의를 채택한다고 명시적으로 밝히고 있다.[31] 미국 교통부와 NHTSA는 SAE 단계를 이용해 운전자와 자율주행시스템 중 누가 주행환경의 주된 감시책임을 지는가에 따라 0-2단계와 3-5단계를 구별하였는데, 주행환경의 감시책임을 지는 자율주행시스템이 장착된 SAE 3-5단계 차량을 "고도 자동화차량"(highly automated vehicle: HAV)이라고 정의하였다. 이는 이 책에서 사용하는 '자율주행차량'(Automated vehicle: AV)의 정의에 해당한다. 또 이 정책보고서는 주행환경의 감시능력을 가진 시스템을 "고도 자동화차량의 시스템"(HAV systems)으로 정의하고 있는데, 이러한 시스템은 SAE 3단계 이상의 시스템이고 이는 이 책에서 사용하는 '자율주행시스템'(ADS)의 정의에 해당한다.[32]

(2) "차량의 자율운행에 관한 통일법"(Uniform Automated Operation of Vehicles Act)에서의 수용
1) 통일법위원회에서의 자율주행차통일법의 제정

미국은 연방정부와 주정부가 존재하고 사안에 따라 관할을 나누어 갖는다. 자동차 및 도로교통에 관한 관할도 연방정부와 주정부 사이에 나누어져 있는데, 우리나라의 자동차안전기준 규제에 상당하는 규제에 관해서는 연방정부가 관할권을 행사하고, 자동차의 등록규제 및 도로교통법상의 규제에 대해서는 주정부가 주 도로교통법을 통해 관할권을 행사한다. 현재 안전기준에 대한 연방규제는 앞서 살펴본 NHTSA가 FMVSS(Federal Motor Vehicles Safety Standards)의 제정, 개정을 통해 수행하고 있다.

그런데 미국에서 50여 개의 주정부가 각각의 주법을 갖게 되면서 주법이 서

---

31) DOT & NHTSA, Federal Automated Vehicles Policy 9면.
32) DOT & NHTSA, Federal Automated Vehicles Policy, 10면.

로 달라지는 현상이 발생하였고, 이는 주 사이의 거래 등에 있어 큰 불편을 야기하였다. 따라서 상이한 주법을 통일하기 위한 노력이 있어 왔고, 현재 주법을 통일하기 위한 통일법위원회(National Conference of Commissioners on Uniform State Laws 혹은 Uniform Law Commission)가 설치되어 있다.

앞서 언급한 것처럼, 자동차의 등록규제 및 도로교통규제는 주정부의 관할에 속하는데, 자율주행차와 관련해 미국의 개별주들이 각각 다른 입법을 하면서 자율자동차 규제에 대한 통일법의 필요성이 대두되었다. 이에 따라 통일법위원회는 산하에 "차량의 자율운행에 관한 입법위원회"(Automated Operation of Vehicles Act Committee)를 설치하고 자율주행차 규제에 관한 통일법을 준비해 왔다. 위 위원회가 준비한 "차량의 자율운행에 관한 통일법"(Uniform Automated Operation of Vehicles Act)(이하 "자율차통일법")[33]은 2019년 7월 통일법위원회 총회에서 승인되었고, 미국의 모든 주에서 이 통일법을 주법으로 입법할 것으로 예상된다.

2) "차량의 자율운행에 관한 통일법"에서의 SAE 단계의 수용

"자율차통일법"은 직접적으로 SAE 단계 구분을 조항에 명시하지는 않는다. 하지만 SAE가 단계 구분을 위하여 사용한 핵심개념을 직접 법률용어로 정의함으로써 사실상 SAE의 단계구분을 수용하고 있다.

먼저 "자율차통일법"은 제2조 제10항 및 제3항에서 SAE 단계구분의 핵심개념인 "역동적 운전작업"(DDT) 및 DDT를 수행하는 "자율주행시스템"(ADS) 개념을 SAE 정의 그대로 수용함으로써, ADS가 DDT를 수행하는 SAE 3-5단계의 차량만이 이 통일법의 규제대상인 자율주행차량임을 명시적으로 승인하고 있다. 특히, 제2조 7항은 "자율주행전용차량"(Dedicated automated vehicle)을 정의하고 있는데, 이 개념은 4단계 혹은 5단계 ADS만으로 운행하도록 설계된 SAE의 "자율주행시스템전용차량"(ADS-Dedicated vehicle)의 개념[34]을 수용한 것으로, SAE 3단계 차량과 4-5단계 차량 사이의 구분을 전제하고 있다.

또한, 자율차통일법은 제2조 11항에서 SAE가 정의한 "최소위험상태"(MCR) 개념을 수용하고 있는데, 최소위험상태를 달성하는 주체로서 차량사용자와 ADS를 각각 구별함으로써 비상상황대응 주체에 따른 SAE 3단계와 4단계의 구별을 전제하고 있다.[35]

---

33) 자율차통일법에 대해서는, 제2편 제1장 〈총론〉 제3절 Ⅱ. 3. (2) 및 Ⅳ. 참조.
34) 앞의 Ⅰ. 2. (3) 참조.

2. 우리나라의 SAE 자동화 단계 구분의 법적 수용

(1) "자율주행차 상용화 촉진 및 지원에 관한 법률"에서의 수용

2019년에 제정되어 2020년에 시행되는 "자율주행차 상용화 촉진 및 지원에 관한 법률" 제2조는 제1항 제2호에서 "자율주행시스템"을 정의하고 있고, 제2항에서 "자율주행차"를 다음과 같이 분류한다:

제2조 (정의) ① 2. "자율주행시스템"이란 운전자 또는 승객의 조작 없이 주변상황과 도로 정보 등을 스스로 인지하고 판단하여 자동차를 운행할 수 있게 하는 자동화 장비, 소프트웨어 및 이와 관련한 일체의 장치를 말한다.
② 자율주행자동차의 종류는 다음 각 호와 같이 구분하되, 그 종류는 국토교통부령으로 정하는 바에 따라 세분할 수 있다.
1. 부분 자율주행자동차: 자율주행시스템만으로는 운행할 수 없거나 지속적인 운전자의 주시를 필요로 하는 등 운전자 또는 승객의 개입이 필요한 자율주행자동차
2. 완전 자율주행자동차: 자율주행시스템만으로 운행할 수 있어 운전자가 없거나 운전자 또는 승객의 개입이 필요하지 아니한 자율주행자동차

이와 같이 우리나라에서도 SAE 3단계 및 4-5단계의 자율주행차 구분을 수용하고 있고, SAE 4단계와 5단계를 국토교통부령에 따라 더 세분할 수 있는 근거를 유보하고 있다(제2항 본문 참조).

(2) 안전기준 규제에서의 수용

또한 우리나라는 자동차관리법상의 안전기준규제에서도 SAE 자동화 단계를 수용하고 있는데, 특히 SAE 3단계를 기준으로 자율주행시스템에 관한 부품안전기준을 제정하였다.

국토교통부에 따르면, 이러한 안전기준은 6개월 뒤에 시행되고, 이르면 오는 7월부터 국내에서 3단계 자율주행차의 출시·판매가 가능할 것으로 보고 있다.[36] ADS 안전기준에 대한 자세한 검토에 대해서는, 아래의 '제2장 제3절 자율주행시

---

35) 앞의 Ⅰ. 2. (1) 및 (2) 참조.
36) 송협, "국내 자율주행차 7월부터 출시…운행 가능해진다", THE DAILYPOST(2020. 1. 5) (http://www.thedailypost.kr/news/articleView.html?idxno=72414; 2020. 1. 25일 접속)

스템(ADS)에 대한 안전규제체계 검토 — 자동차관리법을 중심으로'에서 살펴본다.

3. 호주의 SAE 자동화 단계 구분의 법적 수용과 ADSE 개념의 창안

호주도 일찍부터 SAE 자동화 단계 구분을 수용하여 자율주행차에 대한 새로운 입법을 준비해 왔다. 특히 호주는 SAE 자동화 단계를 수용하였을 뿐만 아니라 SAE 3단계 자동화부터 등장하는 ADS 관련 여러 법적 문제점에 대해 깊이 연구하여, ADS Entity[37]라는 개념을 최초로 제시하고 ADSE의 법적 지위를 체계화하였다.

(1) 자율주행차에 대한 '안전기준' 규제와 ADSE 개념의 주창

먼저, 호주의 국립교통위원회(NTC)는 자율주행차에 대한 '자동차안전기준' 규제에 관한 검토보고서 Discussion paper: Regulatory options to assure automated vehicles safety in Australia (June 2017)에서 자신들의 자동화 단계는 SAE의 J3016에 따른 단계구분에 기초하였다는 점을 명시적으로 천명하면서, ADS의 자기인증제도 및 그에 대해 책임을 지는 주체로서 ADS Entity 개념을 처음으로 소개하고 있다.[38]

NTC는 후속보고서 Safety Assurance for ADS Consultation RIS (May 2018)에서 ADS를 자기인증한 ADSE가 ADS의 작동에 대하여 책임을 져야 하고, 이러한 책임을 커버하기 위해 보험에 들어야 한다고 결론을 내렸다.[39]

호주의 ADS에 대한 안전기준 규제에 대한 간단한 내용은, 제1장 〈총론〉 제3절 Ⅱ. 3. (1) 1)에 서술되어 있다.

(2) 자율주행차에 관한 '도로교통법' 규제와 ADSE의 역할

NTC는 또 자율주행차에 대한 '안전기준' 규제 보고서의 후속으로 자율주행차에 관한 '도로교통법'에 관한 검토보고서 Discussion Paper: Changing driving laws to support automated vehicles (Oct. 2017)도 발간하였다. 이 검토보고서에서 NTC는 새로운 운전자인 ADS의 등장으로 인해 발생하는 도로교통법상의 문제점

---

37) ADS Entity 개념에 대해서는, 제2편 제1장 〈총론〉 제3절 Ⅱ. 1. 이하 참조.
38) NTC, Discussion paper: Regulatory options to assure automated vehicles safety in Australia (June 2017), 15-16면.
39) NTC, Safety Assurance for Automated Driving Systems Consultation Regulation Impact Statement (May 2018), 89면.

과 ADSE의 필요성에 대해 더욱 상세히 다루었다.[40]

ADSE에 대한 호주의 도로교통법 규제에 대해서는 제1장 〈총론〉 제3절 Ⅱ. 3. (1) 2)에 서술되어 있다.

(3) 자율주행차에 관한 '책임보험' 규제와 ADSE의 역할

NTC는 나아가 자율주행차에 관한 '책임보험' 규제에 관해서도 검토보고서 Discussion paper: Motor Accident Injury Insurance and Automated Vehicles(Oct. 2018)를 발간하였다. NTC는 이 검토보고서에서 ADS의 작동 중 발생한 사람의 사상이나 재물의 손괴에 대하여 ADSE가 책임을 지는 경우, 이러한 책임을 커버할 책임보험에 의무적으로 가입해야 한다는 Safety Assurance for ADS Consultation RIS (May 2018)의 결론을 다시 인용하면서, 이러한 책임보험의 적절한 내용이 무엇인가를 검토하고 있다.[41] 이에 대한 간단한 내용은, 제1장 〈총론〉 제3절 Ⅱ. 3. (1) 3)에 서술되어 있다.

(4) 소결

호주가 제안한 새로운 규제개념인 ADSE 개념은 (i) 차량의 안전기준 규제, (ii) 도로교통법상 규제뿐만 아니라 (iii) 책임보험 규제에서도 핵심개념으로 작용한다. ADSE를 중심으로 한 이러한 새로운 규제움직임은 다시 미국[42]과 영국[43]에 대하여 직접적 영향을 미치고 있다.

이에 대한 좀 더 상세한 내용에 대해서는, 아래의 '제1장 제3절 자율주행시스템(ADS)의 운전행위와 시스템후견인(ADSE)의 민사적, 행정적 책임'의 Ⅱ. 특히 Ⅱ. 3.에서, 그리고 '제2장 제3절 자율주행시스템(ADS)에 대한 자동차관리법상 안전규제체계'의 Ⅲ. 3.에서 살펴본다.

---

40) NTC, Discussion Paper: Changing driving laws to support sutomated vehicles (Oct. 2017), 13면 이하.

41) NTC, Discussion paper: Motor Accident Injury Insurance and Automated Vehicles (Oct. 2018) 14면.

42) 미국의 ADP 개념에 대해서는, 제2편 제1장 〈총론〉 제3절 Ⅱ. 3. (2) 및 Ⅲ. 3. (2) 참조.

43) 영국의 ADSE 개념 수용에 대해서는, 아래의 6. 영국 참조.

4. 독일의 자동화단계 구분의 창안과 SAE 자동화단계 구분의 수용

독일은 자동차기술의 강국답게 2012년 1월부터 독일 연방 도로기술연구소 (Bundesanstalt fur Strassenwesen: BASt)가 자동차의 자동화 수준을 4단계로 분류해 발표한 바 있다.[44] 독일에 이어 2013년 5월 미국 연방 도로교통안전청(NHTSA)이 이와 유사한 5단계의 기준을 공표하였고, 2014년 1월 SAE는 가장 상세한 6단계의 자동화 기술수준(J3016)을 제안하였다. 이처럼 SAE J3016은 BASt가 채택한 용어와 개념에 기반하여 발전된 것이다.

지금은 독일에서도 사실상 국제표준이 된 SAE J3016을 중심으로 논의가 진행 되고 있고, 독일의 도로교통법 개정은 SAE J3016의 단계를 염두에 두고 개정된 것 으로 보인다. 독일의 도로교통법 개정에 대해서는, 제2편 제3장 〈운전 · 운전자법 제〉 제2절 운전자 지위의 확대와 운전자의 의무 및 책임의 변화, Ⅳ.에서 살펴본다.

5. 일본의 SAE 자동화 단계 구분의 법적 수용

일본에서도 SAE 자동화 단계를 반영하는 입법이 행해졌다. 자율주행차와 관 련하여 2019년 '도로운송차량법'과 '도로교통법'의 개정[45]이 있었는데, 이 개정으 로 SAE 3단계의 실현이 가능하게 되었다. 일본은 2020년 여름 도쿄 올림픽을 즈 음해 3단계 자율주행차가 고속도로를 주행하는 것이 가능할 것으로 예측하고 있 었고, 이번에 이루어진 개정은 3단계 자율주행을 예상하여 이루어진 것으로 볼 수 있다.

보도에 따르면, 일본은 2020년 여름에 혼다 3단계 자율주행차를 출시함으로 써 세계 최초의 자율자동차 상용화를 목표로 하고 있었다.[46]

6. 영국의 SAE 자동화단계 구분과 ADSE 개념의 수용

영국도 자율주행차의 주요 이슈를 선도하는 나라이다. 특히 자율주행차의 사 고책임과 보험에 관하여 가장 선도적인 입법인 '단일보험자 모델'[47]을 채택한

---

44) BASt 의 자동화 수준에 대해서는, 제1편 제1절 Ⅰ. 참조.
45) 일본의 최근 법개정에 대해서는, 제2편 제2장 〈자동차법과 도로법제〉 제3절 Ⅲ. 5. 참조.
46) 매일경제, "日 자율주행차 성큼 … 혼다 '레벨3' 車 시판", https://www.mk.co.kr/news/busi ness/view/2019/12/1048712/(2020. 1. 15. 확인).
47) 자세히는, 제2편 제4장 〈책임법과 보험법제〉 제5절 Ⅱ. 5. 참조.

Automated and Electric Vehicles Act 2018을 입법하였다. 영국에서도 모든 논의는 SAE J3016이 채택한 개념인 ADS, DDT, DDT Fallback, MCR 등을 중심으로 행해 지고 있고, SAE가 분류한 자동화단계를 전제하고 있다.[48]

특히 영국은 호주가 제안한 ADSE 개념을 중심으로 안전기준규제, 도로교통 법규제 및 책임보험법 규제를 어떻게 재편할 것인가를 논의하고 있는데, 영국에 서도 ADSE 개념은 압도적인 지지를 받고 있다.[49]

나아가, 영국에서는 SAE 4단계 이상 자율주행전용차량을 이용한 여객운수사 업을 HARP(highly automated road passenger service)라고 부르면서, '인간의 개입의무 가 없는' 자율주행 여객운수사업을 위한 법제 정비를 서두르고 있다.[50]

Ⅳ. 국제적 규제 프레임과 SAE J3016의 영향

자동차의 도로상 교통과 관련해 공중의 안전성을 확보하기 위한 규제의 국 제적 통일 노력은 일찍부터 시작되었다. 이러한 국제적인 노력은 크게 보아 두 가지로 분류할 수 있는데, '도로교통'의 안전성을 확보하기 위한 제네바 협약, 비 엔나 협약이 그 한 가지이고, 다른 하나는 '차량'의 안전성을 확보하기 위한 1958 년 협약, 1998년 협약이다. 우리나라는 제네바협약과 1958년, 1998년 협약의 가입 국으로서 이러한 국제협약에 구속된다.

SAE J3016은 이러한 국제적 규제 프레임의 형성에도 직접적 영향을 미치고 있다.

1. 도로교통에 관한 제네바협약, 비엔나협약에 대한 영향

1949년과 1968년에 각각 체결된 제네바협약과 비엔나협약에 따르면, 모든 차 량에는 운전자가 있어야 하고, 차량은 항상 인간운전자에 의해 운행되고 통제되 어야 한다. 따라서, ADS에 의한 자율주행을 위해서는 운전자의 차량통제요건이

---

48) 자세히는, Law Commission, Automated Vehicles: A joint preliminary consultation paper (Nov. 2018) 및 Law Commission, Automated Vehicles: Analysis of Responses (June, 2019) 참조.
49) Law Commission, Automated Vehicles: Analysis of Responses (June, 2019), 49면 이하 참조.
50) 자세히는, Law Commission, Automated Vehicles: Consultation Paper 2 on Passenger Ser- vices and Public Transport (Oct. 2019) 참조.

개정되어야 한다.[51]

제네바협약과 비엔나협약은 유엔유럽경제위원회(UNECE: United Nations Eco-
nomic Commission for Europe)의 상설 실무그룹 WP1(Global Forum on Road Traffic
Safety)이 관장하고 있는데, SAE 3단계 자동화를 반영하기 위한 협약의 개정은 이
미 행해졌고,[52] SAE 4단계와 SAE 5단계 차량을 허용하기 위해 협약을 개정해야
하는지, 개정해야 한다면 어떠한 조치를 취할 것인지 등이 논의되고 있다.

2. 차량과 부품의 안전기준에 관한 1958년, 1998년 협약에 대한 영향

차량과 부품에 관한 국제적인 안전기준은 1958년 협약[53] 및 1998년 협약[54]
에 의해 설정되어 있다. 이러한 차량과 부품의 국제적 안전기준은 UNECE의 상설
실무그룹 WP29(World Forum for Harmonization of Vehicle Regulations)가 개발하고 있
다.[55]

2018년 6월, WP29는 새로운 자율주행차량 실무그룹(GRVA: Working Party on
Automated/Autonomous and Connected Vehicles)을 구성하고 차량자동화의 안전성 등
에 대한 기준을 개발하고 있다.

그런데, 자율주행을 가능하게 하는 자동화기술과 관련해 현재 차량과 부품의
안전기준 규제체제의 개정이 필요한지, 예를 들어 ADS '소프트웨어'의 업데이트
를 규제하기 위해 '차량'과 '부품' 개념을 중심으로 한 안전기준 규제체제의 개정
이 필요한지 등이 논의되고 있다.

---

51) 제네바협약, 비엔나협약에 관해서는, 제2편 제3장 〈운전·운전자법제〉 제2절 Ⅱ. 2. 및 3.
참조.
52) 앞의 각주의 내용 참조.
53) 정식명칭은 Agreement concerning the Adoption of Harmonized Technical UN Regula-
tions for Wheeled Vehicles, Equipment and Parts which can be Fitted and/or be Used on
Wheeled Vehicles and the Conditions for Reciprocal Recognition of Approvals Granted
on the Basis of these UN Regulations(opened for signature 20 March 1958, 335 UNTS
211)이고, 1959년 6월에 발효하였다.
54) 정식명칭은 Agreement concerning the Establishing of Global Technical Regulations for
Wheeled Vehicles, Equipment and Parts which can be fitted and/or be used on
Wheeled Vehicles(opened for signature 25 June 1998, 2119 UNTS 129)이고, 2000년 8월
발효하였다.
55) 협약의 주요 내용에 대해서는, Law Commission, Automated Vehicles: A joint preliminary
consultation paper (Nov. 2018) 55면 이하; https://www.unece.org/trans/main/wp29/
wp29regs.html 참조.

3. 국제적 협약의 준수의무와 국내입법 간의 관계

(1) 협약의 준수의무

우리나라는 1958년 협약 및 1998년 협약의 가입국이다. 따라서, 차량 및 부품 안전기준에 관한 협약의 기준을 충족하는 차량 및 부품에 대해서 승인해 줄 국제적 의무를 부담하는데, 자동차관리법의 안전기준 규제를 통해 이러한 국제적 의무를 이행하고 있다.

또한 우리나라는 제네바협약의 가입국으로서 제네바협약이 부과한 도로교통에 관한 교통규칙의 준수의무 등을 부담하는데, 우리나라는 도로교통법의 제개정을 통해 이를 이행하고 있다.

(2) 자율주행기술에 대한 선도적 국내입법의 필요성

그런데, 자율주행차의 선진국들은 이러한 국제협약과는 관계없이 먼저 자율주행기술의 주도권을 갖기 위해 국내입법을 서두르고 있다. 대표적인 것이 호주가 제안한 ADSE 개념이다. ADSE 개념은 국제협약이 부재함에도 불구하고, 영국 및 미국 등에서 채택하고 있다.

국제협약은 회원국들의 합의가 있어야 제·개정되므로 앞으로 채택되는 데는 많은 시간이 걸린다. 하지만, 자율주행기술은 이미 등장해 활용되고 있기 때문에, 우리가 자율주행차를 먼저 상용화하기 위해서는 협약의 개정을 기다릴 것이 아니라 우리가 먼저 필요한 입법을 할 필요가 있다.

이러한 점에서 1958년 협약, 1998년 협약의 개정을 기다리지 않고, 독자적으로 ADS 부품안전기준을 제정한 국토부의 결단[56]은 올바른 판단이라고 생각된다.

---

56) 자세히는 제2편 제2장 〈자동차법과 도로법제〉 제3절 참조.

제3절 자율주행시스템(ADS)의 운전행위와 시스템후견인(ADSE)의 민사적, 행정적 책임[*]

전통적인 차량에서는 "자동차"를 인간 "운전자"가 운전을 한다. 따라서, 도로교통상 안전을 확보하기 위해 교통관련법제는 이 두 가지 위험유발원인을 규제대상으로 하여 발전하였고, "자동차" 규제와 "운전자" 규제를 명확히 구분한다. 즉전자의 목적을 위해 자동차안전기준이나 부품안전기준과 같이 "자동차"의 구조와장치에 관한 기계적 안전성을 확보하기 위해 안전기준 규제 기타 자동차관리법체제[1]가 고안되었다. 동시에 후자의 목적을 위해 운전면허제도나 교통규칙과 같이 인간 "운전자"의 운전행위를 규제하기 위한 도로교통법 체제[2]가 고안되었다.

그런데, 새롭게 등장하고 있는 자율주행차에서는 "자동차"의 운전을 인간이아니라 하드웨어와 소프트웨어의 총합체인 "자율주행시스템"(ADS: automated driv-

---

* 이 부분은 이중기 · 황창근, "자율주행차의 운전자는 누구인가? ― ADS에 의한 운전행위와그에 대한 ADS Entity의 민사적, 행정적 책임", 홍익법학 제20권 제3호(2019)를 다시 실은것이다.

1) 자동차관리법, 제3장 자동차의 안전기준 및 자기인증 등이 그것이다.
　자동차관리법 체제에 관한 간략한 소개는, 제2편 제1장 〈총론〉 제1절 Ⅳ; 황창근 · 이중기, "자율주행차 운행을 위한 행정규제 개선의 시론적 고찰 ― 자동차, 운전자, 도로를 중심으로", 홍익법학 제17권 제2호(2016) 27면(이하 "황창근, 이중기, 자율주행차에 대한 행정규제 시론"), Ⅳ. 이하 참조.
　자율주행차의 자동차관리법에 대한 영향에 대해서는, 제2편 제2장 〈자동차법과 도로법제〉 제1절부터 제3절 참조.

2) 도로교통법 제4장 운전자와 고용주 등의 의무, 제8장 운전면허 등이 그것이다.
　도로교통법 체제에 관한 간략한 소개는, 제2편 제1장 〈총론〉 제1절 Ⅴ; 황창근 · 이중기, 자율주행차에 대한 행정규제 시론, Ⅴ. 이하 참조.
　자율주행차의 도로교통법에 대한 영향에 대해서는, 제2편 제3장 〈운전 · 운전자법제〉 제1절부터 제3절 참조.

ing system)이 담당하게 된다. 이러한 운전작업의 담당주체의 변화는 인간 운전자의 운전행위를 규제하기 위해 발전한 도로교통법상 규제체제가 "인간"이 아니라 "자율주행시스템", 즉 ADS 의 규제를 위한 것으로 완전히 전환될 수 있음[3]을 의미한다. 동시에, 자동차의 구조와 장치의 기계적 안전성을 확보하기 위한 자동차관리법상 규제체제가 운전작업을 담당하는 자율주행시스템, 즉 ADS 규제에 대해 확장·적용될 수 있음[4]을 의미한다.

로봇운전자 ADS의 등장으로 인한 운전주체의 변화양상에 대응하여 각국은 여러 가지 해결방안을 모색하고 있는데, 크게 보아 세 가지 방안을 채택할 수 있다. 첫번째 방법은 ADS가 운전을 담당함에도 불구하고, 여전히 인간 운전자를 운전담당자로 의제하여 인간의 운전자로서의 의무와 책임을 관철하는 방법이다.[5] 다른 하나는 ADS에 의한 운전 현상을 그대로 인정하여 ADS를 운전자로 승인하고, ADS에 대해 직접 운전자로서의 지위와 책임을 인정하는 방법이다.[6] 세 번째 방법은 ADS의 운전행위를 그대로 인정하지만, ADS는 권리의무의 주체가 될 수 없으므로 다른 권리주체가 ADS를 대신해 의무와 책임을 지는 방법이다.[7]

이 글에서는 먼저 호주 국립교통위원회가 제안하고 영국도 채택할 것으로 예상되는 세 번째 방안, 즉 ADS를 대신해 운전의 의무와 책임을 지는 주체인 ADS Entity, 소위 ADSE 개념에 대해 살펴본다. 그 다음 ADSE 개념과 유사하나 약간 차이가 있는 미국의 ADP(automated driving provider) 개념에 대해 살펴본다. ADP 개념은 2019년 7월 미국 통일주법위원회가 승인한 "차량의 자율운행에 관한 통일법"(Uniform Automated Operation of Vehicles Act)에 채용되었는데, 미국의 많은 주에서 이 통일법을 채택할 것으로 예상된다. 다음으로 1958년협약 혹은 제네바협약과 같은 자동차·도로 교통 법규의 국제적 정합성에 대해 살펴본다. 미국과

---

3) 제2편 제1장 〈총론〉 제1절 Ⅱ. 1. 및 Ⅴ. 1. (3); 황창근·이중기, 자율주행차에 대한 행정규제 시론, Ⅱ. 1. 및 Ⅴ. 1. (3); 류병운, "자율주행자동차 사고의 법적 책임", 홍익법학 제19권 제1호(2018) 42면,

4) 자세히는, 〈자동차법과 도로법제〉 제3절 및 제2절; 황창근·이중기, "자율주행시스템(ADS)에 대한 안전규제체계 검토 — 자동차관리법을 중심으로", 중앙법학 제21집 제4호(2018) 233면; 황창근·이중기, "자율주행차 운행을 위한 자동차관리법의 개정 방향", 중앙법학 제20집 제2호(2018), 7면(이하, "황창근·이중기, 자율주행차 운행을 위한 자동차관리법"), 23면 이하 참조.

5) 아래의 Ⅰ. 1. 및 Ⅲ. 1. 참조.

6) 아래의 Ⅰ. 2. 참조.

7) 아래의 Ⅰ. 3. 및 Ⅱ. 참조.

영국 등의 국제적 영향력을 생각하면 이러한 ADSE 혹은 ADP 개념은 조만간 도로교통에 관한 제네바협약이나 차량과 부품의 안전기준에 관한 1958년협약에 반영될 것으로 예상되는데, 이러한 협약의 개정을 통해 제네바협약, 58년협약 비준국인 우리나라를 구속하는 경우, 우리나라의 입법에 어떠한 영향을 미칠 것인가를 분석해 본다. 구체적으로 자동차관리법에 대한 영향 도로교통법에 대한 영향 및 자동차손해배상보장법에 대한 영향을 간단히 분석해 본다.

I. 로봇운전자(ADS)의 운전행위를 법적으로 어떻게 취급할 것인가?

1. 방안 I: 여전히 기계의 작동으로 보고 인간을 운전자로 의제하는 방안

자율주행차에서는 사람이 아니라 ADS가 역동적 운전작업(DDT)을 담당한다. 그럼에도 불구하고 ADS는 하드웨어와 소프트웨어의 총합체인 기계시스템이기 때문에 권리주체가 될 수 없다. 따라서 ADS를 자율주행차의 '운전자'로 보거나 혹은 ADS가 자율주행차를 운전한다고 보는 것은 법적으로 어려움을 야기한다. 그런데 이러한 어려움은 "인간의 운전행위"에 대한 해석을 융통성 있게 행함으로써 기존 권리의무주체인 운전자의 의무와 책임을 확장하는 방법으로 극복할 수 있다.[8] 즉 ADS가 운전작업을 담당함에도 불구하고 여전히 기존의 권리주체인 인간을 운전담당자로 의제하여 계속해서 인간 운전자의 의무와 책임을 관철하는 것이다.

독일의 개정 도로교통법은 이러한 방법을 채택하고 있다.[9] 하지만 뒤에서 보는 것처럼, 이러한 의제적 방식은 SAE Level 3 자율주행차에 대해서는 적용이 가능하지만, 인간의 제어권회복의무가 완전히 사라지는 SAE Level 4 이상의 자율

---

8) 로봇/인공지능의 작용으로 인한 사고책임과 관련해, "기존 권리주체 사이"에 책임과 의무를 재분배하는 방식에 대해서는, 제2편 제4장 〈책임법과 보험법제〉 제1절 II. 3. (1); 이중기, "인공지능을 가진 로봇에 대한 법적 취급 ─ 자율주행자동차 사고의 법적 인식과 책임을 중심으로", 홍익법학 제17권 제3호(2016), 1면(이하, "이중기, 인공지능에 대한 법적 취급"), II. 3. (1) 참조.

9) 독일의 개정 도로교통법에 대해서는, 제2편 제3장 〈운전·운전자법제〉 제2절 IV. 참조; 이중기·황창근, "자율주행차의 도입에 따른 '운전자' 지위의 확대와 '운전자'의 의무 및 책임의 변화", 홍익법학 제18권 제4호(2017) 347면(이하, "이중기·황창근, 자율주행차의 도입에 따른 운전자 지위의 확대방안") IV. 참조.
   더 자세히는, 김진우, "자동주행에서의 민사책임에 관한 연구 ─ 개정된 독일 도로교통법과 우리 입법의 방향", 강원법학 제51권(2017), 33면(이하, "김진우 I") 참조.

주행차에 대해서는 적용하기 힘든 한계가 있다.[10]

2. 방안 Ⅱ: ADS를 '운전자'로 보고 '운전자'로서의 제한적 권리주체성을 인정하는 방안

방안 Ⅰ 과 대척점에 있는 방식도 존재하는데, 이 방식은 다소 급진적이다. 즉 ADS에 의한 자율주행차의 운전 현상을 그대로 인정하여 ADS를 자율주행차의 운전자로 승인하고, ADS에 대해 직접 운전자로서의 지위와 책임을 부과하는 방법이다.[11] "전격 Z 작전"에 나오는 키트[12] 정도의 자율주행차 혹은 영화 "트랜스포머"에 나오는 자동차라면 이러한 방안을 채택할 수 있다. 즉 ADS로 하여금 자율주행차의 운행 중 안전운전의무를 지게 하고, 사고가 발생한 경우 사고에 대하여 직접 책임을 지도록 하면서, 동시에 책임재산의 확보를 위해 책임보험의 가입능력을 제한적으로 인정하는 방안이다.[13] 하지만, 아직 키트 수준의 자율주행시스템은 개발되지 않았고, 또한 이러한 방법은 ADS 에 대한 "운전자" 지위 부여를 전제하기 때문에 로봇 혹은 인공지능에 대한 제한적 인격 부여의 문제[14]가 먼저 해결되어야 하는 어려움이 있다.

3. 방안 Ⅲ: ADS를 운전자로 보되 무능력자이므로 다른 권리주체의 후견적책임을 인정하는 방안

세 번째 방법은 ADS의 운전능력을 인정하되 ADS의 운전행위에 대하여 다른 권리주체가 대신 책임을 지도록 하는 방법이다.[15] 로마시대에 제한적 행위능력자

---

10) 아래의 Ⅲ. 1. (2) 참조.

11) 로봇/인공지능의 작용 혹은 행위로 인한 사고책임과 관련해, "로봇/인공지능의 권리주체성"을 인정하고 의무와 책임을 부과하는 방식"에 대해서는, 제2편 제4장 〈책임법과 보험법제〉 제1절 Ⅱ. 3. (2) 및 Ⅲ. 3. 이하; 이중기, 인공지능에 대한 법적 취급, Ⅱ. 3. (2) 및 Ⅲ. 3. 이하 참조.

12) 1980년대 인기를 끌었던 미국 드라마 Knight Rider에 등장했던 완전한 자율주행차로서 주인공과 대화도 가능하다.

13) 제2편 제4장 〈책임법과 보험법제〉 제1절 Ⅳ. 3. 이하; 이중기, 인공지능에 대한 법적 취급, Ⅳ. 3. 이하.

14) 인공지능에 대한 인격 부여 문제에 대해서는, 김진우, "인공지능에 대한 전자인 제도 도입의 필요성과 실현 방안에 관한 고찰", 『저스티스』, 한국법학원, 제171호(2019.4)(이하 "김진우 Ⅱ") 참조.

15) 이러한 접근방법에 대해서는, 제2편 제4장 〈책임법과 보험법제〉 제1절 Ⅲ. 4. (1) 이하 및 제3장 〈운전·운전자법제〉 제2절 Ⅴ. 5. (3) 이하; 이중기, 인공지능에 대한 법적 취급,

인 노예의 행위에 대해 권리능력자인 주인이 대신 책임을 지는 것과 유사한 방법이다.16) 이러한 방안은 호주의 국립교통위원회(National Transport Commission: NTC)가 처음으로 구체적으로 제안17)하였고 영국 기타 영미권 국가에서 폭넓게 지지를 받고 있다.18) 즉 ADS가 운전작업을 담당하는 현상은 그대로 인정하되, ADS는 권리능력을 갖지 못하는 하드웨어와 소프트웨어의 총합체이므로 다른 권리주체, 소위 "ADS Entity"("ADSE")가 ADS의 운전행위에 대해 후견적 책임을 지도록 하자는 것이다.

미국에서도 호주와 마찬가지로 통일법위원회(National Conference of Commissioners on Uniform State Laws) 산하 "차량의 자율운행에 관한 입법위원회"(Automated Operation of Vehicles Act Committee)가 ADSE 와 유사한 ADP(automated driving provider) 개념을 중심으로 "차량의 자율운행에 관한 통일법"(Uniform Automated Operation of Vehicles Act)을 준비해 왔다. 통일법위원회는 2019년 7월 ADS의 운전행위에 대해 대신 책임을 지는 권리주체, 즉 ADP 개념을 중심으로 제정된 동 통일법을 마침내 승인하였다. 이로서 미국은 ADS에 대한 ADSE 혹은 ADP 개념을 입법으로 채택한 최초의 국가가 되었으며, 미국의 모든 주에서 이 통일법을 주법으로 채택할 것으로 예상된다.

우리나라에서도 ADS를 통한 자동차의 운행 전과정을 관리 감독할 주체로서 "자율주행시스템 관리자" 개념을 도입하여 "자율주행시스템 관리자"에 대해 ADS의 제조, 보수, 개량, 운영과 관련한 모든 과정을 관리 감독할 주의의무를 부과하고 이를 위반한 경우 손해배상책임을 지도록 하자는 의견이 개진된 바 있다.19)

Ⅲ. 4. (1) 이하 및 이중기·황창근, 자율주행차의 도입에 따른 운전자 지위의 확대방안, 372-373면, V. 5. (3) 이하 참조.
16) 제2편 제4장 〈책임법과 보험법제〉 제1절 Ⅲ. 4. (1) 2) 이하; 이중기, 인공지능에 대한 법적 취급, Ⅲ. 4. (1) 2) 이하 참조.
17) 자세히는, National Transport Commission (NTC), Changing Driving Laws to Support Automated Vehicles (Policy Paper, May 2018); NTC, Safety Assurance for Automated Driving Systems (Consultation RIS, May 2018); NTC, Motor Accident Injury Insurance and Automated Vehicles (Discussion Paper, Oct. 2018); NTC, Motor accident injury insurance and automated vehicles (policy paper, Aug. 2019) 등 참조.
18) 영국의 ADSE 수용 움직임에 대해서는, 제2편 제1장 〈총론〉 제2절 Ⅲ. 6. 영국 참조.
19) 김영국, "자율주행자동차의 법적 쟁점과 입법 과제", 숭실대학교 법학논총 제36집 (2016), 103면, 125면 이하.
특히 김영국은 자율주행의 주체로서 "자율주행시스템 관리자"의 운행자성을 긍정하고, 보유자와 자율주행시스템 관리자와의 공동운행자성을 인정한다(132면). 보유자와 ADSE

Ⅱ. ADP 혹은 ADSE 개념의 역할과 지위

1. ADS와 ADSE/ADP 개념

ADS 즉 자율주행시스템은 자율주행차에서 역동적인 운전작업(dynamic driving task: DDT)을 담당한다. 미국 통일법은 ADS를 "상시적으로 완전한 역동적 운전작업을 수행할 수 있는 하드웨어와 소프트웨어의 총합체"라고 정의한다(section 2(3) 참조). 다시 말해 자율주행차에서 ADS는 통상의 차량에서 '운전자'가 수행하는 역할을 담당한다. 하지만, ADS에 대해 '운전자'로서의 책임과 지위를 부여하기에는 어려움이 존재한다. 왜냐하면 '운전자'로서 책임을 지거나 의무를 지기 위해서는 법상 권리주체성이 인정되어야 하는데, ADS는 하드웨어와 소프트웨어의 총합체로서 사람이 아니기 때문이다.

따라서 로봇운전자인 ADS의 운전행위에 대해서는 대신 책임을 질 존재가 필요한데, 그 존재가 호주 국립교통위원회가 제안한 ADS Enity 혹은 미국 통일법에서 이야기하는 ADP이다. 즉 ADSE 혹은 ADP는 자율주행차를 운전하는 ADS의 운전행위에 대해서 후견인과 유사하게 혹은 지정후원자로서 직접 책임을 지는 존재인 것이다.

그런데, ADSE 혹은 ADP의 존재는 "자동차의 구조 및 장치에 대한 안전기준"의 규제 단계에서부터 강제될 수도 있고, 혹은 도로교통상 안전을 확보하기 위해 운행의 도로교통규제 단계에서부터 강제될 수도 있다(아래의 2. 참조). 또한 법형식적으로 보면, ADSE의 경우 ADS의 행위에 대해 후견적으로 책임을 지는 형식을 취하지만, ADP의 경우 ADS의 지정후원자로서 직접 운전자로서 책임을 지는 형식을 취한다(자세히는 뒤의 Ⅲ. 3. 참조).

2. ADS에 대한 안전기준 규제 여부와 정도에 따른 ADSE 역할의 차이, 도로교통규제와의 상호연관성

(1) ADS에 대한 안전규제방식의 차이에 따른 ADSE의 역할의 차이

ADS에 대한 안전규제 형식이 달라짐에 따라 안전규제 단계에서 ADSE의 역

의 공동운행자성에 대해서는, 제2편 제4장 〈책임법과 보험법제〉 제3절 Ⅱ. 3. 참조.

할은 다르게 규정될 수 있다. ADS에 대한 안전규제 방식으로는 (i) ADS에 대한 별도 안전규제를 부과하지 않는 방식, (ii-1) 자발적 자기인증에 의하는 방식, (ii-2) 강제적 자기인증을 요구하는 방식, (iii) 시장진입 전 승인을 요구하는 출시전승인 (pre-market approval)방식, (iv) 승인기관이 ADS를 사전형식승인하는 방식 등을 채택할 수 있다.[20]

먼저, ADS 안전규제를 (i) 혹은 (ii-1)의 방식에 의해 집행하는 경우에 대해 살펴보자. 이 경우, ADS 안전규제목적상 ADSE는 강제되지 않으므로, ADS 안전규제 단계에서 ADSE가 반드시 등장할 필요는 없다. 하지만, ADS 안전규제를 자발적인 것으로 하더라도, ADS에 대한 도로교통규제의 목적상 ADS를 대신해 책임을 지는 ADSE는 반드시 필요하므로, 이 방식에서는 도로교통규제의 목적상 ADSE를 상세히 정의하여야 한다. 따라서 이러한 ADS 안전규제 방식을 채택하는 경우 ADSE의 역할은 ADS 안전규제 단계가 아니라 도로교통 규제단계에서 비로소 본격적으로 구체화된다.[21]

이와 달리 (ii-2) 방식 내지 (iv) 방식을 채택하는 경우에 대해 살펴보자. 이 경우 ADSE의 존재는 ADS의 안전규제 목적상 강제된다. 따라서, 안전기준에 대한 규제단계에서부터 ADSE의 존재와 역할에 대한 상세한 정의가 행해져야 하고, 도로교통규제에서는 안전기준 규제에 정의된 ADSE 정의를 준용하고, ADSE는 도로교통규제에서도 계속 책임을 진다는 정도의 규제를 하면 충분하게 된다.[22]

(2) ADSE 정의의 포괄성과 그 의미

이와 같이 ADSE는 ADS의 인증단계부터 ADS에 의한 자율주행차 운행단계까지 각각 다른 시간대에 ADS에 대하여 책임을 지는 존재로서 포괄적으로 정의될 수 있다. 또한 ADSE가 책임지는 ADS의 기술 수준도 SAE Level 3부터 5까지 다양

---

20) 자세히는, NTC, Regulatory Options to Assure Automated Vehicle Safety in Australia (Discussion Paper, June 2017), 3면 및 NTC, Changing driving laws to support automated vehicles (Discussion Paper, Oct. 2017), 13면 참조.
    안전규제방식에 대해서는, 제2편 제2장 〈자동차법과 도로법제〉 제2절 Ⅳ. 1. (2); 황창근, 이중기, 자율주행차 운행을 위한 자동차관리법, Ⅳ. 1. (2) 이하 참조.
21) NTC, Changing driving laws to support automated vehicles (Discussion Paper, Oct. 2017) 14면 참조.
22) NTC, Changing driving laws to support automated vehicles (Discussion Paper, Oct. 2017) 14면 참조.

할 수 있다. 따라서, 어느 상황에서 누가 ADSE가 될 수 있는지, 어떤 상황에서 누가 ADSE인가는 (i) 규제목적이 ADS 자기인증인지 혹은 도로교통상 안전의 확보인지 또한 (ii) ADSE가 담보한 ADS의 자동화수준이 3단계 수준인지 혹은 그 이상인지 등에 따라 다양하게 전개될 수 있다.[23] ADS의 제작자나 자율주행차의 제작자는 물론이고, 자율주행차를 이용해 사업을 하려는 운행자도 ADSE가 될 수 있다. 우버나 웨이모가 대표적인 예이다.

(3) 호주의 ADS에 대한 안전기준 규제형식: 강제적 자기인증의 채용

이와 같이 ADS에 대한 안전기준 규제형식은 안전기준 규제뿐만 아니라 도로교통규제의 규제 방식에도 상호 영향을 미치는데, 호주는 ADS에 대한 여러 안전기준 규제 방식 중 (ii-2)에 설명된 "강제적 자기인증" 방식을 채택하였고,[24] 이러한 강제적 자기인증방식에 따른 ADS 안전기준의 집행을 어떻게 할 것인가를 논의하고 있다. 즉 (i) 기존의 입법체제 내에서 "행정입법"의 방법으로 할 것인지, 아니면 (ii) 새로운 제정 혹은 개정 "입법"을 하는 방식으로 강제적 자기인증을 도입할 것인지, 더 나아가 (iii) 그것에 더해 ADSE의 안전의무를 입법적으로 추가 선언할 것인지 등에 대하여 논의를 진행하고 있다.[25]

3. ADS에 대한 ADSE/ADP의 단계별 역할

여기서는 ADSE 혹은 ADP의 단계별 역할에 대해 좀 더 자세히 살펴보자.

(1) 호주의 논의 — ADSE의 단계별 역할

호주 국립교통위원회의 여러 보고서에 의하면, ADSE는 다음과 같이 ADS의 제작과 판매 단계부터 시작하여 제작된 ADS가 운전작업을 담당하는 운행단계에 걸쳐 적어도 3개 이상의 역할을 폭넓게 수행할 것을 예정하고 있다.

23) NTC, Regulatory Options to Assure Automated Vehicle Safety in Australia (Discussin Paper, June 2017), 16면 등.
24) NTC, Assuring the safety of automated vehicles (Policy Paper, Nov. 2017) 참조.
25) NTC, Safety Assurance for Automated Driving Systems (Consultation RIS, May 2018), 10면, 24면 이하 참조.

1) 제1단계: 완성차 혹은 ADS의 제작 판매 단계에서의 역할 ― 안전기준 규제

먼저, ADSE는 ADS의 생산이나 ADS가 장착된 완성차의 생산 단계에서 혹은 ADS를 호주 시장에 판매하는 판매 단계에서 호주 정부가 요구하는 ADS의 안전기준에 따른 강제 자기인증(mandatory self-certification) 등의 조치를 취할 것을 예정하고 있다.[26]

따라서, 이를 위해 호주정부는 선행조치로서 ADSE가 ADS를 자기인증할 때 기준이 되는 "ADS에 관한 안전기준"을 시행령 혹은 입법의 형식으로 곧 제정할 것으로 예상되고, ADSE는 자신이 개발 혹은 판매하는 ADS가 이러한 ADS 안전기준을 준수하였음을 담보해야 할 것으로 예상된다.

그리고 이러한 규제는 향후 자동차 안전기준 규제체제(safety assurance system)의 일부로서 자동차관리 규제체제에 포함될 것으로 예상된다. 이와 관련해 호주정부는 ADS 안전기준에 포함되어야 하는 11가지 안전기준을 제시한 바 있다.[27]

2) 제2-1단계: 자율주행차의 운행단계에서의 역할 I ― 도로교통 규제

이와 같이 안전기준 규제 단계에서 ADSE가 자기인증한 ADS가 자율주행차에 장착된 경우, 자율주행차는 이제 도로를 자율주행할 수 있게 되는데, ADSE는 ADS에 의한 자율주행중 사고에 대해서도 계속 책임을 지게 된다.[28] 즉 위험을 가장 잘 통제할 수 있는 자에게 책임이 귀속되어야 한다는 소위 "위험책임의 법리"[29]에 의하면, 안전기준 규제와 관련해 ADS의 안전성을 자기인증한 ADSE는 'ADS가 도로교통 중 교통규칙을 준수하였는가'(ADS의 법규준수 능력) 여부의 문제에 대해서도 위험을 가장 잘 관리할 수 있으므로 도로교통규제와 관련해서도 후견적인 위험관리책임을 져야 한다.[30]

---

26) NTC, Safety Assurance for Automated Driving Systems (Consultation RIS, May 2018), 1면 이하 참조.

27) NTC, Safety Assurance for Automated Driving Systems (Consultation RIS, May 2018), 2면 이하 참조.

28) NTC, Changing Driving Laws to Support Automated Vehicles (Policy Paper, May 2018), 37면 이하.

29) 위험책임의 법리에 대해서는, 제2편 제4장 〈책임법과 보험법제〉 제3절 I 참조. 자세히는, 양창수, "자동차손해배상보장법 제3조 단서 제2호의 합헌성", 민법연구 제5권 (1999), 286면, 286-287면.

30) 앞의 NTC 보고서 39면. 동일한 취지로, 제2편 제4장 〈책임법과 보험법제〉 제2절 II. 2. (1) 참조. ADS의 법규준수능력' 사전프로그래밍 필요성과 소송에의 활용에 대해서는, 제

하지만 인간 운전자가 담당하는 "비역동적 운전작업"에 대해서는 ADSE의 책임을 물을 수는 없고, 여전히 인간 운전자의 책임을 물어야 한다. 즉 ADS가 "역동적 운전작업"을 담당하는 동안 ADSE는 위험책임의 관리자로서 ADS가 야기하는 운전위험에 대해 대신 책임을 지지만, 예를 들어, 사고와 관련된 다른 운전자에게 사고상황을 설명할 의무 등은 여전히 인간 운전자의 의무가 되고, ADSE의 의무가 되기 어렵다.[31] 따라서, 이러한 영역에 속하는 도로교통법상의 의무는 여전히 인간 운전자가 담당하게 되는 "비역동적 운전작업"으로 분류되고, 이러한 사례를 발견해 유형화하는 것이 ADSE의 의무와 인간운전자의 의무를 구별하는 데 필요하게 된다.[32] 이러한 규제는 도로교통법상의 안전운전 규제에 포함될 것이다.

3) 제2-2단계: 자율주행차의 운행단계에서의 역할 II — 책임보험의 규제

그런데, ADS가 운전작업을 담당하는 동안 발생한 사고에 대하여 ADSE가 책임을 지게 될 경우, 이 때 누가 의무책임보험에 들어야 하는가가 문제된다. 이 문제에 대해서 호주에서는 현행처럼 자동차소유자가 책임보험에 드는 방안, ADSE가 보험에 드는 방안 등 여러 가지 방안이 검토되고 있는데, 큰 틀에서 보면 ADS가 운행하는 동안 발생한 사고에 대해서도 기존의 "자동차상해보험제도"(motor accident injury insurance: MAII)를 확장 개편해 적용하는 방향으로 논의가 진행되고 있다.[33] 호주 국립교통위원회는 ADS에 의한 사고를 커버하기 위해 현행 자동차상해보험제도를 개편함에 있어 고려해야 할 지도원칙을 몇 가지 도출하였는데, 첫 번째 원칙은 ADS의 운행 중 야기된 사고의 피해자는 인간 운전자의 운행 중 야기된 사고의 피해자와 동일하게 취급되어야 한다는 것이다.[34] 다른 한 가지 원칙은 "ADS의 책임을 커버하기 위한 비용은 그로 인한 사고위험을 가장 잘 통제

2편 제3장 〈운전·운전자법제〉 제1절 III. 1. 이하 참조.

31) 앞의 보고서, 41면 이하. '비역동적 운전작업'의 정의에 대해서는, 제2편 제3장 〈운전·운전자법제〉 제1절 I. 2. (1) 참조.

32) 도로교통법상 인간 운전자가 부담하는 안전운전의무의 구체적 변화양상에 대해서는, 이준섭, "Level 3의 자율주행자동차 상용화를 위한 도로교통법의 개선방안", 아주법학 제11권 제1호(2017), 91면.

33) NTC, Motor accident injury insurance and automated vehicles (policy paper, Aug. 2019), 8면 참조.

34) Principle 1: Ensure no person is better or worse off, financially or procedurally, in the relevant jurisdiction if they are injured by a vehicle whose automated driving system was engaged than if they were injured by a vehicle controlled by a human driver(앞의 보고서, 8면 Table 1 참조).

할 수 있는 자에게 분배"해야 하는 체계를 갖추어야 한다는 것이다.[35] 이 원칙도 앞서 언급한 '위험책임의 법리'를 반영한 것으로 보이는데, 자율주행차에 대하여 위험책임법리를 적용하면 아마도 ADSE가 ADS에 의한 위험을 가장 잘 통제할 수 있는 자라고 생각되고, 따라서 ADSE가 의무책임보험의 가입자가 될 가능성이 높다. 왜냐하면, ADSE는 ADS의 제작과 판매에 있어 ADS 안전기준을 준수할 의무가 있고 나아가, ADS에 의한 자율주행 중 도로교통법상 안전운전의무와 그로 인한 책임을 지는 주체이기 때문이다.

(2) 미국의 통일법 — ADP의 단계별 역할

미국의 통일법도 ADP 의 역할에 대하여 호주의 국립교통위원회와 유사한 입장을 취하고 있다.

1) 제1단계: ADS 제작단계에서의 역할

ADP가 될 수 있는 자격과 관련해, 통일법은 (i) ADS의 개발에 참여하였거나, (ii) ADS 안전기준에 따라 ADS에 대한 자기인증을 하였거나, (iii) NHTSA에 자동차제작자 혹은 부품제작자로 등록한 자만이 ADP가 될 수 있다고 한정한다.[36] 따라서, ADP로 될 수 있는 자는 ADS의 개발 및 제작 단계에서부터 깊이 관계된 자에 한정된다. 예를 들어, 구글의 웨이모나 우버 등은 ADS의 개발에 관여하였으므로 완성차 제조업자가 아니더라도 ADP가 될 수 있다.

그런데, 미국에서 자동차 및 부품의 안전기준(Federal Motor Vehicles Safety Standards: FMVSS) 규제는 주의 관할이 아니고, 연방기구인 NHTSA의 관할인데, NHTSA도 ADS에 관한 안전기준 혹은 제작가이드라인 등의 제정을 통해 ADP가 준수해야 할 ADS에 관한 안전기준 등의 준수의무를 부과할 것으로 예상된다.

2) 제2단계: 자율주행차의 등록 단계에서의 역할

자율주행차의 등록단계에서의 규제와 관련해, 통일법은 자율주행차의 소유자로 하여금 등록하려는 차량이 자율주행차인지 여부를 행정청에 알리도록 하고,[37] 행정청은 ADP가 해당 차량을 자신의 후원을 받는 차량(associated automated

---

35) Principle 3: Establish affordable, efficient and fair funding arrangements that allocate the cost of covering the liability for an automated driving system to those who can best control the risk(앞의 보고서, 8면 Table 1 참조).

36) section 6(a)의 (1)부터 (3) 참조.

37) section 5(c).

vehicle)으로 지정하는 경우에만 자율주행차 등록을 허용한다.[38] 따라서 행정청은 해당 차량이 ADP의 지정이 없는 비후원차량이거나, 행정청이 승인하지 않은 ADP의 지정 후원을 받는 경우 자율자동차의 등록을 거부하거나 취소할 수 있다.[39]

3) 제3단계: 자율주행차의 운행단계에서의 역할

ADP의 운행단계에서의 의무와 책임과 관련해, 통일법은 ADP를 자율주행차의 '운전자' 혹은 '운행자'로 직접 간주한다(자세히는 아래의 Ⅳ. 2. 및 3. 참조).[40] 나아가 통일법상 ADP는 피후원차량의 자율주행 중 도로교통법상 교통규칙 준수를 위한 합리적인 조치를 취해야 하고,[41] 자율주행 중 피후원차량에 의한 교통규칙 위반에 대하여 직접 책임을 진다[42](자세히는 아래의 Ⅳ. 1. 참조).

Ⅲ. 영미식 접근과 독일식 접근의 비교와 교통법규의 국제적 정합성 문제

1. 독일의 의제적 접근: 인간 운전자의 의제

(1) 의제 근거

개정된 독일 도로교통법에 의하면 자율주행차가 자율주행시스템에 의해 운전을 하는 경우에도 자율주행차의 운전자는 여전히 인간이다.[43] 즉 ADS가 역동적 운전작업을 담당하는 경우, 인간 운전자는 전방주시의무 등 일정한 안전운전 의무로부터 해방되고 컴퓨터 작업을 하거나 영화를 볼 수 있지만, 수면을 취하거나 음주는 할 수 없고, 운전자는 여전히 비상상황에 대비한 최소한의 주의를 베풀고 있어야 한다.[44] 이와 같이 개정된 독일 도로교통법에 의하면 운전자는 비상상황 발생시 제어권회복을 위한 조치를 취해야 할 의무를 지기 때문에 여전히 운전자로서의 의무와 책임을 진다고 볼 수 있다.[45] 독일 도로교통법은 이러한 상황

---

38) section 5(d).
39) section 5(e).
40) section 2(8), (9) 및 (12), (13).
41) section 9(b).
42) section 9(c).
43) 김진우 Ⅰ, 48면.
44) 김진우 Ⅰ, 51면; 제2편 제3장 〈운전·운전자법제〉 제2절 Ⅳ. 3. (2); 이중기·황창근, 자율 주행차의 도입에 따른 운전자 지위의 확대방안, Ⅳ. 3. (2) 참조.

에 근거하여 사람이 아닌 ADS가 역동적 운전작업을 담당하는 동안에도 ADS가 아니라 인간을 자율주행차의 운전자로 간주하고, 인간에 대해 운전자로서의 책임을 부과한다.

(2) 논리적 한계

그런데, 이러한 의제적 설명은 ADS가 운전작업을 담당하는 동안 인간 운전자가 제어권 회복을 위한 최소한의 주의의무를 부담하는 SAE Level 3 자율주행차에 대해서는 타당할 수 있지만, ADS에 의한 운전 작업 중 인간이 제어권 회복을 위한 주의의무를 전혀 부담하지 않는 SAE Level 4 이상의 자율주행차에 대해서는 적용하기 힘들다.[46] SAE Level 4 이상의 자율주행차의 경우, 자율주행 기술수준은 ADS가 스스로 비상상황에 대처해 운전하여야 하고 인간 운전자의 비상상황 개입의무를 염두에 두지 않기 때문이다(소위 fall-back ready user가 인간이 아니고 ADSE인 상황). 이러한 수준의 자율주행차를 호주와 미국 통일법에서는 "ADS 전용 차량"(dedicated automated vehicle)이라고 부른다.[47] 특히 영국에서는 이러한 4단계 이상 차량을 이용한 여객운수사업을 HARP(highly automated road passenger service) 라고 부르면서, 인간의 개입이 없는 자율주행 여객운수사업을 위해 법제 정비를 서두르고 있다.[48]

이와 같이 운전자의 주행과 관련한 주의의무가 완전히 사라지는 SAE Level 4 이상의 자율주행차에 대해서는 인간은 ADS의 운전작업 중 운전작업과 관련한 주의의무를 전혀 부담하지 않으므로, 인간을 운전자로 의제하는 독일식 의제방식은 본질적 한계를 갖게 된다.[49]

---

45) 앞의 각주의 논의 참조.
46) 자율주행차의 SAE Level 상승에 따른 인간 운전자의 주의의무의 감소와 소멸 가능성에 대해서는, 제2편 제3장 〈운전·운전자법제〉 제2절 Ⅴ. 4. (2); 이중기·황창근, 자율주행차의 도입에 따른 운전자 지위의 확대방안, Ⅴ. 4. (2) 및 이중기·황창근, "3단계 자율주행차 사고와 책임의 구조", 중앙법학 제20집 제3호(2018), 7면(이하 "이중기·황창근, 3단계 자율주행차 사고와 책임"), 15면 이하.
47) SAE의 정의에 대해서는, 제2편 제1장 〈총론〉 제2절 Ⅰ. 2. (3) 참조. 통일법 section 2(7)의 "dedicated automated vehicle" 정의 참조; NTC, Changing Driving Laws to Support Automated Vehicles (Policy paper, May 2018), 35면의 각주 19) 참조.
48) HARP에 대해서는, 앞의 제2편 제1장 〈총론〉 제2절 Ⅲ. 6. 영국 참조.
49) 제2편 제3장 〈운전·운전자법제〉 제2절 Ⅴ. 2. (2) 3) 및 Ⅴ. 5. (3) 이하; 이중기·황창근, 자율주행차의 도입에 따른 운전자 지위의 확대방안, Ⅴ. 2. (2) 3) 및 Ⅴ. 5. (3) 이하 참조.

(3) 소비자보호 관점의 한계

나아가 소비자는 자신이 운전작업을 담당하지 않음에도 불구하고 ADS 대신 운전자로 의제되어 운전자로서 책임을 지는 것을 반대할 것이고, 결국 이러한 접근방식은 소비자의 자율주행차 구매욕구를 반감시킬 것이다.[50] 따라서 이러한 접근방식은 SAE Level 3 자율주행차의 경우에도 소비요구를 약화시켜 자율주행차의 조기 상용화에 역행할 수 있다.

2. 독일의 의제적 접근과 영미의 후견적 접근과의 비교

독일과 달리 호주의 ADSE 혹은 미국의 ADP 접근방법은 자율주행차의 역동적 운전작업을 ADS가 담당하고 있다는 현실을 그대로 인정한다. 다만 ADS가 하드웨어와 소프트웨어의 총합체로서 권리주체가 아니므로, ADS를 대신해 후견적으로 혹은 지정후원자로서 책임을 질 새로운 권리주체를 ADS Entity 혹은 ADP로서 등장시킨다.

특히 영미의 후견적 혹은 후원적 접근방식에서는 "SAE 단계를 구분하지 않고", ADS가 역동적 운전작업을 담당하느냐 여부에 의해 ADSE 혹은 ADP의 의무와 책임이 직접 결정된다. 따라서, 영미식 접근 방식에서는 곧 상용화될 SAE Level 3 자율주행차에 대해서도 인간 운전자가 아니라 ADSE 혹은 ADP에 대해 직접 운전자로서의 의무와 책임을 부과할 수 있고, 이 점에서 독일의 의제적 접근방법과 실무상 크게 차이가 날 수 있다.

영미식 접근방식과 독일식 접근방식의 이러한 실무적 차이는 독일은 주요자동차생산국인 데 반해 영미는 자동차의 주요 소비시장이라는 점에서 영향을 받은 것으로 보인다. 벤츠, BMW, 폭스바겐과 같은 자동차의 주요생산국으로서 독일 정부는 제조자의 부담을 가능한 적게 지우려는 정책적 접근을 할 유인이 강한 반면, 자동차의 최대 소비시장으로서 소비자 권리가 강한 미국에서는 소비자의 입장을 반영할 유인이 강하다. 따라서, "운전을 하지 않는 사람은 운전자책임을 질 수 없다"는 소비자의 당연한 논리적 주장을 독일보다 쉽게 수용할 수 있었을 것이다. 하지만, 미국은 ADS 에 관한 한 가장 앞선 제조자인 구글 웨이모나 테슬

---

50) 제2편 제4장 〈책임법과 보험법제〉 제1절 Ⅳ. 2; 이중기, 인공지능에 대한 법적 취급, Ⅳ. 2. 참조; NTC, Changing Driving Laws to Support Automated Vehicles (Policy Paper, May 2018), 35면.

라 등을 보유하고 있는 ADS 최고 생산국이라는 반론도 가능하다. 따라서, 미국 통일법의 태도는 단순히 소비자보호목적에서 결정되었다기보다는 자율주행의 실질 현상을 고려한 책임의 공평한 분배라고 보는 것이 타당하다.

다만, SAE Level 3 자율주행차의 경우, ADSE나 ADP가 자율주행 중의 사고책임을 일차적으로 지는 경우에도 Level 3 기술수준 때문에 인간은 추가적으로 비상시 제어권회복의무를 지고, 따라서 인간 운전자가 제어권 회복을 위한 주의의무를 다하였는가 여부가 항상 부수적인 문제로 제기될 수 있다(ADSE의 책임과 운전자 혹은 운행자의 책임의 경합에 대해서는, 제2편 제4장 〈책임법과 보험법제〉 제2절 Ⅲ. 1. (1) 및 제3절 Ⅱ. 3. 참조).

3. ADSE 방식과 ADP 방식의 비교

호주가 제안한 ADSE 방식과 미국 통일법이 채택한 ADP 방식은 ADS의 운전행위에 대해 ADSE 혹은 ADP가 책임을 진다는 점에서 실질적으로 동일하게 작동하지만, 법리적으로 보면 약간의 차이를 보인다.

(1) ADSE 방식: 후견인 방식

호주의 ADSE 방식은 ADS의 운전자 지위를 일단 긍정하고, 이러한 운전자 지위에 있는 ADS가 법상 권리능력이 있는 사람이 아니므로 대신 ADSE가 ADS의 운전행위에 대해 후견인처럼 책임을 지는 방식이다. 실제 호주 국립교통위원회의 보고서는 ADS가 역동적 운전작업을 수행하는 존재로 보고 있고, "ADS driver"라고 표현한다.[51] 다만 ADS의 역동적 운전작업에 대해 ADSE가 대신 책임을 지도록 하고 있을 뿐이다.[52]

이러한 방식은 로마시대에 권리능력이 없었던 노예의 행위에 대해 권리능력자인 주인이 대신 책임을 지는 것과 유사한 방법이다.[53] 이러한 방식에서는 ADS가 실질적인 역동적 운전작업을 수행한다는 사실을 승인한다는 점에서 운전작업 담당자인 ADS의 운전자 지위 인정이 쉽게 된다. 예를 들어, 요즘 로봇과 인공지

---

51) NTC, Changing Driving Laws to Support Automated Vehicles (Policy paper, May 2018), 16면 이하.
52) NTC, Changing Driving Laws to Support Automated Vehicles (Policy paper, May 2018), 37면 이하.
53) 앞의 Ⅰ. 3.의 본문 및 각주의 내용 참조.

능에 대한 인격부여의 문제[54]가 많이 논의되고 있는데, 정책적으로 로봇운전자인 ADS 기타 인공지능에 대하여 제한된 인격, 즉 '운전자' 등의 지위를 부여하기로 한 경우, 호주의 ADSE 방식에서는 ADP 방식에 비해 ADS의 '운전자' 혹은 기타 지위를 부여하기가 비교적 쉽게 된다.

(2) ADP 방식: 후원자의 자기책임 방식

미국의 통일법이 채택한 ADP 방식에서는 ADS가 역동적 운전작업을 담당하고 ADS의 운전행위에 대해 ADP가 책임을 지도록 하고 있는 점은 동일하나, 운전자의 지위와 관련해 ADSE 방식과 차이를 보인다. 즉 미국 통일법에서는 ADS를 운전자로 보는 것이 아니라 ADP를 직접 '운전자'로 보고 ADP가 '운전자'로서 책임을 진다. 미국 통일법에서는 ADS의 개발 등에 참여하는 등 ADP가 될 수 있는 자로 하여금 자율주행차의 등록에 있어 ADP로 등록하도록 하고, 자율주행차가 ADS에 의해 운행하는 경우 ADP가 운전자책임을 지도록 하는 등 ADS에 대한 후원자로서 ADP가 직접 '운전자'책임을 지도록 한다. 따라서, ADP 방식에서는 ADS에 대한 별도의 인격 부여(ie. 운전자지위 인정)의 문제는 따로 고려할 필요가 없게 된다.

그런데, 미시간주는 이미 ADS를 '운전자'로 간주하였고,[55] 또한 NHTSA도 "주의 도로교통법에서 ADS를 '운전자'로 취급할 수 있다"[56]고 사실상 동의해 주었음에도 불구하고, 통일법위원회가 ADS를 '운전자'로 보지 않고 직접 ADP를 운전자로 본 배경은 무엇일까? 분명하지 않으나, 아마도 미국의 책임법이 영향을 미친 것으로 보인다. 즉 미국은 자동차사고책임과 관련해 "운행자책임"을 특별법으로 채택한 우리나라와 달리 아직까지 "운전자의 과실책임"이 원칙이다. 따라서, 피해자 구제의 관점에서는 ADS 후원자인 ADP를 '운전자'로 직접 간주하면 피해자에 대해 직접 책임을 지는 존재가 바로 등장하게 되므로, ADP를 운전자로 보는 방식을 채택할 실무상 유인이 매우 높았을 것으로 짐작된다.

---

54) 자세히는, 앞의 각주 14)의 김진우 Ⅱ 참조.
55) 제2편 제3장 〈운전·운전자법제〉 제2절 Ⅲ. 2. 이하; 이중기, 자율주행차의 도입에 따른 운전자 지위의 확대방안, Ⅲ. 2. 이하 참조.
56) NHTSA, Federal Automated Vehicles Policy (2016), 39면 등 참조. NHTSA는 그 후 Automated Driving Systems 2.0: A Vision for safety (2017)을 발간하였지만, ADS를 운전자로 볼 수 있다는 입장을 변경한 적은 없다.

(3) 소결

아직까지 "전격 Z 작전"에 나오는 키트[57] 수준의 자율주행시스템은 개발되지 않았다. 따라서 ADS에 대한 운전자 지위 부여 문제는 본격적으로 제기되지 않고 있다. 즉, 아직은 미국의 통일법이 취한 방식, 다시 말해 ADS의 후원자인 ADP를 직접 '운전자'로 간주하고 운전자로서 자기책임을 지도록 하는 방식은 적어도 미국 내에서는 현실적인 방안이 된다.

하지만, 키트 정도 수준의 자율주행차가 등장하는 경우, ADS에 대한 "운전자" 지위 부여 문제가 제기될 수 있고, 이 경우 ADS가 직접 '운전자' 자격을 가지게 되므로, 논리적으로 ADP는 ADS '운전자'와는 다른 주체, 즉 후견인으로 등장하는 것이 타당하다. 따라서, 법논리상 ADSE를 ADS 운전자의 후견인으로서 책임을 지도록 하는 호주의 ADSE 방식이 바람직해 보인다.

특히 우리는 자동차사고책임과 관련해 운행자책임 원칙을 채택[58]하고 있고, 미국과 같이 운전자 과실책임을 원칙으로 하고 있지 않으므로, 미국과 같이 책임법 때문에 ADP를 직접 '운전자'로 볼 이유는 없다. 이 점에서 호주의 방식이 논리적으로 더 타당해 보인다.

또한, ADSE 방식을 취하는 경우에도 현재로서는 ADS의 작동시 ADSE의 책임에 대해 규정하면 충분하고, 반드시 ADS에 대해 '운전자 지위'를 부여하는 법적 조치를 취해야 하는 것은 아니다. 물론, 장래에 ADS의 운전자 지위를 정책적으로 인정하는 경우, 로봇 혹은 인공지능의 제한적 인격 문제[59]를 고려해 운전자 지위 및 책임보험의 피보험자 지위 등을 제한적으로 인정할 수 있을 것이다.

4. 도로교통, 자동차 관련 법규의 국제성

한편, 도로교통, 자동차 관련법규는 각국이 개별적으로 제정하는 것이 아니라 도로교통에 관한 제네바협약, 비엔나협약 혹은 차량과 부품에 관한 1958년 협약 및 1998년 협약[60] 등에 의하여 국제적 정합성을 갖고 통일적으로 발전하고 있

---

57) 앞의 각주 12)의 내용 참조.
58) 뒤의 Ⅴ. 4. 참조.
59) 앞의 각주 14)의 김진우 Ⅱ 참조.
60) 제네바협약, 비엔나협약에 대해서는, 제2편 제3장 〈운전·운전자법제〉 제2절 Ⅱ 이하; 이중기, 자율주행차의 도입에 따른 운전자 지위의 확대방안, Ⅱ. 이하 참조. 더 자세한 사항에 대해서는, 아주대학교 산학협력단, 자율주행차 상용화 대비 도로교통법 개정 방안

으며, 우리나라도 제네바협약 및 1958년 협약, 1998년 협약의 비준국으로서 이러한 국제협약에 구속된다.

앞서 본 것처럼, 호주 국립교통위원회가 제안하고, 영국 등이 채택할 것으로 예상되는 ADS Entity의 개념 혹은 미국의 통일법이 채택한 ADP 개념은 이들 영미권 국가들이 행사하는 국제사회에서의 영향력을 고려하면, 곧 제네바협약 혹은 98년협약 등에 반영되어 조만간 국제규범으로 채택될 것으로 예상된다. 특히 ADSE 개념을 처음 제안한 호주, 이를 지지하는 영국 및 통일법에 ADP 개념을 도입한 미국이 모두 우리와 같은 제네바협약 및 1998년 협약의 가입국인 점을 생각하면 이러한 예측은 설득력을 갖는다.

이와 같이, ADSE 개념 혹은 ADP 개념은 제네바협약 혹은 1998년 협약의 개정 등을 통해 우리나라의 교통관련법규에도 직접 영향을 끼칠 것으로 예상되므로, 우리나라도 자동차관리법, 도로교통법, 자동차손해배상보장법 등에 ADSE 혹은 ADP 개념을 어떻게 수용할 것인가에 대해 사전 대비를 하는 것이 필요해 보인다.

Ⅳ. 미국 "차량의 자율운행에 관한 통일법"의 주요 내용

통일법은 앞서 살펴본 ADS[61]와 ADP[62]의 개념 및 ADP의 후원을 받는 지정자율주행차[63] 등의 개념을 중심으로 하여, 지정자율주행차의 운전 혹은 운행과 관련해 ADP가 부담하는 (i) 도로교통법을 준수하여야 할 의무와 책임, (ii) 운전자로서의 책임 및 (iii) 운행자로서의 책임 등에 대해 규정하고 있다.

1. 자율주행 중 ADP의 도로교통법상 의무와 책임

(1) ADS의 준법능력과 ADP의 도로교통법 준수의무

통일법은 ADP로 하여금 자신이 후원 지정한 자율주행차의 ADS가 도로교통법 준수능력이 있음을 확약해야 하고(section 6(c)(3)) 자율주행 동안 각주가 제정한 주의 도로교통법을 준수할 "합리적 조치"를 취해야 한다고 규정한다(section 9(b)

연구(2016), 23면 이하 참조.
1958년 협약, 1998년 협약에 대해서는, 제2편 제1장 〈총론〉 제2절 Ⅳ. 2. 및 3. 참조.
61) 앞의 Ⅳ. 1. 참조.
62) 앞의 Ⅱ. 3. (2) 참조.
63) 앞의 Ⅲ. 3. (2) 2) 참조.

참조). 따라서 ADP는 지정자율주행차에 장착된 ADS의 인공지능 시스템 기타 인식과 판단 혹은 실행 시스템이 주가 제정한 도로교통규칙 기타 도로교통규제를 준수할 수 있는 수준이 되도록 필요한 조치를 취해야 한다('ADS의 법규준수 능력'과 사전 프로그래밍 필요성에 대해서는, 제2편 제3장 〈운전·운전자법제〉 제1절 Ⅲ. 2. 이하 참조).

하지만 통일법이 요구하는 도로교통법 준수의무의 수준은 일반적으로 예상되는 "합리적 조치"이기 때문에 도로교통법의 "절대적인 준수"를 의미하지는 않는다. 따라서, 예를 들어, 도로교통상 안전을 확보하기 위하여 ADS가 중앙선을 침범하는 결정을 하거나 혹은 일시적으로 제한속도를 초과하는 운전행위 등은 허용될 수 있다.

(2) ADP의 도로교통법 위반에 대한 책임

동시에 통일법은 ADP는 지정 자율주행차의 자율주행 중 도로교통법을 위반한 경우 그 위반에 대해서 책임을 져야 한다고 규정한다(section 9(c) 참조). 따라서 ADP는 후원하는 자율주행차가 ADS의 인공지능시스템 기타 인식과 판단 혹은 실행 시스템이 오작동하여 주가 제정한 도로교통규칙 등을 준수하지 못한 경우 그 위반에 대한 책임을 져야 한다.

특히 ADP는 뒤에서 보는 것처럼, 법적으로 지정 자율주행차의 "운전자" 혹은 "운행자"이기 때문에 운전자 혹은 운행자에게 부과되는 행정상 제재는 그대로 ADP 에게 적용된다. 예를 들어, 자율주행차가 제한속도를 초과한 경우 과태료는 탑승자가 아니라 ADP에게 부과된다.

2. 자율주행 중 ADP의 운전자로서의 책임

(1) ADP의 운전자 책임

통일법은 각주의 주법에 정의된 "운전" 및 "운전자"의 개념을 채용한다. 하지만, 자율주행 상태에 있는 지정자율주행차와 관련해서는 "운전" 및 "운전자" 개념은 독자적으로 정의한다. 즉 자율주행 상태에 있는 지정자율주행차와 관련해서는 인간 운전자가 아니라 ADP가 배타적으로 운전을 하고 있는 것으로 보고(section 2(8) 참조), ADP가 지정자율주행차의 배타적인 운전자가 된다고 본다(section 2(9) 참조). 여기서 배타적으로 운전을 하고 있는 것으로 보기 때문에, 자율주행 중에는 인간이 운전자가 될 가능성은 완전히 배제되고, 따라서 인간이 운전자로서 책임질 가능성도 완전히 배제된다.

　이 경우 "자율주행"의 의미가 중요해지는데, 통일법은 "자율주행"을 "ADS에 의한 역동적 운전작업 전부의 수행"이라고 명시적으로 정의한다(section 2(4) 전문). 이러한 자율주행은 ADS의 역동적 운전작업 전부의 수행에 의해 시작되고 ADP가 아닌 인간 운전자가 자율주행을 종료시킬 때까지 계속된다(section 2(4) 후문). 따라서 ADP에 의한 자율주행의 종료는 자율주행의 연속으로 파악되고, 여전히 ADP 의 책임영역이 된다.

(2) Level 3 자율주행차에서의 ADP의 책임과 운전자의 책임

　SAE Level 3 자율주행차의 기술수준은 비상상황 발생시 ADS가 독자적으로 완전히 대응할 수 있는 기술수준이 아니다. Level 3에서는 비상상황 발생시 운전 자에게 그 사실을 경고하고, 운전자가 제어권을 회복할 것을 전제한다. 따라서, 인간 운전자는 전방주시의무로부터는 해방되지만, ADS의 제어권회복 경고시 제 어권회복조치를 취할 수 있도록 최소한의 준비는 해야 한다. 즉 SAE Level 3 자동 차에서는 자율주행 중 원칙적으로 ADP가 운전자로서 책임을 지지만, 비상상황이 발생하여 ADS가 충분한 시간을 두고 인간 운전자에게 경고한 경우, 인간 운전자 가 제어권 회복을 위한 조치를 취해야 하고, 인간 운전자가 개입해 자율주행이 종료한 때부터는 ADP의 책임은 배제된다.

　이와 같이 비상상황 발생시 ADP는 인간운전자가 개입해 자율주행을 종료시 킬 때까지 책임을 지는 반면, 인간운전자는 비상상황발생을 경고하는 ADS의 경 고시부터 제어권을 회복해야 할 의무와 책임을 지게 된다. 이처럼 비상상황 발생 시 ADS의 경고시부터 인간 운전자가 제어권을 회복하기 전까지 ADP의 운전자책 임과 인간 운전자의 책임이 중첩될 수 있다(ADSE의 책임과 운전자 혹은 운행자의 책 임의 경합에 대해서는, 제2편 제4장 〈책임법과 보험법제〉 제2절 Ⅲ. 1. (1) 및 제3절 Ⅱ. 3. 참조).

3. 자율주행 중 ADP의 운행자로서의 책임

　통일법은 또 각주의 주법에 정의된 "운행" 및 "운행자"의 개념을 채용한다. 하지만, 자율주행 상태에 있는 지정자율주행차와 관련해서는 "운행" 및 "운행자" 개념을 독자적으로 정의한다. 즉 자율주행 상태에 있는 지정자율주행차와 관련해서는 ADP가 배타적으로 운행을 하고 있는 것으로 보고(section 2(12) 참조), ADP가 지정자율주행차의 배타적인 운행자가 된다고 본다(section 2(13) 참조). 즉 ADP가 배타적으로 운행을 하고 있는 것으로 보므로, 자율주행 중에는 다른 사람이 운행자가 될 가능성은 완전히 배제되고, 따라서 다른 사람이 운행자로서 책임을 질 가능성도 완전히 배제된다.

여기서도 "자율주행"의 의미가 중요해지는데, 앞서 본 자율주행의 정의가 적용된다. 이러한 자율주행은 ADS의 역동적 운전작업 전부의 수행에 의해 시작되고 ADP가 아닌 인간 운행자가 자율주행을 종료시킬 때까지 계속된다(section 2(4) 후문). 따라서 인간 운행자의 개입으로 자율주행이 종료하지 않는 한, ADP가 자율주행차의 운행으로 인한 책임을 지게 된다.

4. 책임보험에 관한 문제

통일법은 ADP로 하여금 자신이 후원 지정한 자율주행차의 자율주행 중 각 주가 제정한 주의 도로교통법을 준수할 "합리적 조치"를 취하도록 하고 있고 (section 9(b) 참조), 나아가 지정 자율주행차가 자율주행 중 도로교통법을 위반한 경우 그 위반에 대해 자율주행차의 운전자로서 혹은 운행자로서 책임을 져야 한다고 규정한다(section 9(c) 참조). 그런데, 이 경우 통일법은 ADP에 대하여 책임보험의 가입을 강제하는가?

통일법은 자율주행차 사고에 대한 ADP의 책임보험을 언급하고 있지 않다. 따라서 보험문제는 각주가 주법의 문제로서 해결하게 되어 있다. 주정부가 채택할 것으로 예상되는 하나의 방안은 ADP로 하여금 자율주행차의 '운전자' 혹은 '운행자'로서 지정자율주행차의 사고책임을 담보하는 책임보험에 강제로 가입하게 하는 방안이다. 위험책임의 법리에 의하면 가장 선호되는 방법이다.[64] 다른 하나의 방안은 주정부가 직접 개입하지 않고 시장원리에 의해 해결하도록 하는 방안이다. 예를 들어, 자율주행차사고에 대하여 책임을 지는 ADP는 자동차제작사 혹은 웨이모나 테슬라와 같은 대기업일 것이므로, 보험의 가입 여부를 강제하지 않고 스스로 결정하도록 하는 방법이다. 이 경우 자동차제작사나 웨이모 같은 ADP는 (i) 자발적으로 ADS 책임보험에 가입할 수도 있고, 혹은 (ii) 후원하는 자

---

64) Ⅱ. 3. (1) 3) 참조.

율주행차의 소유자에게 보험료를 지원하여 소유자의 책임보험에 종피보험자로서
보험보호를 받을 수도 있다.

앞서 본 것처럼, ADP는 ADS의 역동적 운전작업에 대해서는 책임을 지지만,
"비역동적 운전작업"에 대해서는 인간 운전자가 책임을 진다.[65] 따라서 여전히
인간 운전자에 대해서도 책임보험을 강제할 여지가 잔존하는데, 만약 이러한 인
간 이용자 혹은 보유자의 책임보험이 강제되는 경우 ADP 가 이러한 보험을 이용
하면 "단일 의무보험체제"를 유지할 수 있다(보유자책임보험 중심의 단일 의무보험체
제에 대해서는, 제2편 제4장 〈책임법과 보험법제〉 제5절 Ⅲ. 2. (1) 이하 참조).

V. 우리법에 대한 시사점

1. ADS, ADS 안전기준 및 ADSE 개념의 도입 여부

(1) ADS, ADS 안전기준의 도입 여부

SAE J3016, 혹은 호주나 미국법에서 채택하고 있는 ADS 개념은 이미 우리법
에도 도입되어 있다. "자율주행차 상용화촉진 및 지원에 관한 법률" 제2조 제2호
는 이미 "자율주행시스템"을 외국과 유사하게 정의하고 있다. 또한 ADS의 제작에
관한 안전기준은 국토교통부가 부품안전기준의 일부로서 제정해 반영할 수 있다.
이와 같이 ADS의 개념 및 ADS 안전기준의 개념은 도입되어 있거나 언제든지 도
입할 수 있는 상태에 있는데, 앞서 본 것처럼 국토부는 3단계 ADS 안전기준을 이
미 발표하였고,[66] 4단계 ADS 안전기준도 조만간 생산업자들의 자율규제기준인
제작가이드라인 형식으로 발표될 예정이다.

(2) ADSE 개념의 도입 여부

이에 반해 ADSE 개념은 아직 우리법에 도입되어 있지 않다. 우리법에 ADSE
개념을 도입할 것인가 여부는 첫째 국제적 정합성을 고려해 결정하여야 한다. 우
리가 다른 나라의 제도를 성급히 도입할 필요는 없지만, 그 제도가 국제적 영향

---

65) Ⅱ. 3. (1) 2) 참조.
66) 자동차관리법 제29조 제2항은 '부품안전기준'의 제정 근거규정으로 작용하고, 이에 근거
해 ADS 안전기준을 제정할 수 있다. 이에 따라 국토부는 3단계 ADS 안전기준을 제정하
였다. 자세히는, 제2편 제2장 〈자동차법과 도로법제〉 제3절 참조.

력이 크고, 특히 차량과 부품의 안전기준에 관한 1958년 협약 및 1998년 협약 혹
은 도로교통에 관한 제네바협약의 개정을 통해 우리나라에 대한 구속가능성이 큰
경우 미리 준비를 하는 것은 나쁘지 않을 것이다.[67] 둘째, ADSE 개념은 SAE
Level 3 자율주행차에 대해서는 반드시 도입해야 할 필요는 없지만, Level 4 이상
의 자율주행차에 대해서는 도입이 불가피한 개념이다. Level 4 이상의 자율주행차
에 대해서는 운전작업에 관한 한 인간의 개입의무가 배제되므로 독일식 방식으로
는 인간을 운전자로 의제할 수 없기 때문이다.[68] 따라서 로봇운전자인 ADS 개념
에 기반한 후견적 책임자로서의 ADSE 개념을 Level 3부터 Level 5까지 아우르는
입법을 안전기준 규제체제에서부터 도로교통법상 규제체제 및 자배법상 규제체
제에까지 일관되게 구축하는 것이 바람직해 보인다. 좀 더 자세히 살펴보자.

2. 자동차관리법상의 조치 방안

(1) ADSE의 ADS 안전기준의 준수를 위한 조치

앞서 본 것처럼, 우리 자동차관리법은 부품안전기준의 제정근거 조항을 갖고
있기 때문에 ADS에 대한 안전기준을 언제든지 제정할 수 있다. 따라서, 먼저 자
동차관리법에 ADSE 개념을 도입[69]하면서, 추가적으로 ADSE는 국토부가 제정한
ADS 안전기준을 자기인증 등의 방법으로 준수하도록 하는 제도를 도입할 수 있
을 것이다.

(2) ADSE의 자율주행차 지정과 자율주행차의 후원등록 제도

마찬가지로 자율주행차에 대해서는 별도의 자율주행차 등록부를 편철하여
자율주행차 소유자의 등록을 강제하면서, 추가적으로 소유자뿐만 아니라 자율주
행차를 후원하는 ADSE를 후견 등록하도록 하는 조치[70]를 취할 수 있다.

---

67) Ⅲ. 4. 참조.
68) Ⅲ. 1. (2) 참조.
69) ADS에 대한 안전기준규제를 강제하는 경우, ADSE 개념은 ADS 안전기준 규제와 관련해
   자동차관리법에 먼저 도입되어야 한다. 이에 반해 ADS에 대한 안전기준 규제를 임의적
   으로 하는 경우, ADSE 개념은 자동차관리법에 반드시 도입될 필요는 없다. 이 경우 ADS
   의 운행 중 책임에 대해서만 도로교통법에 도입하면 된다(자세히는 앞의 Ⅱ. 2. 참조). 호
   주의 경우 전자의 방식을 채택한 입법을 예고하고 있고, 이러한 방향이 타당해 보인다.
70) 미국 통일법에서의 조치사항에 대해서는 Ⅱ. 3. (2) 2) 참조.

3. 도로교통법상의 조치 방안

ADSE 개념은 자동차관리법뿐만 아니라 도로교통법에도 도입되어야 할 개념이다. ADSE는 자신이 후원 지정한 자율주행차가 도로에서 교통하는 경우 ADS의 교통규칙 준수의무를 확약하고, 후원 지정한 자율주행차가 도로에서 교통하면서 사고를 야기한 경우 그 위반에 대한 책임을 지는 규제체제를 설정[71]해야 한다. 특히 이를 위해 교통규칙에 인간운전자를 전제로 한 규정 외에 ADS 운전을 전제한 규정들을 도입해야 한다.

또한 도로교통법에 ADS가 담당하지 않는 "비역동적 운전작업"에 대해서는 ADSE가 아니라 여전히 인간 운전자/이용자가 책임을 진다는 뜻을 분명히 하고, 이러한 인간 운전자의 잔여 운전의무를 발견해 유형화해야 한다.[72]

4. 자배법상의 조치 방안

ADSE 개념은 자동차관리법, 도로교통법뿐만 아니라 자배법에도 도입될 수 있는 개념이다. 현재 우리나라는 자동차의 운행[73]과 관련해 위험책임 개념에 근거한 운행자책임 원리[74]가 자배법에 의해 도입되어 있고(자배법 제3조), 자동차의 보유자는 이러한 운행자책임을 커버하기 위해 법정된 책임보험의 가입이 강제되고 있다(자배법 제5조).

그런데, ADSE 개념의 도입시 자율주행차에 대한 의무책임보험의 가입자를 누구로 할 것인가의 문제가 제기된다. 하나의 방법은 자율주행차의 "운행지배"의

---

71) 호주법에서의 입법동향에 대해서는, Ⅱ. 3. (1) 2) 참조. 미국 통일법에서의 조치사항에 대해서는 Ⅳ. 1.부터 3. 참조.
    ADS의 법규준수 능력'과 법규준수 알고리즘의 사전 프로그래밍 필요성에 대해서는, 제2 편 제3장 〈운전·운전자법제〉 제1절 Ⅲ. 2. 이하 참조.
72) Ⅱ. 3. (1) 2) 참조.
73) "운행"의 개념에 대해서는, 한기정, "자동차손해배상보장법상의 운행의 개념에 관한 연구", 서울대학교 법학 제49권 제3호(2008), 222-223면.
74) "운행자책임"에 대해서는, 제2편 제4장 〈책임법과 보험법제〉 제3절 참조.
    자세히는, 양창수, "자동차손해배상보장법 제3조 단서 제2호의 합헌성", 민법연구 제5권 (1999), 286면; 권영준·이소은, "자율주행자동차 사고와 민사책임", 민사법학 제75호 (2016) 449면, 477면 이하; 오지용, "무인자동차와 관련한 자동차손해배상보장법 제3조의 해석", 법조 제709호 (2015) 94면, 96면 이하; 서겸손·최경진, "자율주행자동차 사고시 손해배상책임에 관한 민사법적 검토", 가천법학 제10권 제4호(2017), 333면, 352면 이하 등 참조.

개념을 융통성있게 해석해 현행과 같이 자동차의 운행지배와 운행이익을 갖는 보유자에게 운행자책임을 인정하고, 보유자에 대해 계속 책임보험의 가입의무를 강제하는 방안이다.[75] 그런데 이러한 방안은 소비자보호 관점에서 자율자동차 구매자의 반발을 야기할 가능성이 크다.[76] 다른 한 가지 방법은 자율주행차에 대해서는 운전자가 아니라 ADS가 자율주행차의 운행위험을 야기하는 자이므로 그 관리책임을 지는 ADSE로 하여금 지정자율주행차의 사고책임을 커버하기 위한 의무책임보험 가입을 강제하는 방안이다.[77]

어느 방안을 채택하던 간에 자동차보험제도 하에서 의무보험의 가입주체는 하나로 통일시키는 것이 바람직해 보인다.[78] 따라서 전자의 방안을 채택하는 경우, 소비자의 반발을 해소하기 위해 ADSE로 하여금 보험료 상당부분을 보유자에게 지급하도록 하면서, 보유자가 의무 가입한 책임보험의 종피보험자로서 보호받게 하는 것이 바람직해 보인다.[79] 만약 후자의 방안을 채택하는 경우, 보유자로 하여금 "비역동적 운전작업"으로 인한 손해배상책임의 가능성을 커버하기 위해 ADSE 에 대하여 상당하는 보험료 일부를 지급하고 ADSE가 의무가입한 책임보험의 종피보험자로서 보호받을 수 있게 하는 것이 바람직할 것이다.[80]

VI. 결론

이 글에서는 먼저 호주 국립교통위원회가 제안하고 영국이 입법할 것으로

---

75) 보유자의 책임보험 가입의무를 유지하는 방안에 대해서는, 제2편 제4장 〈책임법과 보험법제〉 제5절 Ⅱ. 2. 및 Ⅲ. 2. 참조; 제2편 제3장 〈운전·운전자법제〉 제2절 Ⅴ. 3. (1) 이하; 이중기·황창근, 자율주행차의 도입에 따른 운전자 지위의 확대방안, Ⅴ. 3. (1) 이하 참조.
76) 앞의 Ⅲ. 1. (3) 및 이중기, 인공지능에 대한 법적 취급, 22면.
77) ADSE의 책임보험 가입을 강제하는 방안에 대해서는, 제2편 제4장 〈책임법과 보험법제〉 제5절 Ⅲ. 3. 및 4. 참조; 호주의 논의에 대해서는, Ⅱ. 3. (1) 3) 참조.
78) 단일보험자 모델에 대해서는, 제2편 제4장 〈책임법과 보험법제〉 제5절 Ⅱ. 5. 참조 영국에서는 현재 "자동차이용자"가 운전자의 행위뿐만 아니라 자율주행중의 사고에 대해서도 책임을 지는 "단일보험체제"를 설정하고 있다(Automated and Electronic Vehicles Act, 2018, section 2 참조), 피해자의 구제에 가장 적합하기 때문이다. 그런데, ADSE 개념을 도입할 경우 자율주행차이용자와 ADSE 중 누가 책임을 질 것인가는 분명하지 않다(Law Commission, Automated Vehicles (A joint preliminary consultation paper, Nov. 2018), 74면 참조). 미국에서의 논의에 대해서는 Ⅳ. 4. 참조.
79) 제2편 제4장 〈책임법과 보험법제〉 제5절 Ⅱ. 2. (2) 참조.
80) 제2편 제4장 〈책임법과 보험법제〉 제5절 Ⅲ. 3. (4) 참조.

예상되는 ADSE 개념, 즉 ADS를 대신해 운전의 의무와 책임을 지는 주체인 ADS Entity 개념에 대해 살펴보았다. 그 다음 ADSE 개념과 유사하나 약간 차이가 있는 미국의 ADP 개념에 대해 살펴보았다. ADP 개념은 2019년 7월 미국 통일법위원회가 승인한 "차량의 자율운행에 관한 통일법"(Uniform Automated Operation of Vehicles Act)에 채용되었는데, 미국의 많은 주에서 이 통일법을 채택할 것으로 예상된다. 다음으로 비엔나협약, 제네바협약 혹은 1958년 협약, 1998년 협약과 같은 교통법규의 국제적정합성에 대해 살펴보았는데, 미국과 영국 등의 국제적 영향력을 생각하면 이러한 ADSE 혹은 ADP 개념이 조만간 1958년협약이나 제네바협약에 반영될 것으로 예상되고, 이러한 협약의 개정을 통해 협약 비준국인 우리나라를 구속하는 경우, 우리나라의 입법에 어떠한 영향을 미칠 것인가를 분석해 보았다. 결론적으로 대세가 될 것으로 예상되는 ADSE 개념을 미리 연구해 우리 입법에 반영할 필요가 있어 보인다. 먼저, 자동차관리법에 ADS의 개념 및 ADS 안전기준의 개념을 도입해야 하고, ADS 안전기준에 따라 자기인증을 실행하는 주체인 ADSE 개념을 도입해야 한다. 다음으로 도로교통법상 조치 사항으로 자율주행차의 운행을 ADS가 담당하는 경우 그에 대해 책임을 지는 주체로서 ADSE 개념을 도입하고, 교통규칙에 인간운전자의 운전을 전제로 한 규정 외에 ADS 운전을 전제한 규정들을 도입해야 한다. 마지막으로 자배법상 피해자보호를 위한 책임보험을 ADSE가 들도록 할 것인지 혹은 현행과 같이 보유자가 들도록 할 것인지 여부를 검토해 보아야 한다.

제4절 자율주행시스템(ADS)에 의한
운전행위와 형사책임

I. 서론: 자율주행차 운행과 형사책임의 변화가능성

형사책임을 논하기 위하여는 먼저 행위자의 범죄행위능력 내지 책임능력과 수형능력이 전제가 되어야 한다. 우리 형법은 책임능력을 전제로 형사미성년자 (제9조), 심신상실자(제10조 제1항), 심신미약자(제10조 제2항), 농아자(제11조)를 책임무능력자로 규정하고 있다. 이러한 책임무능력자로 규정된 이유는 의사의 자유가 없기 때문이라고 설명된다. 즉 의사의 자유가 없는 책임무능력자에 대하여는 형사처벌의 대상이 되지 않거나 형을 감경하게 된다. 이러한 범죄행위능력과 수형능력은 권리능력있는 사람, 특히 자연인만이 가지는 것으로 인정이 되고, 법인에게는 특별히 행정형벌에서 법률로 규정된 경우가 아니면 일반적으로 인정되지 않는 것으로 보는 것이 보통이다. 사람이 아닌 동물이나 기계의 경우 일체의 권리능력이 없으므로 형사상 책임의 주체가 될 수 없다는 것이 일반적인 논의이다.

그런데, 자율주행차가 운행이 되면, 그 레벨에 따라 다르지만 기존의 인간운전자를 중심으로 한 형사책임 문제가 변하게 된다. 이러한 문제는 자율주행차 운행에 있어서는 자율주행차의 기술수준에 따라 형사책임의 귀속자가 달라지게 된다. 레벨 4 또는 레벨 5의 경우에는 인간운전자가 아닌 자율주행시스템(ADS)이 운전을 하고 있으므로 인간운전자에 대하여 형사책임을 부담하기 어렵게 된다. 그런데 레벨 3의 경우에는 제어권의 전환 여부에 따라 인간운전자의 형사책임 여부가 달라지게 된다. 즉 인간 운전자로의 제어권 전환 전에는 ADS의 주도적 운전이 인정되므로 인간운전자의 형사책임을 묻기 어렵다고 할 것이다. 현행 법체계상 형사책임은 운전자의 운전부주의로 인한 범죄발생을 전제로 하는데, 자율주행차 운행에 있어서는 인간운전자가 아닌 자율주행시스템(ADS)의 운전행위가 전제로 되는 것이어서 기존의 형사책임 논리가 그대로 적용될 수 없게 된다.

Ⅱ. 자동차 운전행위와 형사책임

1. 형사책임의 유형

(1) 형법 고유의 범죄

자동차의 운전행위와 관련하여 발생되는 형법전 고유의 범죄는 운전행위로 인하여 교통사고가 발생한 때, 즉 운전자가 아닌 타인을 사망 또는 다치게 한 때의 형법상 업무상 과실치사상죄가 대표적이다. 이는 운전업무에 종사하는 자가 운전상 부주의로 타인을 사상케 하는 과실범죄의 유형으로 인정된 것이다. 따라서 고의로 타인을 사상한 때는 살인죄나 상해죄에 해당될 것이고, 자동차 운전과 관련된 범죄행위에 속하는 것은 아니다. 업무상 과실치사상죄에 대하여는 5년 이하의 금고 또는 2천만원 이하의 벌금에 처하는 것으로 규정되어 있다(제268조). 그러나 대부분의 교통사고는 「교통사고처리특례법」에 따른 처벌을 받게 된다. 이 법은 업무상과실 또는 중대한 과실로 교통사고를 일으킨 운전자에 관한 형사처벌 등의 특례를 정하고 있다(제1조). 동법은 형법상 업무상과실치사상죄에 대한 처벌 특례, 보험에 가입된 경우의 특례 등을 규정하고 있어서 실제 교통사고 발생시에는 동법이 주로 적용되게 된다. 그 외에도 도주차량의 경우에는 「특정범죄가중처벌에 관한 법률」에 따라 가중처벌을 하고 있다(제5조의3).

(2) 행정법상 범죄(행정형벌)

또한 운전과 관련한 범죄로는 도로교통법상 의무의 위반에 대한 행정벌로 인정된 행정형벌이 규정되어 있다. 이 법은 도로에서 일어나는 교통상의 모든 위험과 장해를 방지하고 제거하여 안전하고 원활한 교통을 확보함을 목적으로 하는 행정법규인데, 동법에서는 자동차 및 운전자에게 각종 의무를 부과하고 이를 위반하는 경우에는 행정질서벌(과태료) 또는 행정형벌을 규정하고 있다(제148조 내지 제159조). 예를 들어 무면허운전행위(제152조), 음주운전행위(제148조의2) 등이다. 이는 업무상과실치사상죄와 같이 형법전의 고유의 범죄와 구분하여 행정법상의 의무 위반에 대한 제재성격으로서 행정형벌의 성격을 가진다. 다만 행정형벌도 형사책임의 내용으로는 형벌로 나타나므로 형법상 범죄행위와 차이가 없다.

2. 형사책임의 주체

이러한 운전행위는 당연히 권리능력을 가진 사람만이 할 수 있도록 허용되어 있으므로, 운전으로 인한 형사상 책임은 인간 운전자에게만 귀속되는 것이라고 할 것이다. 한편 회사 소속의 운전기사가 회사 차량을 업무로 운전하다가 교통사고로 행인에게 상해를 입힌 경우, 그 고용주인 회사가 책임을 지는지에 대하여는 '법인의 형사책임'의 문제로 논의되는데 원칙적으로 법인 자체는 범죄를 범할 수도, 형벌을 수행할 수도 없으므로 범죄능력이 없다는 것이지만 일부 양벌규정이 있는 행정형벌의 영역에서는 정책적으로 인정되고 있다.

Ⅲ. 자율주행차 운행과 형사책임

1. 자율주행차 단계별 운전자와 형사책임

(1) 기술한 바와 같이, 자율주행차 운행은 레벨 3단계에서는 인간운전자와 ADS가 혼합되어 있어서, 제어권 전환이 인간운전자로 이루어진 경우에만 인간운전자가 운전상 형사책임의 주체가 된다. 그 외에는 인간운전자의 형사책임을 논할 수 없다.

(2) 자율주행차 레벨 4, 5단계에서는 ADS가 전적으로 역동적인 운전을 하는 것으로 설계되어 있어서 인간운전자의 역할을 대신하게 되므로, 인간운전자의 개념이 없어 그에 대한 형사책임을 논할 수 없다. 이 때 비로소 인간운전자 아닌 자율주행차 또는 ADS에 대한 형사책임 문제가 본격적으로 등장하게 된다.

2. 인간운전자가 없는 경우의 형사책임 인정 여부

(1) 형사책임의 허용 여부

기술한 바와 같이 레벨 3에서 인간운전자로 제어권 전환 전에는 인간운전자에 대한 형사책임이 인정될 수 없고, 레벨 4, 5의 경우에도 인간운전자 개념을 상정할 수 없는 것이므로 인간에 대한 형사책임이 부인된다. 그런데, 형벌이란 국가에 의한 처벌권 행사라고 하지만 개인적 법익을 침해하는 범죄의 경우에는 피해자에 대한 응보의 개념도 포함되어 있다고 할 것이다. 즉 자동차 교통사고와 관련된 범죄는 모두 특정인의 생명과 신체에 대한 침해에 대한 것으로써 개인적 법익을 보호하기 위함이기 때문에 그 범죄에 대한 형벌은 개인적 응보를 국가가 실현한다는 의미가 강한 것이다. 그런 점에서 보면, 인간운전자의 운전이 배제된 상태에서의 자율주행차 운행으로 인한 교통사고 발생시에도 일체의 형사책임이 배제되는 것은 '개인적 법익에 대한 형벌'의 특성이 전혀 고려되지 못한다는 문제가 있는 것이다. 피해자의 응보의 관념에서 인간 운전자에 대한 형사책임에 상응한 형사책임이 고안될 필요가 있는 것이다.

또한, 교통안전을 위한 자율주행차 또는 ADS에 대한 행정법상 규제의 필요성에 따라 다양한 행정벌이 필요할 수도 있다. 자율주행차 운행 시대라고 하여 교통안전의 필요성이 없어지지 않는다고 본다면, 자율주행차의 운행에 대한 각종 안전규제가 설계되고 그 실효성을 보장하기 위한 행정제재의 등장은 불가피하고 그중에서도 전통적인 행정형벌의 필요성도 남는다고 할 것이다. 그러한 행정재제 중에서 전통적인 행정형벌의 필요성도 남는다고 할 것이다. 따라서 ADS 또는 자율주행차에 대한 각종 안전규제가 신설되고 그 위반에 대한 제재로서 새로운 행정형벌이 창설될 가능성이 높고, 그런 차원에서 형사책임이 부여될 것으로 보인다. 다만 인간운전자가 아닌 기계(ADS)에 대한 도로교통상의 주의의무를 부여하고 그를 위반한 경우에는 행정형벌 보다는 과태료 등의 다른 행정제재가 보다 실효적이라고 보이므로, 현재의 도로교통법상의 행정형벌체계에 대한 근본적인 재검토가 필요할 것으로 예상된다.

(2) 형사책임의 주체

인간운전자가 아닌 ADS의 운전행위에 대하여 형사책임을 부여할 경우, 그 책임의 주체를 누구로 설정할 것인지 문제가 된다. ADS는 인간이 아닌 인공지능 또는 기계라고 할 것이므로 권리능력 또는 인격의 주체가 될 수 없다. 따라서 책임능력이나 형벌의 수형능력이 인정되지 않는다. ADS는 설계된 대로 주행할 뿐 인간이 가지는 자유의지가 없으므로 권리능력 및 책임능력이 인정되지 않고, 나아가 사형이나 징역, 금고와 같은 형벌에 대한 수형능력도 인정되지 않는다. 그런데 자동차 운전으로 인하여 생명과 신체의 피해를 입은 피해자를 보호하기 위한 '업무상과실치사상죄'의 입법취지를 고려할 때 그 책임이 있는 자에 대한 형사책임을 부여할 필요가 있다면, 그 운전의 주역이 인간이 아니라고 하더라도 어떤 방식으로든 책임을 부여하여야 한다. 이 때 ADS는 권리능력이 인정되지 않으므로 ADS에 대한 후견책임이 있는 사람(이하 ADSE라 함)에 대하여 그 형사책임을 부여할 수 있을 것이다.[1] ADSE는 ADS가 저지른 교통사고로 인한 형사상 책임을 부담하는 주체가 되는데, 이는 법인의 형사책임 구조와 매우 유사하다고 할 것이다. 법인은 그 자체로 어떠한 행위도 할 수 없고 단지 그 기관을 통하여만 행위를 하는데, 그 기관이나 직원 등이 행한 범죄의 결과에 대하여 형사책임을 지도록 하는 양벌책임 규정으로 해결하고 있다. 다만 법인의 양벌책임과 ADSE의 책임이 다른 것은 전자는 사람의 범죄행위도 함께 처벌하고 동시에 법인의 책임도 묻는 규정임에 비하여, 후자는 ADS라는 기계의 범죄행위에 대하여 ADS 자체에 대하여는 형사책임을 묻지 않고 그 후견인격인 ADSE에게만 합당한 책임을 묻는 것이 된다.

(3) 형사책임의 유형과 그 법적 성격

ADSE가 형사책임을 진다면 어떤 책임을 질 수 있는가의 문제인데, 이는 책임의 대상이 되는 범죄의 성질에 따라 구분하여야 한다. 범죄의 종류를 보면 기술한 바와 같이 형법상의 범죄인 업무상과실치사상죄는 변함이 없을 것이고 다만 행정형벌인 도로교통법상 의무위반에 대한 범죄유형은 자율주행차에 있어서는 많은 변화가 있을 것으로 예상된다. 예컨대 인간운전자를 전제로 하는 음주운전죄(도로교통법 제148조의2)를 ADS에게 적용할 수 없음은 당연하다. 오히려 도로교통법상 ADS에게 특별한 교통규칙준수의무를 부여하고 이를 위반한 경우에 제재를 가하는 방법으로 변경될 것이다.

다음 형벌에 대하여 보면, ADSE의 성격, 즉 자연인 또는 법인인지 여부에 따라 형벌의 종류가 달라질 수 있을 것으로 예상한다. 현행법상 법인의 형사책임을 보면 법인은 형법 제41조 소정의 9개의 형벌(사형, 징역, 금고, 자격상실, 자격정지, 벌금, 구류, 과료, 몰수) 종류 중 벌금형을 택하고 있는데, ADSE가 법인이라면 법인의 형사책임과 같이 생명형이나 신체형이 아닌 벌금형이 선택될 수 있을 것으로 본다.

이러한 ADSE의 형사책임의 성격은 법인에 대하여 부과되는 행정형벌과 유

---

[1] 제1장 제3절 자율주행시스템(ADS)에 의한 운전행위와 그에 대한 시스템후견인(ADSE)의 민사적, 행정적 책임 참조.

사하다고 할 것이다. 이는 기계에 불과한 ADS의 운전상의 행위에 대하여 그 후견인인 ADSE에 부과되는 것이고, ADSE는 행정법규에 의하여 창설되고 그 책임이 인정되는 것인 만큼 그 성격은 순수한 형벌이라기보다는 행정형벌의 성격이 강하다고 할 것이다. 마치 로봇의 위법행위에 대하여 로봇의 리셋 또는 해체 등의 제재가 있다고 하더라도 이는 형벌의 유형이라기보다는 행정제재의 성격을 가지는 것으로 이해하는 것과 같은 것이다.[2]

3. 형사책임의 경합 문제

자율주행차 운행은 다양한 이해관계인이 관여하게 되는데, 사고 발생시 이해관계인의 관여 여부 및 정도에 따라 형사책임의 존부 또는 경합 여부가 결정된다고 할 것이다. 이를테면 자율주행시스템의 해킹에 의하여 교통사고가 발생된 경우 해킹에 책임이 있는 자와 없는 자가 구분되고 그에 따라 형사책임의 존부가 결정되게 될 것이다. 이는 민사책임의 경합 문제와 유사한 구조라고 할 것이다.

---

2) 한국인공지능법학회, 인공지능과 법, 박영사, 2019, 162면.

제 2 장
자동차법과 도로법제

제1절 자율주행차의 도로실험에 대한 규제[*]

Ⅰ. 서론

　자동차제조사와 IT기업을 중심으로 2020년 실용화를 목표로 완전자율주행차와 관련한 대응이 이루어지고 있다. 자율주행은 운전자의 인지·판단·조작을 제어시스템으로 전환하는 것이기 때문에 지금까지의 안전운전지원시스템인 ADAS (Advanced Driver Assistance System)[1]와는 전혀 다르며, 도로교통시스템의 패러다임을 바꾸는 것으로 세계 각국의 주목을 끌고 있다.[2]

　세계 각국은 경쟁적으로 자율주행차의 실현을 위해 기술개발 등의 다양한 노력을 지속적으로 하고 있다. 자율주행차의 성공 여부는 당연히 이를 실현할 수 있는 기술개발이 가장 중요하겠지만, 개발된 기술이 실제로 활용될 수 있는가의 여부를 판단하기 위한 다양하고 충실한 실험은 기술개발만큼 중요한 부분이라고 할 수 있다. 또한 기술개발 및 실험에 대응한 법제의 마련도 매우 중요하다고 할 것이다.

　세계의 입법동향을 보면 비엔나협약의 개정을 통한 자율주행차의 운행의 기반을 마련하였고, 그로부터 세계 각국은 입법 마련에 박차를 가하고 있다. 법제의

---

* 이 부분은 황창근·이중기·김경석, "자율주행자동차의 도로 실험을 위한 입법동향 — 일본을 중심으로 —", 중앙법학 제19권 제4호(2017)를 다시 실은 것이다.

1) 운전자의 인지와 판단이 늦거나 잘못됨으로써 발생하는 교통사고를 미연에 방지하는 것을 목적으로 하는 시스템으로 차량주변을 주행하는 차량을 찾아내어 충돌의 위험성이 있는 경우에 자동적으로 제동시스템을 작동시키거나 차선을 벗어난 경우 자동적으로 핸들을 복귀시키는 등의 방법으로 운전자의 안전운전을 지원하는 시스템을 말한다(青木 啓二, 自動運転車の開発動向と技術課題, 情報管理 vol. 60 no. 4, 科学技術振興機構, 2017. 7, 238면 注 1).
2) 青木 啓二, 위의 논문, 229면.

방향은 자동차법제에서 안전기준을 마련하는 것부터 도로교통법제에서 전반적인 자율주행차의 운행의 근거를 마련하는 것 등 다양하게 있다. 2017년 독일은 도로교통법(Straßenverkehrsgesetz, StVG) 개정을 통해 자율주행차의 운행조건의 근거(§1a 등)를 마련하였는데, 이는 자동차법의 개정이 아닌 도로교통법의 개정을 통한 것이라는 의미가 있다. 각국의 법체계의 다른 점을 감안하더라도 자동차법은 '자율주행차의 안전'을, 도로교통법은 '자율주행차의 운행'에 중점이 있음을 부인하기 어렵다고 할 것이다. 이와 같은 입법태도는 자율주행차의 상용화단계뿐만 아니라 그 이전의 실험 단계에서도 그대로 논의될 수 있는 문제라고 할 것이다.

　　이 논문은 자율주행차의 주행시험과 관련한 최근 입법 및 정책 동향을 비교분석하기 위하여 일본의 최근 동향을 소개하고 우리의 입법방향을 제시하기 위한 목적에서 서술되었다. 자율주행차의 주행시험은 다양한 기준 등을 마련하여 새로운 기술이 실제로 실현될 수 있도록 지원하는 것인데, 시험 운행을 위한 일본은 정부의 주도로 자율주행기술의 개발과 해당 기술의 실증실험을 위한 다양한 지원을 하고 있으며, 구체적으로는 자율주행차의 공도(이하 도로라고 함)에서의 시험을 위한 요건이나 절차 등의 기준을 정비하는 것에 노력하고 있다.

　　그러나 우리나라에서는 「자동차관리법」에서 자율주행차의 실험을 위한 임시운행허가제도(제27조)를 도입하고, 국토교통부 고시로 「자율주행자동차의 안전운행요건 및 시험운행 등에 관한 규정」을 제정하여 시행하고 있는 것 이외에는 도로 또는 도로교통 차원에서의 규율 내지 지원 법제는 전혀 검토되어 있지 않은 상태이다. 그런데 자율주행차의 기술개발과 상용화를 위하여는 계속적인 실험이 전제가 되고, 특히 도로에서의 실험은 필수적인 것이라고 할 것이며, 이를 위한 입법적인 뒷받침이 필요하다. 안전성이 완전히 확인된 차량이 아닌 것이 임시허가를 받았다고 하여 도로 운행에 아무런 장애가 없다는 것은 아니다. 「자동차관리법」상의 규율이 있다면, 「도로교통법」상의 규율도 당연히 전제가 되어야 한다. 그 규율 수준이나 범위가 낮은 것이라고 하여, 아무런 조치도 취하지 아니한 채 도로교통을 허용하기는 어렵다. 그런 점에서 최근 일본정부의 도로에서의 자율주행차의 실험 기준에 대한 입법논의는 우리법제에 시사하는 바가 크다고 할 것이다.

　　이하에서는 자율주행과 관련한 일본정부의 최근 정책과 자율주행차의 도로실험을 위한 구체적인 기준들을 검토하여 우리나라에 어떻게 적용할 것인가를 찾고자 한다.

Ⅱ. 자율주행에 대한 일본정부의 최근 정책동향

일본정부는 첨단산업에 대한 정부의 정책을 내각부 주도로 진행시키는 경우가 다수 있으며, 특히 정보통신과 관련한 정책은 이러한 경향을 대표적으로 나타내고 있다. 그중 하나로 정보통신기술의 활용을 통해 세계적 규모로 발생하고 있는 급격하고 대폭적인 사회경제구조의 변화에 적절하게 대응하는 것에 대한 중요성을 감안하여, 고도정보통신네트워크사회의 형성에 관한 시책을 신속하고 중점적으로 추진하기 위해 2001년 1월 내각부에 '고도정보통신네트워크사회추진전략본부'(약칭 'IT종합전략본부')를 설치하였다. 동 IT종합전략본부에서는 2014년 6월부터 3차례에 걸쳐서 ITS·자율주행[3)에 관련한 정부 전체의 전략인 「관민ITS[4)구상·로드맵」(이하 '자율주행 로드맵'이라고 한다)을 발표했으며, 2017년 5월 30일에 최신동향을 고려하여 4번째로 자율주행 로드맵을 발표하였다. 이번에 발표된 자율주행 로드맵의 주요 내용과 2016년 자율주행 로드맵과의 차이점은 다음과 같다.

1. 지금까지의 경위

최초의 자율주행 로드맵은 2014년 6월 발표되었으며, 당시 로드맵의 내용에는 ITS 및 자율주행에 관련한 국가전략과 2030년을 목표로 한 시장화의 내용도 포함되었다. 이후 관련 부처에서의 논의(경제산업성, 국토교통성 등)를 지속하며, 자율주행 로드맵 2015, 자율주행 로드맵 2016을 발표하였으며, 2017년에는 고도자동운전실현을 위한 2025년까지의 시나리오를 책정하고 시장화를 대비한 제도정비와 기술력 강화에 중점을 둔 자율주행 로드맵 2017을 발표하기에 이른다.

---

3) 일본의 경우에는 '자동주행'이라는 용어를 사용하고 있으나, 우리나라의 경우 일반적으로 자율주행이라는 용어를 사용하고 있으므로 법률명이나 정책명 외에는 자율주행이라는 용어를 사용하기로 한다.

4) ITS(Intelligent Transport Systems: 고도도로교통시스템)이란 도로교통의 안전성, 운송효율, 쾌속성의 향상 등을 목적으로 최첨단의 정보통신기술을 이용해서 사람과 도로와 차량을 일체의 시스템으로 구축하는 새로운 도로교통시스템의 총칭이다(高度情報通信ネットワーク社会推進戦略本部・官民データ活用推進戦略会議,「官民ITS構想・ロードマップ2017」, 3면). http://www.kantei.go.jp/jp/singi/it2/kettei/pdf/20170530/roadmap.pdf

2. 로드맵의 개요

(1) 자율주행실현 시나리오

자율주행 로드맵에서는 자가용차, 물류서비스, 이동서비스로 나누어서 2025년까지의 고도자동운전 실현을 향한 시나리오를 마련하고 있다.

		~ 2020년	2020년대 전반	2025년 목표	
자가용차	대규모실증	일반도로에서의 자동운전(L 2)	고도안전운전지원시스템(가칭)		교통사고의 감소 교통지체의 완화
		고속도로에서의 자동운전(L 2)	고속도로에서의 자동운전(L 3)	고속도로에서의 완전자동운전(L 4)	
물류서비스			고속도로에서의 대열주행(L 2 이상)	고속도로에서의 완전자동운전트럭(L 4)	물류교통의 효율화
			한정지역에서의 무인자동운전 배송서비스(L 4)		
이동서비스	공도실증	한정지역에서의 무인자동운전 이동서비스(L 4)		한정지역에서의 무인자동운전 이동서비스(L 4) ※ 지역 등의 확대	교통약자의 해소

(2) 정부 전체의 제도정비대강(大綱)

2020년 고도자동운전의 시장화를 향해 교통관련법규의 재검토를 위한 제도 전체의 제도정비대강을 2017년도를 목표로 책정한다. 구체적으로는 드라이버에 의한 운전을 전제로 한 제도에서 ① 자동운전차량특정, ② 안전기준의 책정, ③ 교통법규의 책정, ④ 보험 등의 책임관계 등을 정부가 검토하여 시스템에 의한 운전도 전제로 한 제도로 전환한다.

(3) 자동운전에 관련한 데이터전략

고도자동운전에 필수적인 인공지능 기술력의 강화 등을 위한 데이터전략을 포함하며 구체적으로는 ① AI 등의 능력강화를 위한 주행영상데이터베이스의 정비, ② 자율주행에 이용될 데이터의 확충(다이나믹 맵 등에 관련한 정보정비), ③ 위의 것들을 충실히 하기 위한 정보통신인프라의 정비 등이 내용이 된다.

3. 자율주행 로드맵 2016과 2017의 비교

(1) 자율주행시스템의 정의

자율주행 로드맵 2016는 미국의 국토교통안전청(NHTSA)의 기술단계를 바탕으로 마련되었으나 자율주행 로드맵 2017에서는 미국 자동차 공학회(society of automotive engineers: SAE)의 기술단계를 바탕으로 변화하게 된다.

1) 종래 일본의 레벨분류(자율주행 로드맵 2016)

개요	관계책임 등
(정보제공형) 운전자에 대한 주의환기	운전자책임
Level 1: (단독형) 가속·타·제동 중 어느 하나의 조작을 시스템이 수행하는 상태	운전자책임
Level 2: (시스템의 복잡화) 가속·조타·제동 중 복수의 조작을 일시에 시스템이 수행하는 상태	운전자책임
Level 3: (시스템의 고도화) 가속·조타·제동을 모두 시스템이 수행하고, 시스템이 요청한 때에만 운전자가 대응하는 상태	운전자책임(자율주행모드 중) ※ 감시의무 없음(시스템으로부터의 운전요청 이전)
Level 4: (완전자동주행) 가속·조타·제동을 모두 시스템이 수행하고, 운전자가 전혀 관여하지 않은 상태	시스템책임

2) 새로운 일본의 레벨분류(미국의 레벨분류를 수용한 분류: 자율주행 로드맵 2017)

개요	안전운전에 관련한 감시·대응주체
Level 0: (운전자동화 없음) 운전자가 모든 운전조작을 실시	운전자
Level 1: (운전지원) 시스템이 전후·좌우 어느 하나의 차량제어에 관련한 운전조작의 일부를 실시	운전자
Level 2: (부분운전자동화) 시스템이 전후·좌우 양방의 차량제어에 관련한 운전조작의 일부를 실시	운전자
Level 3: (조건부운전자동화) 시스템이 모든 운전작업을 실시(한정조건 하(下)) 시스템으로부터의 요청에 대한 응답이 필요	시스템 (시스템으로부터의 운전요청 후에는 운전자)

Level 4: (고도운전자동화) 시스템이 모든 운전작업을 실시(한정조건 하(下)) 시스템으로부터의 요청 등에 대한 응답이 불필요	시스템
Level 5: (완전운전자동화) 시스템이 모든 운전작업을 실시(한정조건 없음) 시스템으로부터의 요청에 대한 응답이 필요	시스템

(2) 자율주행시스템의 시장화 등 기대시기

1) 시장화 등 기대시기(자율주행 로드맵 2016)

분류	실현이 예상되는 기술(예)	시장화 등 기대시기
Level 2	· 추종(追從) · 추미(追尾)시스템(ACC+LKA 등)	시장화 마침
	· 자동노선(Lane)변경	2017년
	· 준자동 Pilot	2020년까지
Level 3	· 자동 Pilot	2020년 목표
원격형·전용공간	· 무인자동운전이동서비스	한정지역 2020년까지
Level 4	· 완전자동주행시스템(비원격형)	2025년 목표

2) 시장화 등 기대시기(자율주행 로드맵 2017)

	단계	실현이 기대되는 기술(예)	시장화 등 기대시기
자가용	Level 2	· 준자동 Pilot	2020년까지
	Level 3	· 자동 Pilot	2020년 목표
	Level 4	· 고속도로에서 완전자동운전	2025년 목표
물류서비스	Level 2 이상	· 고속도로에서 트럭의 대열주행	2022년 이후
	Level 4	· 고속도로에서 트럭의 완전자동주행	2025년 이후
이동서비스	Level 4	· 한정지역에서 무인자동주행서비스	2020년까지

(3) 고도안전운전지원시스템(가칭)[5]의 실현

1) 자율주행 로드맵 2016

일본은 2020년까지 세계 제일의 안전한 도로교통사회의 구축, 세계최첨단

---

5) 고도안전운전지원시스템(가칭)이란 피해감소브레이크, 운전자이상 시 대응시스템의 고도화와 정보통신인프라 등의 고도화를 도모하며, 인공지능HMI(운전자 등과의 인터페이스)를 포함해서 통합화한 것을 말한다(高度情報通信ネットワーク社会推進戦略本部·官民データ活用推進戦略会議, 「官民ITS構想·ロードマップ2017」, 30면). http://www.kantei.go.jp/jp/singi/it2/kettei/pdf/20170530/roadmap.pdf

ITS의 구축이라는 관점에서 ① 안전운전지원시스템의 보급촉진, 각종 안전지원차량탑재장치의 설치추진, ② 안전지원을 포함하는 각종 정보제공시스템의 개발 및 도입, ③ 보행자 등에 대응할 수 있는 센서·시스템의 연구개발 및 보급이라는 3개 분야에 관련한 각종 시스템·차량탑재기기의 개발 및 보급 등의 대응을 준비하고 있다.

2) 자율주행 로드맵 2017

또한 위의 사항에 더해 자율주행단계의 고도화뿐만 아니라, 운전자에 의한 운전을 원칙으로 한 자율주행기술 등의 보급 및 고도화를 도모하기 위해 ① 안전운전서포터차(서포터 S, 서포카)의 보급 등을 추진, ② 고도안전운전지원시스템(가칭)의 개발에 의한 교통사고 감소와 경쟁력의 강화라는 2가지의 내용을 새롭게 포함시켰다.

(4) 고도자동운전 실현을 향한 제도정비대강의 책정

2020년을 목표로 고도자동운전시스템 실현에 있어서 '운전자에 의한 운전'을 전제로 한 교통관련법규를 다양한 측면에 걸쳐서 재검토할 필요가 있으며, 이를 위해 고도자동운전실현을 향한 「정부전체의 제도정비 방침(대강)」을 2017년을 목표로 책정하기로 결정했으며, 구체적인 내용은 다음과 같다.

1) 제도정비에 관련한 기본적 방향

제도정비와 관련한 기본적인 방향은 ① 중기적 관점에 서서 제도 측면에서 국제적 리더십을 발휘한다, ② 안전성을 확보하면서 혁신이 촉진되도록 하는 제도의 기본틀을 책정한다, ③ 사회수용성을 전제로 하면서 혁신이 촉진되도록 하는 책임관계의 명확화를 기한다는 3가지이다.

2) 고도자동운전에 관련한 제도정비 관련 검토항목

검토항목은 4가지이며 구체적인 내용은 다음과 같다.

① 자동운전차량·시스템 등의 특정으로 구체적인 내용은 ⅰ. 고도자동운전시스템의 정의와 특정, ⅱ. 고도자동운전시스템의 관리주체(시스템운용자 등)의 특정 등으로 구성되어 있다.

② 안전기준의 이상적 모습으로 구체적인 내용은 ⅰ. 고도자동운전시스템의 국제기준 획득을 목표로 한 검토, ⅱ. 차량으로써 안전을 확보하기 위해 필요한 기술적 요건의 기본적 방향, ⅲ. 차량의 성능에 따른 주행가능 조건의 기본적 방

향 등으로 구성되어 있다.

③ 교통규칙 등의 올바른 모습으로 구체적인 내용은 ⅰ. '시스템에 의한 운전'에서 교통규칙의 이상적 모습, ⅱ. 시스템운용자 등의 요건·의무의 이상적 모습, ⅲ. 제조사업자, 시스템운용자에 의한 소비자교육, 설명의무의 이상적 모습 등으로 구성되어 있다.

④ 사고시 등의 책임관계로 구체적인 내용은 ⅰ. 자손법에 관련한 앞으로의 이상적 모습, ⅱ. 위의 사항들에 입각한 그 외 민사책임의 이상적 모습, ⅲ. 형사상 책임에 관련한 논점정리, ⅳ. 원인규명체제의 정비필요성 등으로 구성되어 있다.

Ⅲ. 일본에서 자율주행차의 도로실험을 위한 기준

일본에서 자율주행차가 공도에서 실험을 하기 위해 준수해야 하는 기준으로는 경찰청이 2016년 발표한 「자동주행시스템에 관한 공도실증실험을 위한 가이드라인」과 2017년 발표한 「원격형자동운전시스템의 공도실증실험에 관련한 도로사용 허가신청에 대한 취급기준」이 있으며, 구체적인 내용은 다음과 같다.

1. 자동주행시스템에 관한 공도실증실험을 위한 가이드라인

(1) 개요

동 가이드라인6)은 일본국 내의 공도(公道)(일본도로교통법 제2조 제1항 1호에 규정하는 '도로'를 말한다. 이하 같음)에서 자동주행시스템(가속·조타·제동 중 복수의 조작을 한번에 수행하거나 또는 그 모두를 수행하는 시스템을 말한다. 이하 같음)을 이용해서 자동차를 주행시키는 실증시험(이하 '공도실증실험'이라고 한다)을 실시함에 있어서 교통의 안전과 원활함을 도모한다는 관점에서 유의해야만 하는 사항 등을 나타냄으로써 적정하고 안전한 공도실증실험의 실시에 이바지하는 것을 목적으로 하여 2016년 5월 경찰청에 의해 마련되었다. 동 가이드라인은 이것에 의하지 않는 방법으로 수행하는 공도실증실험을 금지하는 것은 아니고, 관계법령과 자동주행시스템에 관한 공도실증실험에 대한 조사검토결과에 입각해서 공도실증실험을 수행하거나 수행하려고 하는 자(이하 '실시주체'라고 한다)에게 있어서 유용한

---

6) 원문은 「自動走行システムに関する公道実証実験のためのガイドライン」이다. 일본 경찰청 홈페이지.https://www.npa.go.jp/koutsuu/kikaku/gaideline.pdf

정보를 제공하여 그 대응을 지원하려는 것을 의도하고 있다.

따라서 동 가이드라인에 적합하지 않은 공도실증실험을 하려고 하는 경우에는 충분한 시간적 여유를 가지고 실시장소를 관할하는 경찰(각 지역 경찰본부교통부교통기획(총무)과)에 사전 상담을 해야 한다.

(2) 구체적 내용

1) 기본 제도

현행법상 장소와 시간에 관계없이 공도실증실험을 수행하기 위해서는 다음의 조건을 충족해야 한다. 먼저, 공도실증실험에 사용하는 차량(이하 '실험차량'이라고 한다)이 도로운송차량의 보안기준(운송성령 제67호) 규정에 적합해야 한다(동령 제55조 제1항에 규정하는 지방운송국장의 인정 또는 제56조 제4항에 규정하는 국토교통대신의 인정을 받거나 규정의 특례를 받은 것을 포함한다). 그리고 운전자가 되는 자가 실험차량의 운전자석에 승차해서 항상 주위의 도로교통상황과 차량의 상태를 감시(모니터)하고, 긴급시 등에 타인에게 위해를 가하지 않도록 안전을 확보하기 위해서 필요한 조작을 해야 한다. 마지막으로 도로교통법을 시작으로 한 관계법령을 준수해서 주행해야 한다.

2) 실시주체의 기본적 책무

실시주체는 보행자·자전거이용자와 아이, 고령자, 장애자 등을 포함하는 일반도로이용자가 교통을 위해 이용하는 공도에서 여전히 실용화되지 않은 자동주행시스템을 이용해서 자동차를 주행시키는 것은 교통의 안전과 원활의 확보에 지장을 미칠 우려가 있을 수 있다는 것을 인식해서 충분한 안전확보조치를 강구해야 한다.

3) 공도실증실험의 내용 등에 따른 안전확보조치

공도에서 실증실험을 함에 있어서는 안전확보조치를 취하도록 하고 있으며, 구체적인 내용은 다음의 4가지로 구성된다.

① 실시주체는 공도에서의 실증실험 실시 전에 실시하려고 하는 공도실증실험의 내용에 따라 실험시설 등[7]에서 공도에서 발생할 수 있는 다양한 조건과 사

---

7) 여기에서의 실험시설 등은 실시주체가 보유한 테스트코스 외에 다음의 시설도 존재한다(警察庁, 「自動走行システムに関する公道実証実験のためのガイドライン」, 2면).
  · 자동차안전운전센터 안전운전중앙연수소

태를 상정한 주행을 충분히 수행하고, 실험차량이 자동주행시스템을 이용해서 안전하게 공도를 주행하는 것이 가능하다는 것을 확인해야 한다.

② ①의 실험시설 등에서의 확인을 마친 다음 일정기간 동안, 상정 외의 사태가 비교적 발생하기 어렵다고 생각되는 환경8)에서 공도실증실험을 수행하고, 충분하게 안전성이 확인되고 나서 점차 공도실증실험의 환경을 바꾸는 등, 공도실증실험에 대해서는 내용에 따라서 안전성을 확인하면서 단계적으로 실시해야 한다. 또한 실시주체는 새로운 자동주행시스템을 이용해서 공도실증실험을 실시하려고 하는 경우(기존 공도실증실험에서 일정한 안전성이 확인된 자동주행시스템에 새로운 기능을 부가하는 경우를 포함)에는 해당 자동주행시스템의 기능과 실시하려고 하는 공도실증실험의 내용에 맞추어 새롭게 실험시설 등에서의 확인부터 시작해야 한다.

③ 실시주체는 실시하려고 하는 공도의 도로교통환경을 사전에 확인해서 공도실증실험의 목적과 내용 및 해당 공도 상황에 맞추어 필요하다고 생각되는 경우에는 적절한 안전조치9)를 강구해야 한다.

④ 실시주체는 공도실증실험의 관계자(실험차량에 승차하는 자를 포함) 사이에

· 독립행정법인 자통자기술종합기구교통안전환경연구소
· 국립연구개발법인 산업기술종합연구소
· 일반재단법인 일본자동차연구소
· 지정자동차교습소
· 서킷
8) 공도실증실험의 실시장소로써는 일반도로 중에서도 보행자·자전거이용자의 교통량이 적은 장소, 보행자·자전거이용자의 통행이 없는 고속도로 등을 생각할 수 있다.
9) 특히 ①의 실험시설 등에서의 확인을 마친 후 일정 기간 동안에 마련하는 것이 적당하다고 생각되는 조치의 사례는 다음과 같다[구체적으로 각 조치를 실시할지에 대해서는 실시하려고 하는 공도실증실험의 목적과 내용 등에 따라서 개별적으로 판단/(警察庁, 「自動走行システムに関する公道実証実験のためのガイドライン」, 3면)].
· 긴급 시에 필요한 조작을 하기 위해 운전자석에 승차하는 자(이하 '테스트드라이버'라고 한다)에 더해서 테스트드라이버 이외의 자가 실험차량에 동승해서 해당 자가 자동주행시스템의 상황 등을 감시(모니터)함으로써 주위 도로교통상황을 감시(모니터)하는 테스트드라이버와의 역할분담을 한다.
· 실험차량과 함께 주행하는 등의 안전확보차량을 준비한다.
· 실험차량의 차제에 자동주행시스템에 관한 공도실증실험 중이라는 표시를 한다(이 경우에는 해당 표시에 의해서 주위 일반 도로이용자의 행동에 변화가 생길 가능성이 있다는 것에도 유의한다).
· 지역주민과 도로이용자에 대해서 안내전단, 간판 등을 통해 공도실증실험의 실시일시 및 실시장소를 사전에 홍보한다.

서 인식을 공유해야만 하는 사항(자동주행시스템이 고장난 경우와 교통사고가 발생한 경우 등의 긴급 시의 구체적인 대응요령과 연락체제 등)을 서면(書面)화하고, 관계자에게 주지해야 한다.

4) 테스트드라이버의 요건

테스트드라이버의 요건에 대해서는 다음과 같이 규정하고 있다.

① 테스트드라이버는 실험차량의 종류에 따라서 법령에 근거해서 운전에 필요한 운전면허를 보유할 필요가 있다.

② 테스트드라이버는 항상 도로교통법을 시작으로 한 관계법령의 운전자로서의 의무를 부담하고, 만일 교통사고 또는 교통위반이 발생한 경우에는 테스트드라이버가 항상 운전자로서의 책임을 부담한다는 것을 인식할 필요가 있다. 테스트드라이버가 실시주체의 구성원이 아닌 경우에는 실시주체에서 테스트드라이버가 이들 사항에 대해서 확인을 했다는 내용의 서면을 받아야 한다(경제적 실시주체 또는 보험에 의해 부담하는 것은 무방하다).

③ 실시주체는 3) ①의 실험시설 등에서의 확인을 마치고 나서 일정한 기간 동안, 테스트드라이버에 대해서 다음의 요건을 충족하고 있다는 것을 확인해야 한다.

- 상당한 운전경험을 가지고 있고, 운전기술이 뛰어나다는 것
- 실험차량의 자동주행시스템의 구조와 특성을 충분히 이해하고 있다는 것
- 공도실증실험의 실시 전에 실험시설 등에서 스스로 실험차량의 자동주행시스템을 이용해서 운전하고 긴급 시의 조작에 숙달되어 있을 것

④ 실시주체는 자동주행시스템의 실용화를 위한 검증 등을 위해 ③의 요건을 충족하지 않는 자를 테스트드라이버로 하는 경우에는 ③의 요건을 충족하는 테스트드라이버에 의한 공도실증실험을 반복해서 실시함으로써 실험차량의 자동주행시스템이 공도에서 안전하게 기능한다는 것을 충분히 확인하고, 공도실증실험의 실시 전에 해당 시스템의 구조와 특성을 충분히 이해한 자로부터 테스트드라이버에 대해서 구체적인 대응요령 등에 대해서 충분한 설명을 하고 이것을 이해하도록 하며, 테스트드라이버에 더해서 테스트드라이버 이외의 해당시스템의 구조와 특성을 충분히 이해한 자가 실험차량에 동승해서 긴급 시 등에 필요한 조

작을 보조하는 등, 충분한 안전확보조치를 강구해야 한다.

⑤ 테스트드라이버는 자동주행시스템을 이용해서 주행하고 있는 동안, 반드시 핸들 등의 조작장치를 파지(把持)해서 긴급 시 등에 즉시 필요한 조작을 할 수 있도록 할 필요가 있다.

따라서 시야가 좋고 교통량이 적은 장소 등, 긴급 시의 조작을 할 개연성이 작은 상황에서는 팔걸이나 무릎 위에 손을 놓는 등, 긴장을 푼 상태가 허용되지만, 시야가 좋지 않은 장소 또는 교통량이 많은 장소 등, 긴급 시의 조작을 할 개연성이 높은 상황에서는 조작장치를 파지하거나 또는 즉시 파지할 수 있도록 손을 조작장치의 가까운 거리에 위치하도록 해야 한다.

5) 테스트드라이버에 관련하는 자동주행시스템의 요건

테스트드라이버와 관련하여 자동주행시스템은 다음의 요건을 충족해야 한다.

① 공도실증실험에 이용하는 자동주행시스템은 테스트드라이버가 긴급 시등에 안전을 확보하기 위해서 필요한 조작을 할 수 있을 필요가 있다.

② 공도실증실험에 이용하는 자동주행시스템은 자동주행을 개시 또는 종료하는 경우에 경보음이 발생하는 등의 조치를 취해서 테스트드라이버에게 그 내용을 명확하게 알리는 등, 테스트드라이버와의 사이에서의 실험차량의 조작 권한의 위양이 적절하게 이루어지도록 해야 한다. 특히 4) ③의 요건을 충족하지 않는 자를 테스트드라이버로 하는 경우 등에는 자동주행시스템이 기능한계에 달하거나 혹은 곧 도달하려고 하는 것을 검지한 때 또는 해당 시스템의 고장을 검지한 때 등에 충분한 시간적 여유를 가지고 테스트드라이버에게 조작을 요청하여 테스트드라이버가 원활하게 조작을 할 수 있도록 해야 한다.

③ 실시주체는 사이버보안기본법(2014년 법률 제104호) 등에 입각해서 공도실증실험을 안전하게 수행하기 위해서 적절한 사이버보안확보에 노력해야 한다.

6) 공도실증실험 중의 실험차량에 관련한 각종 데이터 등의 기록·보존

실시주체는 공도실증실험 중에 발생한 교통사고 또는 교통위반의 사후검증을 충분하게 할 수 있도록 ① 실험차량에 차량주변의 상황과 차량상태정보의 기록을 수행하는 드라이브레코더와 이벤트데이터레코더 등을 탑재하는(차량 전방의 상황뿐만 아니라, 차량 후방 및 차량 내의 상황에 대해서도 기록을 하는 것이 바람직하다) 조치를 강구해야 하며, ② 공도실증실험 중의 실험차량에 관련한 센서 등에 의해

수집된 차량상태정보를 포함한 각종 데이터, 센서의 작동상황 등에 대해서 교통
사고 또는 교통위반이 발생한 경우 사후검증에 이용할 수 있는 방법으로 적절하
게 기록·보존해야 한다.

7) 교통사고의 조치

교통사고가 발생한 경우에는 다음의 조치를 취해야 한다.

① 교통사고가 발생한 경우에는 테스트드라이버는 도로교통법 제72조의 규
정에 근거해서 즉시 운전을 정지하고, 부상자를 구호하며, 도로에서의 위험을 방
지하는 등의 필요한 조치를 취하고, 경찰관에게 해당 교통사고의 상황 등을 보고
할 필요가 있다.

② 교통사고가 자동주행시스템의 오류와 해당 시스템의 과신(過信)을 원인으
로 발생한 가능성이 있는 경우에는 실시주체는 해당 교통사고의 원인에 대해서
조사한 후에 재발방지책을 마련할 때까지 동종의 공도실증실험의 실시를 삼가해
야 한다.

8) 배상능력의 확보

실시주체는 자동차손해배상책임보험에 가입하고 임의보험에 가입하는 등의
조치를 취해서 적절한 배상능력을 확보해야 한다.

9) 관계기관에 대한 사전연락

실시주체는 신규성이 높은 기술을 이용한 자동주행시스템에 관한 공도실증
실험과 대규모 공도실증실험을 실시하는 경우에는 그 내용에 따라서 실험차량 및
자동주행시스템의 기능, 실시장소에서의 교통사고와 교통정체 상황, 도로 상의
공사예정, 도로환경·도로구조 등에 따른 조언 등을 수용하기 위해 충분한 시간적
여유를 가지고 실시장소를 관할하는 경찰(각 도도부현경찰본부교통부교통기획(총무)
과), 도로관리자 및 지방운수국 및 오키나와종합사무국10)에 대해서 해당 공도실
증실험의 계획11)에 대해서 사전에 연락해야 한다.

---

10) 오키나와의 발전 및 개발을 효율적으로 진행하기 위해 만들어진 기관으로 내각부의 지
　　방지분부국(地方支分部局)이다.
11) 여기에서 계획에는 실시기간, 실시장소, 실시주체, 실험차량 및 자동주행시스템의 기능,
　　안전확보조치의 내용등이 포함된다(警察庁, 「自動走行システムに関する公道実証実験の
　　ためのガイドライン」, 6면).

2. 원격형 자동운전시스템의 공도실증실험에 관련한 도로사용 허가신청에 대한 취급기준

(1) 개요

2016년 6월 일본 경찰청은 교통의 안전과 원활을 도모한다는 관점에서 자동운전의 단계적 실현을 향한 환경정비를 목적으로 전문가들로 구성된 「자동운전의 단계적 실현을 향한 조사검토위원회」를 설치하여 관련 사항의 검토를 진행해 왔으며, 2017년 3월 전국에서 기술단계에 따라 실험을 할 수 있도록 하는 「원격형자동주행시스템의 공도실증실험에 관련한 도로사용허가의 신청에 대한 취급기준(안)」을 마련하였다. 그리고 일본 경찰청은 이러한 안을 바탕으로 2017년 6월 1일 「원격조작에 의한 자동운전차량의 공도실험을 실시하는 때의 기준」을 마련하여 발표하였다. 일본 정부는 2020 동경올림픽까지 무인자율주행에 의한 이동서비스가 가능하도록 2017년까지 필요한 실증을 가능하도록 하는 제도의 환경정비를 한다는 것을 발표하였으며, 위에서 살펴본 것처럼 IT종합전략본부 자율주행 로드맵 2017에 따라 관련 부처의 구체적인 대응을 촉구한 바 있다. 이에 대한 경찰청은 이러한 움직임에 대응하기 위해 자동차로부터 원격으로 존재하는 운전자가 전기통신기술을 이용해서 해당 자동차의 운전조작을 할 수 있는 자동운전기술(이하 '원격형자동주행시스템'이라고 한다)을 이용해서 공도에서 자동차를 주행시키는 실증실험(이하 '원격형자동운전시스템의 공도실증실험'이라고 한다)에 대해서 도로교통법 제77조에 규정하는 도로사용허가의 대상행위[12]로 하여 전국에서 실험주체의 기술 단계에 따른 실험을 일정한 안전성을 확보하며 원활하게 실시하도록 하기 위한 「원격형자동운전시스템의 공도실증실험에 관련한 도로사용 허가신청에 대한 취급기준」[13]을 발표하였다.

---

12) 일본의 도로교통법 제77조에서는 ① 도로에서 공사 혹은 작업을 하려고 하는 자 또는 공사 혹은 작업의 도급인, ② 도로에서 비석, 동상, 광고판, 아치 혹은 그 외 이와 유사한 공작물을 설치하려는 자, ③ 장소를 이동하지 않고 도로에 노점 혹은 그 외 이와 유사한 점포를 내려고 하는 자, ④ 전 각호 외에 도로에서 축제행사를 하거나 촬영을 하는 등 일반교통에 현저히 영향을 미치는 통행형태 혹은 방법으로 도로를 사용하는 행위 혹은 도로에 사람이 모여서 교통상황에 따라 도로에서 위험을 방지하거나 혹은 그 외 교통안전과 원활을 도모하기 위해 필요하다고 인정해서 규정된 것을 하려는 자는 관할 경찰서장의 허가를 얻도록 하고 있다.

13) 「遠隔型自動運転システムの公道実証実験に係る道路使用許可の申請に対する取扱いの基

(2) 구체적인 내용

자동차로부터 떨어져 있는 운전자가 전기통신기술을 이용해서 해당 자동차의 운전조작을 할 수 있는 원격형자동주행시스템을 이용해서 공도에서 자동차를 주행시키는 실증실험인 원격형자동운전시스템의 공도실증실험에 대해서는 도로교통법(이하 '법'이라고 한다) 제77조에 규정하는 도로사용허가의 대상행위로 하여 전국에서 실험주체가 도로사용허가를 받아서 실시할 수 있도록 하고 있다. 구체적인 원격형자동운전시스템의 공도실증실험에 관련한 공도사용허가의 신청에 대한 취급기준은 다음과 같다.

1) 허가에 관련한 심사기준

가) 실험취지 등

실험의 취지 등은 ① 원격형자동주행시스템의 실용화를 향한 기술개발 등에 이바지하는 것을 목적으로 한 실증실험일 것, ② 실험의 관리자 및 원격감시·조작재신청에 관련한 원격형자동주행시스템을 이용해서 주행시키는 자동차(이하 '실험차량'이라고 한다)로부터 원격에 존재하고, 원격형자동주행시스템을 이용해서 실험차량을 상황에 맞추어 감시(모니터) 또는 조작해서 주행시켜서 법상의 운전자에게 부과되는 책임을 부담하는 자를 말한다. 이하 동일하다)가 되는 자[14]가 실시주체의 감독하에 있고, 안전을 확보하기 위해서 필요한 실시체제(긴급시의 연락체제를 포함한다)가 마련되어 있을 것, ③ 운송사업허가 등의 다른 법령상 허가가 필요한 경우에는 사전에 허가를 취득하였는가 또는 취득할 것이 확실한가의 여부를 관계기관에서 확인할 수 있을 것으로 하고 있다.

나) 실시장소·일시

시험을 실시하는 장소는 사용하는 무선통신시스템이 원칙적으로 두절되지 않는 장소 등, 실험차량을 안전하게 주행시키기 위해 필요한 통신환경을 확보한 장소이어야 하며, 원격형자동주행시스템 및 실험차량의 기능과 실시장소의 교통상황에 따라서 일반 도로이용자의 통행에 현저한 지장을 미칠 우려가 있는 장소

準」일본 경찰청 홈페이지(http://www.npa.go.jp/laws/notification/koutuu/kouki/290601koukih92.pdf).

14) 원격감시·조작자가 되는 자는 복수의 명의로 신청하는 것이 하다. 다만, 각각의 원격감시·조작자 1대 또는 복수의 실험차량을 주행시키는 어떠한 경우라도 현재 주행하고 있는 각 실험차량의 원격감시·조작자는 그중 1명에 한정한다(「遠隔型自動運転システムの公道実証実験に係る道路使用許可の申請に対する取扱いの基準」, 1면).

나 일시가 포함되지 않아야 한다.

다) 안전확보조치

안전확보를 위해 통신지연이 생길 수 있다는 것과 원격감시·조작자가 파악할 수 있는 주위상황이 한정될 수 있다는 것을 감안한 안전대책이 포함된 실시계획을 마련해야 하며, 실험차량의 정면, 뒷면 및 측면에 원격형자동주행시스템을 이용해서 주행하고 있다는 내용을 표시하고 있어야 한다.

라) 원격형자동주행시스템 등의 구조 등

원격형자동주행시스템 등의 구조는 ① 도로운송차량의 보안기준(1951년 운송성령 제67호) 규정에 적합해야 하며(동 기준의 완화조치를 받고 있는 경우를 포함한다), ② 실험시설 등에서 실시하려고 하는 공도실증실험에서 통상 발생할 수 있는 조건과 사태를 상정한 주행을 수행하여, 실험차량이 안전하게 공도를 주행하는 것이 가능하다는 것을 실험주체가 확인하고 있을 것, ③ 원격감시·조작자가 실험차량의 제동기능을 적확하게 조작할 수 있는 자일 것, ④ 원격감시·조작자가 영상 및 소리에 의해 통상 자동차의 운전자와 같은 정도로 실험차량의 주위와 주행하는 방향의 상황을 파악할 수 있을 것, ⑤ 통신의 응답에 필요한 시간이 상정되는 일정 시간을 초과하는 경우에는 자동적으로 실험차량이 안전하게 정지할 것, ⑥ 원격감시·조작자가 필요에 따라서 영상에 의해 실험차량 내의 상황을 파악해서 실험차량 내에 있는 자와 통화할 수 있을 것 등의 요건을 갖추어야 한다.

마) 긴급 시의 조치

긴급한 상황의 발생을 대비하여 교통안전과 원활을 도모하기 위해서 긴급한 필요가 생긴 경우로 경찰관으로부터 요구가 있는 때에는 현장에 긴급하게 갈 수 있는 체제를 정비하고 있어야 하며, 교통사고 등의 경우에 경찰관이 필요에 따라서 실험차량 원동기의 정지 등을 할 수 있도록 원동기의 정지방법 및 그 외 실험차량이 교통장해가 되지 않도록 하기 위한 조치방법에 관한 자료를 경찰에 제출해야 한다.

바) 원격감시·조작자가 되는 자

원격감시·조작자가 되는 자는 실험차량의 종류에 따라서 법령에 근거해서 운전에 필요한 운전면허(가운전면허를 제외한다)를 취득하고 있어야 하며, 원격감시·조작자가 항상 법상의 운전자로서의 의무와 책임을 부담한다는 것을 인식하기 위한 조치를 마련해야 한다.

사) 주행심사

주행심사의 경우에는 경찰관 또는 경찰직원(운전면허시험의 시험관 또는 그 경력이 있는 자를 원칙으로 한다)이 실험차량에 승차해서 신청에 관련한 원격감시·조작자 중 1명이 신청한 원격형자동주행시스템을 이용해서 실시하려고 하는 공도실증실험의 환경(주야간별, 교통량 등)에 따라 필요한 시간대와 기간에 실시장소의 구간전부를 교통사고를 발생시키기 않고 법령에 따라서 실험차량을 주행시킬 수 있다는 것을 확인해야 한다(주행심사를 위한 도로사용허가의 경우를 제외한다).

아) 1명의 원격감시·조작자가 2대 이상의 실험차량을 주행시키는 경우의
심사기준

① 실시장소에서 1명의 원격감시·조작자가 해당 시스템을 이용해서 1대의 실험차량을 주행시키는 공도실증실험이 각 실험차량에 대해서 이미 실시되고, 해당 실시장소에서 해당 시스템과 각 실험차량을 이용해서 안전하게 공도를 주행시킬 수 있다는 것이 확인되어야 하며, ② 원격감시·조작자가 모든 실험차량의 주위와 주행하는 방향의 상황을 파악하기 위한 영상과 소리를 동시에 감시할 수 있어야 한다. 또한 ③ 주행중에 원격감시·조작자가 1대의 실험차량에 대해서 원격으로 조작을 한 경우에, 다른 실험차량의 감시·조작이 곤란하게 된다는 점을 감안한 안전대책[15]이 포함된 실시계획이어야 하며, ④ 주행심사에서 원격감시·조작자가 조작을 하지 않고, 교통사고를 발생시키지 않으며, 법령에 따라서 모든 실험차량이 주행할 수 있다는 것이 확인되고(주행실험을 위한 도로사용허가의 경우를 제외한다), ⑤ 동시에 감시·조작하는 실험차량의 수를 늘리는 경우에는 1대씩 새롭게 실험하는 것을 원칙으로 하며, 그때마다 새로운 실험으로 도로사용허가신청을 해야 한다.

2) 허가기간

허가기간은 최대 6개월 이내를 원칙으로 하며, 실험장소의 교통상황에 따른 기간으로 한다. 그리고 (1) 7)의 주행심사를 위한 도로사용허가의 허가기간은 주행심사에 필요하다고 예상되는 기간으로 한다.

---

15) 안전대책의 예로는 자동적으로 다른 실험차량을 안전하게 정지시키거나 추가 원격감시·조작자가 신속하게 다른 실험차량의 감시·조작을 시작할 수 있는 체재를 채택하는 것을 들 수 있다(「遠隔型自動運転システムの公道実証実験に係る道路使用許可の申請に対する取扱いの基準」, 3면).

3) 허가에 부가되는 조건

가) 실시장소, 실시시간 등

실시장소, 실시시간 등의 허가와 관련하여 ① 도로에서는 신청을 했던 일시, 장소 및 주행방법으로만 주행할 것, ② 신청을 했던 원격형자동운전시스템과 실험차량 이외의 것을 사용하지 않을 것, ③ 신청에 관련한 원격감시·조작자가 되는 자 이외의 자가 원격형자동운전시스템을 이용해서 실험차량을 주행시키지 않을 것, ④ 원격형자동운전시스템을 이용하지 않고 실험차량을 주행시키지 않을 것(운전자가 되는 자가 실험차량 내에 승차하는 경우를 제외한다)의 조건이 부가된다.

나) 주행방법

주행방법과 관련하여 ① 원격감시·조작자가 운전면허증의 사본을 실험차량에 비치할 것, ② 원격감시·조작자가 원격형자동주행시스템을 이용해서 실험차량을 주행시키고 있는 때에 원격감시·조작자의 시야 또는 원격조작장치의 조작이 방해받지 않도록 할 것, ③ 원격감시·조작자는 원격형자동주행시스템을 이용해서 주행하고 있는 동안에 항상 실험차량의 주위와 주행하는 방향의 상황과 실험차량의 상태를 감시해서 긴급시 등에 즉시 필요한 조작을 할 수 있는 상태를 유지할 것, ④ 해당 도로의 규제속도로 주행하고 있는 통상의 자동차의 정지거리와 동등한 정지거리에서 정지할 수 있는 속도 이하로 주행해야 한다는 조건이 부가된다.

다) 교통사고 등의 경우의 조치

교통사고 등이 발생한 경우에는 ① 소방직원이 적절하게 소방활동을 수행할 수 있도록 사전에 실험차량의 구조, 정지방법, 그 외 소방활동에 필요한 실험차량에 관한 사항과 실험일시, 그 외 실험내용에 관한 사항을 기재한 자료를 관계소방기관에 제출하고 해당 소방기관에 설명해야 하며, ② 교통사고가 있었던 때에는 소방기관과 경찰에 필요한 통보를 한 후에 실험차량 내에 있는 자에게 구호조치와 도로에서의 위험방지를 위한 조치 등을 하도록 협력을 요구해야 한다. 또한 ③ 공도실증실험 중에 교통사고가 발생한 경우로 해당 교통사고가 원격형 자동운전시스템의 오류와 해당 시스템에 대한 과신을 원인으로 발생한 가능성이 있는 경우에는 실험을 중지하고 실험차량에 의해 기록된 영상과 음성, 원격감시·조작자의 영상, 음성 등을 포함한 조작상황기록, 통신로그 등을 필요에 따라서 관계기관에 제출하는 것을 포함해서 적절하게 보전 및 활용 등을 해서 재발방지책을 마련한 후에 새롭게 허가신청을 해야 한다.

라) 그 외

도로 또는 교통상황에 비추어 교통안전과 원활을 도보하기 위해서 필요하다고 인정되는 사항이 허가에 부가될 수 있다.

4) 허가에 관련한 지도사항

위의 사항들 외에 허가와 관련하여 「자동주행시스템에 관한 공도실증실험을 위한 가이드라인(2016년 5월 경찰청작성)」 중, 배상능력확보에 관한 사항 등, 실험의 취지에 반하지 않는 부분을 참조해서 활용하며, 심사기준과 허가조건은 최저한도의 사항이기 때문에 원격감시·조작자는 원격형자동주행시스템의 기능과 실제 교통상황에 따라서 안전하게 운전하며, 실시주체는 예방안전기술과 충돌후 피해경감기술에 관한 정보수집에 노력하며, 필요에 따라서 새로운 기술의 도입을 검토해야 한다. 또한 원격감시·조작자는 운전면허증을 휴대하고, 원격감시·조작자가 원격조작장치를 벗어나는 때에는 타인이 실험차량 내에 침입해서 차량을 운전할 수 없도록 하는 장치를 마련해야 한다. 또한 법령에 의해서 자동차에 구비하거나 표시해야 하는 서류 등은 실험차량에 구비하거나 표시하고, 도로사용허가증의 사본을 실험차량 내에 구비해야 한다. 실시주체는 지역주민을 시작으로 하는 관계자에 대해서 실험의 내용 등에 대해서 주행 전에 홍보 또는 설명하고, 특이사항에 대해서는 그 상황을 즉시 관할 경찰서장에게 통보해야 하며, 도로교통법을 시작으로 한 관계법령의 준수 및 그 외 도로 또는 교통상황에 비추어 교통안전과 원활을 도모하기 위해 적당하다고 인정되는 사항을 지도할 수 있다.

Ⅳ. 일본의 법제동향으로부터 보는 시사점: 자율주행차 시험운행 법제의 비교

1. 우리나라 법제의 내용

우리나라에서 자동차 운행을 위한 3요소라 할 수 있는 자동차, 운전자, 도로 등에 대응하는 「자동차관리법」, 「도로교통법」, 「도로법」 중 현재 자율주행차의 운행 관련 규정을 두고 있는 법제는 「자동차관리법」이 유일하다. 즉 「자동차관리법」은 자율주행차의 개념을 "운전자 또는 승객의 조작 없이 자동차 스스로 운행이 가능한 자동차"라고 정의하고(제2조 제1의3), 자율주행차를 시험·연구 목적으로 운행하려는 자는 국토교통부령으로 정하는 안전운행요건을 갖추어 국토교통 부장관의 임시운행허가를 받도록 규정하고 있으며(제27조 제1항 단서), 그 임시운 행허가기간은 5년 이내로 정하도록 하고 있다(동 시행령 제7조 제4항). 자율주행차 의 안전운행조건에 대하여 시행규칙은 7가지를 규정하고 있다(동 시행규칙 제26조 의2, 자율주행자동차의 안전운행요건). 즉 ① 자율주행기능(운전자 또는 승객의 조작 없 이 자동차 스스로 운행하는 기능을 말한다. 이하 이 조에서 같다)을 수행하는 장치에 고 장이 발생한 경우 이를 감지하여 운전자에게 경고하는 장치를 갖출 것, ② 운행 중 언제든지 운전자가 자율주행기능을 해제할 수 있는 장치를 갖출 것, ③ 어린 이, 노인 및 장애인 등 교통약자의 보행 안전성 확보를 위하여 자율주행자동차의 운행을 제한할 필요가 있다고 국토교통부장관이 인정하여 고시한 구역에서는 자 율주행기능을 사용하여 운행하지 아니할 것, ④ 운행정보를 저장하고 저장된 정 보를 확인할 수 있는 장치를 갖출 것, ⑤ 자율주행자동차임을 확인할 수 있는 표 지(標識)를 자동차 외부에 부착할 것, ⑥ 자율주행기능을 수행하는 장치에 원격으 로 접근·침입하는 행위를 방지하거나 대응하기 위한 기술이 적용되어 있을 것, ⑦ 그 밖에 자율주행자동차의 안전운행을 위하여 필요한 사항으로서 국토교통부 장관이 정하여 고시하는 사항을 정하고 있다. 이에 따라 국토교통부장관은 고시 인 「자율주행자동차의 안전운행요건 및 시험운행 등에 관한 규정」(이하 고시라고 함)을 정하고 있다.

그런데, 자동차관리법제는 자동차의 관리 목적으로 입법된 것으로서 자동차 의 안전기준, 자기인증, 등록 등을 규정한 것인데, 위 시행규칙에서 자율주행차의 '안전운행요건'을 규정하고 있는 것은 적어도 문언상 상위법인 「자동차관리법」을 위배할 소지가 있다고 할 것이다. 오히려 위와 같은 시험 목적의 임시운행이 필 요하다면, 자율주행차는 어떤 안전기준을 충족하여야 하는지 안전기준 위주로 마 련되는 것이 타당하다고 보인다. 그런 점에서 보면 시행규칙 제26조의2 중 제3호 '어린이, 노인 및 장애인 등 교통약자의 보행 안전성 확보를 위하여 자율주행차의 운행을 제한할 필요가 있다고 국토교통부장관이 인정하여 고시한 구역에서는 자 율주행기능을 사용하여 운행하지 아니할 것'은 도로교통법제가 정하여야 하는 내 용이라고 할 것이다. 또한 위 고시를 보면 제19조에서 자율주행차의 운전자 지정 및 운행에 관하여 규정하고 있는데 이는 전형적인 도로교통법제의 규율대상에 해 당된다고 할 것이다. 이처럼 자율주행차의 시험 목적을 위한 임시운행허가와 관련하여 「자동차관리법 시행규칙」 및 국토교통부 고시는 도로교통법제가 규정하여야 할 내용을 일부 규정하고 있는 것으로 보인다.

2. 한국과 일본과의 비교

1) 제작, 보험 및 데이터의 기록·보존

우리나라와 일본은 모두 동일하게 관계법령에 따른 기준에 맞추어 제작된 자동차를 대상으로 하고 있으며(고시 제3조), 보험은 자동차손해배상보험에 가입하도록 하고 있다.

또한 각종 데이터 등의 기록·보존 등에 대해서도 우리나라의 일본은 유사하게 관련 규정을 마련하고 있다.

2) 사전주행시험

우리나라의 경우에는(고시 제5조)에서는 "자율주행자동차 임시운행허가 신청인은 자율주행 기능의 작동을 확인할 수 있도록 시험시설 등에서 충분한 사전 주행을 실시하여야 한다."고 규정하고 있을 뿐이다.

이에 반해 일본의 가이드라인에서는 실험시설 등에서 공도에서 발생할 수 있는 다양한 조건과 사태를 상정한 충분한 시험운행과 이를 통해 안전하게 공도를 주행하는 것이 가능하다는 것을 확인하도록 하고 있다.

그리고 시험주행을 마친 후, 실험시설 등에서의 확인을 마친 다음 일정기간 보행자·자전거이용자의 교통량이 적은 장소, 보행자·자전거이용자의 통행이 없는 고속도로 등의 비교적 안전한 환경의 공도에서 시험을 거쳐 단계적으로 시험을 하도록 함으로써 안전한 시험을 위해 구체적인 내용을 마련하고 있다.

또한 시험을 위한 일반적인 안전조치의 강구와 지역주민과 도로이용자에 대한 홍보 등도 구체적으로 규정하고 있다.

3) 운전자의 자격

우리나라의 경우에는(고시 제19조 제2항) 자율주행차의 운전자에 대해 "해당 자율주행자동차를 안전하게 운행할 수 있고 고장 등 비상시 대응이 가능한 자율주행자동차의 특징과 기능(인지·판단·제어기능 등)에 대하여 충분히 습득하고 있는 자"로 기준을 마련하고 있다.

이에 반해 일본의 경우에는 자율주행차의 특징과 기능 등에 대한 충분한 습득뿐만 아니라, 상당한 운전경험과 뛰어난 운전기술 그리고 공도실증실험의 실시

전에 실험시설 등에서 자동주행시스템을 이용해서 운전하고 긴급 시의 조작에 숙
달되어 있을 것 등의 요건도 정하고 있다.

또한 운전자가 관계법령의 운전자로서의 의무를 부담하고, 만일 교통사고 또
는 교통위반이 발생한 경우에는 테스트드라이버가 항상 운전자로서의 책임을 부
담한다는 것을 인식하고 있을 것도 요구하고 있다.

3. 미국, 독일의 최근 입법 경향

자율주행차의 실험 운행을 위한 법제 또는 상용화를 위한 법제 움직임이 가
시화되고 있는 실정이다. 각국의 입법배경이나 법체계의 차이점이 있지만 대체로
교통당국의 '도로교통'의 안전성 측면에서 접근하고 있다는 점이 공통적이라고
할 것이다.

미국은 교통부(Department of Transportation) 산하 도로교통안전청(National High-
way Traffic Safety Administration, NHTSA)이 2016년 9월 연방자율주행차 정책가이드
라인(Federal Automated Vehicle Policy)을 제정 발표하였는데, 자율주행차가 직면할
문제에 대한 정부기관이 적용할 정책의 기초와 기본구조를 제시하는 목적으로 제
정되었으며, 그 주요 내용은 자율주행차의 성능, 주정부의 규제모델, 현행 규제장
치 등이 포함되어 있는데,[16] 자율주행차량의 주행 안전성의 우려에 대한 대책이
라고 할 것이고, 특히 주목할 점은 이러한 가이드라인을 도로교통안전을 직접 규
율하는 NHTSA가 직접 담당하고 있다는 점이다. 이 가이드라인은 기존 자동차,
자율주행차, ICT 관련 규제, 연방·주 등 규제기관 등을 교통안전이라는 관점에서
매우 포괄적이고 광범위하게 통합하고 있다는 점을 특징으로 들고 있다.[17]

최근 독일은 도로교통법(Straßenverkehrsgesetz, StVG) 개정안이 2017. 5. 12. 연
방 상원의 인준을 획득함에 따라 자율주행차가 공공도로에서 운행될 수 있도록
허용하는 세계 최초의 국가가 되었다.[18] 핵심 내용은 자율주행차의 분류 요건을

---

16) The U.S. Department of Transportation's Federal Automated Vehicles Policy, published
    September 2016(https://www.transportation.gov/AV/federal-automated-vehicles-policy-sep-
    tember-2016).
17) 한국정보화진흥원, 미연방 자율주행차 가이드라인 — 주요내용 및 시사점 —, Special
    Report 2016-3, 2016. 9. 27.
18) 독일 도로교통법의 개정내용과 우리나라에서의 시사점에 대하여는, 김진우, "자동주행에
    서의 민사책임에 관한 연구 — 개정된 독일 도로교통법과 우리 입법의 방향 —", 강원법
    학, 제51권, 2017. 6, 33-67면 참조할 것

상세하게 설명하고(제1조의a 제2항), 사고 발생시 책임 문제에 인간과 컴퓨터를 동등한 운행 주체로 간주하여 책임소재를 명확히 하고 있다는 점이다. 이 입법동향에서의 시사점은 자율주행차의 운행에 대한 입법적 규율에 있어서 도로교통법이 중심이 되어 진행하고 있다는 점을 들 수 있다.

4. 소결

자율주행차가 시험·연구 목적의 임시운행을 받으면 시험장이든 도로이든 운행에는 아무런 법적인 장애가 없는 것이 되므로, 굳이 「자동차관리법」 이외에 「도로교통법」 차원에 법적 지원 내지 규율이 필요하지 않다는 것이 우리 법제의 방침인 것으로 보인다. 위와 같이 자동차관리법제에서 자율주행차의 시험목적의 임시운행에 대한 제반사항을 규정하고 있는데, 내용상 일본의 가이드라인과 비교하더라도 차이점을 발견할 수 있지만, 법체계적으로 자동차운행법제의 체계상 도로교통법제에서 시험목적을 위한 자율주행차의 운행에 대하여 아무런 규정을 두고 있지 않은 점은 재검토를 요한다.

V. 자율주행차의 시험 목적의 운행을 위한 법제의 개편 방향

1. 「도로교통법」과 「자동차관리법」의 입법 목적의 비교

「도로교통법」은 "도로에서 일어나는 교통상의 모든 위험과 장해를 방지하고 제거하여 안전하고 원활한 교통을 확보함을 목적"(제1조)으로 하는 법률이고, 「자동차관리법」은 "자동차의 등록, 안전기준, 자기인증, 제작결함 시정, 점검, 정비, 검사 및 자동차관리사업 등에 관한 사항을 정하여 자동차를 효율적으로 관리하고 자동차의 성능 및 안전을 확보"(제1조)하기 위한 법률이므로, 양자는 도로교통과 자동차관리라는 점에서 관련이 있지만 엄밀히는 별개의 입법목적을 가진 것이라고 할 것이다. 자동차의 교통과 관련된 「도로교통법」의 구조는 법상 도로(제2조 제1호)에 「자동차관리법」상 자동차(제2조 제18호 가목)의 교통을 규율하는 것으로 되어 있고, 「자동차관리법」상 자동차는 등록하여만 운행을 할 수 있으므로(제5조), 자율주행차가 시험·연구 목적의 임시운행허가를 받으면 그 허가기간 동안은 운행할 수 있어서, 결국 「도로교통법」상의 자동차로서 도로를 교통할 수 있는 것으로 된다.

그러나 「자동차관리법」과 「도로교통법」과의 관계가 항상 이와 같은 관계에 있다고 보기는 어렵다. 특별한 사정이 있다면, 「도로교통법」의 입법목적에 걸맞는 규제체계를 갖추는 것이 필요하다. 시험·연구목적의 자율주행차의 도로교통 관계가 대표적인 사례에 해당한다. 자율주행차의 운행은 운전자의 운전을 전제로 하는 보통의 자동차운행과는 달리 차량이 스스로 주행하고, 제어한다는 점에서 기존의 도로교통법체계와는 근본적인 차이를 보여준다. 운전자의 제어가 없거나 부족한 자율주행차, 그것도 시험·연구 단계에 불과한 자동차에 대하여 「자동차관리법」상 규율에 맡기고 「도로교통법」상 아무런 조치를 취하지 않는 것은 도로교통법제의 목적상 타당하지 않다. 시험단계에서의 자율주행차 도로 이용은 자율주행차뿐만 아니라 일반 자동차와 혼재되어 있는 상태이므로 도로교통상의 위해가 증가될 가능성이 높다. 기술적으로 완비되지 아니한 시험중인 자율주행차와 일반자동차가 혼재되어 운행되는 경우의 도로교통상의 안전기준에 대한 대책이 필요한 것이다.[19]

「도로교통법」이 도로상의 교통에 제공되는 자동차의 종류를 「자동차관리법」에 전적으로 위임하고 별도로 정하지 않는 이유는 자동차의 기술적 안전성 등에 관하여는 자동차관리감독기관의 전문적인 관리를 신뢰한 것을 전제로 하는 것이고, 거기에는 그 자동차가 기술적으로 완비되어 있어 '교통상의 위해'를 발생하지 않을 것이라는 믿음을 전제로 하는 것이다. 그런데 아직 기술적으로 완성되지 못하고 계속적인 시험과 연구를 수반으로 하는 자동차에 대하여 시험목적으로 일반 교통이용자가 이용하는 도로에 제공하는 경우에는 그 위험성이 상당히 높아진다고 할 것이다. 만일 시험운행 중인 자율주행차가 도로 시험 운행 중 사고가 발생한 경우, 그 책임이 자율주행차에게 있는 경우 도로관리자나 도로교통관리자의 책임이 없다고 할 수 있겠는가 하는 점이다. 예컨대 자율주행차가 교통신호등이나 도로표지를 제대로 인식하지 못한 과실이 있고, 그 과실에 교통신호등의 관리자의 책임이 경합될 가능성은 없는지를 따져 보아야 하는 것이다.

특히 「도로교통법」은 운전자를 중심으로 한 안전운전규칙을 중시하고 있고 (제43조 내지 제56조), 특히 운전자의 일반적인 주의의무에 대하여 "차의 조향장치와 제동장치, 그 밖의 장치를 정확하게 조작하여야 하며, 도로의 교통상황과 차의

---

19) 황창근·이중기, "자율주행자동차 운행을 위한 행정규제 개선의 시론적 고찰", 홍익법학 제17권 제2호(2016), 49면.

구조 및 성능에 따라 다른 사람에게 위험과 장해를 주는 속도나 방법으로 운전하여서는 아니 된다."(제48조 제1항)고 규정하고 있는데, 자율주행차의 시험·연구목적의 운행에 있어서 위와 같은 의무를 지키기 어려운 것이므로 시험운행을 촉진하고 조화를 위한 별도의 입법조치가 필요한 것이다. 「도로교통법」의 자율주행차량에 관한 입법개선의 필요성이 자율주행차량의 상용화 시점에서 필요하다는 연구결과[20]가 있으나, 늦어도 그 때의 필요성을 부인하기 어렵다는 정도로 이해가 되고, 현재와 같은 시험·연구목적의 임시운행 단계에서의 「도로교통법」 규율이 필요하다는 점에서 일본과 독일이 최근 도로교통법 단계에서 가이드라인을 만들고 법률을 제정한 것은 시사하는 바가 크다고 할 것이다. 일응 내용으로는 현행 「도로교통법」의 체계에 따라 시험목적의 임시운행 자율주행차의 정의, 표시, 사용하는 도로의 범위, 교통방법, 교통규칙, 운전의 특별한 의무, 사고시의 대처방법 등이 고려될 수 있을 것이다.

2. 「자동차관리법」상 임시운행허가에 의한 도로교통상 실험의 가능 여부

자율주행차를 시험·연구 목적으로 운행하려는 자는 허가대상, 고장감지 및 경고장치, 기능해제장치, 운행구역, 운전자 준수 사항 등과 관련하여 국토교통부령으로 정하는 안전운행요건을 갖추어 국토교통부장관의 임시운행허가를 받아야 하는데(「자동차관리법」 제27조 제1항 단서), 국토교통부는 해당 차량이 허가요건에 적합한지 여부를 확인하고(동 시행규칙 제26조의2 제2항). 허가요건을 갖추게 될 경우 5년 이내의 허가기간을 정하여 허가증을 발부하게 된다(시행령 제7조 제4항). 이러한 임시운행허가의 요건과 절차를 보면 임시운행허가는 대상차량, 운행구역, 허가기간, 운전자 준수 사항 등으로 되어 있음을 알 수 있고, 이는 시험·연구목적의 자동차에 대한 임시운행허가라는 것에 불과하여 도로 사용을 허가하고 있는 것이 아님을 알 수 있다.

자동차가 일반적으로 도로를 이용하는 경우 그 사용관계는 자동차의 사용목적에 따라 도로공물의 사용관계가 달리 해석되는 것이 타당하다. 보통의 경우에는 「자동차관리법」상 자동차는 등록한 후가 아니면 운행할 수 없도록 되어 있으므로 자동차의 등록으로 운행 즉 도로교통이 허용되는 것이다(제5조). 자동차의

20) 아주대학교 산학협력단, 자율주행자동차 상용화 대비 도로교통법 개정 방안 연구, 2016년 경찰청 용역보고서, 2016. 12, 169면.

등록은 허가의 성질을 가지는 것으로 보이고,[21] 등록에 대한 예외적인 임시운행 허가와 비교하면 허가의 성질이 뚜렷하다고 할 것이다. 따라서 도로교통 소관 행 정청의 허가 등 별도의 조치가 없어도, 일반적으로 등록된 자동차는 도로교통이 허용된다고 할 것이다. 이를 공물법상 도로의 자유사용관계로 설명할 수 있는 것 이다. 그러나, 연구목적의 자율주행차는 자동차의 등록에 대하여 임시운행허가로 자동차 운행이 허용되는 것이 「자동차관리법」상 체계인데, 자율주행차량의 임시 운행허가는 시험 또는 연구목적의 운행이라는 점, 허가기간, 허가도로, 기타 조건 등이 부여되어 있고, 보통의 차량과 혼재하여 도로를 교통함으로써 교통의 위해 가 증가될 수 있는 위험성이 있다는 점에서 임시운행허가는 원칙적인 등록(허가) 과 동일하게 보기는 어렵다고 할 것이고, 오히려 특별한 운행조건을 부여한 허 가사용관계로 보는 것이 보다 타당하다고 할 것이다.[22] 그렇다면 시험·연구 목적 의 자율주행차의 도로교통은 도로교통의 허가권을 가진 행정청의 허가가 필요한 영역이라고 할 수 있는 것이다.

그런데, 현행 법제상 자율주행차를 시험·연구목적으로 운행하기 위한 국토 교통부장관의 임시운행허가에는 자동차 자체의 임시운행 허가 이외에 도로교통 에 대한 허가내용이 포함되어 있다고 볼 것인지 문제가 된다. 관련 허가상 운행 이 허용되는 도로를 지정하고는 있지만 도로지정만으로 도로교통에 대한 허가권을 행사한 것이라고 단정하기 곤란하다. 무엇보다 국토교통부장관은 「도로교통법」상 도로교통 관련 허가권한을 가지고 있지 아니하므로, 임시운행허가에 포괄적인 내 용이 포함된 것으로 볼 수 없다. 만일 임시운행허가에 도로교통에 대한 허가가 포함된 것으로 해석하려면, 명시적인 규정이 있거나 적어도 집중효 내지 의제허 가의 규정이 있어야만 하나, 그와 같은 규정을 찾아보기도 어렵다.

따라서 시험·연구목적의 자율주행차에 대한 국토교통부장관의 임시운행허 가는 해당 자동차의 운행허가를 의미하는 자동차등록제도에 대한 예외적인 것 일 뿐, 도로교통에 대한 일반적인 허가내용까지 포함된 것으로 보기 어려우므로, 결국 임시운행허가를 받은 자율주행차가 도로를 교통하기 위하여는 「도로교통 법」상 별도의 소정의 허가등의 규율이 필요한 것이다. 이것이 「도로교통법」의

---

21) 류광해, "자동차, 건설기계, 항공기 등록의 법적 성격", 홍익법학, 제17권 제1호(2016), 668면
22) 황창근·이중기, 전게논문, 52면.

입법목적에 부합되는 해석이라고 할 것이다.

VI. 결론

자율주행차량의 도로실험을 위한 우리나라와 일본의 기준을 살펴보면 상당
부분 유사하거나 동일한 내용으로 구성되어 있다. 하지만, 관련 기준을 규정하는
법령(우리나라는 「자동차관리법」, 일본은 도로교통법)이나 해당 기준을 책정하는 부처
(우리나라는 국토교통부, 일본은 경찰청) 등에서 근본적인 차이를 보여주고 있다. 이
는 각 개별법의 입법목적이 어디에 있는지 관점에서 본다면 입법의 미비 또는 불
비의 문제점을 지적할 수 있는 것이다.

또한 관련 기준의 내용을 살펴보면, 우리나라의 경우에는 일본의 기준에 비
해 구체적이지 못한 것을 알 수 있다. 예를 들어 사전주행과 관련하여 우리나라
의 경우에는 자율주행 기능의 작동을 위한 충분한 사전 주행을 실시를 의무로 하
고 있지만, 일본의 가이드라인에서는 실험시설 등에서 공도에서 발생할 수 있는
다양한 조건과 사태를 상정한 충분한 시험운행과 이를 통해 안전하게 도로를 주
행하는 것이 가능하다는 것을 확인하도록 하고 있다. 또한 시험주행을 마친 후,
일정기간 동안 비교적 안전한 조건의 도로 예를 들어 보행자·자전거이용자의 교
통량이 적은 장소, 보행자·자전거이용자의 통행이 없는 고속도로 등과 같이 비교
적 안전한 환경의 도로에서 시험을 하도록 함으로써 안전한 시험을 위해 구체적
인 내용을 마련하고 있다.

또한 안전조치와 시험지역의 주민들에 대한 홍보 등에 대해서도 일본은 시
험을 위해 일반적인 안전조치를 강구할 것과 지역주민과 도로이용자 등에 대해
홍보하도록 하는 등 구체적인 내용을 마련하고 있다.

자율주행차량의 도로실험은 주행하는 차량이나 보행하는 시민 등에 대해
큰 위험을 발생시킬 수 있는 과정으로 다양한 상황 등에 대해 구체적이고 충분한
준비가 필요하며, 이에 대한 기준도 당연히 구체적으로 마련되어야 할 것이다.

일본의 경우에도 법령의 단계는 아니지만 도로의 안전을 담당하는 경찰청
에서 가이드라인 등의 형태로 자율주행차의 도로실험을 위한 자세한 기준을 마련
하고 있다.

또한 운전자의 탑승을 전제로 하지 않는 원격형자율주행에 대한 시험을 위

한 기준도 마련하고 있는 등 자율주행시대를 대비한 적극적인 대응이 정부주도로 이루어지고 있다.

일반적으로 기술개발이 이루어지고 해당 기술이 일정 수준 보급되고 안정된 후에 관련법규가 정비되는 과정을 거친다. 하지만 자율주행과 같은 기술의 발전은 급진적으로 이루어지고 있고, 이러한 발전속도에 맞춘 법규의 정비가 시급할 것이다.

따라서 우리나라에서도 현재의 자율주행 시험운행요건을 「자동차관리법」 차원에서만 접근하고 있는데, 실제 자율주행차의 시험운행으로 발생되는 위험에서 도로상에서 발생되는 것임로 도로교통의 안전 확보 차원에서 '시험운행 목적을 위한 자율주행차의 안전기준을 보완하여 자율주행차의 공도실험을 위한 더욱 구체적인 내용의 기준을 마련할 필요가 있을 것으로 보인다.

물론 자율주행차의 시험, 연구목적의 임시운행에 있어서 그 허가권을 누구에게 부여할 것인지는 그 나라의 행정체계에 따른 선택의 문제이지 논리적인 문제라고 볼 수는 없다. 따라서 우리나라는 국토교통부가 임시운행허가를 통하여 자율주행차의 시험·연구 운행을 독점적으로 행사한다고 하여 이를 입법체계상 위반이라고 단정할 수는 없다. 문제는 우리 「자동차관리법」상 운행등록(허가)은 보통의 차량을 전제로 한 것이고, 자율주행차량에 대한 시험운행에 대하여는 도로교통당국의 개입 여지가 매우 크다는 점을 현행 법제가 따르지 못하고 있는데 이는 명백한 입법불비라고 할 것이다.

제2절 자율주행차 운행을 위한 자동차관리법의 개정 방향[*]

Ⅰ. 서론

우리나라는 2015. 8. 11. 자동차관리법을 개정하여 자율주행차의 개념(제2조), 시험·연구 목적의 임시운행 근거(제27조 제1항 단서)를 신설하고 동 시행규칙에서 자율주행자동차의 안전운행요건(제26조의2)을 규정하고 있는데 이는 시험·연구목적의 임시운행을 위한 법적 근거를 위한 것일뿐 상용화의 근거는 아니다. 현재 임시운행허가를 받은 상당수의 자율주행차량[1]이 도로를 운행중에 있고 기술적으로 상용화의 가능성이 높아짐에 따라 그에 대비한 입법의 필요성이 제기되고 있다. 이처럼 현행법은 자율주행차에 관하여 시험·연구 목적을 위하여 자율주행차의 개념을 정의하고 관련 규정을 신설하고 있다는 입법목적상의 한계가 있기 때문에 상용화를 위하여는 새로운 입법이 필요한 것이다. 외국에서도 독일이나 미국 등 이미 상용화에 대비한 입법이 완성된 나라도 있고 준비중에 있는 나라도 많다. 자동차의 안전기준이나 교통규칙은 국제적으로 공통된 기술과 기준이 적용될 분야라고 할 수 있기 때문에 국제적인 입법동향과 동떨어지지 않도록 입법에 유의하여야 할 시점인 것으로 보인다.[2]

---

[*] 이 부분은 황창근·이중기, "자율주행차 운행을 위한 자동차관리법의 개정 방향", 중앙법학 제20집 제2호(2018)를 다시 실은 것이다.

[1] 현재 임시운행허가를 받은 자율주행차량은 2017년 말 기준으로 총 29대에 이르고 있다. 홍익대 산학협력단, 자율주행차의 개인정보 보호체계 및 규제방식에 관한 연구, 연구보고서, 2017. 12, 개인정보보호위원회, 121면, 17면.

[2] 최근 자율주행차의 개념에 자율주행기능을 추가하고 운전자의 의무를 부과하는 내용으로 「도로교통법 개정안」(황희 의원 대표발의, 의안번호 2011827)이 발의되었는데, 이는

자율주행차 운행을 위한 입법 방법론으로 자동차법제를 중심으로 할 것인지, 아니면 도로교통법제로 할 것인지 정하여야 한다. 우리나라는 자동차의 안전기준, 자기인증, 등록 등에 대하여「자동차관리법」이, 운전자 및 도로교통 등에 대하여는「도로교통법」이 각각 별개로 규정되어 있다. 외국의 입법례는 나라마다 다르다. 독일은 별도의 도로교통법」(StVG: Straßenverkehrsgesetz) 중심으로 자동차의 안전기준을 포함한 자동차의 교통까지 포괄적으로 다루고 있는 반면, 미국은 연방법(49 U.S. Code Subtitle Ⅵ—MOTOR VEHICLE AND DRIVER PROGRAMS)에서 자동차안전기준 등 우리나라의 자동차관리법과 유사한 체계를 가지고 있고, 주법은 자동차의 등록, 운행 승인, 운전면허 등 도로교통법을 규정하고 있다. 어느 법을 중심으로 자율주행차 운행법제를 만들 것인지는 이와 같은 각국의 사정을 고려하여야 하는 문제인만큼, 무엇이 보다 바람직하다고는 단언하기 어렵다.[3] 일단은 현재의 법률체계를 중심으로 입법하는 것이 현실적이라고 할 것이다.[4] 현재의 각국 입법 단계는 완전한 자율주행단계가 아니라 레벨 3 정도에 맞추어 진행되고 있으며, 전통적인 운전자 개념의 전제하에 차량과 운전자가 혼재하는 시스템을 염두해 두고 있는 입법(독일 도로교통법)도 있지만 자율주행시스템을 운전자에 대체되는 개념으로 정하고 있는 입법(미국 미시간주 입법)도 나타나고 있다.

다만 입법시에는 위와 같이 임시운행과정에서의 운행경험이 충분히 입법에 반영되는 것이 타당하다. 즉 자율주행차의 시험운행을 통하여 발생 가능한 위험을 예측하고 이를 '시험운행 목적을 위한 자율주행자동차의 안전기준 보완'을 통해 자율주행차의 실제 도로환경에서의 실험을 위한 구체적인 기준으로 발전시킬

자율주행차의 운전이라는 도로교통 차원에서 접근한 것으로 자율주행차 관점에서 다소 미흡하다. 또한「지역전략산업 육성을 위한 규제프리존의 지정과 운영에 관한 특별법안」(이학재 의원 등 125인 대표발의, 의안번호 제2000026호)은 자율주행차의 운행을 다루고 있으나 이는 규제프리존 입법의 차원으로 자율주행차법제라고 하기는 어렵다.

3) 이와 달리 자율주행차의 운행에 관련된 법적 제 문제를 각 개별법에 규정하다 보면 완결성이 떨어지고 정합성의 문제가 발생될 수 있으므로, 소비자의 수용성 차원에서 하나의 통합특례법 이를테면「자율주행차의 운행과 책임에 관한 특례법」의 제정 논의도 가능하다. 황창근·이중기, "자율주행자동차 운행을 위한 행정규제 개선의 시론적 고찰", 홍익법학, 제17권 제2호(2016), 54-55면.

4) 이러한 외국의 입법방식을 독일이나 영국, 일본과 같이 현행 법제 내에서 접근하는 점진적 접근방식과 미국과 같이 적극적인 입법활동으로 접근하는 혁신적 접근방식으로 구분하여 설명하는 견해가 있다. 조용혁·장원규, 자율주행차 상용화에 따른 자동차관리법 개선방안, 2017. 11. 15, 한국법제연구원, 48면.

필요가 있고, 이는 장차 상용화 대비한 입법의 기초가 될 것으로 보인다.5) 물론 상용화를 위한 입법 이후에는 상위 레벨의 시험·연구목적으로 여전히 필요성이 인정되는 경우가 있을 것이다.

이 글은 현행 자동차관리법의 체계를 중심으로 자율주행차의 개념, 안전기준, 산업진흥정책 등에 있어서 개정 소요를 구체적으로 제시하고자 한다. 그 외 현행 자동차관리법에는 규정되어 있지 않지만, 자율주행차의 센서, 카메라를 통한 데이터 수집 등으로 인한 개인정보의 침해 문제, 보안 문제 등도 자동차의 안전기준의 차원에서 다루려고 한다. 개인정보의 수집·이용 등 처리나 자동차 보안 문제는 자동차의 운행(교통) 간에 발생되는 문제로서 도로교통법에 규율할 여지도 없지 않지만 엄격하게 보면 운전자의 행위라기보다는 자동차에 부착된 장치에서 자동적으로 수집 등 처리되는 문제이고 자동차에 대한 안전 확보라는 점에서 자동차의 안전을 다루는 자동차관리법에서 규율하는 것이 보다 타당하다고 할 것이다.6)

Ⅱ. 자율주행차 상용화를 위한 최근 입법 동향

1. 미국

미국의 입법은 자율주행차의 시험운행을 위한 것으로, 연방과 州가 따로 입법활동을 하고 있다. 연방은 주로 자율주행차의 안전기준 위주로, 주는 도로교통 위주로 입법 활동을 하고 있다. 주 차원에서는 2011년 네바다주가 최초로 자율주행차 법규를 제정한 이후, 캘리포니아, 플로리다, 미시간, 노스다코타, 테네시, 워싱턴DC 등 6개 주에서 공공도로 시험운행을 위한 별도의 법률을 제정하고 있다.7) 연방 차원에서는 2016년 교통부(U.S. Department of Transportation, U.S.DOT)가 자율주행차 제조업자와 개발자들에게 자율주행차의 안전운행을 위한 15개 분야

---

5) 황창근·이중기·김경석, "자율주행자동차의 도로 실험을 위한 입법동향 — 일본을 중심으로 —", 중앙법학, 제19집 제4호, 2017.

6) 자율주행차의 입법과제를, 첫째, 시험운행으로부터 상용화 과정에 필요한 과제, 둘째, 상용화 단계에서의 과제, 셋째, 상용화 후 전 산업, 서비스에서의 과제 등 3단계로 구분하여 접근하여야 한다는 견해가 있다. 박준환, "자율주행자동차 관련 국내외 입법·정책 동향과 과제", 국회현안보고서 제314호(2017), 국회입법조사처, 43면.

7) 캘리포니아 자동차관리청(DMV) 자율주행자동차 관련 입법동향, 〈https://www.dmv.ca.gov/portal/dmv/detail/vr/autonomous/auto〉.

별 가이드라인(Federal Automated Vehicles Policy)을 발표하였고, 2017년 9월 자율주행시스템(Automated Driving Systems. ADS)에 관한 최신의 연방지침(GUIDANCE)인 안전성을 위한 비전(A Vision for Safety 2.0)을 발표하였다. 2017. 9. 6. 연방법으로 SELF DRIVE Act(Safely Ensuring Lives Future Deployment and Research In Vehicle Evolution Act)가 하원을 통과하여 상원에 계속중에 있다. 이 법은 자율주행차에 대한 최초의 법안으로서 연방 도로교통청(NHTSA, National Highway Traffic Safety Administration)가 자율주행차의 설계·생산·성능 등 관련 사안에 대해 연방관할이 우선함을 인정하고, 자율주행차 제조사가 자기인증해야 하는 자율주행차의 안전관리기준 제정 및 성능기준(Performance standard)의 결정 권한을 부여한 법안이다.[8] 2017년 AV START Act(American Vision for Safer Transportation through Advancement of Revolutionary Technologies Act)는 2017. 10. 4. 통과된 법안으로 위에서 살펴본 하원의 SELF DRIVE Act 의 구체적 내용에 변화를 주거나 새로운 규정을 만들고 있으며, 하원의 법안과 다수 유사한 부분을 가지고 있지만, ① 사이버 보안상의 취약정보개시의 권고, ② 프라이버시보호대책의 구체화, ③ 도로에서의 실험주행을 위해서 연방자동차안전기준으로부터 면제되는 고도자율주행자동차의 숫자의 변화(하원안보다 감축), ④ 현행 기준과 고도자율주행자동차와의 불일치의 해결, ⑤ 소비자에 대한 정보제공의 구체화, ⑥ 고도자율주행자동차 기술위원회의 설치 등에서 차이점을 보여주고 있다.

2016년 미시간州는 자동차법전(Michigan Vehicle Code, MVC)을 개정하여 자율주행차의 정의 및 운행조건을 규정하고 있는데, 이는 인간운전자가 아닌 자율주행을 허용한 세계 최초의 입법이라는 점에서 의의가 있다.[9] 즉 자율주행차(Automated Motor Vehicle)의 개념을 자율주행시스템(Automated Driving System, ADS), 운전작업(driving task)으로 나누어 정의하고 있는데, 자율주행시스템(ADS)은 '임시적 또는 상시적으로 인간 운행자(human operator)의 감독 없이 차량의 역동적 운전

---

8) 연방 입법에 대하여는 두 지침의 차이와 주요 사항에 대한 정부 입장을 NHTSA 사이트에서 제시함(NHTSA, Automated Driving Systems) ⟨https://www.nhtsa.gov/manufacturers/automated-driving-systems⟩ 미 교통부(DOT), Advisory Committee on Automation in Transportation ⟨https://www.transportation.gov/acat⟩.

9) 미시간 주의 입법동향 및 시사점에 대하여는, 이중기·황창근, "자율주행차의 도입에 따른 '운전자' 지위의 확대와 '운전자'의 의무 및 책임의 변화 — 미시간 주와 독일의 최근 입법동향과 시사점을 중심으로 —", 홍익법학 제18권 제4호(2017) 참조.

작업의 모든 측면을 실행할 수 있는 하드웨어와 소프트웨어의 총체'라고 정의하고, 역동적 운전작업(dynamic driving task)은 운행적 측면(조향, 제동, 가속 및 차량과 도로의 감시), 전술적 측면(사건에 대한 대응, 차선변경시기의 결정, 터닝, 신호의 사용, 기타 관련 행동)을 의미하며, 이에 따라 자율주행차는 '자율주행시스템의 제조자 혹은 자율주행시스템의 장착자에 의하여 자율주행시스템이 설치되어 임시적 혹은 상시적으로 인간 운행자의 통제나 감독없이 운행될 수 있는 차량'이라고 정의하고 있다. 따라서 차량이 운행자의 통제나 감독 없이 스스로 운행할 수 있는 수준에 이르지 않는 한 자율주행차에 해당되지 않으며, 이 개념은 5단계 자율주행차를 허용하는 것으로 이해하고 있다. 이 법에 따라 자율주행시스템을 운전자로 보는 경우에 그 1차적 책임은 로봇운전자의 책임이 되고, 2차적 책임은 도로교통법상의 안전의무 이행에 관한 책임으로서 제조자의 책임으로 되는데, 양자 모두 책임보험에 의하게 되는 특징을 가지게 된다.[10)]

2. 독일

독일은 2017년 도로교통법(Straßenverkehrsgesetz, StVG) 개정을 통해 고도의 자율주행 혹은 완전 자율주행 기능에 의한 자율주행차의 상용화 입법을 하였다. 고도의 자율주행기능을 갖춘 자동차는 3단계 자율주행차, 완전한 자율주행기능을 갖춘 자동차는 4단계 자율주행차를 의미한다. 개정 내용으로는 자율주행차의 정의규정과 요건(제1조의a), 운전자의 권리와 의무(제1조의b), 사고원인의 입증 등을 위한 데이터의 저장(제63조의a) 등의 내용이 포함된다.[11)]

먼저 자율주행차의 정의에 대하여 "고도의 혹은 완전한 자율주행기능에 의한 자동차의 운행은 그 자율주행기능이 용법에 따라 사용되는 경우 허용된다."고 규정하고 있으며(제1조의a 제1항), 그 자율주행차로 인정되기 위한 6가지 장치 요건을 규정하고 있다(동조 제2항). 즉 1) 주행시스템이 활성화된 후 측면 및 종방향 제어를 포함한 운전 작업을 수행할 수 있는 기술적 장치, 2) 자율주행 중 주행에 관한 법령을 준수할 수 있는 기술적 장치, 3) 언제라도 운전자에 의하여 수동운전

---

10) 이중기·황창근, 전게논문, 381면.

11) 독일의 개정동향과 시사점에 대하여는 이중기·황창근, "자율주행차의 도입에 따른 '운전자' 지위의 확대와 '운전자'의 의무 및 책임의 변화 — 미시간 주와 독일의 최근 입법동향과 시사점을 중심으로 —", 홍익법학 제18권 제4호(2017); 김진우, "자동주행에서의 민사책임에 관한 연구: 개정된 독일 도로교통법과 우리 입법의 방향", 강원법학 제51권(2017. 6).

모드로 전환 또는 비활성화될 수 있는 기술적 장치, 4) 운전자에 의한 수동제어의 필요성에 관해 인식할 수 있는 기술적 장치, 5) 충분한 여유시간을 두고 시각, 청각, 촉각 또는 그 밖의 감지 가능한 방법으로 운전자에게 제어권 회복을 경고할 수 있는 기술적 장치, 6) 시스템설명서와 배치되는 사용에 대해 지적할 수 있는 기술적 장치를 명시하고 있다.

또한, 운전자의 권리와 의무 규정에서(제1조의b), 자율주행차의 운전자가 고도의 자율주행 혹은 완전 자율주행 기능을 사용하는 동안 운전자는 교통상황을 주시할 필요도 없고 자동차를 제어할 필요도 없으며(제1항), 운전자는 각호의 상황이 발생한 경우 차량의 통제권을 인수할 수 있도록 대비할 것을 규정하고 있다(제2항). 즉 자율주행차가 운전자에게 자동차 제어권 회복을 요구한 경우(제1호), 운전자가 자율주행차의 용법에 따른 사용 요건이 더 이상 존재하지 않음을 알았거나 명백한 제반 사정을 고려할 때 알았어야 했던 경우(제2호)를 들고 있다.

사고원인의 입증 등을 위한 데이터의 저장 규정에서는, 자동차의 위치저장 등(제1항), 저장된 데이터의 당국 제공(제2항) 또는 제3자에 대한 제공(제3항), 저장기간(제4항), 비식별조치를 통한 제공(제5항)을 규정하고 있으며(제63조의a), 제63조의b에서는 저장의 종류와 방법, 저장의 위치, 저장의무자, 데이터보안 등에 대하여 시행령에 위임하고 있다.

이를 평가하면, 첫째, 독일 도로교통법은 사실상 세계 최초의 자율주행차의 입법으로서 SAE 기준 3단계 내지 4단계를 구현하고 있다. 미국에서 일부 주에서 시험운행 목적의 입법사례가 있지만 상용을 염두에 둔 사상 최초의 입법이라고 할 수 있다. 둘째, 자율주행차의 개념을 정하면서 필요한 기술적 장치의 구비조건 6가지를 분명하게 요구하고 있는데, 이는 자율주행차의 안전조건을 정함으로써 자율주행의 법적 안정성을 도모하기 위함이라고 할 것이다.[12] 셋째, 운전의 주체에 대하여 여전히 인간운전자의 개념을 유지하고 하물며 자율주행기능을 사용중인 경우에도 운전자의 개념을 유지하고 있으며, 운행시의 운전자의 권리와 의무를 상세히 규정하고 있다는 점이다.[13] 이로써 자율주행차의 책임이 운전자의 책임을 전제로 함을 분명히 하고 있다는 점이다. 다만 자율주행 중에는 다른 활동을 할 권리를 인정하고 있지만, 일반 자동차 운전자와 달리 주행 시의 주의의무

---

12) 김진우, 전게논문, 46면.
13) 이중기·황창근, 전게논문, 370면; 김진우, 전게논문, 48면.

로부터 해방되는 것을 의미할 뿐 완전한 면제는 아니며 긴급 상황 발생에 대비할 준비의무는 부담하고 있다. 넷째 운행 데이터의 저장의무를 법정화하고 있는데, 이는 사고 발생시의 책임규명 등의 다양한 목적으로 사용될 수 있다고 할 것이다. 즉 자율주행차와 운전자 사이의 제어주체 변경 시에 인공위성 네비게이션시스템을 통해 위치시각을 저장할 것을 요구하고 있으며(제63조의a 제1항 제1문), 운전자가 시스템으로부터 제어권 전환을 요구받거나 장애가 발생한 사실도 저장되어야 하지만 특정 개인 정보 저장이 아닌 운행지배주체, 즉 운전자인지 혹은 시스템인지를 식별할 수 있도록 저장되어야 한다.

III. 자율주행차 개념의 재정립

1. 현행법상 자율주행차 정의의 문제점

현행 자동차관리법에 의하면 자율주행차는 '운전자 또는 승객의 조작 없이 자동차 스스로 운행이 가능한 자동차'(제2조 1의3호)라고 정의하고, 시험·연구 목적의 자율주행차량의 허가대상, 고장감지 및 경고장치, 기능해제장치, 운행구역, 운전자 준수 사항 등과 관련한 안전운행요건을 규정하면서 국토교통부령으로 위임하고 있으며(제27조 제1항 단서), 이에 따라 시행규칙에서 자율주행차의 안전운행요건을 ① 자율주행기능(운전자 또는 승객의 조작 없이 자동차 스스로 운행하는 기능을 말한다. 이하 이 조에서 같다)을 수행하는 장치에 고장이 발생한 경우 이를 감지하여 운전자에게 경고하는 장치를 갖출 것(1호), ② 운행 중 언제든지 운전자가 자율주행기능을 해제할 수 있는 장치를 갖출 것(2호), ③ 어린이, 노인 및 장애인 등 교통약자의 보행 안전성 확보를 위하여 자율주행자동차의 운행을 제한할 필요가 있다고 국토교통부장관이 인정하여 고시한 구역에서는 자율주행기능을 사용하여 운행하지 아니할 것(3호), ④ 운행정보를 저장하고 저장된 정보를 확인할 수 있는 장치를 갖출 것(4호), ⑤ 자율주행자동차임을 확인할 수 있는 표지(標識)를 자동차 외부에 부착할 것(5호), ⑥ 자율주행기능을 수행하는 장치에 원격으로 접근·침입하는 행위를 방지하거나 대응하기 위한 기술이 적용되어 있을 것(6호), ⑦ 그 밖에 자율주행자동차의 안전운행을 위하여 필요한 사항으로서 국토교통부장관이 정하여 고시하는 사항(7호)을 규정하고 있다(제26조의2 제1항). 이에 따라 자율주행자동차의 안전운행요건 및 시험운행 등에 관한 규정(이하 국토교통부 고시 또는 고시라 함)에서는 자율주행차의 구조 및 기능을 상세하게 규정하고 있는데, 사실 동 내용이 자율주행차의 개념을 보충하는 의미를 가진다. 동 고시에 의하면 조종장치(제10조), 시동시 조종장치의 선택(제11조), 표시장치(제12조), 기능고장 자동감지(제13조), 경고장치(제14조), 운전자우선모드 자동전환(제15조), 최고속도제한 및 전방충돌방지 기능(제16조), 운행기록장치 등(제17조), 영상기록장치(제18조)가 규정되어 있다.

이러한 개념 정의에 대하여 지나치게 추상적이고 모호하며 포괄적이어서 구체화가 필요하다는 견해에 대부분 일치하고 있다.[14] 이를 분설하여 보면, 첫째, '운전자 또는 승객의 조작 없이'라는 표현에서 운전자와 승객의 개념이 무엇인지도 분명하지 아니한 문제점이 있다. 법률상의 개념만으로 보면 운전자를 인정하지 않겠다는 취지가 들어나지만, 시행규칙 제26조의2 제1항 제2호에서는 '운행 중 언제든지 운전자가 자율주행기능을 해제할 수 있는 장치를 갖출 것'이라고 하여 '운전자'를 전제로 하고 있으면서, 한편 승객의 부존재를 개념으로 설정하고 있으나 승객이 운전자와 동렬에서 논의될 개념도 아니라는 점에서 문제가 많다.[15] 둘째, '자동차 스스로 운행이 가능하다'라는 의미가 무엇인지도 분명하지 않다. 이는 운행의 전부를 대상으로 하는 것인지 일부를 대상으로 하는 것인지의 문제이기도 하다.[16] 예컨대 첨단운전자지원시스템(ADAS, Advanced Driver Assistance Systems)[17]을 갖춘 자동차는 현재도 운행중에 있는데 그런 자동차는 운전자나 승

---

14) 황창근·이중기, 전게논문, 38면 이하; 윤태영, "자율주행자동차의 운행에 대한 법적 과제", 財産法研究 제34권 제2호(2017), 166면 이하; 조용혁·장원규, 전게 보고서, 33면 이하; 박준환, 전게 보고서, 44면 이하; 이중기·황창근, 전게논문, 369면. 이와 반대로 현행 개념의 구체화는 필요하지만 개방적 성격을 유지할 필요가 있다는 견해도 있다. 류병운, "자율주행자동차 사고의 법적 책임", 홍익법학 제19권 제1호(2018), 53면; 박종수, "4차 산업혁명 시대의 자동차 관련 법제의 합리적 개선방안", 법제연구 제53호(2017), 278면.

15) 조용혁·장원규, 전게 보고서, 33면.

16) 조용혁·장원규, 전게 보고서, 37면.

17) ADAS는 충돌 위험시 운전자가 제동장치를 밟지 않아도 스스로 속도를 줄이거나 멈추는 '자동 긴급제동 시스템(AEB: Autonomous Emergency Braking)', 차선 이탈 시 주행 방향을 조절해 차선을 유지하는 '주행 조향보조 시스템(LKAS: Lane Keep Assist System)', 사전에 정해 놓은 속도로 달리면서도 앞차와 간격을 알아서 유지하는 '어드밴스트 스마트 크루즈 컨트롤(ASCC: Advanced Smart Cruise Control)', 사각지대 충돌 위험을 감지해 안전한 차로 변경을 돕는 '후측방 충돌 회피 지원 시스템(ABSD: Active Blind Spot Detection)', 차량 주변 상황을 시각적으로 보여주는 '어라운드 뷰 모니터링 시스템(AVM: Around View Monitor)' 등을 포함한다[네이버 지식백과]

객의 조작없이 운행되는 상태라고 하지 아니할 수 없다는 것이다.18) 대개 '자동차 스스로 운행이 가능하다'는 것은 자율주행시스템(ADS, Autonomous Drive Systems) 또는 자율주행기능으로 설명되는데 그 자율주행시스템의 내용이 무엇인지, 어떻게 구성할 것인지가 중요한 문제가 된다. 이는 최근 입법례에서 자율주행차의 정의에서 자율주행시스템이 핵심적인 개념요소에 해당되고, 그 구성요소까지 구체적으로 규정되고 있는 사례에 비추어 보면 지나치게 간단한 개념 정의라고 할 것이다. 물론 위의 고시에서 자율주행시스템의 구체적 내용을 규정하고 있기는 하지만 위 고시는 시험운행 목적의 자율주행차에만 적용되는 적용상의 한계가 있고, 행정규칙이 가지는 법효력상의 한계도 있으므로 정의규정으로 실효적이지 않다. 셋째, 현재 통용되는 자율주행차의 발전단계에 따르면 단계에 따라 교통사고시 책임 구성이 달라지게 되는데, 형사책임에서 완전자율주행차와 부분완전자율주행차의 사이에는 책임의 유무가 갈라지게 되고, 운전자 없는 자율주행차와 자율주행기능 또는 자율주행시스템에 의한 자율주행차의 경우는 구분되는 것이 그런 예이다.19)

2. 개념 정의시 고려사항

(1) 자율주행차 발전단계의 고려

자율주행차의 기술단계는 국제적으로 5단계 내지 6단계(국제자동차기술자협회, SAE)로 구분하고 있는데, 규율 대상이 되는 자율주행차가 몇 단계에 해당되는지 분명하게 규정할 필요가 있다.20) 현행법의 해석상 완전한 자율주행차까지 염두해 두고 있는 것으로 보이는데, 각 단계에 따라 운전자의 정의나 책임 구성 등 법률관계가 달라지게 되기 때문에 실현가능한 단계를 정하는 것이 보다 타당하다고 할 것이다. 그러나 기술발전단계는 새로운 기술에 대한 이해를 돕는 것에 불과할 뿐 규범형성의 기준으로 삼는 것은 무리라는 유력한 견해도 있다.21) 그러나 기술의 발전이나 사회의 발전은 규범형성의 기초적인 사실이 되는 것이므로 입법기술적으로 불가능하지 않는 한 사실과 규범의 괴리를 줄인다는 차원에서도 오히

---

18) 박준환, 전게 보고서, 44면; 조용혁·장원규, 전게 보고서, 70면.
19) 황창근·이중기, 전게논문, 39면; 박준환, 전게 보고서, 44면; 조용혁·장원규, 전게 보고서, 76면.
20) 이중기·황창근, 전게논문, 369면. 각주 38).
21) 조용혁·장원규, 전게 보고서, 72면.

려 바람직한 입법방법이라고 할 것이다. 기술한 독일 도로교통법은 3단계를 주된 대상으로 하고 있으며 미시간법은 5단계 자율주행차까지 예상하고 있는 것으로 보인다.[22] 현재 기술 수준에서 현실적인 상용화 관점은 3단계를 목표로 하므로 3단계에 적용되는 입법이 현실적이지만, 미시간주처럼 5단계까지 염두해 두고 입법하는 방안도 가능하다고 할 것이다. 어찌됐든 자율주행차의 개념정의시 목표로 하는 SAE단계에 대한 고려가 반드시 필요하다고 할 것이다.

〈표 2〉 자율주행 단계별 구분[23]

단계		레벨 0	레벨 1	레벨 2	레벨 3	레벨 4	레벨 5
개념		지원기능 없음	특정지원 기능	복합지원 기능	부분 자율기능	고도 자율주행	완전 자율주행
	자동차 기술협회 (SAE)		Driver Assistance	Partial Automation	Conditional Automation	High Automation	Full Automation
	도로교통 연구소 (BASt)		Assisted	Partially Automated	Highly Automated	Fully Automated	
일상 주행		운전자	운전자	시스템	시스템	시스템	시스템
주행 중 상황인식		운전자	운전자	운전자	시스템	시스템	시스템
비상 제어		운전자	운전자	운전자	운전자	운전자/시 스템	시스템

(2) 자율주행차의 운전 또는 운전자의 개념

자율주행차의 '운전'의 개념을 인정할 것인지, 인정한다면 운전자를 기존의 인간운전자(human operator) 또는 운전자에 대체되는 자율주행시스템(ASD) 중 어느 것으로 결정할 것인지 정해야 한다.[24] 운전 또는 운전자의 개념은 도로교통법 등 자동차운행상의 의무의 주체의 전제로서 교통사고시의 책임의 소재를 정하는 중요한 개념이 되기 때문이다. 먼저 SAE 5단계의 경우에는 자동화기술이 완전하고 인간은 단순한 승객으로 전락될 것으로 예상이 되는데 이 경우에도 운전자의 개념이 유용할 것인가 논의가 있으나 여전히 도로교통상의 안전성 확보를 위한

---

22) 이중기·황창근, 전게논문, 356면.
23) 박준환, 전게 보고서, 5면.
24) 이종영·김정임, "자율주행자동차 운행의 법적 문제", 중앙법학 제17집 제2호(2015. 6), 174면.

개념도구로 필요하다고 할 것이다.[25] 이러한 '운전자 제어 전환 방식'에 대하여
권리주체로서의 인간과 권리객체로서의 자동차를 주종적이고 이분법적인 개념
틀 속에 묶어 두려는 것으로서 장차 완전 자율주행 기술이 실현되는 단계에서는
타당성이 없으므로, 운전자가 없거나 탑승자와 구별이 어려운 경우에는 차량시스
템의 관리자를 규율하는 방식으로 자율주행차 규율제도가 변경되어야 한다는 비
판이 있다.[26] 다음 논의는 인간운전자 또는 자율운행시스템 중 누구에게 자율주
행차의 운전의 주체 내지 책임을 지울 것인가 하는 것을 결정하여야 한다. 인간
운전자를 중심으로 하는 독일법과 자율주행시스템을 중심으로 하는 미시간주법
이 대립하고 있다. 이 입법의 동향에 따라 도로교통법상 운전자의 개념, 도로교통
규칙의 수범대상의 설정의 문제를 처리할 수 있고, 자동차손해배상책임법 등 책
임법에서 사고책임, 보험 등에 대한 규정을 할 수 있게 되는 것이다.

(3) '자율주행기능' 또는 '자율주행시스템(ADS)'의 규정

자율주행차는 인간운전자 대신 '자율주행시스템' 또는 '자율주행기능'을 이
용하여 운행되는 것이므로 이러한 개념을 자율주행차의 개념요소로 포함할 것인
지 문제가 된다. 자율주행기능은 기본기능과 첨단기능으로 구분되고, 기본기능은
인지, 판단, 제어기능으로 구분할 수 있다. 인지는 차선, 교통표지, 신호를 센서로
인지하는 것인데 그 기술로는 카메라. 레이더, 라이다가 사용된다. 센서로부터 인
지된 정보는 전자제어장치(ECU)로 전달되어 차선변경, 가감속 등을 판단하게 되
며, 제어단계에서는 제어 단계에서는 주어진 목표값에 따라 적절하게 제어하는
기능을 수행한다. 또한 첨단기능으로는 현재의 GPS기능을 보완하는 '정밀 측위',
'정밀전자지도'와 'V2X'가 거론되며, 자동차 외부 사정에 대한 대응을 위하여
V2V, V2I 등 V2X 통신이 있다.[27]

판단기능은 전자제어장치 자율주행시스템으로 설명되는데 그 입법론으로는
그 개념을 정의하거나 아니면 독일 도로교통법처럼 구체적인 장치까지 나열하는

---

25) 황창근·이중기, "자율주행자동차 운행을 위한 행정규제 개선의 시론적 고찰 — 자동차,
운전, 도로를 중심으로 —", 홍익법학 제17권 제2호(2016), 42면 이하; 이중기·황창근, 전
게논문, 373면.
26) 류병운, 전게논문, 42면.
27) 이상 자율주행기능의 설명에 대하여는 홍윤석, "자율주행자동차의 기능 및 안전성 평가
방안", 월간교통 제213호(2015. 11), 한국교통연구원, 15-16면.

방법이 있다. 우리나라는 자동차관리법 시행규칙에서 자율주행기능을 "운전자 또
는 승객의 조작 없이 자동차 스스로 운행하는 기능을 말한다."고 정의하고 있으
나(제26조의2 제1항 제1호) 위의 자율주행차의 개념 설명방식과 차이가 없고, 오히
려 국토교통부 고시에서 "자율주행시스템이란 운전자의 적극적인 제어 없이 주변
상황 및 도로정보를 스스로 인지하고 판단하여 자동차의 가·감속, 제동 또는 조
향장치를 제어하는 기능 및 장치를 말한다"고 규정(제2조)하고 있는 것이 의미가
있다. 최근 외국의 입법례에서 자율주행차의 중요한 개념요소로 인정하고 있다.
미시간주법에서는 자율주행차를 자율주행시스템이 설치되어 운행될 수 있는 차
량으로 정의하고, 나아가 자율주행시스템을 인간 운행자의 감독없이 차량의 운전
작업의 모든 측면을 실행할 수 있는 하드웨어와 소프트웨어의 총합으로 정의하
여, 4단계 내지 5단계에서는 실제 운전작업을 담당한다는 취지에서 운전자의 지
위로 확장될 것으로 보고 있다.[28] 독일 도로교통법도 자율주행차를 고도의 혹은
전면 자율주행기능에 의한 자동차로 정의하여 자율주행기능을 중요한 개념요소
로 규정하고 있다(제1조의a 제1항). 다만 독일 도로교통법은 자율주행기능을 6가지
의 기술적 장치로 필요적 요건으로 제시하고 있다.

3. 결언

이처럼 자율주행시스템 또는 자율주행기능을 자율주행차의 필수적 개념요소
로 받아들이고 있는 점은 미국법이나 독일법이 공통적이나, 처음에 개념 요소로
자율주행시스템의 기술적 요건을 세세하게 규정할 것인지 포괄적으로 규정할 것
인지 입법방식이 나뉘고 있다. 독일법이 전자의 방식이고 미국법이 후자의 방식
이다. 독일법이 요건으로 들고 있는 것은 대부분 자율주행시스템 또는 자율주행
기능을 수행하는 장치인데, 이를테면 운전작업을 수행하기 위한 기술적 장치, 운
전자에 의한 수동운전모드 전환 또는 비활성화될 수 있는 기술적 장치, 운전자에
의한 수동제어의 필요성 인식의 기술적 장치, 운전자에 대한 제어권 회복의 경고
장치는 이미 우리나라 자동차관리법령에서 도입하고 있는 것이고, 나머지 교통법
령을 준수하여야 한다거나 시스템설명서와 배치되는 사용에 대한 지적을 위한 장
치는 당연한 내용을 규정한 것으로 필요한 요건이라고 하기 어렵다.[29] 따라서 운

---

28) 이중기·황창근, 전게논문, 356면 이하 및 373면.
29) 독일식의 입법방식을 주장하는 견해는 김진우, 전게논문, 56면.

전자의 개념은 3·4단계를 고려하여 그대로 유지하고, 자율주행기능(자율주행시스템)을 개념으로 명시하며,[30] 그 기술적 장치는 필요한 부분만 규정하되 구체적으로 규정하지 않고 각 기술적 장치 또는 안전기준에서 규정하는 것이 보다 타당하다고 본다.[31]

〈개정〉

제2조(정의)

1의3. "자율주행시스템"이란 자동차 스스로 주변 상황과 도로정보를 인지하고 판단하여 자동차의 조향장치(操向裝置)와 제동장치, 고장감시 및 경고장치, 기능해제장치 그밖의 대통령령이 정하는 장치를 제어하는 기능을 말한다.

1의4. "자율주행자동차"란 운전자의 조작 없이 자동차 스스로 운행이 가능하도록 자율주행시스템을 적용한 자동차를 말한다.

Ⅳ. 자율주행차의 안전을 보장하기 위한 제 문제

1. 자율주행차의 안전기준의 재정립과 인증제도

(1) 자동차 안전기준의 재정립 문제

자동차 안전기준이란 자동차의 구조 및 장치의 안전운행에 필요한 성능과 기준을 말하고(자동차관리법 제29조 제1항), 부품·장치 또는 보호장구(자동차부품)로서 안전운행에 필요한 성능과 기준은 부품안전기준이라고 하는데(제2항), 구체적인 구조 등에 대하여는 시행령(제8조 이하) 및 시행규칙에 위임되어 있으며, 시행규칙으로 「자동차 및 자동차 부품의 성능과 기준에 관한 규칙」이 규정되어 있다.

---

30) 최근 발의된 도로교통법 개정안(황희의원 대표발의, 의안번호 2011827)에서도 이와 유사한 개념정의를 하고 있다. 즉 자율주행기능(자동차 스스로 주변 상황과 도로정보를 인지하고 판단하여 자동차의 조향장치(操向裝置)와 제동장치, 그 밖의 장치를 제어하는 기능을 말한다, 안 제18의2) 및 자율주행자동차(운전자의 조작 없이 자동차 스스로 운행이 가능하도록 자율주행기능을 적용한 자동차를 말한다, 안 제18의3)의 개념 참조.

31) 자율주행차의 개념을 재정립하게 되면 그간의 시험·연구 목적의 자율주행차의 개념정의, 임시운행허가규정, 동 시행규칙, 국토교통부 고시 등을 어떻게 개편할 것인가 문제가된다. 이는 시험·연구 목적의 자율주행차의 안전기준과 상용화된 자율주행차의 안전기준을 달리 정할 것인가의 문제와 직결된다. 생각건대 현행법령 중에서 상용화 단계에서 필요한 것은 입법상향이 필요하고, 한편 자율주행차의 발전단계상 상위 레벨로 진행하기 위한 연구·시험 목적은 여전히 필요한 경우가 있다고 할 것이다.

대통령령은 자동차의 구조 및 장치에 대하여, 길이·너비 및 높이, 최저지상고, 총중량, 중량분포, 최대안전경사각도, 최소회전반경, 접지부분 및 접지압력을 규정하고 있으며(제8조 제1항), 자동차의 장치에 대하여 원동기(동력발생장치) 및 동력전달장치, 주행장치, 조종장치, 조향장치, 제동장치, 완충장치, 연료장치 및 전기·전자장치, 차체 및 차대, 연결장치 및 견인장치, 승차장치 및 물품적재장치, 창유리, 소음방지장치, 배기가스발산방지장치, 전조등·번호등·후미등·제동등·차폭등·후퇴등 기타 등화장치, 경음기 및 경보장치, 방향지시등 기타 지시장치, 후사경·창닦이기 기타 시야를 확보하는 장치, 후방 영상장치 및 후진경고음 발생장치, 속도계·주행거리계 기타 계기, 소화기 및 방화장치, 내압용기 및 그 부속장치, 기타 자동차의 안전운행에 필요한 장치로서 국토교통부령이 정하는 장치를 규정하고 있으며(동 제2항), 부품·장치 또는 보호장구에 대하여는 브레이크호스, 좌석안전띠, 국토교통부령으로 정하는 등화장치, 후부반사기, 후부안전판, 창유리, 안전삼각대, 후부반사판, 후부반사지, 브레이크라이닝, 휠, 반사띠, 저속차량용 후부표시판으로 규정하고 있다(동시행령 제8조의2). 위 안전기준을 토대로 자동차 안전에 관한 사항을 제작자가 인증하는 자기인증제(법 제30조)와 자기인증차량에 대한 사후관리제도(제32조의2), 국가에 의한 자동차안전도에 대한 평가제도(제33조의2)를 채택하고 있다. 또한 자동차등의 안전기준에 적합하지 않을 경우 제작, 수입 및 판매 중지를 명할 수 있다(제30조의3). 이러한 자동차 안전기준은 자동차가 도로등의 운행에서 운전자나 보행자의 생명이나 신체를 해칠 우려에 대처하기 위한 것으로써,[32] 자동차등록제도(제5조), 자기인증제도(제30조), 자동차검사제도(제43조)와 함께 자동차관리법이 정하고 있는 자동차 운행요건의 성질을 가진다. 그런 점에서 자동차 안전기준은 자동차 운행의 물적 조건이라고 할 것이므로 자율주행차라고 하여 변화되기 어려우며,[33] 자율주행차 개발시 안전가이드의 역할을 하게 된다.[34]

자율주행차가 사이버보안이나 개인정보의 보호 문제 등 기존의 차량에서 이슈되지 않은 안전기준에 대한 쟁점이 나타나고, 자동차의 운행이 운전자인 사람

---

32) 박수헌, 미국 연방자동차안전기준 202 승객용 차량을 위한 머리지지대 제정에 대한 입법평가 사례분석, 한국법제연구원, 2008.
33) 황창근·이중기, 전게논문, 38면.
34) 이명수, "자율주행자동차의 국제안전기준 개발 동향", 오토저널 제38권 제6호(2016. 6), 26면.

보다는 자율주행시스템 등 차량에 의존하게 되는 상황이 반영됨에 따라 자율주행
차의 운행프로그램 등을 포함한 새로운 안전기준의 설정이 필요한 것으로 보인
다.35) 다만 현행 자동차 안전기준 즉 자동차의 구조, 장치 및 부품에 대한 안전기
준에 하드웨어와 소프트웨어의 결합의 기술적 특징을 가지는 자율주행기능 또는
자율주행시스템이 포함되는지 현실적인 문제가 있다. 이를 자동차의 안전기준에
포함되지 않는다고 볼 여지는 없으므로 법률 자체의 개정보다는 하위법령인 시행
령이나 시행규칙에서 구체적인 안전기준의 재설정으로 접근하는 것이 보다 타당
하다. 특히 아직 미완성인 자율주행차의 안전기준의 발전속도를 감안하면 가능하
면 행정규칙 정도로 구체적인 안전기준을 정립하는 것이 보다 실효적이라고 할
것이다.

(2) 자동차 안전기준에 대한 자기인증의 전환 논의

자동차안전기준에 대한 인증제도로 형식승인제도(Type-Approval)와 자기인증
제도(Self-Certification)가 있는데, 우리나라는 2003. 1. 1.부터 기존의 형식승인제도를
폐지하고 자기인증제도로 변경 시행하고 있다(제30조).36) 국제적으로는 자기인
증제도를 채택하고 있는 나라는 미국, 캐나다, 우리나라 정도이고, 대부분의 국
가는 형식승인제도를 채택하고 있다. 최근 자율주행차에 대하여는 자기인증제
도를 형식승인 등으로 전환하여야 하는지에 대한 논의가 활발하게 이루어지고
있다.37) 이 논의는 미국의 2016. 9. 자율주행차 정책(Federal Automated Vehicles
Policy)이 발표되면서 시작되었다. 동 정책에서는 자기인증에 대응하여 출시전승
인제도(Pre-Market Approval System) 또는 혼합방식(Hybrid Certification /Approval
Process)으로 전환을 시사하고 있는데, 이는 물론 자기인증제도를 대체하는 것은
아니라고 강변하지만, 자율주행차 또는 기술에 대한 연방정부의 승인을 통하여
대중의 수용성을 향상시킬 수 있다는 장점을 내세우고 있는 점에서 시사하는 바
가 크다고 할 것이다.38) 이러한 논의는 자율주행차가 일반 자동차에 비하여 네트

35) 박준환, 전게 보고서, 44면; 용기중, "자동차 관리법 관련 법령 검토(안)", 자율주행차 융·
    복합 미래포럼 세미나 자료집, 2017, 26-27면; 류병운, 전게논문, 34면; 박종수, 전게논문,
    290면.
36) 자기인증제도의 도입 배경을 보면 1998.10. 한미 자동차협상에서 2002년말까지 자기인증
    제를 도입하기로 한 합의에 따른 것이다. 조용혁·장원규, 전게 보고서, 79면.
37) 용기중, 전게 글, 23면 이하; 조용혁·장원규, 전게 보고서, 80면 이하.
38) NHTSA, Federal Automated Vehicles Policy, pp. 71-75.

워크 오류, 해킹 등의 위험에 노출될 수 있기 때문에 자기인증만으로는 안전성을 충분히 확보할 수 없다는 점에서 나온 것으로 보인다. 그러나 자기인증제도도 법상 자율규제로서 충분히 자동차의 안전성을 확보할 수 있는 제도라는 점에서 형식승인이 자기인증보다 자동차의 안전 확보에 훨씬 유리하다고 단정하기 어렵고, 한미자동차 협정 등 최초 형식승인에서 자기인증으로 전환된 당시의 입법목적이 충족되고 더 이상 불필요하게 된 것인지도 분명하지 않다.[39] 결국 자동차 안전기준에 대한 승인제도 중 어느 것을 채택할 것인지는 국제적인 흐름을 고려하고 자율주행차의 경우 일반차량보다 형식승인이 보다 필요한 기술적인 이유가 있는지 등에 대한 정책적 고려가 필요하다고 할 것이다.

2. 자율주행시스템의 필수적 기술적 장치 및 프로그램

자율주행차는 자율주행기능을 적용한 자동차이고, 자율주행기능으로 필수적인 기술을 법령에 규정하여야 하는지 문제가 된다. 중요한 기술로서 자율주행차의 구조 및 장치에 해당된다면 이에 대한 안전기준을 정하여야 하는 것이고, 그리 되면 자율주행기능을 위한 기술적 장치에 대한 안전기준 설정이 필요하게 된다. 자율주행기능 수행을 위한 중요한 장치 중에서 법률단계에서 반드시 규정하여야 할 것을 중심으로 살펴보면 운행기록장치, 사고기록장치, 영상기록장치 등을 들 수 있는데, 이는 사고시 책임주체를 판단하기 위한 것으로서 의미가 있다.

(1) 운행기록장치, 사고기록장치와 영상기록장치의 장착의무와 자료의 제공

자율주행차의 운행 상황이나 사고 상황을 기록하는 장치로 운행기록장치, 사고기록장치 및 영상기록장치가 있는데 입법조치가 필요하다. 운행기록장치란 자동차의 속도·위치·방위각·가속도·주행거리 및 교통사고 상황 등을 기록하는 자동차의 부속장치 중 하나인 전자식 운행기록장치(Digital Tachograph)를 말하고(자동차 운행기록 및 장치에 관한 관리지침 제2조 제1호), 사고기록장치란 자동차의 충돌 등 국토교통부령으로 정하는 사고 전후 일정한 시간 동안 자동차의 운행정보를 저장하고 저장된 정보를 확인할 수 있는 장치 또는 기능을 말하며(자동차관리법 제

---

39) 조용혁·장원규, 전게 보고서, 80면.

2조 제10호), 영상기록장치란 도로 주행시 사고 전후 주행상황을 확인하기 위하여 설치하도록 하고 있다(자율주행자동차의 안전운행요건 및 시험운행 등에 관한 규정 제18조). 이들 장치는 설치 목적이 다르므로 장착기준이나 기록정보, 정보의 제공방법 등에 대한 별도의 설치 근거가 필요하다. 현행법령은 운행기록장치를 특정한 사업자에 대하여만 설치의무를 인정하고(교통안전법 제55조), 사고기록장치에 대하여는 임의적 설치규정을 두고 있으며(자동차관리법 제29조의3), 영상기록장치에 대하여는 법령에는 아무런 규정이 없고 단지 시험·연구목적의 자율주행차의 안전운행요건을 정한 국토교통부 고시에서 장착의무를 규정하고 있을 뿐이다(제18조).

첫째, 운행기록장치에 대하여 보면, 교통안전법에서는 자동차의 관리나 교통안전관리 등을 위한 목적으로 운행기록장치를 설치하도록 하면서 모든 차량운행자에게 의무로 부여되는 것이 아니라 여객자동차 운송사업자 등 일부 사업자에게만 부여하고 있다(제55조). 한편 자동차관리법에서는 시험운행중인 자율주행차에 대하여 운행정보의 저장과 저장정보의 확인장치를 의무화하고 있으며(동 시행규칙 제26조의2 제1항 제4호), 국토교통부 고시에서도 자율주행시스템의 작동모드 확인, 제동장치 및 가속제어장치의 조종장치 작동상태, 조향핸들 각도, 자동변속장치 조종레버의 위치를 운행기록장치에 저장하도록 의무화하고 있다(제17조). 자율주행차의 경우 자율주행기능과 운전자의 운전 사이에 전환이 발생되는 경우 운전자의 책임유무를 판단하는 데 결정적 증거로 작용할 수 있기 때문에 중요한 의미가 있다.[40] 개정 독일 도로교통법에서는 운전자와 시스템 사이에 제어주체의 변경, 제어의 인수 요구 및 기술적 장치의 변경사실의 저장의무를 신설하고 있다(제63조의a).

둘째, 사고기록장치에 대하여 보면 자동차관리법은 사고기록장치의 장착의무를 인정하지 않고 있으나 만일 장착한 경우에는 그 사실을 구매자에게 알려야 하고 그 기록내용에 대한 요구가 있는 경우에는 해당 자동차의 사고기록장치에 기록된 내용 및 결과보고서 등을 제공하도록 규정하고 있다(제29조의3). 그런데, 자율주행차의 경우에는 사고의 원인에 대한 규명이 쉽지 않은 점을 고려하여 위와 같이 현행법의 임의규정을 의무규정으로 개정하고, 설치의무를 이행하지 않은 경우 처벌규정을 신설하고 기존의 설치사실 미통지에 대한 벌칙규정은 폐지하는 것이 타당하다.[41]

---

40) 이중기·황창근, 전게논문, 386면.
41) 황창근·이중기, 전게논문, 40면; 홍윤석, 전게논문, 16면.

셋째, 영상기록장치에 대하여는 현행 고시에서 '자율주행차를 도로에서 주행할 때에는 특정한 위치에 해상도 1280×720(초당 24프레임) 이상의 영상기록장치를 설치하여 사고 전·후 주행상황을 확인할 수 있는 것'으로 규정하고 있을 뿐(제18조) 법률의 근거가 없는데 법률로 신설하는 것이 타당하다.

넷째, 위와 같은 운행기록장치, 사고기록장치 및 영상기록장치에서 저장된 내용이 있는 경우 그 저장된 정보는 활용되어야 하는 것이므로 그 정보의 제공이나 공유의 절차가 규정되어야 한다. 다만 그 정보가 널리 유통될 경우 개인정보의 침해나 사생활 침해의 문제가 있을 수 있으므로 정보제공절차는 엄격하게 규정되는 것이 타당하다. 개정된 독일 도로교통법에서도 저장된 데이터는 교통당국이 요구할 때는 제출되어야 하고 당국의 요구의 목적 내로 사용되어야 하는 것으로 규정되어 있으며(제63조의a), 제3자가 요구하는 경우에도 운행자는 저장된 데이터를 제출하는 것으로 규정되어 있다(동 제3항).

〈개정〉
제29조의3(사고기록장치등의 장착 및 정보제공) ① 자동차제작·판매자등이 사고기록장치를 장착할 경우에는 국토교통부령으로 정하는 바에 따라 장착하여야 한다. 다만 자동차제작·판매자등이 자율주행자동차를 운행하기 위하여는 사고기록장치를 장착하여야 한다.
② 자율주행차 제작·판매자등은 국토교통부령이 정하는 운행기록장치 및 영상기록장치를 장착하여야 한다.
③ 자동차제작·판매자등이 제1항에 따라 사고기록장치가 장착된 자동차를 판매하는 경우에는 사고기록장치가 장착되어 있음을 구매자에게 알려야 한다.
④ 제1항 및 제2항에 따라 사고기록장치, 운행기록장치 및 영상기록장치(이하 사고기록장치등이라 함)를 장착한 자동차제작·판매자등은 자동차 소유자 등 국토교통부령으로 정하는 자가 기록내용을 요구할 경우 다음 각 호의 정보를 제공하여야 한다.
  1. 해당 자동차의 사고기록장치등에 기록된 내용
  2. 이 법 또는 관계 법령에 따라 제1호의 내용을 분석한 경우 그 결과보고서
⑤ 제1항부터 제4항까지의 규정에 따른 사고기록장치등의 장착기준, 장착사실의 통지, 기록정보 및 결과보고서의 제공방법 등 필요한 사항은 국토교통부령으로 정한다.

(2) 자율주행차의 운행프로그램에 대한 안전성 확보 조치

1) 프로그램의 임의적 교체 제한

자율주행차는 기존의 자동차와 달리 제작과 최초 등록 후에도 소프트웨어의 업데이트를 통하여 차량의 성능이 빠르고 실질적으로 변경될 수 있는데,[42] 그 프로그램의 안전성 확보를 위한 제반 조치가 필요하다. 프로그램의 업그레이드로 인한 안전성 확보를 위하여 안전기준에 적합한지 여부를 재확인할 필요가 있으며(자기인증 등), 안전기준에 적합한 프로그램에 한하여 업그레이드가 허용될 것이다. 한편으로는 무분별한 교체는 자동차의 안전성을 해칠 우려가 크므로 이를 금지하여야 한다는 견해가 대립하고 있다. 제조업자에 의한 프로그램 교체 이외에는 제한하여야 한다는 것으로 사적인 교체를 제외하는 명문의 규정이 필요하다. 현행법상 자동차소유자의 자동차 튜닝은 시장등의 승인을 받도록 하고 있어(제34조), 프로그램 교체가 튜닝에 해당된다면 별도의 규정이 불필요하다고 할 것이지만 프로그램 교체는 튜닝의 개념에 속하지 않으므로 본 조문이 적용되지 않으므로 튜닝 규정과 별도의 규정이 필요하다고 할 것이다. 자율주행차의 운행프로그램의 교체 근거, 교체절차(인증 후 교체[43]), 시스템의 임의적 교체 제한, 교체거부의 금지 규정을 두고, 그에 대한 실효성 확보를 위하여 위반자에 대한 벌칙도 필요하다.

이러한 금지는 자율주행차의 사고책임과 관련하여 자율주행시스템의 하자로 인한 사고에 대한 차량제작사의 책임을 면책하기 위하여도 필요하다.[44] 차량제작사가 아닌 제3자가 무단으로 자율주행시스템을 수정한 경우 이로 인하여 발생한

---

42) NHTSA, Federal Automated Vehicles Policy, p. 69.

43) 프로그램 교체시(소프트웨어 업그레이드시) 자기인증이 아닌 승인을 받도록 하는 입법론도 있다(용기중, 전게글, 28면). 개정안은 다음과 같다.

〈법률〉 제00조 판매된 자율주행자동차에 대하여 제작자가 소프트웨어 업데이트를 할 경우에는 국토교통부령이 정하는 바에 따라 승인을 받아야 한다.

〈시행규칙〉 제00조 ① 제00조에서 '국토교통부령이 정하는 바에 따라 승인을 받아야 하는 사항'은 다음 각호와 같다.

  1. 소비자가 소프트웨어 업데이트에 대한 충분한 정보와 교육을 제공받는 방법
  2. 소프트웨어 업데이트가 지체없이 올바르게 적용되는지 여부
  3. 대상 자동차의 안전도가 낮아지지 않는지 여부

② 상기 제1항에 대한 내용을 확인하기 위하여 필요한 경우에는 성능시험 대행자에게 이에 대한 조사를 하게 할 수 있다. 이 경우 국토교통부장과는 조사 등에 필요한 비용을 지원하여야 한다.

44) 이중기·황창근, 전게논문, 360-361면.

손해에 대하여까지 차량제작사의 제조물책임을 지게 하는 것은 타당하지 않기 때문이다.[45] 미시간주의 수정 사법제도법(Revised Judicature Act of 1961)에서는 제3자가 무단으로 자동차를 자율주행차로 개조하거나, 개조를 위한 장치를 설치하거나, 또는 기존 장치를 수정한 경우 이로 인하여 발생한 손해에 대한 자동차제작사의 면책을 규정하고 있다(제2949조의b 제1항).

〈신설〉

제00조(자율주행자동차 운행 프로그램의 교체 등) ① 자율주행자동차의 자동차제조자, 자율주행시스템의 설치·운영자가 제1항의 프로그램을 교체하고자 하는 경우에는 미리 제30조의 인증절차를 거쳐야 하고, 이용자에게 프로그램의 교체에 대한 충분한 정보와 교육을 제공하여야 한다.

② 자동차제조자, 자율주행시스템의 설치·운영자 이외에는 자율주행자동차의 프로그램의 교체가 금지된다.

③ 이용자는 전항의 자동차제조자, 자율주행시스템의 설치·운영자의 성능개선조치[업그레이드]를 정당한 이유없이 거부하지 못한다.

---

2) 프로그램의 결함으로 인한 운행제한의 검토

자동차관리법상 자동차 또는 자동차부품이 각 안전기준에 적합하지 아니하거나 안전운행에 지장을 주는 등의 결함이 있는 경우에는 자동차제작자등은 그 사실을 공개하고 시정조치를 하거나, 또는 예외적으로 시정조치에 갈음한 경제적 보상을 하도록 하고 있다(제31조). 또한 제29조 제1항에 따른 구조나 장치의 하자로 인하여 안전이 우려되거나 경제적 가치가 현저하게 훼손되거나 사용이 곤란한 자동차 등의 사유가 있는 경우에는 특별한 요건하에 환불 또는 교환제도를 규정하고 있다(제47조의2). 그러나 이러한 제작결함에 따른 시정조치(이른바 리콜제도)와 교환·환불제도(이른바 한국형 레몬제도)는 그 절차상 상당한 기간이 소요되는 문제가 있어 자동차 결함으로 인한 안전 위해가 중대하고 긴급한 경우에는 당장의 실효성이 있는지는 의문이 있을 수 있다. 미국에서는 자율주행차의 테스트, 검사, 연구시에 사람의 사망 등의 위험이 발생할 긴급한 사태의 경우에 그 정지명령(Cease and Desist)이 필요하다는 입법논의가 있다.[46]

---

45) 김상태, "자율주행자동차에 관한 법적 문제", 경제규제와 법 제9권 제2호(2016. 11), 186면.
46) NHTSA, Federal Automated Vehicles Policy, pp. 75.

자율주행차의 운행프로그램의 오류 등 결함으로 인하여 동일한 유형의 사고가 계속적으로 발생되고 리콜이나 교환환불을 기다릴 시간적 여유가 없는 경우에 안전을 위한 예외적인 조치로서 운행제한조치 등이 논의되고 있다.[47] 그러나 첫째, 기존의 운행제한(제25조[48])는 전시 등 비상사태, 극심한 교통체증의 예방등, 대기오염방지 등 특정한 목적을 위하여 제한적으로 시행되는 것임에 반하여, 안전을 위하여 운행제한을 한다는 것은 일반적으로 운행이 제한된다는 것으로서 성격이 전혀 다른 점, 둘째, 일반자동차에 대하여도 그와 같은 문제점이 있을진대 운행제한제도를 택하지 아니한 이유를 설명하기 어려운 점, 셋째, 자율주행차 운행프로그램의 결함은 다른 부품 등의 안전기준 결함보다 시정이 용이할 수도 있는 점 등을 종합하면 신중하게 접근하여야 한다. 다만 현재 연구나 시험 목적의 운행에 있어서는 차량제조자나 시험운행자에 대한 정지명령의 실효성이 높다고 할 것이다.

3. 자율주행차 운행 관련 정보보호와 정보보안

(1) 자율주행차 운행과 개인정보의 보호 문제

자율주행차는 운행시 자동차에 설치된 카메라, 레이더, 라이더 등 자동주행 기록장치기술을 통하여 타차량, 보행자, 도로상의 데이터를 수집하고, GPS, INS, encoder 이용 고정밀 지도 기술을 통하여 자차의 개인위치정보를 수집하며, V2V 통신기술을 통하여 자차 및 타차의 개인정보, 도로 및 보행자정보 등을 수집하게 된다.[49] 이 데이터 중에는 도로정보와 같은 비개인정보도 있지만, 자차나 타차 또는 보행자의 개인정보 및 개인위치정보가 상당 부분 포함되어 있다. 또한 수집되는 정보가 독자적으로 개인을 식별할 수 있는 정보에 해당되는 경우가 아니라고 하더라도 다른 정보와 쉽게 결합하면 개인정보가 되는 것이므로(개인정보 보호법

47) 박은경, "자율주행자동차의 상용화에 대비한 법·제도적 개선 과제", 경성법학 제25권 (2016), 19면; 황창근·이중기, 전게논문, 41면.
48) 제25조(자동차의 운행 제한)
  ① 국토교통부장관은 다음 각 호의 어느 하나에 해당하는 사유가 있다고 인정되면 미리 경찰청장과 협의하여 자동차의 운행 제한을 명할 수 있다.
    1. 전시·사변 또는 이에 준하는 비상사태의 대처
    2. 극심한 교통체증 지역의 발생 예방 또는 해소
    3. 대기오염 방지나 그 밖에 대통령령으로 정하는 사유
49) 홍익대 산학협력단, 전게 연구보고서, 101면.

제2조) 과학기술이 고도화된 자율주행차에 있어서 개인정보의 수집 등 침해가능성은 매우 높다고 할 것이다. 이를테면 자율주행차량의 운행 중 타차량의 번호를 수집한 경우 다른 정보와 결합하여 재식별화할 가능성은 상존한다고 할 것이다.

그런데 현행 개인정보 보호법제에 의하면 개인정보의 수집, 이용 등의 처리의 경우에는 정보주체의 개인정보자기결정권에 따라 사전동의를 요구하고 있는데[50] 자율주행차량이 도로 운행시 매번 타차량의 운전자나 승객, 보행자에게 그와 같은 사전동의를 요구하는 것은 사실상 불가능하다고 할 것이다. 또한 이러한 사전동의규정은 개인정보의 제3자제공의 경우에도 요청되는데(개인정보 보호법 제18조 제2항), 자율주행차량의 운행과 관련하여 다양한 관계자가 관여할 가능성이 높게 되므로 이러한 제3자제공의 필요성도 높다고 할 것이다. 결국 현행 개인정보 보호법제에 의하면 자율주행차의 운행은 개인정보 보호법제를 엄격하게 적용하게 되면 합법적인 운행이 불가능한 것으로 이해할 수밖에 없다. 자율주행차의 운행에 있어서 개인정보 보호법제가 적용된다면 원칙적으로 개인정보 보호법이 적용되고, 자율주행차 중 통신을 이용한 경우에는 정보통신망법이 적용되게 된다. 개인정보처리자(또는 정보통신망법상 정보통신서비스제공자)는 자동차제작자 또는 자율주행차 관련 서비스 제공자를 예상할 수 있고, 정보주체(또는 정보통신망법상 이용자)는 자차 사용자, 타차 사용자 및 보행자가 이에 해당될 것이다.[51]

이를 해결하기 위한 입법방식으로는 개인정보 보호법제를 개정하는 방식과 자율주행차의 관계법률에서 개정하는 방식이 있으며, 후자의 경우에는 다시 자동차관리법과 도로교통법의 개정으로 구분할 수 있다. 전자는 향후 IOT 기반 또는 4차산업혁명 시대에 일반적으로 적용되는 개인정보 보호법제의 적용이라는 관점에서의 대응이라고 할 것이고, 후자는 개인정보 보호법은 개인정보의 보호 및 활용에 관한 일반적인 법제임에 반해 자율주행차의 운행문제는 개별적인 예외상황이라고 할 것인데 이를 개인정보 보호법제로 규정하는 것이 적절하지 않다는 것을 논거로 들 수 있다. 특히 후자의 입장에서 개인정보의 수집 등의 문제를 도로교통의 측면에서 접근할 것인지 아니면 자동차의 장치나 알고리즘의 측면에서 접

---

50) 개인정보 보호법에 의하면 정보주체의 동의를 수집, 이용 등의 여러 가지 조건 중의 하나로 규정하고 있음에 반하여(제15조 제1항), 정보통신망법(제22조)이나 위치정보법(제15조)은 원칙으로 규정하고 있는 것이 다르다. 그러나 어찌됐든 개인정보 보호법제에서 정보주체의 동의가 중요한 기준임은 틀림이 없는 사실이다.

51) 홍익대 산학협력단, 전게 연구보고서, 101면.

근할 것인지 문제로 구분할 수 있다. 생각건대 자율주행차의 도로교통의 측면보다는 차량의 장치 또는 안전조건, 알고리즘의 적용의 문제로 접근하는 것이 보다 타당하다고 보므로 자동차관리법의 개정이 필요하다고 할 것이다.[52] 다만 개인정보의 처리를 수반하는 정책이나 제도의 도입에는 개인정보보호위원회의 개인정보 침해요인 평가를 거치도록 하고 있는 등 관련 소관부처의 적극적인 협조가 필요하므로(개인정보 보호법 제8조의2) 관련 중앙행정기관의 협조가 필요함은 물론이다. 자율주행차 운행의 경우에는 개인정보 보호법제의 적용을 완전히 배제하는 방식으로 입법하거나, 아니면 필요한 경우 적용의 예외가 되는 것을 추출하여 별도의 개인정보 보호법제를 신설하는 방식이 논의될 수 있다.

입법례를 보면, 「지역전략산업 육성을 위한 규제프리존의 지정과 운영에 관한 특별법안」(이학재 의원 대표발의)에서는 규제프리존 내 지역전략산업과 관련하여 인터넷 주소를 이용하여 수집하는 경우 비식별조치를 전제로 정보통신망법 및 위치정보법의 적용을 배제하는 규정을 두고 있으며(안 제36조), 한편 영상정보의 수집의 경우에는 개인정보 보호법의 적용을 배제하는 규정을 두고 있다(안 제39조).[53] 이 법은 개인정보의 수집을 정보통신망을 통한 경우로 한정하여 「개인정보 보호법」의 적용문제를 다루지 않았고 「개인정보 보호법」의 문제는 오로지 영상으로 수집하는 경우로 한정하고 있다는 점이 한계로 지적된다.

그런데, 정보의 비식별화가 이루어진다면 당연히 개인정보 보호법제의 적용이 배제되겠지만 과학기술의 발달로 다른 정보와 결합을 통한 재식별화 가능성도 높게 나타나는 문제가 있고, 또한 정보의 가공 과정에서 기업의 정보 수집과 별도의 추가적인 기술적 비용의 증가가 초래된다는 점에서 정보 가공을 엄격하게

---

52) 홍익대 산학협력단, 전게 연구보고서, 119면.
53) 제36조(「위치정보의 보호 및 이용 등에 관한 법률」 등에 관한 특례) 규제프리존 내 지역전략산업과 관련된 자율주행자동차 전자장비의 인터넷 주소를 이용하여 자동수집장치 등에 의해 개인정보 및 위치정보를 수집하고 수집한 개인정보에 대하여 데이터 값 삭제, 총계처리, 범주화, 데이터 마스킹 등을 통하여 개인정보의 일부 또는 전부를 삭제하거나 대체함으로써 특정 개인을 식별할 수 없도록 하는 조치(이하 "비식별화"라 한다)를 한 경우에는 「위치정보의 보호 및 이용 등에 관한 법률」 및 「정보통신망 이용촉진 및 정보보호 등에 관한 법률」을 적용하지 아니한다.
제39조(「개인정보 보호법」에 관한 특례) 규제프리존 내 지역전략산업과 관련하여 역내 사업자는 영상정보를 수집하여 특정개인을 알아볼 수 없도록 조치하는 경우에는 「개인정보 보호법」 제25조 제1항에도 불구하고 시·도에서 정한 조례에 따라 영상정보처리기기를 설치·운영할 수 있다.

제한하여야 한다는 비판도 제기되고 있다.[54)

> 〈신설〉
> 제00조(「위치정보의 보호 및 이용 등에 관한 법률」 등에 관한 특례) 자율주행자동
> 차가 자율주행자동차 자동수집장치 등에 의해 개인정보 및 위치정보를 수집하고 수집
> 한 개인정보에 대하여 데이터 값 삭제, 총계처리, 범주화, 데이터 마스킹 등을 통하여
> 개인정보의 일부 또는 전부를 삭제하거나 대체함으로써 특정 개인을 식별할 수 없도
> 록 하는 조치를 한 경우에는 「위치정보의 보호 및 이용 등에 관한 법률」, 「정보통신망
> 이용촉진 및 정보보호 등에 관한 법률」 및 「개인정보 보호법」을 적용하지 아니한다.
> 제00조(「개인정보 보호법」에 관한 특례) 자율주행자동차를 운행하는 자가 영상정보
> 를 수집하여 특정개인을 알아볼 수 없도록 조치하는 경우에는 「개인정보 보호법」 제
> 25조 제1항에도 불구하고 영상정보처리기기를 설치·운영할 수 있다.

(2) 정보보안 문제

자율주행차는 전자·통신시스템이 차를 제어하는 구조이므로 외부에서 원격
제어나 해킹 등의 침해가 가능하고 그로 인한 피해는 자동차, 승객 및 보행자의
안전과 직결되는 문제이고 정보통신과 관련된 사이버보안의 문제로 나타난다.[55)
이러한 사이버보안의 문제는 차량제작과정에서 장치나 프로그램의 안전성 확보
라는 관점에서는 새롭게 대두되는 자동차의 안전기준의 정립문제라고 할 것이고,
제작 이후 운행과정에서는 데이터의 저장 및 전송시의 침해를 방지하기 위한 관
리체계의 정립의 문제가 되기도 한다. 현행 자동차관리법 시행규칙에서는 '자율
주행기능을 수행하는 장치에 원격으로 접근·침입하는 행위를 방지하거나 대응하
기 위한 기술이 적용되어 있을 것'으로 규정하여(제26조의2 제1항 제6호) 사이버보
안에 대한 대책을 수립하고 있다.

자율주행차의 사이버보안문제에 대하여는 자동차의 국제안전기준을 논의하
는 UN기구(UN/ECE/WP.29)가 2016년 말부터 미국, 독일, 영국, 프랑스, 일본, 한국
등 국가와 관련단체가 참여하는 사이버보안 특별전문가그룹(TFCS, Task Force on
Cyber Security and Over the Air issue)를 결성하여 논의하고 있다. 2018. 4. 17.부터
21.까지 서울에서 제12차 회의가 개최되었는데 동회의에서는 TFCS 활동을 마무리

---

54) 김상태, 전게논문, 188면.
55) 홍윤석, 전게논문, 17면; 김상태, 전게논문, 187면; 이종영·김정임, 전게논문, 156면.

하여 사이버보안 국제안전기준의 기초자료가 되는 가이드라인을 확정할 계획이
며, 자동차 국제안전기준 UN 기구(UN/ECE/WP.29)는 이 가이드라인을 검토한 후,
이르면 올해 말 발표하여 사이버보안 안전기준의 방향을 제시할 예정인 것으로
알려지고 있다.[56] 영국은 커넥티드·자율주행 차량에 대한 차량 제작 관련 가이드
라인(The key principles of vehicle cyber security for connected and automated vehicles)을
2017. 8. 6. 발표하였다.[57] 동 가이드라인은 8가지 기본원칙으로 구성되는데, ①
차량 제조 관련 기업들의 보안 총괄 책임 주체는 최고 경영진, ② 공급망 전반에
걸친 보안 위기 관리, ③ 제품 사후 관리 및 사고 대응, ④ 차량 제조 관련 기업
간 보안 강화를 위한 협업, ⑤ 심층방어 기반 시스템 설계, ⑥ 라이프 사이클 전반
에 걸친 소프트웨어 보안 관리, ⑦ 데이터 저장 및 전송 시 보안 강화, ⑧ 시스템
방어 체계와 센서 동작 오류 시 대응력과 복원력 확보로 구성되어 있다.

〈신설〉
제00조(자율주행차의 전자적 침해사고에 대한 대응 조치)[58] ① 제조사는 해킹, 컴
퓨터바이러스, 논리·메일폭탄, 서비스거부, 고출력 전자기파 등 전자적 침해행위를 인
식·경고·대응할 수 있는 기술적 조치를 취하여야 한다.
② 제조사는 자율주행차가 전자적 침해행위를 인식하면 사용자에게 그와 같은 사실을
고지하도록 기술적 조치를 취하여야 한다.

4. 안전운행을 위한 자율주행차 번호판의 색깔 구분

자율주행차와 일반자동차가 혼재하는 경우 일반자동차 이용자의 안전한 운
행을 위하여 자율주행차의 차량번호판으로 구분할 필요가 있다. 현행 자동차관리
법 시행규칙에서는 시험운행을 위한 자율주행차를 확인할 수 있는 표지를 자동차
외부에 부착하도록 규정하고(제26조의2 제1항 제5호) 상세한 내용은 국토교통부가
고시로 정하고 있는데(제8조),[59] 상용화 이후의 차량에는 바로 적용하기 어려우므

---

56) 국토교통부 공식블러그, 통신으로 달리는 자율주행차, 가장 중요한 해킹 대응 위해 사이
버보안 특별전문가 그룹 회의 개최(https://blog.naver.com/mltmkr/221253898534)
57) 이하 내용은 한국인터넷진흥원, 인터넷 법제동향 119호(2017. 8,) 25-26면.
58) 홍익대 산학협력단, 전게 연구보고서, 121면.
59) 제8조(자율주행자동차의 표지 부착) 자율주행자동차 임시운행허가 신청인은 자율주행자동
차를 운행하기 위해서는 자동차의 후면에 다음 각 호의 규정에 따라 표지를 붙여야 한다.
가. "자율주행자동차 시험운행"의 글자를 표시하고, 글자의 크기는 길이·너비 각각 70밀

로 새로운 규정이 필요한 것이다. 다만 상용화 이후에도 상위 레벨의 시험·연구를 위한 운행은 필요하므로 그를 위한 표지는 유지할 필요가 있다고 할 것이다.

V. 자율주행차의 상용화와 활성화를 위한 진흥정책 등

1. 진흥정책

현행 자동차관리법에 의하면, 국토교통부장관은 신기술 또는 새로운 특성을 포함하여 제작등을 한 자동차 또는 자동차부품 및 장치의 수출입에 대하여 국가 간 상호인증협약 또는 자유무역협정 등에서 정하는 바에 따라 필요한 조치를 할 수 있도록 규정하고(제68조의6), 자동차의 기술개발에 필요한 전문인력을 양성하기 위한 행정적·재정적 지원이 가능한 전문인력의 양성근거를 가지고 있으며(제68조의7), 자동차기술의 연구·개발 및 이용·보급을 촉진하기 위한 시범사업의 근거도 가지고 있다(제68조의8). 자율주행차의 경우 위와 같이 신기술이 적용된 차로서 전문인력 양성, 시범사업을 실시할 수 있고, 그 외에 아래 사항이 고려될 수 있다.

(1) 자율주행차의 진흥기본계획의 수립 문제

자율주행차의 상용화와 활성화를 위한 정책을 체계적으로 수행하기 위한 기본계획의 수립이 논의된다. 이러한 기본계획은 매 5년마다 관계기관과 협의하여 수립하는 것을 내용으로 하는데, 현행 자동차관리법상 자동차정책기본계획(제4조의2)과는 상이한 자율주행차산업을 위한 기본계획이라는 점에서 의미가 있다. 현실적으로 기존의 자동차정책기본계획을 수정하는 방식으로 하는 것이 타당하다.[60]

(2) 자율주행차 운행 특구의 도입 문제

특구의 법적 개념은 법률의 규정 내용에 따라 정해지는 것이어서 일의적으

    리미터 이상으로 할 것

  나. 표지는 운전자가 주행 중 후방시계 확보에 지장이 없는 범위 내에서 후방 자동차의 운전자가 용이하게 볼 수 있는 적절한 높이의 위치에 부착하고 쉽게 떨어지지 않도록 하고, 야간에도 식별이 가능하도록 할 것

60) 조용혁·장원규, 전게 보고서, 87면.

로 설명하기 어려우나, 일반적으로 특정 지역의 균형발전을 위한 인·허가시 간이
절차 등의 규제완화, 세제혜택의 법적 효과로 나타나며,[61] 특정한 지역, 특정한
공익 목적, 지정·고시절차라는 3가지 개념요소로 구성된다.[62] 특히 법적인 의미
가 있는 것은 기존 규제의 면제나 완화라고 할 것인데 이는 기존 제도의 타당성
이나 적용상의 형평 등의 문제가 있기 때문에 무엇보다도 특구 도입의 필요성이
나 효과 등에 대한 면밀한 사전분석을 필요로 한다. 자율주행차 운행을 위한 특
구제도로는 다음과 같은 점이 충분히 고려되어야 한다. 첫째, 특구제도는 특정한
지역을 전제로 하는 것인데, 굳이 특정 지역에만 국한할 필요가 있는지 검토하여
야 한다. 둘째, 특구제도에 포함될 것으로 자동차의 성능과 안전, 도로교통상의
의무, 과세면제 등 재정상의 혜택 등을 들 수 있는데, 이 중 굳이 특구제도를 통
하지 않고도 도입이 가능하면 특구제도의 신설이 필요하지 않게 된다. 셋째 입법
방식으로 특구제도를 위한 개별법을 제정할 것인지 아니면 자동차관리법을 제정
할 것인지에 대한 선택을 하여야 한다. 전자의 입법방식의 경우에는 다양한 사항
이 포함될 수 있으나, 후자의 경우에는 자동차관리법 소관사항에 제한된다는 한
계가 있다.[63] 이러한 점을 종합하여 보면 이동수단이라는 자동차의 특성상 특정
지역내로 제한적으로 운영할 필요성이 높지 않고 특구의 내용 중 제반 진흥정책
에 대하여는 특구입법이 아닌 개별적인 진흥책으로도 충분히 소기의 성과를 달성
할 수 있다고 할 것이므로,[64] 특구 도입은 신중하게 접근할 필요가 있다.

---

61) 함태성, "개발관련 특구와 환경행정상의 과제 및 대응방안", 한국환경정책학회 학술대회
   논문집(2004. 11), 49면.
62) 선정원, "지역발전을 위한 특구의 유형과 각 유형의 법적 구조 및 그 실태에 관한 비교고
   찰", 지방자치법연구 8권 3호(2008), 127면.
63) 조용혁·장원규, 전게 보고서, 84면. 법률제명에서 특구를 포함하지 않는 입법례조차도
   드물다고 특구입법을 부정적으로 보고 있다.
64) 특구 입법의 문제는 자율주행차 관련 법률을 단계적으로 적용하는 문제와 유사하다고
   할 것이다. 예컨대 고속도로 등 특정도로환경을 지정하여 운행토록 하는 경우가 있는데,
   이는 3단계의 혼용을 대비하여 자율주행차 운행의 연착륙을 위한 조치로서 검토가 가능
   하다. 다만 이 문제에 대하여는 운행의 제한의 문제로서 자동차관리법이 아니라 도로교
   통법에 규정하여야 할 사항이라는 반론이 가능하다. 다만 자동차관리법시행규칙(입법예
   고중)에서 초소형자동차의 고속도로 운행 금지를 규정하고 있는데, 도로교통법이 아니라
   자동차관리법이 근거법이 되고 있다는 점은 참작할 만하다. 연합뉴스, 경차보다 작은 '초
   소형 자동차' 생긴다 … "도심운행만 허용", 2018. 4. 8.자.

(3) 구매 보조금 지원 등

자율주행차 초기 시장 창출을 위한 구매보조금, 세금감면 등 재정적 지원 및 재원, 공공기관의 의무구매를 명시할 필요가 있다. 「환경친화적 자동차의 개발 및 보급 촉진에 관한 법률」에서는 구매자 및 소유자에게 필요한 지원을 할 수 있도록 하고 있다(제10조). 지원의 구체적인 내용은 대통령령으로 위임하여 정하도록 한다.

한편, 세금감면제도의 도입은 신중하게 판단하여야 한다. 국가 전체의 재정목적상 조세특례제한법(제3조)과 지방세특례제한법(제3조)이 해당 특례를 정하는 법률을 제한적으로 규정하는 방식으로 엄격하게 통제하고 있다. 새로운 기술을 적용한 제품이나 서비스의 도입시 그 진흥을 위하여 조세특례를 도입하는 것은 극히 예외적인 것이라고 할 것이다. 만일 규정이 되더라도 해당 특례제한법에서 규정하는 것이 입법방식이라고 할 것이다.[65]

(4) 공공기관의 자율주행차 구매의무

자율주행차 산업진흥을 위하여 공공기관으로 하여금 자율주행차를 우선적으로 구매하도록 의무를 규정한다. 입법례로 「녹색제품 구매촉진에 관한 법률」에서 공공기관의 녹색제품 구매의무를 규정하고 있다(제6조).

2. 자율주행차 운행 등의 정보 제공(자료 제공)

자율주행차 관련 정책 수립을 위한 필요한 자료를 관련 기관, 단체가 제출 요청이 가능토록 근거를 신설할 필요가 있다. 현재 자동차에 대한 규정이 없지만, 자율주행차가 로봇이라는 점에서 안전성 보장을 위하여 행정청이 적극적으로 개입할 데이터가 필요하다. 이는 행정조사의 성질을 가진다.

유사 입법례를 보면, 「환경친화적 자동차의 개발 및 보급 촉진에 관한 법률」에서도 산업통상자원부장관은 기본계획 및 개발시행계획을 수립하기 위하여 필요하다고 인정하는 경우에는 관계 행정기관 및 환경친화적 자동차와 관련된 기관

---

65) 최근 자동차관리법의 개정에서 일종의 조세특례를 도입한 규정이 있다.
제47조의6(중재 판정에 따른 교환 또는 환불 방법) ② 교환·환불중재 판정에 따라 신차로 교환하는 경우 해당 차량에 대한 취득세 등 대통령령으로 정하는 제세공과금은 하자 차량소유자가 처음 하자 있는 자동차를 구입하였을 때 납부한 것으로 본다.

또는 단체에 필요한 자료나 의견 등의 제출을 요청할 수 있고, 이 경우 요청을 받은 관계 행정기관 및 환경친화적 자동차와 관련된 기관 또는 단체는 특별한 사정이 없으면 그 요청에 따라야 하는 것으로 규정하고 있다(제14조).

　　최근 제출된 자동차관리법 개정안(강훈식의원 대표발의)에 의하면 임시운행허가를 받은 자가 주행실적, 고장 및 사고 등 시험, 연구 진행상황을 국토교통부장관에게 주기적으로 보고하도록 하고 국토교통부장관은 필요한 경우 검사권을 행사할 수 있도록 하고 있다(안 제27조 제5항, 제72조 제1항 제3호 및 제84조 제2항 제12호의2). 다만 이 법안은 시험·연구목적 차량에 대한 것이어서 제출범위 및 검사 등이 폭넓게 인정되고 있으나, 상용화 이후에는 보고대상인 정보의 범위, 영업비밀성 등의 제한이 보다 필요하다고 보인다. 따라서 위 입법례에서 보듯이, 자료제출의 목적, 제출자의 한정, 제공되는 자료의 범위, 제출의무의 인정 여부 그리고 자료의 범위에 대한 신중한 고려가 필요하다고 할 것이다. 경우에 따라 제출되는 자료의 범위 대강을 법률에서 정하고, 구체적인 사항은 시행령에 위임할 수도 있다.

Ⅵ. 결론

　　현행 자동차관리법제가 규정하고 있는 자율주행차의 개념정의는 시험·연구목적의 임시운행의 근거로서 의미가 있을 뿐이고 상용화의 근거로는 부족하다. 장차 자율주행차의 상용화를 위한 법적 근거가 필요한 이유이다.

　　또한, 현행 자율주행차의 개념 정의는 모호하여 최근 논의되는 발전단계의 어디를 목표로 하는지도 불분명하여, 전반적으로 개념 재정의의 필요성이 증대되고 있다.

　　그런 상태에서 최근 독일은 도로교통법을 개정하여 자율주행차의 상용화를 위한 세계 최초의 입법을 하였는데, 그 법률에서는 자율주행차의 개념정의, 필수장치 등에 대한 상세한 사항을 규정하고 있다. 한편 미국의 미시간주에서도 자율주행기능에 의한 자율주행차의 개념을 정의하고 상용화를 위한 입법을 마련하였는데, 동법은 인간 운전자의 배제 가능성을 열어놓았다.

　　이에 우리나라도 자율주행차의 상용화를 대비한 입법에 대비할 필요가 제기되고 있는바, 자동차관리법을 중심으로 상세한 개정 사항을 논의하고자 한다. 각 쟁점별로 논의를 진행하고 필요한 경우에는 개정안을 제시하였다.

개정 논의의 핵심은 자율주행차가 일반자동차와 구분되는 특성으로 인하여 자동차의 안전, 운전자 및 보행자의 안전 보장에 새로운 위험이 제기되고 있는 현실을 어떻게 법률적으로 대응할 것인가 하는 문제라고 할 것이다.

다음 개정방향의 구체적인 내용을 보면 크게 개념 정의, 안전기준의 보장, 진흥책, 정보보호와 정보보안 등으로 구분할 수 있다.

첫째, 개념 정의에서는 외국의 입법례를 참고하여 현행 정의규정을 자율주행 시스템을 추가하여 구체적으로 규정하였다.

둘째, 자동차의 안전기준의 보장에서는 자율주행차의 안전기준을 위한 독자적인 재정리에 대한 논의를 하였고, 자율주행시스템에 들어갈 중요한 장치로서 운행기록장치, 사고기록장치, 영상기록장치의 설치를 의무화하고 관련 자료제공의 근거를 논의하였으며, 운행 프로그램과 관련하여 교체의 근거, 절차, 제조자 등을 제외한 자의 임의적 교체의 금지 등을 신설하였으며, 자기인증제도의 전환 논의를 하였으며, 기타 번호판의 구분, 정보의 제공 등을 설명하였다.

셋째, 진흥정책으로 기본계획의 수립 근거를 신설하고 구매보조금 지원, 공공기관의 자율주행차 구매의무의 도입을 논의하였다.

넷째, 개인정보의 보호와 정보보안에서는 개인정보보호를 위하여 개인정보보호법제가 아닌 자동차관리법제에서 개인정보 보호법제의 적용을 배제하는 규정을 신설함으로써 해결하고, 정보보안에 대한 내용을 신설하였다.

제3절 자율주행시스템(ADS)에 대한
자동차관리법상 안전규제체계*

Ⅰ. 서론

자동차는 일상생활에서 원거리 이동수단으로 큰 편익을 제공하고 있지만, 한편 교통사고로 대표되는 위험원의 제공이라는 폐해도 심각하다. 교통사고로 인한 사람과 재산에 대한 피해를 줄이기 위한 위험관리 내지 안전규제를 위한 다양한 법제도가 마련되고 있다. 도로교통의 안전은 자동차, 운전자, 도로환경 등의 3요소에 대한 각각의 규제법제로 확보되는데, 그중에서 자동차의 안전확보는 위험원의 시작이라는 점에서 매우 중요하다. 자동차법은 자동차의 안전을 확보하기 위하여 운행 적합성이라는 관점에서 자동차의 안전기준을 정하고 이에 대한 국가의 승인절차를 거쳐 도로 운행을 허가하는 것이 일반적인 안전규제체계이다.[1] 이와 같이 자동차의 안전확보를 위한 제반 규제체계를 자동차안전규제체계라고 할 수 있다. 그런데 자율주행차는 인간운전자의 개입없이 자동적으로 운행이 되는 것이므로 운전자나 도로환경과 같은 다른 운행요소 보다 중요한 안전규제의 대상이 된다. 이러한 점에서 자율주행차의 안전규제체계의 재정립은 자율주행차 운행을 위한 법제정비의 핵심사항이라고 할 것이다.

세계 각국은 자율주행차의 기술 개발은 물론이고 제도 정비에 박차를 가하

---

* 이 부분은 황창근·이중기, "자율주행시스템(ADS)에 대한 안전규제체제 검토 — 자동차관리법을 중심으로", 중앙법학 제21집 제4호(2019)를 다시 실은 것이다.
1) 물론 자동차법의 목표가 자동차의 안전 확보를 위한 규제법으로만 그치는 것이 아니고, 자동차가 국내산업에 미치는 영향을 감안한 산업적 측면에서의 여러 제도적 뒷받침도 상당하다고 할 것이다.

고 있는데, 우리나라에서도 최근 2019. 10. 15.자 '관계부처 합동, 미래자동차 산업발전전략'을 통하여 2027년 레벨 4의 완전자율주행차를 상용화하기 위하여 2024년까지 성능검증, 보험, 운전자의무가 포함된 제도 도입을 완료하겠다는 로드맵을 제시하고 있다.[2] 법제도의 대상이 되는 자율주행차의 수준은 레벨 3과 레벨 4를 대상으로 하고 있다. 또한 2019. 4. 13. 「자율주행자동차 상용화 촉진 및 지원에 관한 법률」이 제정(2020. 5. 1. 시행, 이하 '자율주행차법'이라 함)되었으며, 자율주행차량의 안전기준에 대한 「자동차 및 자동차부품의 성능과 기준에 관한 규칙」 개정안이 입법예고되는 등 자율주행차 관련 입법이 활기를 띠고 있다. 최근 국내 입법 논의에서 공통점은 자율주행차량의 중심 기능인 '자율주행시스템 (ADS: Automated Driving System)'에 대한 집중적인 관심이 높아지고 있다는 점이다.

자율주행차는 자율주행기능을 요구하는데, 자율주행기능은 기본기능과 첨단기능으로 분류할 수 있고, 기본기능으로는 인지, 판단, 제어로 구분할 수 있으며, 첨단기능으로는 정밀 측위, 정밀 전자지도, V2X통신 기능으로 이루어진다.[3] 다른 방식의 설명을 보면 ADS의 기술적 요소로는 크게 자동차(vehicles)와 HMI(human, machine, interface)로 구성되고, 다시 자동차는 인지(recognition), 판단(decisions), 운영(operation)으로 나뉘고, 다시 인지에는 지도(maps), 통신(communications), 센서(sensors)로 구성되고, 판단에는 컨트롤, 인공지능이, 운영에는 Hydraulic과 Electric Motors가 중요한 요소가 된다고 한다.[4] 특히 주변 주행환경에 대한 인식, 현 주행 위치에 대한 확인, 주행 경로를 계획하는 경로제어, 주행 경로를 추종할 수 있는 제어가 필요하고, 이를 위한 차량의 측위기술(Localization), 차량 주변환경 인지 기술(Perception), 자율주행차량의 종횡 방향 운동 계획(Motion Planning), 자율주행 차량의 운동 제어(control)의 기술이 핵심적인 자율주행기술로 평가받고 있다.[5] ADS 는 바로 이와 같은 자율주행기능을 가능하게 하는 과학기술의 일체를 말하는데, SAE에서의 정의는 "특정 운영 설계 도메인으로 제한되는지 여부에 관계없이 전체 자율적 주행 작업을 지속적으로 수행할 수 있는 하드웨어 및 소프트웨어의 총

---

2) 관계부처 합동, 「미래자동차 산업 발전전략 ― 2030년 국가 로드맵 ―」, 2019. 10.

3) 홍윤석, "자율주행자동차의 기능 및 안전성 평가 방안", 월간교통(2015. 11), 15-16면.

4) Seigo Kuzumaki, Automated Driving System (https://www8.cao.go.jp/cstp/panhu/sip_en glish/29-32.pdf).

5) 김현규·허건수, "자율주행 기술 연구 동향 및 전망", 한국통신학회지(정보와통신), 35(5), 7-11면.

체를 말하고, 이 용어는 특별히 레벨 3, 4, 5 자율주행차량의 시스템을 설명하는
데 사용된다.[6]

외국의 입법례를 보더라도, 미국에서 「차량의 자율운행에 관한 통일법」
(Uniform Automated Operation of Vehicles Act)이 제정되어 향후 각주가 이를 채용하
는 절차만 남아 있는데, 특이한 내용은 ADS의 제공자(ADP: Automated Driving
Provider)라는 개념을 도입하였다는 점이고, 호주에서도 ADS의 후견인 개념에서
'ADS Entity'의 개념에 대한 입법논의를 활발하게 진행하고 있다는 점이다.

자율주행차의 상용화를 위하여는 자율주행차의 개념이나 성능을 보장하는
「자동차관리법」의 개정이 선행되어야 하고, 아울러 레벨 4의 경우에는 통신인프
라, 정보 보호 및 보안이 갖추어진 「도로법」 및 개인정보 보호법제의 정비, 그리
고 운전자나 교통규칙 관련된 도로교통법의 정비 등이 병행되어야 한다. 그중에
서도 역시 ADS를 핵심으로 하는 자동차법의 입법이 중심이 되어야 하는데, 이는
ADS의 안전성 확보 문제는 자율주행차 안전 확보 및 상용화의 가장 핵심적인 요
소가 되기 때문이다. 여기서 ADS를 어떻게 정의하고 그 성격을 부여할 것인가가
핵심적인 과제가 된다. 기존의 자동차의 운행 주체 내지 책임이 운전자 또는 운
행자인 사람을 중심으로 규정되었던 것을, 실질적으로 운전업무를 수행하는 ADS
에 대하여 자율주행차의 운행 주체 및 책임을 구성하여야 하는 과제가 발생하고
있는 것이다.[7]

ADS는 자율주행차의 핵심적 기술로서 기술적인 의미도 중요하지만, ADS가
가지는 법적인 의미, 즉 법적 개념을 어떻게 정의할 것인지, 단계별로 정의를 달
리하여야 하는지, 그리고 ADS의 안전기준의 설정, ADS의 법적 지위를 어느 정도
인정할 것인지, 법상 책임의 주체로 인정할 것인지 인정한다면 어떤 방식으로 인
정할 것인지 등에 대한 규범적 논의가 필요하다.[8] 이는 기존의 자동차를 중심으
로 한 안전규제체계, 즉 자동차의 안전기준, 자기인증, 등록 등의 일련의 규제체

---

6) SAE J3016.

7) ADS의 운전행위에 대한 최근의 법적 논의에 대하여는, 이중기·황창근, "자율주행차의
   운전자는 누구인가? ─ ADS에 의한 운전행위와 그에 대한 ADS Entity의 민사적, 행정적
   책임 ─"(이하 이중기·황창근, 자율주행차의 운전자는 누구인가?), 홍익법학 20(3), 2019,
   343-370면 참조.

8) ADS의 통상법적 규율 문제를 다루고 있는데 이는 ADS에 대한 규범적 논의의 일례이다.
   민한빛, "자율주행차와 통상규범: 자율주행시스템의 통상법적 규율 문제", 通商法律
   2019-02, 67-97면.

계를 자율주행차시대에는 자율주행차 자체가 아닌 단지 차량의 부품에 불과한 ADS를 중심으로 독자적인 규제체계를 형성할 수 있음을 의미한다. 아래에서는 이러한 관점에서 ADS의 법적 개념, 성격, 그에 대한 규제체계를 어떻게 형성하는 것이 타당할 것인지 외국의 입법례를 참조하여 논의하고자 한다. 다만 이 논문은 ADS의 안전규제체계를 중심으로 한 「자동차관리법」상 입법 쟁점에 한정하여 논의하기로 한다.9)

II. 자동차안전규제체계의 개요

1. 자동차안전규제체계와 자율주행차 시대의 변화

자동차의 도로교통은 자동차, 운전자, 도로환경의 3요소로 이루어지고, 각 운행요소에 대한 규제는 자동차 운행으로 인한 위험요소를 제거하고 안전을 확보하기 위한 위험관리 내지 안전규제의 성격을 가진다. 그중 자동차에 대한 안전규제가 자동차 교통규제의 시발점이 되는데, 이는 교통에 적합한 자동차만이 운행되어야 한다는 점에서 당연한 논리이다. 따라서 자동차규제법이 선행되고 도로교통법이 후행될 수밖에 없는 구조이다. 이와 같은 헌법상 국민의 생명과 재산을 지키기 위하여 안전규제입법은 위험사회에서 위험억제라는 목적하에서 필요성이 인정되고, 다만 교통의 편익과 위험관리에서 기인되는 기본권의 제한은 어느 하나가 우월하다고 보기 어렵고 양자를 조화롭게 조화시켜야 하는 것이 오늘날 위험사회에 대한 규제에 있어서 중요한 법적 과제라고 할 것이다.10) 또한 자동차 교통의 안전확보를 위하여 규제는 자유를 제한하지만 공동체와 질서를 유지함으로써 궁극적으로는 모든 사람의 자유를 최대한 보장하는 역할을 하게 되고, 이를 위하여 대립되는 이익 사이의 조정역할도 담당하고 있다는 점에서 안전규제도 의미를 가진다.11) 오늘날 교통사고 발생은 원인이 다양하겠지만 위 자동차 운행 요소로 구분하면 운전자의 운전부주의, 자동차 결함, 도로환경 등의 원인으로 나눌

---

9) ADS의 도로교통법 및 책임법상의 입법 쟁점에 대한 자세한 설명은 이중기·황창근, 자율주행차의 운전자는 누구인가?를 참조.

10) 손형섭, "위험사회에서의 헌법이론: 헌법질서의 확립과 가이드라인 시대의 서언", 법학연구 제51집, 한국법학회, 20면.

11) 최철호, "스포츠시설 안전규제에 관한 공법적 고찰", 스포츠엔터테인먼트와 법 19(1), 2016, 88면.

수 있고, 일반적으로 위험의 정도는 운전자가 가장 높고, 도로환경이 가장 낮으며, 그에 따라 규제의 정도도 운전자에 대한 규제가 가장 높고 도로환경에 대한 규제는 가장 낮다고 한다.[12] 즉 위험의 정도와 규제의 정도는 비례하는 것으로 알려져 있다.[13] 그런데, 위와 같은 전통적인 교통에 있어서의 위험과 규제 간의 상관관계가 자율주행차 시대에는 변화될 가능성이 높다. 자율주행차 운행의 경우에는 자율주행차의 안전 위험이 증가하고 인간의 안전 위험은 감소하게 될 것으로 예상되므로, 그에 따라 안전규제의 개입도 변화하게 된다.[14] 따라서 전통적인 자동차 운행과 관련된 규제방식의 변화, 즉 운전자 중심의 규제에서 자율주행차 중심의 규제로 변화되어야 하는 것이다.[15]

　　우리나라에서 자동차안전규제는 「자동차관리법」을 중심으로 이루어지고 있다. 「자동차관리법」에 의하면 그 입법목적을 "자동차의 등록, 안전기준, 자기인증, 제작결함 시정, 점검, 정비, 검사 및 자동차관리사업 등에 관한 사항을 정하여 자동차를 효율적으로 관리하고 자동차의 성능 및 <u>안전을 확보함으로써</u> 공공의 복리를 증진함을 목적으로 한다."(제1조)고 규정하여 '자동차의 안전 확보'가 입법목적임을 분명히 밝히고 있으며, 나아가 최근 제정되고 2020년 시행될 자율주행차법에서도 "이 법은 자율주행자동차의 도입·확산과 <u>안전한 운행을 위한 운행기반 조성</u> 및 지원 등에 필요한 사항을 …"(제1조)고 규정하여 자율주행차의 안전한 운행을 주된 목적으로 정하고 있다. 자동차규제는 자동차의 안전에 대한 규제이고, 도로교통법상 규제는 운전자의 운전행위의 안전성을 확보하기 위한 규제인 것이다. 특히 도로교통법은 기계적·법적 안전이 보장된 자동차가 도로에서 운행되는 것을 전제로 하므로, 도로교통법상 자동차는 「자동차관리법」상 자동차 개념을 준용하게 된다.[16] 결국, 자동차 운행 관련 규제체계에서 자동차의 안전성은 「자동

---

12) NTC, Regulatory options to assure automated vehicle safety in Australia(Discussion Paper, June 2017), p. 25.

13) NTC, Regulatory options to assure automated vehicle safety in Australia(Discussion Paper, June 2017), p. 25.

14) NTC, Regulatory options to assure automated vehicle safety in Australia(Discussion Paper, June 2017), p. 25.

15) 황창근·이중기, "자율주행자동차 운행을 위한 행정규제 개선의 시론적 고찰―자동차, 운전자, 도로를 중심으로―"(이하 황창근·이중기, "자율주행자동차 운행을 위한 행정규제 개선의 시론적 고찰―자동차, 운전자, 도로를 중심으로―"), 홍익법학 17(2), 2016, 32면.

16) [도로교통법] 제2조(정의) 이 법에서 사용하는 용어의 뜻은 다음과 같다.

차관리법」이 담당한다는 것이다. 이에 따라 「자동차관리법」이 정하고 있는 자동차의 안전을 위한 규제로는 먼저 무엇이 자동차인지에 대한 자동차의 정의(제2조)와 종류(제3조)를 설명하고, 자동차 운행허가의 성격을 가지는 자동차등록제도(제5조 내지 제28조), 자동차 운행조건으로서 안전기준 적합의무 및 안전기준의 설정(제29조), 자동차 안전기준에 대한 자기인증제도(제30조 내지 제35조), 자동차의 정비(제36조 내지 제42조), 자동차의 검사(제43조 내지 제47조), 하자 있는 차량의 교환·환불제도(제47조의2 내지 제47조의11) 등의 규제를 정하고 있다.

이러한 자동차 안전규제가 자율주행차 시대에는 어떻게 달라지게 될 것인가 하는 점인데, 이를테면 자동차의 안전기준에 대한 재정립 등이 필요하다는 점 등이 논의되고 있다.17) 문제는 자동차를 중심으로 한 규제체계(등록, 안전기준, 자기인증, 점검, 검사 등)에서 굳이 ADS를 별도로 분리하여 규제대상으로 삼을 필요가 있는지 하는 점이다. 이에 대한 부정적인 견해는 ADS는 자동차의 부품에 불과한 것으로서 기존의 자동차 부품에 대한 규제체계로 충분하므로 별도의 규제체계를 형성하는 것은 불필요하다고 본다. 그러나 자율주행차는 기계가 스스로 이동한다는 점에서 인간이 운전하는 자동차와는 질적으로 완전히 다른 개념이기 때문에, 초기에 양자가 혼재하여 교통하는 경우의 위험성이나 이용자의 수용성을 고려하여 특별한 취급을 하여야 하는 것이 타당하다. 이는 헌법상 위험사회에서의 국민의 생명과 재산에 대한 국가의 보호책임에서 나오는 위험원에 대한 규제의무에 해당되는 것이다.

2. 자동차안전규제의 국제적 조화

자동차안전규제는 국내만의 독특한 환경에서 비롯된 것이 아니다. 자동차는 어느 한 나라의 문명을 나타내는 기계가 아니라 지구인 모두가 사용하는 일상생활품이고, 수출입을 통하여 생산국에서 소비국으로 활발하게 교역되는 상품 중의

---

18. "자동차"란 철길이나 가설된 선을 이용하지 아니하고 원동기를 사용하여 운전되는 차(견인되는 자동차도 자동차의 일부로 본다)로서 다음 각 목의 차를 말한다.
    가. 「자동차관리법」 제3조에 따른 다음의 자동차. 다만, 원동기장치자전거는 제외한다. 1) 승용자동차 2) 승합자동차 3) 화물자동차 4) 특수자동차 5) 이륜자동차
    나. 「건설기계관리법」 제26조제1항 단서에 따른 건설기계
17) 황창근·이중기, "자율주행차 운행을 위한 자동차관리법의 개정 방향"(이하 황창근·이중기, 자율주행차 운행을 위한 자동차관리법의 개정 방향), 중앙법학 20(2), 2018, 21-24면 참조.

하나이다. 따라서 자동차와 교통에 관하여는 비엔나조약이나 제네바조약 등 다양한 국제조약이 있고, 최근 자율주행차의 개발에 맞추어 국제적인 논의도 활발하게 진행되고 있다. 그런 점에서 자동차안전규제에 대하여는 국제적인 흐름을 받아들이는 것이 매우 중요한 과제라고 할 것이다. 이에 따라 국내 자동차법인「자동차관리법」은 '국제 조화'라는 타이틀로 특별한 취급을 하고 있다. 국내법에서 국제적인 조화를 명문으로 규정한 입법례는 찾아보기 어려울 정도로 매우 이례적인 사례이다. 결국 자동차의 안전기준을 포함한 규제체계가 국내 독자적으로 형성될 수 없음을 말하는 것이다.

「자동차관리법」이 정하고 있는 국제조화는 자동차 안전기준에 대한 것이다 (제68조의2 내지 제68조의8). 자동차의 안전기준에 대한 국제 표준은 UNECE Working Party 29(WP.29)에서 논의되고 있다. WP.29에서는 자동차와 자동차 부품에 대한 국제표준을 논의하고 그에 대하여 각국이 규제를 할 수 있는 근거를 제공하고 있다.[18] 우리나라도 위와 같이 WP.29에서 논의되는 사항을 반영하고 있다. 최근 입법예고된 ADS의 안전기준 개정안이 그러한 예이다. 이는 기술한 바와 같이「자동차관리법」이 자동차 안전기준의 국제조화(제68조의2 이하) 규정에서 이미 반영의무를 규정하고 있기 때문이다. 그러나 WP.29에서 논의는 주로 기술적 논의, 표준을 위주로 하는 것이고 각국의 법제를 직접적으로 목표로 하는 것이 아니므로 자율주행차 관련한 법적 논의를 제약하지는 않는 것으로 보인다. 물론 WP.29에서 논의되는 기술적 사항이 각국의 자율주행차량의 안전기준으로 규율되는 순간 법적인 의미를 띠게 되는 것을 부인하는 것은 아니다. 기술한 호주 및 미국의 정책 사례는 기술적인 논의와 별개로 자율주행차 특히 ADS를 중심으로 법적 성격을 어떻게 부여하고, 규율할 것인가에 대한 선제적 입법 시도의 사례라고 할 것이다.

---

18) WP.29에 의하여 2018년 6월에 제시된 자율주행차 관련 새로운 표준안에 대하여 보면, (1) 차량 자동화 및 연결의 안전 및 보안(Safety and security of vehicle automation and connectivity)과 관련하여 프레임워크, 기능적 요건, 새로운 평가 및 시험 방법, 사이버 보안(및 소프트웨어 업데이트), 자동 운전을 위한 데이터 저장 시스템, (2) ADAS와 관련하여, 리모컨 조작, 자동으로 명령되는 스티어링 시스템, (3) 다이내믹스(스티어링, 제동)와 관련하여, 비상 브레이크 시스템 개선, 오토바이용 ABS, 전자 안정성 제어 등이 포함되어 있다. National Transport Commission, In-service safety for automated vehicles, July 2019, pp. 50-51.

3. 자율주행시스템(ADS)의 자동차안전규제체계의 적용

(1) 자율주행시스템 개념의 도입

현행 「자동차관리법」은 자율주행차의 개념을 정의하고 있으나(제2조) 자율주행시스템의 개념 정의 등의 규정을 채택하고 있지 아니하다. 그러나 아래에서는 보는 법령, 즉 자동차관리법 시행규칙, 자율주행차법, 자동차 안전기준 규칙에서는 ADS가 자율주행차의 핵심적인 기술장치임을 명문으로 규정하여 자동차안전규제체계로 편입하고 있다.

1) 자동차관리법령상 자율주행시스템의 개념의 도입

우리나라에서 ADS의 개념을 최초로 정의한 것은 2016. 2. 12. 시행한 「자율주행자동차의 안전운행요건 및 시험운행 등에 관한 규정」(국토교통부고시, 이하 고시라 함)이다. 이 고시는 자율주행차의 시험운행을 위하여 제정된 것인데, 동 고시에서 '자율주행시스템이란 운전자의 적극적인 제어 없이 주변 상황 및 도로정보를 스스로 인지하고 판단하여 자동차의 가·감속, 제동 또는 조향장치를 제어하는 기능 및 장치를 말한다.'고 규정하고 있다(제2조). 또한, ADS의 기능이라는 의미에서 '자율주행기능'을 규정한 것은 「자동차관리법 시행규칙」의 2016. 12. 11.자 입법이라고 할 수 있다. 동규칙에 의하면 자율주행기능을 '운전자 또는 승객의 조작 없이 자동차 스스로 운행하는 기능'이라고 정의하고 이러한 자율주행기능을 수행하는 장치를 설명하고 있는데, 이와 같이 자율주행기능을 수행하는 장치가 ADS의 일종임을 알 수 있다.

2) 2019년 「자율주행자동차 상용화 촉진 및 지원에 관한 법률」상 자율주행시스템의 개념 및 구분

이어 2019. 4. 30. 제정된 자율주행자동차법에서는 자율주행시스템의 개념을 "운전자 또는 승객의 조작 없이 주변상황과 도로정보 등을 스스로 인지하고 판단하여 자동차를 운행할 수 있게 하는 자동화 장비, 소프트웨어 및 이와 관련한 일체의 장치를 말한다."라고 정의하였다(제2조 제1항 제2호). 또한 동법에서는 자율주행시스템의 기능을 자율주행자동차와 관련하여 정의함으로써, 자율주행시스템이 자율주행차의 핵심적인 것임을 법적으로 정의하였다(제2조). 즉 자율주행차의 종류를 부분 자율주행차와 완전 자율주행차로 구분하고, 전자는 자율주행시스템만으로는 운행할 수 없거나 지속적인 운전자의 주시를 필요로 하는 등 운전자 또는 승객의 개입이 필요한 자율주행차로 정의하고, 후자는 자율주행시스템만으로 운행할 수 있어 운전자가 없거나 운전자 또는 승객의 개입이 필요하지 아니한 자율주행차로 정의하였다. 이로써 우리 법제상 자율주행시스템이 법적 개념으로 들어오게 된 것이다.

3) 2019년 「자동차 및 자동차부품의 성능과 기준에 관한 규칙」 개정안에서의 자율주행시스템의 개념 및 안전기준의 설정

「자동차 및 자동차부품의 성능과 기준에 관한 규칙」(이하 자동차 안전기준규칙이라 함)은 자동차 안전기준에 관한 것인데, 자율주행차 특히 레벨 3의 자율주행차 안전기준에 관한 사항을 신설하는 내용으로 개정안이 제출되었다. 구성을 보면 자율주행자동차의 안전기준을 별도의 장으로 하고(제3장의3 자율주행시스템의 안전기준), 4개의 조문 및 3개의 별표로 구성되어 있다. 동 개정안은 자율주행차의 안전기준을 상세히 규정하고 있는 것 이외에 자율주행시스템의 개념 및 구분에 대한 정의규정을 마련하고 있다. 동 개정안에서는 자율주행시스템의 개념을 정의하고, 이를 다시 부분 자율주행시스템, 조건부 완전 자율주행시스템, 완전 자율주행시스템으로 3분하고 있다(안 제2조 제64호).

동 개정안에 의하면 자율주행시스템이란 운전자 또는 승객의 조작 없이 주변 상황과 도로 정보 등을 스스로 인지하고 판단하여 자동차를 운행할 수 있게 하는 자동화 장비, 소프트웨어 및 이와 관련한 일체의 장치로서, 다음 각 목을 말하는데, 부분 자율주행시스템: 지정된 조건에서 자율주행시스템으로 운행이 가능하나 시스템의 운전전환요구 시 운전자의 개입이 필요한 장치(가목), 조건부 완전 자율주행시스템: 지정된 조건에서는 운전자의 개입 없이도 운행가능한 장치(나목) 완전 자율주행시스템: 모든 조건에서 운전자의 개입 없이 시스템만으로 운행가능한 장치(다목)을 말하는 것으로 규정하고 있다(제2조 제64호). 이는 「자동차관리법」이 규정하고 있는 바와 같이 '자동차 안전기준의 국제조화'의 차원에서 UN Reg. No.79와 조화하기 위한 것이고, WP.29 프레임워크의 자율주행 시스템 기준과 SAE 자율주행시스템의 레벨 3-5에 해당하는 자율주행시스템 정의를 국내제도에 도입한 것이라고 할 것이다.[19]

이러한 개념 정의는 자율주행시스템의 안전기준을 설정하기 위한 것인데, 이

---

19) 한국교통연구원·홍익대학교, 자율주행자동차 사회적 수용성 향상 기반기술 연구, 3차년도 기술문서[3세부], 2019. 11. 28, 173면.

는 위 자율주행자동차법이 정한 자율주행시스템의 개념 및 그 구분과 상이하다고
할 것이다. 즉 레벨 3은 '부분', 레벨 4는 '조건부 완전', 레벨 5는 '완전'으로 구분
하고 있는데, 이는 자율주행차법이 레벨 3에 대하여 '부분', 레벨 4 및 레벨 5에
대하여 '완전'으로 구분하고 있는 것과 상이한 것이다. 국가의 같은 법령 내에서
개념과 구분을 달리 정하는 것은 혼란의 소지가 있으므로 일치시킬 필요가 있다.

(2) 자율주행시스템(ADS)의 개념 재정립 및 자율주행차의 개념 연계 관련 입법논의

다음 문제는 이와 같은 ADS 개념과 자율주행차의 개념을 어떻게 연계할 것
인가 하는 점이다. 또한 ADS를 기존의 자동차의 부품이나 장치를 뛰어넘는 특별
한 취급을 할 수 있는지, 한다면 어떤 방식으로 하여야 하는지에 대한 논의로 발
전하고 있다.

현행 「자동차관리법」상 개념 정의는 자율주행차의 단계를 제대로 반영하지
못하고, 자율주행차의 핵심조건 내지 기능이라고 할 수 있는 자율주행시스템을
규정하지 못한 문제가 있어, 이를 반영할 필요가 있다.[20] 이러한 입법 방식은 위
에서 본 자율주행자동차법 및 위 자동차 안전기준 규칙 개정안이 도입하고 있는
예라고 할 것이다. 기술한 바와 같이, 자율주행자동차법은 자율주행시스템의 개
념 정의를 하고, 이와 별도로 자율주행차를 부분 자율주행차와 완전 자율주행차
로 구분하는 방식을, 자동차 성능기준규칙 개정안은 자율주행시스템의 정의 및
동 시스템을 부분, 조건부, 완전 시스템으로 구분하는 방식을 취하고 있다. 이에
따라 자율주행차를 발전단계에 따라 이를 자율주행차의 구분으로 볼 것인지(1안),
아니면 자율주행시스템의 구분으로 볼 것인지(2안) 입법론이 나뉘나, 자율주행차
의 개념 구분으로 보는 <1안>이 보다 적절할 것으로 생각된다. 자동차 성능기준
규칙 개정안의 구분 방식은 자율주행시스템의 성능기준을 정하는 것인 만큼 '자
율주행시스템'의 구분으로 정의하는 것은 이해될 수 있겠다. 이러한 점에서 자율
주행자동차법과 자동차 성능기준규칙 개정안의 내용을 혼합하여, 자율주행차 발
전단계에 따른 자율주행시스템 및 자율주행차를 구분하여 이를 반영하는 것이 타
당한 것으로 생각된다. 다만 자율주행차 발전단계가 기술의 발달에 따라 변화될

---

20) 자세한 내용은 황창근·이중기, 자율주행차 운행을 위한 자동차관리법의 개정 방향, 14면
    이하.

가능성이 있으므로 구분 개념 정의는 이와 같은 기술단계의 변화에 따라 개정이 필요할지도 모른다는 점에서 법적 안전성이 떨어지므로 자율주행시스템의 개념만을 설정하고 이를 단계별로 구분하는 입법안은 바람직하지 않다는 비판도 존재한다.

다음으로 자율주행시스템의 개념 정의를 하고, 그 개념 요소로서의 자율주행시스템의 기술적 요건을 세세하게 규정할 것인지, 아니면 포괄적으로 규정할 것인지 독일식의 입법방식과 미국의 입법방식으로 나뉘고 있다. 전자가 독일식이고 후자가 미국식이다.[21] 일체의 장치를 구체화하는 법령이 필요한지에 대하여 보면, 자율주행차의 기술발전에 따라 자율주행시스템의 장비, 소프트웨어 등은 많은 변화가 있을 것으로 보이는 만큼 이를 법령으로 구체화하기도 어려울 뿐만 아니라 바람직하다고 보기 어렵다. 만일 필요하다면 이는 기술적인 사항에 해당하므로 행정규칙으로도 충분히 규정이 가능하다고 할 것이다.

〈개정안〉
제2조(정의) 이 법에서 사용하는 용어의 뜻은 다음과 같다.
1의3. "자율주행자동차"란 운전자 또는 승객의 조작 없이 주변 상황과 도로 정보 등을 스스로 인지하고 판단하여 자동차를 운행할 수 있게 하는 자동화 장비, 소프트웨어 및 이와 관련한 일체의 장치(이하 자율주행시스템이라 함)를 적용한 자동차를 말하고, 다음 각목을 말한다.
가. 부분 자율주행차: 지정된 조건에서 자율주행시스템으로 운행이 가능하나 시스템의 운전전환요구 시 운전자의 개입이 필요한 장치를 적용한 자동차
나. 조건부 완전 자율주행차: 지정된 조건에서는 운전자의 개입 없이도 운행가능한 장치를 적용한 자동차
다. 완전 자율주행차: 모든 조건에서 운전자의 개입 없이 시스템만으로 운행가능한 장치를 적용한 자동차

Ⅲ. 자율주행시스템(ADS) 규제 관련 국외 동향

ADS를 둘러싼 규범적 논의는 ADS를 자율주행차 운행에 있어서 독자적인 역할이나 지위를 인정하고 법적인 개념으로 논의하는 것을 말한다. 최근 ADS의 역

---

21) 황창근·이중기, 자율주행차 운행을 위한 「자동차관리법」의 개정 방향, 21면.

할을 중시하여 이를 자율주행차 운행의 중심적인 요소로 보고, '독자적인 법적 지위'를 부여하는 입법적 움직임이 있어 그에 대한 시사점을 분석할 필요가 있다. 이와 관련하여 국제조약, 미국, 호주, 독일, 일본 등의 논의22)와 시사점을 살펴보고자 한다.

1. 국제기구 등

2016. 3. 23. ADS를 인식하기 위하여 비엔나협약(Vienna Convention)은, 비록 'ADS Driver'를 명시한 것은 아니지만 "모든 운전자는 항상 자신의 차량을 통제하거나 … "('[e]very driver shall at all times be able to control his vehicle or to guide his animals')로 개정하였다. 이 개정조문의 취지는 자동차시스템이 자동차의 주행방식에 영향을 미치는 경우라도 인간 운전자가 차량을 통제하고 있음을 여전히 유효함을 확인하였다는 점으로도 의미가 있다.23) 만일 ADS가 차량을 전적으로 통제하고 있음을 인식하는 것으로 입법을 변경하면 비엔나 협약 요건과 긴장이 초래될 수 있음을 지적한다.24) 이러한 점에서 기술의 발전과 자율자동차의 도입에 대한 인식을 제고하기 위하여 조약이 변경될 가능성이 높다고 보고 있다. 예컨대 WP.29에 제출된 자동 운전의 정의와 관련된 최근 제안은 완전 자동화와 고도의 자동화를 가진 차량에서는 인간운전자가 필요하지 않다고 제안하고 있다.25) 2019년 1월 UNECE/TRANS/WP.1은 자율주행차의 보급을 지원하기 위한 가이드라인을 결정하였는데, 동 가이드라인에서는 ADS, 다이나믹 제어, 고도 자율주행차, 완전 자율주행차 등을 정의하고 ADS와 자율주행차 이용자가 준수할 사항을 정의하였다. 여기에서 ADS는 '지속적으로 자동차의 동적 제어를 위해 하드웨어와 소프트웨어를 동시에 사용하는 자동차시스템'이라고 정의되어 있다.26)

---

22) NTC, Changing driving laws to support automated vehicles(Discussion Paper, October 2017), p. 35 이하.

23) Economic Commission for Europe: Global Forum for Road Traffic Safety, 2017, pp. 4-5

24) NTC, Changing Driving Laws to Support Automated Vehicles (Policy Paper, May 2018), p. 78.

25) 이상 내용은 NTC, Changing Driving Laws to Support Automated Vehicles (Policy Paper, May 2018), pp. 77-78.

26) 한국교통연구원·홍익대학교, 자율주행자동차 사회적 수용성 향상 기반기술 연구, 3차년도 기술문서[3세부], 2019. 11. 28, 170-172면.

2. 미국

자율주행차 관련 입법을 선도하고 있는 미국은 2011년 네바다주가 최초의
자율주행차 법규를 제정하였고, 2016년에는 연방교통부(US DOT)가 'Federal
Automated Vehicles Policy'을 발표하였으며, NHTSA는 2017년 9월 ADS의 안전성
에 대한 'Automated Driving Systems: A Vision for Safety 2.0'을 공포하였다.[27]
2017년 9월에는 'Self Drive Act'(Safely Ensuring Lives Future Deployment and Research
In Vehicle Evolution Act)가 하원을 통과하였으며, 2017년 10월에는 'AV Start
Act'(American Vision for Safer Transportation through Advancement of Revolutionary
Technologies Act)가 입법되었다. 또한 미시간주에서 자율주행차를 ADS가 설치되
어 운행될 수 있는 차량으로 정의하고, 나아가 ADS를 인간운행자의 감독 없이 차
량의 운전작업의 모든 측면을 실행할 수 있는 하드웨어와 소프트웨어의 총합으로
정의하여, 레벨 4 내지 레벨 5에서는 실제 운전작업을 담당한다는 취지에서 운전
자의 지위까지 확대된 것으로 보고 있다.[28]

2019년 7월 연방통일법위원회(the Uniform Law Commission, ULC)에서는 '차량
의 자율운행에 관한 통일법'(Uniform Automated Operation of Vehicles Act)을 제정하
였다.[29] 동법은 자율주행차 운행과 관련된 기본적인 사항을 정하고 있는데, 자율
주행시스템(Automated-driving system)의 개념을 '완전히 동적 운전작업을 수행할 수
있고 지속할 수 있는 하드웨어 및 소프트웨어의 총체를 의미한다'라고 정의하
고,[30] 새로운 개념으로 'Automated-driving provider(ADP)'를 Section 6 아래에서
주정부에 의하여 인정된 사람을 의미하는 것으로 규정하고 있다.[31] ADP의 자격

---

27) NHTSA, Automated Driving Systems, 〈https://www.nhtsa.gov/manufacturers/automated-
driving-systems〉.

28) 이중기·황창근, "자율주행차의 도입에 따른 '운전자' 지위의 확대와 '운전자'의 의무 및
책임의 변화 — 미시간 주와 독일의 최근 입법동향과 시사점을 중심으로 — "(이하, 이중
기·황창근, 자율주행차의 도입에 따른 '운전자' 지위의 확대와 '운전자'의 의무 및 책임
의 변화), 홍익법학 18(4), 2017, 356면 이하.

29) 연방통일법의 자세한 내용에 대하여는, 이중기·황창근, 자율주행차의 운전자는 누구인
가?, 360-364면 참조.

30) Section 2(3) "Automated-driving system" means the hardware and software collectively
capable of performing the entire dynamic driving task on a sustained basis.

31) Section 2(2) "Automated-driving provider" means a person that makes a declaration rec-
ognized by [the relevant state agency] under Section 6.

에 대하여는 (1) ADS의 개발에 참여하였거나, (2) ADS 안전기준에 따라 ADS에 대한 자기인증을 하였거나, (3) NHTSA에 자동차제작자 또는 부품제작자로 등록한 자를 말하는 것으로 규정하고 있다.[32] 기존의 법제와 가장 큰 차이점은 ADP의 개념을 설정하고 그에 대한 규율체계를 신설하고 있다는 점이다.

3. 호주

호주의 연방교통위원회(NTC, National Transport Commission)가 발행한 자율주행차의 운행을 위한 입법 정책검토서에 의하면, ADS와 ADS 주체(ADS Entity)에 대한 기본적인 개념과 입법방향이 제시되고 있으며, 이러한 검토서는 수회에 걸쳐 발전되고 있다.[33] 호주의 법체계에서는 호주연방과 주 사이에 자동차규율체계가 분리되어 있어 연방은 자동차 안전을 규율하고 주 및 지방정부는 운전면허, 자동차등록, 도로교통 등을 규율하고 있다.[34] 그런 체계하에서 연방정부가 자율주행차의 ADS와 ADS Entity(ADSE)에 대한 규율시도를 하고 있는 것으로 보인다. ADS의 운전임무 수행과 역할에 대하여 법적 성격을 부여하고 있다는 점이 의미가 있다. ADS가 '역동적 운전작업(dynamic driving task)'[35]을 수행하고, 이는 자율주행차

---

32) Section 6(a).
33) 자세한 내용은 National Transport Commission (NTC), Changing driving laws to support automated vehicles(Discussion Paper, October 2017); NTC, Regulatory options to assure automated vehicle safety in Australia(Discussion Paper, June 2017); NTC, Changing Driving Laws to Support Automated Vehicles (Policy Paper, May 2018); NTC, Safety Assurance for Automated Driving Systems (Consultation RIS, May 2018); NTC, Motor Accident Injury Insurance and Automated Vehicles (Discussion Paper, Oct. 2018); NTC, Motor accident injury insurance and automated vehicles (policy paper, Aug. 2019) 등 참조.
34) Road Vehicle Standards Act 2018(RVSA) — 2019. 12. 10. 시행. 현행 Motor Vehicle Standards Act 1989(MVSA) and the Australian Design Rules (ADRs).
35) SAE International Standard J3016 defines the dynamic driving task as: All of the real-time operational and tactical functions required to operate a vehicle in on-road traffic, excluding the strategic functions such as trip scheduling and selection of destinations and waypoints, and including without limitation:
1. lateral vehicle motion control via steering (operational)
2. longitudinal vehicle motion control via acceleration and deceleration (operational)
3. monitoring the driving environment via object and event detection, recognition, classification and response preparation (operational and tactical)
4. object and event response execution (operational and tactical)
5. manoeuvre planning (tactical)
6. enhancing conspicuity via lighting, signalling and gesturing, etc. (tactical).

의 운전행위 역할에 상응하는 것임을 법적으로 인정하고(레벨 4, 레벨 5), 'dynamic driving task'에 대한 정의는 이미 SAE에서 규정되어 있었는데, 이를 법적인 의미에서 운전행위의 성질을 가지는 것으로 보고 있는 것이다. ADS가 자율주행차에 있어서 유일한 운전행위를 수행하는 것임을 인정하게 됨에 따라, 그러면 ADS의 행위에 대한 책임을 인정할지, 그 책임귀속주체를 누구로 할지, 책임을 어떻게 부여할지 등에 대한 논의가 이어지고 있다.

호주의 동향 중에 가장 특징적인 것은 자동차법제상 책임주체로서 ADSE의 창안이다. ADSE란 'ADS Entity'로써 ADS의 법상, 행정상 책임을 지는 주체로서 자동차 제작자, 운행자 또는 법적인 소유자 기타 다른 주체로 정의된다.[36] 이 개념의 도입 취지는 ADS는 단지 시스템 또는 기계에 불과하므로, 그의 작동(행동)에 대한 법적 책임의 주체가 될 수 없으므로 별도의 법적 주체를 설정할 필요가 있다는 데서 출발한다. 또한 자율주행차에 있어서 ADS가 아닌 운전자에 대하여 책임을 부여하는 것은 적절하지 않다는 반성에서 나왔다고도 할 수 있다. 이 개념의 시사점은 ADS의 운전 역할을 법적으로 인정하되, 그 책임의 주체에 대한 논란을 없애고, ADS에 대한 제반 행정상 책임을 ADSE를 중심으로 관리 감독할 수 있다는 의미가 있다. ADSE의 범위에 대하여 보면, 자동차제조자(vehicle manufacturer), 판매자(supplier), 설계자(ADS designer), 그 외에도 사용대기자(fallback-ready user) 등이 광범위하게 인정된다. 그러나 ADSE가 언제나 책임을 진다는 것은 아니고 자신의 통제 범위 내에서만 책임을 져야 하며, 이는 동적 운전 업무 의무에 대해서만 책임을 져야 한다는 것을 의미한다.[37]

호주의 논의를 정리하면, 자율주행차의 핵심기술인 ADS에 대한 법적 취급을 어떻게 할 것인가에 대하여, 단순한 자동차의 장치 및 부품의 하나가 아니라 사실상 인간운전에 버금가는 'ADS운전'의 현실을 인정하고, 그에 대하여 특별한 지위를 인정하는 입법 방향이라고 할 것이다. 'ADS운전'에 대한 행정상 또는 사법상 책임을 인정하기 위하여서는 ADS라는 시스템이 아닌 사람인 주체가 필요한데, 그를 위하여 ADSE라는 주체를 인정하고, 그로 하여금 자동차법 및 도로교통

---

36) NTC, Changing driving laws to support automated vehicles (Discussion Paper, October 2017), p. 78.
37) NTC, Changing driving laws to support automated vehicles (Discussion Paper, October 2017), pp. 53-56.

법상 행정책임 내지 민사책임의 주체가 되도록 한 것이다. 이러한 논의는 ADS를 단순한 과학기술로 보는 것이 아니라, 그 역할을 중시하여 법적 지위를 부여하고, 이를 중심으로 자율주행차에 대한 안전규제체계를 구성하고 있다는 점에서 상당한 의미가 있다.

4. 독일

2017년 6월 개정된 독일 도로교통법(Straßenberkehrsgesetz)은 자율주행차를 고도의 또는 전면 자율주행기능에 의한 자동차로 정의하여 ADS를 중요한 개념으로 인정하고 있다(제1조의a 제1항). 다만 자율주행기능을 6가지의 기술적 장치로 필요적 요건으로 제시하고 있다.[38] 이 법의 특징은 ADS에 의해 차량을 제어하더라도 인간운전자가 차량의 운전자로 인정된다는 점이고 호주와 같은 '후견적 책임주체'를 인정하지 않고 있다는 점이다.

5. 일본

자율주행차와 관련하여 2019년 '도로운송차량법'과 '도로교통법'의 개정이 있었다. 이 중 '도로운송차량법'에 대하여 보면 2019년 개정 이전 도로운송차량법은 자율주행차량을 상정하여 규정이 정비된 것이 아니었으며 이에 동 개정으로 자동차기술의 전자화나 고도화에 따라 자동제동 등의 선진기술이 탑재된 차량이 급속하게 보급되고 통신을 활용하여 소프트웨어의 업그레이드를 하고 이를 통해 자동차의 성능개선이 가능해지는 등의 변화에 따라 자율주행차량 등의 안전한 개발과 실용화 및 보급을 도모하며 설계·제조과정부터 사용과정에 이르기까지 자율주행차량 등의 안전성을 일체적으로 확보하기 위한 제도의 정비가 5가지 측면에서 이루어지게 된다. 보안기준대책장치에 자동운행장치를 추가하였다.[39] 해당 개정도 개정 이전 법률에서 상정하지 않고 있던 최신기술로 해당 시스템의 안전성이 담보되지 않는 경우에는 자동차가 적절한 운전조작이 이루어지지 않고 도로교통의 안전에 중대한 영향을 미칠 우려가 있다는 이유에서 새로운 규정이 마련된 것이다. 또한 자동운행장치는 "프로그램에 의해 자동적으로 자동차를 운행시

---

38) 황창근·이중기, "자율주행차 운행을 위한 자동차관리법의 개정 방향", 중앙법학 제20집 제2호(2018), 12면 각주 11) 참조.
39) 제41조 20호, 시행령 제6조.

키기 위해 필요한 자동차의 운행 시의 상황과 주변상황을 검지(檢知)하기 위한 센서 및 해당 센서로부터 송신된 정보를 처리하기 위한 전자계산기 및 프로그램을 주요 구성요소로 하는 장치로, 해당 장치마다 국토교통대신이 부여한 조건으로 사용되는 경우에 자동차를 운행하는 자의 조종에 관련한 인지, 예측, 판단 및 조작에 관한 능력의 전부를 대체하는 능력을 갖고 해당 기능의 동작상태의 확인에 필요한 정보를 기록하기 위한 장치를 갖춘 것"으로 정의하고 있다.[40] 이 개정으로 이른바 Level 3의 실현이 가능하게 되었다고 할 수 있다. 일본은 2020년 여름에는 자율주행 Level 3의 자동차가 고속도로를 주행하는 것이 가능할 것으로 예측하고 있다. 그리고 이번에 이루어진 개정은 자율주행 Level 3을 상정하여 이루어진 것으로 자율주행기술의 발전을 예상하여 법이 먼저 대응을 한 것으로 볼 수 있다.

6. 국외 동향에 대한 시사점

최근의 자율주행차 관련 입법동향은 상당히 구체적으로 전개되는 것으로 보이고, 특히 호주와 미국에서 논의되는 ADP나 ADSE에 대한 논의는 향후 입법에 상당한 영향이 있을 것으로 예상하고 있다.[41] 호주는 비록 입법안으로 제정된 것은 아니지만 정부의 입법방향을 강력하게 시사한 것으로 보이고, 미국에서는 연방모델법에서 이를 제시하고 있는 점에서 이미 입법이 완성되었다고 보인다. 향후 이러한 논의는 각국으로 확대될 것으로 예상된다.[42] 이러한 입법례로부터 배울 수 있는 시사점으로는 ADS를 자율주행차의 안전규제체계의 핵심 요소로 인정하고, 특히 'ADS운전'을 3단계 이상의 인간운전자에 대체되는 개념으로 확인하여 그에 대한 행위책임을 부과하는 문제를 논의하고 있다는 점이다. 'ADS운전'으로 인한 책임에 대하여, 프로그램 자체의 책임주체를 인정하기 곤란하다는 점에서 ADSE 또는 ADP라는 새로운 개념을 창시하여 그로 하여금 각종 행정상, 사법상 책임을 부여하고 있다. 우리나라도, 아직 자율주행차에 대한 입법이 구체화되어 있지 않지만, 향후 입법시에는 ADS를 중심으로 한 새로운 규율체계를 마련이 필

---

40) 제41조 제2항. 도로교통법의 주요 개정사항은 자동차운행장치의 정의 등에 관한 규정정비, 동작상태기록장치에 의한 기록 등에 관한 규정정비, 자동운행장치를 사용해서 자동차를 운전하는 경우의 운전자 의무에 관한 규정 정비 등이다.

41) 이중기·황창근, 자율주행차의 운전자는 누구인가?, 346면.

42) 이중기·황창근, 자율주행차의 운전자는 누구인가?, 344면.

요하다고 할 것이다. 예컨대, 「자동차관리법」에서는 ADS운전, ADS의 안전기준·자기인증·등록 등 기존의 자동차 중심의 규율체계를 ADS 중심으로 한 규율체계로 변경하는 문제가 검토될 것으로 예상하며, 아울러 도로교통법도 「자동차관리법」의 규정에 따라 운전규제, 도로교통 안전규제의 내용을 형성할 것으로 보인다.

Ⅳ. 자율주행시스템(ADS)의 안전규제의 구체적 내용

1. 자율주행시스템(ADS) 안전규제의 의무주체

ADS의 안전기준을 별도로 설정하게 되면, 그에 따라 ADS 안전기준에 대한 자기인증, 등록 등의 안전규제에 대한 논의로 진행할 수 있는데, 이 경우 ADS의 안전기준에 대한 행정상 책임주체를 누구로 할 것인지 문제가 된다. ADS는 기계에 불과하므로 원칙적으로 권리능력이 없어 책임귀속주체가 되지 못하는 만큼, ADS가 사실상 운전의 중요한 역할을 수행한다고 하여 그 운전 관련 의무의 귀속주체로 될 수 없기 때문이다. 이는 인공지능이 장착된 로봇의 권리능력 인정 문제와 같은 맥락의 논의이다.[43] 바로 이 점이 ADS의 법적 지위 내지 성격에 대한 논의로 이어진다. 이 문제와 관련하여 최근 미국과 호주, 독일의 논의를 보면 3가지 방향으로 전개되고 있다. ADS의 인격성을 부인하고 오로지 인간운전자의 주체성만 인정하는 독일식 접근방식, ADS의 운전성을 인정하고 다만 ADS 자체는 무능력자이므로 그에 대한 인간 후견인의 주체성으로 치환하는 호주식 접근방식, ADS의 운전성을 인정하면서도 운전자로 보지 않고 ADP를 운전자로 보는 미국 통일법상 접근방식으로 구분할 수 있다.[44]

이에 대하여는 크게 2가지 견해가 대립될 수 있겠다. 첫째, ADS 자체의 안전기준이 중요하다고 하여 바로 행정상 또는 법상 책임주체성을 인정하는 문제는 아니라는 입장에서는, 기존과 동일하게 ADS도 자동차의 부품에 해당되는 만큼 자동차제작자 등에 대한 규제로 충분하다는 견해이다. 따라서 별도의 행성상 규제책임주체의 부여 문제는 없다는 입장이다. 이것이 바로 독일식 해결방법에 따른 것이다. 둘째는 ADS의 안전기준을 별도로 인정하는 만큼, 그와 관련된 안전규

---

43) 로봇의 권리주체성에 대한 논의는 이중기, "인공지능을 가진 로봇에 대한 법적 취급-자율주행자동차 사고의 법적 인식과 책임을 중심으로", 홍익법학 17(3), 2016 참조할 것
44) 자세한 논의는 이중기·황창근, 자율주행차의 운전자는 누구인가?, 355-359면 참조.

제체계를 별도로 구성하는 것이 타당하다는 견해이다. 이 입장에 서는 것이 호주식 ADSE와 미국식 ADP의 인정 방식인 것이다. 그런데 ADSE와 ADP 방식은 ADS가 운전행위를 인정하고 ADSE 또는 ADP가 ADS 대신 책임을 진다는 점에서는 동일하나, 전자(ADSE)는 ADS가 무능력자로서 권리의무의 주체가 될 수 없으므로 대신하여 후견인으로서 책임을 진다는 개념이고,[45] 후자(ADP)는 ADS의 역동적 운전작업은 인정하나 직접 운전자로 보지 않고 ADP를 직접 운전자로서 책임을 지는 것으로 보게 되는데 이러한 미국 통일법의 태도는 미국 자동차책임법상 '운행자책임'이 아닌 '운전자책임'을 지는 것에 따른 '현실적 선택'이라고 한다.[46] 그러나 레벨 4 이상의 자율주행차 시대에는 ADS의 사실상 운전자지위를 인정하지 않을 수 없는 것이므로 ADP는 ADSE와 같이 '후견인적 지위'에서 책임을 지는 것으로 구성하는 것이 보다 논리적이라고 할 것이다.[47] 따라서 ADS 안전규제의 의무자는 ADS와 별도의 후견인적 지위를 가지는 ADSE 방식이 보다 타당하다고 할 것이다.[48]

그러면, ADS에 대한 안전규제의 의무주체에 해당될 사람은 구체적으로 누구인가. 기존의 자동차제작자, 수입자 등이나 소유자에 더하여 ADS의 제조자 등이 이에 해당될 수 있을 것으로 본다. 호주의 사례를 보면, ADSE의 자격을 가지는 자는 자동차제작자(vehicle manufacturer), 공급자(supplier), ADS 설계자(ADS designer), 예비사용자(fallback-ready user), 운행자(operator), 등록운행자(registered operator), 기타(other entity)가 여기에 해당될 수 있다.[49] 미국 통일법상 ADP는 ADS의 개발에 실질적으로 참여하거나, 미국도로안전청(NHTSA)에서 자동차등의 제작업자로 등록되거나 ADS에 대한 안전평가 등의 보고서를 제출한 자 등의 자격을 요구하고 있다.[50] 다만 호주의 'ADS Entity'와 같이 '자율주행시스템 후견인'이라는 표현을 쓸 것인지 아니면 후견인에 속하는 자를 열거 또는 예시할 것인지는 입법론적으로 검토를 요하지만 일응 지위를 분명하게 하기 위하여 '자율주행시스템 후견

---

45) NTC, Changing Driving Laws to Support Automated Vehicles (Policy Paper, May 2018), p. 37.
46) 이중기·황창근, 자율주행차의 운전자는 누구인가?, 358-359면.
47) 이중기·황창근, 자율주행차의 운전자는 누구인가?, 359면.
48) 이중기·황창근, 자율주행차의 운전자는 누구인가?, 359면.
49) NTC, Changing driving laws to support automated vehicles (Discussion paper, October 2017), p. 50.
50) Uniform Automated Operation of Vehicles Act' section 6(a).

인'이라는 용어를 정의하는 것도 가능하다고 할 것이다. 여기서 '자율주행시스템 후견인'에는 자율주행차의 제작자, 수입자 및 운행자, ADS의 제작자 및 수입자, ADS의 등록자 등이 포함될 수 있을 것이다.

〈개정안〉

제2조(정의)

15. "자율주행시스템의 후견인"이라 함은 자율주행자동차의 제작자, 수입자 및 운행자, 자율주행시스템의 제작자 및 수입자, 자율주행자동차 및 자율주행시스템의 등록자 등을 말한다.

---

2. 자율주행시스템(ADS) 안전기준의 설정

(1) 자율주행시스템 안전기준의 의의와 근거

자동차의 안전기준은 법상 자동차의 운행요건에 해당되고, 안전규제의 차원에서는 안전규제의 기준의 의미가 있다. 먼저 운행요건의 측면을 보면, 자동차는 자동차 안전기준에 적합하지 아니하면 운행하지 못하도록 규정되어 있고(자동차관리법 제29조 제1항), 이를 위반하여 자동차 안전기준에 적합하지 아니한 자동차를 운행하거나 운행하게 한 자에 대하여는 100만원 이하의 과태료가 부과된다(자동차관리법 제84조 제3항 제13호). 이처럼 자동차 안전기준은 자동차의 기계적인 안전기준을 정하는 것이긴 하지만 법적으로 운행요건으로 작용하는 것이다. 또한 자동차 안전기준은 안전규제체계의 기준으로서 기능을 하는데, 즉 안전기준의 적합성 여부를 승인하는 자기인증의 기준이 되고, 차량을 운행하기 위하여는 자기인증을 필한 차량의 등록이라는 절차를 거쳐야 하므로 결국 자동차안전규제체계의 '기준'으로서의 성질을 가진다고 할 것이다.

현행법상 자동차의 안전기준을 규정하고 있는 법률로는 「자동차관리법」 및 자율주행자동차법 2가지이다. 자동차 안전기준에 대한 일반적인 내용에 대하여는 「자동차관리법」이 규정하고 있고, 자율주행차에 특례로 적용되는 부분에 대하여 자율주행차법이 규정하고 있다. 먼저 「자동차관리법」의 일반적인 내용을 보면, 자동차의 안전기준은 자동차의 구조 및 장치의 안전운행에 필요한 성능과 기준인 '자동차 안전기준'과 부품·장치 또는 보호장구로서 안전운행에 필요한 성능과 기준인 부품안전기준'으로 구분된다(제29조 제1항 제2항). 자동차의 안전기준은 안전기준의 대상이 되는 '구조 및 장치' 또는 '부품·장치 또는 보호장구'와 안전운행에 필요한 성능과 기준으로 구분되는데, 전자에 대하여는 대통령령에 위임되어 있고 후자에 대하여는 국토교통부령으로 위임되어 있다(제29조). 이에 따라 구체적인 구조 등에 대하여는 시행령(제8조 이하) 및 시행규칙에 위임되어 있으며, 시행규칙으로 「자동차 및 자동차 부품의 성능과 기준에 관한 규칙」이 제정되어 있다. 이러한 위임구조를 보면 법률에서는 사실 무엇이 안전기준의 대상이 되는 것인지, 무엇이 안전운행에 필요한 성능과 기준인지에 대하여 전혀 규정하고 있지 아니하여 포괄위임이라는 비판을 받을 소지도 없지 않다. 그러나 자동차는 과학기술의 발달에 따라 계속 변화하는 것이라는 취지에서 보면 변화가 심한 과학기술사항을 법률에 구체적으로 규정하는 것이 매우 어렵다는 점에서 일응 수긍이 간다.[51] 그러나 오늘날 자동차기술에 있어서 '안전 운행에 필요한' 구조 및 장치 등에 무엇무엇이 포함되는지는 이론이 크지 않을 것으로 보인다. 따라서 자동차의 기본적인 구조와 장치에 대한 이의가 없는 부분에 대하여는 법률에서 규정하고 나머지를 대통령령으로 위임하는 것이 타당하다고 생각한다. 위 안전기준을 토대로 자동차 안전에 관한 사항을 제작자가 인증하는 자기인증(법 제30조)와 자기인증차량에 대한 사후관리(제32조의2), 국가에 의한 자동차안전도에 대한 평가(제33조의2)를 채택하고 있으며, 자동차등의 안전기준에 적합하지 않을 경우 제작, 수입 및 판매 중지를 명할 수 있다(제30조의3).

그런데, ADS는 하드웨어와 소프트웨어의 결합으로 이루어져 있어서 현행 부품의 안전기준을 그대로 적용할 수 있는가 하는 점에 대한 현실적인 문제가 있으나 자동차 안전기준에 포함되지 않는다고 보기는 어렵다고 할 것이다.[52] 별도의 자율주행차 또는 ADS의 안전기준을 수립하여 규제할 필요성이 있는가 하는 점인데 대체로 인정하는 것으로 보이고,[53] 결국 자율주행차 안전기준을 얼마나 치밀하게 잘 구성할 수 있는가가 상용화 성패의 관건이라고 할 것이다.[54] 자동차의

---

51) 행정규제기본법에 의하면 기술적 사항에 대하여는 법규가 아닌 행정규칙으로 규정하는 것도 허용하여(제4조 제2항 단서) 엄격한 법률유보의 원칙을 적용하지 않을 수도 있는 것으로 한 규정도 이러한 취지라고 할 것이다.

52) 황창근·이중기, 자율주행차 운행을 위한 자동차관리법의 개정 방향, 21-23면.

53) 민한빛, 전게논문, 81면.

54) 황창근·이중기, "자율주행자동차 운행을 위한 행정규제 개선의 시론적 고찰 — 자동차, 운전자, 도로를 중심으로 —", 39면.

안전기준은 자동차 관련 기술을 집대성한 것인 만큼 새로운 자율주행기술이 개발되었다면 당연 그 안전기준도 새롭게 설계되는 것이 마땅하다. 특히 자율주행차가 사이버보안이나 개인정보의 보호 문제 등 기존의 차량에서 이슈되지 않은 안전기준에 대한 쟁점이 나타나고, 자동차의 운행이 운전자인 사람보다는 ADS 등 차량에 의존하게 되는 상황이 반영됨에 따라 자율주행차의 운행프로그램 등을 포함한 새로운 안전기준의 설정이 필요하다는 데 이론의 여지가 없다. 최근 입법중에 있는 '자동차 안전기준규칙' 개정안도 그러한 필요성에 나온 것이라고 할 것이다. 특히 이러한 자율주행차의 안전기준에 대한 검증은 자율주행차와 기존의 차량이 혼재하여 실제 도로에서 안전하게 운행하기 위하여도 중요한 의미가 있다.55) 이러한 안전성 검증에 포함될 사항으로는 전자제어안전성을 수반하는 주행기능 안전성, 해킹 등의 외부 침입에 대한 통신보안 안전성, 운전자의 부주의 및 운전부하를 고려한 제어권 전환 안전성이 필수적으로 요구된다고 한다.56)

한편, 자율주행차 또는 ADS의 안전기준을 기존의 자동차 안전기준, 자동차 부품 안전기준과 별도의 제3의 안전기준을 설정하여야 하는지는 2가지 관점에서 제기된다. 첫째는 현행 자동차 안전기준은 인간 운전자를 중심으로 하여 설정된 자동차의 구조 및 장치의 안전운행에 필요한 성능과 기준이지만, ADS는 레벨 4 이상에서는 인간운전자에 대체되는 것이라는 점에서 기존의 자동차 안전기준과는 차별이 필요하다는 것이다. 둘째는 ADS가 하드웨어와 소프트웨어의 총합이라고 정의되는데 이것이 기존 자동차의 구조, 장치 또는 부품의 각 안전기준 중 무엇을 적용하는 것이 타당한지 논란이 있을 수 있다는 점이다. 따라서 이와 같은 문제점을 해결하기 위하여 '부품안전기준'과 구별되는 별도의 ADS의 안전기준을 신설하는 것이 타당하다는 것이다. 즉 '자동차 안전기준', '부품 안전기준'과 별도의 'ADS 안전기준'을 신설하는 것이다. 물론 ADS의 안전기준도 결국 자동차의 안전기준에 포함되는 것인 만큼 별도의 법적 근거가 필요하지 않다는 반론도 존재하고 있다. 그리고 별도의 ADS의 안전기준을 신설하는 경우에도, 기존의 '자동차 안전기준규칙'에서만 구분할 것인지, 아니면 상위법인 「자동차관리법」에 근거를 두는 것이 필요한지 견해가 갈릴 수가 있다. 자동차 안전기준은 기술한 바와 같이, 자동차의 운행요건에 해당되는 것이고, 그 안전기준의 대상이 되는 장치 등이

---

55) 홍윤석, 전게논문, 16면.
56) 홍윤석, 전게논문, 16면.

무엇인지 등 기본적인 사항에 대하여는 법률에 근거를 두는 것이 법치행정원리에 부합된다고 할 것이다.

〈개정안〉

제29조(자동차의 구조 및 장치 등) ③ 자율주행자동차에 장착되는 자율주행시스템으로서 대통령령으로 정하는 부품·장치(이하 "자율주행시스템"이라 한다)는 안전운행에 필요한 성능과 기준(이하 "자율주행시스템 안전기준"이라 한다)에 적합하여야 한다.

다음으로 자율주행자동차법상 안전기준의 규정을 보면, 동규정은 「자동차관리법」상 자동차 안전기준에 대한 특례에 해당되는 것인데, "조향장치, 제동장치, 좌석 등 국토교통부령으로 정하는 구조적 특성으로 인하여 「자동차관리법」 제29조 제1항 및 제2항에 따른 자동차안전기준, 부품안전기준을 충족하기 어려운 자율주행자동차는 대통령령으로 정하는 바에 따라 국토교통부장관의 승인을 받아 시범운행지구에서 운행할 수 있다. 이 경우 국토교통부장관은 안전 확보 등에 필요한 조건을 붙일 수 있다."(제11조)라고 규정하고 있다. 이 조문이 자율주행시스템의 안전기준 적용의 근거가 될 수 있는지 논의가 가능하나, 자율주행차의 시범운행지구에서 운행 특례를 인정하고 있는 것인데, 특례의 조건 등을 감안하면 임시적이고 제한적인 규정이라고 할 것이다. 결국 「자동차관리법」상 자율주행차의 안전기준에 대한 별도의 근거가 필요하다는 데에는 변함이 없다.

(2) 자율주행시스템의 안전기준의 내용

2019년 10월에 입법예고된 「자동차 및 자동차부품의 성능과 기준에 관한 규칙」 개정안에 의하면, 자율주행시스템을 레벨별로 별도로 구분 정의하면서도, 실제 자율주행시스템의 안전기준에 대하여는 레벨 3의 자율주행차를 대상으로 설정하고 있다는 데 의의가 있다. 즉 동 개정안에서는 자율주행차의 핵심기술인 자율주행시스템의 개념을 단계별로 구분하고, 자율주행시스템의 안전기준을 기존의 자동차와 구분하여 별도의 장으로 신설하였다(안 제3장의3 신설).[57] 그리고 구

---

57) 개정안(제3장의3 자율주행시스템의 안전기준의 내용)은 다음과 같다.
　　제113조(자율주행시스템의 운행가능영역 지정) ① 제작자는 자율주행시스템이 주어진 조건에서 정상적이고 안전하게 작동될 수 있는 작동영역(이하 '운행가능영역'이라 한다)을 지정하여야 한다.

체적인 내용으로 자율주행시스템의 운행가능영역을 지정하고(안 제113조), 부분 자율주행시스템의 성능 기준 및 고장시 안전을 위한 기준을 신설하였으며(안 제113조의2), 운전자의 운전조작 가능 여부 감지 기준을 신설하였다(안 제113조의2). 또한 제작사는 자율주행시스템의 운행가능영역을 지정하고, 도로 및 주행환경, 기상 등 안전관련 조건과 작동한계를 명확히 제시하도록 하고 있으며(안 제113조), 특히 위 구분 중 레벨 3에 해당되는 부분 자율주행시스템에 대한 성능기준을 구체적으로 정하고 있는데(안 제113조의2), 성능기준은 '자동차로유지기능'을 갖춘 자동차에 대한 기준과 '자동차로변경기능'을 갖춘 자동차에 대한 기준으로 구분하고 있으며(별표 52 참조), 고장시 안전을 위한 기준(별표 53)도 함께 정하고 있다. 또한 운전조작 가능 여부 사전감지를 위한 운전자모니터링시스템에 대한 성능기준을 정하고 있다(제113조의3. 별표 54). 개정안이 자율주행시스템의 안전기준을 자동차 또는 부품의 안전기준가 별도의 장으로 구분하여 설정한 것은 전적으로 타당한 것으로 보인다. 다만 기술한 바와 같이 부령인 규칙만을 개정할 것이 아니라 상위법인 「자동차관리법」에 근거를 먼저 두는 것이 타당하다는 점을 지적하고자 한다.

3. 자율주행시스템(ADS)의 자기인증

ADS 안전기준에 대한 첫단계 규제방식은 ADS 안전기준에 대한 자기인증제도이다. 자기인증(Self-Certification)은 안전규격·기준을 근거로 행정처분 형식으로 하던 직접적인 규제를 배제하고 사업자 내지 사업자단체가 자율적으로 안전

---

② 제작자는 운행가능영역을 지정 시 자율주행시스템이 안전하게 작동할 수 있는 도로 및 주행환경, 기상환경 등 안전과 관련된 사항 및 시스템의 작동한계 상황을 명확히 제시하여야 한다.
③ 제작자는 위 2항에 따라 제시한 시스템의 안전과 관련된 사항, 작동한계 등에 대한 정보를 구매자에게 알려야 한다.
제113조의2(부분 자율주행시스템) 부분 자율주행시스템을 장착한 승용자동차의 성능 기준 및 고장 시 안전을 위한 기준은 각각 별표52 및 별표53의 기준에 적합하여야 한다.
제113조의3(운전조작 가능여부 사전감지) 부분 자율주행시스템은 운전자의 운전조작 가능여부를 사전에 확인할 수 있도록 별표 54의 기준에 적합한 운전자모니터링시스템을 갖추어야 한다.
[별표52] 부분 자율주행시스템의 성능기준(제113조의2 관련)
[별표53] 부분 자율주행시스템의 고장 시 안전을 위한 기준(제113조의2 관련)
[별표54] 운전자모니터링시스템 성능기준(제113조의3 관련)

규격·기준을 규제하는 것을 말한다.[58] 자동차 안전기준에 대한 승인제도로는 그 밖에 형식승인제도(Type-Approval)가 있는데, 우리나라는 2003. 1. 1.부터 기존의 형식승인제도를 폐지하고 자기인증제도로 변경 시행하였다. 자기인증은 안전기준에 대하여 자동차제작자 등이 스스로 승인하는 제도로서 이른바 자율규제의 영역에 해당한다. 이는 주로 미국이나 캐나다, 우리나라가 시행하고 있는 제도인데, 일단 자동차제작자 등의 자율성을 보장하여 인증, 판매를 허용하고 사후에 무작위조사를 실시하여 그 적합여부를 정부가 검사하는 방식을 말한다.[59] 기술한 바와 같이, 자동차 안전기준에 적합하지 아니하면 자동차를 운행하지 못하도록 되어 있어 자동차 안전기준은 자동차의 운행요건의 성질을 가진다(자동차관리법 제29조). 자동차의 제작, 조립 또는 수입하려는 자는 국토교통부령이 정하는 바에 따라 자동차의 형식이 자동차안전기준에 적합함을 스스로 인증하는 자동차자기인증을 받아야 한다(동 제30조). 자동차자기인증을 하려는 자는 국토교통부령이 정하는 검사시설 등을 등록하여야 하고(동 제2항), 제2항에 따른 등록자 중에서 생산규모 등이 국토교통부령이 정하는 자기인증능력요건을 충족하지 못하는 경우에는 성능시험대행자로부터 자동차자기인증을 하여야 하며(동 제3항), 자동차제작·조립자는 국토교통부령으로 정하는 생산대수 이하로 제작·조립되는 자동차에 대하여 제1항에 따른 자동차안전기준에도 불구하고 국토교통부령으로 정하는 바에 따라 유사한 수준의 안전도 확인방법으로 자동차자기인증을 할 수 있다(동 제5항). 이와 같이 자기인증은 자율적인 승인방식이기 때문에 이 실효성을 담보하기 위하여 다양한 사후적 통제장치를 들고 있다. 자동차 자체에 대한 자기인증 이외에 자동차 부품에 대한 자기인증도 인정되고 있다(제30조의2). 자기인증절차를 위반한 경우에는 자동차 또는 자동차부품의 제작 또는 판매 등의 중지 등(제30조의3), 과징금(제74조), 벌칙(제79조)의 실효수단을 규정하고 있다.

그런데, 자동차 부품에 대한 자기인증도 인정되고 있는 만큼 ADS 자체에 대한 자기인증이 인정됨에는 이론의 여지가 없다고 할 것이고 문제는 승인방식을 기존의 자기인증을 유지할 것인지에 대한 것이다. 이는 자율주행차가 일반 자동

---

58) 최철호, "행정법상의 자율규제의 입법형태에 관한 연구", 법학논총 제23권, 숭실대학교, 2010, 13면.

59) 오길영, "현행 자동차관리법제에 대한 진단: 소위 'bmw 화재'사태에서 바라본 현행 제도의 문제점에 대한 검토를 중심으로", 소비자문제연구 49(3), 2018, 7면.

차에 비하여 네트워크 오류, 해킹 등의 위험에 노출될 위험이 높기 때문에 자기 인증만으로는 안전성을 충분히 확보할 수 없어 형식승인 또는 혼합방식으로 변경 하여야 하는 것이 아닌지 논의가 있다.[60] 즉 위험이 높으면 규제의 정도도 비례 적으로 높아질 수밖에 없다는 논리에 따르는 것이다. 그러나, 자기인증제도도 자 동차의 안전성을 확보할 수 있는 법상 규제의 하나이고, 형식승인이 자기인증 보 다 자동차의 안전 확보에 훨씬 유리하다고 단정하기 어렵고, 한미자동차 협정 등 최초 형식승인에서 자기인증으로 전환된 당시의 배경에 대한 충분한 검토가 선행 되어야 하며, 나아가 미국 등 국제적인 흐름을 고려한 기술적, 정책적 판단이 중 요하다고 할 것이다.[61]

그러면 이와 같은 ADS의 자기인증을 누구의 책임으로 할 것인가 하는 점이 다. 일반적으로 자동차 또는 부품 자기인증의 주체에게도 ADS의 자기인증 책임 이 있다고 보이고, 그 외에도 앞서 논의하고 있는 ADSE에 상당하는 'ADS 후견인' 에게 이러한 의무를 부여할 수 있을 것으로 본다. 레벨 3의 자율주행차의 경우에 는 ADS의 안전기준을 설정하는 이외에, 별도의 ADSE 또는 ADP를 결정할 필요는 없는 것으로 보이고, 다만 레벨 4 이후에는 ADSE에게 자기인증책임을 부여하는 것이 가능하다고 보여진다.[62]

〈개정안〉
제30조의7(자율주행시스템의 자기인증 등) ① 자율주행시스템 후견인은 국토교통 부령으로 정하는 바에 따라 그 자율주행시스템이 자율주행시스템 안전기준에 적합함 을 스스로 인증(이하 "자율주행시스템 자기인증"이라 한다)하여야 한다.
② 자율주행시스템 후견인은 국토교통부령으로 정하는 바에 따라 자율주행시스템 제 작자명, 자율주행시스템 부품의 종류 등을 국토교통부장관에게 등록하여야 한다. 등록 한 사항 중 국토교통부령으로 정하는 중요한 사항을 변경할 때에도 또한 같다.
③ 자율주행시스템 후견인이 자율주행시스템 자기인증을 한 경우에는 국토교통부령으 로 정하는 바에 따라 성능시험대행자에게 자율주행시스템 부품의 제원을 통보하고 그 자율주행시스템 부품에 자율주행시스템 자기인증 표시를 하여야 한다.
④ 국토교통부장관은 제2항에 따라 등록한 자율주행시스템 후견인이름, 자율주행시스

---

60) NHTSA, Federal Automated Vehicles Policy, pp. 71-75.
61) 이상 방식에 대한 논의는 황창근·이중기, "자율주행차 운행을 위한 자동차관리법의 개 정 방향", 23-24면 참조.
62) 이중기·황창근, "자율주행차의 운전자는 누구인가?", 365면.

템 부품의 종류 등을 확인한 결과 등록한 내용과 다른 경우에는 그 등록을 취소하거나 등록 사항을 변경할 것을 명할 수 있다.

4. ADS의 등록

「자동차관리법」에 의하면 자동차는 자동차등록원부에 등록하지 아니하면 운행할 수 없는데(제5조), 이와 같이 '자동차등록'은 자동차운행허가의 성격을 가진다.[63] 자동차를 등록하기 위하여는 자동차안전기준의 적합성에 대한 자기인증절차를 거쳐야 하고, 그와 같이 인증을 거친 차량에 대하여 등록이라는 행정행위로써 운행의 요건을 모두 충족하게 되는 것이다. 그런 점에서 자동차등록은 자동차 안전규제의 최종 단계에 해당된다고 할 것이다. 자율주행차도 「자동차관리법」상 자동차인 만큼 당연히 등록의 대상이 됨에는 의문의 여지가 없지만, 자율주행차의 등록에 있어서 기존의 일반차량과 혼재로 인한 이용자의 혼란을 방지하기 위하여, 즉 안전을 확보하기 위하여 등록원부를 따로 관리할 필요가 있는지 그리고 자율주행차 단계별로 별도로 등록하여야 하는지도 검토를 요한다. 이는 결국 시장에서의 일반자동차와 구분되는 자율주행차를 구별하기 위한 하나의 방편이고, 궁극적으로는 자동차의 안전규제를 위한 조치의 일환이라고 할 것이다.

문제는 자율주행차가 아니라 ADS를 별도로 등록대상으로 삼는 것이 필요한가 하는 점이다. 기술한 바와 같이 자동차의 등록은 운행허가의 성질을 가지므로, ADS의 등록을 법정한다는 것은 ADS 안전기준에 대한 허가라는 추가적인 의미를 가지게 된다. 반대되는 견해로는, 현행법상 자동차 이외에 자동차 부품에 대한 등록제도가 없고, 자동차 등록제도는 운행허가의 성질도 가지지만 외부적으로 자동차의 소유현황을 공시한다는 공증의 성격도 가지는 것이므로,[64] 단순한 부품에 불과한 ADS에 대한 등록의 의미 또는 필요성이 그리 높지 않다는 점을 근거로 제시할 수 있다. 또 ADS의 등록은 자칫 안전기준 이외에 추가적인 중복규제에 해당될 수 있다고 할 것이므로 신중한 접근을 요한다고 할 것이다.

---

63) 황창근·이중기, 자율주행자동차 운행을 위한 행정규제 개선의 시론적 고찰 — 자동차, 운전자, 도로를 중심으로 —, 40면; 류광해, "자동차, 건설기계, 항공기 등록의 법적 성격", 홍익법학 17(1), 2016, 668면.
64) 황창근·이중기, 자율주행자동차 운행을 위한 행정규제 개선의 시론적 고찰 — 자동차, 운전자, 도로를 중심으로 —, 40면.

V. 결론

자동차법의 핵심은 자동차의 안전확보를 위한 규제를 정하는 것이라고 할 것이며, 자율주행차 시대에 있어서도 달라질 것으로 보이지 않는다. 오히려 자율주행차의 경우에는 전통적인 운행요소인 자동차와 비교할 때 안전성 확보가 더욱 중요한 문제가 될 것이다. 그런 의미에서 최근 ADS의 안전규제에 대한 국내외 논의는 중요한 의미를 가진다고 할 것이다.

ADS는 자율주행차의 핵심적인 기능을 수행하는 하드웨어와 소프트웨어의 총합 개념이므로, 그에 대한 법적 정의를 하고 적절한 규제를 하여야 하는 점에 대하여는 이론의 여지가 없다. 특히 차량의 규제는 국민의 생명과 재산에 대한 위험을 관리하는 안전규제라는 성질을 가지고 있다. 이에 따라 각국의 법률은 ADS의 개념을 설정하여 자율주행차의 정의와 연계를 하며, 나아가 ADS에 대한 자동차법상 성격을 부여하고 그에 대한 책임 문제를 해결하기 위하여 ADSE 또는 ADP의 개념을 논의하고 있다.

ADS는 자율주행차 시대에 자율주행차의 '역동적인 운전기능'을 수행하는 핵심적인 장치인 만큼 이에 대한 규범적 성격을 부여하는 각국의 입법동향은 타당하다. 기존의 법제에서 인간운전자의 운전에 대응하는 개념으로 보인다. 또한 그에 대한 ADS의 책임 귀속문제를 해결하기 위하여 ADS의 후견인을 설정하고 그로 하여금 행정상, 사법상 책임주체의 지위를 갖도록 하는 것도 필요하다. 이 논문은 이러한 국제적인 동향을 참조하여 자동차관리법이 검토하여야 할 ADS 관련 입법사항을 제시하고 있다. 즉 이 논문에서 논의하는 것은, ADS 개념과 자율주행차의 관계 정립, ADS의 안전기준의 설정과 법적 근거 신설, ADS에 대한 자기인증·등록 등 「자동차관리법」 중심의 자동차안전규제체계를 논의하였다. 이러한 논의가 향후 입법과정에서 활발하게 검토되기를 바란다.

제4절 자율주행차 운행을 위한 도로법 개정 방향

Ⅰ. 자율주행차와 자율주행협력도로시스템(C-ITS)

자율주행차의 운행을 인하여 도로공간은 단순한 이동공간이 아니라 다양한 활동을 하는 공간으로 변모되고, 더불어 차량 간의 끊임없는 안전한 주행을 가능케 하여 도로용량에 대한 효율적인 이용도 가능해지게 된다. 이러한 도로공간에 대한 획기적인 변화를 가능하게 하기 위하여는 자율주행차와 도로, 교통시설 간의 상호협력이 필요하게 되는데 이를 자율협력주행 도로시스템(C-ITS, Cooperative-Intelligent Transport Systems)이라고 한다. 이는 차량 주행 중 운전자에게 주변 교통상황과 급정거, 낙하물 등의 사고 위험 정보를 실시간으로 제공하는 시스템을 말하고, 이를 통하여 교통사고 예방과 이동의 안전성이 보장되며 도로시스템을 관리 중심에서 이용자 안전 중심으로 변화시킬 수 있다고 한다. 우리나라는 2014년 7월부터 대전시와 세종시 주변 고속도로 등지에서 C-ITS시범사업을 실시한 바 있다. 향후 법제도의 발전은 이러한 C-ITS의 근거 내지 고도화에 대한 정책지원의 의미를 가지게 된다.

Ⅱ. 자율주행차 운행 관련 도로법제 동향

1. 자율주행자동차 상용화 촉진 및 지원에 관한 법률의 제정

「자율주행자동차 상용화 촉진 및 지원에 관한 법률」(이하 자율주행자동차법이라 함)은 2019. 4. 30. 제정되고 2020. 5. 1. 시행예정에 있는데, 자율주행자동차의 상용화를 촉진하고 지원하기 위하여 기존의 자동차관리법, 도로법, 개인정보 보호법제 등의 특례를 규정하고 있다. 이 법은 상용화를 촉진 및 지원하기 위한 한정적인 입법목적으로 제정된 것이긴 하지만 자율주행차의 운행을 위한 도로법상 여러 가지 특례 등의 법제도를 마련한 것으로서 상당한 의미를 가진다. 이를 크게 보면 교통체계와 관련된 사항과 도로법과 관련된 사항으로 구분할 수 있다.

먼저 교통체계와 관련된 사항을 보면 다음과 같다. 첫째, '자율주행협력시스템'이라는 개념을 도입하고 있는데, 정의를 "「도로교통법」 제2조제15호에 따른 신호기, 같은 조 제16호에 따른 안전표지, 「국가통합교통체계효율화법」 제2조제4호에 따른 교통시설 등을 활용하여 국토교통부령으로 정하는 바에 따라 자율주행 기능을 지원·보완하여 효율성과 안전성을 향상시키는 「국가통합교통체계효율화법」 제2조제16호에 따른 지능형교통체계를 말한다."고 규정하고 있으며(제2조 제3호), 이러한 자율주행협력시스템을 국토교통부장관이 자율주행 안전구간 및 시범운행지구에서 구축, 운영할 수 있도록 규정하고 있다(제21조). 이러한 자율주행협력시스템은 기술한 C-ITS의 개념과 관련이 있는 것이다(제2조 제3호).

둘째, 자율주행 기반 교통물류체계의 발전을 위하여 기본계획의 수립(제4조), 현황조사(제5조) 등의 법적인 근거를 마련하고 있다.

셋째, 「국가통합교통체계효율화법」에 의하여 교통체계지능화사업을 하는 자는 동표준으로 제정·고시된 것을 사용하여야 하는데(제77조 제1항, 제82조), 이와 같이 표준으로 제정되지 아니한 신기술을 사용할 수 있도록 특례를 규정하고 있다(제12조). 이러한 신기술에 대한 특례는 규제완화 차원에서 인정된 것이라 하겠다.

다음, 「도로법」과의 관계에서 다양한 특례 내지 보충적 제도를 마련하고 있다. 첫째, 자율주행차의 운행 지원을 위한 인프라로서의 자율주행 안전구간 지정 제도를 도입하였는데, 동 구간은 도로법 제48조 제1항에 따른 자동차전용도로 중에서 국토교통부령이 정하는 바에 따라 지정하도록 하였다(제6조).

둘째, 시범운행지구에서 자율주행에 필요한 도로 공사와 도로의 유지·관리에 대한 업무를 「도로법」 제31조 제1항 소정의 도로관리청이 아닌 자가 수행할 수 있는 법적 근거를 신설하였다(제13조). 원칙적으로 본다면 도로관리청이 도로 공사와 유지, 관리 등에 대한 권한을 가지는 것으로 도로법이 규정하고 있는데(제1항), 이를 특별법에 의하여 도로관리청이 아닌 자가 수행할 수 있도로 한 것이다. 이로써 자율주행차의 운행 인프라인 도로의 건설 등을 효율적으로 수행할 수 있게 되었다. 이에 따라 그 권한이 있는 자는 도로공사 및 관리상의 행정상·민사상 책임(국가배상법 제5조의 손해배상책임)을 지게 된다. 이와 관련하여 시범운행지구를 관할하는 시·도지사는 자율주행자동차의 원활한 운행을 위하여 시도와 조례로 정하는 바에 따라 시범운행지구 내의 도로, 신호기 등 자율주행자동차 연구·시범운행과 관련된 시설을 유지·관리할 의무가 있음을 규정하고 있다(제18조).

셋째, 「도로법」과 직접 관련이 있는 것은 아니나, 자율주행차의 상용화를 위하여는 정밀도로지도의 구축과 갱신이 필요한데, 국토교통부장관이 이를 구축·갱신토록 하고 민간 활용을 위하여 무상 제공의 근거를 신설하였으며, 도로노선의 변경 등으로 정밀도로지도의 갱신이 필요한 경우가 발생될 때를 대비하여 도로관리청으로 하여금 변경사항에 대한 통보의무를 부여하고 있다(제22조).

2. 「도로법」과 「국가통합교통체계효율화법」 등의 정책 방향

자율주행차법상 '자율주행협력시스템'의 개념을 도입하였는데, 이 개념은 「국가통합교통체계효율화법」 제2조 제16호의 '지능형교통체계'에서 자율주행차에 적용하기 위한 개념이라고 할 것이다. 즉 동법에 의하면 지능형교통체계란 교통수단 및 교통시설에 대하여 전자·제어 및 통신 등 첨단교통기술과 교통정보를 개발·활용함으로써 교통체계의 운영 및 관리를 과학화·자동화하고, 교통의 효율성과 안전성을 향상시키는 교통체계를 말한다(제2조 제16호)고 정의되어 있다. 자율주행차법의 제정에 맞추어 「국가통합교통체계효율화법」의 개정도 필요하다고 할 것이다.

「도로법」의 경우에도 자율주행차법이 필요한 사항에 대하여 특례를 규정하고 있지만, 궁극적으로는 이러한 특례 조항이 도로법으로 흡수되는 것이 타당하다고 하겠다. 입법시 검토되어야 할 사항은 다음과 같다. 첫째, 도로의 구분 재설정으로서, 도로법상 현행 도로의 구분은 관리주체에 따라 국도, 지방도 등으로 구분되고 있는데(제10조 이하), 자율주행협력시스템이 가능한 도로에 대한 개념 설정이 필요하다. 둘째, 도로의 설치기준에 대한 재검토가 필요하다. 기존의 도로의 설치 등 안전기준은 일반 자동차를 전제로 한 것이므로 자율주행차의 운행에는 그대로 적용하기 곤란하고, 또한 자율주행차는 도로와 협력하에서 원만한 운행이 가능한 것이므로 새로운 설치기준이 필요하다. 도로설치기준은 도로의 안전성을 확보하기 위한 것인데, C-ITS 또는 자율협력도로시스템에 특유한 기준에 대한 연구가 필요하다. 도로설치기준은 도로의 하자 유무를 판단하는 일응의 기준이 된다는 점에서 중요한 의미를 가진다. 셋째, 자율주행협력시스템 도로의 설치상 또는 관리상 책임 문제이다. 자율주행차 사고 발생시 도로 또는 도로시설의 사고 기여가 있는 경우, 그 기여부분만큼 책임을 부담하는 것이 타당한데, 이를 위하여 손해배상책임보험 제도의 도입이 필요하다고 할 것이다.

제 3 장
운전·운전자법제

제1절 운전작업의 분류와 인간과 ADS 사이의 분배: 운전능력과 준법능력의 사전 프로그래밍*

I. '운전' 개념의 중요성과 운전작업의 분류

1. "운전"의 개념

　도로교통법은 지금까지 운전주체인 '운전자'가 운전객체인 '자동차'를 도로 위에서 교통하는 상황, 즉 '운전'하는 상황을 전제하고 발전하였다. 또, 도로교통상 규제의 국제적 통일성을 확보하기 위한 도로교통에 관한 비엔나협약, 제네바협약도 모두 '운전' 및 '운전자' 개념에 기초하여 발전하고 있다. 이러한 협약은 앞으로도 자율주행차의 도로상 교통의 안전성을 확보하기 위해 계속 '운전', '운전자' 개념에 기초해 발전할 것으로 예상된다.[1]

　자율주행차의 자동화단계를 다루는 SAE의 J3016에서도 '운전'의 개념은 역동적 운전작업(DDT), 비상상황대응(DDT Fallback), 최소위험상태확보 등 상세한 '운전작업'의 구체적 정의를 통해 계속 핵심 개념으로 활용되고 있다.[2] 따라서, '운전자'가 인간에서 ADS로 전환될 수 있다는 점만 제외하면 '운전'의 개념은 자율주행차 및 ADS에서도 여전히 핵심적 역할을 수행할 것으로 예상된다.

　＊ 이 부분의 일부는 이중기, "SAE 자동화단계 구분과 운전작업의 분류: 운전자책임, 안전기준규제, 제조물책임에 대한 영향", 중앙대학교 법학논문집 제44집 제1호(2020)를 다시 실은 것이다.
　1) 제2편 제3장 〈운전·운전자법제〉 제2절 Ⅴ. 1. (1) 참조.
　2) SAE의 J3016에 대해서는, 제2편 제1장 〈총론〉 제2절 Ⅰ.의 분류와 1. 이하의 설명 참조.

(1) 도로교통법상 "자동차 운전"의 개념

도로교통법은 "운전"을 "도로에서 차마 또는 노면전차를 그 본래의 사용방법에 따라 사용하는 것(조종을 포함한다)"이라고 규정(제2조 제26호)하고 있고, "자동차"를 "철길이나 가설된 선을 이용하지 아니하고 원동기를 사용하여 운전되는 차"(제2조 제18호)라고 규정하고 있다. 따라서, 대법원은 이러한 정의에 기초하여 "자동차의 운전, 즉 자동차를 그 본래의 사용 방법에 따라 사용하는 것에 해당하기 위하여는 자동차의 원동기를 사용할 것을 요한다"고 판시하였다.[3]

이와 같이 도로교통법상의 "자동차의 운전"의 개념은 원동기의 사용을 요한다는 점에서 엔진의 시동후 자동차의 조작을 전제하고 있는 것으로 해석될 여지가 크다.

이러한 도로교통법상의 "운전"의 개념은 자배법상의 "운행"의 개념과 비교할 때 상대적으로 좁은 개념이다. "운행"의 개념에는 자동차가 주행상태에 있지 않더라도 주행의 전후단계로서 주·정차 상태에서 문을 여닫는 행위도 포함하기 때문이다.[4]

(2) 운전작업의 분류필요성의 대두

1) 전통적인 차량: 낮음

전통적인 차량에서는 운전대상인 "자동차"를 운전주체인 "인간"이 "운전"하기 때문에, "운전"의 의미와 그 범위는 비교적 명확히 정의될 수 있었다. 즉 "운전"이란 운전주체인 인간이 운전대상인 "자동차"를 이용 조작하는 행위인 운전작업을 의미하고, 운전의 범위는 행위대상인 "자동차"를 이용 조작하기 위하여 운전주체인 인간이 행하는 '유의미'한 역할수행으로 정의할 수 있었다.

그런데 지금까지는 인간운전자가 수행하는 운전작업을 자세히 분류하고 그 의미를 확정할 필요성은 사실상 없었다. 왜냐하면 자동차의 운행으로 인한 교통사고 발생시 운전주체인 인간은 그에 대한 책임능력을 보유하고, 운전작업의 종류와 관계없이 '운전'에 대한 "모든" 책임을 부담하면 되었기 때문이다. 그런데, 이제 자율주행차의 등장으로 인해 인간의 운전작업을 분류할 현실적 필요성이 생

---

3) 대법원 1999. 11. 12. 선고 98다30834 판결.
4) 자배법상의 "운행" 개념에 대해서는, 제2편 제4장 〈책임법과 보험법제〉 제3절 I. 2. (1) 참조.

기고 있다.

2) 자율주행차: 운전자의 해방을 위해 필수적

전통적인 차량에서와 달리 자율주행차에서는 운전작업의 가장 중요한 부분인 '역동적 운전작업'을 비롯해 운전작업의 많은 부분이 ADS에게 이전되고, 그 한도에서 인간은 운전의 주의의무로부터 해방된다. 이와 같이 자율주행차에서는 운전자가 '운전'의 주의의무로부터 해방되기 때문에 운전자의 면책범위를 확정하기 위해 ADS에게 이전되는 운전작업의 범위와 인간에게 잔존하는 운전작업의 범위를 획정할 필요성이 생긴다. 따라서, 지금부터는 인간의 운전작업을 어떻게 분류하고, 분류된 운전작업 중 어떤 작업을 ADS에게 이전하게 되는가가 중요한 문제로 등장하게 된다.

2. 운전작업의 분류

인간운전자가 차량을 이용 조작할 때, 운전과 관련해 이행해야 하는 운전작업은 다양한 방법으로 분류할 수 있는데, 이하에서는 J3016이 정의한 "자율주행차의 운전작업"을 이해하기 위해 대강 다음과 같이 (i) 비역동적 운전작업, (ii) 역동적 운전작업, (iii) 비상상황 대응, (iv) 최소위험상태 확보 등으로 분류해 보자.

이러한 운전작업의 분류는 앞서 살펴본 도로교통법상의 "운전"의 개념과 일치되는 것은 아니나 자율주행차의 운전작업을 이해하기 위해서는 이러한 분류가 더 타당한 분류로 생각되기 때문에, 이 책에서는 이러한 분류를 기본으로 설명을 전개해 본다.

이러한 운전작업 가운데 (ii) 역동적 운전작업, (iii) 비상상황 대응, (iv) 최소위험상태 확보 등은 원동기의 사용을 요하므로 도로교통법상의 "운전"에 해당하는데 반해, "비역동적" 운전작업은 원동기의 사용없이 이루어질 수 있으므로 도로교통법상 "운전"에 해당하지 않을 수 있다. 하지만, "비역동적" 운전작업도 목표지점의 설정을 제외하면 모두 도로교통상 안전을 확보하기 위해 부과된 "교통규칙[5]의 준수와 연관되어 있으므로, 비역동적 운전작업도 "운전"의 전후에 수행되어야 하는 운전작업으로 간주될 수 있다.

---

5) 운전자에 대한 규제는 크게 '운전면허제도'와 '교통규칙'에 의해 이루어진다. 자세히는 제2편 제1장 〈총론〉 제1절 Ⅴ. 2.와 3. 참조.

(1) 비역동적 운전작업(Non-DDT: Non-Dynamic Driving Task)[6)

1) 역동적 운전작업 수행 전의 비역동적 운전작업

◉ 전략적 운전작업 (strategic driving task)[7]: 여정의 조정, 경유지점과 목표지점을 특정하는 행위

◉ 본인의 운전면허증,[8] 자동차등록증, 보험증서 기타 필요한 서류 등의 소지

◉ 승객인 미성년자, 노인의 안전한 착석과 안전벨트의 착용 확인, 및 본인의 안전벨트의 착용[9]

◉ 화물의 안전한 적재와 고정[10]

2) 역동적 운전작업과 관련된 비역동적 운전작업

◉ 경찰관의 신호 지시에 따를 의무[11]

◉ 사고발생시 조치의무[12] 혹은 관련 차량 운전자에 대한 설명의무 등

(2) 역동적 운전작업(DDT: Dynamic Driving Task)[13]

◉ 시동을 거는 행위

◉ 전술적 운전작업 (tactical driving task): 출발지점에서 목표지점에 도달하기 위해 그 경로를 계획하는 행위

◉ 조향장치(핸들), 제동장치(브레이크), 가속장치(액셀)를 이용한 차선변경, 가속, 제동, 정지, 기타 이와 관련된 적극적 방어적 운전행위

◉ 이상의 운전작업을 수행하기 위한 전방주시 기타 도로상황 판단을 위해 주의를 베푸는 행위

◉ 시동을 끄는 행위

---

6) '비역동적 운전작업'의 개념과 중요성에 대해서는, NTC, Policy Paper: Changing driving laws to support automated vehicles (May 2018), 41면 이하, 83면; Law Commission, Automated Vehicles: Analysis of Responses to the Preliminary Consultation Paper (June 2019), 126면 이하.

7) J3016에서도 전략적 운전작업은 역동적 운전작업에 포함시키지 않는다. 자세히는 제2편 제1장 〈총론〉 제2절 Ⅰ. 1. (1) 참조.

8) 도로교통법 제92조 (운전면허증 휴대 및 제시 등의 의무).

9) 도로교통법 제50조 (특정 운전자의 준수사항) 제1항.

10) 도로교통법 제39조 (승차 또는 적재의 방법과 제한).

11) 도로교통법 제5조 (신호 또는 지시에 따를 의무).

12) 도로교통법 제54조 (사고발생시의 조치).

13) J3016의 '역동적 운전작업'의 정의에 대해서는, 제2편 제1장 〈총론〉 제2절 Ⅰ. 1. (1) 참조.

(3) 비상상황대응행위(DDT Fallback)[14]

○ 역동적 운전작업의 수행 중 비상상황이 돌발적으로 발생한 경우 그것에 대응하는 행위

(4) 최소위험상태확보행위(MRC: Minimum Risk Condition)[15]

○ 비상상황대응 조치를 취한 후, 사고로 인해 목표지점으로의 이동이 불가능하거나 이동을 포기한 경우, 노견 기타 안전지대로 차량을 이동하는 행위 기타 차량충돌위험을 최소화하기 위해 취하는 행위 등

3. 인간과 ADS 사이의 운전작업의 분배

(1) ADS에 의한 운전작업의 대체와 그 한계

전통적 차량에서는 모든 운전작업을 인간운전자가 수행하지만, 기술의 발전에 따라 등장한 자율주행차량에서는 역동적 운전작업(DDT)을 비롯한 중요한 운전작업을 ADS를 통해 수행할 수 있게 된다. 따라서, 인간이 담당하는 운전 역할은 ADS가 운전작업을 대체하는 한도에서 크게 축소되고, ADS에 의한 대체범위는 ADS의 자동화 단계가 높아짐에 따라 확장될 것이다.

하지만, 그럼에도 불구하고 목표지점의 설정과 같은 전략적 운적작업을 비롯한 일정한 비역동적 운전작업은 앞으로도 ADS에 의해 대체될 수 없는 혹은 대체되기 어려운 인간의 고유한 운전영역으로 잔존할 것이다.

(2) ADS와 인간 사이의 운전작업의 분배: 자동화단계에 따른 ADS의 역할 증가

자율주행차량에서는 전통적으로 운전자가 행했던 운전작업이 ADS에 의해 상당부분 대체되는데, 다음의 〈표 3〉에서 보는 것처럼 인간의 운전작업을 ADS가 어느 정도로 대체할 수 있는가에 따라 ADS의 자동화수준이 결정되고 ADS의 역할이 증가한다. 예를 들어, ADS가 담당하는 운전작업의 비중이 높아질수록 ADS의 자동화수준이 SAE 3단계에서 4단계, 5단계로 높아지고 ADS의 역할이 증대한다.

---

14) J3016의 '비상상황대처'의 정의에 대해서는, 제2편 제1장 〈총론〉 제2절 Ⅰ. 2. (1) 참조.
15) J3016의 '최소위험상태'의 정의에 대해서는, 제2편 제1장 〈총론〉 제2절 Ⅰ. 2. (2) 참조.

(3) 운전작업 분배의 법적 의미: '운전자책임'의 분배

자율주행차량에서 인간과 ADS 사이에 운전작업을 분배하는 것은 법적으로 '운전자책임'을 분배하는 의미를 가진다. 뒤에서 보는 것처럼, ADS가 운전자 대신 운전작업을 수행하는 한도에서 운전자는 운전작업에 관한 주의의무로부터 해방된다.[16] 이 경우 누가 운전자책임을 져야 하는가가 문제되는데, 영미에서 채택하고 있는 ADSE 개념을 수용하면, ADS가 수행하는 운전작업에 대해서는 ADSE가 대신 운전자책임을 지게 된다.[17]

II. SAE 자동화 단계에 따른 운전작업의 분배

SAE 자동화 단계에 따라 운전자와 ADS가 수행하는 운전작업의 역할을 분배해 보면 다음과 같다.

〈표 3〉 SAE 자동화 단계별 운전자와 ADS 사이의 운전작업의 분배

SAE 단계	비역동적 운전작업 (Non-DDT)	역동적 운전작업(DDT)	비상상황대응 (Fallback)	최소위험상태 확보(MRC)	ADS의 작동설계영역 (ODD)
3단계	운전자	ADS	운전자	운전자	제한됨
4단계	운전자/ADS	ADS	ADS	ADS	제한됨
5단계	운전자/ADS	ADS	ADS	ADS	제한없음

1. SAE 3단계 자율주행차에서의 운전작업의 분배

위의 〈표 3〉에서 보는 것처럼, SAE 3단계 ADS를 장착한 자율주행차의 경우, ADS는 역동적 운전작업은 수행하지만, 역동적 운전작업 중 비상상황이 발생한 경우 그 대응은 운전자가 수행할 것을 기대하기 때문에, 비상상황대응 조치 및 최소위험상태 확보행위는 운전자가 수행하게 된다.

물론 목표지점의 설정과 같은 전략적 운전작업 및 안전벨트의 착용과 같은 비역동적 운전작업은 운전자가 계속 수행하게 된다.

---

16) 제2편 제1장 〈총론〉 제2절 I. 5. (1) 및 (2)와 제2편 제4장 〈책임법과 보험법제〉 제2절 III. 1. 및 IV. 1. 참조.
17) 제2편 제4장 〈책임법과 보험법제〉 제2절 III. 2. 및 IV. 2. 참조.

2. SAE 4단계 자율주행차에서의 운전작업의 분배

(1) '작동설계영역' 내의 운전작업

앞의 〈표 3〉에서 보는 것처럼, SAE 4단계 ADS를 장착한 자율주행차의 경우, ADS는 '작동설계영역'[18] 내에서는 역동적 운전작업을 수행할 뿐만 아니라, 역동적 운전작업 중 비상상황이 발생한 경우 비상상황에 대한 대응조치도 취해야 하고, 비상상황 대응 조치를 취한 후, 차량충돌을 회피하기 위한 최소위험상태도 확보해야 한다.

(2) '작동설계영역'을 벗어난 경우의 운전작업

하지만, 위와 같은 설명은 ADS가 '작동설계영역' 내에서 작동할 경우에 해당하는 운전상황이고, 만약 자율주행차가 '작동설계영역'을 벗어난 경우 운전자는 지체없이 제어권을 회복해 역동적 운전작업을 수행해야 하고, 비상상황 대응조치도 취해야 한다.

(3) 비역동적 운전작업의 운전자와 ADSE 사이의 분배

앞서 본 것처럼, SAE 4단계 자율주행차에서도 목표지점의 설정과 같은 전략적 운전작업 혹은 안전벨트의 착용과 같은 비역동적 운전작업은 여전히 운전자가 수행하게 된다. 하지만 기술적으로 안전벨트의 역할을 하는 안전장치가 개발되어 운전자가 아니라 ADS가 그러한 안전장치를 구동시키는 미래의 상황도 상정할 수 있는데, 이러한 경우와 같이 비역동적 운전작업 중 일부는 ADS의 안전작업에 의해 대체될 가능성이 있다.

특히, 호주 NTC는 '**자율주행시스템 전용 차량**'[19]에서는 ADS가 역동적 운전작업과 밀접히 연관된 비역동적 운전작업 일부를 수행할 수 있을 것으로 예상한다. 예를 들어, (i) 경찰관의 신호 지시를 따를 의무 및 (ii) 충돌사고 현장에 봉착한 경우 안전정지 후 뒤따르는 운전자나 경찰관에게 상황을 설명할 의무 등은

---

18) J3016의 '작동설계영역'의 정의에 대해서는, 제2편 제1장 〈총론〉 제2절 Ⅰ. 3. 참조.

19) 대강 SAE 4단계, 5단계 자율주행차를 의미한다. J3016의 '자율주행시스템 전용차량'의 정의에 대해서는, 제2편 제1장 〈총론〉 제2절 Ⅰ. 2. (3) 참조.

ADS가 수행할 수 있을 것으로 예상한다.[20]

3. SAE 5단계 자율주행차에서의 운전작업의 분배

앞의 〈표 3〉에서 보는 것처럼, SAE 5단계 ADS를 장착한 자율주행차의 경우, ADS는 역동적 운전작업뿐만 아니라, 역동적 운전작업 중 비상상황이 발생한 경우 비상상황에 대한 대응조치도 취해야 하고, 비상상황 대응조치를 취한 후 최소위험상태도 확보해야 한다. 그리고 ADS가 수행해야 하는 이러한 운전작업에 대해 '작동설계영역'의 제한이 없어야 한다. 따라서, ADS는 모든 주행환경에서 역동적 운전작업, 비상상황 대응조치, 최소위험상태 확보 조치를 취할 수 있어야 한다.

물론, 앞서 본 것처럼, SAE 5단계 자율주행차에서도 전략적 운전작업 처럼 계속 운전자가 수행해야 하는 비역동적 운전작업도 존재하지만, 그중 일부는 기술의 발전으로 인해 ADS에 의해 대체되는 것도 있을 것이다.

Ⅲ. ADS 준법능력의 사전 프로그래밍과 도로교통법의 구조화, 위계화 필요성

1. ADS의 운전작업 수행과 법규준수능력

(1) '역동적 운전작업' 수행과 법규준수능력

앞의 〈표 3〉에서 살펴본 것처럼, SAE 자동화 단계에 따라 운전자와 ADS 사이에 분배되는 운전작업은 달라질 수 있는데, ADS가 수행해야 하는 역동적 운전작업은 '앞지르기 방법'(제21조), '교차로의 통행방법'(제25조) 등과 같이 도로교통법이 부과한 운전자의 교통규칙 준수를 수반한다. 이와 같이 ADS도 역동적 운전작업의 수행 중 도로교통법이 부과한 교통규칙을 준수해야 하는데, 이처럼 ADS가 역동적 운전작업을 인간처럼 수행하기 위해서는 ADS가 관련 교통규칙을 준수할 수 있는 준법능력을 사전에 갖추어야 한다. 독일 도로교통법 제1조a 제2항,[21] 미국 자율주행차통일법 제6조 (c)항 (3)[22]도 ADS의 준법능력을 요구한다. ADS의 교통법규 위반은 ADS의 법규준수능력을 담보한 ADSE의 운전자책임[23] 혹은 제작

---

20) NTC, Policy Paper: Changing driving laws to support automated vehicles (May 2018), 44면.
21) 제2편 제3장 제2절 Ⅳ. 1. (2).
22) 제2편 제1장 제3절 Ⅳ. 1. (1).

자나 ADSE의 제조물책임[24])을 야기할 수 있다.

ADS가 수행해야 하는 역동적 운전작업을 법규준수의 관점에서 다시 구성하면 다음과 같다:

〈표 4〉 ADS의 법규준수능력과 기타 운전능력

| SAE단계 | 비역동적 운전작업 (Non-DDT) | | 역동적 운전작업 (DDT) | | 비상상황대응 (Fallback) | 최소위험상태확보 (MRC) | ADS의 작동설계 영역 (ODD) |
	운전조작	관련 교통규칙의 준수	운전조작	관련 교통규칙의 준수			
3단계	운전자		ADS		운전자	운전자	제한됨
4단계	운전자/ADS		ADS		ADS	ADS	제한됨
5단계	운전자/ADS		ADS		ADS	ADS	제한없음

(2) '비역동적 운전작업' 수행과 법규준수능력

역동적 운전작업뿐만 아니라 비역동적 운전작업도 '경찰관의 신호 지시를 따를 의무'(제5조) 등과 같이 대부분 도로교통법이 부과한 교통규칙의 준수와 관련된 것이다. 현재 3단계 자율주행차에서는 비역동적 운전작업을 인간운전자가 담당할 것이므로 이러한 법규준수는 인간의 역할이다. 하지만 앞서 본 것처럼 '자율주행전용차량'에서는 역동적 운전작업과 밀접히 연관되는 비역동적 운전작업을 ADS가 담당할 가능성도 있다.[25] 이 경우 인간이 아니라 ADS가 비역동적 운전작업과 관련한 법규준수능력을 갖추어야 한다.

2. ADS의 법규준수능력의 '사전' 프로그래밍 필요성

(1) 인간운전자와 ADS의 학습능력의 차이: 유전된 학습능력의 존부

사람은 태어날 때 이미 탁월한 학습능력을 보유한 두뇌를 갖고 태어나고, 생후 초중등 교육을 통한 사회화 과정을 통해 엄청난 양의 지식과 정확한 판단능력을 보유하게 된다. 이러한 지적판단능력, 소위 '행위능력'[26]을 보유한 성인에게

---

23) 제2편 제4장 제2절 Ⅲ. 2.
24) 제2편 제4장 제4절 Ⅳ. 1. (4).
25) 각주 22)와 관련된 본문 참조.
26) 이러한 지적판단능력의 '법해석'에 있어서의 역할에 대해서는, 제1편 제4절 Ⅱ. 2. (3) 1)

있어서 (i) 도로 위에서 자동차를 조작하는 능력 및 (ii) 도로교통시 안전을 확보하기 위해 교통법규를 준수할 능력은 성인이 몇 달 간의 교육으로서 취득할 수 있는 능력이 되고, 운전면허시험을 통과해 면허를 취득한 사람은 이러한 능력을 보유한 것으로 간주된다.

이에 비해 로봇운전자인 ADS에 대해서는 "상황을 도로 위로 한정하고"(i) 도로에서의 자동차 조작능력 및 (ii) 도로교통시 교통법규의 준수능력을 교육시키는 경우에도 이러한 작업은 매우 어려운 작업이 된다. 왜냐하면, 두뇌를 갖고 태어나는 인간과 달리 ADS에 대해서는 백지상태에서 학습능력을 먼저 보유하게 해야 하고, 이러한 학습능력에 기반하여 도로교통상황 인식능력, 운전조작능력, 및 교통규칙의 준수능력을 학습시켜야 하기 때문이다.

(2) 인간행위에 대한 '사후적' 판단과 ADS 법규준수능력의 '사전적' 판단: '사전'프로그래밍 필요성

앞서 본 것처럼, 성인은 소위 행위능력을 보유한 상태에서 행위를 하기 때문에 어떤 행위에 대한 법적 판단은 그 행위가 문제된 경우 사후적으로 이루어진다. 운전자가 운전을 하는 경우에도 마찬가지이다. 운전자가 운전을 하다가 사고를 낸 경우, 사고책임 여부에 대한 법적 판단은 사고상황을 중심으로 운전자가 그 당시 운전에 필요한 상당한 주의를 베풀었는지 여부를 판단해 결정한다. 왜냐하면 우리는 '사회적 평균인'의 지적능력과 이들이 부담하는 '주의의무'를 '전제'하기 때문이다.[27]

이에 비해 로봇운전자인 ADS의 운전행위에 대한 법적 판단은 다르게 진행된다. ADS는 처음부터 성인운전자와 같은 행위능력을 갖지 못하기 때문에 '백지상태'에서 도로 위에서의 상황을 전제한 운전능력 및 도로교통상 법규준수능력을 설계해야 하고, 그러한 행위능력을 학습시키는 절차가 선행된다. 이와 같이 ADS에 대해서는 사전적으로 도로 위에서의 운전능력 및 도로교통상 법규준수능력을 설계해 학습시켜야 하기 때문에, 이러한 사전설계에 따라 법규준수 알고리즘을 사전에 프로그래밍하고 계속 학습시킬 필요가 있게 된다.[28] 그 결과 ADS의 운전

참조.
27) '사회적 평균인'의 주의의무에 대해서는, 제2편 제4장 〈책임법과 보험법제〉 제2절 Ⅲ. 1. 참조.

행위에 대한 법적 판단은 사고시뿐만 아니라 법규준수 알고리즘의 설계 단계에 대해서까지 소급해서 행해진다.

3. '사전' 프로그래밍을 위한 도로교통법의 구조화, 위계화 필요성

앞서 본 것처럼, ADS가 역동적 운전작업을 제대로 수행하기 위해서는 ADS 의 인공지능이 도로교통법 준수능력을 취득해야 하고, 이를 위해 준수해야 할 교통법규의 내용이 사전에 자율주행 알고리즘에 반영되어야 한다. 이 때 중요한 점은 교통법규의 내용이 사전적으로 자율주행 알고리즘에 반영될 수 있도록 그 내용이 algorithm friendly한 상태에 있어야 한다는 점이다. 다시 말해, 도로교통법의 내용은 알고리즘으로 논리화, 도식화할 수 있게 '구조화'되어야 하고, 또한 법규 간에 '위계'가 설정되어야 한다.[29]

이와 같이, ADS가 역동적 운전작업 등을 제대로 수행하기 위해서는 먼저 수범자를 ADS 혹은 ADSE로 하는 교통규칙의 개정이 이루어져야 하고, 동시에 교통규칙을 인공지능 알고리즘이 이해할 수 있도록 구조화하고 위계화하기 위한 노력이 필수적이다.

4. 사전 프로그래밍된 법규준수 알고리즘의 소송에서의 활용

사전 프로그래밍된 ADS의 법규준수 알고리즘은 자율주행차 사고가 발생한 경우 자율주행차의 교통법규 준수를 증명하는 자료로 활용될 수 있다. 즉 자율주행차 사고가 발생한 경우 자율주행 알고리즘에 사전 반영된 도로교통법규의 내용은 자율주행차 제작자 혹은 ADS 제작자로 하여금 사고상황에서 자신의 자율주행차가 준수해야 할 관련 교통법규를 준수하였다는 것을 증명하는 유력한 자료로 활용될 수 있다.

자율주행차 혹은 ADS 제작자 등이 법규준수 알고리즘의 증명을 통해 ADS의 관련 법규준수 사실을 주장하는 경우, 상대방은 자율주행차가 법규준수 알고리즘과 달리 교통법규를 준수하지 않았다는 사실 등을 반증해야 할 증명책임을 지게

---

28) ADS 법규준수능력의 사전 프로그래밍 필요성에 대해서는, 제2편 제3장 〈운전·운전자법제〉 제3절 Ⅲ. 4. (2) 참조.
29) 알고리즘 반영을 위한 도로교통법의 구조화, 위계화의 필요성에 대해서는, 제1편 제1절 Ⅳ. 2. 셋째 참조.

될 것이다.

5. 법규준수 알고리즘 설계시 법학자와의 협업 필요성

도로교통법의 교통규칙을 구조화하고 위계화하여 ADS 인공지능의 법규준수 알고리즘에 효과적으로 반영하기 위해서는 먼저 (i) 교통규칙의 내용이 어떠한 것인지 혹은 어떠해야 하는지를 사전에 확정하여야 하고, (ii) 확정된 교통규칙의 내용을 주제별로 분류해야 하고, (iii) 분류된 주제별 교통규칙 사이의 위계를 설정해 주어야 한다. 이러한 교통규칙의 분류와 규칙간 위계의 설정 작업에는 법학자들의 관여가 필요하다. 따라서 ADS 인공지능의 법규준수 알고리즘을 사전적으로 설계하고, 그 위계를 반영함에 있어서는 인공지능 설계자들뿐만 아니라 알고리즘에 반영하여야 할 교통법규의 전문가가 참여할 필요가 있다.

제2절 ADS의 운전자 지위 여부: 운전자의 의무와 책임의 변화*

I. 서론

　　도로교통법은 자동차가 도로위에서 교통할 경우 안전성을 확보하기 위해 '운전자'로 하여금 운전면허를 취득하게 하고 또한 안전운전의무 기타 교통규칙의 준수의무를 부과한다.[1] 또한 교통사고가 발생한 경우 피해자의 보호를 위해 일차적으로 자동차를 운전했던 "운전자"의 안전운전의무 위반 여부를 조사하고 위반시 운전자 책임[2]을 추궁한다. 하지만, "운전자"의 과실이 없었던 경우와 같이 "운전자"의 책임만으로는 피해자 보호를 기할 수 없는 경우가 생기므로, 각국은 정책적으로 운전자뿐만 아니라 "소유자" 혹은 "운행자"의 책임[3]을 위험책임으로서 인정한다.

---

* 이 부분은 이중기·황창근, "자율주행차 도입에 따른 운전자 지위의 확대와 운전자의 의무 및 책임의 변화", 홍익법학 제18권 제4호(2017)를 다시 실은 것이다.
1) 운전면허제도, 교통규칙에 대해서는, 제2편 제1장 〈총론〉 제1절 V. 2. 및 3; 황창근·이중기, "자율주행차 운행을 위한 행정규제 개선의 시론적 고찰 — 자동차, 운전자, 도로를 중심으로", 홍익법학 제17권 제2호(2016), 27면(이하 "황창근·이중기"), V. 2. 및 3. 참조.
2) 운전자책임에 대해서는 도로교통법상의 행정상 운전자책임 외에도 형사상, 민사상 운전자책임이 발생할 수 있다. 형사상 운전자책임에 대해서는 형법, 교통사고처리특례법 등이, 민사상 운전자책임에 대해서는 민법의 불법행위법, 자동차손해배상보장법 등이 중첩적으로 적용될 수 있다.
운전자의 행위책임에 대해서는, 제2편 제1장 〈총론〉 제2절 II. 1. (1)부터 (4) 참조. 특히, 민사상 운전자책임에 대해서는, 제2편 제4장 〈책임법과 보험법제〉 제2절 참조.
3) 운행자책임에 대해서는, 제2편 제4장 〈책임법과 보험법제〉 제3절 참조. "운행"의 개념과 "운행자책임"에 대한 자세한 분석은, 한기정, "자동차손해배상보장법상의 운행의 개념에 관한 연구", 서울대학교 법학 제49권 제3호(2008), 213면(이하 "한기정") 참조.

　일반 자동차의 운행에서와 같이 자율주행차의 운행 중에도 도로교통시의 안전성 확보가 최우선 과제가 된다. 또 자율주행차 사고[4]가 발생하면 마찬가지로 안전운전의무의 위반 여부가 문제되고, "피해자"가 발생한 경우 피해자의 보호가 우선적 고려요소가 된다. 그런데, 자율주행기능의 사용 중 발생한 사고에 대해서는 "운전자"는 "탑승자"가 되고 실제 차량을 제어하지 않으므로 누가 안전운전의무를 부담하는지, 사고에 대해 탑승자가 운전자 책임을 부담하는지 여부가 불분명해진다. 이와 같이 도로교통법은 도로교통시의 안전성을 확보해야 함에도 불구하고, 현행 '운전'과 '운전자' 개념은 자율주행차의 운전작업을 담당하는 자율주행시스템(ADS)을 포착하지 못하므로, 자율주행기능 사용 중의 사고에 대해 "운전자"의 책임을 묻기 어려워진다. 이처럼 '운전자' 개념 및 '운전자책임'에 대한 기존의 법제는 개선될 필요가 있는데, 특히 이를 위해 미국 미시간 주의 선도적 입법[5]과 독일의 도로교통법의 개정 내용[6]을 살펴볼 필요가 있다.

　동시에, 자율주행차 사고에 대해서 운전자 책임법제 외에 "소유자" 책임법제 혹은 "운행자" 책임법제도 개정해야 하는가가 문제된다. 앞서 언급한 것처럼, 소유자의 책임 혹은 운행자의 책임은 위험책임 원리하에서 정책적으로 인정하는 책임이므로 자율주행차 사고의 경우라 하더라도 피해자보호를 위해 그대로 유지할 정책적 필요성이 존재한다. 이와 관련해 특히 자율주행차에 대해 선도적 입법을 하고 있는 미시간 주법이나 독일의 개정법이 운전자 책임법제와 더불어 소유자 책임법제나 운행자 책임법제도에 대해서도 개정을 하였는지 여부를 확인해볼 필요가 있다.

　이 논문은 자율주행차의 운행과 관련해 외국의 최근 입법동향들을 살펴보고 우리법제에 대한 시사점을 찾는 것을 주된 목적으로 한다. 먼저 도로교통에 관한 국제적 규제 프레임을 설정한 비엔나협약과 제네바협약이 자율주행차의 운행을

---

4) 자율주행차 사고로 인한 민사상 책임 (제조물책임, 운행자책임, 운전자책임, 보험제도 등) 전반에 대해서는, 제2편 제4장 〈책임법과 보험법제〉 제1절부터 제5절 참조. 민사책임에 관한 자세한 분석으로는, 권영준·이소은, "자율주행차 사고와 민사책임", 민사법학 제75호 (2016) 449면 (이하 "권영준·이소은") 477면; 이중기·황창근, "자율주행차 운행에 대비한 책임법제와 책임보험법제의 정비필요성", 금융법연구 제13권 제1호(2016), 93면 (이하 "이중기·황창근"); 이충훈, "자율주행자동차의 교통사고에 대한 민사법적 책임", 인하대 법학연구 제19집 제4호(2016), 137면(이하 "이충훈") 등.

5) Ⅲ. 참조.

6) Ⅳ. 참조.

허용하기 위해 어떻게 개정되고 있는지에 대한 동향을 살펴본 후, 세계 최초로 공용도로에서 자율주행차의 운행을 허가한 미시간 주의 개정법을 살펴본다. 미시간 주는 ADS를 작동시킨 경우 ADS를 자율주행차의 "운전자"로 보는 획기적인 조치를 취했는데, 이와 관련해 (i) "운전자" 책임법제가 어떻게 개정되었는지 여부, (ii) 기존의 "소유자" 책임 구조는 그대로 유지하고 있는지 여부 등에 대해 살펴본다.

다음으로 유럽에서 최초로 공용도로에서 자율주행차의 운행을 허가한 독일의 개정 도로교통법을 살펴본다. 특히 독일 도로교통법은 미시건 주와는 달리 ADS가 운전작업을 담당하는 경우에도 ADS를 작동시킨 사람을 여전히 "운전자"로 간주한다. 특히 이와 관련해 독일에서 (i) "운전자" 책임법제가 어떻게 개정되었는지 여부, (ii) 기존의 위험책임에 근거한 "보유자" 책임구조는 그대로 유지하고 있는지 여부 등에 대해 살펴본다.

마지막으로 미시간의 입법, 독일의 입법들이 우리나라의 운전자법제, 운행자 책임 법제 및 자동차사고에 대한 제조자 책임법에 대하여 어떠한 시사점을 갖는지를 살펴본다.

Ⅱ. 도로교통에 관한 국제협약의 개정 동향

1. 개관

도로교통에 관한 국제협약에는 크게 두 가지가 존재한다. 하나는 "도로교통 표시 및 신호에 관한 비엔나협약"(Vienna Convention on Road Signs and Signals)(이하 "비엔나협약")으로 1968년 11월 8일에 채택되었다. 다른 하나는 "도로와 차량교통에 관한 제네바협약"(Convention on Road Traffic)(이하 "제네바협약")으로 1949년 9월 19일 채택되었다.[7]

도로교통에 관한 이 두 가지 협약은 교통규칙의 표준화를 통한 도로교통의 안전을 목적으로 한다는 점에서 동일하고, 규정내용도 유사하다. 이 두 협약이 유사한 이유는 제네바협약이 체결될 1949년 당시 독일 등 일부 유럽국가들은 제2차 세계대전 이후의 혼란상황에서 제네바협약에 가입하지 못했기 때문이다. 그 이후

---

7) 자세히는 아주대학교 산학협력단, 자율주행차 상용화 대비 도로교통법 개정 방안 연구 (2016)(이하 "아주대학교 보고서"), 23면 이하 참조.

1960년대에 유럽국가들을 중심으로 비엔나협약이 체결되었는데, 유럽국가들은 새로이 비엔나협약에 가입하였지만, 아시아국가들은 기존의 제네바협약에 잔류하였다고 한다.

그 결과, 비엔나협약은 주로 유럽국가들이 당사국으로 가입해 있는 반면, 제네바협약은 아메리카, 아프리카 및 아시아 국가들이 주로 가입해 있고, 비엔나협약은 유럽에서의 도로교통의 발전상황을 반영하여 개정되고 확대되었다고 한다.

우리나라도 비엔나협약의 경우 1969년 12월 29일에 서명만 하였을 뿐 아직까지 국회의 비준절차를 밟고 있지 않지만, 제네바협약에는 1971년 6월 14일에 서명하고 국회의 비준절차를 밟아 1971년 7월 14일부터 국내에서 조약 제389호로 발효되었다.

2. 비엔나협약의 개정

(1) 개정 과정

비엔나협약은 아래에서 보는 것처럼 제8조 제1항에서 차량에서 "운전자의 존재 요건"을, 제8조 제5항 및 제13조 제1항에서 "운전자의 차량제어 요건"을 부과하고 있다. 따라서, 독일과 같은 비엔나협약 당사국들은 차량이 스스로 운전하는 자율주행차량의 운행을 허용하기 위해 "누가 운전자인가" 및 "누가 차량을 통제하고 있는가"의 문제를 해결해야 하였다.

특히 비엔나협약 미가입국인 미국과 미비준국인 영국이 선도적으로 자율주행관련 기술을 추진하는 것에 자극을 받아, 유럽의 자동차 제조사들은 규제개선을 통한 시장진입의 필요성을 절감하였고, 프랑스, 독일, 이탈리아 정부 등은 자율주행기술의 상용화를 실행하기 위해 인간 운전자를 전제한 협약조항의 개정논의를 시작하였다.[8] 유엔유럽경제위원회(UNECE: United Nations Economic Commission for Europe) 의 도로교통안전 실무그룹(Working Party on Road Traffic Safety-WP.1)은 2014년 3월 개최된 회의에서 자동차의 자율주행을 허용하는 내용의 비엔나협약 수정안에 합의하였고, 이 수정안은 2014년 3월 26일 채택되었다. 그 후 9월 23일 비엔나협약 개정안이 유엔에 제출되어 2016년 3월 23일부터 효력을 발하게 되었다.

---

8) 윤진아·김상태, "독일에서의 자율주행차에 관한 법적 논의", 법학논총 제34집 제1호 (2017), 59면, 64면.

자율주행관련 주요개정 내용 - 비엔나협약

제8조(운전자)

(1) 모든 이동하는 차량 또는 연결차량에는 운전자가 있어야 한다.

.....

(5) 모든 운전자는 항상 자신의 차량을 지배해야 하고 자신의 동물을 운행할 수 있어야 한다.

(5의2) 차량의 운행에 영향을 주는 차량시스템이 차륜차량, 차량장치 및 차륜차량에 장착하거나 사용할 수 있는 부품과 관련하여 국제적 법기준에 따른 설계, 장착 및 이용을 위한 조건에 부합하는 경우에는 본조 제5항 및 제13조 제1항에 부합하는 것으로 본다. 차량의 운행에 영향을 주는 차량시스템이 앞에서 언급한 국제적 법기준에 따른 설계, 장착 및 이용을 위한 조건에 부합하지 않지만 당해 차량시스템이 운전자에 의해 제어 또는 차단될 수 있는 경우에는 본조 제5항 및 제13조 제1항에 부합하는 것으로 본다.

(6) …

제13조(속도와 차량 간의 거리유지)

(1) 모든 차량의 운전자는 주의를 기울일 수 있고 자신이 부담하는 모든 차량의 이용을 항상 수행할 수 있도록 하기 위하여 모든 상황에서 자신의 차량을 지배해야 한다. 모든 차량의 운전자는 자신의 차량의 속도를 선택함에 있어 전방으로 볼 수 있는 거리 내에서 모든 예측가능한 장애로부터 자신의 차량을 정지시킬 수 있기 위하여 특히 장소적 사정, 도로의 상태, 자신의 차량의 상태와 적재상황, 날씨상황과 교통밀도 등 상황들을 항상 고려해야 한다. 모든 차량의 운전자는 천천히 운전해야 하며, 필요한 경우에는 정지해야 하고 특히 시야가 불량한 경우 등과 같이 사정이 요구하는 경우에는 천천히 운전하거나 정지해야 한다.

---

(2) 개정의 의미와 한계: 3단계 및 4단계 자율주행차의 허용

비엔나협약 제8조 제5의2항 제1문에서 규정한 자율주행시스템에 관한 "국제적 법기준"은 아직 체결된 것이 없다. 따라서 '국제적 법기준을 충족'시키는 자율주행시스템은 아직 존재하지 않는다. 하지만 제2문이 규정한 "자율주행시스템을 운전자가 제어 또는 차단"하는 것은 기술적으로 가능하다. 따라서 제2문에 기해 "운전자가 제어 또는 차단할 수 있는 자율주행시스템", 다시 말해 SAE(Society of America Engineers) 기준9) 3단계 및 4단계는 허용될 수 있게 되었다. 결론적으로 제

---

9) SAE 기준에 대해서는, 제2편 제1장 〈총론〉 제2절 I.의 〈표 1〉 참조.

8조 제5의2항은 자율주행모드를 사용하는 경우 운전자인 사람에 의해 제어 또는 차단될 수 있으면 제8조 제5항의 "운전자에 의한 제어" 요건을 충족시킬 수 있고 또한 제39조의 기술적 요건을 충족시킬 수 있다고 간주하는 구조를 취한다.

하지만, 이러한 개정에도 불구하고 운전자의 존재와 지위가 변경된 것은 아닌 것으로 해석된다. 비엔나협약은 (i) 여전히 "운전자의 존재"를 요구하고 있고, 또한 (ii) "운전자에 의한 제어", 즉 운전자의 안전운전의무를 요구하는 구조를 취하고 있기 때문이다.

3. 제네바협약의 개정 논의

(1) 개정 과정

비엔나협약과 마찬가지로 제네바협약 제8조 제1항도 "운전자의 존재요건"을, 제8조 제5항 및 제10조는 "운전자의 차량제어 요건"을 부과하고 있다. 따라서 자율주행시스템을 이용한 주행을 허용하기 위해 제네바협약의 개정문제가 제기되었는데, 2015년 3월 제네바협약 개정안 제8조 제6항이 제출되었고, 10월에 유엔 유럽경제위원회(UNECE: United Nations Economic Commission for Europe)의 도로교통 안전 실무그룹(Working Party on Road Traffic Safety ─ WP.1)에 제네바협약 개정안이 제출되어 현재 개정 절차가 진행 중에 있다.

자율주행관련 주요개정 내용 ─ 비엔나협약
제8조
(1) 하나의 단위로서 운행되는 모든 차량 또는 연결차량에는 운전자가 있어야 한다.
…
(5) 운전자는 항상 차량을 조종할 수 있어야 하고 동물을 안내할 수 있어야 한다. 타 도로사용자에게 접근할 때에는 운전자는 당해 타 도로사용자의 안전을 위하여 필요한 주의를 기울여야 한다.
(6) 차량의 주행에 영향을 주는 차량시스템이 차량, 차량장비 및 차량에 장착하거나 사용할 수 있는 부품과 관련하여 국제적 법기준에 따른 설계, 장착 및 이용을 위한 조건에 부합하는 경우에는 본조 제5항 및 제10조에 부합하는 것으로 본다. 차량의 운행에 영향을 주는 차량시스템이 앞에서 언급한 국제적 법기준에 따른 설계, 장착 및 이용을 위한 조건에 부합하지 않지만 당해 차량시스템이 운전자에 의해 제어 또는 차단될 수 있는 경우에는 본조 제5항 및 제10조에 부합하는 것으로 본다.

제10조
차량의 운전자는 항상 차량의 속도를 조절하고 있어야 하며, 또 적절하고 신중한 방법
으로 운전하여야 한다. 운전자는 상황에 따라 필요하다고 인정될 때 특히 시야가 좋지
못할 때에는 서행하거나 정지하여야 한다.

(2) 개정안의 의미와 한계

제네바협약 제8조 제6항의 개정안의 취지도 비엔나협약 제8조 제5의2항과
동일하고 마찬가지로 한계를 갖는다. 즉 자동차의 운전자가 조향장치나 제어장치
를 조작하지 않더라도 안전한 주행을 가능하게 하는 자율주행시스템이 관련된 국
제적 기준을 충족시키고 있다고 인정되는 경우, 당해 시스템을 통한 주행을 제8
조 제5항의 운전자의 조작과 마찬가지로 허용하겠다는 뜻이다(제1문). 나아가 당
해 주행시스템이 국제적 합의나 수준에 부합하지 않더라도 "운전자가 시스템을
통제하는 것이 가능한 경우" 그 한도에서 당해 시스템을 허용하겠다는 뜻이다(제2
문). 따라서 앞서 살펴본 비엔나협약과 마찬가지로 "운전자의 존재 요건" 및 "운
전자에 의한 차량제어 요건"에는 변함이 없다.

Ⅲ. 도로교통법 개정 동향 Ⅰ: 미국 미시간 주

미시간 주는 2016년 자율주행차와 관련된 네 개의 개정 법안(Senate Bill(SB)
No. 995, 996, 997, 998)[10]을 통과시킴으로써 SAE 기준[11] 3단계 이상 5단계까지
의 자율주행차의 실험과 사용, 판매 등에 관한 입법체계를 갖춘 세계 최초의 주
가 되었다. 미시간 주가 이러한 자율주행차의 운행을 허용하는 법을 제정함으로
서, 자율주행차 산업의 주도권이 실리콘밸리(캘리포니아)에서 모토시티(미시간/디
트로이트)로 이전할 수 있다는 전망이 제기되고 있다.[12] 주요내용은 다음과 같다.

---

10) 이상의 네 개의 법안은 각각 Michgan Vehicle Code를 개정하거나 새로운 조문을 추가하
   는 법안으로서 핵심적인 법안은 SB No.995이다. 자세한 내용은 https://www.legislature.
   mi.gov/documents/2015-2016/billenrolled/Senate/pdf/2016-SNB-0995.pdf(2017. 12. 1. 방문)
   참조.
11) SAE 기준에 대해서는, 제2편 제1장 〈총론〉 제2절 Ⅰ.의 〈표 1〉 참조.
12) 'Silicon Valley Dominating Self-Driving Tech? Motor City Says Not So Fast', 2016. 12. 20.
   NY Times.

1. 자율주행차의 정의와 운행의 허용

먼저, 미시간 주는 공용도로에서 자율주행차의 운행, 특히 "인간 운전자가 관여하지 않는" 상태의 자율주행을 허용하는 취지로 미시간 주 자동차 법전 (Michigan Vehicle Code, "MVC")을 개정하였다(SB 995).

(1) "자율주행시스템", "운전작업" 및 "자율주행차"의 정의

미시간 주 MVC는 먼저 "자율주행시스템", "운전작업", "자율주행차량" 등 자율주행과 관련된 개념에 대한 상세한 정의 규정을 도입하였다(§2b). 먼저 "자율주행시스템"(automated driving system)을 "임시적 혹은 상시적으로 인간 운행자의 감독없이 차량의 '역동적 운전작업'(dynamic driving task)의 모든 측면을 실행할 수 있는 하드웨어와 소프트웨어의 총합체"(sec.2b (1) 제1문)[13]라고 정의한 다음, 자율주행시스템이 스스로 실행해야 하는 "역동적 운전작업"을 다음과 같은 세 가지 가운데 앞의 두 가지를 의미한다고 규정한다(sec.2b (1) 제2문).[14]

(a) 운행적 측면: 조향, 제동, 가속 및 차량과 도로의 감시
(b) 전술적 (판단적) 측면: 사건에 대한 대응, 차선변경시기의 결정, 터닝, 신호의 사용, 기타 관련 행동
(c) 전략적 측면: 목표지점의 설정

따라서 "자율주행시스템"은 목표지점의 설정을 제외하고 인간 운전자가 수행하는 모든 운전작업을 담당하는 하드웨어와 소프트웨어의 총합체가 된다. 또한

---

13) Sec. 2b. (1) "Automated driving system" means hardware and software that are collectively capable of performing all aspects of the dynamic driving task for a vehicle on a part-time or full-time basis without any supervision by a human operator. As used in this subsection, "dynamic driving task" means all of the following, but does not include strategic aspects of a driving task, including, but not limited to, determining destinations or waypoints:
  (a) Operational aspects, including, but not limited to, steering, braking, accelerating, and monitoring the vehicle and the roadway.
  (b) Tactical aspects, including, but not limited to, responding to events, determining when to change lanes, turning, using signals, and other related actions.
14) 앞의 각주 제2문 참조.

주행시스템에 의한 운전을 "임시적"인 경우뿐만 아니라 "상시적인" 운전작업에 대해서도 허용함으로써 SAE 기준 5단계 자율주행시스템도 허용할 수 있는 입법 적 근거를 마련하였다.

"자율주행차량"(automated motor vehicle)은 이러한 자율주행시스템이 작동하 는 차량을 의미하는데, "자율주행시스템의 제조자 혹은 자율주행시스템의 장착자 (upfitter)에 의해 자율주행시스템이 설치되어 임시적 혹은 상시적으로 인간 운행 자의 통제나 감독없이 운행될 수 있는 차량을 의미한다(sec.2b (2)).[15] 따라서, 기 존의 ADAS 시스템 등이 설치된 차량이더라도, 차량이 운행자의 통제나 감독없이 스스로 운행할 수 있는 수준에 이르지 않는 한 "자율주행차"로 인정될 수 없다.[16] 또 이러한 정의는 운전대나 브레이크가 없는 5단계 자율주행차도 커버하는 정의 가 되므로, 미시간에서는 5단계 자율주행차의 운행도 허용된 것으로 보인다.

(2) 자율주행차의 운행 허용

미시간 주는 미국에서 최초로 또한 세계 최초로 자율주행차의 운행을 허용 하는 주가 되었다. 즉 미시간 주는 공용도로에서 자율주행차의 "시험 운행"에 대 해서뿐만 아니라 앞서 정의된 자율주행차의 정의를 충족하는 자율주행차에 대해 서는 공용도로에서의 운행을 허용하였다(sec.665 (4)).[17]

---

15) (2) "Automated motor vehicle" means a motor vehicle on which an automated driving system has been installed, either by a manufacturer of automated driving systems or an upfitter that enables the motor vehicle to be operated without any control or monitoring by a human operator. Automated motor vehicle does not include a motor vehicle en- abled with 1 or more active safety systems or operator assistance systems, including, but not limited to, a system to provide electronic blind spot assistance, crash avoidance, emergency braking, parking assistance, adaptive cruise control, lane-keeping assistance, lane departure warning, or traffic jam and queuing assistance, unless 1 or more of these technologies alone or in combination with other systems enable the vehicle on which any active safety systems or operator assistance systems are installed to operate without any control or monitoring by an operator.
16) 앞의 각주의 제2문 참조.
17) (4) An automated motor vehicle may be operated on a street or highway in this state.

2. 운전자 요건과 자율주행시스템의 '운전자' 간주

(1) "자율주행시스템"의 "운전자" 간주

미국은 제네바협약[18]의 가입국으로서 (i) 자동차의 운행시 운전자가 존재해야 하고(제8조 제1항), (ii) 운전자가 차량을 제어해야 한다(제8조 제5항 및 제10조)는 제네바 협약의 구속을 받는다. 따라서, 미국의 각주가 주법을 입법함에 있어서도 이러한 운전자의 존재 요건 및 운전자의 차량제어 요건을 충족시켜야 한다.

뒤에서 본 것처럼, 독일의 경우 비엔나협약의 가입국으로서 동일한 요건을 충족시켜야 하는데, 독일은 자율주행기능을 작동시키는 경우에도 사람을 여전히 '운전자'로 의제함으로써 이러한 "운전자" 요건을 충족시켰다.[19]

이에 반해 미시간 주는 완전히 다른 태도를 취하는데, 자율주행시스템이 작동하는 중에는 실제 운전작업을 수행하는 자율주행시스템을 운전자 혹은 운행자로 간주하였다. 즉 미시간 주 MVC 는 "인간운행자 없이 운행을 가능하게 하는 자율주행시스템을 작동시킨 경우, 도로교통법 혹은 차량법의 준수 목적상 자율주행시스템을 운전자 혹은 운행자로 간주하고, 차량의 운전자 혹은 운행자에게 요구되는 모든 신체적 행위는 자율주행시스템이 전자적으로 충족시키는 것으로 간주한다"고 규정하고 있다(sec.665 (5)).[20]

3. 자율주행시스템의 "운전자" 간주의 범위와 의미

(1) "운전자" 간주의 범위: "자율주행시스템의 작동 중"

Sec.665 (5)는 "자율주행시스템을 작동시킬 때", 도로교통법 혹은 차량법의 규제목적상 자율주행시스템을 "운전자 혹은 운행자"로 간주한다는 의미이다. 따라서 "자율주행시스템이 작동하지 않는 때"에는 도로교통법의 규제목적상 여전히 자율주행차량의 운전자 혹은 운행자는 자율주행시스템이 아닌 탑승한 사람 혹은 기타 다른 존재가 된다.

---

18) 앞의 Ⅱ. 1. 및 3. 참조.
19) Ⅳ. 3. (1) 참조.
20) (5) When engaged, <u>an automated driving system</u> allowing for operation without a human operator <u>shall be considered the driver or operator of a vehicle</u> for purposes of determining conformance to any applicable traffic or motor vehicle laws and shall be deemed to satisfy electronically all physical acts required by a driver or operator of the vehicle.

(2) '운전자' 간주의 의미: 인간 운전자의 해방

자율주행시스템의 작동 중에는 시스템이 '운전자' 혹은 '운행자'가 되기 때문에 탑승자는 운전자 혹은 운행자로서의 지위를 상실하는 것으로 보인다. 따라서 도로교통법상 운전자 혹은 운행자로서 부담해야 할 주의의무를 지지 않게 되고, 따라서 운전자 혹은 운행자로서의 의무위반에 기한 과실책임의 부담문제도 발생하지 않는 것처럼 보인다.

4. 자율주행차 제조사의 책임과 면책 사유

자율주행시스템의 제작사 혹은 차량의 제작사는 시스템의 하자로 인한 사고에 대해 책임을 지는데, 타인이 제작사의 동의 없이 자율주행차 또는 자율주행시스템을 개조함에 따라 발생한 사고에 대해서는 면책하는 규정을 도입하였다 (sec.665a). 즉 미시간 주 수정 사법제도법(REVISED JUDICATURE ACT OF 1961 (EXCERPT) — Chapter 29 PROVISIONS CONCERNING SPECIFIC ACTIONS)[21]을 개정하여 자동차 제작사의 면책사유를 정하였다(SB 998).

첫째, 제3자가 무단으로 자동차를 자율주행차로 개조하거나, 개조를 위한 장치를 설치하거나, 기존 장치를 수정한 경우, 이로 인하여 발생하는 손해에 대하여 자동차 제작사는 면책되고, 다만 제조 당시 존재하던 하자가 손해 발생에 영향을 미친 경우에는 면책되지 않는다(§2949b. (1)).[22]

둘째, 부품 시스템 공급자(A sub-component system producer)는 그 공급자가 제공한 장치에 가해진 수정, 변경으로 인하여 발생한 손해에 대해서는 책임을 부담

---

21) REVISED JUDICATURE ACT OF 1961 (EXCERPT)
22) Sec. 2949b.
  (1) The manufacturer of a vehicle is not liable and must be dismissed from any action for alleged damages resulting from any of the following unless the defect from which the damages resulted was present in the vehicle when it was manufactured:
  (a) The conversion or attempted conversion of the vehicle into an automated motor vehicle by another person.
  (b) The installation of equipment in the vehicle by another person to convert it into an automated motor vehicle.
  (c) The modification by another person of equipment that was installed by the manufacturer in an automated motor vehicle specifically for using the vehicle in automatic mode.

하지 않고, 다만 그 부품 자체에 존재하였던 하자로 인해 사고가 발생한 경우에는 책임을 부담한다(§2949b. (2)).[23]

셋째, 자동차 제작사가 정한 세부기준에 따라 자율주행자동차를 정비한 자는, 그 정비로 인하여 발생한 손해에 대하여 배상책임을 부담하지 않는다(§2949b. (3)).[24]

Ⅳ. 도로교통법 개정 동향 Ⅱ: 독일[25]

독일은 도로교통법을 개정하여 유럽에서 최초로 SAE(Society of America Engineers) 기준[26] 3단계 및 4단계 자율주행차의 운행을 허용하였다.

1. 자율주행차의 운행허용과 자율주행차로 인정받기 위한 요건

(1) 자율주행차의 운행허용

개정 도로교통법 제1조의a 제1항은 "고도의 자율주행 혹은 전면 자율주행 기능"에 의한 자동차의 운행을 유럽에서 최초로 허용하고 있다. 제1항은 "고도의 혹은 전면 자율주행기능에 의한 자동차의 운행은 그 기능이 <u>용법에 따라 사용되는 경우 허용된다</u>"고 규정한다. 이와 같이, 독일은 "용법에 따른 사용제한"을 허용하는데, 대표적인 "사용제한"은 작동설계영역(ODD: Operational Design Domain)의 제한이다 (ODD 에 대해서는, 제2편 제1장 〈총론〉 제2절 Ⅰ. 1. (3) 참조).

"사용제한"을 받는 "고도의 자율주행기능" 혹은 "전면 자율주행기능"을 갖춘 자동차는 SAE 기준 3 혹은 4단계의 자율주행차에 해당하므로, 독일에서는 도로교

---

23) (2) A subcomponent system producer recognized as described in section 244 of the Michigan vehicle code, 1949 PA 300, MCL 257.244, is not liable in a product liability action for damages resulting from the modification of equipment installed by the subcomponent system producer to convert a vehicle to an automated motor vehicle unless the defect from which the damages resulted was present in the equipment when it was installed by the subcomponent system producer.

24) (3) A motor vehicle mechanic or a motor vehicle repair facility that repairs an automated motor vehicle according to specifications from the manufacturer of the automated motor vehicle is not liable in a product liability action for damages resulting from the repairs.

25) 개정에 대한 자세한 사항은 김진우, "자동주행에서의 민사책임에 관한 연구-개정된 독일 도로교통법과 우리 입법의 방향", 강원법학 제51권(2017), 33면(이하 "김진우") 참조.

26) SAE 기준에 대해서는, 제2편 제1장 〈총론〉 제2절 Ⅰ.의 〈표 1〉 참조.

통법 개정으로 3단계 및 4단계 자율주행차의 운행이 허용된 것으로 보인다.

(2) 자율주행차로 인정되기 위한 법적 요건

독일 도로교통법의 목적상 운행이 허용되는 "고도의 혹은 전면 자율주행기능을 가진 자동차"로 분류되기 위해서는 개정 도로교통법 제1조a 제2항에 규정되어 있는 법정 요건을 충족시켜야 한다. 그 요건은 다음과 같다:

첫째, 자율주행차는 주행시스템이 활성화된 후 측면 및 종방향 제어를 포함한 <u>운전 작업을 수행</u>할 수 있는 기술적 장치를 갖추어야 한다.

둘째, 자율주행차는 자율주행 중 주행에 관한 <u>법령을 준수</u>할 수 있는 기술적 장치를 갖추어야 한다.

셋째, 자율주행차는 언제라도 인간운전자에 의하여 <u>수동운전모드로 전환</u> 또는 비활성화될 수 있는 기술적 장치를 갖추어야 한다.

넷째, 자율주행차는 <u>운전자에 의한 수동제어의 필요성에 관해 인식</u>할 수 있는 기술적 장치를 갖추어야 한다.

다섯째, 자율주행차는 "<u>충분한 여유시간을 두고</u>"(mit ausreichender Zeitreserve) 시각 청각 촉각 또는 그 밖의 감지 가능한 방법으로 인간운전자에게 <u>제어권 회복을 경고</u>할 수 있는 기술적 장치를 갖추어야 한다.

여섯째, 자율주행차는 시스템<u>설명서와 배치되는</u> <u>사용에 대해 지적</u>할 수 있는 기술적 장치를 갖추어야 한다.

2. 자율주행차 운전의 주체와 책임의 주체

(1) 운전의 주체: 자율주행기능을 사용중인 경우, 누가 "운전자"인가?

"고도의 혹은 전면 자율주행기능을 활성화해 자동차 제어를 위해 사용한 경우" 누가 운전자인가가 문제된다. 개정 도로교통법 제1조의a 제4항은 자율주행기능을 용법에 따라 사용하는 자는 스스로 자동차를 제어하지 아니한 경우에도" 여전히 '운전자'로 간주하고 있다. 이 조항에서 알 수 있는 것처럼, 독일은 비엔나협약[27]의 구속을 받기 때문에 여전히 '운전자' 개념을 사용하고 있고, 고도의 혹은 전면 자율주행기능이 작동하는 경우에도 자율주행기능을 작동시킨 사람을 자율

---

27) 비엔나협약에 대해서는, Ⅱ. 2. 및 아주대학교 보고서 23면 이하 참조.

주행차의 운전자로 의제함으로써 자율주행기능 사용시 "운전자책임"을 지는 주체가 존재하고 그 존재가 사람임을 밝히고 있다.

(2) 책임의 주체: '보유자책임' 원칙, '운전자책임' 원칙의 유지

1) '보유자책임' 원칙의 유지

개정 도로교통법은 사고책임에 대해 위험책임 법리에 따른 현행 '보유자(Halter)책임' 제도(제7조)를 그대로 유지하고 있다. 따라서, 개정 도로교통법에 따라 운행이 허용된 자율주행차가 사고를 유발한 경우에도 "보유자책임" 원칙이 그대로 적용된다. 즉 자율주행차 사고의 경우에도 통상의 자동차사고와 같이 자율자동차의 소유자 기타 보유자가 "보유자책임" 원칙에 의해 책임을 지고, 피해자는 보유자인 자율주행차 소유자 등에 대해 배상을 청구할 수 있다(제7조 참조). 이와 같이 개정 도로교통법하에서도 자율주행차의 "보유자"는 잠재적 사고에 대해 일차적 책임을 져야 하기 때문에, 이러한 위험을 커버하기 위한 책임보험에 가입해야 한다.

2) '운전자책임' 원칙의 유지

마찬가지로 개정 도로교통법은 보유자뿐만 아니라 운전자에 대해 책임을 추궁하는 현행 운전자 책임구조를 유지하였다(제18조 참조). 따라서, 독일 도로교통법하에서 자율주행차의 "운전자"는 잠재적 사고에 대해서 책임을 져야 하고, 이러한 위험을 커버하기 위한 책임보험에 가입할 필요가 있다.

3) 문제제기

그런데, 정책적으로 부담하는 보유자의 위험책임은 별론으로 하고, 자율주행차의 운전자는 실제 운전작업을 담당하지 않으므로 사고발생시 탑승자에게 운전자책임을 묻는 것은 부당한 측면이 있다. 따라서, 운전작업을 담당하지 않는 탑승자는 언제 어떠한 경우 운전자책임으로부터 해방되는가가 중요한 문제로 등장한다.

3. 자율주행차 탑승자인 '운전자'의 권리와 주의의무

독일의 도로교통법은 유럽에서 처음으로 자율주행차의 '운전자'로 하여금 주행 중 주행 외의 다른 활동을 할 권리를 인정한다. 이는 주행 중 주행에 대해서만 전념하도록 한 운전자의 주의의무로부터 해방됨을 선언하는 획기적 의미가 있다. 이러한 입법적 조치는 자율주행기능을 갖춘 자동차가 스스로 주행하는 것을 허용하고(제1조a 제1항), 자율주행기능이 작동하는 동안 운전자의 자유로운 활동을 할 권리를 선언하였다는 점에서 중요한 의미를 갖는다.

(1) 자율주행차 운전자의 권리와 그 한계
1) 자율주행차 운전자의 권리: 주행 외의 다른 활동을 할 권리

자율주행차의 운전자가 고도의 자율주행 혹은 전면 자율주행 기능을 사용하는 동안 탑승자가 된 운전자는 교통상황을 주시할 필요도 없고 자동차를 제어할 필요도 없다(제1조의b 제1항 제1문). 따라서, 자율주행차 운전자는 운전대를 완전히 놓아도 되고, 도로상황에 유의하지 않아도 되고 혹은 독서를 하거나 회의를 하는 등 다른 활동을 할 권리가 있다.

2) 권리의 한계: 준비의무가 수반된 권리

자율주행차 운전자는 자율주행기능의 용법에 따르는 한 자율주행기능의 사용 중 교통상황을 주시하지 않아도 되고 차의 제어도 하지 않아도 된다. 하지만, 운전자는 개정 도로교통법 제1조의b 제2항의 상황이 발생한 경우 자동차제어권을 다시 회복할 수 있도록 대비하고 있어야 한다. 따라서, 자율주행차 운전자는 통상의 운전자와 달리 주행시 베풀어야 할 주의의무로부터는 해방되지만 주의의무가 완전히 면제되는 것은 아니다. 다시 말해 긴급상황발생시 운전자로서 의무를 이행할 수 있도록 대비하고 있을 준비의무는 부담한다

(2) 운전자의 제어권 회복이 필요한 2가지 경우: 제어권 회복의무

개정 도로교통법 제1조의b 제2항은 다음의 경우에 자율주행차의 운전자로 하여금 지체 없이 제어권을 회복하도록 규정하고 있다.

첫째, 자율주행차가 운전자에게 제어권 회복을 요구한 경우(제1호).

둘째, 운전자가 자율주행차의 '용법에 따른 사용 요건'이 더 이상 존재하지 않음을 알았거나 명백한 제반 사정을 고려할 때 알았어야 했던 경우(제2호). 대표적인 예가 자율주행차가 제한된 '작동설계영역'(ODD)를 벗어난 경우이다.

1) 제어권 회복의무의 의미: 운전자책임의 근거

운전자가 제어권 회복을 위한 준비에 주의를 베풀었는가 혹은 제어권회복의무를 이행하였는가 여부는 운전자책임(독일 도로교통법 제18조 제1항)과 관련하여

중요한 의미를 가진다. 즉 이상 두 가지 상황 중 어느 상황이 발생하였는데 운전자가 준비를 하지 않아 제어권을 회복하지 못했거나 혹은 준비는 하고 있었지만 제어권회복을 지체없이 실행하지 않아 교통사고가 발생하였다면 운전자는 그 사고에 대하여 책임을 지게 된다.

2) 상황 I: 자율주행차가 제어권 회복을 요구한 경우(제1호)

운전자가 제어권을 회복해야 하는 첫 번째 상황은 자율주행차가 제어권 회복을 요구하는 경우이다. 이러한 상황은 여러 가지 요인에 의해 발생할 수 있는데, 특히 다음의 경우 자율주행차는 운전자에게 제어권 회복을 요구할 것으로 예상된다.

첫째, 자율주행차는 그 운행조건으로서 <u>자율주행이 이루어질 수 없는 상황에 관해 인식</u>할 수 있는 기술적 장치를 갖추어야 하는데(제1조의a 제2항 4호), 자율주행차가 이러한 상황을 인식한 경우 운전자에게 제어권회복을 요구할 것이다.

둘째, 자율주행차는 시스템<u>설명서와 배치되는</u> 사용에 대하여 지적할 수 있는 기술적 장치를 갖추어야 하는데(제1조의a 제2항 6호), 운전자가 자율주행기능을 용법과 배치되게 사용하는 경우 자율주행차 운행의 조건을 위반하게 되므로(제1조의a 제1항) 자율주행차는 운전자에게 제어권 회복을 요구할 것이다.

이 경우 자율주행차는 운전자에게 "<u>충분한 여유시간을 두고</u>"(mit ausreichender Zeitreserve) 시각적 청각적 촉각적 또는 그 밖의 감지 가능한 방법으로 운전자에게 제어권을 <u>회복할 것을 경고</u>하여야 한다(제1조의a 제2항 제5호)

3) 상황 II: 용법에 따른 사용 요건이 더 이상 존재하지 않은 경우 등(제2호)

운전자는 자율주행시스템이 제어권회복을 요구한 경우뿐만 아니라 '작동설계영역'(ODD)을 벗어난 경우처럼 '용법에 따른 사용요건'이 더 이상 존재하지 않음을 알게 된 경우에도 지체없이 제어권을 회복해야 한다.

뿐만 아니라 "명백한 제반 사정에 기하여 '용법에 따른 사용요건'이 더 이상 존재하지 않음을 알았어야 했던 경우"에도 지체없이 제어권을 회복해야 한다. 그런데, 자율주행 요건이 더 이상 존재하지 않는다는 상황을 인식하지 못하는 것은 운전자의 준비의무위반이 되지만 "명백한 제반 사정에 기하여" 운전지배의 회복 필요성을 인식할 것을 요구하므로, 그 위반의 범위는 법문의 해석상 중과실에 의한 위반의 경우에 한정된다.

4) "지체없이"의 의미: 귀책사유없는 지연

개정 도로교통법 제1조b 제2항의 두 가지 경우에 운전자는 차량의 제어권을 "지체없이" 회복해야 하는데, "지체없이"의 개념은 독일민법 제121조 제1항 제1문에서의 정의, 즉 "유책한 지연없이"로 해석된다. "유책한 지연"이란 운전자에 대하여 적어도 과실의 비난이 가능한 경우에 한정된다.[28] 반대로 해석하면, 구체적 상황에서 "운전자의 신속한 반응을 기대할 수 없었던 경우"에는 운전자의 비난가능성이 없기 때문에 운전자가 개정 독일 도로교통법 제1조의b에 기한 준비의무를 위반하지 아니한 것으로 되고 따라서 독일 도로교통법 제18조 제1항에 따른 책임은 발생하지 않는다.

4. 자율주행차의 사고로 인한 책임한도액

독일은 손해가 "고도의 혹은 전면 자율주행기능의 사용에 기하여" 발생한 경우 기존의 책임한도액을 2배로 증액하는 조치를 취하였다(제12조 제1항 제2문). 따라서, 피해자가 일반자동차에 의해 사고가 난 경우와 비교할 때 피해자에 대한 손배배상의 차별문제가 제기될 수 있다.

그런데 사고가 자율주행기능의 사용 중 발생한 때에는 (i) 운전자의 의무위반이 없는 경우 운전자 과실책임은 인정되지 않고 보유자만 책임을 지고, 또한 (ii) 현재로서는 자율주행차 사고에 관한 축적 정보가 없으므로 책임한도액 결정에 관한 자료가 부족한데, 독일 의회는 일단 피해자 보호의 관점에서 책임한도액을 상향조정했다고 한다.[29]

5. 자율주행차에서의 데이터 처리와 데이터의 운전자 면책에의 사용

(1) 제어권 전환 등에 대한 데이터의 저장 의무, 제공의무

개정 도로교통법은 자율주행차의 제어권 전환이 운전자와 ADS 사이에 발생할 경우 자율주행차에 대해 위성내비게이션시스템을 통해 결정된 위치와 시각에 대한 정보를 저장할 것을 요구한다(제63조의a 제1항 제1문). 또한 운전자가 ADS로부터 제어권 전환을 요구받은 사실 및 기술적 장해가 발생한 사실도 저장되어야 한

---

28) 김진우, 51면.
29) 김진우, 50면.

다(제63조의a 제1항 제2문). 다만 어떤 사람이 운전을 하였는지를 저장할 필요는 없으며 사람과 ADS 가운데 누가 운전을 하였는지를 식별할 수 있으면 된다.

특히 저장된 데이터가 자율주행차 연루 교통사고와 관련해 제3자의 청구권 주장 또는 방어를 위하여 필요하고 제3자의 요구가 있을 때에는 차량 보유자는 제3자에게 제1항에 따라 저장된 데이터를 제공해야 한다(제63조a 제3항). 여기의 제3자는 사고관계자(Unfallbeteiligte)에 한정되는데, 운전자가 데이터에 접근할 수 없는 경우 운전자도 포함된다.[30]

(2) 저장된 데이터의 활용: 운전자의 면책에의 활용

도로교통법 제63조의a 제1항에 의해 저장된 정보는 사고발생시 운전자의 책임을 확정하는 데 도움을 준다. 즉 자율주행차 사고의 경우에도 통상 사고와 마찬가지로 피해자에 대해 자율주행차 보유자가 일차적으로 위험책임을 지고(제7조), 운전자도 과실책임을 지는데, 운전자의 책임은 추정[31]된다(제18조 제1항 제2문). 이 때 저장된 제어권전환에 관한 데이터는 사고 혹은 손해가 운전자의 운전 중에 발생했는지 혹은 ADS의 작동 중에 발생했는지 여부를 보여줄 수 있다. 또 ADS의 작동 중 발생한 경우에도 제어권회복의 요구가 있었는지 여부 기타 운전자가 어떻게 반응했는지 기타 준비의무 위반 여부를 보여줄 수 있으므로, 운전자의 추정된 유책성을 뒤집을 수 있는 가능성을 제공한다.

이와 같이 운전자가 저장된 데이터를 통해 ADS의 작동 중 사고가 발생하였다거나 혹은 ADS에 의한 제어권 회복 요구(제1조의a 제2항)가 없었다는 사실 등을 증명할 수 있는 때에는 운전자는 면책될 수 있다(제18조 제1항 제2문).

하지만, 운전자가 자율주행기능을 용법에 따라 사용하지 않았다거나(제1조의a 제1항), ADS에 의한 제어권 회복 요구가 있었는데 제어권 회복을 하지 않았다거나, 제어권회복 요구는 없었지만 자율주행기능에 의한 사용요건이 존재하지 아니함을 알았거나 알았어야 했던 경우에는 면책되지 않는다(제1조의b 제2호 참조).

30) 김진우, 53면.
31) 우리 자배법 혹은 도로교통법은 운전자의 과실을 추정하지 않는다.

V. 우리 도로교통법, 자배법에 대한 시사점

1. 시사점 I: '운전' 및 '운전자' 개념의 유지 필요성 및 '자율주행차'의 정의 필요성

(1) '운전' 및 '운전자' 개념의 유지 필요성

앞서 본 것처럼, 도로교통에서의 안전성 확보 및 규제 통일성의 확보를 위한 국제적 노력은 비엔나협약 및 제네바협약의 개정[32]을 통해 나타나는데, 우리나라는 제네바협약 가입국으로서 협약에 구속되므로, 협약의 개정 여부 및 개정 내용에 관심을 기울여야 한다. 즉 제네바협약은 '운전' 및 '운전자' 개념에 기초하여 자율주행차의 안전성을 규제할 것으로 예상되므로, 우리나라도 도로교통법에서 '운전' 및 '운전자' 개념에 근거하여 자율주행차를 규제할 수밖에 없다.

특히 SAE 기준 5단계 자율주행차와 관련해 '운전자' 개념이 계속 적용될 것인가가 문제되는데, 지금까지 '운전자' 개념은 '운전' 개념과 더불어 도로교통상의 안전을 확보하기 위한 규제대상 및 책임추궁 대상을 확보하기 위한 가장 기본 개념으로 발전되어 왔고(아래의 2. (1) 참조),[33] 장래에도 자동차사고 및 그 책임 등과 관련해 계속 유용한 개념도구로 사용될 수 있다. 특히 사람의 운전을 허용하는 한 '운전자' 개념은 자율주행차의 등장에 영향을 받지 않고 계속 사용되어야 할 규제개념이고, "운전작업의 담당자"가 사람에서 ADS로 변경되더라도 계속 응용될 수 있는 개념이다. 따라서, 앞으로도 '운전자' 개념은 국제협약에서 뿐만 아니라 각국의 도로교통법에서 도로교통의 안전성 확보를 위한 규제 개념으로 활용될 것으로 생각된다. 미시간 주법이 자율주행시스템을 '운전자'로 보는 것은 우연이 아니라 규제의 '경로종속성'(path dependency)에 근거한 것으로 볼 수 있다.

(2) '자율주행차'의 정의 필요성

개정된 미시간 주법, 독일의 도로교통법은 모두 (i) 일정한 방식으로 자율주행차를 정의하고 있으며, (ii) 자율주행차의 공용도로에서의 주행을 명시적으로

---

32) 앞의 II. 참조.
33) 자세히는, 제2편 제1장 〈총론〉 제1절 V. 1. 1. (1)과 (2); 황창근·이중기, V. 1. (1)과 (2) 참조.

허가하고 있다.

우리도 (i) 자동차관리법, 도로교통법 등에 이러한 자율주행차를 자세히 정의[34]해야 하며, (ii) 특히 도로교통법은 일정한 자율주행차가 공용도로에서 운행할 수 있음을 허가해야 할 것이다.

2. 시사점 II: 자율주행차의 운전 주체 — "운전자" 개념의 확장 필요성

이 부분에 관해서는 미시간 주법이 가장 큰 진보를 보이고 있지만, SAE 기준 3단계 및 4단계 자율주행차에 대해서는 독일 방식으로도 자율주행차의 운전주체인 운전자를 발견할 수 있다.

(1) 운전의 주체: 자율주행기능의 사용 중 누가 "운전자"인가?

우리 도로교통법 체계상 "운전"과 운전을 실행하는 "운전자" 개념은 도로교통법의 핵심개념[35]이다. 도로교통법 제2조 제26호는 '운전'을 "도로에서 차마를 그 본래의 사용방법에 따라 사용하는 것(조종 포함)"으로 개념정의하고 있고, 특히 운전자에 대해서는 도로교통시 안전을 확보하기 위해 "차의 조향장치와 제동장치, 그 밖의 장치를 정확하게 조작하여야 하며, 도로의 교통상황과 차의 구조 및 성능에 따라 다른 사람에게 위험과 장해를 주는 속도나 방법으로 운전하여서는 아니 된다"는 안전운전의무를 부과한다(제48조 제1항).

그런데, 지금까지 "운전자"는 "도로교통시 안전성" 확보를 목적으로 하는 도로교통법의 목적상 실제 운전작업을 담당하는 사람을 의미하는 개념으로서, 보유자나 운행자와 달리 차량을 실제 제어하는 주체가 운전자로 취급되었다. 즉 '운행자' 개념이 피해자보호를 위해 관념적인 운행지배와 운행이익 개념에 기초하여 정책적으로 도출된 것과 달리, '운전자' 개념은 실제 운전작업의 담당자를 파악하는 개념이기 때문에, 자율주행기능을 활성화해 자동차제어를 위해 사용한 경우, 실제 운전작업을 담당하는 ADS를 도로교통법상 운전자로 파악해 운전능력을 규제해야 한다.[36] 이렇게 보는 경우 사람을 전제한 운전자 개념은 한계를 갖게 된다.

---

34) 현재 자동차관리법 제2조 제1의3은 "운전자 또는 승객의 조작없이 자동차 스스로 운행이 가능한 자동차"라고 정의하고 있는데, 발전단계를 반영한 좀 더 자세한 정의가 필요해 보인다.

35) 자세히는, 제2편 제1장 〈총론〉 제1절 Ⅴ. 1. 1. (1)과 (2); 황창근·이중기, Ⅴ. 1. (1)과 (2) 참조.

1) 접근방법 I: 독일식 접근 — 탑승객의 운전자 의제

개정 독일 도로교통법 제1조의a 제4항은 자율주행기능을 용법에 따라 사용하는 자는 스스로 자동차를 제어하지 아니한 경우, 즉 탑승객[37]인 경우에도 여전히 '운전자'로 간주하고 있다. 이 조항에서 알 수 있는 것처럼, 독일은 비엔나협약[38]의 구속을 받기 때문에 여전히 '운전자' 개념을 사용해야 하는데, ADS가 작동하는 경우에도 ADS를 작동시킨 사람을 자율주행차의 운전자로 의제함으로써 ADS 사용시 "운전자책임"을 지는 주체가 사람임을 밝히고 있다.

2) 접근방법 II: ADS 혹은 제조업자를 운전자로 보는 방안

자동차의 '운전' 개념을 유지하는 한 누군가를 '운전자'로 파악해야 하지만, ADS를 활성화시킨 경우 인간은 스스로 운전작업을 담당하지 않기 때문에, 운전자를 다르게 볼 가능성이 야기된다. 적어도 다음 두 가지 가능성이 있다.

가) 미시간식 접근 방법: ADS를 '운전자'로 보는 방안

한 가지 방법은 ADS가 작동하는 중에는 사람이 운전자로서 제어권을 행사하지 못하므로, 운전자의 지위를 상실하게 되고, 대신 운전을 실제 지배하는 ADS를 자율주행차의 운전자로 간주하는 것이다.

그런데, 이 경우 발생하는 문제는 법의 기본원리상 '운전자'는 권리주체이어야 하는데, ADS는 물건으로서 권리의 객체로 파악된다는 점이다. 따라서 미시간주와 같이 제정법에 명시적으로 이러한 조치를 취하기 전에는 ADS를 권리주체인 운전자로 보기는 힘들고, ADS를 '운전자'로 간주하는 명시적 조치가 필요하게 된다.[39]

나) ADS를 제조한 제조업자를 '운전자'로 보는 방안

자동차의 "운전자"를 발견할 수 있는 다른 한 가지 방법은 '운전자'의 해석에 있어 융통성을 발휘하는 방법이다. 예를 들어, 자율주행기능이 작동하는 중에는 ADS가 운전을 지배하므로, ADS를 '운전작업의 담당자'로 볼 수 있는데, ADS는

---

36) 뒤의 5. (3) 참조.
37) 보호의 객체인 탑승객, 즉 "타인"의 개념에 대해서는 오지용, "무인자동차와 관련된 자동차손해배상보장법 제3조의 해석", 법조 제709권(2015) 참조.
38) 앞의 II. 2. 참조. 자세히는, 아주대학교 보고서, 23면 이하 참조.
39) 자세한 논의로는, 제2편 제4장 〈책임법과 보험법제〉 제1절 III. 4; 이중기, "인공지능을 가진 로봇에 대한 법적 취급: 자율주행자동차 사고의 법적 인식과 책임을 중심으로", 홍익법학 제17권 제3호(2016), 1면(이하 "이중기, 인공지능 로봇의 법적 취급"), III. 4. 참조.

권리주체성이 없으므로 대신 ADS를 제조한 제조업자가 운전을 지배한다고 보아 도로교통법상 운전자로 간주하는 것이다.

하지만 제조업자를 '운전자'로 보는 해석도 '운전자'의 범위를 지나치게 확장한다는 비판을 피하기 어렵다. 따라서 제조업자를 운전자로 보기 위해서도 명시적인 입법적 조치가 필요하다고 할 것이다.

다) ADS를 운전자로 보되 ADSE의 '운전자책임'을 인정하는 방안

ADS를 운전자로 보는 경우에도 ADS를 후원하는 ADS Entity 개념을 인정하여, ADSE로 하여금 대신 운전자책임을 지도록 하는 방법도 가능하다(ADSE의 행정적, 형사적 운전자책임에 대해서는, 제2편 제1장 〈총론〉 제3절 및 제4절 참조; ADSE의 민사적 운전자책임에 대한 상세는, 제2편 제4장 〈책임법과 보험법제〉 제2절 운전자책임 참조).

(2) 자율주행차의 발전단계별 '운전자' 지위 인정 방안

1) 3단계 자율주행차 — 사람 '운전자' 개념의 유지: 독일식 접근의 정당화

독일 의회는 ADS를 운전자로 보거나 혹은 ADS 제조자를 '운전자'로 보는 대신, "자율주행기능을 용법에 따라 사용하는 자"를 여전히 '운전자'로 간주하는 조치를 취했다. 이러한 조치는 적어도 SAE 기준 3단계 자율주행차, 즉 인간이 차량의 제어권을 행사할 수 있고, 일정한 경우 제어권을 행사하여야 하는 자율주행차에서는 책임주체를 명확히 하고, '운전자'를 통일시키는 장점이 있다. 이러한 점에서 3단계 자율주행차의 운전자를 인간으로 본 독일의 입법태도는 수긍할 수 있다.

물론 이 경우 자율주행기능 사용 중 사고책임에 대해 운전자 혹은 운행자가 일차적 책임을 지게 되므로, ADS의 오류에 의한 사고의 경우에도 일차적 책임을 지는 운행자 및 운전자가 사후적으로 제조업자의 제조물책임을 추궁하게 되는 부작용은 발생한다.

하지만, 운행자 혹은 운전자는 책임보험에 가입함으로써 자신의 보험회사로 하여금 제조업자에 대한 제조물책임을 추궁하게 할 수 있기 때문에 독일식 방법이 크게 부당한 것은 아니다.

2) 4단계 자율주행차 — 사람 '운전자' 개념: 정당한가?

SAE 기준 4단계 자율주행차에서는 자동화기술 수준이 더 발달하여 인간 운전자가 개입요구에 반응하지 않더라도 ADS가 스스로 긴급상황을 처리할 수 있게

된다. 따라서, "시스템 사용 중"에는 ADS가 운전자에 대해 제어권회복을 "요구" 하지 않는다. 예를 들어, 고속도로처럼 작동설계영역을 충족시키는 특정상황에서 ADS에 의한 완전자율주행이 가능하기 때문에 그동안 운전자의 감시의무와 비상 시 개입의무가 배제되고, 그 한도에서 운전자는 더 이상 제어권회복 요구 상황[40]을 대비한 준비의무는 부담하지 않게 된다. 따라서 4단계 자율주행차에서는 ADS 를 운전자로 볼 가능성은 확실히 높아진다.[41]

하지만 4단계에서도 자동화기술수준이 완전한 것은 아니다. 4단계에서도 "자율주행차의 용법에 따른 사용 요건"이 충족되지 않는 상황[42]이 존재하고, 이 경우를 대비한 준비의무는 부과될 수 있다. 즉 지진발생 상황 등과 같이 운전자 는 용법에 따른 사용요건이 충족되지 않는 상황을 알았거나 명백한 제반 사정을 고려할 때 알았어야 했던 경우, 개입하여 제어권을 회복해야 한다.[43] 나아가 4단 계 자율주행차에서는 운전대와 브레이크가 여전히 존재하므로 사람은 운전을 즐 기기 위해 스스로 운전할 것을 선택할 수 있고, 이 경우에도 사람이 운전자가 된 다. 이와 같이, 4단계 자율주행차에서는 여전히 사람을 '운전자'로 볼 여지가 있 으므로 독일식 '운전자' 발견 방식이 정당화될 여지가 잔존한다.

3) 5단계 자율주행차 — 로봇 '운전자' 개념의 필요성: 미시간식 접근방 법의 정당화

이에 반해 SAE 기준 5단계 자율주행차에서는 자동화기술 수준이 완전할 것 을 상정하므로, 차의 디자인에서 운전대나 브레이크가 사라질 것으로 예상된다. 이와 같이 인간이 단순히 승객이 되는 5단계 자율주행차에서는 승객을 계속 '운 전자'로 의제하기는 힘들다.[44] 따라서 5단계 자율주행차에서는 누구를 '운전자'로 볼 것인가가 문제된다.

그런데, 5단계 자율주행차와 관련해서는 더 근본적인 문제가 제기된다. 즉 5 단계 자율주행차에서도 계속 '운전자' 개념을 인정할 것인지 여부가 특히 문제되 고, 이 문제에 대해 부정적으로 답한다면, "누구를 운전자로 볼 것인가"의 문제는

---

40) Ⅳ. 3. (2) 2)의 상황과 그에 대비한 준비의무
41) 이승준, "자율주행자동차의 도로 관련법상 운전자 개념 수정과 책임에 관한 시론", 형사 법의 신동향 제56호(2017. 9), 69면(이하 "이승준"), 99면.
42) Ⅳ. 3. (2) 3)의 상황과 그에 대비한 준비의무.
43) 아래의 4. (2) 2) 참조.
44) 이승준, 98면.

제기할 필요조차 없게 된다.

가) 도로교통법에서 "운전자" 개념의 유용성과 위상

5단계 자율주행차에 대해 '운전자' 개념이 적용될 수 있는가와 관련해, '운전자' 개념의 역할과 위상을 살펴볼 필요가 있다. 앞서 본 것처럼, 운전자 개념은 지금까지 '운전' 개념과 더불어 도로교통법에서 도로교통상 안전의 확보를 위한 규제의 대상 및 책임추궁 대상과 관련한 가장 기본개념으로 발전되어 왔기 때문에,[45] 장래에도 자동차사고 및 그 책임 등과 관련해 계속 유용한 개념도구로 사용될 수 있다. 또, 앞으로도 계속 '운전자' 개념은 유용한 개념도구로서 도로교통의 안전성 확보를 위해 활용될 것으로 생각된다.

문제는 5단계 자율주행차에서는 탑승자가 더 이상 운전작업을 담당하지 않으므로 더 이상 '운전자'가 될 수 없다는 점이다. 따라서 새로운 '운전자'를 발견하는 작업이 필요하게 된다.

나) 5단계 자율주행차에서 운전자는?

이처럼, 5단계 자율주행차에서 규제의 대상 및 책임추궁의 대상으로서 '운전자' 개념을 유지한다면, 누구를 '운전자'로 취급해 자율주행차사고의 운전자 책임을 추궁할 것인가가 문제된다. 이 경우, 미시간 주처럼 실제 운전작업을 담당하는 ADS를 '운전자'로 의제하거나 혹은 ADS 제조업자를 '운전자'로 의제하는 방식, 혹은 ADS를 운전자로 보되 책임은 ADSE에 대해 추궁하는 방식을 취할 수 있고, 이러한 책임추궁방식은 불가피해 보인다.

이와 같이 5단계 자율주행차에서 운전자책임을 지는 주체로서 탑승객의 '운전자' 지위를 부정하는 대신 ADS 혹은 그 제조업자를 운전자로 의제하거나, 혹은 그 후견자로서 ADSE를 발견할 수 있으므로 이들에 대해 '운전자'로서의 책임을 추궁할 수 있게 된다[46](자세히는 아래의 5. (3) 2) 참조). 이러한 규제방법은 피해자 보호측면에서 가장 바람직한 책임확보수단이 될 것이다.

(3) 소결: ADS에 대한 '운전자' 지위의 확장 필요성

현재로서는 3단계 자율주행차의 상용화를 예상하고 있기 때문에 미시간 주

---

45) 앞의 1. (1) 및 2. (1) 참조. 자세히는, 제2편 제1장 〈총론〉 제1절 Ⅴ. 1. 1. (1)과 (2); 황창근·이중기, Ⅴ. 1. (1)과 (2) 참조.

46) 이승준, 99-100면.

와 같은 급진적인 방법을 반드시 채택해야 하는 것은 아니다. 하지만 앞서 살펴본 것처럼, 4단계 혹은 5단계 자율주행차가 상용화됨에 따라 실제 운전작업을 담당하는 ADS 혹은 그 제조업자를 '운전자'로 보거나, 혹은 ADS Entity의 운전자책임을 인정하는 것은 불가피해 보인다.

3. 시사점 Ⅲ: '운행자책임' 원칙의 유지

(1) 운행자 책임의 유지

자동차손해배상보장법은 운전의 주체인 운전자에 대해 책임을 추궁하는 '운전자 책임' 외에 피해자 보호를 위해 위험책임법리에 근거한 '운행자책임'47) 제도를 설정하고 있다. 그런데, 자율주행차의 등장과 관련해 위험책임을 부과하는 현행 운행자책임 법리의 개정 필요성이 발생하는가가 문제된다. 앞서 본 것처럼, 독일은 우리의 운행자책임 개념에 해당하는 보유자책임 구조를 그대로 유지하고 있다.48) 미시간 주도 운행자책임에 상당하는 소유자책임 구조를 그대로 유지하고 있다.49)

이와 같이 자율주행차의 등장이 당장은 이러한 책임법제에 영향을 미치지 않는 것으로 판단되기 때문에, 우리 자배법상의 운행자책임 및 운전자책임 구조도 큰 틀에 있어 큰 변화는 없을 것으로 예상된다.50) 당장은 앞서 본 것처럼, 운전작업을 실제 담당하는 주체인 '운전자'가 '사람'에서 'ADS'로 변화함에 따라 누가 '운전자' 지위를 갖게 되는지,51) '운전자'의 의무가 어떻게 변화하는지52) 등이 새롭게 문제될 뿐이다.

(2) 자동화단계별로 본 '보유자'의 '운행자' 지위

운행자책임과 관련해 자율주행차의 보유자가 자율주행기능을 사용할 때도 여전히 운행자인가가 문제된다. 먼저 3단계 자율주행차의 경우 보유자는 운전자의 운전 중에는 '운전자'를 통해, 자율주행기능의 사용 중에는 'ADS'를 통해 운행

---

47) 한기정; 권영준·이소은, 477면 이하; 이충훈, 147면 이하 참조.
48) Ⅳ. 2. (2) 참조.
49) Michigan Vehicle Code, Sec.257.401 Civill actions; liability of owner; liability of lessor 참조.
50) 같은 취지로 이충훈, 164-165면; 김진우, 56면.
51) 앞의 2. 참조.
52) 아래의 4. 참조.

을 지배하고 있다고 볼 수 있고, 이러한 운행지배로 인해 운행이익을 누리기 때문에 보유자는 계속 운행자로 파악될 수 있다.[53] 또 4단계 자율주행차에서도 정도의 차이는 있지만 보유자는 운전자 혹은 자율주행시스템을 통해 계속 운행지배와 운행이익을 향유하고 있다고 볼 수 있으므로[54] 여전히 운행자로 파악될 여지가 있다. 나아가 5단계 자율주행차의 경우에도 보유자는 ADS를 통해 운행지배를 하고 있고 운행이익을 누린다고 파악할 여지가 있다. 이렇게 해석하는 경우 5단계 자율주행차가 상용화된 경우에도 보유자는 운행자책임을 져야 한다고 볼 수 있다. 특히 운행자책임이 "피해자보호"를 최우선으로 하는 정책적 위험책임이라고 본다면 이렇게 해석하는 것이 가능할 것이다.

4. 시사점 IV: 자율주행차 '운전자'의 권리와 주의의무의 완화 필요성

(1) 운전자의 권리와 준비의무의 부담 여부

ADS의 작동 중에는 실질적으로 ADS가 '운전작업'을 담당하기 때문에 탑승자는 '운전자'로서의 지위를 상실하게 된다. 따라서, 논리적으로 '운전자'로서 부담해야 할 안전운전의무를 지지 않고, 따라서 운전자로서 과실책임 부담문제도 발생하지 않는 것처럼 보인다.

1) 독일식 접근

하지만, 앞서 본 것처럼, 독일에서는 ADS의 작동 중에도 탑승객을 여전히 '운전자'로 간주하고 낮은 수준의 준비의무를 부담하도록 한다.[55] 즉 독일에서 탑승객은 주행시의 안전운전의무로부터 해방되지만, 긴급상황 발생시 제어권회복을 위한 준비의무를 지고 있다.

2) 미시간식 접근

이에 반해 미시간 주에서는 "ADS의 사용 중에는" 탑승객의 운전자 지위를 완전히 배제하는 듯하다. 하지만, 3단계 및 4단계 자율주행차의 제한된 자동화기술 수준을 고려하면, 아래에서 보는 것처럼, 탑승자에 대해 제어권회복의 준비의무를 부담시키는 것은 필요[56]하고, 미시건 주에서도 제어권전환과 관련된 계약을

53) 자율주행차 보유자의 운행자 지위에 대해서는, 제2편 제4장 〈책임법과 보험법제〉 제3절 Ⅱ. 2. 참조; 김진우, 61면; 이충훈, 153-154면.
54) 위의 2. (2) 2) 및 아래의 4. (2) 2) 참조.
55) Ⅳ. 4. (1) 및 (2) 참조.
56) 아래의 (2) 참조.

통해 이러한 준비의무를 부과할 수 있을 것이다. 예를 들어, 3단계 ADS의 제조자는 차량을 판매할 때 "판매차량은 "완전" 자율주행차량이 아니므로 제어권 회복을 위한 준비의무를 부담하고, 일정한 경우 제어권을 회복해야 하며, 이러한 준비의무의 불이행시 제조자는 면책된다"는 약관을 채용할 수 있다. 이와 같이 3단계 및 4단계 자율주행차의 제조사는 이러한 약관을 통해 독일과 같은 준비의무를 부담시킬 수 있다.

3) 소결

결과적으로 미시간 주에서는 ADS의 작동 중 탑승자는 운전자 혹은 운행자가 아니기 때문에 운전으로부터 해방되게 되고, 이 점에서 탑승자의 지위는 독일의 경우와 달라지는 것으로 보인다. 하지만, 3단계 및 4단계 자율주행차의 경우 준비의무 부과는 필요해 보이고 ADS 제조자는 이러한 준비의무를 약관을 통해 부과할 수 있기 때문에 사실상 차이는 없는 것으로 보인다.

(2) 자동화단계에 따른 준비의무의 감경과 소멸

1) 3단계 자율주행차 운전자: 준비의무의 필요성

ADS가 운전을 하는 중에는 제어권이 ADS에 이전되므로 운전자는 다른 일을 할 수 있다. 하지만, 3단계 ADS의 자동화수준은 아직 제한적이므로 ADS가 제어할 수 없는 상황이 많이 존재한다. 이와 같이 ADS가 제어할 수 없는 상황(독일법 제1조의b 제2항 제1호 및 제2호 참조)에서는 운전자가 제어권을 회복해야 하므로, 3단계 자동화 수준에서는 개입요구에 대응한 운전자의 준비의무는 필요하다.

2) 4단계 자율주행차 운전자: 준비의무의 감소

4단계 자율주행차에서는 자동화기술 수준이 더 높아져 '작동설계영역' 내에서 ADS를 사용하는 경우 ADS는 긴급상황을 스스로 처리할 수 있게 된다. 이와 같이 4단계 자율주행차에서는 기술단계상 "자율주행차가 제어권 회복을 요구"하는 경우(독일법 제1조의b 제2항 제1호 참조)를 상정하지 않기 때문에 개입요구에 대응한 준비의무는 부과되지 않는다.[57]

하지만, 4단계 자동화기술 수준도 완전한 것은 아니기 때문에 "자율주행차의 용법에 따른 사용 요건"이 충족되지 않는 경우가 생길 수 있다. 지진의 발생이 대

---

57) 앞의 2. (2) 2) 참조.

표적 예이다.58) 따라서, 4단계 자율주행차의 운전자에 대해서도 "자율주행차의 사용요건이 충족되지 않음"을 "알았거나 명백한 제반 사정을 고려할 때 알았어야 했던 경우"(제2호 참조)가 생길 수 있고, 이러한 상황에 대비한 준비의무는 4단계 자율주행차 운전자에 대해서도 인정될 수 있다. 따라서, 갑작스런 지진이 발생해 자율주행차의 사용요건이 충족되지 않음을 알았거나 알아야 했던 경우 운전자는 지체없이 개입하여 차를 안전하게 대피시켜야 한다.

3) 5단계 자율주행차 탑승자: 준비의무의 소멸

물론 5단계 자율주행차와 같이 자율주행시스템이 발전하여 "작동설계영역의 제한"이 없는 경우에는 탑승자는 제어권을 회복해야 할 어떠한 준비의무도 부담하지 않고, 또 운전대와 브레이크가 없는 차라면 제어권을 행사할 어떠한 수단도 갖지 못한다. 따라서, "운전"과 관련한 일체의 안전운전의무는 배제되어야 한다 (물론 비역동적 운전작업 혹은 다른 장치의 "조작"과 관련된 주의의무는 여전히 부과될 수 있다).

5. 시사점 VI: 제어권 전환에 대한 데이터 기록의무, 데이터의 운전자 면책에의 활용 필요성

자율주행기능의 사용중 운전자는 실제 운전작업을 담당하지 않으므로 이 때 발생한 사고와 관련해 책임을 면제해 줄 필요성이 크다. 개정 독일 도로교통법은 제어권 전환에 대한 데이터의 저장의무와 제공의무를 부과함으로써 이 문제를 해결한다. 즉 독일 도로교통법은 (i) 자율주행차의 제어권 전환이 운전자와 ADS 사이에 발생할 경우 그 위치와 시각에 대한 정보를 저장할 것을 요구하고(제63조의a 제1항 제1문), 또 운전자가 ADS로부터 제어권 전환을 요구받은 사실 및 기술적 장해가 발생한 사실도 저장하도록 한다(제63조의a 제1항 제2문). 그리고, (ii) 저장된 데이터가 자율주행차 교통사고와 관련하여 운전자 기타 제3자의 청구권의 주장 또는 방어를 위하여 필요하고 제3자의 요구가 있을 때에는 차량의 보유자는 제3자에게 제1항에 따라 저장된 데이터를 제공하도록 한다(제63조a 제3항).59)

이와 같이 제어권전환에 관한 데이터는 사고 혹은 손해가 운전자의 운전 중에 발생했는지 혹은 ADS의 작동 중에 발생했는지 여부를 보여줄 수 있고, 또

---

58) 김진우, 59면.
59) 앞의 IV. 5. 참조.

ADS의 작동 중 발생한 경우에도 제어권회복의 요구가 있었는지 여부 기타 운전자가 어떻게 반응했는지 여부 등 준비의무 위반 여부를 보여줄 수 있으므로, 운전자의 책임 유무를 판정하는 데 결정적 증거로 활용될 수 있다.

따라서 우리 도로교통법에도 독일에서와 비슷한 자율주행차 운행과 관련된 데이터의 저장의무 및 제3자에 대한 정보제공의무를 규정한다면 자율주행기능의 사용 중이었음을 주장하는 운전자가 자신의 면책을 주장하는 데 활용될 수 있을 것이다.[60] 개정 자배법에 규정된 '자율주행정보기록장치' 장착 의무와 증명책임에 대해서는, 제2편 제4장 〈책임법과 보험법제〉 제2절 Ⅱ. 2. (4) 2) 가)에서 살펴본다.

Ⅵ. 결론

이 글에서는 자율주행기능의 사용 중에 발생한 사고와 관련해 외국의 최근 입법동향들을 살펴보고 우리법제에 대한 시사점을 찾아보았다.

먼저 세계 최초로 공용도로에서의 자율주행차의 운행을 허가한 미시간 주의 개정법을 살펴보았는데, 미시간 주는 자율주행시스템을 작동시킨 경우 자율주행시스템을 자율주행차의 "운전자"로 보는 획기적인 조치를 취했다. 이와 관련해 (i) "운전자" 책임법제는 개정하지 않았고, 또한 (ii) 기존의 "소유자" 책임구조도 그대로 유지하고 있다. 단지 인간이 아닌 '운전자'의 새로운 유형을 인정한 것이다.

다음으로 유럽에서 최초로 공용도로에서의 자율주행차의 운행을 허가한 독일의 개정 도로교통법을 살펴보았는데, 독일 도로교통법은 미시건 주와는 달리 자율주행시스템을 작동시킨 경우에도 자율주행시스템을 "운전자"로 보지 않고 시스템을 작동시킨 사람을 여전히 "운전자"로 간주하는 조치를 취했다. 물론 독일도 기존의 위험책임에 근거한 "보유자" 책임구조를 그대로 유지하고 있고, "운전자" 책임법제도 그대로 유지하고 있다. 하지만, 실제 운전작업을 담당하지 않는 인간 운전자에 대해 주행 중 다른 행위를 할 권리를 인정하였고 주의의무를 대폭 완화하였다.

자율주행차량을 허용하는 경우 우리나라도 도로교통법의 규제목적상 '운전

---

60) 김진우, 60면.

자'를 발견해야 하는데, 미시간 주의 방식을 따를 수도 있고 독일식을 따를 수 있다. 어느 방식을 따르더라도 위험책임의 관념에서 부과된 '운행자' 책임법제에는 영향이 없다. 만약 우리나라가 미시간 주의 방식을 취해 '자율주행시스템'을 운전자로 간주하는 경우, '탑승자'의 운전자로서의 지위는 상실하게 되고, 따라서 운전작업을 담당하는 자율주행시스템이 운전자로서의 역할을 수행해야 한다. 동시에 자율주행시스템의 제조자에 대해서는 시스템이 사람과 동일한 수준의 운전작업을 수행할 수 있는 능력을 갖추도록 해야 하고, 이를 근거로 제조사의 책임을 부과해야 한다.

우리나라가 독일식의 입법을 하는 경우 탑승객은 형식상 '운전자'로 간주되지만, 실제 운전작업을 담당하지 않으므로 운전자로서의 의무와 책임을 경감해 주는 조치가 필요하다. 이를 위해서는 운전자의 주의의무를 완화해 주어야 하고, 운전자의 면책의 입증을 쉽게 하기 위해 제어권전환에 관한 정보를 블랙박스 등에 기록하게 하는 것이 필요하다.

제3절 자동화단계에 따른 운전자와 ADS의 주의의무 변화: 윤리규범의 사전 프로그래밍*

I. 서론

과학기술, 특히 인공지능과 관련된 정보통신기술이 발전함에 따라 자동차에 대한 인식이 (i) '운전자가 운행하는 행위객체로서의 물건'에서 (ii) '스스로 운전하는 행위주체로서의 자율주행차'로서 새롭게 인식해야 할 가능성이 점점 증가하고 있다. 다시 말해 1980년대 미국드라마 '전격Z작전'(원제 Knight Rider)에 등장하였던 슈퍼카 '키트'가 실제로 등장할 가능성이 높아지고 있다. 이러한 현상은 자율주행차와 관련해 많이 논의되고 있지만, '인간의 모습'을 지닌 지능형 로봇의 등장에 대해서도 동일한 관점에서 논의될 수 있다. 예를 들어, 영화 '어벤져스'에 등장하는 '비전'과 같은 수준의 자율형 로봇에 대해서 "왜 행위객체인 물건으로 취급하여야 하고 행위주체인 인간으로 취급할 수 없는가?"라는 근본적 의문이 제기될 수 있다.[1] 즉 인공지능관련 과학기술이 발전해 트랜스포머 시리즈에 등장하는 옵티머스 프라임과 같은 완전한 자율성을 갖는 외계종족(기계족) 수준의 로봇이 등장하면, 이러한 자율형 로봇을 윤리적 법적으로 어떻게 인식하고 취급할 것인가가 문제되고, 자율형 로봇의 윤리주체성[2] 혹은 법적 권리주체성[3] 등이 문제

---

* 이 부분은 이중기, "자율주행차의 발전단계로 본 운전자와 인공지능의 주의의무의 변화와 규범적 판단능력의 사전 프로그래밍 필요성", 홍익법학 제17권 제4호(2016)을 수정 보완한 것이다.

1) 자세히는, 제2편 제4장 〈책임법과 보험법제〉 제1절 II. 이하; 이중기, "인공지능을 가진 로봇에 대한 법적 취급: 자율주행자동차 사고의 법적 인식과 책임을 중심으로", 홍익법학 제17권 제3호(2016), 1면(이하 "이중기, 인공지능을 가진 로봇의 법적 취급"), II. 이하 참조.

될 수 있다.

아래에서는 이러한 문제 가운데 자율주행차가 2단계에서 3단계로 발전4)함
에 따라 운전을 담당하는 운전자의 주의의무가 자율주행시스템(Automated Driving
System: ADS)에 의해 어느 정도 대체되고 어떻게 변화하는지를 살펴본다. 동시에
운전자의 운전능력을 대체하는 ADS의 자율주행능력과 이를 설명하기 위한 "ADS
의 주의의무"5)를 어떻게 파악해야 하는지를 살펴보고, ADS의 주의의무를 담보하
기 위한 자동차관리법상 제작자의 자기인증의 기준 혹은 도로교통법상 교통법규
준수능력인 운전면허 수준이 어느 정도가 되어야 하는지에 대해 살펴본다. 그 다
음 3단계 'ADS의 주의의무'에 인간운전자의 윤리성을 반영해야 할 필요성이 있는
지에 대해 살펴본다.

나아가 자율주행차가 3단계에서 4단계, 5단계로 발전하는 경우, 운전대와
브레이크 페달이 없어지는 등 내부디자인이 완전히 바뀔 수 있다. 이러한 자율주
행차에서는 목표지점을 설정하고 주행시작을 입력하는 행위를 제외하면 주행에
관한 한 탑승자의 관여가 일어나지 않기 때문에 주행관련 운전자의 주의의무는
완전히 배제될 수 있다. 이 경우 운전자가 아닌 '탑승자'로서 부담하는 탑승자의
주의의무에 대해 살펴보고, 운전자의 주의의무를 완전히 대체하는 NHTSA 4단계
(혹은 SAE 5단계) 'ADS의 주의의무'의 정도 및 인간운전자의 윤리적 판단능력과 융

---

2) 특히 자율주행시스템(ADS)의 운전자 지위와 인격성에 대해서는, 제1편 제4절 참조.
   윤리적 주체성에 대한 자세한 논의는, 제1편 제1절 Ⅱ. 이하; 이중기, 오병두, "자율주행
   차와 로봇윤리: 그 법적 시사점", 홍익법학 제17권 제2호(2016), 1면(이하, "이중기 오병
   두"), Ⅱ. 이하; Gianmarco Veruggio, Keith Abney, "Roboethics: The Applied Ethics for a
   New Science", in Patrick Lin, Keith Abney, George A. Bekey (ed.), Robot Ethics: The
   Ethical and Social Implications of Robotics, (The MIT Press, 2012)[이하 "Veruggio·
   Abney"], pp. 347-348.
3) 법적 권리주체성에 대한 자세한 논의는, 제2편 제4장 〈책임법과 보험법제〉 제1절 Ⅱ. 이
   하; 이중기, 인공지능을 가진 로봇의 법적 취급, Ⅱ. 이하 참조
   이에 대한 본격적인 논의로는, L. Solum, "Legal Personhood for Artificial Inteligences", 70
   N. C. L. Rev. 1231 (1992); D. Vladeck, "Machines Without Principals: Liability Rules and
   Artificial Inteligence", 89 Wash. L. Rev. 117 (2014); Koops, Hildebrandt, Jaquet-Chiffelle,
   "Bridging the Accountability Gap: Rights for New Entities in the Information Society?", 11
   Minn. J. L. Sci. & Tech 497 (2010).
4) 자율주행차의 발전단계에 대해서는, 제2편 제1장 〈총론〉 제2절 Ⅰ.의 〈표 1〉 참조; 아래
   의 Ⅱ. 2. 참조.
5) "ADS의 주의의무" 개념에 대해서는, 아래의 Ⅲ. 4. (1) 참조.

통성을 인공지능 알고리즘에 반영하기 위한 방안 등에 대해서도 살펴본다.

II. 자율주행차의 발전단계와 법적 대응 방식의 변화 여부

1. 법의 후행성과 법적 안전성/예측가능성

어떤 현상이 이미 존재하는 현상이더라도 그러한 현상에 대한 '법적' 평가나 대응이 항상 행해지는 것은 아니다. 어떤 현상에 대한 법적 평가는 대부분 당해 현상의 효과가 특히 현저하여 공중이 그에 대한 '법적' 평가의 필요성을 인식하는 경우에만 행해지고, 그 대응도 그 현상이 현저하게 나타나는 당해 시점에 필요한 수준에서 행해진다.

'과학기술의 발전'으로 인한 법적 문제의 발생과 이에 대한 법적 대응도 마찬가지이다. '과학기술'은 점진적 혹은 급속하게 발전하지만, 발전하는 과학 기술의 진보에 대응하는 법적 평가는 사회적으로 어떤 문제를 야기하는 현저한 상황이 발생하는 경우에 특히 그 단계의 현저한 현상을 기준으로 행해지고, 그 단계에서의 법적 평가에 기해 적절하다고 판단되는 조치가 취해진다.

그리고 논란이 된 어느 단계에서 적절하다고 생각된 법적 조치가 취해진 경우, 그 법적 조치가 여전히 유효한 한에서는, 추가적인 과학기술의 진보가 있더라도 그 대응방식은 관성적으로 유지되고, 추가적 현상변화에 대한 새로운 법적 대응 시도는 이루어지지 않는다. 법학자들은 이를 법적 안전성 혹은 예측가능성의 관점에서 설명한다.

2. 자율주행차의 발전단계와 법적 대응의 후행성

이러한 과학기술의 진보에 대한 법적 평가와 대응방식은 자율주행차와 관련된 과학기술의 진보와 발전에 대해서도 동일하게 행해진다.

(1) 자동화단계와 자율주행차의 의미

자율주행차의 발전단계와 관련하여 미국 연방도로교통안전청(National Highway Traffic Safety Administration, 이하 "NHTSA")은 크게 5단계의 자동화수준을 발표하였다. 구체적으로는 0단계(비자동화 수준, No-Automation), 1단계(운전기능 예를 들어 조향기능, 제동기능, 가속기능 중 '특정기능'의 자동화 수준, Functionspecific Automation), 2

단계('통합된 운전기능'의 자동화 수준, Combined Function Automation), 3단계(제한된 자율주행 수준, Limited Self-Driving Automation), 4단계(완전한 주행 자동화 수준, Full Self-Driving Automation)로 나누었다.[6] NHTSA 4단계는 SAE 기준으로 SAE 4단계와 SAE 5단계로 다시 나뉠 수 있다 (SAE 단계 구분에 대해서는, 제2편 제1장 〈총론〉 참조). 본 장에서는 NHTSA 자동화단계를 기준으로 서술한다.

그런데, 자동화의 단계가 어느 정도에 도달해야 소위 "자율주행차"로 부를 수 있는가? 운전기능 중 조향기능, 제동기능, 가속기능 등 "통합된 기능"의 자동화 즉 2레벨의 자동화가 이루어지더라도 자동차의 "운전지배"는 여전히 인간 운전자에 의해 행해져야 한다. 따라서 2단계 자동화된 자동차를 자율주행차로 부르기는 어렵다. 따라서 3단계 이상으로 자동화된 자동차, 즉 "일정한 조건하에서 스스로 주행환경을 인식하면서 자율적으로 운전하는 쟈동차"를 통상 자율주행차라고 부를 수 있다. 이 개념에 의한 자율주행차는 인간에 의하여 목적지가 설정되거나 자율주행 모드가 설정되면 그에 따라 스스로 도로상황 등 주행환경을 인식하여 위험요소를 식별하고 사전에 프로그램된 기준에 따라 의사결정을 하면서 도로를 주행한다.[7]

(2) 3단계 자율주행차와 4단계 자율주행차의 구별 기준

그렇다면 자율주행차 가운데 NHTSA 3단계 자율주행차와 4단계 자율주행차는 어떻게 구별하는가? 인간의 개입 가능성 여부에 의해 구별한다. 3단계 자율주행차에서는 인간의 개입을 허용 혹은 강제하기 때문에 운전대(조향장치)와 브레이크 페달(제동장치), 가속페달 (가속장치) 등을 갖추어야 한다. 반면에 4단계 자율주행차에서는 인간의 개입을 요구하지 않고 자율주행기능에만 의존하기 때문에 자동차의 디자인에서 운전대(조향장치)와 브레이크 페달(제동장치), 가속페달 (가속장치) 등이 사라질 수 있게 된다. NHTSA 4단계는 작동설계영역(ODD)의 제한 여부에 따라 다시 SAE 4단계와 SAE 5단계로 나뉠 수 있다(ODD와 SAE 단계 구분에 대해

---

6) NHTSA, U.S. Department of Transportation Releases Policy on Automated Vehicle Development(2013. 5. 30)(http://www.nhtsa.gov/About+NHTSA/Press+Releases/U.S.+Department+of+Transportation+Releases+Policy+on+Automated+Vehicle+Development, 최종접속일: 2016. 5. 31).

7) 규범의 사전적 설계 필요성에 대해서는, 제1편 제1절 Ⅰ. 및 Ⅳ. 1. (2); 이중기·오병두, Ⅰ. 및 Ⅳ. 1. (2).

서는, 제2편 제1장 〈총론〉 제2절 참조).

(3) 자율주행차의 발전단계에 따른 법적 대응의 변화: 인간의 '운전지배'의 이전과 '주의의무' 논쟁

현재 개발되고 있는 자율주행차에 대한 법적 대응은 필요한가 혹은 충분한가? 현재 개발된 자동차는 2단계와 3단계 사이의 자동화된 자동차로 보고 있는데, 이러한 단계의 자동차의 운행과 제작에 대한 법적 문제는 기존 교통관련법제로서 충분히 해결가능하고, 따라서 새로운 법적 조치는 필요하지 않다고 본다. 왜냐하면 2단계 자동화된 자동차에서는 여전히 "운전지배"를 인간 운전자가 행사하기 때문에 현행 자동차손해배상보장법 체계[8] 혹은 자동차관리법, 도로교통법 체계에 의한 해결이 가능하기 때문이다.

하지만, 조만간 인간의 개입가능성을 전제하지만 자동차의 "운전지배"를 ADS에 넘겨주는 3단계 자율주행차가 시장에 출시될 것으로 예상되는데, 이러한 3단계 자율주행차에서는 기존의 법리로서 자동차의 운전과 관련된 법적 제 문제를 완전히 해결할 수 있는지는 의문이 존재한다.[9] 특히 인간이 개입하지 않는 4단계의 자율주행차로 발전하는 경우, 기존의 법리로는 해결하기 힘든 현상들이 발생한다.[10] 드디어 법적 평가가 필요한 새로운 과학기술의 진보가 발생한 것이다.

아래에서는 단계를 나누어 현행 2단계 자율주행 관련 사고인 테슬라사고와 관련한 주의의무 논쟁[11]을 시작으로 3단계 및 4단계 자율주행차와 관련해 발생하는 어려운 법적 쟁점들에 대해서 차례로 검토해 보자.

Ⅲ. 2단계 및 3단계 자율주행차 운전자, ADS, 제조자의 주의의무의 변화와 규범적 판단능력의 사전 반영 필요성

여기서는 먼저 자동차의 자동화단계가 2단계에서 3단계로 발전함에 따라 운전을 담당하는 운전자의 주의의무가 ADS의 자율주행능력(ADS를 사람으로 의제하

---

8) 아래의 Ⅲ. 1. (1) 참조.
9) 아래의 Ⅲ. 2. 이하 참조.
10) 아래의 Ⅳ. 참조.
11) 아래의 Ⅲ. 1. (2) 참조.

면 "ADS의 주의의무"[12])에 의해 어느 정도 대체되고 어떻게 변화하는지를 살펴본다. 먼저 미국에서 테슬라 사고에 의해 촉발된 운전자의 주의의무 논쟁에 대해 살펴본 다음, 변화된 운전자의 주의의무를 대체하는 ADS의 자율주행능력에 대해 살펴보고, 이러한 자율주행능력을 달성하기 위해 자동차관리법상 제작자가 제작시 충족시켜야 하는 ADS의 운전주의의 정도 혹은 자율주행능력에 대해 살펴본다.

1. 2단계 자율주행차인 테슬라 사고와 관련한 주의의무 문제

(1) 인간이 운전하는 자동차 사고책임의 인식 방법: 현행법[13]

현재까지 자동차는 인간 운전자가 운전을 지배하는 자동차이었다. 따라서 사고가 발생하는 경우 자동차의 운전을 지배하는 '운전자'가 불법행위책임을 지는 구조가 기본적 책임구조로 설정되어 있고, 이러한 과실책임 외에 피해자보호를 위해 위험책임인 '운행자책임'이 자배법상 부과되어 있다.

1) 자동차사고 발생시 책임특칙: 운행지배와 운행자책임

현재 자동차의 운행으로 인한 민사책임의 구조는 특별법인 자동차손해배상보장법(이하 "자배법")에 의해 설정되고 있다. 즉 자동차의 "운행"과 관련해 "자기를 위하여 자동차를 운행하는 자", 다시 말해 '운행자'의 개념[14]을 중심으로 하여 운행자책임을 설정하고(자배법 제3조),[15] "자동차의 운행에 주의를 게을리 하지 않

---

12) 자율주행차의 주의의무 개념에 대해서는, 아래의 Ⅲ. 4. (1) 참조.
13) 현행법의 설명에 관한 이 부분은, 이중기·황창근, "자율주행자동차 운행에 대비한 책임법제와 책임보험제도의 정비필요성", 금융법연구 제13권 제1호 (2016) 93면 (이하 "이중기 황창근"), 97면 이하에서 인용하였음.
14) 대법원은 "자기를 위하여 자동차를 운행하는 자"를 "사회통념상 당해 자동차에 대한 운행을 지배하여 그 이익을 향수하는 책임주체로서의 지위에 있다고 할 수 있는 자를 말한다"고 한다(대법원 2012. 3. 29. 선고 2010다4608 판결). 운행지배와 운행이익의 관계에 대해서는, 박세민, 자동차보험론, 2003, 63-64면; 장덕조, 보험법, 제3판, 2016, 381면 이하; 오지용, "무인자동차와 관련된 자동차손해배상보장법 제3조의 해석", 법조, 제709권 (2015), 94면(이하, "오지용"), 98면 이하; 김영국, "자율주행자동차의 운행 중 사고와 보험적용의 법적 쟁점", 법이론실무연구, 제3권 제2호(2015), 247면(이하 "김영국"), 252면 이하.
15) 자배법상의 운행자책임에 대해서는, 제2편 제4장 〈책임법과 보험법제〉 제3절 참조. 자세히는, 한기정, "자동차손해배상보장법상의 운행의 개념에 관한 연구", 서울대학교 법학, 제49권 제3호(2008), 213면(이하 "한기정"); 하헌주, "자동차손해배상보장법의 '운행'과 상법 제726조의2의 '자동차의 소유, 사용 또는 관리'의 개념에 관한 연구", 법학연구, 제35

았음" 등을 입증하는 경우에만 면책될 가능성을 열어놓고 있다(자배법 제3조 단서 제1호). 이러한 운행자의 운행자책임에 의해 커버되지 않는 손해배상책임은 민법 의 불법행위책임으로 해결된다(제4조).

즉 자동차를 운전하는 운전자에게 고의 또는 과실이 인정되는 경우 운전자 는 민법 750조에 의한 불법행위책임을 질 수 있다. '운전자책임'과 '운행자책임'에 관한 자세한 사항에 대해서는, 제2편 제4장 〈책임법과 보험법제〉 제2절 운전자책 임 및 제3절 운행자책임에서 살펴본다.

2) 예외: 제조물 결함과 제조자의 책임

한편 자동차의 사고는 드물기는 하지만 자동차의 '운행'이 아니라 자동차의 '결함'이 그 원인인 경우도 있다. 이 경우 제조물책임법은 "제조물의 결함"으로 다른 사람의 생명 신체 또는 재산에 손해가 발생한 경우 '제조자'로 하여금 피해 자에 대해 손해를 배상하도록 한다.[16] 따라서 자동차의 '결함'으로 인해 다른 사 람에게 손해가 발생하면, 자동차 제조업자가 제조물책임법에 따라 손해배상책임 을 질 가능성이 생긴다.

(2) 테슬라 사고 상황과 "운전자책임"의 적용 여부: 테슬라 자동차의 자동화 수준과 자율주행차 여부

언론에 의해 크게 다루어진 테슬라 자동차의 사고상황을 그림으로 나타내면 다음과 같다.[17]

우리나라에서 테슬라 사고가 발생하여 우리나라법이 적용되는 경우를 상정 해 보자. 먼저 문제가 되는 것은 테슬라사고에 대해 "운전지배"가 인정되는가 여 부, 따라서 운전자책임이 적용될 수 있는가 여부이다. 결론부터 이야기하면, 언론 에 크게 보도된 테슬라 사고는 엄격히 말해 운전지배를 인간이 하는 자동차의 사

집(2009), 233면; 김은경, "자동차손해배상보장법상 운행자개념에 관한 연구", 외법논집, 제21권(2006).

16) 제조물책임법에 대해서는, 제2편 제4장 〈책임법과 보험법제〉 제4절 참조. 자세히는, 윤 진수,"제조물책임의 주요 쟁점 ― 최근의 논의를 중심으로", 법학연구, 제21권 제3호 (2011), 1면; 박동진, "현행 제조물책임법의 문제점과 개정방향", 선진상사법률연구, 제57 권(2012).

17) 황인혁·이진명, "자율주행 첫 사망사고 충격 … 센서만으론 한계 드러낸 무인차", 매일경 제 인터넷기사 2016. 7. 1.(http://news.mk.co.kr/newsRead.php?no=473465&year=2016, 최 종접속일 2016. 11. 20).

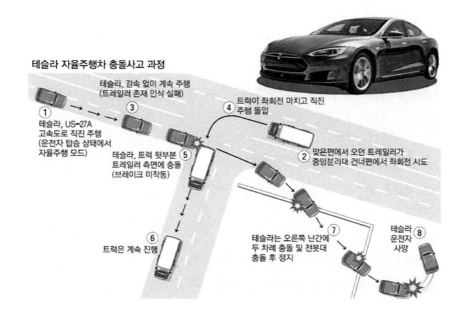

테슬라 자율주행차 충돌사고 과정

① 테슬라, US-27A 고속도로 직진 주행 (운전자 탑승 상태에서 자율주행 모드)

③ 테슬라, 감속 없이 계속 주행 (트레일러 존재 인식 실패)

④ 트럭이 좌회전 마치고 직진 주행 돌입

⑤ 테슬라, 트럭 뒷부분 트레일러 측면에 충돌 (브레이크 미작동)

② 맞은편에서 오던 트레일러가 중앙분리대 건너편에서 좌회전 시도

⑥ 트럭은 계속 진행

⑦ 테슬라는 오른쪽 난간에 두 차례 충돌 및 전봇대 충돌 후 정지

⑧ 테슬라 운전자 사망

고이기 때문에 뒤에서 살펴볼 자율주행차의 사고유형에는 속하지 않는다. 따라서 이러한 사고가 우리나라에서 발생한 경우 운전자의 과실로 인한 손해배상책임과 아울러 자배법상의 운행자책임이 적용된다. 왜냐하면 사고가 난 테슬라 자동차는 3단계 "자율주행시스템"이 장착된 "자율주행차"가 아니기 때문이다. 즉 테슬라는 자사 자동차의 "Autopilot 기능"을 자율주행기능으로 승인한 바 없고, 단지 운전의 보조기능으로 판매하였기 때문에, 테슬라자동차를 운행함에 있어 운전자는 "언제나" 운전을 지배하기 위한 주의의무를 베풀어야 했다. 다시 말해, 테슬라의 Autopilot 기능은 그 명칭이 혼란을 주기는 하지만 그것은 자율주행기능이 아닌 운전보조기능이고, 운전자가 그 기능을 사용할 때 항상 주의를 요구했다는 점에서 인간운전자의 운전지배가 전제되어 있다. 이러한 점에서 테슬라 사고는 2단계 자율주행기능이 장착된 자동차를 운전자가 주의의무를 해태해 발생한 사고가 된다.[18] 물론 '운전보조기능'에 대해 자율주행기능을 암시하는 "Autopilot 기능"이라는 명칭을 오용한데 대한 책임의 가능성은 존재한다.[19]

18) 제2편 제4장 〈책임법과 보험법제〉 제1절 Ⅲ. 2. (1) 4); 이중기, 인공지능을 가진 로봇의 법적 취급, Ⅲ. 2. (1) 4) 참조.

19) Consumer Reports, "Tesla's Autopilot: Too Much Autonomy Too Soon"(July 14, 2016) (http://www.consumerreports.org/tesla/tesla-autopilot-too-much-autonomy-too-soon/2016.

2. 3단계 자율주행차 운전자의 주의의무 논쟁: "운전대의 필요성 논쟁"

앞서 본 것처럼, 테슬라 사고는 2단계 자동차의 사고이지만, 이 사고와 관련해 3단계 자율주행차에서 운전자에게 운전관련 주의의무를 부과하는 것이 인간본성에 적절한가에 대한 논쟁은 더욱 격화되었다. 다시 말해, 자율주행차의 발전단계가 현재의 2단계 자동차 단계에서 '운전대'와 '브레이크'가 필수인 3단계 자율주행차를 거쳐서 '운전대'와 '브레이크'가 선택인 4단계 자율주행차로 "점진적"으로 발전해야 하는가, 아니면 현행 2단계에서 바로 4단계로 이행되어야 하는가에 대한 논쟁은 더욱 치열해졌다.

(1) 쟁점: 인간의 "놀이"에 대한 중독성

테슬라사고에서 나타났듯이, 2단계 수준의 자동차에서도 운전자가 일단 주행보조시스템에 의지하는 경우 운전자가 계속 운행에 주의를 기울이는 것은 어려울 수 있다는 것이 입증되었다. 따라서 3단계 자율주행차에서 운전자가 자율주행시스템에 일단 운행을 맡긴 경우, 운전자에 대해 필요시 개입을 위해 계속 주의를 베풀라고 요구하는 것은 더욱더 인간본성에 맞지 않는다는 지적이 끊임없이 제기된다. 즉 운전자가 '자율주행모드'와 '운전지배상태'로 왔다 갔다 하도록 하는 것(human-computer interface)은 "인간본성에 반하는 것을 요구하는 것"이란 지적이 강하게 제기되고 있다.[20]

인간은 어떤 기능이 재미있다고 판단하면 그것을 즐기는 "동물적 본성"을 가진다. 자동차는 운송도구로서 개발되었지만 동시에 인간으로서는 낼 수 없는 속도감을 제공해 주기 때문에 인간에게 즐거움을 줄 수 있는 도구로도 기능한다. 마찬가지로 자동차 주행의 한 유형으로서 자신을 기계에 맡기는 자율주행기능도 인간의 도전적 욕구를 자극하는 즐거움을 줄 수 있다. 한편 운전자가 이러한 도전적 시도를 즐기는 데 있어서는 본인 및 타인의 안전이 전제되어야 한다. 따라서 운전자 및 타인의 안전을 해하는 요소는 배제되어야 하므로, 자동차의 안전기

---

9. 5. 최종접속).

20) Patrick Lin, Is Tesla Responsible for the Deadly Crash On Auto-Pilot? Maybe.(http://www.forbes.com/sites/patricklin/2016/07/01/is-tesla-responsible-for-the-deadly-crash-on-auto-pilot-maybe/#47dcfde65bbc).

준이 확보[21])되어야 하고, 운전면허[22]) 없는 자의 운전을 금지해야 하며, 운전자의 운전상 주의의무를 요구[23])하는 것은 정당화된다.

이와 같이 안전의 관점에서 바라보면 자동차와 같은 위험한 물건에 대한 안전기준 등은 엄격히 적용되어야 한다. 따라서 기술적으로 불완전한 자율주행기능을 운전자로 하여금 즐기도록 유도한 테슬라의 태도는 분명히 비난의 여지가 있다.[24]) 이러한 윤리적 비난가능성은 테슬라가 판매계약시에 "통상의 자동차와 같이 운전대를 잡고 주의의무를 다하라"는 계약조건을 부과하는 것만으로 사라지는 것은 아니다.

(2) 가능한 두 가지 자율주행차 발전 트랙

만약 이러한 문제 때문에 3단계 자율주행차에서 운전자의 주의의무를 요구하는 것이 타당하지 않다면, 자율주행차 개발은 현재 2단계에서 바로 "운전대가 선택인" 4단계로 이행되어야 한다는 결론이 도출된다. 제작자 입장에서 이러한 결론은 현행 2단계 자동차에서 바로 4단계 완전 자율주행차를 생산해야 한다는 것이 된다. 3단계를 배제하고 "운전대가 없는" 자율주행차를 목표로 시험운행을 하고 있는 Google의 자율주행차 발전전략[25][26])은 이러한 모델에 입각한 것이다. 반면에 테슬라와 같이 3단계를 거쳐 4단계 자율주행차로 발전해야 한다는 정책을 지지하는 입장도 존재하는데, 많은 기존 자동차 제작사들은 이러한 입장을 지지하는 것으로 보인다.

만약 우리나라의 국토교통부가 Google과 같은 입장을 채택한다면, "운전자

---

21) 자동차관리법이 부과하는 자동차안전기준이 대표적인 것이다. 안전기준규제에 대해서는, 제2편 제2장 〈자동차법과 도로법제〉 제3절 참조.

22) 운전면허제도의 법적 성격에 대해서는, 제2편 제1장 〈총론〉 제1절 Ⅴ. 2. 이하; 황창근·이중기, "자율주행자동차의 운행을 위한 행정규제 개선의 시론적 고찰", 홍익법학 제17권 제2호(2016), 27면(이하 "황창근·이중기"), Ⅴ. 2. 이하.

23) 자배법상의 운행자의 주의의무에 대해서는 Ⅲ. 1. (1) 1) 참조.

24) Patrick Lin, 전게 투고문.

25) Lavrinc, "The Real Reason Google's Self-Driving Car Doesn't Have Controls", Jalopnik (http://jalopnik.com/the-real-reason-googles-self-driving-car-doesnt-have-co-1583056841 최종접속 2016. 12. 10).

26) 물론 완전자율주행차 전략을 주도한 크리스 엄슨이 구글을 떠난 후 구글의 전략이 수정되었다고 보는 시각도 존재한다. 자율주행차 부분을 '웨이모'로 분사하고 상용화를 서두르는 움직임은 구글이 3단계 자율주행차의 생산경쟁에 참여하는 방향으로 전략을 수정했다고 볼 수 있기 때문이다.

의 개입을 전제하는" 3단계 자율주행차 관련 문제인 '운전자의 주의의무의 변화', '운전자와 ADS 사이의 운전지배 이전'(car-to-driver handover) 등의 문제는 별도로 논의할 필요가 없게 된다. 하지만, 국토교통부가 3단계를 거쳐 완전한 자율주행 단계로 이행해야 한다는 입장을 채택한다면, 3단계 자율주행차의 운전과 제작에 관련된 법적 쟁점들은 시급히 검토되어야 할 과제로 등장한다. 현재 국토교통부는 후자의 입장을 취하고 있는 것으로 보이고,27) 따라서 '운전자와 자율주행차 사이의 운전지배의 이전문제' 등은 필수적 검토사항이 된다.

3. 3단계 자율주행차의 사고상황과 주의의무: "운전지배의 이전" 상황을 중심으로

자율주행차 가운데 운전에 관하여 인간의 개입을 허용 혹은 강제하는 3단계 자율주행차의 운전지배상황 및 이러한 자동차가 사고를 야기한 경우의 사고책임에 대해 살펴보자. 인간의 개입을 허용 혹은 강제하는 3단계 자율주행차는 자동차를 디자인함에 있어 인간의 개입을 허용 혹은 강제하기 위해 완전한 자율주행차와 달리 운전대(조향장치)와 브레이크 페달(제동장치), 가속페달 (가속장치) 등을 갖추어야 한다.

(1) '운전지배'의 가능성 관점에서 본 세 가지 사고상황 가능성28)

인간운전자의 개입을 허용 혹은 강제하는 3단계 자율주행차에 의해 사고가 난 경우, 사고는 운전지배의 관점에서 보아 크게 세 가지로 분류할 수 있다. 즉 (i) 인간운전자가 자율주행차의 운전을 지배하는 동안 발생한 사고, (ii) 인간운전자의 관여없이 자율주행모드가 작동하는 동안 발생한 사고, 및 (iii) 자율주행모드에서 인간 운전자의 운전지배 상태로 이전되는 동안 혹은 그 반대로 인간운전자의 지배상태에서 자율주행모드로 이전되는 동안 발생한 사고로 대별할 수 있다.

1) 사고상황 I: 인간의 운전지배 중 발생한 사고

이 경우는 자동차가 자율주행차인 점을 제외하면 운전자가 차의 운전을 지배하고 있다는 점에서 인간운전자의 운전 중 사고와 동일시 할 수 있다. 따라서

---

27) 안상현, "韓·日·EU 등 자율주행 자동차 '공통기준' 만든다 … 美는 제외", 조선일보 인터넷 기사 2016. 7. 10. (http://news.chosun.com/site/data/html_dir/2016/07/10/20160710010 57.html, 최종접속 2016. 11. 20).

28) 제2편 제4장 〈책임법과 보험법제〉 제1절 Ⅲ. 2. (1); 이중기, 인공지능을 가진 로봇의 법적 취급, Ⅲ. 2. (1)에서 인용하였음.

이러한 사고에 대해서는 앞서 살펴본 인간의 운전지배에 관한 현행법[29]이 동일하게 적용될 수 있다.

2) 사고상황 II: 자율주행 중의 사고

이 경우 인간운전자는 자율주행차의 운전지배에 관여하고 있지 않다. 이처럼 인간의 관여없이 자율주행차가 자율주행모드에서 사고를 야기하였으므로 운전자의 책임을 운전지배에서 도출하기는 힘들다. 이러한 상황에서 운전은 'ADS'가 하고 있기 때문에 탑승자는 (보유자인 경우 자배법상 "운행자"가 되기는 하지만 동시에) 보호객체인 "타인"에 해당할 가능성이 높아진다.[30] 따라서 이러한 상황에서 자율주행차 사고가 발생한 경우 뒤에서 보는 것처럼 제조자의 책임이 확장될 가능성이 높다.[31]

3) 사고상황 III: 인간과 ADS 간의 운전지배 이전 중 발생한 사고

세 번째 유형은 인간이 운전지배를 이전하거나 혹은 ADS가 운전지배를 이전하는 동안 사고가 발생한 경우이다. 운전자의 개입을 허용 혹은 강제하는 자율주행차의 경우, 인간이 자발적으로 개입하거나 혹은 일정 경우 운전자의 개입이 강제되는데, 이와 같이 운전자와 ADS 사이에 운전지배가 이전되는 와중에 일어나는 사고에 대해서 누가 책임을 지는가?

(2) 운전지배 이전 중에 발생한 사고: 누가 책임을 지는가?[32]

1) 운전대, 브레이크 페달이 있는 자동차의 특징: 운전지배의 전환 문제

3단계 자율주행차의 경우 운전자는 ADS를 통해 운전할 수도 있지만 어떤 때에는 운전지배를 되찾아 스스로 운전할 수도 있다. 예를 들어, 곡선도로를 즐기기 위해 운전자는 자발적으로 개입할 수도 있고 혹은 위기상황이 발생하여 ADS가 경고를 발하는 경우 운전자가 그 상황을 타개하기 위해 직접 운전을 할 수 있다. 그런데 이렇게 운전자와 ADS 사이에 제어권 전환이 일어나는 짧은 시간 동안 사

---

29) III. 1. (1) 참조.

30) 오지용, "무인자동차와 관련된 자동차손해배상보장법 제3조의 해석", 법조 제709권 (2015), 94면(이하 "오지용"), 109면.
    ADSE에 대한 관계에서 보유자의 타인성 인정 여부에 대해서는, 제2편 제4장 〈책임법과 보험법제〉 제3절 II. 5. 참조.

31) III. 4. (4) 및 IV. 2. 참조.

32) 제2편 제4장 〈책임법과 보험법제〉 제1절 III. 2. (3); 이중기, 인공지능을 가진 로봇의 법적 취급, III. 2. (3)에서 인용하였음.

고가 발생하는 경우, 누가 책임을 지는가?

2) 자율주행모드에서 운전자모드로 전환되는 중에 사고가 발생한 경우

운전자가 자율주행모드로 가고 있다가 지루한 나머지 스스로 운전하겠다는 결정을 한 경우 운전자는 ADS가 지배하는 운전상태를 자신이 지배하는 수동모드로 전환하게 된다. 이 때 수동모드로 전환된 때부터는 운전자가 운전을 하므로 이 때부터 일어나는 사고에 대해서는 운전자의 운전 중 사고와 동일시 할 수 있다. 따라서 이러한 사고에 대해서는 앞서 살펴본 운전자의 운전에 관한 현행법[33]이 동일하게 적용될 수 있다.

그런데 수동모드로 전환을 '입력하려는 순간' 사고가 발생한 경우에는 누가 책임을 지는가? 이 때에는 아직 수동모드로 전환되지 않았기 때문에 운전자의 운전지배가 있다고 볼 수 없다. 따라서 앞서 살펴본 자율주행모드에서의 사고로 보아 ADS 제조자의 책임을 물을 가능성이 높다. '입력 후 수동모드로 전환되기 전'까지 짧은 시간 동안 발생한 사고에 대해서도 자율주행모드에서의 사고로 볼 수 있다.

3) 운전자모드에서 자율주행모드로 전환되는 중에 사고가 발생한 경우

운전자가 수동모드로 곡선구간을 즐기고 있다가 피곤한 나머지 자율주행모드로 운전하겠다는 결정을 할 수 있다. 이 경우 운전자는 자신이 지배하는 운전상태를 ADS가 지배하는 자율주행모드로 전환하게 된다. 자율주행모드로 전환된 때부터는 ADS가 운전을 지배하므로 이 때부터 일어난 사고에 대해서는 자율주행모드에서의 사고로 보아 ADS 제조자의 책임을 물을 수 있다.

그런데 운전자가 자율주행모드로 전환을 '입력하려는 순간'에 사고가 발생한 경우에는 누가 책임을 지는가? 이 때에는 아직 수동모드로 운행되고 있기 때문에 운전자의 운전지배가 있다고 볼 수 있다. 따라서 앞서 살펴본 운전자의 운전지배에 관한 현행법[34]이 동일하게 적용될 수 있다. 마찬가지로, '입력 후 자율주행모드로 전환되기 전'까지 짧은 시간동안에 발생한 사고에 대해서도 수동모드에서의 사고로 볼 수 있다.

---

33) Ⅲ. 1. (1) 참조.
34) Ⅲ. 1. (1) 참조.

(3) "긴급상황"에서의 인간의 운전지배 회복: 가능한가? 혹은 윤리적으로 타당한가?

문제는 우리가 이야기한 것처럼 운전자가 자율주행모드에서 운전지배를 회복하는 것이 (i) "긴급 상황"에서도 가능한지 혹은 (ii) "긴급상황"에서 운전지배의 이전을 가능하다고 전제하고 주의의무를 부과하는 것이 윤리적으로 타당한지에 관한 것이다.

1) 긴급상황에서의 운전지배 회복: 가능한가?

긴급하지 않은 상태에서 운전자가 자율주행모드와 운전자모드로 오고 가는 것은 어려움이 있기는 하지만[35] 큰 문제가 되지는 않는다. 문제가 되는 상황은 자율주행모드로 운행하는 도중에 긴급한 상황이 발생하여 ADS가 스스로 상황을 통제하는 것이 불가능한 경우이다. 이 경우 ADS는 경고음을 울릴 것인데, 이러한 경고음을 통해 운전자로 하여금 주행에 개입하도록 할 의무를 부과하는 것은 타당한가? 자율주행차에 장착된 기능은 인간보다 더 빨리 반응하는 기계적 장치로 설정되기 때문에 인간 운전자보다 더 빨리 반응할 수 있다. 그런데 인간보다 더 빨리 반응하는 ADS도 해결할 수 없는 긴급 상황을 인간이 경고음을 듣고 주행에 개입해 해결할 수 있겠는가? 아마도 아닐 것이다.[36] 따라서 "상당한 시간을 두고 경고할 수 있는 경우가 아닌 한" 인간 운전자가 개입해 제어권을 회복하고 나아가 문제를 해결할 가능성은 낮다고 생각된다.

2) 긴급상황시 주의의무 부과: 바람직한가?

동시에 긴급한 상황이 발생하여 ADS가 스스로 통제하는 것이 불가능할 경우 인간이 개입하도록 하는 것이 바람직한 해결방법인가에 대해서도 의문이 있다. 이러한 비상상황에서 반응속도가 더 늦은 인간이 개입하도록 하는 경우 대응의 지체로 인해 오히려 더 큰 사고와 손해를 야기할 수 있다. 따라서 ADS가 대응하는 것이 불가능한 상황에서는 "상당한 시간을 두고 경고할 수 있는 경우가 아

---

35) 예를 들어 이 경우 운행지배를 위해 운전대를 조작하는데 어려움이 발생한다고 한다. 특히 운전대 각도(hand wheel angle)와 자동차 바퀴의 각도(road wheel angle)의 비율에 따라 운전자가 운전지배를 회복하는 데 어려움이 있다고 한다. 자세히는 Russell, Harbott etc., "Motor learning affects car-to-driver handover in automated vehicles", Science Robotics Vol. 1, Issue 1 (06 Dec 2016) 참조.

36) Lavrinc, "The Real Reason Google's Self-Driving Car Doesn't Have Controls", Jalopnik (http://jalopnik.com/the-real-reason-googles-self-driving-car-doesnt-have-co-1583056841 최종접속 2016. 12. 10).

닌 한” 인간운전자에게 주의의무를 부과하는 방법보다 자율주행차가 사전에 입력
된 알고리즘에 따라 스스로 대응하도록 하는 것이 타당하다. 이 경우 비록 완전
하지는 않지만, 자율주행차가 스스로 판단한 상황하에서 “손해를 최소화”하는 조
치를 취하도록 할 수 있기 때문에, 인간의 대응지체로 인한 확대 사고나 손해발
생보다 더 바람직할 수 있다. 따라서 자율주행차가 봉착할 긴급상황의 경우 인간
의 주의의무와 개입을 전제로 하는 프로그래밍뿐만 아니라 스스로 판단하여 “피
해를 최소화하는 알고리즘”[37]을 입력하는 것도 필요하다.

3) 운전자의 주의의무의 수준

긴급한 상황에서 ADS가 발하는 경고음의 역할은 “상당한 시간을 두고 경고
할 수 있는 경우가 아닌 한” 최악의 경우에 대비하여 인간으로 하여금 스스로를
지키도록 하는 최소의 기능을 하도록 하는 것이지, 인간으로 하여금 적극적으로
개입하여 긴급상황을 역전시키도록 하는 능동적 기능을 하는 것은 아니다.

따라서 3단계 자율주행차에서 긴급상황의 발생과 관련한 인간의 주의의무의
수준은 원칙적으로 긴급상황의 발생을 인지하고 자신이 취할 수 있는 자기보호조
치에 필요한 정도의 주의에 한정되어야 하고, 적극적으로 긴급상황을 역전하도록
하는 것에 맞추어져서는 안된다. 물론 예외적으로 ADS가 “상당한 시간을 두고 경
고할 수 있는 경우”에는 운전자는 제어권을 회복해 긴급상황을 역전시킬 수 있는
조치를 취할 수도 있을 것이다.

4. ADS의 주의의무 수준과 사전 입력 필요성: 자동차관리법상 자기인증 기준, 도로교통법상 운전면허 수준

(1) “ADS의 주의의무” 개념: 제작자의 자기인증 기준, 운전면허 수준

3단계 자율주행차에서 자율주행모드가 실행되면 운전자는 정상적인 경우 운
전지배를 ADS에게 이전하고 최소한의 탑승자의 주의의무를 베풀면서 운행을 즐
기면 된다. 이 경우 운전은 인공지능인 ADS가 지배하므로 운전과 관련된 주의의
무는 ADS가 베풀어야 한다. 이와 같이 ADS를 ‘운전자로 의제’할 때 ADS가 운전
과 관련해 베풀어야 하는 자율주행능력을 “ADS의 운전주의 혹은 주의의무”라고
비유적으로 표현할 수 있다. 이러한 능력은 뒤에서 보는 것처럼, 자동차관리법상

---

37) 손해 최소화 알고리즘에 대해서는, 제1편 제1절 Ⅲ. 2. (2); 이중기·오병두, Ⅲ. 2. (2) 및 아래의 5. 참조.

자동차 혹은 ADS 제작자가 자동차 혹은 ADS 제작시 준수해야 하는 자기인증 기준[38]이 되고, 동시에 도로교통법상 로봇운전자인 ADS가 교통규칙을 준수할 수 있는 능력인 운전면허 수준[39]이 된다.

(2) ADS의 운전면허 수준의 "사전적" 결정과 "사회적 합의" 필요성

그런데, 자동차사고가 발생한 경우 법원은 운전자가 운전과 관련해 교통규칙의 준수에 필요한 주의를 베풀었는지 여부의 결정은 어떻게 하는가? 법관은 변론 종결시를 기준으로 해당 사고상황의 맥락에서 해당 운전자가 어떻게 행위하였는가를 "사후적으로"(ex post) 검토하여 판단하는 방식으로 해결한다. 왜냐하면 인간은 학습능력을 갖고 태어나고, 교육을 통한 성장과정을 통해 지적판단능력인 행위능력, 특히 도로교통법이 요구하는 운전면허[40] 취득시 법정된 운전능력을 갖추고 있다고 전제하기 때문에, 법관은 사고당시 이러한 행위능력자인 운전자가 해당 상황에서 필요한 상당한 주의의무를 다하였는지 여부만 판단하면 된다.

이에 비해 ADS가 운전과 관련해 교통규칙의 준수에 필요한 주의를 기울였는가는 다르게 판단한다. 즉 ADS의 교통규칙 준수와 관련해 ADS의 주의가 필요한 상황과 그 주의의무 수준이 먼저 "사전적으로"(ex ante) 설계되어야 하고, 이러한 상황과 주의의무 수준은 자율주행차 혹은 ADS 제작시 미리 반영되어야 한다. 왜냐하면 자율주행차는 제작을 통해 비로소 운전능력을 취득하게 되는데, 제조시 ADS에 입력해야 하는 자율주행능력은 인간운전자의 운전면허의 취득수준[41]으로서 미리 운행상황 및 사고 상황을 고려해 프로그래밍되는 것이기 때문이다. 마찬가지로 ADS가 베풀어야 하는 인간 수준의 윤리적 판단능력도 미리 운행 혹은 사고상황에 대처하는 능력으로서 사전적으로 프로그래밍되어야 한다.[42]

---

38) 아래의 (4) 참조.
39) ADS는 역동적 운전작업을 수행할 수 있는 '운전능력'을 갖추어야 할 뿐만 아니라 운전작업 수행에 수반되는 교통규칙 준수를 위해 도로교통법 '준법능력'을 갖추어야 한다. 자세히는, 제2편 제3장 제1절 Ⅲ. 1. (1) 참조.
40) 운전면허제도에 대해서는, 제2편 제1장 〈총론〉 제1절 Ⅴ. 2. 이하; 황창근·이중기, Ⅴ. 2. 이하 참조.
41) 자세히는 이중기·황창근 100면 참조.
42) 법규준수 알고리즘 등의 사전적 프로그래밍 필요성에 대해서는, 제2편 제3장 〈운전·운전자법제〉 제1절 Ⅲ. 2. (2); 아래의 Ⅲ. 5; 제1편 제1절 Ⅰ. 및 Ⅳ. 1. (2); 이중기·오병두, Ⅰ. 및 Ⅳ. 1. (2) 참조.

또한 ADS가 운전시 베풀어야 하는 자율주행능력 혹은 주의의무의 수준을 사전적으로 프로그래밍하기 위해서는 이러한 규범적 수준에 대한 "사회적인 합의"가 전제되어야 한다. 물론 '세밀한' 주의수준에서 제작자는 자기가 선호하는 알고리즘 내용을 결정할 재량을 갖겠지만, 아래에서 보는 것처럼 ADS가 갖추어야 하는 '일반적' 주의의무 수준은 규범적 기준으로서 "사회적 평균인"의 주의가 그 기준이 되어야 하기 때문이다.[43] 따라서 ADS에 입력되어야 하는 교통규칙과 관련한 운전주의 수준은 사회의 평균적 운전자가 베푼다고 볼 수 있는 수준, 다시 말해 법률 혹은 판례에 의해 정립된 기준에 근거해야 한다. 이러한 관점에서 ADS는 "규범적" 자율주행능력을 갖춘 규범적 행위자가 될 수밖에 없다.

(3) ADS의 운전주의 수준 I: 인간 운전자의 주의의무 수준에 대응한 상대적인 결정 혹은 그 이상 수준

ADS가 베풀어야 하는 운전과 관련된 주의의무의 수준, 즉 자율주행능력은 어떻게 결정되는가? 판단의 준거가 될 규칙은 어떠한 인간을 기준으로 설정되어야 하는가가 문제되는데, 현재 한국사회의 "사회적 평균인"이 그 기준이 되어야 하고,[44] ADS가 갖추어야 하는 주행능력 혹은 베풀어야 하는 주의의무 수준도 현재의 운전면허의 취득수준[45] 혹은 평균적 운전자가 운전과 관련하여 갖추어야 하는 운전주의 수준이 되어야 한다.

먼저 자율주행차가 인간이 운전하는 자동차와 혼재되어 자율주행하는 경우를 상정해 보자. 이 때 ADS가 자율주행시 베풀어야 하는 주의의무의 수준은 항상 혼재되어 운전하는 다른 인간 운전자의 운전주의 수준이 그 기준이 되어야 한다. 또 이러한 주의의무의 수준은 3단계 자율주행차의 경우에도 "역동적 운전작업(DDT)에 관한 한" 4단계 자율주행차의 주의의무 수준[46]과 차이가 없게 된다.

하지만 인간운전자의 주행이 배제되는 자율주행차 전용도로에서 ADS가 베풀어야 하는 주의의무 수준은 정책적으로 더 높게 결정될 수도 있다.[47] 왜냐하면

---

43) 아래의 (3) 참조.
44) "사회적 평균인"에 대해서는, 권영준, "불법행위의 과실판단과 사회적 평균인", 비교사법 제22권 제1호(2015), 91면 참조.
45) 이중기·황창근, 100면.
46) 아래의 Ⅳ. 5. 참조.
47) S Soper, "Seattle Tech Vets to Propose Driverless Stretch of Interstate 5", Blumberg Sep.

전용도로에서는 자율주행차들만 주행하고, 이들 자율주행차 간에는 fleet trans-portation이 가능하고, 급제동 및 급가속을 하는 경우에도 자율주행차간 통신을 통해 사전통제가 가능하기 때문이다.[48)]

(4) ADS의 운전주의 수준 II: 자동차제조자의 제조상 주의의무 수준

자율주행차의 ADS를 인간운전자로 의제할 때 인공지능인 ADS가 베풀어야 하는 주의의무의 수준은 자동차 혹은 ADS 제작자의 관점에서 보면 자동차 혹은 ADS를 제작하여 자기인증을 할 때 달성하여야 하는 자기인증의 기준이 된다. 즉 자동차는 구조 및 장치가 "자동차안전기준"에 적합하지 아니하면 이를 운행하지 못하고 자동차에 장착되는 부품도 "부품안전기준"에 적합하여야 하는데(자동차관리법 제29조), 자동차를 제작·조립 또는 수입하고자 하는 자는 그 자동차의 형식이 자동차안전기준에 적합함을 스스로 인증("자기인증")하여야 한다. 따라서 ADS 안전기준으로서 국토부가 정하는 안전기준(예를 들어 ADS가 베풀어야 하는 주의의무의 수준 등)은 자동차제작자 등이 제작시 자율주행능력을 담보하기 위해 충족시켜야 하는 ADS의 주의의무의 수준 혹은 자율주행능력이 된다. ADS 안전기준에 대해서는, 제2편 제2장 〈자동차법과 도로법제〉 제3절 자율주행시스템(ADS)에 대한 안전규제체계 검토에서 살펴보았다.

5. 2단계, 3단계 자율주행차에 대한 윤리규범의 반영필요성 여부

(1) 운전자의 운전지배 가능성과 윤리적 의무의 우선적 선택

가족이나 행인이 심장마비로 쓰러져 급히 병원으로 호송하여야 하는 경우, 자동차를 운전하는 운전자는 생명존중이라는 윤리적 의무감에서 교통법규보다 환자의 생명을 우선하는 운전판단을 할 수 있다. 예를 들어, 신호등이 빨간색인 경우에도 주변에 행인이 없는 경우 비상등을 켜고 그대로 통과할 수 있다. 이와 같이 "인간 운전자"가 "운전을 지배"하고 운전 관련 주의의무를 부담하는 2단계 자동차에서는 자율주행보조기능에 윤리규범을 반영해야 할 필요성은 별로 발생하지 않는다.

---

19 2016(https://www.bloomberg.com/news/articles/2016-09-19/seattle-tech-vets-to-propose-driverless-stretch-of-interstate-5: 최종접속일 2016. 11. 20).
48) 아래의 IV. 5. 참조.

마찬가지로 3단계 자율주행차에서도 "운전자"가 "운전에 관여"할 수 있기 때문에 자율주행모드로 운전하는 경우라도 운전자가 운전지배를 회복해 교통법규보다 환자의 생명을 우선하는 판단을 할 수 있다. 그런데 3단계 자율주행차에서는 운전자가 운전지배를 ADS에 이전할 수도 있기 때문에, ADS가 수행해야 하는 자율주행기능에 이러한 윤리적 판단능력이 반영되어야 하는가 여부가 문제된다.[49]

(2) 윤리규범의 사전 장착 필요성 여부

뒤에서 보는 것처럼,[50] NHTSA 4단계(혹은 SAE 5단계) 완전 자율주행차에서는 운전대와 브레이크 페달이 사라질 수 있기 때문에 비상상황에서 인간 운전자가 개입해 응급상황을 타개할 가능성은 사라진다. 따라서 4단계 완전 자율주행차에는 윤리적 판단이 필요한 상황에서 윤리적 운행을 할 수 있는 "윤리적 자율주행능력"을 사전 프로그래밍하는 조치는 필수적이 된다.[51] 예를 들어 위와 같은 상황에서 앰뷸런스와 같이 주행할 수 있는 "앰뷸런스 모드"를 사전에 장착하는 조치가 필요하게 된다. 이처럼 4단계 완전 자율주행차에서는 윤리적 판단이 필요한 상황을 사전 분석하여 윤리적 판단을 우선할 수 있도록 하는 주의의무 내용을 인공지능 알고리즘에 사전 반영할 필요가 있다.

이에 반해 3단계 자율주행차에서는 앞서 본 것처럼 인간 운전자의 개입가능성이 열려 있기 때문에 사후적으로 윤리적 판단상황이 발생하면 그 때 운전자가 개입할 수 있고, ADS에 사전 반영해야 하는 주의의무 내용에 반드시 윤리적 판단 상황을 프로그래밍해야 하는 것은 아니다. 하지만, 운전자가 운전에 개입하는 것보다 응급환자를 돌보는 것이 더 바람직한 상황 혹은 운전자가 위난에 처한 상황과 같이 "운전자의 개입가능성이 사라지는 상황"도 발생할 수 있다. 이러한 점을 고려하면 3단계 자율주행차를 4단계 자율주행차와 구별할 필요는 없고, 따라서 3단계 자율주행차에서도 ADS에 윤리적 판단능력을 사전적으로 반영할 필요가 있게 된다.

---

49) 자세한 논의는 Noah Goodall, "Machine Ethics and Automated Vehicle", in G Meyer, S Beiker (ed), Road Vehicle Automation (Springer, 2014)(이하 "Goodall"), p. 93 참조.
50) Ⅳ. 6. 참조.
51) Goodall, p. 93 이하 참조.

Ⅳ. 4단계 자율주행차에서의 탑승자, ADS, 제조자의 주의의무의 변화와 윤리규범의 반영

1. 4단계 자율주행차 내부 디자인의 변화와 운전자 지위의 변화

3단계 자율주행차는 자동차를 디자인함에 있어 인간의 개입을 허용 혹은 강제하기 위해 운전대(조향장치)와 브레이크 페달(제동장치), 가속페달(가속장치) 등을 갖추어야 한다. 이와 달리 NHTSA 4단계(혹은 SAE 5단계) 자율주행차에서는 인간의 개입을 위한 운전대, 브레이크 페달, 가속페달 등이 사라질 수 있다. 이와 같이 자율주행차의 발전단계가 인간의 개입을 요구하는 3단계에서 인간의 개입을 요구하지 않는 4단계로 이행하는 경우, 자율주행차의 디자인이 변화함으로 인해 자동차 탑승자의 지위가 근본적인 변화를 겪을 수 있다. 즉, 주행에 관한 한 탑승자는 목표지점을 설정하고 주행시작을 지시하는 때를 제외하면 거의 주행에 관여하지 않기 때문에, 주행과 관련한 탑승자의 주의의무를 부과할 필요성은 사실상 완전히 사라지게 된다.

2. 4단계 자율주행차 탑승자 지위의 변화와 사고책임의 주체

인간의 개입을 요구하지 않는 4단계 완전자율주행차에 의해 사고가 발생한 경우 누가 책임을 지는가? 앞서 본 것처럼 인간이 관여할 수 있는 3단계 자율주행차에서도 운전자의 역할은 크게 축소될 것으로 예상되고 그에 따라 운전자가 운전과 관련해 베풀어야 할 주의의무의 정도 및 과실가능성도 크게 줄 것으로 예상된다. 제3단계 자율주행차의 자가운전자는 ADS 작동 중에는 자배법상 "운행자"인 동시에 보호객체인 "타인"에 해당할 가능성이 높아지기 때문이다.[52] 나아가, 운전자의 개입의무가 배제되는 4단계 자율주행차에서 전자제어기술이나 장치에 따라 자율주행모드가 정상 운행되는 경우 탑승자가 "운전자"로서 과실책임을 질 가능성은 사실상 사라지게 된다.

이와 반비례하여 제조자 혹은 ADSE가 운행과 관련되어 책임을 질 가능성은 크게 증가한다. 4단계 자율주행차의 사고가 ADS의 작동 중 발생하면 이는 대부분

---

[52] 오지용, 109면; 보유자의 타인성에 대해서는, 제2편 제4장 〈책임법과 보험법제〉 제3절 Ⅱ. 5. ADSE에 대한 관계에서 보유자의 타인성 인정 여부 참조.

자동차 특히 ADS의 흠결에 기인한 사고일 가능성이 높아지기 때문이다.[53] 이와 같이 제조자의 책임 가능성은 인간의 개입 가능성이 인정되는 3단계 자율주행차에서도 크게 증가하지만 운전자의 개입의무가 배제되는 4단계 자율주행차에서는 더욱 더 증가하게 된다. 따라서 완전 자율주행차의 경우 사실상 사고책임은 모두 제조자 혹은 ADSE가 질 가능성이 높다.[54]

3. 탑승자의 주의의무의 변화

4단계 자율주행차에서 탑승자가 자동차의 주행과 관련하여 수행하는 역할은 매우 제한적이다. 4단계 자율주행차가 상용화되는 가까운 미래에는 음성인식이 가능한 인공지능이 일반화될 것으로 예상되므로, 탑승자는 자동차에 탑승후 음성인식기능이 장착된 스피커를 통해 음성으로 목표지점을 지정하고 운행방식을 지시하면 주행과 관련된 자신의 역할을 다한 것이 된다. 만약 음성인식기능이 작동하지 않는다면 터치패드를 터치하는 등의 방법으로 목표지점을 지정하고 운행방식을 입력할 것이다. 그런데, 탑승자이 이러한 역할을 수행하고 나면 4단계 자율주행차에서 탑승자가 주행과 관련해 할 수 있는 일은 별로 없다. 따라서 운행 도중에 탑승자가 목표지점을 변경하는 등 새로운 주행지시를 내리는 경우를 제외하면, 주행과 관련해 탑승자가 주의를 베풀어야 할 경우는 사실상 없어질 것으로 예상된다.

이와 같이 4단계 자율주행차의 운행과 관련해 탑승자가 주의를 베풀어야 할 경우는 탑승시 주행지시, 혹은 주행 중 이전 주행지시의 변경 등 아주 제한된 경우에 한정될 것이고, 동시에 주의의 정도나 내용도 주행지시를 함에 있어 필요한 수준만 베풀면 될 것이다.

4. "긴급상황" 발생시 탑승자의 주의의무 존재 여부

앞서 본 것처럼, 3단계 자율주행차에서 긴급 상황이 발생하여 ADS가 스스로

---

53) 문제는 완전한 자율주행차가 기계적 흠결이 없는 경우에도 사고가 발생하는데, 이러한 경우에도 제조자는 무과실책임을 져야 하는가 하는 문제가 발생한다. 이러한 경우 누가 책임을 져야하는가에 대한 논의에 대해서는, 제2편 제4장 〈책임법과 보험법제〉 제1절 Ⅲ. 3. (3) 이하; 이중기, 인공지능을 가진 로봇의 법적 취급, Ⅲ. 3. (3) 이하 참조.
54) 이러한 결론은 제조물책임법상의 불명확성이 합리적으로 제거될 것을 전제한 결론이다. 자세한 논의는 이중기·황창근 114-115면 참조.

상황을 통제하는 것이 불가능한 경우, 운전자가 운전지배를 회복하는 것이 필요한가 라는 문제가 제기되는데, "상당한 시간을 두고 경고할 수 있는 경우가 아닌한" 운전자의 운전지배 회복보다 ADS가 스스로 판단하여 피해를 최소화하는 조치를 취하도록 하는 것이 더 타당하다.[55] 이러한 점은 4단계 자율주행차에서도 그대로 적용된다. 왜냐하면 4단계 자율주행차는 운전대나 브레이크 페달 등 탑승자가 운전에 개입할 수 있는 수단을 갖추지 못할 가능성도 있기 때문이다.

따라서 4단계 자율주행차에서 긴급상황의 발생과 관련해 탑승자에게 요구할 수 있는 주의의무의 수준은 긴급상황의 발생을 인지하고 자신이 취할 수 있는 자기보호조치에 필요한 정도의 주의에 한정되어야 하고, 적극적으로 긴급상황의 발생을 통제하도록 하는 것에 맞추어 져서는 안된다.

5. 4단계 ADS의 주의의무의 변화: 자기인증기준 혹은 운전면허수준의 대폭 강화

앞서 본 것처럼, ADS를 운전자로 의제할 때 ADS가 베풀어야 하는 주의의무의 수준은 자동차 제작자의 관점에서 보면 ADS를 제작해 자기인증을 해야 할 때 달성해야 하는 자기인증 기준 혹은 도로교통법의 관점에서 보면 4단계 로봇운전자의 교통법규의 준수능력인 운전면허 수준이 되는데,[56] 4단계 자율주행차 제작자 등이 제작시 충족시켜야 하는 ADS의 운전주의의 수준, 즉 자기인증기준 혹은 운전면허 수준은 3단계보다 대폭 강화될 것으로 예상된다.

왜냐하면, 4단계 자율주행차가 인간운전자와 혼재되어 자율주행하는 경우 ADS가 DDT 및 비상상황대응(DDT fallback)과 관련해 베풀어야 하는 주의 수준은 항상 인간 운전자가 베푸는 주의수준이 그 기준이 되어야 하기 때문이다. 다시 말해, 4단계 ADS가 운전자가 베풀 수 있는 수준의 주의를 베풀기 위해서는 운전 자처럼 (i) '주행환경을 인식'하고, (ii) '주행정보를 분석'하여, (iii) 정지 가속 차선 변경 기타의 '주행판단'을 내릴 수 있는 DDT를 수행해야 하고, 더 나아가 DDT 중 발생하는 비상상황에 대한 대응도 인간처럼 수행할 정도의 능력을 장착해야 한다. 따라서 4단계 ADS의 인공지능관련 자기인증기준 혹은 운전면허 수준은 (i) 센서를 통한 '인식', (ii) 인식된 지능정보의 통합을 통한 '분석', 및 (iii) 인간상

---

55) Ⅲ. 3. (3) 참조.
56) Ⅲ. 4. (4) 참조.

식에 적합한 주행 '판단'뿐만 아니라, 운전자에 상응하는 비상상황 대응 등의 조치를 취할 수준에 달해야 하므로 매우 높은 기준이 될 것이다. DDT 및 비상 상황 대응의 개념에 대해서는, 제2편 제1장 〈총론〉 제2절 Ⅰ. 1. (1) 및 2.에서 살펴보았다.

물론 인간의 운전이 배제되는 자율주행차 전용도로가 개설되는 경우 ADS가 베풀어야 하는 운전주의의 수준은 정책적으로 인간보다 더 높게 결정될 수 있다. 왜냐하면 인간이 오감에 의지해 운전하는 것과 달리 자율주행차는 인간의 오감보 다 뛰어난 센서 등을 통해 보이지 않는 곳의 상황 등을 파악할 수 있고, 또한 급 제동 및 급가속을 하는 경우 자율주행차간 통신을 통해 그 통제가 용이하게 되는 측면이 있으며, 특히 자율주행차 전용도로에서는 인간의 다양한 운전행태를 고려 할 필요가 사라지기 때문이다.57)

6. 4단계 ADS의 주의의무와 윤리규범의 사전 프로그래밍 필요성

(1) 인간운전자의 경우: 윤리적 의무와 교통법규간의 충돌시 상식적 선택

앞서 본 것처럼, 가족이나 행인이 심장마비로 쓰러져 급히 병원으로 호송해 야 하는 경우 사람은 교통법규보다 환자의 생명을 우선해 신호등이 빨간불이더라 도 융통성을 발휘해 교차로를 통과하는 판단을 할 수 있다.58) 그런데, 이러한 판 단을 내리는 사람은 생명의 보호라는 윤리적 의무를 인식하고 생명의 보호가 교통 신호의 준수라는 이익보다 더 크다고 생각하기 때문에 이러한 판단을 한다.

그렇다면 4단계 ADS의 운전주의의 내용에는 "이러한 윤리규범이 반영되어 야 하는가?"라는 물음이 제기된다. 3단계 자율주행차와 달리 4단계 자율주행차에 서는 운전자의 개입의무가 사라지고 또한 운전대와 브레이크 페달이 사라질 가능 성이 있기 때문이다. 이 같은 상황에서 자율주행차에 앰뷸런스 모드로 주행할 수 있도록 미리 입력해 놓지 않는다면, 사람이 개입해 응급상황을 타개할 가능성은 낮아질 것이다.

---

57) Ⅲ. 4. (3) 참조.
58) Ⅲ. 5. (1) 참조.

(2) 윤리규범의 사전 장착 필요성: 윤리적 의무와 교통법규의 충돌시 4단계 자율주행차의 선택

이와 같이 4단계 자율주행차에서는 윤리적 판단이 필요한 상황을 사전 분석하여 윤리적 판단을 우선할 수 있도록 하는 운전주의 내용을 인공지능 알고리즘에 사전 반영할 필요가 있다.[59] 예를 들어, 4단계 자율주행차는 "앰뷸런스 모드"를 장착해야 하고, 위와 같은 상황이 발생하면 자동차보유자가 앰뷸런스 모드를 작동시켜 생명을 구할 수 있도록 해야 할 것이다. 만약 4단계 ADS에 이러한 윤리적 판단 내용을 알고리즘에 반영하지 않으면, 자율주행차는 교통법규를 지키면서 운행하기 때문에 이러한 비상상황 발생에 대해 긴급하게 대처하지 못하게 되고, 또한 4단계 자동차에는 운전대가 없을 가능성이 높기 때문에 탑승자가 개입할 수도 없는 결과가 된다. 반면에 4단계 ADS에 이러한 "앰뷸런스 모드"를 장착하는 경우 이러한 모드를 작동시키면 사람이 운전하는 것과 같은 윤리성을 발휘하면서 생명을 구할 수 있을 것이다.

7. 4단계 ADS의 주의의무의 내용과 융통성: 중앙선 침범의 허용 여부

(1) 안전하게 중앙선 침범을 감행하는 경우는 허용될 것인가?: 도로교통법의 목적

앰뷸런스가 1차로 도로에서 긴급히 병원으로 가는 도중에 트랙터를 만난 경우 가장 먼저 하는 일은 아마도 반대차선에 오는 자동차가 있는지 여부를 확인하고 오는 차가 없다면 비상등을 켜고 안전하게 중앙선을 넘어 추월하는 일일 것이다. 그런데, 앰뷸런스 모드를 장착한 4단계 자율주행차에 대해서도 이 경우 중앙선을 넘도록 프로그래밍해야 하는가가 문제된다. 특히 이 경우 중앙선을 침범하는 4단계 자율주행차의 행위를 어떻게 볼 것인가가 문제된다.

통상적인 경우 교통법규는 지켜져야 한다. 하지만, 도로교통법의 목적은 교통의 원활한 통제를 위한 행정법규이기 때문에 사람의 생명을 구하기 위한 중앙선 침범은 긴급피난으로서 정당화될 수 있는 경우도 있다.[60] 특히 건너편 차선에 진행하는 차가 없는 경우 위법성이 조각될 가능성은 높아진다. 따라서 긴급상황

---

59) 자세한 논의는 Goodall, p. 93 이하 참조.
60) 미국 자율차통일법도 ADS의 도로교통법 준수를 요구하지만, '절대적'인 준수가 아니라 '합리적 조치'를 요구한다. 자세히는 제2편 제1장 제3절 Ⅳ. 1. (1) 참조.

을 해결하기 위한 인간운전자의 융통성도 자율주행차의 운전주의의 내용에 사전적으로 반영될 필요가 있다.

(2) 운전주의의 내용에 융통성을 허용할 경우 고려사항

사람의 경우 생명을 구하기 위해 중앙선을 침범할 것인가 여부는 운전자가 시시각각 발생하는 상태와 주변상황를 고려하여 "그 때" 즉각적으로 결정한다. 이에 비해 4단계 자율주행차가 중앙선을 침범할 것인가 여부는 "사전적으로" 결정되어 있어야 한다. 즉 자동차 제조자는 어떠한 긴급상황에서 중앙선을 침범할 것인가 여부를 사전적으로 미리 결정하여 프로그래밍해야 하고, 사전 프로그래밍된 ADS는 그러한 상황이 발생하면 그 프로그래밍에 따라 자동적으로 중앙선 침범을 결정하게 된다. 따라서 자율주행차에 대해 중앙선침범을 허용할 것인가 여부 어떠한 상황에서 허용할 것인가 등에 대해서는 사전적으로 사회적 합의를 거칠 필요[61]가 있다. 이 때, (i) 침범시 안전성의 확보, (ii) 기타 타인의 법익의 침해 여부를 충분히 고려하여 결정하여야 할 것이다.

V. 결론

자율주행차가 2단계에서 3단계로 발전함에 따라 운전을 담당하는 운전자의 주의의무가 ADS에 의해 일정 부분 대체되고 운전자의 역할이 감소하는 경향을 보인다. 이 경우 운전자의 주의의무를 대체하는 ADS의 자율주행능력이 어느 정도가 되어야 하고 이러한 자율주행능력을 확보하기 위한 ADS의 주의의무를 어떻게 파악해야 하는지가 문제된다. 이 글에서는 운전자의 주의의무가 감소하는 만큼 ADS의 역할이 증대되고, 역할이 증대되는 ADS의 주의의무는 결국 자동차관리법상 제조자의 자기인증의 기준 혹은 도로교통법상 교통법규 준수능력인 운전면허 수준으로서 반영되어야 하며, 자율주행차 혹은 ADS의 자기인증의 기준은 인간 운전자의 주의의무 수준이 그 판단기준이 되어야 한다는 점을 살펴보았다.

또 자율주행차가 3단계에서 4단계로 발전하는 경우, 인간의 개입의무가 사실상 사라지기 때문에 운전대와 브레이크 페달이 없어지는 등 내부디자인이 완전히

---

61) Ⅲ. 4. (2) 참조.

바뀔 가능성이 있다. 이러한 자율주행차에서는 목표지점을 지시하고 주행시작을 입력하는 행위를 제외하면 주행에 관한 한 탑승자의 관여가 일어나지 않기 때문에 주행관련 운전자의 주의의무는 사실상 배제된다. 이 경우 운전자가 아닌 탑승자로서 부담하는 탑승자의 주의의무는 최소화되고, 운전자의 주의의무를 완전히 대체하는 ADS의 주의의무의 정도는 대폭 확대 강화된다. 이러한 완전 자율주행차에서는 인간의 주의의무가 사실상 배제되기 때문에 ADS의 운전주의의 내용에 인간의 윤리적 판단능력 및 융통성을 확보하려는 조치가 필요하게 되는데, 이러한 인간운전자의 윤리적 판단능력 및 융통성을 확보하기 위해서는 사전적으로 윤리적 판단 및 융통성이 필요한 주행상황을 결정해야 하고 그 상황에 필요한 윤리적 판단능력과 융통성을 미리 인공지능의 주의의무 알고리즘에 반영할 필요가 있다.

제4장
책임법과 보험법제

제1절 자율주행차 사고에 대한 인식과 책임, 보험제도의 작동방식[*]

I. 서론

우리 사회는 농경사회, 산업사회, 정보사회를 지나 이제 지능정보사회로 발전하고 있다. 이러한 맥락에서 요즘 '인공지능'(AI: artificial intelligence), '지능정보사회'(intelligent information society)라는 용어가 널리 사용되고 있다. '인공지능'에 대한 정의는 확립되어 있지 않지만,[1] 인간의 지능적인 행태를 모방할 수 있는 기계의 능력이라고 정의[2]할 수 있다. 따라서 인공지능이란, 인간이 오감으로 인식한 입력정보를 뇌세포가 통합해 분석하여 최종 판단을 내리듯이, 인간의 오감에 상당하는 입력장치와 입력된 정보를 통합 분석 판단할 수 있는 정보처리장치를 갖춘 정보처리시스템이라고 정의할 수 있다. 마찬가지로 '지능정보'에 대한 정의는 확립되어 있지 않지만, 대강 이러한 인공지능이 인간의 지능과 같은 처리방식으로 인식, 통합, 분석, 판단하여 제공하는 정보, 다시 말해 정보처리시스템이 인간처럼 센서를 통해 인식하고 정보처리장치가 통합해 분석하고 판단해 제공하는 정보라고 정의할 수 있다.

이미 우리 주변에는 '지능화된 정보'의 제공서비스가 점차 늘어나고 있음을

---

* 이 부분은 이중기, "인공지능을 가진 로봇의 법적 취급: 자율주행자동차 사고의 법적 인식과 책임을 중심으로", 홍익법학 제17권 제3호(2016)를 수정, 보완한 것이다.

[1] 이러한 인공지능에 대한 정의의 불명확성은 인공지능에 대한 행정규제를 어렵게 만드는 첫 번째 원인이 된다. 자세히는, Report of the 2015 Study Panel, Artificial Intelligence and Life in 2030(Sep. 2016), 12면 이하.

[2] Merriam-Webster 사전의 정의 참조 http://www.merriam-webster.com/dictionary/artificial%20intelligence(2016. 8. 24. 최종접속).

알 수 있는데, 특히 자동차와 관련해 '지능정보'의 제공사례는 쉽게 발견할 수 있다. 예를 들어, 내장된 카메라나 센서를 통해 주변에 주행 중인 차량, 지나가는 행인, 위험물 등을 실시간으로 인식하고 운전자에게 위험을 알려주는 자동제어장치는 실시간 '지능화된 정보'를 제공한다. 자율주행차는 이러한 지능정보를 이용해 자동차 스스로 운행이 가능하게 된 자동화된 자동차를 의미한다. 즉 자율주행차는 인간에 의하여 목적지가 설정되거나 자율주행 모드가 설정되면 이에 따라 인간 운전자의 개입없이 스스로 도로상황 등 주행환경을 인식하면서 위험요소를 식별하고 사전에 프로그램된 기준에 따라 의사결정을 하면서 도로를 주행한다. 이러한 점에서 자율주행차는 적어도 현상적인 측면에서 완전한 "자율성"을 갖고, 이 점에서 자율주행차는 인공지능이 통제하는 자율적인 로봇이라고 볼 수 있다.

그런데 이러한 "자율성"을 갖는 물건의 등장은 법제도가 전제한 "인간본위"의 "개념적 틀" 예를 들어, 인간존엄성에 근거한 '권리주체'로서의 인간의 개념과 '권리객체'로서의 물건의 개념이라는 주종적 이분법에 대한 근본적 의문을 제기한다. 로봇은 '자율성'을 갖더라도 여전히 권리주체인 인간의 지배대상으로 머물 수밖에 없는가? 영화 트랜스포머 시리즈에 등장하는 옵티머스 프라임과 같은 완전한 자율성을 갖는 새로운 외계 종족(기계족)은 물건으로 취급되어야 하고, 인간과 같이 존엄한 존재로 취급되는 것은 허용될 수 없는가? 만약 인공지능이 진화하여 옵티머스 프라임과 같은 완전한 자율성을 갖는 로봇(영화 어벤져스에 등장하는 비전같은 존재 등)이 등장하더라도 인간은 이러한 로봇을 계속 물건으로 취급해야 하는가?3)

아래에서는 우리 사법체계가 전제하고 있는 "인간본위"의 "개념적 틀", 즉 '권리주체'로서의 인간의 개념과 '권리객체'로서의 물건의 개념이라는 주종적 이분법에 대해 간단히 살펴본 다음, 자율성을 가진 로봇의 등장이 어떠한 법적 인식의 문제를 야기하는가를 살펴본다. 그 다음 자율성을 가진 로봇의 구체적인 예로서 자율주행차를 중심으로 자율성을 가진 물건에 대한 법적 인식의 변화가능성

---

3) 이에 대한 본격적인 논의로는, L. Solum, "Legal Personhood for Artificial Inteligences", 70 N. C. L. Rev. 1231 (1992); D. Vladeck, "Machines Without Principals: Liability Rules and Artificial Inteligence", 89 Wash. L. Rev. 117 (2014); Koops, Hildebrandt, Jaquet-Chiffelle, "Bridging the Accountability Gap: Rights for New Entities in the Information Society?", 11 Minn. J. L. Sci. & Tech 497 (2010) 등 참조.

을 자율주행차의 책임과 관련해 탐구해 본다.

Ⅱ. "인공지능이 구현된 물건/현상"에 대한 법적 취급: "자율성"을 가진 "물건/현상"을 어떻게 파악할 것인가?

1. 기존의 법적 개념 도구들: '권리주체' 개념과 '권리객체' 개념

(1) 권리주체로서의 사람: 권리능력

권리란 법이 일정한 이익을 누릴 수 있게 하는 힘이므로 권리라는 개념은 당연히 그런 법적 힘을 갖게 되는 주체를 전제로 한다. 법질서에 의하여 이러한 법적 힘을 갖게 되는 자, 즉 권리의 귀속자를 "권리의 주체"라고 한다.[4] 이처럼 법의 관점에서 볼 때 모든 권리는 그 주체가 있으며, 권리주체가 없는 권리는 상정할 수 없다. "권리는 항상 어떠한 권리주체에 귀속되며, 그러한 귀속점 없이 떠도는 권리란 있을 수 없다. 어떤 특정한 권리주체는 권리를 가지게 되고 다시 이를 잃게 된다."[5]

그런데 누가 혹은 어떤 존재가 권리를 향유할 수 있는 권리주체가 될 수 있는가? 권리주체가 될 수 있는 지위 혹은 자격을 '권리능력'이라고 하는데, 동시에 '인격'이라고도 한다.[6] 여기서 인격은 훌륭하다는 뜻이 아니고 법률상의 권리를 향유할 수 있는 자격을 의미한다. '인격'은 모든 권리의무의 귀속점으로서 작용하는데, 권리변동시 "재산의 분리 및 재산의 통합을 위한 연결점"(nexus for asset partitioning and pooling)[7]으로서 작동한다.

그런데 왜 '권리능력'은 '인격'과 동일한 의미로 사용되는가? 인간이 창안한 법질서는 사람을 중심으로 하여 발전해 왔기 때문이다. 즉 권리능력은 고대와 중세 봉건사회에서 제한적으로 인정되다가, 17, 18세기에 이르러 "개인의 존엄"을 바탕으로 하는 자연법사상의 영향으로 모든 사람에게 확대되어 인정된다. 이와 같이 근대법이 '권리능력'을 모든 사람의 능력으로 인정하였기 때문에 '인격'으로

---

4) 곽윤직·김재형, 민법총칙(제9판)(2013)(이하, "곽윤직·김재형"), 93면 참조.
5) 양창수·권영준, 권리의 변동과 구제(2011), 55면.
6) 곽윤직·김재형 93면.
7) 인격이 수행하는 '재산분리' 혹은 '재산통합'의 연결점적 기능에 대해서는, 이중기, "조직법의 물권법적, 계약법적 기초, 조직법의 고유한 특징과 기여", 홍익법학 제17권 제1호 (2016), 533면, Ⅰ. 2. (1) 참조.

불리게 된다.[8]

(2) 권리주체의 사적자치: 행위능력 — 자율성

이처럼 모든 인간은 권리능력을 갖고 헌법이 보장한 개인의 자유를 누릴 수 있기 때문에 각 권리주체는 권리 의무의 발생 변경 소멸에 대하여 주체적으로 사적 자치를 행할 수 있다.[9] 하지만 모든 사람이 평등하게 권리능력을 갖고 있다고 해서 항상 자신의 행위에 의하여 권리를 취득하거나 의무를 부담할 수 있는 것은 아니다. 권리능력자인 자연인이 자율적으로 권리를 취득하거나 의무를 부담할 수 있는 일정한 지식수준이 결여되어 있는 때는 이러한 정상적인 인식력, 즉 의사능력의 흠결을 이유로 그 행위의 효력이 부인되기 때문이다. 예를 들어, 미성년자 혹은 성년후견이 개시된 자의 행위는 행위주체의 사적자치능력, 즉 '자율성'에 흠결이 있는 것으로 볼 수 있기 때문에 행위의 효력이 부인될 수 있다.

(3) 권리객체로서의 물건

앞서 본 것처럼, 권리는 권리주체에게 일정한 이익을 누릴 수 있도록 하는 법률상의 힘이므로, 이러한 이익의 실현을 위해 일정한 대상을 필요로 한다. 권리실현의 대상은 이러한 권리주체로서의 인간의 권리행사에 대해 그 대상이 되는 것이므로 그 대상성에 기해 "권리 객체"로 파악된다.

권리의 객체는 권리의 종류나 행사방법에 따라 달라지는데, 물건을 지배하는 권리(물권)의 경우 권리객체는 물건이 되고, 다른 권리주체에 대한 권리(채권)가 행사되는 경우 권리의 객체는 권리주체인 채무자의 행위, 즉 급부가 된다. 물권의 대상인 물건은 민법이 정의하고 있는데, "물건이라 함은 유체물 및 전기 기타 관리할 수 있는 자연력"으로 정의(제98조)되어 있기 때문에 유체물뿐만 아니라 관리 가능한 한 전기 기타 자연력도 권리주체가 지배할 수 있는 물건으로 파악될 수 있다.

---

8) 곽윤직, 민법총칙(신정 수정판)(2000), 111면.
9) 곽윤직 · 김재형, 109면.

2. 새로운 현상: 자율성을 가진 물건/현상의 등장

(1) 인공지능이 장착된 '물건'의 등장: 자율형 로봇

앞서 본 것처럼 인지과학과 컴퓨터공학의 획기적인 발전으로 인해 인공지능이 현실화되었고, 정보통신산업의 발전으로 인해 '지능정보'의 정보화네트워크가 실현되고 있다. 따라서 인공지능을 장착한 물건은 정보화네트워크를 통해 지능정보를 수령해, 분석 판단하여 필요한 조치를 취할 수 있는 존재가 되게 된다. 바야흐로 인공지능을 가진 "자율형 로봇"이 등장하게 된 것이다. 인공지능을 갖춘 자율형 로봇의 예로는 드론 등 여러 가지를 들 수 있지만, 가장 현저한 것이 바로 자율주행차이다. 자율주행차는 고정된 물건이 아니라 그 이동가능성 때문에 사고의 가능성이 높고 따라서 특별한 규제체제가 필요하게 된다.

(2) 인공지능이 응용된 '서비스/현상'의 등장: 플랫폼

인공지능은 로봇과 같이 특정된 물건에 장착될 수도 있지만, 특정된 물건에 화체되지 않고 일정한 서비스를 제공하는 플랫폼으로 활용될 수도 있다. 법률자문서비스를 제공하는 인공지능 변호사[10] 혹은 투자자문서비스를 제공하는 로보어드바이저[11] 등이 인공지능이 응용된 플랫폼으로서 지능정보 서비스를 제공하는 대표적인 예이다. 이들 자문서비스는 변호사가 법률자문을 하듯이 혹은 투자자문업자가 투자자문서비스를 제공하듯이 고객의 질문에 대해 스스로 자율적으로 법률자문 혹은 투자판단을 제공한다.

(3) 문제제기: 인공지능이 장착된 로봇/ 현상을 어떻게 파악할 것인가?
● 자율성

앞서 본 것처럼, 법질서는 권리주체로서의 인간과 권리객체로서의 물건의 개념을 상정하여 인간이 만든 물건이나 현상들은 모두 권리의 객체로 파악하였고, 이러한 법체계는 지금까지 아무런 문제 없이 작동하여 왔다. 즉 인간이 이러한

---

10) 인공지능의 법적 논증에 대해서는, 조한상·이주희, "인공지능과 법, 그리고 논증", 법과 정책연구 제16권 제2호(2016), 295면; 유승익, "인공지능의 추론방식을 활용한 법적 논증", 원광법학 제32권 제2호(2016), 299면 참조.

11) 로보어드바이저에 대해서는 안수현, "Automated Investment Tool(일명 "로보어드바이저")를 둘러싼 법적 쟁점과 과제", 상사판례연구 제29권 제2호(2016) 참조.

물건을 소유하거나 이러한 물건을 이용하거나 혹은 이러한 물건으로 사고가 발생하는 경우 소유, 이용, 혹은 사고책임에 관한 법적 문제에 관해 권리주체와 권리객체의 개념으로서 설명되지 않는 경우는 거의 없었다.

그런데 인지과학과 컴퓨터공학의 발전으로 인공지능의 출현이 가능하게 되었고, 이러한 인공지능이 장착된 자율형 로봇의 등장은 로봇의 소유, 이용, 혹은 로봇의 판단으로 인한 사고의 책임에 관해 큰 어려움을 야기하고 있다. 즉 인공지능은 인간의 지능과 같은 방식으로 독자적으로 자율적 판단을 하게 되는데, 이러한 판단은 인간의 판단과 마찬가지로 항상 옳은 것은 아니고 때로는 "결과적으로 볼 때" 오류가 있는 판단[12]일 수 있다. 이러한 경우 인공지능의 '자율적' 판단에 대한 책임은 인공지능이나 인공지능이 장착된 로봇을 만든 '제조자'가 지기도 어렵고, 마찬가지로 '소유자 혹은 이용자'가 지기도 어렵다. 제조자는 알고리즘에 결함이 없는 인공지능 혹은 로봇[13]을 만들었기 때문에 책임이 없고, 로봇의 이용자도 로봇을 이용할 뿐이지 로봇의 판단에 대해 귀책사유를 인정하기 어렵기 때문이다. 하지만 "결과적으로 볼 때" 인공지능의 자율적 판단으로 인해 사고가 발생한 경우 그로 인한 희생자는 있기 때문에 누군가는 책임을 져야한다. 이 경우 누가 책임을 지는가?[14]

동일한 문제는 로보어드바이저와 같은 인공지능기반 정보제공서비스의 이용 시에도 발생한다. 인공지능의 독자적 '자율적' 판단이 "결과적으로 볼 때" 오류가 있고 그로 인해 투자사고가 발생한 경우, 누가 그 책임을 지는가? 인공지능의 제조자는 알고리즘에 결함이 없는 인공지능을 제공하였으므로 제조자에 대해 인공지능의 투자판단에 대한 책임을 묻기는 어렵다. 마찬가지로 인공지능을 이용하는 투자자문사에 대해서도 인공지능의 판단에 대한 귀책사유를 인정하기 어렵다. 그렇다면 누가 투자사고에 대한 책임을 져야 하는가?

---

12) 알고리즘 아키텍처의 결함, 알고리즘의 오작동에 대해서는 AI가 장착된 제조물(ADS)의 '결함'으로 볼 수 있지만, '알고리즘의 결과'는 결함으로 보기 힘들다(제2편 제4장 제4절 Ⅳ. 1. (4) 참조).

13) 여기서 결함이 없다는 것은 그 당시의 과학수준을 고려할 때의 무흠결성을 의미한다. 과학은 계속 발전하기 때문에 사후 시점에서 볼 때 결함이 없다고 인정되는 경우는 제한적일 것이다. 개발위험의 항변에 대해서는, 제2편 제4장 제4절 Ⅳ. 2. (3) 참조.

14) 최은창, "인공지능 시대의 법적 윤리적 쟁점", Future Horizon, 2016 Spring 제28호(2016), 18면.

3. 인공지능이 야기한 사고의 책임에 대한 두 가지 접근방법

(1) 기존 행위주체 사이에 책임과 의무를 재분배하는 방식: 실용적 접근

자율적 인공지능의 판단으로 인해 사고가 야기된 경우 그 사고책임 해결과 관련해 제시될 수 있는 한 가지 방법은 인공지능의 "자율성"에도 불구하고 인공지능을 여전히 물건으로 취급하면서, 단지 인공지능을 이용하는 기존 권리주체의 권리와 의무를 조정하는 방식이다. 이러한 접근법은 인공지능을 독자적인 권리주체로 인정하지 않기 때문에 새로운 권리주체에 대한 문제를 야기하지 않는다. 단지 인공지능을 이용하는 기존 권리주체의 권리나 의무를 현실상황에 맞게 '증대'시키거나 '감축'시키는 방식으로 사고 책임문제를 해결할 뿐이다.15) 이러한 방식은 새로운 법리의 제시없이 단지 기존 권리주체의 책임과 의무 범위를 조정한다는 점에서 "실용적" 혹은 "보수적" 접근방법이라고 볼 수 있다.

자율주행차의 인공지능이 입력된 알고리즘에 따라 판단했음에도 불구하고 사고가 발생한 경우, 이러한 기존 행위주체의 권리와 의무 조정 방식에 의하면, 사고책임 관련 문제는 기존 권리주체의 의무와 책임의 조정을 통해 해결된다. 즉 자율주행차의 운전을 지배하는 운전자의 "운전자책임" 혹은 운행자의 "운행자책임"을 확장하는 방식을 취하거나 혹은 또 다른 권리주체인 자율주행차 제조자의 "제조물책임"을 확장하는 방식을 취하게 된다.16)

(2) 인공지능의 권리주체성을 인정하는 방식: 개념적 접근

자율적 인공지능의 판단으로 인한 사고책임 해결과 관련해 제시될 수 있는 다른 한 가지 방법은 비록 제한적이지만 인공지능의 "자율성"을 근거로 인공지능을 물건으로 보는 것이 아니라 제한적 권리주체로 보고, 필요한 한도에서 인공지능의 권리와 의무를 인정하는 것이다. 이러한 방식은 비록 제한적이지만 새로운 권리주체를 창설한다는 점에서 좀 더 급진적인 개념적 방식이다. 이러한 방식에서는 그 당시 과학수준을 고려할 때 인공지능의 무오류성을 가정하여야 하고, 또한 인공지능이 부담할 책임의 이행을 위해 책임재산을 확보해야 하는 추가적 절

---

15) J. Balkin, "The Path of Robotics Law", 6 Cal. L. Rev. Circuit 45 (2015) 46; R. Calo, "Robotics and the Lessons of Cyberlaw", 103 Calif. L. Rev. 513, 517, 539 (2015).
16) 아래의 Ⅲ. 1. 및 2. 참조.

차가 필요하게 된다.[17]

Ⅲ. 권리주체, 권리객체 개념의 유연화 가능성: 자율주행차 사고책임의 법적 인식을 중심으로

아래에서는 다음 세 가지 유형의 자동차에 대한 법적 인식의 변화가능성 및 이에 따른 자동차사고 책임의 변화가능성을 탐구해 본다. 다시 말해, 각 유형의 자동차에 대하여 사고가 발생한 경우, 누가 책임을 지는가의 문제, 그리고 누가 책임지느냐에 따라 보험제도가 어떻게 발전되어야 하는지의 문제에 대해 법적 인식의 변화가능성을 탐구해 본다. 이러한 고찰은 인공지능의 행위에 대해 누가 책임을 져야 하고 어떻게 책임을 져야 하는가의 문제에 대한 해답을 제공해 준다.

과거	현재 혹은 수년 이내	가까운 미래
유형 Ⅰ: 인간이 운전하는 자동차	유형 Ⅱ: 자율주행기능을 보유하지만 인간운전자가 개입하는 자율주행차	유형 Ⅲ: 인간의 개입이 없는 완전 자율주행차 (인공지능이 장착된 로봇!)

1. 유형 Ⅰ: 전통적 자동차 사고책임의 인식 방법: 현행법[18]

현재까지 자동차는 인간이 운전을 지배하는 자동차이었다. 따라서 사고가 발생하는 경우 자동차의 운전을 지배하는 운전자는 불법행위책임을 지고, 추가적으로 피해자보호를 위해 운행자가 운행자책임을 지는 구조가 기본적 책임구조로 설정되어 있다.

(1) 자동차 사고발생시 책임원칙
1) 운행자의 운행지배와 운행자책임

현재 자동차의 운행으로 인한 민사책임의 구조는 특별법인 자동차손해배상보장법(이하 "자배법")에 의해 설정되고 있다. 즉 자동차의 "운행"과 관련해 "자기를

---

17) 자세히는 Ⅲ. 3. 이하 및 Ⅳ. 참조.
18) 현행법의 설명에 관한 이 부분은, 이중기·황창근, "자율주행자동차 운행에 대비한 책임법제와 책임보험제도의 정비필요성", 금융법연구 제13권 제1호(2016), 93면, 97면 이하에서 인용하였음.

위하여 자동차를 운행하는 자", 다시 말해 '운행자'의 개념[19]을 중심으로 하여 운
행자책임을 설정하고 있다(자배법 제3조).[20]

2) 운전자의 운전자책임

또 자동차의 운전자는 자동차의 운전 중 야기한 사고에 대해 고의 또는 과실
이 있는 경우 불법행위에 관한 일반조항인 민법 제750조에 따라 손해배상책임을
부담하게 된다. 특히, 운전자의 과실로 인한 불법행위책임에 대해서는 운전자의
과실, 즉 주의의무의 존재와 그 위반, 손해의 발생 및 인과관계 등의 요건이 충족
되어야 한다. 운전자책임에 관해서는, 아래의 제2편 제4장 〈책임법과 보험법제〉
제2절 운전자책임에서 살펴본다.

(2) 예외: 제조물흠결과 제조자의 책임

한편 자동차의 사고는 드물기는 하지만 자동차의 운행이 아니라 자동차의
결함이 그 원인인 경우도 있다. 이 경우 제조물책임법은 "제조물의 결함"으로 다
른 사람의 생명 신체 또는 재산에 손해가 발생한 경우 '제조자'로 하여금 피해자
에 대해 손해를 배상하도록 한다. 따라서 자동차의 결함으로 인해 다른 사람에게
손해가 발생하면, 자동차 제조업자가 제조물책임을 질 가능성이 생긴다.[21]

---

19) 대법원은 "자기를 위하여 자동차를 운행하는 자"를 "사회통념상 당해 자동차에 대한 운
행을 지배하여 그 이익을 향수하는 책임주체로서의 지위에 있다고 할 수 있는 자를 말한
다"고 한다(대법원 2012. 3. 29. 선고 2010다4608 판결). 운행지배와 운행이익의 관계에
대해서는, 박세민, 자동차보험론, 2003, 63-64면; 장덕조, 보험법, 제3판, 2016, 381면 이
하; 오지용, "무인자동차와 관련된 자동차손해배상보장법 제3조의 해석", 법조, 제709권
(2015), 94면(이하, "오지용"), 98면 이하; 김영국, "자율주행자동차의 운행 중 사고와 보
험적용의 법적 쟁점", 법이론실무연구, 제3권 제2호(2015), 247면(이하"김영국"), 252면
이하.
20) 자배법상의 운행자책임에 대해서는, 제2편 제4장 〈책임법과 보험법제〉 제3절 참조. 자세
히는, 한기정, "자동차손해배상보장법상의 운행의 개념에 관한 연구", 서울대학교 법학,
제49권 제3호(2008), 213면(이하 "한기정"); 하헌주, "자동차손해배상보장법의 '운행'과
상법 제726조의2의 '자동차의 소유, 사용 또는 관리'의 개념에 관한 연구", 법학연구, 제
35집(2009), 233면; 김은경, "자동차손해배상보장법상 운행자개념에 관한 연구", 외법논
집, 제21권(2006).
21) 제조물책임에 대해서는, 아래의 제2편 제4장 〈책임법과 보험법제〉 제4절 참조. 자세히
는, 윤진수, "제조물책임의 주요 쟁점 — 최근의 논의를 중심으로", 법학연구, 제21권 제3
호(2011), 1면; 박동진, "현행 제조물책임법의 문제점과 개정방향", 선진상사법률연구, 제
57권(2012).

2. 유형 II: 3단계 자율주행차 사고책임의 인식방법

다음으로 인간의 개입을 허용 혹은 강제하는 자율주행차, 즉 SAE 3단계 자율주행차의 운행지배상황 및 이러한 자동차가 사고를 야기한 경우의 사고책임에 대해 살펴보자. 인간의 개입을 허용 혹은 강제하는 3단계 자율주행차는 인간의 개입을 허용 혹은 강제하기 위해 자동차의 디자인이 완전 자율주행차와 달리 운전대(조향장치)와 브레이크 페달(제동장치) 등을 갖추어야 한다.

(1) 운전지배의 가능성 관점에서 본 세 가지 사고상황 가능성

인간운전자의 개입을 허용 혹은 강제하는 자율주행차에 의해 사고가 난 경우, 사고는 운전지배의 관점에서 보아 크게 세 가지로 분류할 수 있다. 즉 (i) 운전자가 자율주행차의 운전을 지배하는 동안 발생한 사고, (ii) 운전자의 관여없이 자율주행모드가 작동하는 동안 발생한 사고, 및 (iii) 자율주행모드에서 운전자의 운전지배 상태로 전환되는 동안 혹은 그 반대로 운전자의 지배상태에서 자율주행모드로 전환되는 동안 발생한 사고로 대별할 수 있다.

1) 사고상황 I: 인간의 운전지배 중의 자율주행차 사고

첫 번째 유형의 사고는 운전자가 자율주행차의 운전을 지배하고 있는 중에 발생한 사고이다. 이 경우는 자동차가 자율주행차인 점을 제외하면 운전자가 차의 운전을 지배하고 있다는 점에서 전통적인 운전 중 사고와 동일시 할 수 있다. 따라서 이러한 사고에 대해서는 앞서 살펴본 운전지배에 관한 현행법이 동일하게 적용될 수 있다.

2) 사고상황 II: 인간의 관여 없는 동안의 자율주행차 사고

두 번째 유형의 사고는 인간이 자율주행차의 운전에 관여하고 있지 않는 경우이다. 이처럼 인간의 관여없이 자율주행차가 자율주행모드에서 사고를 야기하였으므로 운전자의 책임을 운전지배에서 도출하기는 힘들다. 이러한 상황에서 운전은 '자율주행시스템'(ADS)이 하고 있기 때문이다. 따라서 이러한 상황에서 자율주행차가 사고를 야기한 경우 누가 책임을 지는가 하는 문제가 심각하게 대두된다(자세히는 아래의 (2) 참조).

3) 사고상황 III: 인간과 ADS 간의 운전지배 이전 중 발생한 사고

세 번째 유형의 사고는 인간이 운전지배를 이전하거나 혹은 자율주행시스템

(ADS)이 운전지배를 이전하는 동안 사고가 발생한 경우이다. 운전자의 개입을 허용 혹은 강제하는 자율주행차의 경우, 인간이 자발적으로 개입하거나 혹은 일정 경우 운전자의 개입을 강제할 수 있는데, 이와 같이 운전자와 ADS 사이의 제어권 전환 중에 일어나는 사고에 대해서 누가 책임을 지는가가 문제된다(자세히는 아래의 (3) 참조).

4) 테슬라 사고상황과의 구별

언론에 크게 보도된 테슬라 사고는 위의 사고상황 Ⅱ 혹은 사고상황 Ⅲ의 유형에 속하지 않는다. 왜냐하면 사고가 난 테슬라 자동차는 여기서 이야기하는 "자율주행기능"이 장착된 "자율주행차"의 수준에 이르지 못한 자동차이기 때문이다.[22)]

(2) ADS 작동 중에 발생한 사고: 누가 책임을 지는가?[23)]

1) 운행자 및 운행자책임 개념의 유용성

운행자는 자동차의 소유자 기타 자동차의 사용에 대해 운행지배와 운행이익을 갖는 자[24)]로 정의되기 때문에 스스로 운전하는 자율주행차가 등장하더라도 계속 유용한 개념으로 사용될 수 있다. 왜냐하면 자율주행차의 소유자 기타 운행지배와 운행이익을 갖는 자는 여전히 운행자로서 정의될 수 있고, 자율주행차의 운행과 관련된 사고가 발생한 경우 운행자의 책임 개념이 계속 활용될 수 있기 때문이다.[25)]

2) 운전자의 역할축소에 따른 운전자책임의 감소가능성

반면에 자율주행차가 입력된 프로그램에 따라 "정상적"으로 운행되는 경우 운전자는 자신이 운전하지 않았음을 입증하기 쉽게 되고, 운전자책임으로부터 면제될 가능성이 높아진다. 왜냐하면 자율주행차에서 운전자의 역할은 크게 축소되

---

22) 테슬라 사고에 대한 자세한 분석은, 제2편 제3장 〈운전·운전자법제〉 제3절 Ⅲ. 1. (2) 참조; Consumer Reports, "Tesla's Autopilot: Too Much Autonomy Too Soon"(July 14, 2016) (http://www.consumerreports.org/tesla/tesla-autopilot-too-much-autonomy-too-soon/ 2016. 9. 5. 최종접속).

23) 예상되는 입법의 설명에 관한 이 부분은, 이중기·황창근, "자율주행자동차 운행에 대비한 책임법제와 책임보험제도의 정비필요성", 금융법연구 제13권 제1호(2016), 93면, 97면 이하에서 인용하였음.

24) 각주 18) 참조.

25) 오지용, 102면 이하; 김영국, 257면.

고 ADS의 역할이 늘어나기 때문에 이에 따라 필요한 주의의무의 정도 및 과실가 능성도 크게 줄 것으로 예상되기 때문이다. 운전자와 ADS 사이의 역할분배에 대해서는, 제2편 제3장 〈운전·운전자법제〉 제1절 운전작업의 분류와 인간과 ADS 사이의 분배: 운전능력과 준법능력의 사전 프로그래밍에서 살펴보았다.

3) ADS 제조자 등의 제조물책임 확대가능성

반면에 자율주행기능이 활성화되는 경우 ADS 제조자 등이 제조물책임을 질 가능성은 증가한다. 자율주행차는 일단 자율주행모드로 전환하게 되면 운전자의 관여없이 ADS를 통해 스스로 운전하게 되는데, 운행뿐만 아니라 운행 통제 등도 제조자가 제공한 기술이나 장치 등에 의해 수행하게 되므로, 자율주행차 사고의 경우 통상의 자동차와 달리 모두 ADS 혹은 관련장치 제조자의 책임으로 귀속될 가능성이 높아진다.

(3) 운전지배 이전 중에 발생한 사고: 누가 책임을 지는가?

1) 운전대, 브레이크 페달이 있는 자동차의 특징: 제어권전환 문제

인간운전자의 개입을 허용 혹은 강제하는 자율주행차의 경우, 자동차를 디자인함에 있어 운전대(조향장치)와 브레이크 페달(제동장치), 가속페달 (가속장치) 등을 갖추어야 한다. 이러한 3단계 자율주행차의 경우 운전자는 자율주행기능을 이용할 수도 있지만 어떤 때는 제어권을 회복해 스스로 운전할 수도 있다. 예를 들어, 곡선도로를 즐기기 위해 운전자는 자발적으로 개입할 수도 있고 혹은 위기상황이 발생하여 ADS가 경고를 발하는 경우 운전자가 그 상황을 타개하기 위해 개입해야 하는 경우도 있다. 그런데 이러한 운전자와 ADS 사이에 제어권전환이 일어나는 짧은 시간 동안 사고가 발생하는 경우, 누가 책임을 지는가?

2) ADS에서 운전자에게 이전되는 중 사고가 발생한 경우

운전자가 자율주행모드로 가고 있다가 지루한 나머지 스스로 운전하겠다는 결정을 한 경우 운전자는 ADS가 지배하는 운전상태를 자신이 지배하는 수동모드로 전환하게 된다. 이 때 운전자가 제어권을 행사한 때부터 일어나는 사고에 대해서는 운전자의 운전지배를 인정할 수 있으므로, 인간의 운전 중 사고와 동일시할 수 있다. 따라서 이러한 사고에 대해서는 앞서 살펴본 운전자의 운전지배에 관한 현행법이 동일하게 적용될 수 있다.

그런데 수동모드 전환을 '입력하는 순간' 사고가 발생한 경우에는 누가 책임을 지는가? 이 때에는 아직 수동모드로 전환되지 않았기 때문에 운전자의 운전지배가 있다고 볼 수 없다. 따라서 자율주행모드에서의 사고로 보아 ADS 제조자의 책임을 물을 가능성이 높아질 것이다. '입력 후 수동모드로 전환되기 전'까지 짧은 시간 동안 발생한 사고에 대해서도 ADS의 사고로 볼 수 있다.

3) 운전자에서 ADS로 전환되는 중 사고가 발생한 경우

운전자가 수동모드로 곡선구간을 즐기고 있다가 피곤한 나머지 자율주행모드로 운전하겠다는 결정을 할 수 있다. 이 경우 운전자는 자신의 제어권을 ADS에 이전하게 된다. 이 때 자율주행모드로 전환된 때부터 ADS가 운전을 지배하므로 이 때부터 일어난 사고에 대해서는 자율주행모드에서의 사고로 보아 ADS 제조자의 책임을 물을 가능성이 높아진다.

또 운전자가 자동주행모드 전환을 '입력하는 순간' 사고가 발생한 경우에도 아직 수동모드로 운행되고 있기 때문에 운전자의 운전지배가 있다고 볼 수 있다. 따라서 앞서 살펴본 운전자의 운전지배에 관한 현행법이 동일하게 적용될 수 있다. 마찬가지로, '입력 후 자율주행모드로 전환되기 전'까지 짧은 시간 동안 발생한 사고에 대해서도 운전자의 사고로 볼 수 있다.

3. 유형 Ⅲ: 완전 자율주행차 사고책임의 인식방법: 새로운 권리주체의 필요성 여부

마지막으로 자율주행차 가운데 운행에 관하여 운전자의 개입을 요구하지 않는 완전한 자율주행차의 운전지배상황 및 이러한 자동차가 자율주행중 사고를 야기한 경우의 사고책임에 대해 살펴보자. 이러한 자율주행차는 운전에 대해 인간의 개입을 요구하지 않기 때문에 자동차의 디자인이 기존의 자동차와 다른 양상을 띨 수 있다. 즉 인간의 관여를 허용 혹은 강제하는 자율주행차와 달리 이러한 자동차에서는 인간의 운전이 강제되지 않기 때문에 관여 수단이 되는 운전대(조향장치), 브레이크 페달(제동장치), 가속페달(가속장치) 등이 존재하지 않을 가능성이 있게 된다.

(1) 인간의 운전지배 가능성이 배제되는 이유: 인간의 다양성 v 기계의 통일성

사람의 경우, 모든 운전자가 준수해야 하는 교통규칙을 통일시키고 인간에게 그 내용을 동일하게 교육시키는 경우에도, 각 운전자가 교통규칙을 이해하는 정도나 개인의 성향 등에 따라 각 운전자의 운전행태는 개별적으로 달라질 수 있다. 이에 비해, 사전에 입력된 알고리즘에 따라 운전하는 로봇운전자의 경우 사전에 입력될 알고리즘을 통일시키면 모든 자율주행차의 운전방식은 쉽게 통일될 수 있고, 따라서 사람과 달리 운전방식이나 성향의 차이로 인한 사고유발가능성은 사전에 차단될 수 있게 된다.

이러한 이유 때문에 '교통안전' 및 '효율성'의 관점에서 보면 종국적으로 인간은 자동차의 운전에서 완전히 배제될 운명에 처해 있다. 교통사고의 확률을 낮추고 도로교통의 효율을 높이기 위해 완전 자율주행차만이 도로 위의 주행을 허가받을 가능성이 높기 때문이다.[26] 자율주행차를 도입하는 가장 큰 이유는 사고를 줄이고 물류의 효율을 높이기 위한 것인데, 사고확률이 최대한 낮아지고 효율이 극대화되는 상황은 모든 자동차가 운행에 관한 통일되고 획일적인 로직을 갖고 일관되게 운행하는 경우이다. 그런데 이러한 상황은 모든 자동차가 사전에 입력된 알고리즘에 따라 동일한 방식으로 운행되는 완전 자율주행차의 세계에서 쉽게 실현될 수 있다.

(2) 완전 자율주행차에 의한 사고시 누가 책임을 지는가?: ADS 제조자

인간의 개입이 강제되지 않는 완전자율주행차에 의해 사고가 발생한 경우 누가 책임을 지는가? 앞서 본 것처럼, 인간이 개입해야 하는 자율주행차에서도 운전자의 역할은 축소될 것으로 예상되고 그에 따라 필요한 주의의무의 정도 및 과실가능성도 크게 줄 것으로 예상되기 때문에, 자율주행차가 전자제어기술이나 장치에 따라 정상적으로 운행되는 경우 운전자가 과실로 운전자책임을 질 가능성은 낮아지게 된다. 반면에 ADS 기타 장치의 제조자가 책임을 질 가능성은 크게 증가한다. 이러한 제조자의 책임 증가 가능성은 인간의 운전개입의무가 배제된 완전 자율주행차에서 더욱더 증가하게 된다. 따라서 완전 자율주행차의 경우 사고책임

---

26) 물론 이러한 경우에도 '스포츠'로서의 운전은 허용될 것이고, 공용도로가 아닌 에버랜드, 포뮬러 원 경주장 등에서 인간은 운동을 즐기거나 관람하게 될 것이다.

은 사실상 제조자만 질 가능성이 있다.

문제는 완전한 자율주행차가 기술적 결함이 없는 경우에도 사고는 발생할 수 있는데, 이러한 경우에도 ADS 제조자는 무과실책임을 져야 하는가?

(3) 인공지능의 "자율적" 판단이 사고원인인 경우: 누구에게 무과실책임을 지울 것인가?

다음의 경우를 상정해 보자. 운전대, 브레이크 페달이 없는 완전자율주행차에서 탑승자가 커피를 마시며 밖을 보고 있는 동안, ADS의 인공지능은 센서가 인식한 주변정보에 기해 자율주행 알고리즘에 따른 자율적 판단을 하였다. 그런데, 그 판단이 결과적으로 사고원인이 되었다. 이 경우 누가 책임은 지는가?

이 경우 탑승자는 운전을 지배하지 않았으며 단지 커피를 마시며 밖을 보고 있었다. 이러한 탑승자에 대해 사고책임을 추궁할 수 있는가? 마찬가지로 ADS 제조자는 기술적 흠결이 없는 완전한 ADS를 제조해 탑승자에게 인도하였다. ADS의 인공지능이 그 상황에서 입력된 알고리즘에 따라 판단을 하였는데, "결과적으로" 볼 때 잘못된 판단으로 사고가 난 경우 ADS 제조사의 책임을 물을 수 있는가?

1) 정책적 접근 Ⅰ: 소유자의 무과실책임을 묻는 경우

이러한 사고상황을 해결하기 위한 첫 번째 방법은 현행의 '운행자책임'을 적용하여 소유자의 운행자책임을 묻는 방법이다. 즉 ADS에 의한 운전의 경우 소유자가 '운행'을 지배하는지 여부가 논란이 될 수 있지만, 로봇운전자 ADS를 통해 계속 운행을 지배한다고 볼 수 있다는 점에서 소유자의 운행지배와 운행이익의 향유를 인정할 수 있다. 따라서 자율주행차 소유자의 사실상의 무과실책임을 추궁할 여지가 있게 된다.

하지만 이러한 접근방법은 상당히 의제적이다. 소유자(탑승자)는 자동차를 소유(점유)하고 있지만, 자동차의 "운행"에 관한 실질적 지배는 ADS를 원격지배하는 ADS 제조자 혹은 ADSE가 하고 있기 때문에, 사고에 대한 위험책임은 제조자 혹은 ADSE에 대해 물어야 하기 때문이다.[27] 단순히 자동차의 소유자(탑승자)라는 이유만으로 사고의 책임을 묻는다면, 이는 소유자(탑승자)에게 공작물소유자(점유

---

27) 제2편 제4장 제3절 Ⅱ. 3. 및 4. 참조.

자)로서의 무과실책임을 묻는 것이 된다.

2) 정책적 접근 Ⅱ: ADS 제조자의 결과책임을 묻는 경우

이러한 사고상황을 해결하기 위한 두 번째 방법은 현행 '제조물책임'을 확장하여 제조자의 제조물책임을 묻는 방법이다. 즉 제조자는 안전기준에 따라 자기 인증한 결함없는 상품인 자율주행차를 제공하였기 때문에 원칙적으로 제조물책임을 지지 않는다. 하지만, "ADS"의 인공지능이 스스로 판단한 사항이 "결과적으로" 볼 때 사고를 유발한 경우, 제조자는 '제조당시' 결함은 없었지만, 정책적으로 ADS 제조자이기 때문에 '재판당시'를 기준으로 무과실책임을 물을 수 있다.

물론, 이러한 접근방법도 매우 의제적이다. 제조자는 결함없는 ADS를 제조했고, 사고당시 인공지능의 알고리즘은 정상적으로 작동하고 있었기 때문에, 제조물의 결함을 인정할 수 없다. 알고리즘에 따른 판단[28]에 대해서 그 결과가 사고를 초래하였다는 이유만으로 '사후적' 관점에서 사고의 책임을 묻는다면, 이는 ADS 제조자의 사후적 결과책임을 묻는 것이 된다.

3) 정책적 접근 Ⅲ: ADS의 책임을 묻는 경우

이러한 사고상황을 해결하기 위한 세 번째 방법은 직접적으로 로봇운전자인 ADS의 책임을 묻는 방법이다. 앞서 본 것처럼, ADS의 인공지능이 자신에 입력된 알고리즘에 따라 상황을 판단하였는데, 결과적으로 그 판단이 사고를 야기한 경우, 보유자(탑승자) 혹은 제조자의 귀책사유를 인정하기는 어렵다. 그렇다면 이 경우 희생자에 대해 누가 책임을 지는가? 사고의 진정한 야기자는 로봇운전자인 ADS이므로 사고에 대한 책임 주체도 사고를 유발한 ADS가 되어야 한다는 주장이 가능하다.

이와 같이 자율주행차의 ADS는 사고의 야기자로서 사고에 대한 책임을 질 수 있는 세 번째 등장인물이 될 수 있다. 하지만 우리 사법질서하에서 ADS가 사고에 대한 책임을 지기 위해서는 몇 가지 법적인 전제가 해결되어야 한다: 우리 법질서는 권리의무의 주체를 사람으로 한정하기 때문에 ADS가 책임의 주체가 되기 위해서는, 앞서 본 것처럼, ADS의 권리능력이 인정되어야 한다.

---

28) '알고리즘의 결과'는 제조상 결함으로 보기 힘들다(제2편 제4장 제4절 Ⅳ. 1. (4) 참조).

4. 로봇/AI의 행위능력, 권리능력의 타당성: 권리주체 개념의 유연성과 확장

(1) 자율주행차/ADS를 노예처럼 취급하는 방법: 로마시대 노예와 자율주행차의 유사성

1) 권리능력은 없으나 특유재산의 보유능력 및 행위능력은 존재

로마시대 노예는 물건으로 취급되었으나[29] 일정한 예외적인 경우 '특유재산'(peculium)을 보유할 수 있었고,[30] 또한 자신의 독자적인 의사능력을 가지기 때문에 행위능력자로 인정될 수 있었다. 앞서 본 것처럼, 인간의 보편적인 권리능력은 17, 18세기에 이르러서야 "개인의 존엄"을 바탕으로 하는 자연법사상의 영향으로 모든 사람에게 확대된다. 이처럼, 고대와 중세 봉건사회에서는 권리능력이 제한적으로 인정되었고, 노예는 원칙적으로 권리능력이 부정되었기 때문에 책임재산을 소유할 수 없었고, 따라서 책임능력이 부재하였다.

2) 자율주행차/ADS의 법적 취급: 노예로 취급할 것인가?

자율주행차동차는 목표지점을 입력하면 스스로 주행환경을 인식하면서 '운행'을 지배하며 목표지점까지 주행할 수 있기 때문에, 적어도 '운행'의 목적상 현상적 차원에서 자율주행차 혹은 ADS의 행위능력은 인정될 수 있다. 하지만 자율주행차나 ADS는 권리주체성이 인정되지 않는 물건이기 때문에 원칙적으로 책임재산은 보유할 수 없다.

이와 같이 자율주행차 혹은 ADS는 행위능력은 인정될 수 있으나 권리주체성은 인정되기 어려우므로 법적으로 노예와 비슷하게 취급될 수 있다. 이 경우, 자율주행차 혹은 ADS는 법적으로 스스로 행위능력을 갖지만. 권리주체성이 인정되지 않으므로 운전행위에 대한 책임은 스스로 질 수 없고, 주인인 자동차소유자가 대신 책임을 지게 된다. 물론 이러한 결정은 정책적인 것이므로, 법정책적으로 소유자 대신 ADS Entity로 하여금 ADS에 대한 책임을 지게 할 수도 있다 (ADS Entity의 역할과 책임에 대해서는, 제2편 제1장 〈총론〉 제3절 참조).

---

29) 노예를 물건으로 취급하는 경우에 발생하는 흥미로운 사례에 대한 연구로는, 최병조, "도품인 여자 노예가 낳은 아이는 사용취득할 수 있는가?: 로마법상의 한 사례 연구", 법사학연구 제39권(2009), 171면.

30) 특유재산에 대해서는, 차영길, "로마 노예의 특유재산(peculium)에 관한 연구: 공화정말~제정초의 노예제에 미친 영향을 중심으로", 사총 제28집(1984) 99면; 차영길, "로마 노예의 Peculium 에 관한 연구", 서양사론 제41권 제1호(1993), 209면 참조.

한편 로마시대 노예는 앞서 본 것처럼 일정한 경우 특유재산(peculium)을 보유할 수 있었다. 권리능력이 없는 물건으로 취급되었음에도 불구하고 일정한 경우 재산을 보유할 수 있었던 것이다. 따라서 이러한 논리를 자율주행차에 적용한다면, 자율주행차나 ADS는 권리능력은 없지만 사고에 대한 책임재산은 보유할 수 있다는 논거로서 작용할 수 있다.

(2) 노예의 해방과 로봇/AI의 해방: 로봇/AI의 권리주체성을 인정하는 방법

자율주행차와 같은 로봇을 어떻게 취급할 것인가에 대한 첫 번째 방법은 앞서 본 것처럼, 노예처럼 취급하는 것이다. 즉 자율주행차 혹은 ADS의 권리능력을 인정하는 대신 주인인 인간으로 하여금 책임을 지게 하거나 혹은 예외적으로 책임재산을 보유하게 하는 방법이 있다. 하지만 노예를 해방시켜 해방노예의 완전한 권리능력을 인정하듯이, 자율형 로봇을 해방시켜 로봇의 완전한 권리능력을 인정할 수도 있다. 이러한 논리에 의하면, 자율주행차 혹은 ADS에 대해 제한적으로 권리능력을 인정할 수도 있다. 아래에서 보는 것처럼, 권리능력 개념은 필요한 경우 인간외의 존재에 대해서도 확장될 수 있는 유연한 개념이기 때문이다.

(3) 권리능력의 확장: 인간에서 법인으로, 법인에서 전자인간으로
1) 사람에서 법인으로

로마시대 권리능력은 자유인에 한정되었다. 인간의 권리능력은 17, 18세기에 이르러서야 "개인의 존엄"을 바탕으로 하는 자연법사상의 영향으로 모든 사람에게 확대된다. 인간에 대한 권리능력이 자유인에서 노예로 확대되었듯이, 권리능력은 사람에서 "관념적 현상"으로 확대되었다. 이것이 바로 단체현상인 법인(legal person) 개념이다. 개인에게만 인정되었던 권리능력, 즉 인격은 사람들의 단체(사단법인) 혹은 사람들이 출연한 통합재산(재단법인)에 대해서도 부여되었고, 이러한 법인격은 인적, 물적 재산의 양수도에 필요한 자격, 즉 권리의무의 귀속점으로서의 기능을 수행하게 되고, 이러한 법인격을 갖는 권리주체의 종류는 회사 기타 다양한 법인 조직으로 확대되게 된다.[31]

---

31) 송호영, "법인의 권리능력", 비교사법 제7권 제1호(2000), 91면; 가정준, "영미법상 법인의 권리능력과 행위능력에 대한 고찰", 민사법학 제48권(2010), 35면 참조.

2) 신탁을 통한 권리주체성의 차용

신탁은 법인과 다른 방식으로 출연재산의 통합에 필요한 귀속점, 즉 권리주체성[32]을 제공한다. 즉 법인은 새로운 인격을 창출함으로써 출연재산 통합에 필요한 연결점을 제공하는 데 반해, 신탁은 수탁자의 기존 인격을 차용하는 방식으로 출연재산 통합에 필요한 연결점을 제공한다.[33] 수탁자는 자신의 고유재산을 자신의 이름으로 보유하면서 동시에 '수탁자자격'에서 출연재산을 신탁재산으로 보유하게 된다.

3) 법인에서 '전자인간'으로

개인이 재산을 소유하는 데 필요한 귀속점으로서 권리능력을 갖듯이, 조직의 설립법은 필요한 경우 사람의 단체 혹은 출연재산에 대하여 인적, 물적 재산을 통합하는 연결점으로서 권리주체성을 인정한다. 이것이 '법인격'이다. 이러한 법인의 권리주체성은 정책적인 필요성에 기해 인정되는 것이다. 따라서 인공지능 혹은 인공지능이 장착된 로봇에 대해서도 재산을 독자적으로 소유하게 할 정책적 필요성이 인정되는 경우, 재산을 소유하는 연결점으로서의 권리주체성을 인정할 수 있다. 이와 같이 권리주체성은 '인간에서 법인으로', 이제 '법인에서 전자인간 (electronic person)으로' 확대될 것이다. 특히, EU에서는 적어도 가장 세련된 자율로봇은 특정한 권리와 의무능력을 가진 전자인간으로서의 지위를 가진 것으로 취급하려는 움직임이 나타나고 있는데, 무엇보다 자율형 로봇의 등록부를 창설하고, 이 등록부를 당해 로봇의 책임을 커버하기 위한 펀드와 연계시킬 것을 제안하고 있다.[34]

---

32) 권리의무의 귀속점 혹은 재산의 분리와 통합의 연결점으로서의 권리주체성 혹은 인격에 대해서는, 앞의 Ⅱ. 1. (1) 참조.

33) 신탁조직을 수탁자인격의 차용을 통한 단체관계로 설명하는 견해에 대해서는, 이중기, 신탁법(2007), 4면 이하 참조.

34) A draft European Parliament Motion (May 31, 2016)의 내용과 이를 보도한 Reuters, "Europe's robots to become 'electronic persons' under draft plan", (Jun 21, 2016) 기사 참조 (http://www.reuters.com/article/us-europe-robotics-lawmaking-idUSKCN0Z72AY (2016. 9. 5. 최종 접속)).

Ⅳ. 완전 자율주행차의 "행위"에 대한 권리주체적 인식방법과 책임재산의 부여 방법: 위험의 인수와 보험제도의 작동방식

완전자율주행차의 "자율적 행위"에 대해 책임을 추궁하는 방법은 앞서 살펴본 것처럼 네 가지가 있다. 이러한 네 가지 방식으로 제조자, 소유자, 권리주체인 ADS 혹은 ADS Entity의 책임을 추궁하는 경우 이러한 사고책임을 담보하기 위해 보험제도가 개입한다. 여기서는 보험제도가 제조자, 소유자, ADS 혹은 ADSE의 잠재적 책임가능성에 대해 어떻게 작동하는지 그 작동방식에 대해 살펴본다. 먼저, 자율주행차의 행위에 대해 '제조자'의 무과실책임을 추궁하는 방법, '소유자'의 무과실책임을 추궁하는 방법 및 이에 따른 보험의 작동방식을 살펴본다. 그다음 자율주행차의 ADS를 권리주체로 보는 방법과 이 경우 보험의 작동방식에 대해 살펴보고, 마지막으로 ADS 대신 ADSE가 책임을 지는 경우 보험의 작동방식에 대해 살펴본다.

1. 제조자의 무과실책임을 인정하는 경우: 제조자의 위험 인수와 보험의 작동방식

인공지능 ADS의 자율적 판단에 기인해 사고가 난 경우 ADS 제조자의 책임을 추궁하기로 결정하면, 정책적으로 제조물의 결함이 없음에도 불구하고 '사후적' 결과책임을 묻는 것이 된다.

이 경우 ADS 제조자는 자신의 무과실 책임의 실현가능성을 찻값에 반영하여 자동차의 판매가격을 결정할 것이다. 즉 사고가능성을 계산하여 자동차의 판매가격에 반영하고, 이러한 가격인상을 통해 자신의 무과실책임의 위험을 커버할 것이다. 동시에 제조사는 사고위험을 커버할 수 있는 제조물책임보험에도 가입할 것이다.[35]

정리하면, 인공지능 ADS의 사고가능성에 대한 잠재적 책임을 제조자에 대하여 전가한다면 제조자는 판매가격 인상, 제조물책임보험의 가입 등과 같은 조치를 취하고, 이러한 비용은 소비자에게 전가될 것이므로, 소비자는 이러한 전가가

---

35) 제조사가 제조물책임보험을 드는 상황에 대한 자세한 분석으로는, 이중기·황창근, "자율주행자동차 운행에 필요한 책임법제와 책임보험제도의 정비필요성", 금융법연구 제13권 제1호(2016), 93면(이하 "이중기·황창근"), Ⅴ. 2. 참조.

격이 반영된 고가의 자율주행차를 구매하게 된다. 이 경우 자동차의 구매가격은 상대적으로 고가가 될 것이므로, 판매는 부진할 가능성이 높고, 제조자는 매출저조로 인해 어려움을 겪을 수 있다.

2. 소유자의 무과실책임을 인정하는 경우: 소유자의 위험 인수와 보험의 작동 방식

인공지능 ADS의 자율적인 판단에 대해서 자동차소유자에게 무과실책임을 추궁하는 것은 노예의 행위에 대해 주인의 무과실책임을 묻는 것과 비슷하다.

(1) 소비자보호의 관점

그런데 오늘날과 같은 "소비자 사회"에서 자율주행차 구매자에 대해 무과실책임을 묻는 방식은 타당한가? 소비자보호의 관점에서 보면 이러한 논리는 설득력이 없다. 왜냐하면, 소비자보호의 관점에서 보면 "자신이 소비하는 물건의 결함에 대해서는 제조자가 책임"을 져야 하기 때문에 "왜 소비자가 무과실책임을 지는가?"라는 근본적 문제제기가 가능하기 때문이다. 이러한 입장, 즉 소비자의 무과실책임을 추궁하는 정책적 결단은 소비자의 찬성을 이끌어 내기 어렵다.

(2) 위험책임의 관점

반면에, 자동차 피해자의 보호를 위하여 '위험책임'의 관점에서 운행자의 무과실책임을 계속 유지할 수도 있다. 만약 보유자의 운행자책임을 추궁하는 방식으로 정책적 결단이 내려지면, 보유자는 이러한 잠재적 책임 위험을 커버하기 위한 보험에 들어야 한다. 그리고 이러한 책임보험의 방식은 현행 자동차책임보험 방식과 다르지 않을 것이다.[36]

3. ADS의 권리주체성을 인정하는 경우: ADS의 위험 인수와 보험의 작동 방식

다음으로 자율주행차 혹은 ADS를 "자율성"을 가진 로봇으로 보고, 자율성을 가진 한도에서 권리주체성을 인정하고 그 책임을 인정하는 방식에 대해 살펴보

---

36) 운행자가 자동차책임보험을 드는 현재 상황에 대한 자세한 분석으로는, 이중기·황창근 II. 참조.

자. 앞서 살펴본 것처럼, 제조물의 결함 혹은 소비자의 과실이 없음에도 불구하고 그 책임을 묻는 것은 그들의 엄격책임을 묻는 것으로 제조물책임법의 원리상 혹은 소비자보호법의 원리상 타당하지 않다. 결국 ADS의 판단이 사고원인이므로, ADS가 스스로 책임을 지는 것이 공정하다는 입장이다.

(1) 새로운 권리주체의 '책임재산'의 필요성

그런데 로봇운전자인 ADS의 자율적 판단에 따른 사고에 대해 ADS의 책임을 묻는 경우 ADS는 독립된 책임의 주체로서 어떻게 "책임재산"을 확보하는가의 문제가 발생한다. 즉 ADS는 사고가 발생하기 전에는 책임재산을 보유할 필요가 없으나, 사고를 야기하고 그 사고로 피해자가 손해를 입은 경우, ADS는 권리주체로서 사고책임을 지게 되고, 따라서 책임재산이 필요하게 된다. 이 경우 ADS의 책임재산을 형성하는 방법으로서 보험제도가 개입할 수 있다.

(2) 새로운 권리주체 ADS의 책임재산을 제공하기 위한 보험의 다양한 작동방식

앞서 본 것처럼, 자율주행차 사고에 대해 소유자의 무과실책임을 인정하게 되면, 소유자가 사고의 위험을 인수하게 되므로, 소유자가 현행 자동차보험처럼 자동차책임보험에 가입하게 된다. 반면에 자율주행차 사고에 대해 제조자의 무과실책임을 인정하게 되면, 제조자가 사고의 위험을 인수하게 되므로, 제조자가 제조물책임을 커버하기 위해 제조물책임보험에 가입하게 된다.

그런데 이러한 방식은 모두 사고책임에 대해 과실이 없는 소유자 혹은 결함이 없는 제조자 어느 일방에 대해 책임 전부를 전가하는 방식이 되므로, '사전적으로' 어느 일방에 대해 불리하게 작용한다. 이러한 방식에 비해, ADS를 새로운 권리주체로 간주하는 방식은 ADS를 책임재산의 또 다른 귀속점으로 활용하기 때문에, 어느 일방에 책임전부를 전가하는 대신 소유자와 제조자 쌍방이 잠재적 사고로 인한 '책임의 분배'에 대해 "협상"할 수 있는 '연결점'을 제공한다. 즉, 새로운 권리주체로서 "책임보험의 수익자" 자격을 갖는 ADS를 위해 제3자를 위한 책임보험상품을 개발하면, 자율주행차구매자 혹은 제조자는 ADS를 위한 보험료의 지급 방법과 관련해 적어도 다음 3가지 다양한 방식을 협상할 수 있다.

(i) 소유자가 보험료 전부를 지급하는 경우: 소유자가 위험을 인수하는 방식

자율주행차구매자가 차량을 구매할 때, ADS를 위해 "제3자(ADS)를 위한 책임보험"에 가입하면서 보험료 전부를 지급하는 경우—이 때 제조사는 구매자가 지급해야 하는 자율주행차의 판매가격을 낮출 수 있다.

(ii) 제조자가 보험료 전부를 지급하는 경우: 제조자가 위험을 인수하는 방식

제조자가 자율주행차를 판매할 때, ADS를 위해 "제3자(ADS)를 위한 책임보험"에 가입하면서 보험료 전부를 지급하는 경우—이 경우 제조자가 지급한 보험료는 구매자에게 판매하는 차의 판매가격에 반영되므로, 판매가격은 상승할 수 있다.

(iii) 소유자와 제조자 모두 보험료 일부를 지급하는 경우: 소유자와 제조자가 위험을 공동인수하는 방식

자율주행차를 판매할 때 구매자 혹은 제조자가 ADS를 위해 제3자를 위한 책임보험에 가입하면서, 보험료는 공동으로 부담하는 경우—예를 들어, 제조자가 책임보험에 가입하면서 전체 보험료의 70%는 자신이 부담하고 나머지 30%는 구매자가 부담하도록 하는 방식, 혹은 구매자가 책임보험에 가입하면서 처음 3년은 제조자가, 다음 해부터는 구매자가 보험료를 지급하는 방식 기타 다양한 공동부담 방식이 가능하다.

자율주행차가 상용화된 후 일정 시간이 지나면 자율주행차 사고의 발생확율이 축적되고 또 누구의 책임이 어느 정도 발생하는지가 분명하게 되므로, 이 때부터는 소유자와 제조자 사이에 책임보험 보험료 부담부분도 좀 더 명확하게 예측될 수 있을 것이다.

4. ADS Entity의 후견책임을 인정하는 경우: ADSE의 위험인수와 보험의 작동방식

로봇운전자인 ADS의 운전자 지위를 인정하는 경우에도 ADS의 운전행위에 대해 직접 책임을 추궁하는 방법 외에, 다른 권리주체인 ADS Entity로 하여금 대신 책임을 지도록 하는 방법도 가능하다. ADSE의 운전자책임에 대해서는, 아래의 제2편 제4장 〈책임법과 보험법제〉 제2절 운전자책임, Ⅱ. 2.에서 살펴보고, ADSE의 운행자책임에 대해서는, 아래의 제2편 제4장 〈책임법과 보험법제〉 제3절 운행자책임, Ⅱ. 3. 4. 및 5.에서 살펴본다.

ADSE가 ADS의 운전행위에 대해 대신 운전자책임 혹은 운행자책임을 부담하는 경우, ADSE로 하여금 책임보험을 의무적으로 가입하도록 하여야 하는가가 문제된다. 의무보험 가입자가 되는 책임주체는 단일하여야 하므로, 자율주행차보유자와 ADSE 중 누가 의무보험 가입자가 되어야 하는지가 문제된다. ADSE의 보험가입에 대해서는, 아래의 제2편 제4장 〈책임법과 보험법제〉 제5절 책임보험: ADSE의 책임이 미치는 영향, Ⅲ.에서 살펴본다.

V. 결론

"자율성"은 갖는 물건의 등장은 법제도가 전제한 "인간본위"의 "개념적 틀" 예를 들어, 인간존엄성에 근거한 권리주체로서의 인간의 개념과 권리객체로서의 물건의 개념이라는 주종적 이분법에 대한 근본적 의문을 제기한다. 로봇은 '자율성'을 갖더라도 권리주체인 인간의 지배대상으로 계속 머물 수밖에 없는가? 영화 트랜스포머 시리즈에 등장하는 옵티머스 프라임과 같은 완전한 자율성을 갖는 새로운 외계 종족(기계족)은 물건으로 취급해야 하고, 인간과 같이 존엄한 존재로 취급하는 것은 허용될 수 없는가? 만약 인공지능이 진화하여 옵티머스 프라임과 같은 완전한 자율성을 갖는 로봇이 등장하더라도 인간은 이러한 로봇을 계속 물건으로 취급해야 하는가?

이러한 질문에 대한 대답은 그렇지 않다는 것이다. 사법제도는 과학이 아니라 인간의 필요성에 의해 그 개념이 고안되었고, 지능정보사회의 등장으로 인한 지능형 로봇은 기존의 법개념으로는 해결할 수 없는 어려움을 야기한다. 개인이 재산을 소유하는 귀속점으로서 개인의 권리능력을 인정하였듯이, 필요한 경우 사람의 단체 혹은 출연재산에 대하여 재산을 소유하는 연결점으로서 권리주체성을 인정할 수 있다. 이것이 법인 개념이다. 마찬가지로, 법인의 권리주체성을 정책적인 필요성에 기해 인정하였듯이, 인공지능 혹은 인공지능이 장착된 지능형 로봇에 대해서도 책임재산을 소유하게 할 정책적 필요성이 인정되는 경우 제한적으로 "책임의 목적"상 책임재산을 소유할 수 있는 권리주체성을 인정할 수 있다. 권리주체성이 인간에서 법인으로 확대되었듯이, 지능정보사회가 요구하는 경우 이제 법인에서 전자인간(electronic person)으로 확대될 가능성이 있다.

제2절 운전자책임: 운전자·ADSE 간 책임의 분화[*]

Ⅰ. 운전자책임의 의의

1. '운전'에 대한 '행위책임'

(1) '운전'의 개념과 '운전자책임'의 개념

도로교통법은 "운전"에 대해 정의하고 있지만(제2조 제26호), "운전" 주체인 "운전자"에 대해서는 정의하지 않는다. 하지만 지금까지 "운전자"는 항상 인간이었기 때문에, "운전자책임"은 인간의 책임을 당연히 전제하였고, 인간이 "운전"이라는 행위를 수행함으로써 부담하는 책임으로 생각하였다.

도로교통법은 "운전"을 "도로에서 차마 또는 노면전차를 그 본래의 사용방법에 따라 사용하는 것(조종을 포함한다)을 말한다"고 규정하고 있고, "자동차"를 "철길이나 가설된 선을 이용하지 아니하고 원동기를 사용하여 운전되는 차"(제2조 제18호)라고 규정하고 있으므로, 대법원은 "자동차의 운전, 즉 자동차를 그 본래의 사용 방법에 따라 사용하는 것에 해당하기 위하여는 자동차의 원동기를 사용할 것을 요한다"고 판시하였다.[1]

이와 같이 도로교통법상 "자동차의 운전" 개념은 원동기의 사용을 요한다는 점에서 엔진의 시동 이후 운전자가 행하는 자동차 조작행위를 전제하고 있는 것

---

[*] 이 부분은 이중기·황창근, "자율주행차 사고와 운전자책임: 운전자·ADSE Entity 간 책임의 분화", 홍익법학 제21권 제2호(2020)를 수정한 것이다.

[1] 대법원 1999. 11. 12. 선고 98다30834 판결. "운전"의 개념, 운전작업의 분류에 대해서는, 제2편 제3장 〈운전·운전자법제〉 제1절 Ⅰ. 1. 및 2. 참조.

으로 해석할 수 있다. 따라서, "운전자책임"은 "엔진의 시동 이후 용법에 따른 자동차 조작행위와 관련된 행위책임"이라고 정의할 수 있다.

(2) 운전자책임의 주체: '인간'에서 'ADS'에게로

그런데, 자율주행차에서 역동적 운전작업을 포함해 자동차 조작행위는 인간만이 담당하는 것은 아니다. 자율주행차에서는 로봇운전자 ADS도 운전을 담당할 수 있게 된다. 따라서, 이제 운전자책임은 더 이상 '인간'의 행위책임에 한정되는 것이 아니고, 'ADS'의 운전행위에 대한 책임으로 확장되게 된다. 아래에서 보는 것처럼, 이제 'ADS'의 운전행위에 대해 ADSE가 운전자책임을 부담하게 될 것이다.

그럼에도 불구하고 변하지 않는 사실은 ADSE의 운전자책임도 '운전'에 대한 행위책임이라는 점이다. 즉 ADSE의 운전자책임도 여전히 용법에 따른 ADS의 자율적 자동차 조작행위와 관련된 책임이다.

(3) 운전자책임과 운행자책임의 비교

이러한 운전자책임은 "운전"이라는 도로에서의 자동차 조작행위에 있어 인간운전자 혹은 ADS가 운전에 필요한 주의를 다하였는가 여부를 묻는 과실책임으로서, 피해자의 보호를 위해 정책적으로 무과실책임을 부과하는 운행자책임과는 목적이 다른 것이다.

따라서, 운전자책임은 도로교통법상 "운전"의 개념과 같이 실제로 조향장치, 제동장치 혹은 가속장치 등을 조작하는 행위를 중심으로 운전자의 과실 여부를 판단하는 데 반해, 운행자책임은 정책적으로 운행자의 운행지배 가능성을 중심으로 책임의 귀속 여부를 유연하게 판단한다. 그 결과 자배법상 "운행"의 개념은 "운전"의 개념보다 넓게 인정되고(예를 들어, "운행"의 개념에는 자동차의 주행상태뿐만 아니라 주행의 전후단계로서 주·정차 상태에서 문을 여닫는 행위도 포함된다),[2] 운행자책임의 주체도 자동차보유자뿐만 아니라 운행지배를 갖는 다른 주체에게로 확장된다.[3]

---

[2] 자배법상의 "운행" 개념에 대해서는, 제2편 제4장 〈책임법과 보험법제〉 제3절 I. 2. (1) 참조.
[3] 운행자의 개념에 대해서는, 제2편 제4장 〈책임법과 보험법제〉 제3절 I. 1.의 (1), (2) 참조.

2. 운전자책임 주체의 분화: 운전자와 ADSE

앞에서 살펴본 〈표 3〉과 〈표 4〉[4]의 운전작업 분배표에 기초하여 운전작업 분배에 따른 운전자와 ADS의 역할과 책임에 관해 요약해 보자.

그런데, 여기서 로봇운전자 ADS는 하드웨어와 소프트웨어의 집합체로서 권리주체성이 결여되어 있으므로 직접 운전자책임의 주체가 될 수 없다. 따라서, ADS의 운전행위에 대해서는 대신 후견적 책임을 지는 권리주체, 즉 시스템후견인인 ADS Entity (ADSE) 가 책임의 주체로 등장한다.[5] 운전자와 ADS 사이의 운전작업의 분배와 분배된 운전작업의 수행에 대한 운전자의 자기책임 혹은 ADSE의 후견적 책임은 대강 다음과 같이 요약된다.

〈표 5〉 SAE 자동화 단계별 운전자와 ADS 사이의 운전작업의 분배와 책임

| | | 비역동적 운전작업 (Non-DDT) | | 역동적 운전작업 (DDT) | | 비상상황대처 (Fallback) | 최소위험상태 확보(MRC) | ADS의 작동설계 영역 (ODD) |
		운전 조작	관련 교통규칙 의 준수	운전 조작	관련 교통규칙 의 준수			
SAE 3단계	담당자	운전자		ADS		운전자	운전자	제한됨
	책임자	자기책임		ADSE 책임		자기책임	자기책임	
SAE 4단계	담당자	운전자/ADS		ADS		ADS	ADS	제한됨
	책임자	자기책임/ADSE 책임		ADSE 책임		ADSE 책임	ADSE 책임	
SAE 5단계	담당자	운전자/ADS		ADS		ADS	ADS	제한없음
	책임자	자기책임/ADSE 책임		ADSE 책임		ADSE 책임	ADSE 책임	

3. ADS의 법규준수능력과 ADSE의 행정상 책임

그런데, 앞서 본 것처럼, 운전자의 운전작업은 역동적 운전작업뿐만 아니라 비역동적 운전작업과 관련해서도 당해 운전과 관련된 '교통규칙의 준수'를 수반한다.[6] 따라서, 자율주행차에서 ADS가 역동적 운전작업 등을 담당하는 경우 ADS

---

4) 각각 제2편 제3장 〈운전·운전자법제〉 제1절 Ⅱ.와 Ⅲ. 1. (1) 참조.
5) 제2편 제1장 〈총론〉 제3절 Ⅰ. 3. 이하 참조.

는 운전자와 동일한 수준의 교통법규 준수능력[7]을 갖추어야 한다.

그 결과 ADSE가 부담해야 하는 운전자책임에는 민사적 책임뿐만 아니라 행정상 책임도 포함[8]되는데, 만약 ADS의 자율주행 소프트웨어에 교통법규 준수 알고리즘이 사전 반영된 경우, ADS의 제작자 혹은 완성차 제작자는 소송에서 법규 준수 알고리즘의 증명을 통해 ADS가 관련 규제법규를 준수했다는 사실을 증명할 수 있다.[9]

이하에서는 ADS에 관한 운전자책임 가운데 ADSE의 민사적 운전자책임을 중심으로 살펴본다.

Ⅱ. 운전자 책임의 근거와 구조: 운전자와 ADSE의 운전주의의 결여

1. 운전자 책임의 근거와 증명책임

(1) 운전자 책임의 근거: 과실책임

자동차를 운전하는 운전자는 운전 중 야기한 교통사고에 관하여 고의 또는 과실이 있는 경우 불법행위책임에 관한 일반조항인 민법 제750조에 따라 손해배상책임을 부담하게 된다. 이러한 운전자책임은 실제 운전작업을 담당하는 운전자가 운전작업과 관련해 부담하게 되는 '행위책임'으로서 자동차의 조향장치, 제동장치 혹은 가속장치의 조작 등에 있어 고의나 과실이 있는 경우 부담하게 된다. 특히 과실로 인한 운전자책임의 경우, 운전자의 과실(다시 말해 운전자의 주의의무의 존재와 그 위반), 손해의 발생 및 과실과 손해발생 사이의 인과관계 등의 요건이 충족되어야 한다.

그런데, 자율주행차에서는 ADS가 운전작업을 담당하게 되므로, 운전자는 그 한도에서 운전과 관련된 주의의무로부터 해방될 수 있다. 구체적으로 운전자가 어느 정도로 운전 관련 주의의무로부터 해방될 수 있는가가 문제되는데, 뒤에서 보는 것처럼, 운전 담당 ADS의 자동화기술의 단계에 상응해 운전자가 주의의무

---

6) 운전작업에 수반된 법규준수의 필요성에 대해서는, 제2편 제3장 〈운전·운전자법제〉 제1절 Ⅲ. 1. (1), (2) 참조.
7) 'ADS의 법규준수 능력'과 법규준수 알고리즘의 사전 프로그래밍 필요성에 대해서는, 제2편 제3장 〈운전·운전자법제〉 제1절 Ⅲ. 2. 이하 참조.
8) ADSE의 행정상 운전자책임에 대해서는, 제2편 제1장 〈총론〉 제2절 Ⅱ. 1. (3) 참조.
9) 제2편 제3장 〈운전·운전자법제〉 제1절 Ⅲ. 4. 참조.

로부터 해방될 수 있는 정도도 달라진다.[10]

(2) 증명책임: 원고의 증명책임

운전자책임은 주장자인 원고가 증명해야 한다. 즉 (i) 운전자의 운전작업 수행과 관련해 주의의무가 존재하고 운전자가 주의의무를 위반하였다는 사실, (ii) 손해의 발생 사실 및 (ii) 운전자의 과실과 손해발생 사이의 인과관계 등의 요건을 입증해야 한다. 예를 들어, 운전자는 (a) '역동적 운전작업', (b) 역동적 운전작업 중 발생한 비상상황에 대한 대응조치, 혹은 (c) 비상상황 대응 후 차량충돌을 방지하기 위한 최소위험상태의 확보 조치 등의 운전작업을 수행할 수 있는데, 원고는 운전자가 이러한 운전작업을 수행함에 있어 필요한 주의를 결여하였고, 그로인해 손해가 발생하였다는 사실을 입증하여야 한다.

(3) 운전자책임의 활용도

그런데, 지금까지 이러한 운전자책임은 실무상 크게 의미가 없었다. 왜냐하면 원고로서는 사실상 '무과실책임'으로 운영되는 '운행자책임'을 추궁하는 방법이 훨씬 간편하였기 때문이다.

하지만, 이제 운전자책임을 부담하는 새로운 주체로서 ADSE가 등장할 것으로 예상되고, ADSE의 운전자책임을 추궁하는 절차가 쉬워질 것으로 전망되면서, ADSE의 운전자책임은 새로운 이슈로 등장할 전망이다.

2. ADS Entity의 후견적 책임의 근거와 증명책임

ADS Entity는 직접 운전작업을 담당하지는 않는다. 하지만 (i) 자신이 자동차 안전기준 혹은 ADS 안전기준에 따라 ADS 장착 자율주행차 혹은 ADS를 자기인증[11]을 하였고, 나아가 (ii) 자율주행차 등록시 ADS에 대한 후견인으로서 후견등록[12]하였기 때문에 대신 책임을 진다고 볼 수 있다.

즉 ADSE는 ADS를 인증하고 후견하기 때문에 책임을 지는데, 자신이 부여한

---

10) 아래의 Ⅲ. 1. (1) 및 Ⅳ. 1. (1) 참조.
11) ADS의 자기인증에 대해서는, 제2편 제1장 〈총론〉 제3절 Ⅱ. 3. (1) 1) 및 제2편 제2장 〈자동차법과 도로법제〉 제3절 Ⅳ. 3. 참조.
12) ADSE의 후견등록에 대해서는, 제2편 제1장 〈총론〉 제3절 Ⅱ. 3. (2) 2) 및 Ⅴ. 2. (2) 참조.

자동화단계에서 수행해야 하는 각 운전작업과 관련해 필요한 정도의 '운전주의' 수준을 담보하였기 때문에 책임을 지게 된다. 이러한 의미에서 ADSE의 책임은 담보책임이다.

(1) 운전자책임 관점에서의 후견적 책임의 정당화

이러한 ADS Entity 의 책임의 근거는 두 가지 관점에서 정당화할 수 있다. 하나는 '운전자책임' 관점에서 접근하는 것이다. 즉 ADS는 인간 대신 운전작업을 수행하는데, 운전작업을 수행함에 있어 당해 ADS에 부여된 자동화단계에서 베풀어야 하는 "운전주의", 특히 DDT 수행에 필요한 운전주의[13]를 다하여야 한다. 따라서 ADS가 부여된 자동화단계에서 요구되는 '운전주의'를 다하지 못한 경우 운전자책임의 관점에서 ADS Entity에 대해 후견적 책임을 추궁할 수 있다. ADS는 로마시대 성인 노예와 같이 운전자로서 행위능력을 갖고 운전작업을 담당하지만, 권리주체성은 없으므로 대신 ADS Entity가 후견적 책임을 지는 것이다.

ADSE가 대신 부담하는 운전자책임에는 민사적인 운전자책임뿐만 아니라 ADS가 역동적 운전작업 등과 관련해 준수해야 하는 도로교통법상 교통규칙 준수의무[14] 같은 행정상 운전자책임도 포함된다.[15]

(2) 제조물책임 관점에서의 후견적 책임의 정당화

다른 하나는 '제조물책임' 관점, 즉 ADS의 작동과 관련하여 ADS의 "결함"을 이유로 책임을 부과하는 것이다. 즉 ADS에 ADS Entity가 인증한 SAE 단계에 못 미치는 설계상 결함이 있거나 혹은 인증한 SAE 단계에는 미치지만 작동시 기능이상이 있는 경우, ADSE는 이러한 ADS의 운전작업 수행의 "결함"에 대해 후견적 책임을 진다고 보는 것이다.

ADS Entity가 직접 ADS의 제작자나 자율주행차량의 제작자인 경우 이러한 설명은 설득력이 있다. 그런데, 차량공유회사가 ADS Entity가 되는 경우처럼, ADS Entity가 직접 ADS나 자율주행차량의 제작자가 아닌 경우도 있는데, 이러한 경우

---

13) DDT 수행에 필요한 운전주의에 대해서는, 제2편 제3장 〈운전·운전자법제〉 제3절 Ⅲ. 4. 이하 및 Ⅳ. 5. 이하 참조.
14) 'ADS의 법규준수 능력'과 사전 프로그래밍 필요성에 대해서는, 제2편 제3장 〈운전·운전자법제〉 제1절 Ⅲ. 2. 이하 참조.
15) 앞의 각주 8) 참조.

에도 이들은 "ADS의 가공업자나 수입업자"일 수 있다. 나아가, ADS의 가공업자나 수입업자가 아닌 경우에도 자율주행차 등록시 자신을 ADSE로 후견등록[16]하였기 때문에 "식별가능한 기호 등을 사용하여 제조·가공·수입 업자로 표시한 자"로 보아 ADS의 결함에 대해 대신 책임을 진다고 볼 수 있다.

(3) '운전주의의 흠결'의 정도 혹은 '결함'의 정도

그런데, 이 두 가지 설명은 하나의 현상을 각각 운전자책임 관점 혹은 제조물책임 관점에서 설명하는 것이기 때문에 ADS의 '운전주의의 결여'의 수준은 ADS의 '결함'에 상당해야 하는 것이고, 그 책임의 내용은 동일해야 한다.

(4) 후견적 책임의 성질과 증명책임
1) 과실책임, 결함책임

ADS Entity 는 후견하는 ADS가 해당 운전작업을 수행함에 있어 사고를 유발하였기 때문에 책임을 진다. 다시 말해, 피후견 ADS가 부여된 자동화단계에서 요구되는 수준의 운전주의를 베풀 수 없었기 때문에 혹은 ADS의 운전에 결함이 있었기 때문에 대신 책임을 진다. 이 점에서 ADS Entity의 책임은 운전자책임과 마찬가지로 과실책임으로 보거나 혹은 제조물책임과 같이 결함책임으로 볼 수 있다. 누가 증명책임을 지는가가 문제되는데, ADSE가 자신의 무과실 혹은 무결함을 입증할 증명책임을 져야 한다.

2) ADS Entity의 증명책임의 정당화
가) 후견선언에 기한 책임의 추정

자율주행차는 ADS가 인간 대신 운전을 하는데, ADSE는 ADS의 운전능력을 자기인증하고 후견등록을 함으로써 그에 대한 후견적 책임을 사전 선언하였다. 따라서 'ADS의 작동 중' 사고가 발생한 경우 ADSE의 책임을 추정하는 것은 정당화된다. 특히, ADS의 운전작업에 관한 정보는 ADSE가 배타적으로 지배하고 있고, 피해자인 원고가 ADS 정보의 기술적 의미를 분석하는 것은 매우 어렵다는 점에서도 책임의 추정은 정당화될 수 있다. 따라서, i) 피해자인 원고가 "사고발생시 피후견 ADS가 역동적 운전작업을 담당하고 있었다는 사실"을 증명하면, ADS의

---

16) ADSE의 후견등록에 대해서는 앞의 각주 4) 참조.

운전능력을 담보한 ADSE는 일응 책임을 지고,[17] (ii) ADS Entity가 면책을 위해 "사고가 자신이 후견하는 ADS의 과실에 의해 야기되지 않았다"는 사실을 증명하도록 해야 한다.

그런데, "사고발생시 ADS가 역동적 운전작업을 담당하고 있었는지 여부"는 장착이 강제되는 '자율주행정보기록장치'에 의해 쉽게 입증될 수 있으므로,[18] ADS Entity는 책임의 추정을 깨기 위해 자율주행차사고가 ADS의 운전작업이 아닌 다른 원인에 기인하였다는 점을 증명할 책임을 부담하게 된다. 즉, ADSE는 자신의 지배영역에 있는 ADS 등을 분석함으로써 사고원인이 ADS가 아님을 쉽게 알 수 있고, 따라서 다른 사고원인을 추적할 수 있는 최적의 위치에 있기 때문에 ADSE의 증명책임은 정당화된다.

나) 제조물책임법에서의 책임 추정

특히 제조물책임 관점에서 ADS의 결함과 그로 인한 손해는 추정될 수 있는데 (i) 피해자인 원고가 "ADS가 정상적으로 사용되는 상태에서 피해자의 손해가

---

17) ADS는 역동적 운전작업 "전부"를 수행하여야 하기 때문에, 역동적 운전작업 중에는 인간의 운전에 대한 개입 여지를 남기지 않는다. 이 때문에 역동적 운전작업 중에는 운전자가 책임을 질 여지는 없다.
  물론 ADS 작동 중의 사고가 ADS가 아닌 자동차의 다른 영역의 결함 혹은 외부의 원인으로 인해 사고가 발생할 가능성도 있다. 그러나, 역동적 운전작업 중 ADS가 차지하는 "절대적 위치"를 생각하면, 역동적 운전작업 중의 사고는 ADS에 그 원인이 있는 것으로 추정하고, ADS를 지배하는 ADSE로 하여금 ADS의 운전작업이 아닌 다른 원인을 증명하도록 하는 것이 경험칙상 타당하다.
  만약 피해자인 원고로 하여금 ADS 운전 중의 사고원인을 증명하도록 한다면 이는 일반인으로 하여금 첨단 자율주행기술을 연구해 사고원인을 증명하라는 것이 되므로, 타당하지 않다.
18) 자배법 제39조의17(이해관계자의 의무 등) ① 자율주행자동차의 제작자등은 제작·조립·수입·판매하고자 하는 자율주행자동차에 대통령령으로 정하는 자율주행과 관련된 정보를 기록할 수 있는 자율주행정보 기록장치를 부착하여야 한다.
  ② 자율주행자동차사고의 통보를 받거나 인지한 보험회사등은 사고조사위원회에 사고사실을 지체 없이 알려야 한다.
  ③ 자율주행자동차의 보유자는 자율주행정보 기록장치에 기록된 내용을 1년의 범위에서 대통령령으로 정하는 기간 동안 보관하여야 한다. 이 경우 자율주행정보 기록장치 또는 자율주행정보 기록장치에 기록된 내용을 훼손해서는 아니 된다.
  ④ 자율주행자동차사고로 인한 피해자, 해당 자율주행자동차의 제작자등 또는 자율주행자동차사고로 인하여 피해자에게 보험금등을 지급한 보험회사등은 대통령령으로 정하는 바에 따라 사고조사위원회에 대하여 사고조사위원회가 확보한 기록장치에 기록된 내용 및 분석·조사 결과의 열람 및 제공을 요구할 수 있다.
  ⑤ 제4항에 따른 열람 및 제공에 드는 비용은 청구인이 부담하여야 한다.

발생하였다는 사실" 기타 제조물책임법 제3조의2에 규정된 요건을 증명하면 제조
상 결함 및 그 결함으로 손해가 발생한 것으로 추정되므로[19] (ii) ADS Entity는 사
고가 다른 원인에 기인하여 발생했다는 사실을 증명해야 한다.

3. 사고조사위원회의 조사와 운전자책임 소송에서의 활용

(1) 사고조사위원회의 설치와 업무

개정 자동차손해배상보장법은 제39조의14 이하에서 '자율주행자동차사고조
사위원회'의 설치를 제안하고 있다. 사고조사위원회의 주된 업무는 자율주행차사
고의 사고조사와 원인규명 및 관련정보의 제공 등[20]인데, 사고조사위원회가 자율
주행차사고를 조사하고 원인을 규명하여 관련 사고정보를 제공한다면, 피해자인
원고는 원고가 증명책임을 지는 운전자책임 소송에서 사고조사위원회가 제공하
는 사고조사 정보를 이용해 운전자 혹은 ADSE의 책임을 쉽게 주장 증명할 수 있
을 것이다.

(2) '운전자'에 대한 소송과 사고정보의 활용

사고조사위원회는 장착이 강제되는 자율주행정보 기록장치 등의 분석을 통
해 (i) 사고당시 자동차의 움직임, (ii) 사고 당시 ADS가 운전작업을 담당했는지
여부, (iii) ADS가 운전자에게 제어권회복의 경고를 발하였는지 여부와 경고를 발
한 시간, (iv) 운전자가 제어권회복의 경고에 대해 어떻게 행동했는지 등을 알 수
있게 된다.

---

19) 제3조의2(결함 등의 추정) 피해자가 다음 각 호의 사실을 증명한 경우에는 제조물을 공
급할 당시 해당 제조물에 결함이 있었고 그 제조물의 결함으로 인하여 손해가 발생한 것
으로 추정한다. 다만, 제조업자가 제조물의 결함이 아닌 다른 원인으로 인하여 그 손해
가 발생한 사실을 증명한 경우에는 그러하지 아니하다.
  1. 해당 제조물이 정상적으로 사용되는 상태에서 피해자의 손해가 발생하였다는 사실
  2. 제1호의 손해가 제조업자의 실질적인 지배영역에 속한 원인으로부터 초래되었다는
  사실
  3. 제1호의 손해가 해당 제조물의 결함 없이는 통상적으로 발생하지 아니한다는 사실
20) 제39조의14(자율주행자동차사고조사위원회의 설치 등) ① 제39조의17 제1항에 따른 자
율주행정보 기록장치(이하 "자율주행정보 기록장치"라 한다)에 기록된 자율주행정보 기
록의 수집·분석을 통하여 사고원인을 규명하고, 자율주행자동차사고 관련 정보를 제공
하기 위하여 국토교통부에 자율주행자동차사고조사위원회(이하 "사고조사위원회"라 한
다)를 둘 수 있다.

따라서, 원고는 원고가 증명책임을 지는 운전자책임 소송에서 이러한 정보를 이용하여 (i) 사고 당시 ADS 가 운전을 담당했고, (ii) ADS가 운전자에게 제어권회복의 경고를 하였으나, (iii) 운전자가 그 경고에도 불구하고 지체없이 개입을 하지 않아 손해가 확대되었다고 주장 증명하면서 운전자의 책임을 물을 수 있다.

(3) 'ADSE'에 대한 소송과 사고정보의 활용

한편 원고는 원고가 증명책임을 지는 운전자책임 소송에서 사고조사위원회가 제공하는 정보의 분석을 통해, (i) 사고 당시 ADS가 운전을 담당하였는데, (ii) ADS가 운전자에게 제어권회복의 경고를 하지 않아 손해가 발생했다고 주장 증명하면서 ADSE에 대하여 ADS의 결함에 대한 운전자책임을 물을 수 있다.

Ⅲ. SAE 3단계 자율주행차 사고: 운전자, ADSE의 주의의무와 책임

앞의 〈표 5〉에서 본 것처럼, 자율주행차에서는 ADS가 대부분의 운전작업을 담당하게 되므로, 운전자는 그 한도에서 운전과 관련된 주의의무로부터 해방될 수 있다. 구체적으로 운전자가 어느 정도로 운전과 관련된 주의의무로부터 해방될 수 있는가가 문제되는데, 운전을 담당하는 ADS의 자동화기술의 단계에 상응하여 운전자가 주의의무로부터 해방될 수 있다. 먼저 SAE 3단계에서 인간운전자와 ADSE가 부담하는 주의의무에 대해 각각 살펴보자.

1. 운전자의 주의의무와 책임

3단계 자율주행차의 운전자의 책임은 3단계 자율주행차를 운전하는 '평균적 운전자'가 부담하여야 하는 주의의무를 기준으로 하여 판단한다. "불법행위의 성립요건으로서의 과실은 이른바 추상적 과실만이 문제되는 것이고, 이러한 과실은 <u>사회평균인으로서의 주의의무</u>를 위반한 경우를 가리키는 것이다. 그런데 여기서 '사회평균인'이라고 하는 것은 추상적인 일반인을 말하는 것이 아니라, 그때 그때의 구체적인 사례에 있어서의 보통인을 말하는 것"이다.[21] 따라서, 운전자의 주의의무는 각 자동화단계별로 파악하여야 하고 또한 각 구체적 사례별로 판단하

---

21) 대법원 2001. 1. 19. 선고 2000다12532 판결. 자세히는, 권영준, "불법행위의 과실 판단과 사회적 평균인", 비교사법 제22권 제1호(2015), 91면 이하 참조.

여야 한다.

(1) DDT 중 비상상황 발생에 대비한 주의의무

SAE 3단계 자동화기술 수준에서 ADS는 역동적 운전작업(DDT) 전부를 운전자 대신 수행하기 때문에, 역동적 운전작업의 수행에 관한 한 ADS를 운전자로 볼 수 있다. 따라서, 그 한도에서 탑승자는 역동적 운전작업의 수행과 관련한 주의의무로부터 해방될 수 있다.

하지만, SAE 3단계 자동화기술 수준은 위기상황 발생시 ADS가 스스로 위기상황 대응조치(Fallback performance)를 수행하지 못하고, 운전자의 개입을 전제로 한다. 즉 위기상황 발생시 SAE 3단계 ADS는 스스로 그 상황을 타개할 수준이 되지 못하므로, 운전자에게 지체없이 개입할 것을 요구한다.

1) 운전자와 ADSE의 책임의 경합

앞서 본 것처럼, 3단계 자율주행차의 경우 위기상황 발생시 운전자가 개입해 위기상황을 타개해야 하므로, ADS가 역동적 운전작업을 수행하는 동안 운전자는 역동적 운전작업에 필요한 주의의무로부터는 해방되지만, 위기상황발생시 대응조치 수행을 위한 주의는 베풀고 있어야 한다.

그 결과 원고의 손해는 ADS의 결함뿐만 아니라 운전자의 준비의무 위반과 경합하여 발생하는 경우도 생기는데, 이러한 경우 운전자와 ADSE는 연대하여 책임을 져야 한다.

2) 개입의무의 전제: '충분한 시간'의 부여 여부

그런데, ADS의 개입경고는 운전자의 입장에서 볼 때 제어권을 회복해 개입할 수 있는 "충분한 시간을 두고" 행해져야 한다. 따라서, ADS의 개입경고가 너무 촉박해 운전자가 개입할 수 있는 시간이 확보되지 않은 경우 운전자의 주의의무 위반은 인정되지 않는다.[22]

(2) 최소위험상태 확보를 위한 주의의무

SAE 3단계 자율주행차의 운전자는 DDT 수행 중 비상상황이 발생한 경우 제어권을 회복해 위기상황 대응조치를 취해야 할 뿐만 아니라, 그 후속조치도 취해

---

22) 제2편 제3장 제2절 Ⅳ. 1. (2) 참조.

야 한다. 즉 비상상황 대응 조치 후 (i) 운전자가 계속 DDT를 수행할 수 있는 경우 운전을 계속해 목표지점으로 진행할 수 있지만, (ii) 만약 사고로 인해 여정을 계속할 수 없는 경우라면 차량충돌을 회피하기 위해 최소위험상태(MRC)를 확보하기 위한 조치를 취해야 한다. 따라서, SAE 3단계 차량의 운전자는 상황에 따라 최소위험상태를 확보할 주의의무를 부담할 수 있다.

물론 원격으로 ADSE가 차량을 노견에 이동시키는 것과 같이 최소위험상태 확보의무를 ADSE에 부과하는 것이 기술적으로 가능하지만, 위기상황 대응을 해야 할 운전자로 하여금 최소위험상태를 확보하도록 하는 것도 또한 필요해 보인다.

따라서 이러한 상황에서 원고의 손해가 ADSE의 주의의무 위반뿐만 아니라 운전자의 주의의무 위반과 경합하여 발생할 수 있는데, 이 때에도 운전자와 ADSE는 연대하여 책임을 져야 한다.

(3) 작동설계영역에 대한 주의의무

SAE 3단계 ADS에 대해서는 '작동설계영역'이 제한적으로 설정되어 있으므로, 3단계 자율주행차의 운전자는 지정된 '작동설계영역' 내에서 자율주행차를 운행해야 한다. 따라서 운전자는 자신의 차량이 지정된 '작동설계영역' 내에서 운행하도록 필요한 주의를 기울어야 하고, 만약 '작동설계영역'을 벗어난 경우 지체없이 제어권을 회복해 직접 DDT를 수행해야 한다.

물론 작동설계영역을 벗어나려하는 경우 ADS가 운전자에게 즉각 필요한 경고를 발하도록 설계되어야 하기 때문에, 이러한 상황에서도 원고의 손해는 ADS의 결함뿐 아니라 운전자의 주의의무 위반과 경합하여 발생할 수 있다. 따라서, 이 때에도 운전자는 ADSE와 연대하여 책임을 져야 한다.

(4) 운전자책임의 주체와 성질: 운전자의 자기책임

SAE 3단계 자율주행차에서 자동화수준은 위에서 본 것처럼 운전자로 하여금 (i) DDT 중의 비상상황 대응의무, (ii) 비상대응 조치 후 최소위험 확보 의무, 및 (iii) 작동설계영역에 대한 주의의무를 부담할 것을 요구하므로, 운전자가 이러한 의무를 다하지 못한 경우, 주의의무 위반으로 운전자책임을 지게 된다. 이러한 운전자책임은 자기가 부담한 주의의무를 다하지 못해 부담하는 과실책임이다.

2. ADSE의 주의의무와 책임

(1) ADS가 수행해야 하는 DDT 관련 운전주의 수준과 ADSE의 책임의 정당화

ADS는 인간 대신 운전작업을 수행하는데, 운전작업을 수행함에 있어 당해 ADS에 부여된 자동화단계에 상당하는 운전주의를 다하여야 하므로, 이러한 운전 능력을 담보한 ADSE의 책임은 정당화된다.[23] 또한 이러한 운전작업은 교통규칙 의 준수를 수반하는데 ADS의 법규준수능력[24]을 담보한 ADSE는 ADS의 교통법규 위반에 대해서도 책임을 진다. 즉, SAE 3단계 자율주행차에서 3단계 ADS는 '역동 적 운전작업'의 '전부'를 담당하게 되는데, 원고가 '자율주행정보 기록장치' 기타 사고조사위원회의 제공정보를 통해 "3단계 ADS가 역동적 운전작업 혹은 그에 수 반된 준법작업을 담당하는 동안 사고가 발생했다"는 사실 등을 증명하면, 사고는 ADS의 역동적 운전작업 혹은 그에 수반된 준법작업으로 인해 발생한 것으로 추 정[25]된다. 따라서, ADS의 운전능력, 법규준수능력을 담보한 ADS Entity가 자신의 면책을 위해 사고가 다른 원인으로 발생했음을 증명해야 한다.

SAE J3016이 정의한 '역동적 운전작업'[26]이란 "차량을 도로교통상에서 작동시 키기 위해 요구되는 실시간(real-time)의 조작적(operational) 및 전술적(tactical) 기능" 을 의미하므로, 다음의 운전작업 중 일부에 흠결이 있던 것으로 추정될 수 있다.

(i) 조향에 의한 자동차의 횡방향 동작 제어(조작적 기능)
(ii) 가감속에 의한 자동차의 종방향 동작 제어(조작적 기능)
(iii) 사물과 사건의 감지, 인식, 분류 및 반응준비를 통한 주행환경의 감시(조작적 전술적 기능)
(iv) 사물과 사건에 대한 반응의 실행(조작적 전술적 기능)
(v) 조종계획(전술적 기능)
(vi) 조명, 신호 및 동작 등을 통한 인식가능성의 증대(전술적 기능)

또한 ADS는 역동적 운전작업을 수행함에 있어 관련법규를 준수해야 하므로

---

23) 앞의 Ⅱ. 2. (1) 참조.
24) ADS의 법규준수능력에 대해서는, 제2편 제3장 제1절 Ⅲ. 1. 참조.
25) 앞의 Ⅱ. 2. (4) 2) 가) 참조.
26) 역동적 운전작업에 대해서는, 제2편 제1장 〈총론〉 제2절 Ⅰ. 1. (1) 참조.

앞지르기 방법(도교법 제21조)이나 교차로 통행방법(제25조) 같은 교통규칙을 위반했을 수도 있다.

(2) ADSE의 책임의 성질

앞서 본 것처럼, ADSE는 자신이 자기인증한 3단계 ADS가 부여된 단계에서 요구되는 수준의 운전주의나 운전능력 혹은 법규준수능력을 베풀 수 없었기 때문에 ADS 대신 사고 책임을 진다. 이 점에서 ADS Entity 의 책임은 과실책임 혹은 결함책임이다.[27] 그런데, 앞서 본 것처럼 원고가 ADS의 운전작업 중 사고가 발생했다는 사실 등을 증명하면 ADSE의 책임 혹은 ADS의 결함은 추정된다.[28] 따라서, ADSE는 자율주행차사고가 ADS의 운전작업에 기인하지 않았다는 점을 적극적으로 증명할 책임을 부담하게 된다.

Ⅳ. SAE 4단계 자율주행차 사고: 운전자, ADSE의 주의의무와 책임

1. 운전자의 주의의무와 책임

(1) "작동설계영역"의 이탈에 대비한 주의의무

4단계 자율주행차에서는 "작동설계영역(ODD)" 내에 있는 한 ADS가 DDT뿐만 아니라 DDT 중 비상상황 대응조치도 부담하게 된다. 나아가, ADS는 비상상황 대응 조치 후 차량충돌위험을 회피하기 위한 최소위험상태까지 확보해야 한다. 이와 같이 4단계 자율주행차에서는 ADS가 DDT, DDT 중의 비상상황 대응, 최소위험상태 확보와 같은 모든 운전작업을 담당하므로, 이러한 한도에서 운전자는 주의의무로부터 해방된다.

그런데, 4단계 자율주행차에서도 운전자가 이러한 운전작업의 주의의무로부터 해방되는 상황은 "ODD 내에 있는 경우"에 한정된다. 만약 4단계 자율주행차가 "ODD"를 벗어나는 경우 운전자는 지체없이 제어권을 회복해 DDT를 수행해야 하므로, 4단계 자율주행차에서도 운전자는 차량이 "ODD" 내에 있는지 여부에 대한 주의를 계속 기울여야 한다.

이러한 상황에서 원고의 손해는 ADS의 결함뿐만 아니라 ODD 이탈에 대한

---

27) Ⅱ. 2. (4) 1) 참조.
28) Ⅱ. 2. (4) 2) 가) 참조.

운전자의 주의의무 위반과 경합하여 발생할 수 있으므로, 이러한 경우 운전자와 ADSE는 연대하여 책임을 질 수 있다.

(2) 비역동적 운전작업에 대한 주의의무

나아가 4단계 자율주행차에서도 운전자는 목표지점의 설정과 같은 전략적 운전작업 기타 "비역동적 운전작업"을 계속 수행해야 한다. 따라서, 비역동적 운전작업에 대한 주의의무는 여전히 운전자의 몫이 된다.

2. ADSE의 운전주의와 책임

(1) ADS가 수행해야 하는 운전작업의 범위와 '운전주의'의 수준

SAE 4단계를 부여받은 자율주행차에서 ADS는 인간 대신 (i) '역동적 운전작업'의 '전부', (ii) 역동적 운전작업 중 발생한 비상상황에 대한 대응조치, 및 (iii) 비상상황 대응 후 차량충돌을 방지하기 위한 최소위험상태의 확보 조치를 취해야 한다. 동시에 이러한 운전작업에 수반되는 교통규칙을 준수해야 한다. 따라서, 이러한 4단계 ADS를 인증하고 후견하는 ADSE는 이러한 4단계 ADS의 운전작업 전부에 대하여 각 운전작업에서 필요한 정도의 '운전능력'과 '법규준수능력'을 담보하게 된다.

하지만, ADSE는 이러한 운전능력과 준법능력을 모든 조건에서 담보하는 것은 아니다. ADSE는 자신이 설정한 '작동설계영역' 내에서 이러한 운전능력과 준법능력을 담보하므로 4단계 자율주행차가 자신이 설정한 "작동설계영역"을 벗어난 경우, ADSE는 면책될 수 있다.

(2) ADSE의 책임의 추정과 무과실의 증명책임

자율주행차에서는 '자율주행정보기록장치'[29]의 장착이 강제되는데, 원고가 자율주행정보기록장치 기타 사고조사위원회의 제공정보를 통해 "4단계 ADS가 역동적 운전작업, 비상상황 대응조치, 최소위험상태 확보조치 혹은 그에 수반된 교통규칙 준수조치를 취하는 동안 사고가 발생했다"는 사실 등을 증명한 경우, 사고 원인은 ADS가 수행한 역동적 운전작업, 비상상황 대응조치, 최소위험상태 확

---

29) 앞의 각주 18) 참조.

보조치 혹은 그에 수반된 준법조치로 인한 것으로 일응 추정되고, ADS를 후견하는 ADSE가 자신의 면책을 위해 사고원인이 ADS의 운전작업에 기한 것이 아님을 증명해야 할 증명책임[30]을 지게 된다.

따라서, ADSE가 사고원인이 ADS에 기인하지 않았음을 적극적으로 증명하지 못하면 추정된 ADS Entity의 후견적 책임은 확정된다. 하지만 예를 들어, ADSE가 자율주행정보기록장치 등을 통해 자율주행차가 지정된 작동설계영역을 벗어났음을 입증하면 ADSE는 추정된 책임에서 벗어날 수 있다.

V. SAE 5단계 자율주행차 사고: 운전자, ADSE의 주의의무와 책임

1. 운전자의 주의의무와 책임

4단계 자율주행차에서는 "작동설계영역"이 제한되어 있으므로, 4단계 자율주행차에서도 운전자는 차량이 "ODD" 내에 있는지 여부에 대한 주의를 계속 기울여야 한다. 하지만, 5단계 자율주행차의 자동화수준은 이러한 ODD의 제한도 받지 않게 된다. 따라서, 5단계 자율주행차에서 운전자는 사실상 모든 운전작업으로부터 해방되게 된다.

단지, 운전자는 목표지점의 설정과 같은 전략적 운전작업 기타 "비역동적 운전작업"만 수행하게 되므로, 이러한 운전작업에 대한 주의의무만 계속 부담하게 된다.

2. ADSE의 운전주의와 책임

반대로 5단계 자율주행차에서 ADS는 "작동설계영역의 제한없이" 역동적 운전작업, 비상상황 대응조치, 최소위험상태 확보조치 혹은 그에 수반된 준법조치를 수행해야 한다. 따라서, 원고가 자율주행정보기록장치 기타 사고조사위원회의 제공정보를 통해 "5단계 ADS가 역동적 운전작업, 비상상황 대응조치, 최소위험상태 확보조치 혹은 그에 수반된 준법조치를 취하는 동안 사고가 발생했다"는 사실 등을 증명한 경우, 사고의 원인은 어떤 "운전상황"이든 ADS가 수행한 역동적 운전작업, 비상상황 대응조치, 최소위험상태 확보조치 혹은 그에 수반된 준법조치

---

30) 앞의 Ⅱ. 2. (4) 2) 가) 참조.

로 인한 것으로 사실상 추정되고, ADS를 후견하는 ADSE가 자신의 면책을 위해 사고원인이 ADS의 운전이 아님을 증명해야 할 책임[31])을 지게 된다. 따라서, ADSE가 사고원인이 ADS에 기인하지 않았음을 증명하지 못하면 추정된 ADS Entity의 후견적 책임은 확정된다.

　　물론 5단계 자율주행차에서도 사고의 원인이 경찰관의 신호지시를 따를 의무 기타 탑승자가 담당해야 하는 '비역동적 운전작업'임을 증명하면, ADSE는 추정된 책임에서 벗어날 가능성이 존재한다. 하지만, 5단계 자율주행차가 상용화될 시점에서는 신호지시를 따를 의무 등도 ADS가 인식 처리할 수 있는 기술이 개발될 것이므로, 5단계 자율주행차가 상용화되는 시점에서는 자율주행차에 관한 운전자책임은 사실상 모두 ADSE의 책임으로 귀속될 것으로 전망된다.

---

31) 앞의 Ⅱ. 2. (4) 2) 가) 참조.

제3절 운행자책임: 보유자와 ADSE의 책임[*]

Ⅰ. 현행 자배법상의 운행자책임의 구조

자동차손해배상보장법은 "자기를 위하여 자동차를 운행하는 자(즉 운행자)는 그 운행으로 다른 사람을 사망하게 하거나 부상하게 한 경우에는 그 손해를 배상할 책임을 진다"고 선언함으로써(제3조 본문), 소위 '위험책임'과 '보상책임' 이념에 기초한 운행자책임[1]을 선언하고 있다. 특히, 운행자책임은 자동차의 운행이 가지는 특수한 위험[2]에 비추어 그 '위험원'인 차량을 지배할 수 있는 자에게 부과되는 '위험책임'으로 이해된다.[3]

---

* 이 부분은 이중기, "자율주행차 사고와 운행자책임: 보유자와 ADSE Entity의 책임", 홍익법학 제21권 제2호(2020)를 수정한 것이다.

1) 대법원 1986. 12. 23. 선고 86다카556(자동차손해배상보장법 제3조는 <u>위험책임</u>과 <u>보상책</u><u>임</u> 원리를 바탕으로 하여 자동차에 대한 운행지배와 운행이익을 가지는 자에게 그 운행으로 인한 손해를 부담하게 하고자 함에 있다).

2) "자동차의 운행이 가지는 '특수한 위험'이란 자동차가 가지는 속도와 중량이 그 운행에 있어서 발생시키는 기계적 물리력의 위험이다. 그 위험의 상대방은 일차적으로는 도로교통에 참여하고 있는 사람 일반이다. 여기에는 도로보행자 또는 다른 차량의 운전자나 승객뿐만 아니라, 당해 차량의 운전자 그리고 특히 당해 차량의 승객이 당연히 포함된다. 자동차의 운행자는 이상과 같은 위험까지도 '야기'하였으며 또 이를 '지배'하는 지위에 있는 것이다"(양창수, "자동차손해배상보장법 제3조 단서 제2호의 합헌성", 민법연구 제5권(1999), 285면(이하 "양창수") 287면).

3) "자동차를 운행하게 하는 행위 그 자체의 적법성에도 불구하고 자동차의 운행이 가지는 특수한 위험에 비추어 그 위험원을 지배할 수 있는 지위에 있는 사람(이 경우에는 자동차의 '보유자', 즉 운행자)으로 하여금 이제 그 위험이 현실화된 경우에는 그로 인한 손해를 부담시키는 것이 타당하다는 소위 '위험책임'의 원리에 기한 것이라고 요약할 수 있다"(양창수, 286면).

1. 운행자책임의 주체: 운행자

(1) 운행자의 개념

여기서 손해배상책임의 주체로서의 '운행자'의 개념이 문제되는데, 대법원 판례에 의하면 '운행자'는 위험원인 '자동차에 대한 운행을 지배하여 그 이익을 향수하는 책임주체로서의 지위에 있는 자'를 의미한다.[4] 대법원은 '운행지배'와 '운행이익'이라는 두 가지 요소를 기준으로 운행자성을 판단하고 있는데, 위험책임을 실현하는 개념인 '운행지배'와 보상책임을 실현하는 개념인 '운행이익'을 대등개념으로 보면서 두 가지 요소 모두가 충족되어야 운행자성이 인정된다는 입장을 유지하고 있다.[5]

(2) 운행지배와 운행이익의 의미

먼저 '운행지배'와 관련해 대법원은 현실적인 지배뿐만 아니라 사회통념상 간접지배 내지 지배가능성도 포함[6]시키고 있는데, 이러한 '지배' 개념의 유연화는 운행자의 인정범위를 넓히려는 동기에서 비롯된 것이다.[7]

마찬가지로 '운행이익'과 관련해서도 운행으로 얻어지는 직접적인 경제적인 이익뿐만 아니라 간접적인 경제적 이익도 포함되고, 나아가 정신적 만족감 같은 정신적 이익까지도 포함된다고 한다. 따라서, A가 자동차를 무상으로 B에게 빌려 준 경우, 무상으로 빌린 B는 직접적인 경제적 이익을 누리고, A도 '정신적인 만족감'이라는 형태로 '운행이익'을 누릴 수 있다고 한다.[8]

---

4) 양창수·권영준, 권리의 변동과 구제(2판, 2015)(이하 "양창수·권영준"), 729면; 대법원 1980. 4. 8. 선고 79다302 판결(운전사의 선임, 지휘 감독이나 기타의 운행에 관한 지배 및 운행이익에 전혀 관여한 바가 없다면 자배법 제3조에서 말하는 자기를 위하여 자동차를 운행하는 자로 볼 수 없다); 대법원 2001. 4. 24. 선고 2001다3788; 대법원 2004. 4. 28. 선고 2004다10633 등.
5) 오지용, "무인자동차와 관련한 자동차손해배상보장법 제3조의 해격", 법조 제709호 (2015), 100면; 앞의 각주의 대법원 판결 참조.
6) 대법원 1995. 10. 13. 선고 94다17253('자기를 위하여 자동차를 운행하는 자'란 사회통념상 당해 자동차에 대한 운행을 지배하여 그 이익을 향수하는 책임주체로서의 지위에 있다고 할 수 있는 자를 말하고, 이 경우 운행의 지배는 현실적인 지배에 한하지 아니하고 사회통념상 간접지배 내지는 지배가능성이 있다고 볼 수 있는 경우도 포함한다).
7) 양창수·권영준, 729면; 맹준영, 자율주행자동차와 민사책임(서울대학교 박사학위논문, 2019)(이하 "맹준영"), 300면.
8) 양창수·권영준, 729면; 맹준영, 300면.

(3) 운행자성의 판단

1) 소유자의 운행지배·운행이익의 추정과 상실 여부의 판단기준

운행자성의 판단에 있어 대법원은 자동차 소유자 혹은 보유자를 운행지배와 운행이익을 갖는 운행자로 '추정'한 다음, 당해 사안에서 소유자의 운행지배와 운행이익이 상실되었는지 여부를 검토하는 접근법을 취한다.[9] 운행지배와 운행이익의 상실 여부에 대한 판단기준에 대해 대법원은 다음과 같이 말한다. "사고를 일으킨 구체적 운행이 보유자의 의사에 기하지 아니한 경우에도 그 운행에 있어 보유자의 운행지배와 운행이익이 <u>완전히 상실</u>되었다고 볼 특별한 사정이 없는 한 보유자는 당해 사고에 대하여 운행자로서 책임을 부담하게 된다 할 것이며, 위 운행지배와 운행이익의 상실 여부는 평소의 차량관리상태, 보유자의 의사와 관계없이 운행이 가능하게 된 경위, 보유자와 운전자와의 관계, 운전자의 차량반환의사의 유무와 무단운행 후의 보유자의 승낙가능성, 무단운전에 대한 피해자의 주관적인 인식 유무 등 여러 사정을 사회통념에 따라 종합적으로 평가하여 이를 판단하여야 한다".[10]

따라서, 이상의 기준에 따라 판단한 결과 자동차 보유자가 운행지배와 운행이익을 '완전히' 상실하였다고 볼 수 있는 경우가 아닌 한 보유자는 계속 운행자로서 책임을 지게 된다.

2) 정당한 권리없는 자의 운행자성

반대로 자동차를 사용할 정당한 권리가 없는 자도 운행지배와 운행이익이 인정되면 운행자의 지위를 가질 수 있다.[11] 예를 들어, '무단운전'이나 '절취운전'처럼 자동차를 사용할 정당한 권리가 없는 자도 운행지배와 운행이익을 취득하면 운행자가 될 수 있다. 이 때에도 위험책임의 실현원리인 '운행지배'와 보상책임의 실현원리인 '운행이익'을 고려하여 해당 주체에게 배상책임을 귀속시키는 것이

---

9) 맹준영, 301면; 곽윤직 편집대표, 민법주해[XIX](2005), 517면(김용덕 집필부분); 대법원 1986. 12. 23. 선고 86다카556(자동차손해배상보장법 제3조는 위험책임과 보상책임원리를 바탕으로 하여 자동차에 대한 운행지배와 운행이익을 가지는 자에게 그 운행으로 인한 손해를 부담하게 하고자 함에 있으므로 여기서 말하는 '자기를 위하여 자동차를 운행하는 자'는 자동차에 대한 운행을 지배하여 그 이익을 향수하는 책임주체로서의 지위에 있는 자를 가르키는 것이라고 풀이되고, 한편 <u>자동차의 소유자</u> 또는 <u>보유자</u>는 통상 그러한 지위[운행자지위]에 있는 것으로 <u>추인</u>된다).

10) 앞의 각주의 대법원 86다카556 판결.

11) 앞의 각주의 대법원 86다카556 판결.

타당한지를 고려해 판단해야 한다.[12]

이러한 점에서 운행자 개념은 보유자 개념보다 더 넓은 개념이고, 위험책임과 보상책임의 이념을 실현하기 위한 독자적인 책임개념이다.

3) 자동차의 '결함'과 보유자의 운행자성 상실 여부

위험원인 자동차를 지배하는 보유자는 자동차의 '결함'으로 인하여 사고가 발생한 경우에도 여전히 운행자로서 책임을 진다. 위험책임인 운행자책임의 본질을 생각하면, 위험원인 "자동차의 장치에 결함이 발생할 수 있다"는 사실은 '자동차의 운행이 가지는 특수한 위험'의 일부로 볼 수 있으므로 보유자는 계속 운행자 지위를 유지하고 운행자책임을 져야 한다.

물론, 자동차는 제조물이므로 이 때 피해자는 제조물책임법이 규정한 '결함'임을 증명해 제조자의 제조물책임을 주장할 수 있다. 하지만, 피해자로서는 무과실책임인 운행자책임을 추궁할 유인은 높은 반면 증명책임을 부담하는 제조물책임을 추궁할 유인은 별로 없다.[13]

(4) 공동운행자

하나의 자동차에 대해 둘 이상의 운행자가 존재할 수 있다. 예를 들어, 차량의 공유자, 자동차의 임대인과 임차인,[14] 지입차량에서 지입회사와 지입차주,[15] 대리운전에서 자동차보유자와 대리운전업체[16] 등은 공동운행자가 된다.

공동운행자는 자동차사고의 피해자에 대한 관계에서 각자 운행자로서 손해배상책임을 지게 되고, 각자가 부담하는 손해배상책임은 부진정연대채무의 관계에 있게 된다.[17] 따라서, 피해자는 공동운행자 중 일인에 대하여 손해 전부의 배상을 구할 수 있게 되고, 피해자의 손해를 배상한 공동운행자는 각자의 부담부분이 인정되는 경우 그에 따라 다른 공동운행자에 대해 구상권을 행사할 수 있게 된다.

---

12) 권영준·이소은, "자율주행차 사고와 민사책임", 민사법학 제75호(2016), 449면(이하 "권영준·이소은"), 478면.
13) 자세히는, 제2편 제4장 〈책임법과 보험법제〉 제4절 I. 1. (1) 참조.
14) 대법원 1993. 6. 8. 선고 92다27782 판결; 대법원 20001. 1. 19. 선고 2000다12532 판결 등.
15) 대법원 1993. 4. 23. 선고 93다1879 판결.
16) 대법원 2009. 5. 28. 선고 2007다87221 판결.
17) 대법원 1993. 5. 27. 선고 93다6560 판결.

(5) 공동운행자의 운행자성이 인정되는 기간

앞서 본 것처럼, 차량의 보유자는 운행지배와 운행이익을 갖는 동안 운행자가 되고, 운행지배와 운행이익을 상실하면 운행자성을 상실한다. 그런데, 하나의 차량에 대해 운행자가 수인 있는 경우 각 운행자들이 갖는 운행지배와 운행이익의 기간이 달라질 수 있으므로, 각각의 운행자에 대해 운행자성이 인정되는 기간은 달라질 수 있다.

예를 들어, 차량을 공유하는 경우, 공유자에 대해 운행자성이 인정되는데, 원칙적으로 차량을 공유하는 전체기간 동안 운행자성이 인정된다. 이에 비해, 차량의 임대가 일어난 경우 임대인과 임차인에 대해 운행자성이 인정되지만 임차인의 운행자성은 임대기간 동안만 인정된다. 임대기간 만료로 임차인이 차량을 임대인에게 돌려준 경우, 임차인의 운행지배는 그 때 종료되기 때문이다. 마찬가지로 대리운전을 하는 경우 보유자와 대리운전업자에 대해 운행자성이 인정되지만, 대리운전업자의 운행자성은 대리운전 중에만 인정된다. 대리운전자가 차량을 보유자의 주차구역에 주차하고 열쇠를 반환해 대리운전이 종료하면, 대리운전업자의 운행지배는 종료되기 때문이다.

2. 손해배상책임의 성립 요건

자동차의 운행으로 인한 운행자책임이 성립하려면 "운행으로 다른 사람을 사망하게 하거나 부상하게" 하여야 한다(제3조 본문).

(1) '운행'의 의미

여기서 '운행'이란 "사람 또는 물건의 운송 여부와 관계없이 자동차를 그 용법에 따라 사용하거나 관리하는 것"을 말한다"(제2조 제2호). 자동차를 용법에 따라 '사용'하는 것 외에 '관리'하는 것도 포함되기 때문에 '운행'의 개념은 확장된다. 운행 개념의 확장은 운행자의 책임범위를 확장하는 효과를 가진다.[18]

대법원은 "자동차의 용도에 따라 그 구조상 설비되어 있는 각종의 장치를 각각의 장치목적에 따라 사용하는 것을 말하는 것으로서, 자동차가 반드시 주행상태에 있지 않더라도 주행의 전후단계로서 주·정차 상태에서 문을 열고 닫는 등

---

18) 맹준영, 304면; 주석민법[채권각칙(7)], 360면.

각종 부수적인 장치를 사용하는 것도 포함"한다[19])고 봄으로써, 자동차가 주행중
인 경우, 주행 전후로 주·정차 상태에서 고유장치를 사용하는 경우 등을 모두
'운행' 개념에 포섭하고 있다.[20) 이러한 자배법상 '운행' 개념은 주행상태를 전제
하는 도로교통법상의 '운전' 개념[21)과는 다른 것이다.

(2) '다른 사람'(타인)의 의미

여기서 피해자인 '다른 사람', 즉 타인은 "자기를 위하여 자동차를 운행하는
자(운행자) 및 당해 자동차의 운전자를 제외한 그 이외의 자"를 말한다.[22) 그런데,
운전자는 사고당시 "다른 사람(운행자)을 위하여 자동차를 운전하거나 운전을 보
조하는 일에 종사하는 자"(제2조 제4호)를 의미하므로, 피해자인 '다른 사람'은 사
고당시 운행자, 운전자, 및 운전보조자를 제외한 피해자를 의미한다.

대법원은 사고 당시 차량에 탑승하였을 뿐 실제 운전을 담당하지 않은 운전자
는 자배법상 운전자가 아니므로 타인성이 인정된다고 하였고, 또한 운전보조자도
사고 당시에 현실적으로 운전보조업무를 담당하지 않았다면 운전보조업무를 담당
할 자격 또는 지위에 있었다는 것만으로 타인성이 부정되지 않는다고 보았다.[23)

(3) 공동운행자의 타인성 여부

공동운행자가 존재하는 경우 피해를 입은 어느 운행자가 다른 운행자에 대
한 관계에서 타인성이 인정되는가가 문제된다. 피해를 입은 운행자도 '운행자'에
해당하므로 다른 운행자에 대하여 '타인'으로서 손해배상책임을 물을 수 없는 것
이 원칙이다. 하지만, 피해를 입은 운행자의 운행지배·운행이익에 비하여 다른
운행자의 운행지배·운행이익이 주도적이거나 직접적이고 구체적이어서 다른 운
행자가 용이하게 그 사고를 방지할 수 있었던 경우에는 피해 운행자의 타인성이
인정될 수 있다.[24)

---

19) 대법원 2004. 7. 9. 선고 2004다20340 판결.
20) 한기정, "자동차손해배상보장법상의 운행의 개념에 관한 연구", 서울대학교 법학 제49권
    제3호(2008)(이하 "한기정"), 222-223면.
21) 도로교통법상 "운전" 개념에 대해서는, 제2편 제3장 〈운전·운전자법제〉 제1절 I. 1. (1)
    참조.
22) 권영준·이소은, 479면; 맹준영, 305면.
23) 대법원 1997. 11. 28. 선고 97다28971 판결.
24) 권영준·이소은, 480면.

이러한 상황은 차량의 임대차나 사용대차에서 발생할 수 있다. 예를 들어, 중기회사가 운전사가 딸린 굴삭기를 임차인에게 임대한 사안에서, 임대인 중기회사의 운행지배와 운행이익이 보다 주도적이거나 직접적 구체적이므로 임대인 중기회사가 용이하게 사고발생을 방지할 수 있었다는 이유로 굴삭기 운전사의 작업 진행 중 사고를 당한 임차인의 타인성을 인정하였다.[25] 이에 비해 렌터카회사로부터 빌린 렌터카를 임차인이 직접 운전하다가 사고를 낸 사안에서, 임차인은 사고 승용차에 대하여 운행지배와 운행이익을 갖는 운행자로서 자동차보유자인 렌터카 회사에 비하여 운행지배와 운행이익이 보다 직접적이고 구체적이므로 렌트카회사에 대한 임차인의 타인성을 부정하였다.[26]

II. 운행자책임: 자율주행차에 대한 적용

1. 문제제기

앞서 본 것처럼, 대법원은 자동차 보유자의 '운행지배'와 '운행이익'이라는 두 가지 요소를 기준으로 운행자성을 판단하고 있는데, 위험책임을 실현하는 개념인 '운행지배'와 보상책임을 실현하는 개념인 '운행이익' 두 가지 요소 모두가 충족되어야 운행자성을 인정한다.[27] 또한 운행자성의 판단에 있어 대법원은 자동차 보유자를 운행지배와 운행이익을 갖는 운행자로 일단 추정한 다음, 당해 사안에서 보유자의 운행지배와 운행이익이 상실되었는지 여부를 검토하는 접근법을 취한다.

그렇다면, 자율주행차에 대해서도 대법원의 이러한 접근법이 타당한가? 이 두 가지 접근법을 자율주행차에 대해 적용해 보자.

자율주행차의 경우 두 명의 운전자(인간운전자와 로봇운전자인 ADS)가 등장하고, 운행지배의 주체로서 자율주행차 보유자뿐만 아니라 ADS의 후견인인 ADSE가 등장한다. 따라서, 자율주행차의 경우 운행자책임은 이 두 가지 주체에 대하여 (i) 운행지배와 운행이익 이라는 두 요소를 기준으로 운행자성을 판단해야 하고, 운행자성이 인정되는 경우, (ii) 공동운행자인지 여부, (iii) 만약 공동운행자라면

---

25) 대법원 1997. 7. 25. 선고 96다46613 판결.
26) 대법원 2000. 10. 6. 선고 2000다32840 판결.
27) 앞의 I. 1. (1) 참조.

공동운행자의 타인성이 인정되는지 여부, 및 (iv) 운행자 지위를 '추정'하는 것이 바람직한지 여부 등의 문제를 검토해야 한다.

2. 자율주행차 보유자의 운행지배, 운행이익

(1) 운행지배의 의미와 자율주행차의 운행지배

위험원인 자동차의 '운행지배'와 관련해 대법원은 현실적인 지배뿐만 아니라 사회통념상 간접지배 내지 지배가능성도 포함[28]시키고 있다. 따라서, 전통적 차량의 소유자가 운전자를 통해 운행을 지배하듯이, 자율주행차 보유자는 로봇운전자인 ADS와 운전자를 통해 자율주행차를 지배하고 있다고 볼 수 있다. 즉 SAE 3단계 차량의 경우 자율주행차의 보유자는 여러 운전작업 가운데 역동적 운전작업(DDT)[29]은 운전자 혹은 ADS를 통해 지배하고 나머지 운전작업은 운전자를 통해 지배한다고 볼 수 있고, SAE 4단계 차량의 보유자는 DDT, DDT 중 비상상황 대응조치,[30] 최소위험상태 확보조치[31]는 운전자 혹은 ADS를 통해 지배하고, 나머지 비역동적 운전작업[32]은 운전자를 통해 운행을 지배한다고 볼 수 있다. 따라서, 대법원처럼 '운행지배'를 현실적 지배뿐만 아니라 사회통념상의 간접지배까지 인정하는 경우, 자율주행차 보유자의 자율주행차에 대한 운행지배 상태를 인정하는 것은 어렵지 않다. '근원적 지배력'을 갖는 보유자는 운전자를 통해 운행을 지배하든 ADS를 통해 운행을 지배하든, 이는 보유자의 선택에 불과한 문제이기 때문이다.

(2) 운행이익의 의미와 자율주행차의 운행이익

자동차의 '운행이익'과 관련해 학설은 운행으로 얻어지는 직접적인 경제적 이익뿐만 아니라 간접적인 경제적 이익도 포함되고, 나아가 정신적 만족감 같은

---

28) 대법원 1995. 10. 13. 선고 94다17253('자기를 위하여 자동차를 운행하는 자'란 사회통념상 당해 자동차에 대한 운행을 지배하여 그 이익을 향수하는 책임주체로서의 지위에 있다고 할 수 있는 자를 말하고, 이 경우 운행의 지배는 현실적인 지배에 한하지 아니하고 사회통념상 간접지배 내지는 지배가능성이 있다고 볼 수 있는 경우도 포함한다).
29) J3016의 '역동적 운전작업'의 정의에 대해서는, 제2편 제1장 〈총론〉 제2절 I. 1. (1) 참조.
30) J3016의 '비상상황대처'의 정의에 대해서는, 제2편 제1장 〈총론〉 제2절 I. 2. (1) 참조.
31) J3016의 '최소위험상태'의 정의에 대해서는, 제2편 제1장 〈총론〉 제2절 I. 2. (2) 참조.
32) 비역동적 운전작업의 개념에 대해서는, 제2편 제3장 〈운전·운전자법제〉 제1절 I. 2. (1) 참조. 자세히는, NTC, Policy Paper: Changing driving laws to support automated vehicles (May 2018), 41면 이하, 83면; Law Commission, Automated Vehicles: Analysis of Responses to the Preliminary Consultation Paper (June 2019), 126면 이하.

정신적 이익까지도 포함된다고 한다. 이러한 기준에 따르면, 전통적 차량의 소유자가 운행으로 인해 직간접적인 경제적 이익이나 정신적 이익을 취득하듯이, 자율주행차 보유자도 차량의 운행으로 인해 직간접적인 경제적 이익이나 '최첨단기술의 향유'와 같은 정신적 이득을 취득할 수 있다. 따라서 자율주행차 소유자의 운행이익 향유를 인정하는 것도 어렵지 않다고 본다.

(3) 소결: 자율주행차 보유자의 운행자성

이와 같이 자율주행차 보유자의 운행자성을 인정하는 것은 어려운 일이 아니다. 하지만, 자율주행차의 경우 보유자의 운행자성 외에 ADSE의 운행자성이 새롭게 등장한다는 점이 새로운 쟁점으로 논의되어야 한다.

3. 자율주행차를 둘러싼 ADSE와 보유자간의 관계: 공동운행자 관계

(1) 기존의 공동운행자 관계: 보유자와 대리운전업체 사이의 관계 등

앞선 본 것처럼, 차량의 공유자 사이, 차량의 임대인과 임차인 사이, 대리운전에서 차량의 보유자와 대리운전업체 사이에는 공동운행자 관계가 인정된다. 그렇다면 자율주행차의 보유자와 ADSE 사이에도 공동운행자 관계가 인정될 수 있는가? 긍정하여야 한다.

(2) 보유자와 ADSE의 관계: 보유자와 대리운전업체 관계와의 유사성

자율주행차의 보유자와 ADSE의 관계는 ADSE가 자율주행차량을 ADS라는 로봇운전자를 통해 대신 운전해 주는 관계이므로, 'ADS의 운전작업 중'에는 보유자와 대리운전업체 사이의 관계와 매우 유사하다. 즉 ADSE는 로봇운전자인 ADS를 자기인증[33]하고 자동차등록시 ADS의 후견자로서 등록[34]함으로써, 자율주행차 보유자가 ADS를 통한 운전작업을 수행하는 동안 보유자에 대한 관계에서 로봇운전자를 제공하는 대리운전업체와 비슷한 입장에 있게 된다. 따라서 대법원과 같은 논리로 추론하면 ADSE와 보유자 사이에는 보유자와 대리운전업자[35] 같은

---

33) ADS의 자기인증에 대해서는, 제2편 제1장 〈총론〉 제3절 II. 3. (1) 1) 및 제2편 제2장 〈자동차법과 도로법제〉 제3절 IV. 3. 참조.
34) ADSE의 후견등록에 대해서는, 제2편 제1장 〈총론〉 제3절 II. 3. (2) 2) 및 V. 2. (2) 참조.
35) 보유자와 대리운전업자의 관계에 대해서는, I. 1. (4) 및 (5) 참조.

공동운행자 관계가 인정될 수 있다.[36]

4. ADSE의 운행지배, 운행이익

(1) 운행지배의 의미와 자율주행차의 운행지배

앞서 본 것처럼, 자동차의 '운행지배'와 관련해 대법원은 현실적인 지배뿐만 아니라 사회통념상 간접지배 내지 지배가능성도 포함시키고 있다. 자율주행차의 경우 ADSE는 ADS를 자기인증하고 자동차등록시 자신을 ADS Entity로 후견등록을 한 후, 3단계 자율주행차의 경우 DDT의 전부, 4단계 자율주행차의 경우 DDT뿐만 아니라 DDT 중 비상상황 대응조치와 최소위험상태 확보조치를 ADS를 통해 수행하게 한다.

이와 같이 전통적 차량의 대리운전업자가 대리운전자를 통해 운행을 지배하듯이, 자율주행차의 ADSE 는 로봇운전자인 ADS의 원격지배를 통해 운행을 지배할 수 있다. 따라서, 자율주행차의 ADSE에 대해 '위험원으로서의 자율주행차를 지배'하는 운행지배 개념을 인정하는 것은 어렵지 않다.

(2) 운행이익의 의미와 자율주행차의 운행이익

자동차의 '운행이익'과 관련해서 학설은 운행으로 얻어지는 직접적인 경제적 이익뿐만 아니라 간접적인 경제적 이익도 포함되고, 나아가 정신적 만족감 같은 정신적 이익까지도 포함된다고 한다. 자율주행차의 ADSE는 자신이 후견하는 자율주행차가 운행하면서 생성하는 엄청난 양의 공간데이터와 사람·사물의 이동데이터[37]를 보유하게 된다. 자율주행차가 생성하는 이러한 데이터 중 일부는 개인정보와 관련된 것이어서 개인정보 보호법상의 규제[38]를 받지만, 개인정보 보호법이 요구하는 요건을 충족시킨 경우 제3자 제공 기타 이용, 가공, 판매할 수 있다. 구글이 자율주행차를 개발한 이유가 사실은 빅데이터수집이라는 소문은 자율주

---

36) 자율주행의 주체로서 "자율주행시스템 관리자"를 상정하고, 보유자와 자율주행시스템 관리자의 공동운행자성을 긍정하는 견해로는, 김영국, "자율주행자동차의 법적 쟁점과 입법 과제", 숭실대학교 법학논총 제36집(2016), 103면, 132면.

37) 이동데이터 혹은 모빌리티 데이터의 중요성과 수집 제공에 관한 상세한 내용은, 이중기, 정필운, "교통플랫폼 구축·운영을 위한 법제 현황과 과제", 홍익법학 제19권 제4호 (2018) 337면.

38) 자세한 사항은, 이중기·황창근·정필운·임희정, 자율주행자동차 개인정보 보호체계 및 규제방식에 관한 연구(개인정보보호위원회, 2017. 12) 참조.

행차가 생성 수집하는 데이터의 산업적 중요성을 반증한다.

이와 같이 본다면, 전통적 차량의 소유자가 운행으로 인해 직간접적인 경제적 이익이나 정신적 이익을 취득하듯이, 자율주행차의 ADSE도 차량의 운행으로 인해 직접적인 경제적 이익을 취득하고 있고, 따라서 자율주행차 ADSE에 대해 운행이익을 인정하는 것도 어렵지 않아 보인다.

5. ADSE에 대한 관계에서 보유자의 타인성 인정 여부

(1) 보유자와 ADSE의 공동운행자성

앞서 본 것처럼, 보유자와 ADSE는 각각 자율주행차에 대하여 운행지배와 운행이익을 갖고 있으므로, 모두 운행자성을 인정할 수 있다. 따라서, 보유자와 ADSE는 공동운행자가 되는데, 이 경우 "ADS의 작동 중"에는 ADSE의 운행지배와 운행이익이 보다 주도적이므로, 보유자는 ADSE에 대하여 타인의 지위에 있다는 주장이 제기될 수 있다.

(2) ADSE에 대한 관계에서 보유자의 타인성 여부: 운전사附 차량임차인의 차량임대인에 대한 타인성의 유추

앞서 본 것처럼, 공동운행자가 존재하는 경우, 피해를 입은 운행자의 운행지배, 운행이익에 비하여 다른 운행자의 운행지배, 운행이익이 주도적인 경우에는 피해 운행자의 타인성이 인정될 수 있다.[39] 이러한 상황은 차량의 임대차나 사용대차에서 나타나는데, 중기회사가 운전사가 딸린 굴삭기를 임차인에게 임대한 사안에서, 임대인 중기회사의 운행지배와 운행이익이 보다 주도적이거나 직접적 구체적이므로 임대인 중기회사가 용이하게 사고발생을 방지할 수 있었다는 이유로 굴삭기 운전사의 작업 진행 중 사고를 당한 임차인의 타인성을 인정하였다.

이러한 논리를 적용하면, ADS를 자기인증한 ADSE는 자율주행차의 보유자를 위해 로봇운전자 ADS를 통해 역동적 운전작업, 비상상황 대응조치, 최소위험 확보조치 같은 운전작업을 제공하므로 ADSE의 운행지배가 보유자보다 주도적이고 직접적 구체적이므로 ADSE는 용이하게 사고발생을 통제할 수 있다.[40] 따라서

---

39) 권영준·이소은, 480면.
40) ADSE의 주도적, 직접적 운행지배를 보유자의 운행지배보다 강조하는 태도에 대해서는, 제2편 제4장 〈책임법과 보험법제〉 제5절 II. 4. (2) 2) 참조.

"ADS에 의한 운전작업 중" 발생한 사고에 대해서는 ADSE에 대한 관계에서 사고를 당한 자율주행차 보유자의 타인성을 인정할 수 있다고 본다.[41]

(3) 소결

제3자인 사고 피해자에 대해 보유자와 ADSE는 공동운행자로서 부진정연대책임을 지지만, 보유자는 ADSE에 대한 관계에서는 타인의 지위에 있으므로 ADSE는 피해자인 보유자에 대해 손해배상책임을 질 수 있다.

6. 보유자, ADSE의 운행자성의 추정과 상실

(1) 보유자의 운행자성 추정과 상실

자율주행차 보유자도 전통적 자동차 보유자와 마찬가지로 운행지배와 운행이익을 상실하는 경우 운행자성을 상실하는데, 이 때 다음과 같은 대법원의 논리가 적용된다. 즉 대법원은 자동차 보유자를 운행지배와 운행이익을 갖는 운행자로 '추정'한 다음, 문제된 사안에서 보유자의 운행지배와 운행이익이 완전히 상실되었는지 여부를 검토하는 접근법[42]을 취한다.

1) 운행지배 상실의 판단기준

대법원은 "사고를 일으킨 구체적 운행이 보유자의 의사에 기하지 아니한 경우에도 그 운행에 있어 보유자의 운행지배와 운행이익이 <u>완전히</u> 상실되었다고 볼 특별한 사정이 없는 한 보유자는 당해 사고에 대하여 운행자로서 책임을 부담하게 된다 할 것이며, 위 운행지배와 운행이익의 상실 여부는 평소의 차량관리상태, 보유자의 의사와 관계없이 운행이 가능하게 된 경위, 보유자와 운전자와의 관계, 운전자의 차량반환의사의 유무와 무단운행 후의 보유자의 승낙가능성, 무단운전에 대한 피해자의 주관적인 인식 유무 등 여러 사정을 사회통념에 따라 종합적으로 평가하여 이를 판단하여야 한다"[43]고 본다.

따라서, 법원은 자율주행차량에 대해 '무단운전'이나 '절취운전' 등 제3자가 자동차를 운전하다 사고를 야기한 경우 일응 보유자의 운행자성이 부정될 수 있

---

41) 보유자의 타인성을 긍정하는 견해로는, 오지용 108면 이하; 김영국, "자율주행 자동차의 운행 중 사고와 보험적용의 법적 쟁점", 법이론실무연구 제3권 제2호(2015), 247면(이하 "김영국 2"), 264면.

42) 대법원의 태도에 대해서는, I. 1. (3) 1) 참조.

43) 대법원 86다카556 판결. 대법원 1995. 10. 13. 선고 94다17253 판결 등도 같다.

다고 보지만, 이 때에도 '운행지배'가 사회통념상 자율주행차 보유자에게 있다고 인정되는 경우 혹은 자율주행차 보유자 등이 열쇠 등의 보관을 소홀히 하는 등 의무위반이 있다고 인정되는 경우 계속 보유자에게 사고책임을 귀속시킬 수 있다.[44]

2) ADS의 해킹과 보유자의 운행지배의 상실 여부

ADS가 해킹된 경우 자율주행차 보유자가 운행자성을 상실하게 되는가 여부가 문제되는데, 기존 자동차에 관한 대법원 판단기준이 비슷하게 적용될 수 있다. 즉 ADS가 해킹된 경우 '무단운전'이나 '절취운전'의 경우와 마찬가지로, 운행지배와 운행이익이 완전히 상실되면 자율주행차 보유자의 운행자성이 부정될 수 있다. 하지만, 자율주행차 보유자 등이 보안에 관련된 소프트웨어 업데이트를 실시하지 않는 등 보안대책을 소홀히 하여 해킹을 가능 혹은 용이하게 한 경우, 자동차보유자 등이 열쇠 등의 보관을 소홀히 하는 경우와 유사하게 평가할 수 있다. 따라서 이러한 경우에는 자율주행차 보유자 등에게 사고에 대한 책임을 귀속시킬 수 있다.[45]

그런데, 자율주행차 보유자가 부담하는 업데이트 의무의 정도가 문제되는데, 영국의 Automated and Electronic Vehicles Act는 '안전성에 직결된 소프트웨어'(safety-critical software)에 대해서만 보유자의 업데이트 의무를 인정한다(s.4 (1) (b) 참조).

(2) ADSE의 운행자성 추정과 상실 여부
1) ADSE의 운행자성은 추정되는가?: 대리운전업체의 운행자성의 취득과 상실

앞서 본 것처럼, 자동차의 '운행지배'와 관련해 대법원은 현실적인 지배뿐만 아니라 사회통념상 간접지배 내지 지배가능성도 포함시키기 때문에, 자율주행차의 ADSE는 ADS의 지배 가능성에 기초해 운행자성을 인정받을 수 있다. 그런데, ADSE에 대해서도 보유자 처럼 운행자성을 일단 추정하고, 문제된 사건에서 "운행지배와 운행이익이 완전히 상실되었다"고 볼 사정이 없는 한 운행자책임을 부과[46]해야 하는가?

---

44) 오지용, 107면.
45) 김영국 2, 260면; 맹준영, 328면.

자율주행차량에서 보유자는 운전자를 통해 운전하게 할 수도 있고 혹은 운전자로 하여금 ADS를 작동시키게 할 수도 있다. 이와 같이 "근원적" 운행지배를 갖는 보유자는 "적극적"인 지배가능성을 갖지만, ADSE는 보유자가 운전자로 하여금 ADS를 작동시킨 경우에만 ADS를 통해 "수동적" 간접적 운전지배를 갖는다.[47] 또한 운전자와 ADS 사이의 "현실적" 운전지배는 "상호 배타적"인 것이어서 만약 보유자가 운전자로 하여금 운전하도록 한 경우, ADS의 운전지배는 완전히 배제된다. 이러한 측면에서 ADSE의 운행자성은 보유자가 운전자로 하여금 ADS를 작동시킨 경우에만 인정되는 "단속적" "종속적"인 것이라고 보아야 하고, 보유자의 운행자성과 같이 처음부터 "추정"되는 것이 아니다.

대리운전자의 예를 들어 보자. 대리운전업체의 운행자성은 차량의 보유자가 어느 날 대리운전자에게 운전을 맡긴 경우 인정되고 대리운전자가 차를 주차하고 열쇠를 보유자에게 건넨 때 일단 종료한다. 다음날 보유자가 다시 대리운전자를 이용하면 다시 대리운전업체의 운행자성은 인정되고 열쇠를 건네면 다시 종료한다. ADSE는 대리운전업체 처럼 로봇운전자 ADS가 운전을 담당하는 동안에는 운행자성을 취득하지만, 운전자가 운전하는 동안에는 운행자성을 상실한다고 봐야 한다.

결론적으로 자율주행차사고 피해자의 보호를 위해 ADSE의 운행자성을 인정해 운행자책임을 물을 수 있도록 해야 하지만, ADS의 운전지배가 명확히 배제되는 운전자의 운전 중에는 ADSE의 운행자성은 배제되는 것이 타당하다. 따라서 보유자의 경우 '근원적' 운행지배와 운행이익을 갖는 운행자로 일단 추정하고 문제된 사건에서 운행지배와 운행이익이 완전히 상실되는가 여부를 검토해야 하지만, ADSE의 경우 운행자로 추정되지 않으며, 자율주행정보기록장치[48]를 통해

---

46) 대법원 86다카556 판결. 대법원 1995. 10. 13. 선고 94다17253 판결 등도 같다.
47) 보유자의 근원적 운행지배와 ADSE의 종속적 운행지배의 비교에 대해서는, 제2편 제4장 〈책임법과 보험법제〉 제5절 Ⅱ. 4. (2) 1) 참조.
48) 자배법 제39조의17(이해관계자의 의무 등) ① 자율주행자동차의 제작자등은 제작·조립·수입·판매하고자 하는 자율주행자동차에 대통령령으로 정하는 자율주행과 관련된 정보를 기록할 수 있는 자율주행정보 기록장치를 부착하여야 한다.
② 자율주행자동차사고의 통보를 받거나 인지한 보험회사등은 사고조사위원회에 사고사실을 지체 없이 알려야 한다.
③ 자율주행자동차의 보유자는 자율주행정보 기록장치에 기록된 내용을 1년의 범위에서 대통령령으로 정하는 기간 동안 보관하여야 한다. 이 경우 자율주행정보 기록장치 또는 자율주행정보 기록장치에 기록된 내용을 훼손해서는 아니 된다.

ADS의 작동이 입증된 경우에 비로소 운행자성을 취득한다.

2) ADSE의 운행자성 인정: 공동운행자 지위

보유자의 운행자성이 추정되는 상태에서 ADS의 작동을 입증해 ADSE의 운행자성이 인정되면 ADSE는 보유자와 함께 공동운행자가 된다. 피해자 보호를 위하여 고안된 운행자책임의 이념을 생각하면, 기존 운행자인 보유자와 함께 새로 운행자성이 입증된 ADSE가 공동운행자로 추가된다고 해석하는 것이 타당하다. 또, 이러한 해석은 보유자의 운행자성을 추정하는 대법원 판례의 태도에도 부합한다. 하지만, 앞서 본 것처럼, ADSE의 공동운행자성은 "단속적"인 것이어서, 사고 당시 ADS의 작동이 있는 경우에만 인정된다.

3) ADSE의 운행자성의 취득과 상실에 관한 판단기준

대법원에 따르면, 전통적인 차량의 경우 "보유자의 운행지배와 운행이익의 상실여부는 평소의 차량관리상태, 보유자의 의사와 관계없이 운행이 가능하게 된 경위, 보유자와 운전자와의 관계, 운전자의 차량반환의사의 유무와 무단운행 후의 보유자의 승낙가능성, 무단운전에 대한 피해자의 주관적인 인식 유무 등 여러 사정을 사회통념에 따라 종합적으로 평가하여 이를 판단하여야 한다"고 한다.[49]

그런데, 자율주행차량의 경우 이러한 요소들을 고려할 필요는 있지만, 기본적으로 ADSE의 운행자성은 'ADS의 작동 여부'에 따라 취득 혹은 상실된다고 보아야 하고, ADS의 작동 여부는 장착이 강제되는 '자율주행정보기록장치'에 의해 쉽게 입증될 수 있다. ADS의 해킹으로 ADSE의 운행자성이 상실되는가 여부의 문제도 위의 여러 요소들을 고려하되 기본적으로 '자율주행정보기록장치'의 분석을 통해 입증해야 할 것이다.

4) ADS의 해킹과 ADSE의 운행지배의 상실 여부

ADSE의 운행자성은 상실될 수 있는데, 예를 들어 차량의 무단운전 혹은 절취운전에 상당하는 ADS의 해킹[50]이 일어나는 경우 ADSE의 운행자성은 상실될

---

④ 자율주행자동차사고로 인한 피해자, 해당 자율주행자동차의 제작자등 또는 자율주행자동차사고로 인하여 피해자에게 보험금등을 지급한 보험회사등은 대통령령으로 정하는 바에 따라 사고조사위원회에 대하여 사고조사위원회가 확보한 <u>기록장치</u>에 기록된 내용 및 분석·조사 결과의 열람 및 제공을 요구할 수 있다.

⑤ 제4항에 따른 열람 및 제공에 드는 비용은 청구인이 부담하여야 한다.

49) 대법원 86다카556판결. 대법원 1995. 10. 13. 선고 94다17253 판결 등도 같다.

50) 앞의 (1) 2) 참조.

수 있다. 하지만, 보안유지의무를 지는 ADSE[51]가 보안대책을 소홀히 하여 해킹을 가능하게 하거나 용이하게 한 경우에는 기존의 자동차보유자 등이 열쇠 등의 보관을 소홀히 하는 경우와 유사하게 평가할 수 있고, 이러한 경우에는 ADSE에게 사고에 대한 책임을 귀속시킬 수 있다.[52] 그런데 ADSE가 부담하는 보안유지의무는 매우 높은 것으로 보아야 하고, 당시 기술수준을 고려할 때 가장 높은 수준을 기준으로 과실 유무를 판단해야 할 것이다.

Ⅲ. 운행자의 면책사유: 자율주행차에 대한 적용

1. 운행자의 면책사유 개괄

자배법은 제3조 본문에서 운행자의 고의 과실을 묻지 않고 운행자책임을 선언한 후, 다음과 같이 피해자를 두 가지로 나누어 일정한 경우 운행자의 면책을 인정한다(제3조 단서):

(i) '승객이 아닌 자'가 사망하거나 부상한 경우:

운행자는 ① 운행자와 운전자가 자동차의 운행에 주의를 게을리 하지 아니하였고, ② 피해자 또는 제3자에게 고의 또는 과실이 있으며, ③ 자동차의 구조상의 결함이나 기능상의 장해가 없었다는 것을 증명하면 면책될 수 있다.

(ii) '승객'의 사상의 경우:

이 때에는 운행자가 "승객이 고의나 자살행위로 사망하거나 부상"하였다는 것을 증명해야 면책될 수 있다.

이와 같이, 자배법은 자동차사고 피해자를 보호하기 위해 피해자가 승객이 아닌 경우 운행자에 대해 준무과실책임을 지우는 한편, 피해자가 승객인 경우 무과실책임을 지운 것으로 볼 수 있다.[53] 하지만, 실제로는 위와 같은 면책사유가 인정되는 경우는 거의 없으므로[54] 전자의 경우에도 사실상 무과실책임으로 운용되고 있다.

---

51) 김영국, 132면.
52) 김영국 2, 260면.
53) 한기정, 215면.
54) 양창수·권영준, 745면.

2. 자율주행차 보유자의 면책 주장과 증명

ADS에 의한 자율주행 중 사고가 난 경우, 자율주행차의 보유자는 운행지배와 운행이익을 갖는 자로 '추정'되기 때문에 공동운행자인 ADSE와 더불어 피해자에 대해 운행자책임을 진다.

(1) '승객이 아닌 자'의 사상의 경우

하지만, 자율주행차의 보유자는 (i) 자신과 운전자가 자동차의 운행에 주의를 게을리 하지 아니하였고, (ii) 피해자 또는 제3자에게 고의 또는 과실이 있으며, (iii) 자동차의 구조상의 결함이나 기능상의 장애가 없었다는 것을 증명하면 면책될 수 있다.

1) '자신'의 무과실의 증명

자율주행차 보유자는 면책을 위해 먼저 '자신'의 무과실을 증명해야 하는데, 자율주행차 제조업자의 지시, 설명에 따라 필요한 소프트웨어의 업데이트, 관련 부품의 교체, 필요한 정비의 실행 등을 다하였음을 증명함으로써 자신이 운행에 주의를 게을리 하지 않았음을 증명할 수 있다. 어느 정도로 소프트웨어를 업데이트해야 하는가가 문제되는데, 영국의 Automated and Electronic Vehicles Act는 '안전성에 직결된 소프트웨어'(safety-critical software)에 대해서 보유자의 업데이트 의무를 인정한다(s.4 (1) (b) 참조).

2) '운전자'의 무과실의 증명

다음으로, 자율주행차 보유자는 '운전자'의 무과실을 증명해야 하는데, SAE 단계에 따라 운전자와 ADS가 부담해야 하는 운전역할이 달라지므로, 자율주행차 보유자는 '운전자'가 각 단계의 자율주행차에서 수행해야 하는 운전작업에 따른 주의, 예를 들어 3단계 자율주행차의 경우, ADS의 역동적 운전작업 중 비상상황 대응을 위한 주의,[55] 4단계 자율주행차의 경우 작동설계영역이탈에 대한 주의 및 비역동적 운전작업을 위한 주의 등[56]을 다하였음을 증명해야 한다. 운전자와

---

55) 3단계 자율주행차에서 운전자와 ADS 사이의 운전작업의 분배에 대해서는, 제2편 제3장 〈운전·운전자법제〉 제1절 II. 1. 참조.

56) 4단계 자율주행차에서 운전자와 ADS 사이의 운전작업의 분배에 대해서는, 제2편 제3장 〈운전·운전자법제〉 제1절 II. 2. 참조.

ADS 사이의 운전작업분배에 관한 〈표 3〉을 다시 나타내면, 다음과 같다.

〈표 3〉 SAE 자동화 단계별 운전자와 ADS 사이의 운전작업의 분배

SAE단계	비역동적 운전작업 (Non-DDT)	역동적 운전작업 (DDT)	비상상황대응 (Fallback)	최소위험상태 확보(MRC)	ADS의 작동설계영역 (ODD)
3단계	운전자	ADS	운전자	운전자	제한됨
4단계	운전자/ADS	ADS	ADS	ADS	제한됨
5단계	운전자/ADS	ADS	ADS	ADS	제한없음

그런데 자율주행차 보유자가 '로봇운전자'인 ADS의 무과실도 증명해야 하는 가가 문제되는데, 원칙적으로 보유자는 로봇운전자의 무과실도 증명해야 한다. 그런데 ADS의 무과실의 증명은 아래에서 보는 "자동차의 구조상의 결함 혹은 기능상 장해의 부존재의 증명"의 일부를 이루고, 통상 공동운행자인 ADSE가 부담하므로, 자율주행차 보유자가 직접 증명할 필요는 없다.

3) '피해자 또는 제3자'의 과실의 증명

다음으로, 자율주행차 보유자는 피해자 또는 제3자에게 사망이나 상해에 대한 고의 또는 과실이 있었음을 증명해야 한다. 예를 들어, 피해자가 고속도로로 뛰어 들었다거나 혹은 제3자가 피해자를 도로로 밀어 넣었다거나 하는 사실을 증명하면 된다.

4) 자동차의 '구조상 결함' 혹은 '기능상 장해'의 부존재의 증명

마지막으로, 자율주행차 보유자는 자율주행차의 '구조상의 결함' 혹은 '기능상의 장해'가 없었음을 증명해야 한다. '구조상의 결함' 혹은 '기능상의 장해'는 주로 자율주행시스템상의 소프트웨어 혹은 관련 부품이나 장비와 같은 하드웨어 측면에서 문제될 것으로 예상되는데, 보유자는 자율주행정보기록장치 등에 기록된 정보를 통해 자율주행차가 정상적으로 작동하고 있었음을 증명하면 운행자책임을 벗어날 수 있다.

가) 증명의 기준: 엄격한 기준

그런데, 피해자보호를 위해 엄격책임으로 운용되는 운행자책임의 입법목적을 생각하면, '결함' 혹은 '장해'의 부존재의 증명에 대해서는 엄격한 기준을 적용할 필요가 있다. 즉 보유자는 자신의 면책을 위해 자율주행차에서 채택한 자

율주행 알고리즘 등이 사고를 예방하기에 충분한 안전성을 갖춘 것이라는 점을 적극적으로 입증하여야 하는데, 이 때 '결함' 혹은 '장해'의 부존재를 판단하는 기준은 '자동차 운행의 안전성'의 확보라는 관점에서 최고수준으로 설정되어야 한다.[57]

나) 제조물책임과의 관계: 구상관계에 대한 시사점

앞서 본 것처럼, '결함' 혹은 '장해'의 부존재 증명의 높은 기준 설정으로 인해 자율주행차 보유자(혹은 보유자의 보험회사)로서는 운행자책임 소송에서 자신의 면책을 위해 '구조상의 결함' 혹은 '기능상의 장해'가 없었음을 증명하는 것은 사실상 어려울 것으로 예상된다. 따라서, 자율주행차 보유자(혹은 보유자의 보험회사)로서는 피해자에 대해 일단 손해를 보상[58]한 다음, 자율주행차 제조업자에 대한 구상금청구를 할 것으로 예상[59]되는데, 자율주행차 보유자(혹은 보유자의 보험회사)는 구상금청구 소송에서 '결함'의 존재를 주장 증명할 때 결함의 추정[60] 혹은 증명책임의 완화[61]를 주장할 수 있다.

이 점에서 보면, 자율주행차 보유자(혹은 보유자의 보험회사)로서는 운행자책임 소송에서 '결함'의 부존재를 증명해 면책을 주장하는 것보다는 제조물책임 소송에서 '결함'의 존재를 주장하면서 증명책임의 완화를 주장하는 것이 상대적으로 유리할 것이다.[62]

(2) '승객'의 사상의 경우

자율주행차의 승객이 사상한 경우, 보유자는 "승객이 고의나 자살행위로 사망하거나 부상"하였다는 것을 증명해야만 면책될 수 있다.

대법원은 '승객'이 사망하거나 부상한 경우를 '승객이 아닌 자'와 구별하여 더욱 보호하는 이유를 다음과 같이 설명한다: "승객은 자동차에 동승함으로써 자

---

57) 맹준영, 339면.
58) 피해자로서는 무과실책임으로 운영되는 운행자책임을 추궁하는 편이 제조물책임을 추궁하는 것보다 훨씬 간편하다. 자세히는, 제2편 제4장 〈책임법과 보험법제〉 제4절 I. 1. 참조.
59) 보유자의 보험회사가 자동차 제조업자에 대해 제조물책임을 추궁할 가능성에 대해서는, 제2편 〈책임법과 보험법제〉 제4절 I. 2. 참조.
60) 자세히는 제2편 제4장 〈책임법과 보험법제〉 제4절 IV. 1. (1) 이하 참조.
61) 자세히는 제2편 제4장 〈책임법과 보험법제〉 제4절 IV. 1. (3) 3), 2. (4) 1), 3. (4) 참조.
62) 맹준영, 340면.

동차의 위험과 일체화되어 승객 아닌 자에 비하여 그 위험이 더 크다고 할 수 있으므로, 자동차사고로 승객이 사망한 경우 운행자는 승객의 사망이 고의 또는 자살행위로 인한 것임을 주장·증명하지 못하는 한 운전상의 과실 유무를 가릴 것 없이 승객의 사망에 따른 손해를 배상할 책임이 있다는 취지이다 … [또] 승객의 고의 또는 자살행위는 승객의 자유로운 의사결정에 기하여 의식적으로 행한 행위에 한정된다."[63]

따라서, 자율주행차 보유자는 자신의 면책을 위해 승객의 사상이 승객의 고의나 자살행위로 인한 것임을 적극적으로 입증해야만 하는데, 장착이 강제될 사고기록장치 혹은 영상기록장치 등을 이용하여 승객의 의식적 고의행위를 증명해야 한다.

3. ADSE의 면책 주장과 증명

ADS에 의한 자율주행 중 사고가 난 경우, ADSE는 ADS를 통한 자율주행차의 운행지배와 운행이익이 인정되므로 공동운행자로서 피해자에 대해 운행자책임을 질 수 있다.

(1) '승객이 아닌 자'의 사상의 경우

자율주행차의 ADSE도 (i) 자신과 로봇운전자가 자동차의 운행에 주의를 게을리 하지 아니하였고, (ii) 피해자 또는 제3자에게 고의 또는 과실이 있으며, (iii) 자동차의 구조상의 결함이나 기능상의 장애가 없었다는 것을 증명하면 면책될 수 있다.

1) '자신'의 무과실의 증명

먼저, ADSE는 ADS를 통한 자율주행차의 운행에 있어 '자신'의 무과실을 증명해야 하는데, ADS의 후원자로서 ADS의 작동에 대해 필요한 제반조치를 다하였음을 증명해야 한다. 앞서 본 것처럼, ADSE도 자율주행정보기록장치, 사고기록장치 혹은 영상기록장치 등을 이용하여 자신이 자율주행차의 운행에 주의를 게을리 하지 않았음을 증명할 수 있다. 그런데, 이 부분은 다음에 살펴보는 '로봇운전자' ADS의 무과실의 증명과 상당 부분 중첩될 수 있다.

---

63) 대법원 2017. 7. 18. 선고 2016다216953 판결.

2) '로봇운전자'의 무과실의 증명

다음으로, ADSE는 '운전자'의 무과실을 증명해야 하는데, 자신이 후견하는 '로봇운전자' ADS의 무과실을 증명해야 한다. 앞의 〈표 3〉에서 본 것처럼, 자율주행의 단계에 따라 ADS가 부담하는 역할과 그에 따른 주의의무[64]는 달라지므로, ADSE는 3단계 자율주행차의 경우, ADS가 역동적 운전작업의 수행에 있어 주의를 다하였음을 증명해야 하고, 4단계 자율주행차의 경우 ADS가 역동적 운전작업뿐만 아니라 비상상황 대응 등에 있어 주의를 다하였음을 증명해야 한다.

ADSE가 '인간운전자'의 무과실도 증명해야 하는가가 문제되는데, 원칙적으로 ADSE는 자율주행 중 운전자의 무과실도 증명해야 한다. 운전자의 무과실의 증명은 자율주행정보기록장치, 영상기록장치 등을 통해 할 수 있는데, 〈표 3〉의 각 자동화단계에서 필요한 운전자의 운전주의를 입증하면 된다. 통상 공동운행자인 자율주행차 보유자가 부담하므로, ADSE가 직접 증명할 필요는 없다.

3) '피해자 또는 제3자'의 과실의 증명

다음으로, ADSE는 피해자 또는 제3자에게 사망이나 상해에 대한 고의 또는 과실이 있었음을 증명해야 한다. 예를 들어, 피해자가 고속도로로 뛰어들었다거나 혹은 제3자가 피해자를 도로로 밀었다거나 하는 사실을 증명하면 된다.

4) '구조상 결함' 혹은 '기능상 장해'의 부존재의 증명

마지막으로, ADSE는 자율주행차의 '구조상의 결함' 혹은 '기능상의 장애'가 없었음을 증명해야 하는데, 앞서 본 것처럼 ADSE는 자율주행정보기록장치 등의 정보를 통해 자율주행차가 정상적으로 작동하고 있었음을 증명하면 운행자책임을 벗어날 수 있다. 그러나 앞서 본 것처럼 그 판단기준은 최고수준으로 설정된다.

(2) '승객'의 사상의 경우

자율주행 중 승객이 사상한 경우, ADSE는 "승객이 고의나 자살행위로 사망하거나 부상"하였다는 것을 증명해야만 면책될 수 있으므로, 자신의 면책을 위해 승객의 사상이 승객의 고의나 자살행위로 인한 것임을 적극적으로 입증해야 한다. 앞서 본 것처럼, 장착이 강제될 사고기록장치 혹은 영상기록장치 등을 이용하여 승객의 의식적인 움직임을 증명할 여지는 있다.

---

64) 로봇운전자 ADS의 주의의무에 대해서는, 제2편 제3장 〈운전·운전자법제〉 제3절 참조.

제4절 제조물책임: 제작자와 ADSE의 책임[*]

Ⅰ. 문제제기: 제조물책임의 활용도

아래에서 보는 것처럼, 자율주행차 혹은 ADS도 "제조물"이기 때문에 제조물책임은 그 제작자에 대해 당연히 적용된다. 즉 자율주행차나 ADS, 혹은 그 부품이나 원재료에 결함이 있고 그 결함으로 인해 생명·신체 또는 재산에 손해를 입은 피해자는 자율주행차나 ADS, 혹은 그 부품이나 원재료의 제조업자에 대하여 손해배상을 청구할 수 있다(제조물책임법 제2조 및 제3조).

제조물책임의 구조[1])에 대한 자세한 사항에 대해서는 아래에서 살펴보기로 하고, 여기서는 먼저 자율주행차 사고가 발생한 경우 피해자인 원고가 제조물책임을 추궁할 유인이 있는지 여부에 대해 살펴보자.

1. 피해자의 제조물책임 추궁가능성

자율주행차 사고 피해자가 자율주행차 혹은 ADS 제조자에 대해 제조물책임을 추궁할 수 있는 가능성에도 불구하고, 실제 자율주행차 사고 맥락에서 피해자가 제조물책임을 추궁할 가능성은 낮아 보인다.

(1) 제조물책임 v. 운행자책임

앞서 본 것처럼, 자동차사고 피해자는 사실상 무과실책임으로 운용되는 '운행자책임'[2])을 쉽게 추궁할 수 있기 때문에, 자율주행차사고 피해자가 자동차나

---

* 이 부분은 이중기, "자율주행차 사고와 제조물책임: ADS Entity 등의 제조업자로서의 책임", 기업법연구 제34권 제2호(2020)를 수정한 것이다.

1) 아래의 Ⅱ. 참조.

2) 운행자책임에 대해서는, 제2편 제4장 〈책임법과 보험법제〉 제3절 참조.

- 426 -

ADS의 제작자에 대해 제조물책임을 추궁할 가능성은 낮아 보인다. 먼저, '제조상
의 결함'[3]을 주장하는 경우, 결함은 추정되기 때문에 피해자인 원고가 제조물책
임을 주장해 볼 여지는 발생한다. 하지만, 이 때에도 쉽게 무과실책임을 추궁할
수 있는 운행자책임 추궁방법이 훨씬 편리하기 때문에 피해자는 제조물책임보다
는 운행자책임 추궁방법을 선택할 것으로 예상된다. 한편, 제조물의 '설계상의 결
함'[4] 혹은 '표시상의 결함'[5]을 주장하는 경우, 원고인 피해자는 '합리적 대체설
계'의 존재 혹은 '합리적인 표시'에 대한 증명책임을 지는데, 이러한 증명은 쉽지
않아 보인다. 결론적으로, 자율주행차 사고의 피해자가 자율주행차 혹은 ADS 제
작자에 대해 제조물책임을 추궁할 가능성은 존재하지만, 그럼에도 불구하고, 피
해자는 가장 쉬운 방법인 운행자책임을 추궁할 것으로 예상되고, 자동차제작사나
ADS 제작사에 대해 제조물책임을 추궁할 가능성은 낮아 보인다.

　특히, 조만간 우리도 ADSE 개념을 도입할 것으로 생각되는데, 앞서 본 것처
럼, 자동차제작자나 ADS 제작자가 ADSE가 되는 경우, ADSE는 'ADS의 작동 중'
운행자로 인정[6]될 수 있기 때문에 피해자는 ADSE에 대해 운행자책임을 추궁하
지 제조물책임을 추궁할 유인은 별로 없다.

(2) 제조물책임과 ADSE의 '운전자책임'

　외국처럼 우리나라에서도 입법으로 ADSE에 대한 운전자책임[7]의 추궁가능
성이 인정되면, 피해자가 제조물책임을 추궁할 실제적 필요성은 더 낮아진다. 즉,
전통적인 차량 사고의 경우, 피해자는 자력이 부족한 '개인'에 대해 운전자책임을
추구하는 것보다 자력이 풍부한 '회사'에 대해 운행자책임을 추구하는 방법을 선
호하였다. 그런데, 자율주행차에서는 로봇운전자인 ADS에 대해 후견적 책임을 지
는 '회사' ADSE가 존재하게 되고 그 책임은 추정된다. 즉, 증명책임과 관련해 피
해자가 "사고 당시 ADS가 운전작업을 담당하고 있었다"는 것을 증명하면 ADSE
의 책임은 일응 추정되고, ADSE는 "사고가 ADS의 운전작업에 기인하지 않았다"

---

3) 아래의 Ⅳ. 1. 참조.
4) 아래의 Ⅳ. 2. 참조.
5) 아래의 Ⅳ. 3. 참조.
6) 제2편 제4장 〈책임법과 보험법제〉 제3절 Ⅱ. 3. 참조.
7) 제2편 제4장 〈책임법과 보험법제〉 제2절 참조.

는 무과실의 증명책임8)을 지게 될 가능성이 높다.

그런데, 피해자의 입장에서는 ADS의 작동 여부는 장착이 강제될 '자율주행 정보기록장치'9)에 의해 쉽게 입증할 수 있으므로, ADSE의 운전자책임을 추궁하는 방법이 제조물책임을 추궁하는 것보다 쉬울 것이다. 따라서, 원고는 제조물책임보다 ADSE의 운전자책임을 추궁할 가능성이 더 높다.

2. 보험회사의 제조물책임 추궁가능성

물론 자율주행차 사고의 경우 보험회사가 제조물책임을 추궁할 가능성은 존재한다. 즉 피해자가 자율주행차 보유자에 대해 운행자책임을 추궁하고 운행자책임을 지는 자율주행차 보유자가 피해자에 대해 책임을 지는 경우, 피해자에게 손해배상을 한 자율주행차 보유자의 보험회사는 자율주행차의 결함이 인정되는 경우 구상권을 행사해 제작자의 제조물책임을 추궁할 유인을 갖기 때문이다. 특히, 자율주행차 사고가 자율주행차량 혹은 ADS의 결함에 기인한 때에는, 피해자에게 손해를 배상한 보유자의 보험회사는 자율주행차량의 제작자 혹은 ADS의 제작자에 대해 그 '결함'을 주장 증명하여 제조물책임을 추궁할 가능성이 매우 높다. 이때 보유자의 보험회사는 ADS의 결함을 주장하면서, 결함의 추정10) 혹은 증명책임의 완화11)를 주장할 가능성이 매우 높다.

---

8) 제2편 제4장 〈책임법과 보험법제〉 제2절 II. 2. (4) 2) 가) 참조.
9) 자배법 제39조의17(이해관계자의 의무 등) ① 자율주행자동차의 제작자등은 제작·조립·수입·판매하고자 하는 자율주행자동차에 대통령령으로 정하는 자율주행과 관련된 정보를 기록할 수 있는 <u>자율주행정보 기록장치</u>를 부착하여야 한다.
② 자율주행자동차사고의 통보를 받거나 인지한 보험회사등은 사고조사위원회에 사고 사실을 지체 없이 알려야 한다.
③ 자율주행자동차의 보유자는 <u>자율주행정보 기록장치</u>에 기록된 내용을 1년의 범위에서 대통령령으로 정하는 기간 동안 보관하여야 한다. 이 경우 자율주행정보 기록장치 또는 자율주행정보 기록장치에 기록된 내용을 훼손해서는 아니 된다.
④ 자율주행자동차사고로 인한 피해자, 해당 자율주행자동차의 제작자등 또는 자율주행자동차사고로 인하여 피해자에게 보험금등을 지급한 보험회사등은 대통령령으로 정하는 바에 따라 사고조사위원회에 대하여 사고조사위원회가 확보한 <u>기록장치</u>에 기록된 내용 및 분석·조사 결과의 열람 및 제공을 요구할 수 있다.
⑤ 제4항에 따른 열람 및 제공에 드는 비용은 청구인이 부담하여야 한다.
10) 자세히는 아래의 IV. 1. (1) 이하 참조.
11) 자세히는 아래의 IV. 1. (3) 3)과 2. (4) 1)과 3. (4) 참조.

Ⅱ. 제조물책임의 구조와 주체

1. 제조물책임의 구조

앞서 살펴본 운전자책임과 운행자책임은 운전자나 운행자 등의 "고의 또는 과실"을 책임의 요건으로 한다. 즉 운전자책임은 운전자의 고의, 과실을 요건으로 하는 불법행위로 인한 손해배상책임이고, 운행자책임도 피해자보호를 위해 사실상 무과실책임으로 운영되지만 제3자나 승객의 고의 과실을 증명하면 면책될 수 있다. 이에 반해 제조물책임은 제조물의 "결함"을 책임의 요건으로 하고, 제조자의 고의 또는 과실을 전제하지 않는 엄격책임으로서 무과실책임으로 운용된다.

제3조(제조물책임) ① 제조업자는 제조물의 <u>결함</u>으로 생명·신체 또는 재산에 <u>손해</u> (그 제조물에 대하여만 발생한 손해는 제외한다)를 입은 자에게 그 손해를 배상하여야 한다.

아래에서는 제조물책임의 주체, 제조물책임의 성립요건 등에 대해 간단히 살펴본 다음, 이러한 제조물책임이 자율주행차량의 사고에 대해 어떻게 적용되는지를 검토해 본다.

2. 제조물책임의 주체: 제조업자, 제조물공급자

(1) 본래적 책임주체: "제조업자"

제조물책임의 주체는 앞의 제3조에서 규정한 것처럼 "제조업자"인데, "제조업자"는 다음과 같이 '제조업자'와 '표시제조업자'를 모두 포함한다:

제2조(정의) 3. "제조업자"란 다음 각 목의 자를 말한다.
　가. 제조물의 제조·가공 또는 수입을 업(業)으로 하는 자
　나. 제조물에 성명·상호·상표 또는 그 밖에 식별(識別) 가능한 기호 등을 사용하여 자신을 가목의 자로 표시한 자 또는 가목의 자로 오인(誤認)하게 할 수 있는 표시를 한 자

1) 제조업자, 가공업자, 수입업자

제조물을 제조·가공한 '제조업자'는 제조물에 대한 위험을 통제(위험책임)하

였고, 제조·가공으로 이익(보상책임)을 얻었으며, 광고를 통해 소비자에게 안전에 대한 기대를 제공(신뢰책임)하였기 때문에 본래적이고 종국적인 책임주체가 된다.[12] 수입업자도 제조·가공업자와 마찬가지로 제조물책임의 주체로 규정되어 있는데, 이는 피해자가 외국의 제조업자에게 제조물책임을 묻기 어렵기 때문에 인정된 것이다.[13]

따라서, 자율주행차를 제작한 제작자 혹은 ADS를 제작한 제작자는 제조업자가 될 수 있고, 이를 변경 가공한 자들도 가공업자로서 제조물책임을 질 수 있다. 마찬가지로, 외국에서 생산된 자율주행차나 ADS를 수입한 자도 수입제조업자로서 제조물책임을 진다.

2) 완성품 제조업자, 부품·원재료 제조업자

제조물책임을 지는 제조업자에는 완성품의 제조업자뿐만 아니라 완성품을 구성하는 원재료 혹은 부품의 제조업자도 포함된다.[14] 아래에서 보는 것처럼, "제조물"에는 그 일부를 구성하는 것도 포함되기 때문이다. 따라서, 원재료나 부품의 결함이 있는 경우 피해자는 완성품의 제조업자뿐만 아니라 원재료 혹은 부품의 제조업자에 대해서도 제조물책임을 물을 수 있다.

따라서, 자율주행차나 ADS의 경우에도 그 부품이나 원재료의 제조업자는 완성품인 자율주행차나 ADS의 제작자와 더불어 제조물책임을 질 수 있다.

ADS에서 구현되는 자율주행 소프트웨어의 개발자도 부품제조업자가 될 수 있는지가 문제되는데, 뒤에서 보는 것처럼, 소프트웨어는 제조물인 동산이 아니므로[15] 제조업자의 지위가 인정되지 않는다고 생각된다.

3) 표시제조업자

제2조 제3호 나목에 정의된 '표시제조업자'도 제조물책임의 주체가 된다. 소비자는 상표권자의 상표를 신뢰하여 제품을 구입하는 것이므로, 표시제조업자는 성명·상호·상표 등의 외관을 통하여 제조업자와 같은 신뢰를 부여하였기 때문에 제조업자와 동일한 책임을 지게 된다.[16]

---

12) 맹준영, 자율주행자동차와 민사책임(서울대학교 박사학위 논문, 2019), 218면; 권오승 외, 제조물책임법(2003)(이하 "권오승 외"), 178면; 윤진수, "제조물책임의 주요 쟁점 — 최근의 논의를 중심으로", 연세대학교 법학연구 제21권 제3호(2011)(이하 "윤진수"), 8면 등.

13) 윤진수, 9면.

14) 권오승 외, 180면.

15) 아래의 Ⅲ. 1. (2) 참조.

따라서, 자율주행차나 ADS에 자신의 성명을 표시하여 제조업자와 같은 신뢰를 부여한 자는 표시제조업자로서 제조업자와 동일한 책임을 진다.

(2) 보충적 책임주체: "제조물공급자"

제조물책임법은 제3조 제3항에서 제조물의 본래적 책임주체인 '제조업자' 외에 보충적인 책임주체로서 제조물공급자를 규정한다.

> 제3조(제조물책임) ③ 피해자가 제조물의 제조업자를 알 수 없는 경우에 그 제조물을 <u>영리 목적</u>으로 판매·대여 등의 방법으로 <u>공급한 자</u>는 제1항에 따른 손해를 배상하여야 한다. 다만, 피해자 또는 법정대리인의 요청을 받고 상당한 기간 내에 그 제조업자 또는 공급한 자를 그 피해자 또는 법정대리인에게 고지(告知)한 때에는 그러하지 아니하다.

제조물공급자의 보충적 책임은 본래적 책임주체인 '제조업자'를 알 수 없는 경우 '제조업자'의 책임을 물을 수 없기 때문에 피해자보호를 위하여 인정된 것이다.[17]

3. ADSE의 제조물책임 주체성

ADSE 역할은 일차적으로 자율주행차 제작사 혹은 ADS 제작사가 수행할 것으로 예상되는데, 우버나 웨이모 같이 자율주행차를 이용한 모빌리티 사업자도 ADSE가 될 수 있다. 이때 제작사 ADSE는 '제조'한 제조업자로서 책임을 지고, 우버나 웨이모처럼 ADS 개발에 참여한 ADSE는 '가공'한 제조업자로서 책임을 질수 있다. 또 모빌리티 사업자가 자율주행차에 ADSE임을 표시·광고한 경우 '표시' 제조업자로서 '제조', '가공' 제조업자와 동일한 책임을 질 수 있다.

Ⅲ. 손해배상책임의 성립 요건

앞의 제3조에서 살펴본 것처럼, 제조업자는 "제조물"의 결함"으로 "생명·신

---

16) 권오승 외, 178면; 권영준·이소은, "자율주행차 사고와 민사책임", 민사법학 제75호(2016), 449면(이하 "권영준·이소은"), 469면.

17) 권오승 외, 182-183면; 윤진수, 10면 이하.

체 또는 재산"에 손해를 야기한 경우 그 손해에 대하여 배상책임을 진다.

1. "제조물"의 의미

제조물책임법상 "제조물"은 "제조되거나 가공된 동산"을 의미하는데, "다른 동산이나 부동산의 일부를 구성하는" 경우도 포함한다:

> 제2조(정의) 1. "제조물"이란 제조되거나 가공된 동산(다른 동산이나 부동산의 일부를 구성하는 경우를 포함한다)을 말한다.

여기서 제조물인 "동산"의 의미가 문제된다. 민법은 "물건"을 "유체물 및 전기 기타 관리할 수 있는 자연력"으로 정의하고(제98조), 이러한 "물건" 가운데, "부동산 이외의 물건"을 모두 "동산"으로 본다(민법 제99조 제2항). 따라서, 부동산인 "토지 및 그 정착물"(제99조 제1항)을 제외한 "유체물 및 전기 기타 관리할 수 있는 자연력"은 모두 "동산"으로서 제조물이 될 수 있다.

(1) '자율주행차', 'ADS'의 제조물성

전통적인 차량과 마찬가지로 자율주행차는 동산으로 취급된다. 자율주행차에는 ADS가 장착되어 있는데, ADS가 장착된 자율주행차를 다른 차량과 달리 취급할 이유는 없다. 전통적 차량에서도 자동화된 운전자동시스템 기타 전자장치가 작동하기 때문이다.

ADS는 "역동적 운전작업 등을 담당하는 하드웨어와 소프트웨어의 집합체"인 장치인데, 하드웨어를 통해 유체물로 등장한다. 따라서 ADS에 대해서도 제조물성을 인정할 수 있다.

따라서, 자율주행 소프트웨어가 오작동한 경우, 이러한 소프트웨어가 구동되는 ADS 혹은 이러한 ADS가 장착된 자율주행차는 제조물로 볼 수 있고, 소프트웨어 오작동으로 인한 사고 피해자는 제조물인 ADS의 제작자 혹은 자율주행차의 제작자에 대해 제조물책임을 물을 수 있다.

(2) 자율주행 '소프트웨어'의 제조물성 여부

그런데, 피해자는 자율주행 소프트웨어 자체를 제조물로 보아 자율주행 소프트웨어의 개발자를 상대로 직접 제조물책임을 물을 수 있는가? 앞서 본 것처럼, 제조물의 일부를 구성하는 부품이나 원재료도 제조물이 될 수 있기 때문에 부품이나 원재료의 제조업자도 제조물책임을 지는데, ADS를 작동하게 하는 장치의 일부인 소프트웨어 자체가 제조물인가는 분명하지 않다. 소프트웨어는 '유체물'이 아니고, 또한 인간의 지적 창작물로서 '자연력'이 아니기 때문이다. 이와 같이 소프트웨어는 민법상 물건에 포함되는지가 불분명한데, 소위 임베디드 소프트웨어(embedded software), 즉 설계·제작 단계부터 특정기기를 고려하여 해당 기기의 특정한 기능을 수행하도록 제작, 탑재, 구동되는 소프트웨어도 달리 취급하기 어렵다고 본다.[18]

그렇다면, 자율주행 소프트웨어를 구동시키는 ADS의 제작자 혹은 자율주행차의 제작자를 상대로 제조물책임을 묻는 것은 별론으로 하고, 소프트웨어 개발회사를 상대로 직접 제조물책임을 묻는 것은 어렵다고 본다.

그러나 자율주행 소프트웨어 혹은 그 알고리즘의 오류나 결함은 자동차의 운행과 관련해 사람의 생명, 신체 및 재산에 대해 피해를 야기할 수 있으므로, '안전성의 관점'에서 보면 그 결함이나 오류를 '제조물'의 '결함'과 다르게 볼 이유가 없다. 따라서, 입법론상 제조물책임법에 명문으로 소프트웨어를 제조물로 규정할 필요가 있다.[19]

(3) ADS와 자율주행차: 별개의 제조물 v. 부품

제조물책임은 제조물이 아닌 "다른 재산"에 야기한 손해에 대해서만 인정된다(제3조 제1항). 외주한 ADS가 결함으로 타인을 사상하고 동시에 자율주행차에 손상을 야기한 경우, 자율주행차 제작자는 ADS 제작자에 대해 제조물책임을 물을 수 있는가? 자율주행차에서 ADS의 "운전자" 역할은 "자동차" 역할과 분리될 수 있으므로, 물리적으로 ADS의 장착과 탈착이 가능하다면 ADS는 자동차와 다른 역할을 수행하는 별개의 제조물로 보아 "다른 재산"인 자동차에 손해를 야기한다고 볼 수 있다.

---

18) 맹준영, 216면.
19) 자세히는, 이상수, "임베디드 소프트웨어의 결함과 제조물책임 적용에 관한 고찰", 중앙대 법학논문집, 제39집 제2호(2015), 71면, 92면 이하; 박동진, 제조물책임법 개정방안 연구(2012년도 법무부/공정거래위원회 연구용역과제보고서), 68면 이하.

2. "결함"의 의미

제조물책임법 제2호는 "결함"의 개념에 대하여 '제조상의 결함', '설계상의 결함', '표시상의 결함'으로 분류해 정의하고, '그 밖에 통상적으로 기대할 수 있는 안전성을 결여'한 때에도 결함으로 인정한다. 이와 같이 제조물책임법은 "결함"의 개념에서 제조물의 '안전성'을 중요한 징표로 사용한다.[20]

> 제2조(정의) 2. "결함"이란 해당 제조물에 다음 각 목의 어느 하나에 해당하는 제조상·설계상 또는 표시상의 결함이 있거나 그 밖에 <u>통상적으로 기대할 수 있는 안전성이 결여되어 있는 것</u>을 말한다.
> 가. "제조상의 결함"이란 제조업자가 제조물에 대하여 제조상·가공상의 주의의무를 이행하였는지에 관계없이 제조물이 원래 의도한 설계와 다르게 제조·가공됨으로써 <u>안전하지 못하게 된 경우</u>를 말한다.
> 나. "설계상의 결함"이란 제조업자가 합리적인 대체설계(代替設計)를 채용하였더라면 피해나 위험을 줄이거나 피할 수 있었음에도 대체설계를 채용하지 아니하여 해당 제조물이 <u>안전하지 못하게 된 경우</u>를 말한다.
> 다. "표시상의 결함"이란 제조업자가 합리적인 설명·지시·경고 또는 그 밖의 표시를 하였더라면 해당 제조물에 의하여 발생할 수 있는 피해나 위험을 줄이거나 피할 수 있었음에도 이를 하지 아니한 경우를 말한다.

(1) 제조상의 결함

"제조상의 결함"은 "제조물이 원래 의도한 설계와 다르게 제조·가공됨으로써 안전하지 못하게 된 경우"를 말하는데, "제조업자가 제조상·가공상의 주의의무를 이행하였는지 관계없이" 결함을 인정할 수 있다. 예를 들어, 본래의 설계사양에서 일탈하여 발생한 불량품은 제조업자의 주의의무의 이행 여부와 관계없이 결함이 인정된다. 이러한 결함에 기한 제조물책임은 무과실책임이다.[21]

(2) 설계상의 결함

"설계상의 결함"은 "합리적인 대체설계"를 채용할 수 있었음에도 "대체설계를 채용하지 아니하여 제조물이 안전하지 못하게 된 경우"를 말한다. 앞서 본 제

---

20) 맹준영, 221면.
21) 윤진수, 19면; 권영준·이소은, 470면.

조상의 결함은 제조물과 설계가 일치하지 않는 경우인데 반해, 설계상의 결함은 제조물과 설계는 일치하나 제품의 계획과 설계과정에 결함이 있어 불합리한 위험을 만들어낸 경우를 말한다.[22] 설계상의 결함에 기한 제조물책임은 대체설계를 채용하지 아니한 과실책임적 성격을 갖는다.[23]

(3) 표시상의 결함

"표시상의 결함"은 "제조업자가 합리적인 설명·지시·경고 또는 그 밖의 표시를 하였더라면 피해나 위험을 줄일 수 있었음에도 이를 하지 아니한 경우"를 말하는데, 그 결과 제조물이 합리적으로 안전하지 않게 된 경우이다.

(4) 통상적으로 기대할 수 있는 안전성의 결여

제조물책임법은 이상의 3가지 유형의 결함 외에 "그 밖에 통상적으로 기대되는 안전성"이 결여된 경우에도 제조물책임을 인정한다. 따라서 위의 세 가지 유형에 속하지 않으나 통상적으로 기대되는 안전성이 결여된 경우 제조물의 결함으로 인정될 수 있다.

Ⅳ. 자율주행차의 "결함": 증명책임과 추정

1. 제조상의 결함

(1) 결함의 증명과 추정

'제조상의 결함'이 인정되려면 (i) 제조물이 원래 의도한 설계와 다르게 제조·가공되었다는 점, 및 (ii) 그로 인해 제조물이 안전하지 못하게 되었다는 점이 인정되어야 한다. 그런데 피해자가 위 두 가지를 증명하는 것은 매우 어렵다.

이를 고려하여 등장한 것이 결함을 추정하는 기능이상법리(malfunction doctrine)이다. 기능이상법리는 과실을 추정하는 법리인 res ipsa loquitur 법리를 제조물책임에 맞게 변형한 것으로 원고의 증명책임을 완화하는 기능을 한다.[24] 대법원 2000. 2. 25. 선고 98다15934 판결 이후 우리 대법원은 제품이 정상적으로 사용되는 상태에서 사고가 발생한 경우, 소비자가 (i) 그 사고가 제조업자의 배타적 지

---

22) 권오승 외, 46면.
23) 권영준·이소은, 473면.
24) 권영준·이소은, 471면.

배하에 있는 영역에서 발생하고, (ii) 그 사고가 어떤 자의 과실 없이는 통상 발생
하지 않는다는 점을 증명하면, '결함의 존재'와 '결함과 사고 사이의 인과관계'는
추정된다고 한다. 이에 대해 제조업자는 제품의 결함이 아닌 다른 원인으로 인해
사고가 발생하였음을 증명하면 그 추정을 깰 수 있다. 결함 및 인과관계를 추정
한 이러한 대법원의 법리는 기능이상 법리의 영향을 받은 것이라고 한다.[25]

(2) 제조물책임법의 결함의 추정

제조물책임법은 최근 개정을 통해 이러한 대법원 판례 이론을 입법으로 수
용하였다. 제3조의2는 다음과 같다.

> 제3조의2(결함 등의 추정) 피해자가 다음 각 호의 사실을 증명한 경우에는 제조물
> 을 공급할 당시 해당 제조물에 결함이 있었고 그 제조물의 결함으로 인하여 손해가
> 발생한 것으로 추정한다. 다만, 제조업자가 제조물의 결함이 아닌 다른 원인으로 인
> 하여 그 손해가 발생한 사실을 증명한 경우에는 그러하지 아니하다.
> 1. 해당 제조물이 정상적으로 사용되는 상태에서 피해자의 손해가 발생하였다는 사실
> 2. 제1호의 손해가 제조업자의 실질적인 지배영역에 속한 원인으로부터 초래되었다
>   는 사실
> 3. 제1호의 손해가 해당 제조물의 결함 없이는 통상적으로 발생하지 아니한다는 사실

제3조의2는 대법원 판례를 무과실책임을 규정한 제조물책임법의 취지에 맞
게 변용하여 수용하고, 소비자의 증명책임을 더 완화하는 방향으로 입법한 것이
다. 즉 대법원은 사고가 제조업자의 "배타적인 지배영역"에서 발생할 것을 요구
하였지만, 제3조의2는 제조업자의 "실질적인 지배영역"에서 발생하면 요건이 충
족된 것으로 하여 증명책임을 완화하였고, 또 제조물책임이 원칙적으로 무과실책
임인 점을 감안하여 '어떤 자의 과실'을 '제조물의 결함'으로 수정하였다.[26]

(3) 자율주행차의 제조상의 결함과 증명

자율주행차와 같이 새로운 기술이 집약된 제조물에 대해 제조업자와 사용자
가 갖는 정보의 양과 질, 및 정보에 대한 접근가능성은 크게 차이가 난다. 따라서,

---

25) 윤진수, 48면.
26) 맹준영, 230면.

자율주행차의 제조상 결함의 주장 증명과 관련해 앞서 본 '기능이상법리'를 적용하는 것은 정당화된다.[27]

자율주행차에 대하여 제조물책임법 제3조의2를 적용해 보면, 피해자인 원고가 (i) 자율주행차 혹은 ADS가 '정상적으로 사용되는 상태'에서 피해자의 손해가 발생하였다는 사실, (ii) 손해가 자율주행차 제작자나 ADS '제작자의 실질적인 지배영역'에 속한 원인으로 초래되었다는 사실, 및 (iii) 자율주행차나 ADS의 '결함 없이는 손해가 통상적으로 발생하지 않는다'는 사실을 증명하면, 자율주행차나 ADS에 결함이 있었고 그 결함으로 인하여 손해가 발생한 것으로 추정된다. 이러한 추정에 대해 자율주행차 혹은 ADS의 제조업자는 자율주행차 혹은 ADS의 결함이 아닌 다른 원인으로 인하여 그 손해가 발생한 사실을 증명하여야 그 책임을 면할 수 있다.

1) '정상적으로 사용되는 상태'의 증명

피해자가 자율주행차 혹은 ADS가 '정상적으로 사용되는 상태'에서 피해자의 손해가 발생하였다는 사실을 입증하는 것은 어렵지 않다. 앞서 본 것처럼, 자율주행차 사고에 대해서는 장착이 강제되는 '자율주행정보기록장치'에 의해 ADS의 작동 여부는 쉽게 입증될 수 있고, 또한 중립적인 사고조사위원회에 의한 사고조사[28]가 예정되어 있으므로, 이러한 위원회의 보고서를 통해 자율주행차 혹은 ADS가 '정상적으로 사용되는 상태'에 있었다는 증명을 쉽게 할 수 있다.

2) '제작자의 실질적인 지배영역'의 증명

피해자가 자율주행차 제작자나 ADS '제작자의 실질적인 지배영역'에 속한 원인으로 손해가 초래되었다는 사실을 입증하는 것도 어렵지 않을 것이다. 이 요건은 종래 대법원이 판시한 제조업자의 '배타적인' 지배영역을 '실질적인' 지배영역으로 바꾸어 규정한 것인데, 이러한 변경은 구체적인 사안에서 원고가 증명책임을 다하였는지 여부와 관련해 법원이 인정할 수 있는 간접사실의 내용상 한계와 범위를 대폭적으로 확대하는 의미를 가진다.[29]

예를 들어, SAE 3단계 자율주행차의 경우 ADS가 역동적 운전작업을 담당하는 중에도 운전자는 비상상황발생시 ADS의 개입요구에 응해 개입할 준비의무를

---

27) 권영준·이소은, 472면.
28) 앞의 각주 참조.
29) 맹준영, 242-243면.

지는데, 원고의 손해가 운전자의 감시·준비의무 위반과 경합[30]하여 발생한 경우에도 ADS가 '역동적 운전작업을 실질적으로 지배'하고 있으므로 제조물인 ADS 혹은 자율주행차의 결함을 추정할 수 있게 된다.

또, SAE 4단계 자율주행차의 경우 ADS가 운전작업을 담당하는 중에도 운전자는 작동설계영역 내에서 운행되는지 여부에 대해 주의를 베풀어야 하는데, 마찬가지로 원고의 손해가 운전자의 이러한 주의의무위반과 경합[31]하여 발생한 경우에도 ADS가 '모든 운전작업을 실질적으로 지배'하고 있으므로 제조물인 ADS 혹은 자율주행차의 결함을 추정할 수 있게 된다.

3) '결함 없이는 손해가 통상적으로 발생하지 않는다'는 사실의 증명

원고는 마지막으로 자율주행차 또는 ADS의 '결함 없이는 손해가 통상적으로 발생하지 않는다'는 사실을 증명해야 한다. 이와 관련해 원고는 여러 가지 방법으로 결함을 추정하게 하는 간접사실들을 증명하여야 하는데, 원고가 이 부분을 증명하는 것이 자율주행차의 결함 증명의 핵심이 될 것이다.[32]

그런데, "통상적" 불발생이라는 요건의 증명은 원고로 하여금 (i) 문제된 제조물인 사고 자율주행차 혹은 ADS에 적용된 자율주행기술뿐만 아니라, (ii) 그 판단기준이 되는 그 당시 가장 높은 수준의 자율주행기술 수준을 증명하여야 하고, 나아가 (iii) 양자를 비교 검증까지 할 것을 요구하기 때문에, 결국 원고로 하여금 고도의 전문가의 사용을 요구하는 것으로 될 수밖에 없다. 따라서, 위와 같은 요건의 증명을 요구하는 것은 자율주행기술과 같이 첨단기술에 대한 결함의 존부가 증명대상으로 문제되는 사안에서는 원고의 증명책임을 완화해주는 효과가 없다.

따라서, 이에 대한 해결책으로 법원은 "통상적"이라는 요건의 해석 및 판단기준의 설정에 있어 아래에서 보는, 설계상의 결함의 증명에 대해 '소비자기대기준'에서 논의되는 '소비자의 합리적 기대'와 같은 제한을 할 필요가 있다. 즉 "소비자 수준에서 합리적으로 이해하는 한도에서" 손해가 통상적으로 발생하지 않을 것을 기대한다는 "합리적인 통상성"을 요구하는 것으로 해석할 필요가 있

---

30) 3단계 자율주행차에서 운전자책임과 제조물책임의 경합에 대해서는, 제2편 제4장 제2절 Ⅲ. 1. (1) 1) 이하 참조.
31) 4단계 자율주행차에서 운전자책임과 제조물책임의 경합에 대해서는, 제2편 제4장 제2절 Ⅳ. 1. (1) 참조.
32) 맹준영, 243면.

고[33] 원고가 "통상적 불발생"을 "합리적인 소비자" 수준에서 형성된 합리적 기대를 기준으로 증명을 한 경우 결함은 추정된다고 보아야 할 것이다.[34]

(4) '알고리즘의 결과': 결함으로 볼 수 있는가?

소프트웨어가 구동되는 ADS 혹은 이러한 ADS가 장착된 자율주행차는 제조물로 볼 수 있기 때문에, 소프트웨어 오작동으로 인한 손해에 대해서도 피해자는 제조물인 ADS의 제작자 혹은 자율주행차의 제작자에 대해 제조물책임을 물을 수 있다.[35] 예를 들어 ADS의 법규준수 알고리즘이 잘못 설계되어 교차로의 통행방법(도교법 제25조)을 위반한 경우, ADS의 제작자나 ADSE는 제조물책임을 질 수 있다.[36] 그러나, 원고가 주장하는 ADS 혹은 자율주행차의 결함은 ADS에서 구동하는 인공지능의 오작동이나 알고리즘 아키텍처의 결함에 대한 것이어야 하고, 인공지능이 알고리즘에 따라 내린 논리적 판단에 대해서는 사후적으로 그러한 결정이 사고를 야기하였다고 볼 수 있더라도 그것을 제조상 결함으로 보기는 힘들다[37](인공지능의 "자율적" 판단이 사고원인인 경우, 누구에게 무과실책임을 지울 것인가에 대한 상세한 논의는, 이 장 제1절 자율주행차 사고에 대한 인식과 책임, 보험제도의 작동방식[38] 참조).

2. 설계상의 결함[39]

(1) 결함의 증명

'설계상의 결함'이 인정되려면 (i) 피해나 위험을 줄일 수 있는 '합리적 대체설계'가 존재해야 하고, (ii) 그러한 대체설계를 채용하지 아니한 결과 제조물이

---

33) 맹준영, 243면.

34) 자율주행차에 대해서는 결함의 추정을 통하여 사실상 무과실책임을 인정해야 한다는 견해로, 류창호, "자율주행자동차에 대한 제조물책임의 적용에 관한 연구", 아주법학 제10권 제1호(2016), 29면, 42-43면.

35) Ⅲ. 1. (1) 참조.

36) ADS의 법규준수능력에 대해서는, 제2편 제3장 제1절 Ⅲ. 1. 참조.

37) 이충훈, "자율주행자동차의 교통사고에 대한 민사책임", 인하대 법학연구 제19집 제4호(2016), 160면; 정진명, "자율주행자동차의 하자 또는 결함의 판단기준", 비교사법 제26권 4호(2019), 109면(이하 "정진명"), 131면.

38) 제2편 제4장 〈책임법과 보험법제〉 제1절 Ⅲ. 3. (3) 참조.

39) 자세한 논의로는, 김진우, "자율주행차의 설계상 결함에 관한 법적 쟁점", 서울대 법학 제59권 제4호(2018), 159면 참조.

안전하지 않게 되었다는 점이 증명되어야 한다. "합리적 대체설계"란 해당 제조물의 설계와 동일한 범주에 속하는 설계로서, 해당 설계보다 더욱 안전하고 비용-효율이 높은 설계를 의미한다(위험-효용 기준).[40] 그런데, 피해자인 원고가 "합리적 대체설계"를 증명하는 것은 매우 힘든 일이다. 제조물책임법의 개정을 통해 결함을 추정하였지만, 제3조의2는 '정상성', '실질적 지배영역', '통상성'만을 주요 요건으로 정하고 있으므로, 제3조의2로부터 "대체설계의 합리성"의 증명이나 설계상의 결함을 추정하기는 어렵기 때문이다.[41]

(2) "합리적 대체설계"의 증명과 판단기준

이처럼, 설계상의 결함은 사실상 원고가 주장 증명하여야 하는데, '어떠한 대체설계를 합리적인 것으로 볼 수 있는지', 또 '합리적 대체설계의 불채택으로 인해 제조물이 안전하지 않게 되었는지' 등에 대한 판단기준이 문제된다. '소비자기대 기준'(customer expectation test),[42] '위험-효용 기준'(risk-utility test)[43] 등이 제시되었는데, 소비자기대 기준에 따르더라도 "합리적인" 소비자의 기대만 보호된다고 보아야 하고, 무엇이 합리적인가는 위험과 효용을 비교함으로써 설명할 수 있다.[44] 이렇게 본다면 위험-효용 기준이 실제 도움이 되는 판단기준이 된다. 하지만, 위험-효용 기준은 뒤에서 보는 것처럼, 자율주행차와 같은 최첨단 기술의 결함이 문제된 경우, 원고에 대해 증명의 어려움을 야기한다.[45]

'위험-효용기준'에 따라 결함을 설명하면, 대강 다음과 같다. 즉 제조물에 관하여 원고가 제시하는 <u>대체설계에 따른 안전성 증대 효과</u>가 <u>설계변경이 초래하는 비용</u>을 초과할 때, 해당 제조물에는 '합리적인 대체설계'에 따르지 않은 결함이 있다고 본다.[46]

---

40) 권영준·이소은, 474면.
41) 맹준영, 231면.
42) '일반적인 소비자'가 '사회에 공통된 일반적인 지식에 비추어' 당해 제조물을 '부당하게 위험한' 것으로 평가할 수 있는 경우 결함을 인정할 수 있다는 기준. Restatement (Second) of Torts §402A comment. g 및 i 각 참조.
43) 설계상 결함 및 표시상 결함을 판단하기 위한 기준으로 위험성과 효용을 비교하는 방법이다. 비용-효익 기준(cost-benefit test)이라고도 한다. 법경제학적인 관점에서 위험제거 비용 혹은 손해예방 비용(costs)이 그에 따른 안전성의 효용(benefits)보다 작은 경우, 다시 말해 적은 비용으로 제거될 수 있는 위험이 존재하는 경우, 결함이 있다는 것이다.
44) 윤진수, 17면.
45) 아래의 (4) 1) 참조.
46) 맹준영, 257면.

우리 대법원은 시코르스키헬기 추락사건에서 "설계상의 결함이 있는지 여부
는 [i] 제품의 특성 및 용도, [ii] 제조물에 대한 사용자의 기대와 내용, [iii] 예상되
는 위험의 내용, [iv] 위험에 대한 사용자의 인식, [v] 사용자에 의한 위험회피의 가
능성, [vi] 대체설계의 가능성 및 경제적 비용, [vii] 채택된 설계와 대체설계의 상
대적 장단점 등의 여러 사정을 종합적으로 고려하여 사회통념에 비추어 판단하여
야 한다"[47]고 보았다. 이 사건에서 법원은 문제된 헬기는 "현재 갖추고 있는 정도
의 장치만으로도 통상적인 안전성은 갖춘 것이라고 보인다"고 판단함으로써 대체
설계가 채택되지 않은 설계상 결함이 있다는 원고의 주장을 배척하였다.

또 대법원은 '자동차 급발진' 여부가 문제된 사안에서도 '합리적 대체설계'의
판단기준에 대해 위의 7가지 요소를 인용함으로써 같은 취지로 판단하였다.[48] 이
사건에서 원고는 '쉬프트 록'(shift lock), 즉 운전자가 브레이크 페달을 밟아야만
자동변속기 레버를 주차 위치에서 전후진 위치로 움직일 수 있도록 고안된 장치
등을 '급발진사고를 방지할 수 있는 대체설계'로서 주장하면서 문제된 자동차의
쉬프트 록 미장착 등에 대한 설계상 결함을 주장하였다. 하지만, 대법원은 (i) 당
해 안전장치의 장착 여부와 사고예방 가능성 및 양자 사이의 인과관계 여부, (ii)
안전장치의 장착 여부가 제조물인 자동차 자체의 위험성의 증대 내지 감소에 미
치는 영향, (iii) 운전면허취득자라면 당해 안전장치 없이 자동차를 운전할 수 있
는지 여부, (iv) 제조업자가 당해 안전장치의 장착 여부와 관련해 예상해야 하는
위험의 범위 등을 종합적으로 고려하여 원고의 주장을 배척하였다.[49]

(3) 합리적 대체설계의 존부 판단의 기준시점: 제조물 공급 당시
1) 사후적 판단 v. 기술수준의 판단

합리적 대체설계의 존재 여부에 대한 판단은 크게 '재판 당시 기술수준'을
기준으로 '사후적 판단'을 하는 방법('사후적 판단체계': hindsight regime)과 '설계·
제조·판매 당시의 기술수준'을 기준으로 판단하는 방법('기술수준 판단체계':
state-of-the-art regime)이 있다. 우리 제조물책임법은 후자의 입장을 취하고 있는 것
으로 보이는데, 제4조 제1항 제2호에 면책을 위한 개발위험의 항변을 규정하면서

---

47) 대법원 2003. 9. 5. 선고 2002다17333 판결.
48) 대법원 2004. 3. 12. 선고 2003다16771 판결.
49) 맹준영, 254면.

'해당 제조물을 공급한 당시의 과학·기술 수준'을 그 판단의 기준시점으로 명문화하고 있다.

그런데, '당시의 과학·기술수준'을 판단의 기준시점으로 하더라도 법원이 결함판단의 기준이 되는 과학기술의 수준을 사후적으로 폭넓게 설정한다면 '사후적 판단'을 하는 것과 유사한 효과를 가져올 수도 있다.50) 예를 들어, 법원은 제조업자가 제조물 공급 당시에 인식하여야만 했던 위험성의 판단기준과 관련해 과학기술의 수준을 사후적으로 폭넓게 설정할 수 있다.

2) '공급 당시' '어느 정도의 기술수준'을 기준으로 삼을 것인가?

'공급 당시의 과학·기술 수준'의 의미는 제조물의 성질에 따라 달리 보아야 하는데, 특히 사람의 생명, 신체에 위해를 가할 수 있는 제조물에 대해서는 공급 당시를 기준으로 '가장 높은 수준'의 과학·기술 수준을 판단기준으로 삼아야 한다. 자율주행차는 '자동차 고유의 위험성'을 갖고 사람의 생명, 신체를 위협할 수 있는 위험한 제조물이기 때문에 공급 당시 가장 높은 수준의 과학·기술 수준을 판단기준으로 적용하여야 한다.51)

하지만, 새로 개발되는 자율주행기술에 대해 너무 높은 과학·기술 수준을 적용하는 경우, 기술개발을 포기하거나 '운전자에 대해 과도한 책임을 전가'할 수 있으므로, 법원은 당시의 어떠한 기술수준을 판단 기준으로 삼을지를 신중히 결정하여야 한다. 테슬라가 오토파일롯 기능을 사실상 3단계 기술로 개발하고도 판매할 때는 면책을 위해 2단계 기술이므로 "운전자가 운전주의의무를 부담한다"고 설명하는 것이 대표적인 예이다(2편 3장 3절 Ⅲ. 1. (2) 참조).

'합리적 대체설계'의 존부 판단에 있어 기준이 되는 공급 당시 가장 높은 과학기술 수준은 제조업자가 면책을 위해 주장하는 '개발위험의 항변'에 대해서도 동일하게 적용되어야 한다. 즉 제조물로서의 자율주행차의 안전성을 확보하기 위해 법원은 면책을 위한 개발위험의 항변을 인정함에 있어, 제조업자가 공급당시 최고 수준의 과학·기술 수준을 기준으로 결함의 존재를 발견할 수 없었다는 사실을 증명하도록 해야 한다.

---

50) 맹준영, 256면.
51) 권영준·이소은, 477면; 권오승 외, 217면.

3) 소프트웨어 업데이트시 제조물의 '공급시점'은?

소프트웨어 알고리즘은 항상 개선될 수 있기 때문에 소프트웨어는 언제나 업데이트 될 수 있다. 또, 소프트웨어 자체는 제조물이 아니지만 소프트웨어가 구동하는 장치는 제조물인데, 업데이트된 소프트웨어가 구동하는 장치는 업데이트된 새로운 제조물로 볼 수 있다. 이러한 관점에 의하면 소프트웨어가 구동하는 '제조물의 공급시점'은 구동 소프트웨어의 업데이트가 행해진 경우, 최근 업데이트 실행시점이라고 볼 여지가 생긴다.[52]

자율주행 소프트웨어의 경우에 동일한 논리를 적용해 보면, ADS의 일부 소프트웨어가 업데이트된 경우 그 소프트웨어가 구동하는 부분장치는 업데이트된 새로운 장치라고 볼 수 있으므로, 그 부분장치의 '공급시점'은 그 장치에 구동하는 업데이트를 가장 최근에 실행한 때라고 볼 가능성이 있다. 나아가 그 부분장치를 포함한 ADS의 공급시점도 그 일부장치를 구동시키는 업데이트를 실행한 때라고 볼 가능성이 생긴다.

(4) 자율주행차에 관한 '합리적 대체설계'에 관한 증명

원고는 자율주행을 구현하는 여러 요소들 중에서 (i) 센서나 경고시스템과 같은 전자적 기계적 장치와 부품에 관하여 합리적 대체설계의 존재를 주장할 수 있고, 혹은 (ii) 자율주행차를 제어하는 소프트웨어 알고리즘에 대해서 합리적 대체설계의 존재를 주장할 수 있다. 전자의 예로는 센서가 자율주행차의 주변환경을 더 정확히 인식할 수 있도록 설계될 수 있었음에도 불구하고 대체설계가 행해지지 않았다는 점을 주장하거나, 혹은 경고시스템이 운전자가 더 쉽게 인지할 수 있는 방법으로 개입경고를 발해야 하는데 그렇게 설계하지 않았다고 주장하는 것이다. 후자의 예로는 보다 더 안전한 인공지능 알고리즘을 채택하였어야 하는데 그러한 대체설계가 없었다는 점을 주장할 수 있다.

1) 증명책임의 완화 필요성

그런데, 소송에서 자율주행을 제어하는 전자적 기계적 장치 혹은 소프트웨어 알고리즘을 분석, 평가하여 "합리적" 대체설계를 제시하는 것은 그 자체로도 매우 힘든 작업이다. 특히 자율주행시스템 개발자도 자율주행모드에서 작동한 데이

---

52) 맹준영, 278면.

터를 분석하여 오작동을 유발한 의사결정구조를 파악하는 것은 쉽지 않다.53) 따라서, 고도의 전문성을 갖춘 전문가증인에 의해 증명하여야 하고, 이는 필연적으로 높은 소송비용을 수반하므로 소송의 제기 자체를 가로막는 요인이 될 수 있다. 이와 같이 자율주행차처럼 고도의 기술적 요소가 결합된 제조물에 대해 소비자가 '비용-효용기준'에 따라 합리적인 대체설계를 제시한다는 것은 현실적으로 불가능하다고 볼 수 있으므로, 소비자인 원고의 보호를 위해서는 '소비자기대기준' 등을 탄력적으로 적용하는 것이 필요하다고 생각된다.54) 즉 원고인 피해자가 "합리적인 소비자" 수준에서 형성할 수 있는 자율주행기술에 대한 합리적 기대를 기준으로 "대체설계"를 제안하였다면 소비자는 "합리적 대체설계"를 제안하였다고 볼 것이다.

실제 미국 캘리포니아 연방지방법원은 토요타 자동차 급발진 집단소송55)에서 "합리적인 배심원"이라면 "운전자의 브레이크 조작에도 불구하고 계속 가속되어 감속이 불가능하다"고 인정할 가능성이 있다는 이유로 원고들의 결함주장을 받아들였다: 이 사건에서 원고들은 소프트웨어의 결함으로 조절판의 오류(throttle bug)가 발생한다고 주장하면서, '전자식 조절판 제어시스템'(electronic throttle control systems: ETCS)의 결함 때문에 급발진의 우려가 있고, 이로 인해 차량의 안전성이 훼손된 결과 자동차의 가치가 하락하는 손해가 있다고 주장하였는데, 미국법원은 res ipsa loquitor 법리를 적용해 설계상 결함과 표시상의 결함을 사실상 추정하고, 피고 토요타 자동차의 주장을 배척하였다.56)

2) 후속 업데이트의 증거능력

특히 자율주행차 사고 후에 해당 소프트웨어 가운데 당해 사고의 발생과 관련된 부분이 소프트웨어 개발회사나 ADS 제작자 혹은 자율주행차 제작자에 의해 업데이트 되었다면, 원고는 소프트웨어의 후속 업데이트 자체를 '합리적 대체설계'의 증거로 법원에 제출할 수 있다.57) 특히 소프트웨어 탑재시점부터 사고 발

---

53) 김진우, 191면.
54) 맹준영, 261면.
55) In re Toyota Motor Corp. Unintended Acceleration Marketing, Sales Practices, and Products Liability Litigation 978 F. Supp. 2d 1053 (C.D. Cal. 2013); Bryant Walker Smith, "Automated Driving and Product Liability", Mich. St. L. Rev. 1, 2017 참조.
56) 맹준영, 274면 이하.
57) 맹준영, 258면.

생시까지 관련 소프트웨어가 업데이트 된 적이 없다면, 책임의 원인이 처음 탑재된 소프트웨어 알고리즘에 있다고 주장해 볼 가능성이 있다.

반면에, 원고의 '합리적 대체설계'의 주장 증명에 대하여, 제조업자는 면책사유 중 '개발위험의 항변'을 주장할 수 있을 것이다. 즉 사고 당시의 소프트웨어 버전에 대하여, 출시 당시 가장 높은 수준의 소프트웨어기술 수준을 기준으로 평가하더라도 위험을 회피하는 것이 불가능하였음을 주장해 면책을 시도할 수 있다.[58]

(5) 해킹에 취약한 설계: 설계상 결함인가?

자율주행차는 센서를 통한 주행정보의 수집에서부터 자율주행 소프트웨어 알고리즘에 의한 정보의 처리를 통한 주행 판단 및 실행을 통해 움직이게 되는데, 이러한 일련의 정보처리 과정은 외부의 해킹에 노출될 수 있다.

그런데, 자율주행차가 해킹에 취약하게 설계된 경우, 설계상의 결함이 인정될 수 있는지, 있다면 어떠한 경우에 '결함'이 인정되고, 결함으로 인한 '손해'가 발생하였다고 볼 수 있는지가 문제된다. 미국 연방지방법원은 해킹에 취약하게 설계되었다는 주장은 '가정적인 위험'에 불과하므로 그렇게 설계되었다는 주장만으로는 '결함'이 인정될 수 없고, 또한 해킹이 현실적으로 발생하여 구체적인 손해를 야기하지 않는 이상, '해킹 가능성' 및 '중고차 가격의 하락가능성'만으로는 '손해'의 발생 역시 인정할 수 없다고 보았다.[59]

따라서, 실제 해킹이 일어나기 전에는 결함 문제는 인정되기 어렵다. 하지만, 실제 제3자에 의한 해킹이 일어난 경우, 제조물책임뿐만 아니라 보유자 혹은 ADS의 운행지배가 박탈[60]되는 경우가 생기므로 이때에는 운행자책임을 지는 주체가 변경될 수 있다.

(6) 소프트웨어의 자동 업데이트 여부와 설계상 결함

소프트웨어 알고리즘은 개선될 수 있기 때문에 자율주행차의 소프트웨어는

---

58) 앞의 (3) 1) 참조. 맹준영, 259면.

59) Helene Cahen, et al. v. Toyota Motor Corp. et al. 147 F. Supp. 3d 955(N.D. Cal. 2015). 맹준영, 272면.

60) ADS의 해킹과 운행지배의 상실 여부에 대해서는, 제2편 제4장 〈책임법과 보험법제〉 제3절 Ⅱ. 6. (1) 2) 및 (2) 2) 참조.

업데이트가 예정되어 있다. 그런데, 제조 당시에 탑재된 소프트웨어에는 결함이 없었지만, 업데이트가 제대로 되지 않아 자율주행차의 안전성이 결여하게 된 경우, 자율주행차 혹은 ADS의 결함이 인정될 수 있는가? 소프트웨어 업데이트가 운행자 혹은 운전자의 책임인 경우 결함을 인정하기 어렵지만,[61] 만약 원고가 자율주행차 스스로 혹은 ADS 스스로 소프트웨어 업데이트를 할 수 있도록 설계하는 것이 가능하다는 것을 증명한 경우, 합리적 대체설계의 가능성이 생기므로 '설계상의 결함'이 다투어질 여지가 있다.[62]

　운전자의 업데이트 의무의 범위와 관련해 영국의 Automated and Electronic Vehicles Act는 '안전성에 직결된 소프트웨어'(safety-critical software)에 대해서만 운전자의 업데이트 의무를 인정한다(s.4 (1) (b) 참조).

3. 표시상의 결함

(1) 결함의 증명

　표시상의 결함이 인정되려면, (i) 피해나 위험을 줄이거나 피하게 할 수 있었던 합리적인 설명·지시 또는 그 밖의 표시가 가능하고, (ii) 그러한 합리적인 설명·지시·경고 또는 그 밖의 표시를 하지 아니하여 피해나 위험이 발생하게 되었다는 점을 증명해야 한다. 설계상의 결함과 마찬가지로, 피해자인 원고가 "합리적 표시"를 증명하는 것은 매우 힘든 일이다. 결함을 추정하는 제3조의2는 '정상성', '실질적 지배영역'과 '통상성'만을 주요 요건으로 정하고 있으므로,[63] 제3조의2로부터 "합리적인 표시"의 증명이나 표시상의 결함이 추정되기는 어렵기 때문이다.[64]

(2) '합리적 표시'의 증명과 판단기준

　설계상의 결함과 마찬가지로, 피해자인 원고가 표시상의 결함을 증명해야 하는데, 어떠한 설명·지시 또는 그 밖의 표시가 "합리적"인 것인지가 문제된다. 제조업자는 예상되는 모든 위험에 대해 표시하는 것은 불가능하고 결국 '어느 범위

---

61) 아래의 4. (4) 참조.
62) 권영준·이소은, 468면 참조.
63) 앞의 Ⅳ. 1. (2) 참조.
64) 맹준영, 231면.

까지만 위험을 표시'할 수밖에 없기 때문이다.[65]

표시상의 결함 여부의 판단에 있어서도 위에서 살펴본 '위험-효용기준'이 '합리성'의 판단기준으로 적용될 수 있으므로,[66] 표시상의 결함 여부의 판단에 있어 다음의 사항 등을 고려해 위험-효용을 비교하여야 한다: (i) 위험이 실현되는 경우 발생할 손해의 중대성 및 그 발생가능성, (ii) 위험을 소비자가 잘 이해할 수 있게 표시했는지 여부, (iii) 표시가 없더라도 사용자가 위험을 잘 알 수 있는지 여부, (iv) 소비자가 전문가로서 위험을 충분히 알고 있는 것으로 볼 수 있는지 여부 등.[67] 이와 관련해 소비자에게 '명백하고 일반적으로 알려진 위험'에 대해서는 통상 제조업자의 표시나 지시 의무가 인정되지 않는다.[68]

대법원은 시코르스키 헬기 추락사건에서 표시상의 결함이 존재하는지 여부의 판단기준을 설시했는데, "제조물의 특성, 통상 사용되는 사용형태, 제조물에 대한 사용자의 기대의 내용, 예상되는 위험의 내용, 위험에 대한 사용자의 인식 및 사용자에 의한 위험회피의 가능성 등의 여러 사정을 종합적으로 고려하여 사회통념에 비추어 판단하여야 한다"고 보았다. 이 사건에서 대법원은 헬기의 특성상 스태빌레이터의 비정상적 작동이 결빙 때문에 초래될 수 있다는 사실은 조종사들이 쉽게 알 수 있는 내용이기 때문에, 원고의 표시상의 결함 주장을 받아들이지 않았다.

대법원은 '자동차 급발진' 여부가 문제된 사안에서도 원고의 표시상의 결함 주장을 받아들이지 않았는데, "자동차의 취급설명서에 엔진시동시에는 엑셀러레이터 페달과 브레이크 페달의 위치를 확인한 후 브레이크 페달을 밟고 시동을 걸고 자동변속기 선택레버를 이동시키라는 지시문구가 기재되어 있으므로 원고가 이 지시 내용을 확인하고 이에 따랐더라면 이 사건 사고는 충분히 예방할 수 있었고", "운전면허를 취득한 사람만이 운전할 수 있는 자동차에 있어서 위의 지시 외에 운전자가 비정상적으로 엑셀러레이터 페달을 밟는 경우까지 대비하여 그에 대한 경고나 지시를 하지 아니하였다 하여 결함이 존재한다고 볼 수는 없다"고 판단해 표시상 결함을 부정하였다.

---

65) 윤진수, 35면.
66) 윤진수, 34면.
67) 맹준영, 263면.
68) 정진명, 125면.

(3) 자율주행차에 관한 "합리적 표시"에 관한 증명

ADS 혹은 자율주행차 제작자는 (i) 자율주행차에 탑재된 자율주행기술의 기본 원리, (ii) 자율주행차량의 조작방법, 및 (iii) 자율주행 관련 소프트웨어 업데이트 기타 주요 부품과 장치에 대한 관리방법 등에 대해 설명 혹은 표시를 해야 하는데, 원고는 이러한 자율주행차의 설명 혹은 표시 대상과 관련해 ADS 제작자 혹은 자율주행차 제작자가 "합리적으로" 설명·지시 또는 표시를 하였더라면 자율주행차의 제조물로서의 안전성을 확보할 수 있었는데, 제작자가 그렇게 하지 않았다는 점을 증명해야 한다.

1) "표시"의 의미

표시상의 결함에서 이야기하는 설명·지시·경고 또는 표시는 제품의 사용설명서의 내용과 같이 좁은 의미의 설명·지시 또는 표시에 국한되는 것이 아니고, 광고나 마케팅 등 넓은 의미에서의 제품에 대한 설명·지시 또는 표시도 포함한다. 따라서, 자율주행차와 관련해서도 "표시"는 사용설명서에 기재된 좁은 의미의 설명·지시 또는 표시에 국한되는 것이 아니고, 자율주행차의 성능, 자율주행기술에 대한 광고나 마케팅 등 넓은 의미에서의 자율주행차에 대한 설명·지시 또는 표시도 포함한다.[69] 따라서, 광고 홍보 영상의 표시가 "합리적"이지 않아 위험이 야기된 경우에도 표시상 결함이 인정될 수 있다.

2) 설명·표시 대상 I: 자율주행기술과 원리에 대한 표시

자율주행기술은 최첨단의 혁신적인 기술이고 또한 각각의 자율주행차가 구현하는 기술은 회사마다 다를 수 있다. 따라서, ADS 혹은 자율주행차 제조업자와 소비자가 보유하는 기술정보의 비대칭은 매우 크기 때문에, 제조업자가 이러한 기술정보를 소비자에게 "합리적으로 제공"했는지 여부가 표시상의 결함 인정 여부의 핵심이 된다. 따라서, ADS 혹은 자율주행차의 제작자는 사용설명서를 통한 설명·지시·경고 또는 표시뿐만 아니라 광고나 마케팅 등을 통해 "합리적인 소비자"라면 이해할 수 있는 정도와 방법으로 ADS나 자율주행기술에 대한 설명·지시·경고 또는 표시를 해야 한다.

특히 제작자는 자신이 자율주행차에 부여한 SAE 자동화 단계가 몇 단계이고, 작동설계영역이 어떻게 제한되는지와 같은 작동범위 혹은 그 한계를 명확히

---

69) 맹준영, 265-266면.

설명·지시·경고 또는 표시하여야 하고, 원고는 이러한 표시가 없어서 자율주행의 위험이 초래되었다는 점을 주장해야 한다.

가) 제조사의 작동설계영역의 표시: 제조사의 설명의무의 이행 여부

먼저 제조사가 자신의 ADS에 대하여 특정 자동화단계를 부여하면서 '작동설계영역'을 구체적으로 제한하여 작동 범위와 한계를 명확하게 설정한 경우에 대해 살펴보자. 이러한 행위는 무엇보다 "표시상의 결함"을 부인하기 위한 조치로서 의미가 있다. 예를 들어, 제조사가 ADS의 작동설계영역을 제주도로 특정하였음에도 불구하고 자율주행차 보유자가 작동설계영역을 벗어난 목포 지역에서 ADS를 작동시켜 사고가 난 경우, 제조사는 '합리적인 설명 경고'가 있었음을 이유로 자율주행차의 보유자에 대해 표시상 결함을 부인할 수 있다.

나) 작동설계영역을 부실하게 표시한 경우

이에 반해, 제작자가 작동설계영역을 특정하였지만, "합리적인 소비자"가 이해할 수 있는 정도로 충분히 설명·지시·경고 또는 표시를 행하지 않아 위험이 야기된 경우에는 표시상의 결함이 인정될 수 있다. 예를 들어, 작동설계영역에 대한 시간적 지리적 제한을 설정하였지만, "중앙분리대가 있는 주행환경"을 특별히 표시하지 않아 중앙분리대가 없는 고속국도에서 운행하다 중앙선을 침범한 경우에 대해 살펴보자. 이 경우 제작자가 당해 자율주행차의 작동설계영역은 고속도로와 같이 "중앙분리대가 있는 주행환경"으로 제한된다고 주장하더라도, 소비자는 제작자가 그에 관한 "합리적인 표시"를 하지 않았음을 이유로 표시상의 결함을 주장할 수 있다.

3) 설명·표시 대상 II: 차량의 조작방법에 대한 표시

마찬가지로, 제작자는 "합리적인 소비자"라면 "이해"하고 또한 "실행"할 수 있는 정도로 차량 조작방법에 대한 설명·지시·경고 또는 표시를 해야 한다.[70] 자율주행기술은 첨단의 기술로서 매우 복잡한 것이지만, 소비자가 자율주행차량을 조작하는 방법은 매우 간단할 것으로 예상된다. 왜냐하면 제작자가 차량의 조작방법을 간단하게 설정하지 않으면 소비자는 차량을 구매하지 않을 것이기 때문이다. 하지만, 차량의 조작방법 자체의 단순성과는 별도로 자율주행기술과 차량의 작동메커니즘에 대한 이해는 차량조작의 전제가 되는 것이므로, 제작자는 자

---

70) 정진명, 127면.

율주행차의 조작방법을 표시함에 있어 연관된 자율주행기술에 대한 정보를 제공할 필요가 있다.[71)

4) 설명·표시 대상 Ⅲ: 업데이트 기타 부품과 장치의 관리방법에 대한 표시

ADS는 자율주행과 관련된 소프트웨어와 하드웨어의 집합체이므로, 때때로 소프트웨어의 업데이트가 필요하고, 기타 부품과 장치에 대해서도 자율주행차 제작자가 요구하는 관리가 행해져야 한다. 따라서, 제작자는 "합리적인 소비자"라면 "이해"하고 또한 "실행"할 수 있는 정도의 소프트웨어 업데이트 방법 기타 부품과 장치의 관리방법에 대한 설명·지시·경고 또는 표시를 해야 한다.

(4) 증명책임의 완화 필요성

그런데, 앞서 본 것처럼, 자율주행기술과 같은 첨단기술, 특히 인공지능 알고리즘에 대해 원고가 "합리적"인 표시가 어떤 표시이고 제작자가 그러한 표시를 하지 않아 위험이 야기되었다는 것을 주장 증명하는 것은 쉬운 일이 아니다. 설명 표시의 "합리성"을 증명하려면 설명 표시의 대상이 되는 자율주행기술의 이해가 선행되어야 하고, 이러한 첨단기술의 이해를 바탕으로 어떻게 표시하는 것이 합리적인가를 증명해야 하기 때문이다.

즉, 자율주행을 제어하는 전자적 장치 혹은 소프트웨어 알고리즘을 분석, 평가하여 "합리적" 대체설계를 제시하는 것이 매우 어려운 작업인 것처럼,[72) 전자적 장치 혹은 소프트웨어 알고리즘을 분석, 평가하여 그것을 "합리적"으로 표시하는 것도 동일하게 난이도가 높은 작업이기 때문에, 표시상의 결함을 증명하기 위한 "합리성"의 증명은 설계상의 결함을 증명하기 위한 것과 동일한 정도의 어려움이 있다.

이처럼 자율주행차와 같이 고도의 기술적 요소가 결합된 제조물에 대해 소비자로 하여금 '비용-효용기준'에 따라 합리적인 표시를 증명하도록 하는 것은 현실적으로 불가능한 것을 요구하는 것이라고 볼 수 있으므로, 소비자인 원고의 보호를 위해 '소비자기대기준' 등을 탄력적으로 적용하는 것이 필요해 보인다.[73) 즉

---

71) 맹준영, 266면.
72) 앞의 Ⅳ. 2. (4) 참조.
73) 맹준영, 261면.

"합리적인 소비자" 수준에서 이해할 수 있는 자율주행기술에 대한 합리적 기대를 기준으로 소비자가 기대할 수 있는 다른 "설명이나 표시"가 가능하였다는 점을 증명하면, "표시상의 결함"이 존재한다고 볼 것이다.

4. 통상적 결함: 통상적 안전성의 결여

마지막으로, 피해자는 제품에 통상적 안전성이 결여되어 있음을 이유로 결함을 주장할 수 있다. 앞서 살펴본 것처럼, 제조상, 설계상, 혹은 표시상의 결함과 같이 제조물의 결함으로 유형화된 결함이 없는 경우에도 '통상적으로 기대할 수 있는 안전성이 결여'된 경우에는 제조물의 결함이 인정된다(제2조 제2호 참조). 따라서, 이상의 세 가지 유형에 속하지 않는 경우에도 제품의 '안정성의 결여'를 증명한다면 제조물책임을 물을 수 있다.

특히, 우리 대법원은 제조물책임법 제정 이전에도 제조물책임에 대해 "제조물에 통상적으로 기대되는 안전성을 결여한 결함으로 인하여 생명, 신체나 제조물 그 자체 외의 다른 재산에 손해가 발생한 경우에 제조업자 등에게 지우는 손해배상책임"으로 보고 있었다.[74]

(1) '통상적' 안전성

제품의 '안전성이 결여되어 있는지' 여부는 '통상적' 요건을 기준으로 판단한다. 따라서, 해당 제품은 절대적으로 안전해야 하는 것은 아니고, 통상적으로 기대할 수 있는 정도의 안전성을 갖추면 충분하다. 어느 정도의 안전성이 통상적으로 기대할 수 있는 정도의 안전성인가가 문제되는데, 통상적 안전성은 일반인의 통념에 비추어 판단한다. 즉, 제조업자, 공급업자와 소비자 등을 포함하는 통상적인 평균인의 '안전성'에 관한 상식이 결함판단의 기준이 된다.[75]

우리 대법원은 시코르스키헬기 추락사건에서 "일반적으로 제조물을 만들어 판매하는 자는 제조물의 구조, 품질, 성능 등에 있어서 <u>현재의 기술 수준과 경제성 등에 비추어 기대가능한 범위 내의 안전성을 갖춘 제품</u>을 제조하여야 하고, 이러한 안전성을 갖추지 못한 결함으로 인하여 그 사용자에게 손해가 발생한 경우에는 불법행위로 인한 배상책임을 부담하게 되는 것인바, … 이 사건 헬기는

---

74) 대법원 1999. 2. 5. 선고 97다26593 판결 등.
75) 권오승 외, 191면 이하.

현재 갖추고 있는 정도의 장치만으로도 통상적인 안전성은 갖춘 것"이라고 보아[76] 제조물책임을 부정하였다.

(2) 자율주행차에 대한 통상적 안전성의 판단기준

현재 자율주행기술은 아직 상용화되어 있지 않은 상태이므로, 통상적으로 기대할 수 있는 안전성을 판단하기는 쉽지 않다. 하지만, 곧 상용화될 것으로 예상되는 SAE 3단계 자율주행차에 대해서, 3단계 자율주행차의 제조와 공급 당시의 자율주행기술 수준, 혹은 재판 당시[77]의 3단계 기술수준을 중심으로 소비자가 기대하는 안전성을 판단할 수 있다. 만약 3단계 자율주행차가 수종이 출시된 경우, 여러 자율주행차 제작자들이 제공하는 3단계 기술 수준 가운데 가장 높은 수준의 자율주행기술을 기준으로 하여 소비자가 기대할 수 있는 안전성을 판단할 수 있을 것이다.

(3) 통상적 안전성의 증명책임

앞서 본 것처럼 원고의 증명책임과 관련해 제3조의2가 결함을 추정하는 경우에도 '통상적 불발생'이라는 요건의 증명책임이 문제되는데,[78] '통상적인 안전성'의 증명에 대해서도 동일한 '통상적' 요건의 증명문제가 발생한다.

앞서 본 것처럼, 소비자기대기준에 따라 '통상적 요건'을 해석할 수 있는데, 자율주행차의 '안전성'에 관하여 전문가가 아닌 소비자의 '합리적 기대'에 근거해 '통상적 요건'을 충족할 수 있다. 즉 소비자는 자율주행기술의 작동원리와 구체적 메커니즘을 완전히 알지 못하므로, 이러한 전문적 수준에 근거해 '안전성에 대한 기대'를 형성할 필요는 없고, 대신 소비자가 통상적으로 이해할 수 있는 수준에 근거해 '안전성에 대한 기대'를 가질 수 있는데, 이렇게 형성된 '안전성에 대한 합리적 기대'가 소비자의 통상적인 안전성으로서 보호받는다고 보아야 한다.[79]

(4) 소프트웨어 업데이트 해태와 통상적 안전성의 결여

자율주행차의 소프트웨어는 항상 업데이트 되어야 한다. 그런데, 제조 당시

---

76) 대법원 2003. 9. 5. 선고 2002다17333 판결.
77) 앞의 Ⅳ. 2. (3) 기준시점에 관한 논의 참조.
78) Ⅳ. 1. (3) 3) 참조.
79) Ⅳ. 1. (3) 3) 및 맹준영 270면.

탑재된 소프트웨어에는 결함이 없었지만, 업데이트를 게을리하여 자율주행차의 안전성이 결여하게 된 경우, 자율주행차의 결함은 인정될 수 있는가? 원칙적으로 운행자 또는 운전자가 업데이트를 게을리한 결과 자율주행차의 안정성에 문제가 생긴 경우 자율주행차에 결함이 있다고 보기는 어렵고, 그로 인한 사고에 대해서도 제조자의 책임을 묻기 어렵다.[80]

하지만, 만약 제작자가 자율주행차 스스로 혹은 ADS 스스로 소프트웨어 업데이트를 할 수 있도록 설계하는 것이 가능한 경우, 합리적 대체설계의 가능성이 생기므로 설계상의 결함을 주장할 여지는 있다.[81]

5. 제조업자의 면책사유

제조물책임법은 제조물의 결함으로 인하여 손해가 발생한 경우에도 제조업자가 제조물책임으로부터 면책될 수 있는 일정한 예외를 인정한다:

제4조(면책사유) ① 제3조에 따라 손해배상책임을 지는 자가 다음 각 호의 어느 하나에 해당하는 사실을 입증한 경우에는 이 법에 따른 손해배상책임을 면(免)한다.
1. 제조업자가 해당 제조물을 공급하지 아니하였다는 사실
2. 제조업자가 해당 제조물을 공급한 당시의 과학·기술 수준으로는 결함의 존재를 발견할 수 없었다는 사실
3. 제조물의 결함이 제조업자가 해당 제조물을 공급한 당시의 법령에서 정하는 기준을 준수함으로써 발생하였다는 사실
4. 원재료나 부품의 경우에는 그 원재료나 부품을 사용한 제조물 제조업자의 설계 또는 제작에 관한 지시로 인하여 결함이 발생하였다는 사실

(1) 개발위험의 항변(기술수준의 항변)을 통한 면책

설계상의 결함 혹은 표시상의 결함이 문제된 경우 제조업자는 "제조물 공급 당시의 과학기술 수준으로는 결함의 존재를 발견할 수 없었다"는 개발위험의 항변을 통해 제조물책임에서 벗어날 수 있다. "공급 당시"의 "과학기술 수준" 등에 대해서는 설계상의 결함을 다루면서 이미 살펴보았다.[82]

---

80) 권영준·이소은, 468면.
81) 앞의 IV. 2. (6) 참조.
82) 위의 2. (3)의 논의 참조.

(2) 법령준수의 항변을 통한 면책

제조업자가 제조물의 공급 당시 제조물의 안전성에 관한 '규제법규'를 위반하여 제조 유통시킨 경우 규제법규의 위반사실은 '결함'을 인정하는 직접적인 근거로 작용하거나 혹은 제조물책임을 추정하는 간접사실 혹은 징표로서의 역할을 한다.[83] 반대로, 제조업자가 제조물의 안전성에 관한 공적규제기준을 준수하여 그 기준에 부합하는 제조물을 제조 유통시킨 경우 제조업자는 법령준수의 항변을 통해 면책을 주장할 수 있는가? 이와 관련하여 국토부는 3단계 ADS에 관한 부품 안전기준[84]을 발표하였는데, 이러한 안전기준을 준수한 경우 법령준수의 항변을 원용할 수 있는가 여부가 문제된다.

1) 안전기준: 어느 정도의 안전성을 담보하는 기준인가?

통상 규제법규가 설정하는 제조물의 안전기준은 당해 제조물의 '최소한'의 안전성을 확보하기 위한 최소한의 규제기준으로서 설정된다. 특히 자율주행기술과 같이 새롭게 개발되는 기술에 관한 안전기준은 기술의 발전을 저해하지 않기 위해 최소한의 규제기준으로서 설정된다. 따라서 제조업자는 안전기준 이상을 달성할 수 있는 경우 그 이상을 달성하여야 한다.

2) ADS 안전기준의 준수와 제조물의 결함 판단

구체적으로 자율주행차 제작자가 국토부가 발표한 3단계 ADS에 관한 부품 안전기준을 준수한 경우 제작자는 ADS의 결함으로 인한 책임으로부터 벗어날 수 있는가? 국토부가 설정하는 부품안전기준은 자동차부품을 제조 공급할 때 충족시켜야 하는 최소한의 기준을 정한 것으로서 제조물책임법의 결함판단 기준과는 그 설정 목적과 기준이 다른 것이다. 따라서, 공적 규제기준에 적합한 ADS라고 하여 제조물책임법상 결함이 없다고 볼 수는 없다. 결함은 "ADS의 공급 당시" 최고 수준의 과학기술을 기준으로 판단[85]하기 때문이다.

3) ADS 안전기준의 준수와 법령준수의 항변의 허용 여부

자율주행차 제작자가 국토부가 발표한 3단계 ADS에 관한 부품안전기준을 준수한 경우 제작자는 ADS의 결함으로 인한 책임에 대해 법령준수의 항변을 원

---

83) 권오승 외, 202면 이하.
84) ADS 안전기준에 대한 자세한 사항에 대해서는, 제2편 제2장 〈자동차법과 도로법제〉 제3절 참조.
85) 위의 2. (3) 2)의 논의 참조.

용할 수 있는가? 앞서 본 것처럼, 제조물의 '결함' 판단은 공급 당시 최고의 과학
기술 수준을 기준으로 하여 판단하고, 또한 이러한 기준은 동시에 첫 번째 면책
사유로서 규정된 '기술 수준의 항변'의 판단 기준으로서 제조업자의 면책 여부를
결정한다.

제조물책임법의 '결함' 판단기준 및 '기술 수준의 항변'의 판단기준을 생각하
면 법령준수의 항변은 좁게 해석하는 것이 타당하다. 즉 면책을 허용하는 "법령
에서 정하는 기준"은 결함의 발생과 "밀접한 관련성"이 있는 안전기준으로 좁게
해석해야 하고, 이러한 구체적 안전기준의 준수로 인해 제조업자가 면책되는 경
우, 이러한 안전기준을 제정한 규제주체인 국가 혹은 지방자치단체가 잘못된 규
제법규 제정으로 인한 국가배상책임을 질 수 있는 정도가 되어야 한다.[86] 따라서,
제작자가 단순히 ADS 안전기준을 준수했다는 사실만으로는 법령준수의 항변이
인용될 가능성은 낮다고 생각된다.

(3) 설계·제작 지시의 항변

원재료나 부품의 제조업자는 당해 부품 등을 사용한 제조물 제조업자의 설
계 또는 제작에 관한 지시로 인하여 결함이 발생하였다는 사실을 증명한 경우 제
조물책임을 면할 수 있다. 예를 들어, ADS 제조업자는 완성차 제조업자의 ADS
설계 또는 제작에 관한 지시로 인하여 결함이 발생하였다는 사실을 증명하여 책
임을 면할 수 있다.

하지만 '지시의 범위 및 정도'와 관련해, 부품 제조업자를 면책시킬 수 있는
지시는 부품 자체의 안전성과 직결되는 성능수준에 대한 구체적 지시에 한정된
다. 따라서, 완성차 제조업자가 자율주행차의 부품 제조업자에 대해 자율주행차
의 설계사양에 부합하는 부품 등을 공급해 달라는 일반적 지시를 한 것만으로는
면책되는 지시가 되지 않는다.[87]

(4) 제조물관찰의무와 면책의 제한

제조물책임법 제4조 제2항은 제조자가 "제조물을 공급한 후에 그 제조물에
결함이 존재한다는 사실을 알거나 알 수 있었음에도 그 결함으로 인한 손해의 발

---

86) 맹준영, 289면.
87) 맹준영, 291면.

생을 방지하기 위한 적절한 조치를 하지 아니한 경우" 이상의 면책을 주장할 수 없다고 규정한다. 이 규정은 '제조물관찰의무'를 입법한 것이라고 한다.

자율주행기술은 새롭게 발전하는 기술이므로 그 기술의 발전방향은 다양할 수 있다. 따라서, 자율주행차 제작자로 하여금 새로운 기술의 발전에 대한 주의를 기울이도록 하고, 기존 기술의 결함을 관찰하도록 하는 것이 필요하므로, 기술발전초기 단계에는 관찰의무를 폭넓게 설정하는 것이 바람직하다.[88] 따라서, 자율주행기술의 발전에 따라 사후적으로 볼 때 결함이라고 판단되는 경우 리콜을 하는 등 손해의 발생과 확대를 방지하기 위한 적절한 조치를 취해야 하고, 이를 이행하지 않는 경우 면책을 부인하는 것이 타당하다.

예를 들어, ADS의 공급당시를 기준으로 판단할 때 개발위험의 항변이 허용되는 경우에도, ADS 공급 후에 제조물관찰의무를 다하지 못한 결과 손해의 확대를 막지 못한 경우, ADS 공급자는 면책을 주장할 수 없게 된다.

---

88) 맹준영, 292면.

제5절 책임보험: ADSE의 책임이 미치는 영향[*]

Ⅰ. 자율주행차 사고와 관련된 주요 민사책임의 정리

제2절부터 제4절까지 자율주행차의 자율주행 중 사고와 관련해 문제되는 민사책임, 즉 운전자책임, 운행자책임, 제조물책임에 대해 자세히 살펴보았다. 이러한 민사책임을 커버하는 의무 책임보험의 목적상 이를 간단히 정리하면 다음과 같다.

1. 운전자책임: 운전자와 ADSE의 책임

(1) 운전자의 운전주의와 책임

자율주행차를 운전자가 직접 운전하는 경우 운전자는 조향장치의 조작 등에 있어 주의의무를 지고, 만약 장치 등의 조작에 있어 과실이 있는 경우 민법상 불법행위에 기한 손해배상책임을 부담한다.[1]

운전자가 직접 운전하는 대신 ADS를 작동시켜 운전작업을 하게 하는 경우에도, SAE 3단계 자율주행차의 경우 역동적 운전작업 중 발생하는 비상상황 대응조치는 운전자가 해야 하므로, 운전자는 ADS의 개입요구에 대비한 주의를 베풀어야 한다.[2] 또한 운전자는 ADS의 개입요구에 대응해 비상상황 대응조치를 취한 후 여정을 계속할 수 없는 경우에는 차량을 노견으로 이동하는 등 차량충돌을 회

---

[*] 이 부분은 이중기·황창근, "자율주행자동차 사고와 책임보험: ADS Entity의 책임이 미치는 영향", 일감법학 제46호(2020)를 수정한 것이다.

[1] 운전자책임에 대한 자세한 사항에 대해서는, 제2편 제4장 〈책임법과 보험법제〉 제2절 참조.

[2] 제2편 제4장 〈책임법과 보험법제〉 제2절 Ⅲ. 1. (1) 참조.

피하기 위한 최소위험상태 확보조치3)를 취해야 한다.

SAE 4단계 자율주행차의 경우, ADS가 DDT뿐만 아니라 비상상황 대응조치, 최소위험상태 확보조치까지 수행하므로 운전자는 이러한 운전작업으로부터 해방된다. 하지만 운전자의 이러한 운전작업으로부터의 해방은 4단계 자율주행차에 허용된 '작동설계영역'4) 내에서 운행하는 경우에만 유효하므로, 운전자는 자율주행차가 허용된 작동설계영역을 벗어나지 않도록 주의를 기울여야 하고, 만약 작동설계영역을 벗어난 경우 지체없이 제어권을 회복해야 한다.

SAE 5단계 자율주행차의 경우 ADS의 작동설계영역에 대한 제한이 없으므로 운전자는 사실상 완전히 운전작업으로부터 해방된다. 하지만 5단계 자율주행차에 있어서도 안전벨트의 착용과 같은 '비역동적 운전작업'은 여전히 운전자가 수행할 것을 기대하므로 운전자는 이러한 주의는 기울여야 한다.

(2) ADSE의 운전주의와 책임

자율주행차에서는 운전자 대신 ADS가 운전작업을 수행한다. 운전자 대신 로봇운전자 ADS가 운전작업을 수행하는 한도에서 운전자는 운전자책임으로부터 해방되고, 그 대신 ADS를 후견하는 ADSE가 후견자로서 운전자책임을 지게 된다. 이러한 ADSE의 후견적 운전자책임은 SAE 단계가 높아질수록 그 범위가 넓어진다.

즉 SAE 3단계 자율주행차의 경우 ADS는 역동적 운전작업을 담당하는데, 만약 역동적 운전작업 수행에서 기대되는 운전주의 수준을 달성하지 못한 경우 ADSE가 대신 운전자책임을 진다. 이에 반해, SAE 4단계 자율주행차의 경우 작동설계영역 내에서 ADS는 역동적 운전작업뿐만 아니라 비상상황 대응, 최소위험상태 확보까지 담당하게 되는데, 만약 ADS가 이러한 운전작업의 수행에서 기대되는 운전주의 수준을 유지하지 못한 경우 ADSE가 대신 운전자책임을 지게 된다. 한편 SAE 5단계 자율주행차의 경우 작동설계영역의 제한없이 ADS가 역동적 운전작업, 비상상황 대응, 최소위험상태 확보조치까지 해야 하므로, ADS가 이러한 운전작업 수행에서 기대되는 운전주의 수준을 달성하지 못한 경우, ADSE가 대신 운전자책임을 지게 된다.

---

3) 제2편 제4장 〈책임법과 보험법제〉 제2절 Ⅲ. 1. (2) 참조.
4) 제2편 제4장 〈책임법과 보험법제〉 제2절 Ⅲ. 1. (3) 참조.

(3) 운전자책임의 경합

SAE 3단계 자율주행차의 경우 ADS가 역동적 운전작업을 담당하지만 역동적 운전작업 중 발생하는 비상상황에 대한 대응은 운전자가 할 것을 기대하므로, 운전자도 비상상황발생에 대비해 ADS의 개입요구에 준비하고 있어야 한다. 따라서 3단계 자율주행차의 경우 ADS가 기대되는 운전주의 수준을 달성하지 못하고, 또 이 때 운전자도 ADS의 개입요구에 준비하지 못해 사고가 발생하였다면, 운전자와 ADSE는 모두 자동차사고 피해자에 대한 관계에서 운전자로서 손해배상책임을 지고, 이 때 각자가 부담하는 손해배상책임은 부진정연대채무의 관계에 있게 된다.

마찬가지로 SAE 4단계 자율주행차의 경우 작동설계영역 내에서만 ADS가 모든 운전작업을 담당하므로 운전자는 자율주행차가 작동설계영역 내에서 운행되고 있는지 주의를 기울어야 한다. 따라서 4단계 자율주행차에서도 작동설계영역의 일탈과 관련해 ADSE뿐만 아니라 운전자도 같이 사고책임을 지는 상황이 발생할 수 있다.

2. 운행자책임: 보유자와 ADSE의 책임

자동차손해배상보장법은 '위험책임'과 '보상책임' 이념에 기초한 운행자책임[5]을 선언하고 있다. 대법원은 자동차 보유자의 '운행지배'와 '운행이익'이라는 두 가지 요소를 기준으로 운행자성을 판단하고 있는데, 위험책임을 실현하는 개념인 '운행지배'와 보상책임을 실현하는 개념인 '운행이익' 두 가지 요소 모두가 충족되어야 운행자성을 인정한다.[6]

(1) 보유자의 운행자책임: 운행자성의 추정

운행자책임의 부과 목적상 자율주행차 보유자를 전통적 차량의 보유자와 다르게 볼 이유는 없다. 따라서 자율주행차 보유자의 운행자성의 판단에 있어서도 자율주행차 보유자를 운행지배와 운행이익을 갖는 운행자로 일단 '추정'한 다음,

---

5) 대법원 1986. 12. 23. 선고 86다카556(자동차손해배상보장법 제3조는 <u>위험책임</u>과 <u>보상책임</u> 원리를 바탕으로 하여 자동차에 대한 운행지배와 운행이익을 가지는 자에게 그 운행으로 인한 손해를 부담하게 하고자 함에 있다).

6) 제2편 제4장 〈책임법과 보험법제〉 제3절 I. 1. (1) 참조.

문제된 당해 사안에서 보유자의 운행지배와 운행이익이 상실되었는지 여부를 검토하는 접근법을 취하게 된다. 피해자 보호를 위해 고안된 운행자책임의 이념을 생각하면, "근원적" 지배력을 갖는 보유자에 대해 일응 운행자성을 추정하는 것은 타당해 보인다. '근원적 지배력'을 갖는 보유자는 '운전자'를 통해 운행을 지배하던 'ADS'를 통해 운행을 지배하던 간에 구체적 지배방법은 보유자의 선택에 불과한 문제이기 때문이다.[7]

(2) ADSE의 운행자책임: 운행자성의 입증

자율주행차를 ADS가 운전하는 경우 보유자뿐만 아니라 ADS를 후견하는 ADSE에 대해서도 운행지배의 가능성을 인정할 수 있고, 또한 ADSE는 자율주행차가 생산하는 공간데이타와 이동데이터에 대하여 경제적 이익을 가지므로 운행이익을 긍정할 수 있다. 따라서, ADSE는 운행지배와 운행이익을 근거로 운행자성이 인정될 수 있다. 하지만, ADSE를 운행자로 인정하더라도 ADSE의 운행지배는 ADS가 운전지배를 하는 동안 발생하는 "단속적"인 것이고 보유자의 "근원적" 운행지배에 "종속된" 것이다. 이 점에서 "근원적" 지배력을 갖는 보유자와 달리 ADSE의 운행자성은 당연히 추정되지는 않고 ADS의 작동이 있는 경우에만 인정되고, 이는 '자율주행정보기록장치'[8]에 의해 입증되어야 한다.[9]

---

7) 제2편 제4장 〈책임법과 보험법제〉 제3절 Ⅱ. 2. (1) 참조.
8) 자배법 제39조의17(이해관계자의 의무 등) ① 자율주행자동차의 제작자등은 제작·조립·수입·판매하고자 하는 자율주행자동차에 대통령령으로 정하는 자율주행과 관련된 정보를 기록할 수 있는 <u>자율주행정보 기록장치</u>를 부착하여야 한다.
　② 자율주행자동차사고의 통보를 받거나 인지한 보험회사등은 사고조사위원회에 사고 사실을 지체 없이 알려야 한다.
　③ 자율주행자동차의 보유자는 <u>자율주행정보 기록장치</u>에 기록된 내용을 대통령령으로 정하는 기간 동안 보관하여야 한다. 이 경우 자율주행정보 기록장치 또는 자율주행정보 기록장치에 기록된 내용을 훼손하여서는 아니 된다.
　④ 자율주행자동차사고로 인한 피해자, 해당 자율주행자동차의 제작자등 또는 자율주행 자동차사고로 인하여 피해자에게 보험금등을 지급한 보험회사등은 대통령령으로 정하는 바에 따라 사고조사위원회에 대하여 사고조사위원회가 확보한 <u>기록장치</u>에 기록된 내용 및 분석·조사 결과의 열람 및 제공을 요구할 수 있다.
　⑤ 제5항에 따른 열람 및 제공에 드는 비용은 청구인이 부담하여야 한다.
9) 제2편 제4장 〈책임법과 보험법제〉 제3절 Ⅱ. 6. (2) 1) 참조.

(3) 보유자와 ADSE 간의 관계: 공동운행자성

자율주행차 보유자의 운행자성이 추정되는 상태에서 ADS의 작동을 입증해 ADSE의 운행자성이 인정되면, ADSE는 보유자와 함께 공동운행자가 된다.[10) 따라서, 이 때 발생한 사고에 대해 공동운행자는 자동차사고 피해자에 대한 관계에서 모두 운행자로서 손해배상책임을 지고, 이 때 각자가 부담하는 손해배상책임은 부진정연대채무의 관계에 있게 된다.

(4) ADSE에 대한 관계에서 보유자의 타인성

공동운행자가 존재하는 경우, 피해를 입은 운행자의 운행지배ㆍ운행이익에 비하여 다른 운행자의 운행지배, 운행이익이 주도적이고 직접적인 경우에는 피해 운행자의 타인성이 인정될 수 있다. 임대인 중기회사가 운전사가 딸린 굴삭기를 임차인에게 임대한 사안에서 대법원은 굴삭기 운전사의 작업 진행 중 사고를 당한 임차인의 타인성을 인정하였다.[11) 마찬가지로, 자율주행차를 자기인증한 ADSE는 자신이 후견등록한 자율주행차의 보유자를 위해 ADS를 통한 역동적 운전작업, 비상상황 대응조치, 최소위험 확보조치 같은 "주된" 운전작업을 제공하므로, ADSE의 운행지배가 보유자보다 주도적이고 직접적 구체적이다. 따라서, "ADS에 의한 운전작업 중" 발생한 사고에 대해서는 ADSE에 대한 관계에서 자율주행차 보유자의 타인성을 인정할 수 있다.[12)

3. 제조물책임: 자동차제작자와 ADS 제작자의 책임

제조자의 제조물책임은 자동차제작자 혹은 ADS의 제작자에 대해서도 당연히 적용된다. 따라서 자율주행차 혹은 ADS에 결함이 있고 그 결함으로 인해 생명ㆍ신체 또는 재산에 손해를 입은 피해자는 자율주행차 혹은 ADS의 제조업자에 대하여 손해배상을 청구할 수 있다(제조물책임법 제2조 및 제3조).

(1) 피해자의 제조물책임 활용 가능성: 운행자책임과의 관계

피해자가 제작자에 대해 제조물책임을 추궁할 가능성이 있음에도 불구하고,

---

10) 제2편 제4장 〈책임법과 보험법제〉 제3절 Ⅱ. 3. (2) 참조.
11) 제2편 제4장 〈책임법과 보험법제〉 제3절 Ⅰ. 2. (3) 참조.
12) 제2편 제4장 〈책임법과 보험법제〉 제3절 Ⅱ. 5. (2) 참조.

자율자동차사고 피해자가 실제로 제작자에 대해 제조물책임을 추궁할 가능성은 높지 않다. 앞서 본 것처럼, 자동차사고 피해자는 보유자에 대해 사실상 무과실책임으로 운용되는 '운행자책임'을 쉽게 추궁할 수 있기 때문에, 자동차제작사나 ADS 제작사에 대해 제조물책임을 추궁할 유인은 낮기 때문이다.[13]

특히 앞서 본 것처럼, 보유자뿐만 아니라 ADSE도 ADS의 지배를 통해 ADS의 운전작업 중 운행지배와 운행이익[14]이 인정되는데, 이처럼 ADSE의 운행자성이 인정된다면, ADSE에 대하여 운행자책임을 추궁하지 제조물책임을 추궁할 가능성은 낮다.

(2) 피해자의 제조물책임 활용 가능성: ADSE의 운전자책임과의 관계

ADSE에 대한 운전자책임 추궁가능성이 새로 생기는 것도 피해자가 제조물책임을 추궁할 실제적 필요성을 낮게 한다. 즉 전통적인 차량 사고의 경우, 피해자는 가난한 '개인'에 대해 운전자책임을 추구하는 것보다 자력이 풍부한 '운수회사'에 대해 운행자책임을 추궁하는 방법을 선호하였다. 그런데, 자율주행차에서는 로봇운전자인 ADS에 대해 후견적 책임을 지는 '제조회사' ADS Entity가 존재하게 되므로 운전자책임을 추궁할 유인이 있다. 또 그 증명책임과 관련해서도 피해자가 "사고 당시 ADS가 운전작업을 담당하고 있었다"는 것을 증명하면 ADSE가 "사고가 ADS의 운전작업에 기인하지 않았다"는 무과실의 증명책임을 지게 될 가능성이 높다.[15] 이처럼 피해자의 입장에서는 자력이 있는 ADSE에 대한 운전자책임이 새로운 가능성으로 등장하고, ADS의 작동여부는 '자율주행정보기록장치'에 의해 쉽게 입증할 수 있기 때문에 ADSE의 운전자책임을 추궁하지 제조물책임을 추궁할 유인은 높지 않을 것이다.[16]

(3) 보유자 보험회사의 제조물책임 활용 가능성: 높음

그러나 운행자책임을 지는 보유자가 피해자에 대해 일차적 책임을 지는 경우, 피해자에게 손해배상을 한 보유자의 보험회사는 제조물책임을 추궁할 가능성

---

13) 제2편 제4장 〈책임법과 보험법제〉 제4절 Ⅰ. 1. (1) 참조.
14) 제2편 제4장 〈책임법과 보험법제〉 제3절 Ⅱ. 4. (1) 참조.
15) 제2편 제4장 〈책임법과 보험법제〉 제2절 Ⅱ. 2. (4) 2) 가) 참조.
16) 제2편 제4장 〈책임법과 보험법제〉 제4절 Ⅰ. 1. (2) 참조.

이 높다. 즉 만약 자율주행차 사고가 자율주행차량 혹은 ADS의 결함에 기인한 때에는, 피해자에게 손해를 배상한 자율주행차 보유자의 보험회사는 자율주행차량의 제작자 혹은 ADS의 제작자에 대해 그 결함 때문에 손해가 발생했음을 주장하면서 구상을 위한 손해배상소송을 제기할 가능성이 높다.[17]

하지만, 이 경우에도 뒤에서 보는 것처럼, 문제된 ADS의 제작자가 ADSE로 후견등록하고, 그 ADSE가 (i) 보유자가 가입한 의무책임보험의 종피보험자[18]이거나, (ii) 스스로 의무책임보험 가입을 선택한 의무보험 가입자[19]라면 그 한도에서 구상권을 행사할 가능성은 사라진다.

II. 현행 책임보험제도와 자율주행차 사고에 대한 적용

그런데, 자율주행차 사고와 관련하여 발생하는 이러한 민사책임들은 모두 의무 책임보험에 의하여 커버되고 있는가? 자배법이 규정한 현행 의무책임보험제도에 대해 살펴본 다음, 이러한 책임보험을 자율주행차 사고책임에 대해 적용해 보자.

1. 현행제도: 보유자 등에 대한 보험가입의 강제[20]

현행 보험제도는 보유자로 하여금 일정한 사고에 대비한 일정한 보험에 의무적으로 가입하게 함으로써 보유자가 장차 부담하게 될 운행자책임 등을 이행하는 데 도움이 되도록 하고 있다(자배법 제5조).

첫째, 운행으로 인한 '타인의 사상'에 대비한 책임보험(제1항)
자동차보유자는 자동차의 운행으로 다른 사람이 사망하거나 부상한 경우에 대비해 피해자에게 대통령령으로 정하는 금액을 지급할 책임을 지는 책임보험이나 책임공제에 가입하여야 한다.
둘째, 운행으로 인한 '타인의 재물의 멸실 훼손'에 대비한 보험(제2항)

---

17) 제2편 제4장 〈책임법과 보험법제〉 제4절 I. 2. 참조.
18) 아래의 III. 2. (2) 참조.
19) 아래의 III. 3. (4) 참조.
20) 자배법상의 운행자책임과 의무보험과의 관계에 대한 상세한 분석으로는, 이동진, "운행자책임: 과거, 현재, 미래", 비교사법 제26권 4호(2019), 39면 이하.

또한 자동차보유자는 자동차의 운행으로 다른 사람의 재물이 멸실되거나 훼손된 경우에 대비해 피해자에게 대통령령으로 정하는 금액을 지급할 책임을 지는 「보험업법」에 따른 보험이나 「여객자동차 운수사업법」, 「화물자동차 운수사업법」 및 「건설기계관리법」에 따른 공제에 가입하여야 한다.

셋째, 운수 '사업자'의 운행으로 인한 '타인의 사상'에 대비한 보험(제3항)

특히 일정한 운수사업자는 제1항의 책임보험에 가입하는 것 외에도 책임보험의 배상책임한도를 초과하는 금액을 지급할 책임을 지는 「보험업법」에 따른 보험이나 「여객자동차 운수사업법」, 「화물자동차 운수사업법」 및 「건설기계관리법」에 따른 공제에 가입하여야 한다.

이와 같이 현행 책임보험제도는 일반 차량보유자에 대한 의무보험제도와 운수사업자인 보유자에 대한 의무보험제도를 나누어 규정한다. 즉 일반 '보유자'에 대해서는 (i) 운행으로 인한 '타인의 사상'의 경우에 대비한 대인 책임보험과 아울러, (ii) 운행으로 인한 '타인의 재물의 멸실 훼손'의 경우에 대비한 대물 책임보험의 가입을 강제한다. 이에 비해 '운수사업자'인 보유자에 대해서는 추가적으로 '타인의 사상'의 경우에 대비한 추가적 대인 책임보험의 가입을 강제하고 있다.

2. 자율주행차 사고에 대한 현행 보험제도의 적용 I: 보유자의 책임

먼저 이러한 현행 보험제도가 자율주행차 사고와 관련해 사고피해자에 대한 보유자의 손해배상책임을 커버하기 위해 효율적으로 작동하는가가 문제된다. 현행 제도가 자율주행차 보유자의 운행자책임 등을 커버하는 데 충분한지 살펴보자.

(1) 보유자의 운행자책임에 대한 적용

현행 보험제도를 자율주행차 보유자에 대하여 적용해 보자. 자율주행차 보유자는 '타인의 사상'에 대비한 대인책임보험의 가입이 강제되고, 또한 '타인의 재물의 멸실, 훼손'에 대비한 대물책임보험의 가입도 강제된다. 나아가, 운수사업자인 보유자에 대해서는 '타인의 사상'에 대비한 추가적인 대인책임보험의 가입도 강제되므로, 적어도 보유자 혹은 운수사업자의 운행자책임에 대비한 책임보험제도는 갖추어져 있다고 보여진다.

다시 말해, 전통적인 차량과 달리 자율주행차의 경우 아직 상용화되지 않았기 때문에 '타인을 사상'하거나 '타인의 재물을 멸실 훼손'시킬 사고의 확율이 어느 정도인지 구체적으로 알 수 없지만, 필요한 보상금액을 대통령으로 정할 수 있는 체제가 갖추어져 있으므로, 제도적으로는 특별한 문제가 없다고 보여진다.

(2) 보유자의 운전자책임에 대하여

자율주행차 보유자는 운행으로 인한 운행자책임 외에 기타 다른 책임도 부담하는가? 자율주행차 보유자가 직접 운전한 경우 운전조작과 관련해 보유자는 운전자책임을 질 수 있다. 하지만, 이 경우 운행자책임과 운전자책임의 원인은 동일하고 보유자의 운행자책임으로 해결될 수 있다. 즉, 피해자는 어느 책임이든 임의로 선택해 배상을 청구할 수 있는데, 어느 한 가지 책임에 기해 손해배상을 받은 경우 다른 책임에 기한 중첩적인 배상은 받을 수 없다. 따라서, 피해자가 입증이 간편한 보유자의 운행자책임을 추궁하는 경우, 보유자는 피해자에 대해 운행자책임을 지면 되고, 이 때 운전자책임은 별도로 문제되지 않는다.

또, 보유자가 의무가입하는 운행자책임에 대한 책임보험은 운전자를 피보험자로 커버하기 때문에 책임보험으로서 운전자책임도 커버하게 된다. 결론적으로, 현행 책임보험제도하에서 보유자의 운전자책임에 대해서도 특별한 문제는 없어 보인다.

3. 자율주행차 사고에 대한 현행 보험제도의 적용 II: ADSE의 책임

다음으로 현행 보험제도가 새로운 책임주체로 등장하는 ADSE의 운행자책임 등을 커버하는 데 충분한지 살펴보자.

(1) ADSE의 운행자책임에 대한 적용

앞서 본 것처럼, ADSE는 ADS의 작동 중 ADS를 통해 운행지배와 운행이익을 가지므로 운행자책임을 질 수 있는 주체가 된다. 하지만, 현행 자배법상 ADSE에 대해서는 책임보험의 가입의무가 부과되어 있지 않다. 따라서, ADSE가 부담하게 될 운행자책임에 대해서는 ADSE가 자발적으로 가입하는 임의적인 책임보험으로서 해결해야 한다.

(2) ADSE의 운전자책임에 대하여

마찬가지로 ADSE는 운전작업을 담당하는 ADS를 후견하기 때문에 ADS의 작동 중 ADS 대신 운전자책임을 질 수 있다. 그런데, ADS의 후견인으로 부담하게 되는 운전자책임에 대해서도 자배법은 ADSE의 보험가입을 의무로 하고 있지 않다. 따라서, ADSE의 운전자책임에 대해서도 ADSE는 자발적으로 가입하는 임의적 책임보험으로 해결해야 한다.

(3) ADSE는 두 가지 책임을 모두 부담하는가?

그런데 피해자는 ADSE에 대해 운행자책임뿐만 아니라 운전자책임도 추궁할 수 있지만, 두 가지 책임은 모두 같은 원인에서 발생하는 것이다. 따라서, 피해자는 두 개의 청구권을 모두 행사할 수 있지만, 둘 중 어느 한 가지 청구권행사로 배상을 받는 경우, 다른 책임은 추궁할 수 없게 된다. 따라서, 피해자가 ADSE에 대해 무과실책임인 운행자책임을 주장해 손해를 배상받는 경우, 운전자책임은 별도로 문제되지 않는다.

그런데, ADSE는 임의로 가입하는 운행자책임 관련 책임보험에서 자신을 피보험 운전자로 커버할 수 있기 때문에 운행자책임보험으로 운전자책임도 커버할 수 있을 것이다.

4. 쟁점: ADSE에 대한 책임보험 가입의 의무화 여부

그렇다면, ADSE가 부담하게 될 운행자책임 혹은 운전자책임에 대한 위험을 커버하기 위해 ADSE에 대해 책임보험의 가입을 의무화할 필요가 있는가?

(1) 원칙: 의무 책임보험 가입자는 일인이어야 한다

ADSE에 대한 책임보험의 의무가입 여부를 논의함에 있어 먼저 전제하여야 할 점은 동일사고를 커버하는 동일한 내용의 책임보험에 있어 "의무보험가입자는 일인이어야 한다"는 점이다.[21] 피해자가 여러 사고 책임자 중 "누구에 대해 사고 책임을 추궁하여야 사고를 가장 효율적으로 예방/회복할 수 있는가"는 의무보험 제도의 설계에 있어 매우 중요한데, 이를 결정함에 있어 가장 바람직한 방법은 위험원에 가장 많이 노출되고 가장 위험원을 잘 지배할 수 있는 자에 대해 위험 책임을 부과하고, 이러한 위험책임에 노출된 자에 대해서 책임보험의 가입을 의

---

21) 참고로 아래의 5. 영국의 병행보험자 모델 v. 단일보험자 모델 논쟁 및 6. 호주의 의무보 험제도 개혁 참조.

무화하는 것이다.

(2) ADSE의 운행자책임에 대한 의무보험화 여부: 보유자의 운행지배 v. ADSE의 운행지배[22)

운행자책임은 자동차의 운행이 가지는 특수한 위험에 비추어 그 위험원인 차량을 지배할 수 있는 자에게 부과되는 '위험책임'[23)으로 이해된다. 이러한 위험 책임의 이념에 비추어 보면, 책임보험의 가입의무는 가장 위험원에 많이 노출되고 위험원에 대한 지배를 가장 잘할 수 있는 주체에게 부과되어야 한다. 보유자의 운행지배와 ADSE의 운행지배의 성질을 비교해 보자.

1) 관점 I: 보유자의 '근원적' 운행지배＞ADSE의 '종속적' 운행지배[24)

보유자와 ADSE의 운행지배를 비교하는 한 가지 관점은, ADSE는 운행자로서 운행을 지배하는 운행자책임의 주체이기는 하지만, ADSE의 운행지배는 '근원적' 지배를 갖는 보유자가 "ADS 운전을 선택하는 경우"에만 발생하는 "종속"되고 "단속적"인 운행지배라는 관점이다. 이러한 관점에 의하면, 운행자책임에 대한 보험 가입의무는 "종속적" 운행지배자인 ADSE가 아니라 "근원적" 운행지배자인 보유자에게 부과되는 것이 타당하다. 또 이러한 관점에 의하면, 보유자가 현행처럼 계속 의무보험가입자가 되어야 하고, 따라서 ADSE에 대한 운행자책임 보험의 의무화는 고려할 필요가 없게 된다.

2) 관점 II: 보유자의 '간접적' 운행지배＜ADSE의 '직접적' 운행지배[25)

다른 한 가지 관점은, ADSE의 운행지배는 '근원적' 지배를 갖는 보유자의 ADS 운전 선택에 따라 발생하는 종속적 단속적인 지배이지만, ADS의 운전작업시 ADSE가 갖는 운행지배의 정도는 더 '주도적'이고 '직접적'이라고 보는 관점이다. 이러한 관점에 의하면, 위험원인 자율주행차량을 더 잘 지배할 수 있는 자는 ADSE이고, 따라서 이러한 위험책임에 노출된 ADSE에게 책임보험의 가입의무를 부과해야 한다는 결론이 도출된다. 이러한 관점에 의해, ADSE가 의무보험가입자

---

22) 윤태영, "자율주행차로 인한 사고에 대한 민사책임체계의 변용과 구상문제", 비교사법 제26권 4호(2019)는 운행자와 제조사 간의 책임의 부담문제를 다루고 있는데, 마찬가지로 1차적 책임을 누가 질 것인가를 논하고 있다.
23) 제2편 제4장 〈책임법과 보험법제〉 제3절 I 참조.
24) 운행자를 1차적 책임주체로 보는 경우의 논의에 대해서는, 윤태영, 90면 이하.
25) 제조사를 1차적 책임주체로 보는 경우의 논의에 대해서는, 윤태영, 92면 이하.

가 되면, 의무보험가입자는 일인이어야 하므로 보유자의 책임보험 가입의무는 배제되어야 한다.

3) 소결

현행 제도는 '근원적' 운행지배가 추정되는 보유자의 책임보험가입을 의무화하고 있는 제도이다. 새로운 관점으로 ADSE의 운행지배를 '주도적', '직접적'인 것으로 볼 수도 있지만, ADS가 작동하는 자율주행차의 운행지배를 여전히 '근원적' 운행지배를 갖는 보유자에게 있다고 보는 관점도 유효하다. 따라서, SAE 3단계 자동화기술의 상용화를 고민하는 현재로서는 현행 제도를 유지하면서, 장차 ADSE의 ADS를 통한 운행지배가 어느 정도로 진행될 것인지를 깊이 고찰하면서 누구의 운행지배를 우선할 것인지를 재검토할 필요가 있다.

(3) ADSE의 운전자책임에 대한 의무보험화 여부: ADSE의 운행자책임 v. 운전자책임

그렇다면 ADSE가 부담하는 운전자책임에 대한 책임보험은 의무화할 필요가 있는가? 동일사고를 커버하는 동일한 내용의 책임보험에 있어 "의무보험가입자는 일인이어야 한다"는 점에서 보면, 운전자책임과 운행자책임은 접근방법만 다르지 동일한 사고에서 동일원인으로 발생한 책임이기 때문에, 운행자책임을 지는 자 혹은 운전자책임을 지는 자 중 하나의 책임자에게만 책임보험의 가입의무가 부과되어야 한다.

앞서 본 것처럼, 우리 대법원은 운행자책임의 주체로서 '보유자'의 운행자성을 추정하고, 자배법은 보유자를 책임보험의 의무가입자로 하고 있는데, 운행자책임과 운전자책임은 동일원인으로 발생한 책임이기 때문에 운행자책임을 지는 자에게 책임보험의 가입의무가 부과되면 별도로 운전자책임을 의무보험화할 필요는 없다. 따라서 현재 '보유자'의 가입의무가 규정되어 있기 때문에 ADSE의 운전자책임에 대한 의무보험화의 필요성은 없다고 본다.

5. 영국의 병행의무보험자 모델 v. 단일의무보험자 모델 논쟁

(1) 병행의무보험 모델의 제안

자율주행차 사고와 관련하여 영국 교통부는 처음에는 자동차관련 의무보험 체계 내에서 (i) 자동차 사용자(user)의 자동차보험과 (ii) 제조업자의 제조물책임

보험을 병행하는 방안을 고려하였다.[26]

즉 자율주행차에 대해서도 자동차 의무보험을 확대 적용하되, ADS의 자율주행 중 사고에 대해서는 제조물책임을 기초로 한 의무보험으로 운영하는 방안을 고려하였다. 다시 말해, 일반 교통사고에 대해서는 운전자의 과실책임을 근거로 하는 의무보험(수동주행 중 사고의 의무보험)을, ADS의 자율주행 중 사고에 대해서는 제조물책임을 근거로 하는 의무보험(자율주행 중 사고의 의무보험)을 운영할 것을 제1안으로 제안하였다.[27]

(2) 병행모델의 문제점과 단일보험자 모델의 채택

그런데, 이러한 병행모델에 대해서는 다수의 로펌, 보험회사 등이 다음과 같은 문제점들을 지적하였다:[28]

(i) 제조물책임보험은 기본적으로 의무보험이 아닌 임의보험이다.

(ii) 제조물책임보험의 조항들은 교통사고책임보험과 같은 원리들에 의해 통제되지 않는다.

(iii) 제조물책임소송은 제조물의 구입시를 기준으로 10년 동안만 제기할 수 있는 데 비해, 교통사고는 자동차가 도로에서 주행하는 한 계속적으로 발생할 수 있다.

(iv) 제조물책임법상의 책임은 제조물 그 자체에 발생한 손해에 대해서는 적용되지 않아 자율주행차 자체에 발생한 손해를 담보할 수 없다.

이와 같이, 제조물책임 법리는 교통사고 문제를 해결하기에 적합하지 않기 때문에, 제조물책임에 근거하여 의무보험을 운영하려면 제조물책임법리를 수정

---

26) 우리나라에서도 자율주행차 사고를 (i) 자동차보험제도로 해결해야 한다는 입장, (ii) 제조물책임으로 해결해야 한다는 입장, (iii) 새로운 법리 구성이 필요하다는 입장의 주장이 있었다. 자세히는, 박은경, "자율주행자동차보험에 관한 연구", 비교사법 제26권 4호 (2019), 145면(이하, "박은경"), 148면 이하.

27) 자세히는 Center for Connected & Autonmous Vehicles, "Pathway to Driverless Cars: Proposals to support advanced driver assistance systems and automated vehicle technologies" (July 2016), 특히 19면 이하 참조.

28) 자세히는 Center for Connected & Autonmous Vehicles, "Pathway to Driverless Cars: Consultation on proposals to support Advanced Driver Assistance Systems and Automated Vehicles — Government Response (Jan. 2017), 10면.

해 교통사고에 적용해야 하는데, 영국 정부는 자율주행차가 전체 자동차에서 차지하는 비중이 당분간 매우 작을 것으로 예상되므로, 현재 단계에서 제조물책임 법리를 수정해 적용하는 것은 적절하지 않다고 판단하였다.

결론적으로 영국 정부는 제조물책임 대신, 현행 자동차의무보험제도를 ADS의 자율주행 중 발생한 사고에 대해서도 그대로 적용하는 단일 보험자 모델(Single Insurer Model)을 채택하기로 하였다. 즉 하나의 단일한 보험으로 수동주행 중의 통상적 사고뿐만 아니라 ADS의 자율주행 중 발생한 사고에 대해서도 일반 교통사고와 마찬가지로 보험회사가 일단 보상을 하기로 하였다. 이러한 단일보험자 모델은 The Automated and Electric Vehicles Act 2018에서 채택되었다.

6. 호주의 의무보험제도 개혁

호주의 NTC도 영국과 마찬가지로 자율주행차 사고에 대한 의무보험제도의 개혁을 준비하고 있는데, 2018년 Discussion Paper에서 여러 방안 중 세 번째 방안으로 기존의 자동차 의무보험을 확대하여 ADS의 자율주행 중 발생한 상해 사고 등에 대하여 적용하고, 보험회사는 과실이 있는 제3자에 대하여 구상을 할 수 있는 방안을 제안하였다.[29] 호주에서도 ADS의 자율주행 중 사고에 대해 자동차 의무보험을 확대하는 세 번째 방안에 대한 전폭적인 지지[30]가 있었다. 따라서, 호주에서도 영국처럼 기존 자동차보험을 ADS에 의한 사고에 대해 확대 적용하는 방안이 곧 입법될 것으로 보인다.

Ⅲ. 자율주행차 시대의 보험제도의 개혁과 가능한 입법 방안

1. ADS의 등장으로 인한 보험법상 쟁점

(1) ADSE의 '운전자책임'의 등장과 중요성

자율주행차는 전통적인 차량과 달리 주된 운전작업을 운전자가 아니라 ADS가 담당하게 된다. 따라서, 사고가 난 경우 운전자책임을 사람이 아니라 ADS의

---

29) NTC, Discussion Paper: Motor Accident Injury Insurance and Automated Vehicles (Oct. 2018), 48면 이하의 Option 3 참조.
30) NTC, Policy Paper: Motor Accident Injury Insurance and Automated Vehicles (Aug. 2019), 8면 이하 참조.

후견인인 ADSE가 부담할 가능성이 높아지게 된다. 이와 같이 자율주행차에 대해서는 운전자책임에 관한 책임의 주체가 운전자에서 ADSE로 전환될 가능성이 높아지므로, 운전자책임을 커버하기 위한 수요가 책임보험법에 직접적인 영향을 끼치게 된다.

하지만 앞서 본 것처럼, 현행 자배법상의 보험제도는 피해자 보호를 두텁게 하기 위해 위험책임인 운행자책임을 부과하고 이를 커버하기 위한 책임보험을 중심으로 구성되어 있다. 따라서 새로이 등장하는 ADSE의 운전자책임을 커버할 보험은 새롭게 논의되어야 한다.

(2) '운행자책임' 제도의 타당성과 ADSE 책임의 부보방안

1) 운행자책임 커버를 위한 현행 보유자 책임보험제도의 타당성 여부: 타당

한편, 현행 제도는 앞서 본 것처럼, 보유자에 대한 보험가입 의무를 강제하는 방식으로 설정되어 있는데, 이러한 방식은 자율주행차 보유자의 보호에 대해서 여전히 유효한가?

현행 제도는 피해자의 보호를 두텁게 하기 위해 위험원인 차량의 운행지배를 갖는 보유자에 대해 사실상의 무과실책임을 묻고, 이러한 무과실책임으로 인한 손해배상책임을 커버하기 위해 보유자에 대한 책임보험 가입을 의무화하는데, 피해자의 보호를 우선하는 운행자책임 제도는 자율주행차 시대에도 여전히 유효해 보이고, 따라서 자율주행차 보유자의 운행자책임을 커버하기 위한 보유자에 대한 책임보험 가입의무 부과도 여전히 필요해 보인다.

문제는 자율주행차에 대해서는 운행에 대해 '근원적' 지배력을 갖는 보유자 외에 자율주행 중 운행지배를 갖게 되는 ADSE가 새로이 등장했다는 점이다.

2) ADSE의 종속된 운행자책임, 운전자책임의 부보방안은?

만약 근원적 운행지배를 갖는 보유자의 운행자책임을 커버하기 위한 현행 책임보험제도가 타당하다고 결론을 내린다면, 현행 보유자 책임보험 제도하에서 새로이 등장한 ADSE의 종속된 운행자책임은 어떻게 커버해야 하는가? 또 ADSE는 ADS의 작동 중 후견적인 운전자책임도 지게 되는데, ADSE의 운전자책임은 어떻게 커버해야 하는가 등이 해결해야 할 문제로 등장한다.

ADSE로 하여금 자율적으로 임의 책임보험에 들도록 하는 것도 한 방법이지만, 다음과 같은 방안을 생각할 수 있다.

2. 개혁방안 Ⅰ: 보유자 책임보험을 유지·보완하는 방안

(1) 보유자의 의무책임보험 가입과 ADSE의 보험보호 필요성

앞서 언급한 것처럼, 동일사고를 커버하는 동일한 내용의 책임보험에 있어 "의무보험 가입자는 일인이어야 한다". 따라서, 자율주행차사고로 인한 책임에 대해 근원적 운행지배를 갖는 보유자를 책임보험의 의무가입자로 전제한다면, 새로 등장한 종속적 운행자인 ADSE를 책임보험의 의무가입자로 할 수는 없다. 따라서, "형식상"으로는 ADSE를 책임보험의 의무가입자가 아닌 존재로 만들면서 "사실상"은 가입의무자로서 보험료를 지급하고 보험보호를 받는 존재로 만드는 방안을 고안해야 한다.

즉 공동운행자인 ADSE에 대하여 자율주행차 보유자가 의무적으로 가입해야 하는 의무 책임보험의 피보험자로서 책임보험의 보호를 받도록 함과 동시에, 이러한 보험보호에 대한 대가로 그에 상당하는 보험료를 부담하게 하는 방안을 설계해야 한다.

(2) 구체적 설계방법: ADSE의 종피보험자 지위의 인정과 보험료 일부의 부담

이를 실현하는 구체적인 한 방법은 (i) ADSE에 대해 자율주행차 보유자가 의무 가입해야 하는 책임보험의 종피보험자로서의 지위를 인정하여 의무 책임보험의 보호를 받도록 하면서, 동시에 (ii) ADSE에 대해 보험보호에 상응하는 보험료를 의무보험자인 보유자에 대해 분담하도록 법정하는 것이다.

이 같은 구조하에서 의무책임보험의 형식적 계약자는 보유자가 되고, 피보험자는 보유자뿐만 아니라 ADSE도 종피보험자로서 포함되게 되고, 보험료는 형식적으로는 보유자가 납부하지만, 그 부담은 보유자뿐만 아니라 ADSE도 법정된 요율에 따라 부담하게 된다.

3. 개혁방안 II: ADSE에게 선택권을 부여하는 방안

(1) ADSE에 대한 의무책임보험 가입자 지위의 선택권 부여

"주도적" 운행지배를 갖는 ADSE에 대해 책임보험의 의무가입을 압박 혹은 유인할 수 있는 한 가지 방법은 원칙적으로 근원적 운행지배를 갖는 보유자를 책임보험의 의무가입자로 보면서, ADSE에 대해 자신이 선택하는 경우 책임보험의 의무가입자가 될 수 있는 선택권(option)을 부여하는 방안이다. 즉 자율주행차에서는 ADS의 새로운 운전역할이 중요해지므로 이러한 새로운 운행지배의 주체인 ADSE의 역할에 주목하여, ADSE가 선택하는 경우 자신을 의무가입자로 할 수 있는 법정선택권을 부여하는 것이다.

ADSE에게 이러한 선택권이 부여되면, ADSE는 의무보험의 가입과 보험료 부담에 대해 기존 의무자인 보유자와 협상을 할 수 있는 여지를 갖게 되고, 보유자와 보험료 분배 등에 대한 사적자치를 시작할 수 있게 된다.

(2) ADSE의 의무책임보험 가입자 지위의 선택과 보유자의 의무가입자 지위의 상실

따라서, 만약 이 방안에 따라 ADSE가 책임보험의 의무가입자 지위를 선택하는 경우 보험법률관계가 어떻게 전개되는가가 문제된다. 여기서도 동일사고를 커버하는 동일한 내용의 책임보험에 있어 "의무보험 가입자는 일인"이어야 하므로, 만약 자율주행차 운전에 대한 "주도적" 운행지배를 갖는 ADSE가 자신을 의무가입자로 선택한다면, 자율주행차 보유자는 책임보험의 의무가입자 지위를 상실하게 된다.

(3) 의무보험가입자 지위를 상실한 보유자의 보험보호 필요성

의무보험가입자 지위를 상실한 보유자라도 보험보호의 필요성은 여전히 상존한다. 앞서 본 것처럼, 보유자는 ADS에 대해 대부분의 운전작업을 이전하더라도 여전히 '비역동적 운전작업'을 담당하게 되고, 특히 운행자책임의 부과목적상 여전히 운행에 대한 본원적 지배를 보유하는 것으로 간주될 가능성이 높다.[31] 따라서 운전자에게는 비역동적 운전작업에 대한 책임 및 잠재적 운행자책임 가능성으로부터 보험보호를 받기 위한 보험가입 유인이 잔존한다.

그런데 이 경우 앞서 본 것처럼, 의무가입자가 ADSE로 되면, 보유자는 의무가입자가 될 수 없으므로, "형식상"으로는 보유자를 의무가입자가 아닌 존재로

---

31) 제2편 제4장 〈책임법과 보험법제〉 제3절 Ⅱ. 6. (1) 참조.

만들면서 "사실상"은 가입의무자로서 보험료를 지급해야 하는 존재로 만드는 방안을 고안해야 한다.

즉 보유자에 대하여 ADSE가 선택한 의무 책임보험의 피보험자로서 책임보험의 보호를 받도록 함과 동시에, 이러한 보험보호에 대한 대가로 그에 상당하는 보험료를 부담하게 하는 방안을 설계해야 한다.

(4) 구체적 방법: 보유자의 종피보험자 지위의 인정과 보험료 일부의 부담

이를 실현하는 구체적인 한 방법은 (i) 보유자에 대해 ADSE가 선택한 의무 책임보험의 종피보험자 지위를 인정해 의무 책임보험의 보호를 받도록 하면서, 동시에 (ii) 보유자에 대해 보험보호에 상응하는 보험료를 의무보험가입자인 ADSE에 대해 분담하도록 법정하는 것이다.

이 같은 구조에서는 의무책임보험의 형식적 계약자는 ADSE가 되고, 피보험자는 ADSE뿐만 아니라 보유자도 종피보험자로서 포함되게 되고, 보험료는 형식적으로 ADSE가 내지만, 그 부담은 ADSE뿐만 아니라 보유자도 법정된 요율에 따라 부담하게 하면 된다.

4. 개혁방안 Ⅲ: ADSE를 법정 의무보험 가입자로 지정하는 방안

(1) ADS의 운행지배에 따른 ADSE의 보험가입의무 부과

더 나아가 ADSE의 운행지배는 보유자의 ADS 운전 선택에 따라 발생하는 '종속적'이고 '단속적'인 지배이지만, ADS의 운전작업시 ADSE가 갖는 운행지배의 정도는 더 '주도적'이고 '직접적'이라고 보는 관점[32]에 기하여 ADSE를 법정 책임보험의 의무가입자로 지정하는 방안을 채택할 수 있다. 현재로서는 급진적인 방안이다. 이러한 관점에 의하면, 위험원인 자율주행차량을 더 잘 지배할 수 있는 자는 보유자가 아닌 ADSE이고, 따라서 이러한 위험책임에 노출된 ADSE에게 책임보험의 가입의무를 부과해야 한다는 결론이 도출된다.

이처럼 ADSE가 의무보험 가입자가 되면, 의무보험 가입자는 일인이어야 하므로 보유자의 책임보험 가입의무는 배제되어야 한다.

---

32) 앞의 Ⅱ. 4. (2) 2) 참조.

(2) ADSE의 보험가입의무와 보유자에 대한 선택권 부여

물론 ADSE를 의무보험가입자로 법정하면서, 보유자에게 의무보험가입자 지위의 선택권을 부여하는 방법도 생각할 수 있다. 보유자에게 이러한 선택권이 부여되면, 선택권의 행사와 관련해 보유자는 보험료 분담에 대해 ADSE와 협상을 할 수 있는 여지를 갖게 되고, ADSE와 보험료 분배에 대한 사적자치를 시작할 수 있게 된다.

(3) 법률관계: 의무가입자 지위와 종피보험자 지위

ADSE를 법정 의무보험 가입자로 지정하는 방안을 채택하는 경우 전개되는 보험법적 관계는 개혁방안 Ⅱ에서 ADSE가 의무보험 가입자 지위를 선택한 경우와 다르지 않다. 단지 선택권행사에 따른 임의적인 법률관계가 아니라 처음부터 법정된 강제적인 법률관계가 된다는 점이 다를 뿐이다. 따라서, 당사자의 법률관계에 대해서는 개혁방안 Ⅱ에서 설명한 것과 동일한 설명이 적용될 수 있다. 즉 ADSE는 의무책임보험의 가입자 지위를 갖게 되는데 반해, 보유자는 이러한 보험의 종피보험자로서 보험보호를 받고 그에 상당하는 보험료 일부를 부담하게 된다.

(4) 3단계 자율주행차에 대해 바람직한 방안인가?

그런데 현재 SAE 3단계 자동화기술 수준[33]에서는 ADS가 운전하는 자율주행차의 운행지배를 여전히 '근원적' 운행지배를 갖는 보유자에게 있다고 보는 관점이 더 유효할 수 있다. 따라서, SAE 3단계 자동화기술의 상용화를 고민하는 현재로서는 개혁방안 Ⅲ에 따른 의무보험 가입자 지정은 급진적인 것으로 파악될 수 있다. 따라서, 현재로서는 현행 보유자의 의무책임보험 제도를 유지하거나, ADSE의 선택권을 인정하는 제도를 채택하면서, 장차 ADS를 통한 운행지배가 어느 정도로 발전되는지를 깊이 관찰하여, ADSE의 운행지배를 우선할 것인지 여부를 결정할 필요가 있다.

---

33) SAE 3단계의 설명에 대해서는, 제2편 제1장 〈총론〉 제2절 Ⅰ.의 〈표 1〉 참조.

Ⅳ. 자율주행차 책임보험의 보험보호 내용

여기서는 현행과 같이 '보유자'의 책임보험 의무가입을 유지하는 경우, 자율주행차 책임보험의 보호내용이 어떻게 구성되어야 할 것인가를 살펴보자. 피해자를 위한 책임보험적 요소가 주를 이루지만, 운전자 보호를 위한 상해보험적 요소, ADSE 보호를 위한 책임보험적 요소 등도 포함되어야 한다.[34]

1. 피해자 보호 관련사항: 책임보험적 요소

(1) 보유자에 대한 보험청구

피해자의 관점에서 보면 자율주행차 사고의 피해자가 전통적인 차량의 피해자와 다른 점은 없다. 따라서 자율주행차 사고의 피해자는 전통적인 차량의 피해자와 마찬가지로 자율주행차 보유자에 대하여 책임보험에 가입한 보험사가 어느 회사인가를 알아본 후 보유자의 보험사에 대해 직접 보험금청구를 할 수 있다.

(2) ADSE에 대한 보험청구

추가적으로 피해자는 ADSE에 대해 운전자책임[35]을 추궁하거나 운행자책임[36]을 추궁할 수 있으므로, 피해자는 ADSE의 종피보험자 지위를 인정하는 보험회사에 대해 보험금청구를 할 수 있게 된다. 이러한 내용은 자율주행차 책임보험의 임의적인 상품내용으로 규정할 수도 있지만, 앞서 본 것처럼, 자배법에 ADSE의 종피보험자 지위를 법정[37]하는 경우 강제적인 보험보호가 된다.

2. 운전자 보호 관련사항

(1) 운전 중인 운전자의 보호: 상해보험적 요소

자율주행차를 직접 운전할 수 있는 운전자의 지위는 전통적인 차량의 운전자의 지위와 다르지 않다. 따라서, 자율주행차의 운전 중 운전자가 부상을 당하거나 사망한 경우에도 자율주행차 책임보험은 전통적 차량 사고의 운전자가 부상을 당

---

34) 박은경 158면 이하는 현재 영국에서 판매중인 자율주행차 전용 보험상품을 잘 소개하고 있다.
35) 제2편 제4장 〈책임법과 보험법제〉 제2절 Ⅱ. 2. 이하 참조.
36) 제2편 제4장 〈책임법과 보험법제〉 제3절 Ⅱ. 4. 이하 참조.
37) Ⅲ. 2. (2) 참조.

하거나 사망한 경우와 같이 상해사고나 사망사고에 대한 보험보호를 동일하게 제
공해야 한다.

(2) ADS를 작동시킨 운전자의 보호: 상해보험적 요소

그런데, 운전자에 대한 보험보호가 임의적인 상품내용으로 제공되는 전통적
인 차량과 달리 자율주행차에서는 ADS의 작동 중에는 운전자의 "타인성"을 인정
해야 하고, 자율주행차 운전자의 보호를 위해 "타인성"을 자배법에 규정할 필요
가 있다.

즉, 자율주행차의 운전자가 보유자인 경우, 예를 들어 자율주행차를 렌트한
경우, 잠재적 운행지배를 가지므로 ADS가 운전 중인 경우 '타인'성이 인정되기
어렵고,[38] 따라서 '타인성'에 기한 책임보험보호를 부여하기 어렵다. 하지만, ADS
의 운전지배 중 이용자인 운전자의 보험보호는 반드시 필요하다. 따라서, 자율주
행차의 경우 보유자로 볼 수 있는 운전자의 보험보호를 강제하기 위해 "ADS의
작동 중 운전자는 타인성을 갖는다" 혹은 "보험보호를 받는다"는 사실을 자배법
에 명시적으로 규정할 필요가 있다.

(3) 업데이트를 게을리한 운전자의 보호: 책임보험적 요소

자율주행차 운전자의 보호를 위해 새로이 규정해야 할 내용 중 하나는 자율
주행차 운전자가 업데이트를 게을리하여 사고가 난 경우이다. 이 경우 피해자는
'타인성'이 인정되므로 자율주행차 책임보험의 보호를 받지만, 이 때 피해자에 대
해 책임을 지는 운전자는 어떻게 보호할 것인가가 문제된다. 이 경우는 의무보험
으로 처리할 사항은 아니고 임의적인 보호를 상품내용으로 규정하면 충분하다고
본다.

3. ADSE의 보호 관련사항: 결함의 커버 ― 제조물책임적 요소

앞서 본 것처럼, ADSE에 대해 피해자가 운전자책임 혹은 운행자책임을 추궁
할 것으로 예상되고, ADSE가 보유자가 의무가입한 책임보험의 종피보험자 지위
를 갖는 경우, 피해자는 보험회사에 대해 보험금청구를 할 수 있게 된다.

---

38) 제2편 제4장 〈책임법과 보험법제〉 제3절 Ⅰ. 2. (3) 참조.

피해자의 보험금청구의 내용은 운전자책임 관점에서 보면 ADS의 '운전주의 의 결여',[39] 제조물책임 관점에서 보면 ADS의 '결함'[40]에 기한 손해배상청구가 되므로, 이러한 ADS의 '운전주의 결여' 혹은 '결함'의 경우에 ADSE를 보호하는 내용의 보험보호가 제공되어야 한다.

이러한 내용은 자율주행차 책임보험의 임의적 상품내용으로 규정할 수도 있 지만, 앞서 본 것처럼, 자배법에 ADSE의 종피보험자 지위를 법정하는 경우[41] 강 제적인 보험보호가 된다.

4. 해킹 시 보유자, ADSE의 보호

(1) 보유자의 책임과 보험보호

1) 해킹 차량의 피해자에 대한 책임: 책임보험적 요소

앞서 본 것처럼, 자율주행차에 대한 해킹이 일어나 보유자의 운행지배와 운 행이익이 완전히 부정되면, 보유자의 운행자책임도 부정된다.[42] 따라서, 해킹이 발생한 경우 피해자에 대한 관계에서 보유자는 책임이 면책되고, 책임보험의 보 호도 필요없게 된다. 하지만 보유자가 보안에 필요한 업데이트를 게을리하여 해 킹이 발생한 경우[43]에는 운행자책임이 인정될 수 있으므로, 이에 대한 보험보호 가 필요하다.

2) 해킹 차량의 파손: 물건보험적 요소

또한 이 때 해킹당한 자율주행차량이 파손되는 경우가 생기는데, 보유자는 해킹당한 차량의 파손과 같은 재산적 손해를 당할 수 있으므로, 이러한 상황을 보호하기 위한 자차보험에 들어야 한다.

(2) ADSE의 책임과 보호: 책임보험적 요소

ADSE도 운행지배와 운행이익이 인정되면 공동운행자로서 운행자책임[44]을 질 수 있지만, 해킹이 발생하여 운행지배와 운행이익이 상실된 경우 ADSE의 운

---

39) 제2편 제4장 〈책임법과 보험법제〉 제2절 Ⅱ. 2. (1) 참조.
40) 제2편 제4장 〈책임법과 보험법제〉 제2절 Ⅱ. 2. (2) 참조.
41) 앞의 Ⅲ. 2. (2) 참조.
42) 제2편 제4장 〈책임법과 보험법제〉 제3절 Ⅱ. 6. (1) 2) 참조.
43) 앞의 각주 참조.
44) 제2편 제4장 〈책임법과 보험법제〉 제3절 Ⅱ. 6. (2) 2) 참조.

행자책임은 부정된다. 하지만, ADSE가 보안조치를 게을리하여 해킹을 막지 못한 경우45)에는 운행자책임이 인정될 수 있다. ADSE가 행해야 하는 보안조치 수준은 보유자 혹은 운전자가 행해야 하는 업데이트 수준과는 차원을 달리할 것이므로 주의의무의 정도는 높다고 보아야 한다.

(3) 보유자와 ADSE의 운행지배의 추정과 상실 여부

앞서 본 것처럼, 대법원은 일단 보유자의 운행지배와 운행이익을 '추정'하고 당해 사건에서 운행지배와 운행이익이 상실되는가 여부를 판단46)하므로, 보유자가 해킹을 이유로 운행자책임을 부인하려면 자신의 운행지배와 운행이익이 "완전히" 상실되었다는 것을 입증해야 한다. 따라서, 이 때 보유자의 보험회사는 해킹으로 인해 보유자의 운행지배와 운행이익이 완전히 상실되었다는 점을 입증하지 않는 한 면책될 수 없다.

이에 반해 단속적 운행자인 ADSE의 운행지배는 '추정'되지 않고 ADS에 의한 운전이 증명되어야 인정되지만,47) 이러한 입증은 '자율주행정보기록장치' 등에 의해48) 쉽게 행해질 수 있다. 이와 같이, 피해자의 ADS의 운행지배의 증명은 어렵지 않으므로, ADSE 혹은 ADSE의 보험회사는 ADS에 의한 운전이 해킹에 의한 것이었다는 것을 적극적으로 증명해야만 자신의 면책을 주장할 수 있다.

---

45) 앞의 각주 참조.
46) 제2편 제4장 〈책임법과 보험법제〉 제3절 Ⅱ. 6. (1) 1) 참조.
47) 제2편 제4장 〈책임법과 보험법제〉 제3절 Ⅱ. 6. (2) 1) 참조.
48) 자배법 제39조의17(이해관계자의 의무 등) ① 자율주행자동차의 제작자등은 제작·조립·수입·판매하고자 하는 자율주행자동차에 대통령령으로 정하는 자율주행과 관련된 정보를 기록할 수 있는 <u>자율주행정보 기록장치</u>를 부착하여야 한다.
② 자율주행자동차사고의 통보를 받거나 인지한 보험회사등은 사고조사위원회에 사고 사실을 지체 없이 알려야 한다.
③ 자율주행자동차의 보유자는 <u>자율주행정보 기록장치</u>에 기록된 내용을 1년의 범위에서 대통령령으로 정하는 기간 동안 보관하여야 한다. 이 경우 자율주행정보 기록장치 또는 자율주행정보 기록장치에 기록된 내용을 훼손해서는 아니 된다.
④ 자율주행자동차사고로 인한 피해자, 해당 자율주행자동차의 제작자등 또는 자율주행자동차사고로 인하여 피해자에게 보험금등을 지급한 보험회사등은 대통령령으로 정하는 바에 따라 사고조사위원회에 대하여 사고조사위원회가 확보한 <u>기록장치</u>에 기록된 내용 및 분석·조사 결과의 열람 및 제공을 요구할 수 있다.
⑤ 제5항에 따른 열람 및 제공에 드는 비용은 청구인이 부담하여야 한다.

찾아보기

저자소개

이중기, 홍익대학교 법과대학 교수
서울대학교 법과대학 학사, 석사 (1986, 1988)
Cambridge University LLM (1991)
Sheffield University PhD (1994)

법과대학 학장 역임
한국법학교수회 부회장 역임
Hauser Global Fellow 2011-12, New York University Law School

과기정통부 AI 법제연구단 위원
국토교통부 자율차 미래포럼 위원
법무부 공익신탁위원회 위원
금융위원회 법률자문위원
고용노동부 퇴직연금법제정 자문위원

황기연, 홍익대학교 건축도시대학 도시공학과 교수
연세대학교 행정학과 학사 (1981)
University of Oregon, MS in Urban Planning (1987)
University of Southern California, Ph.D. in Urban & Regional Planning (1992)

공과대학 학장, 산학협력단장, 부총장 역임
한국교통연구원 원장 역임
스마트공유교통포럼 공동대표 역임
도시정책학회 회장 역임
서울시 교통정책위원회 위원 역임
국가교통위원회 위원 역임
서울연구원 선임연구위원 역임

한국공학한림원 회원
자율주행자동차 융복합 미래포럼 공동위원장
국회 입법조사처 입법자문위원
서울연구원 연구자문위원회 위원장
대한교통학회 MaaS Korea 포럼 공동위원장
파이낸셜뉴스 여의나루 컬럼 필진

황창근, 홍익대학교 법과대학 교수
연세대학교 법과대학 학사(1989)
연세대학교 행정대학원 석사(1998)
연세대학교 대학원 법학박사(2008)

중앙행정심판위원회 비상임위원 역임
국회입법조사처, 방송통신위원회, 방위사업청 자문위원 역임
영상물등급위원회 위원 역임
한국인터넷법제도포럼 회장 역임
군법무관, 변호사 역임

개인정보분쟁조정위원회 위원
방송통신위원회 행정심판위원회 위원
국방부 중앙군인사소청심사위원회 위원
국토교통부 자동차안전하자심의위원회 위원

자율주행차의 법과 윤리

초판발행   2020년 7월 20일
중판발행   2020년 11월 10일

지은이   이중기·황기연·황창근
펴낸이   안종만·안상준

편 집   심성보
기획/마케팅   김한유
표지디자인   조아라
제 작   우인도·고철민·조영환

펴낸곳   (주) **박영사**
               서울특별시 종로구 새문안로3길 36, 1601
               등록 1959. 3. 11. 제300-1959-1호(倫)

전 화   02)733-6771
f a x   02)736-4818
e-mail   pys@pybook.co.kr
homepage   www.pybook.co.kr
ISBN   979-11-303-3651-0   93360

정 가   30,000원